D1730643

bdvb-Award
Geschäftsprozess- und Projektmanagement

Band 5

bdvb-Award

Geschäftsprozess- und Projektmanagement

Band 5

Herausgegeben von

Gerrit Buchenau, Steffen Rietz und Michael Giebel

Gerrit Buchenau, Steffen Rietz, Michael Giebel

Prozessmanagement - Praktische Anwendung und weiterführende Ideen

Logos Verlag Berlin

Bundesverband Deutscher Volks- und Betriebswirte e.V. (bdvb)

Fachgruppe für Geschäftsprozess und Projektmanagement

Hrn. Gerrit Buchenau (Fachgruppenleiter)

Florastraße 29
40217 Düsseldorf

email: fg-prozess-projekt-m@bdvb.de

Bibliografische Information Der Deutschen Bibliothek

Die Deutsche Nationalbibliothek verzeichnet diese Publikation in der Deutschen Nationalbibliografie; detaillierte bibliografische Daten sind im Internet über http://dnb.ddb.de abrufbar.

© Copyright Logos Verlag Berlin 2008
Alle Rechte vorbehalten.

ISBN 978-3-8325-1895-0
ISSN 1866-6132

Logos Verlag Berlin
Comeniushof, Gubener Str. 47,
10243 Berlin
Tel.: +49 (0)30 / 42 85 10 90
Fax: +49 (0)30 / 42 85 10 92
http://www.logos-verlag.de

Prozessmanagement -
Praktische Anwendung und weiterführende Ideen

Gerrit Buchenau
Steffen Rietz
Michael Giebel

Geleitwort des Herausgebers

Projekt- und Prozessmanagement sind zwei Themen, die sich sowohl im produzierenden, als auch im Dienstleistungsbereich branchenübergreifend schon vor Jahren etabliert haben. Methoden wurden inzwischen zu Standards, diese wiederum zu Zertifizierungsgrundlagen. Die immer noch andauernde Neu- und Weiterentwicklung dieser Methoden sowie deren Übertragung auf immer neue Anwendungsgebiete will die bdvb-Fachgruppe für Geschäftsprozess- und Projektmanagement würdigen und weiter unterstützen. Grund genug, in diesem Zusammenhang die besten Studienabschlussarbeiten zum Thema Geschäftsprozess- und Projektmanagement zu bewerten und zu prämieren. Der Bundesverband Deutscher Volks- und Betriebswirte e.V. (bdvb) ist das „Netzwerk für Ökonomen". Als unabhängiger und Deutschlands größter Verband der Wirtschaftsakademiker vertritt der bdvb seit über 100 Jahren über verschiedene Teildisziplinen hinweg die Interessen aller Wirtschaftswissenschaftler. Der bdvb verzeichnet zur Zeit ca. 12.000 Mitglieder, wobei der Wissens- und Erfahrungsaustausch der Mitglieder in 20 Bezirksgruppen, über 20 berufsbezogenen Fachgruppen und ca. 45 Hochschulgruppen organisiert wird.

Gesucht waren im Rahmen des bdvb-Awards Studienabschlussarbeiten und Dissertationen zum Geschäftsprozess- und/oder Projektmanagement, die diese Managementmethoden weiterentwickeln oder innovativ auf neue Anwendungsgebiete übertragen. Das schließt deren Verbindung zu anderen Managementdisziplinen und die IT-gestützte Anwendung ausdrücklich ein. Durch zahlreiche Facetten des Prozess- und Projektmanagements ist auch das Spektrum möglicher Themen äußerst vielseitig. Von der Prozessmodellierung und -visualisierung, über die Prozessimplementierung und -optimierung bis hin zur Prozessevaluierung - um nur einige Beispiele zu nennen - sind zahlreiche Betrachtungen denkbar. In enger Anlehnung an das Geschäftsprozessmanagement sind auch die Spielarten des Projektmanagements zu sehen, die neue Bereiche von Struktur- oder Organisationslösungen oder verwandte Schwerpunkte fokussieren können. Entsprechend setzte sich die Gutachterkommission ganz bewusst aus Wissenschaftlern und erfahrenen Industrievertretern zusammen. Umsetzungsorientierte Arbeiten mit direktem Anwendungsbezug waren ebenso willkommen, wie methodenentwickelnde Arbeiten, die in Begleitung von Lehrstühlen oder in Forschungsinstituten entstanden sind. Die erfreulichste und vielleicht auch wichtigste Erkenntnis ist, dass die heutigen Studienabgänger, unbeirrbar von der anhaltenden Diskussion um die Art und Anerkennung von Studienabschlüssen, eine durchweg sehr hohe Qualität abgeliefert haben. Zahlreiche hochkarätige Diplomarbeiten wurden durch Master-, Magister- und Bachelorarbeiten, sogar durch zwei Dissertationen ergänzt. Ebenso erfreulich ist der Anteil der einreichenden Ingenieurinnen und Betriebswirtinnen mit fast 50%.

Ein leichtes Ungleichgewicht gab es hingegen bei der Verteilung auf die gleichermaßen promoteten Themen Geschäftsprozessmanagement und Projektmanagement. Das Projektmanagement, was u.a. in der Baubranche nie wegzudenken war und auch in den Entwicklungsabteilungen zahlreicher

Unternehmen wieder bevorzugt flächendeckend angewandt wird, hatte nur jeder vierte Teilnehmer im Fokus. Andererseits spielte das Projektmanagement ganz sicher bei einigen Abschlußarbeiten zum Thema Prozessmanagement eine ganz entscheidende Rolle. Zwei Arbeiten entstanden in Kooperationen mit amerikanischen Universitäten (USA und Brasilien). Auch länderübergreifend agierende Unternehmen wie Volkswagen in China oder DaimlerChrysler, Shell und andere standen im Mittelpunkt weiterer Betrachtungen. So wundert es nicht, dass die Arbeiten aus zehn verschiedenen Bundesländern (mit bis zu sechs unterschiedlichen Hochschulinstituten pro Bundesland) sowie aus Wien und Salzburg bunt gemischt in deutscher und englischer Sprache eingereicht wurden.

Ein weiterer Trend, der in den letzten Jahren beobachtet werden konnte, wird auch vom Querschnitt der für den Award eingereichten Arbeiten gut widergespiegelt: die zunehmende Praxisnähe, d.h. die Verbindung von strategischen Betrachtungen, methodischen Weiterentwicklungen und der sofortigen fallbezogenen Anwendung. Nur noch ein Drittel der Arbeiten beschäftigen sich mit der reinen Methodenentwicklung. Dies vorrangig im Umfeld komplexer Detailprobleme des Prozessmanagements oder in Form der IT-lastigen Toolumsetzung innovativer Modellierungs- und Visualisierungsmethoden. Ein weiteres Drittel arbeitete in direktem Auftrag mittlerer oder größerer produzierender Unternehmen und löste technische wie auch betriebswirtschaftliche Probleme mit Methoden des Projekt- und Prozessmanagements. Neben den hinlänglich bekannten Produktionsprozessen stehen im letzten Drittel eingereichter Arbeiten zunehmend auch Prozesse in der Medienwelt, in der Immobilienverwaltung der öffentlichen Hand, vor allem aber im Gesundheitsmanagement (Krankenhäuser und Pflegeanstalten) im Mittelpunkt. Nicht zuletzt die Gesundheitsreform erzwingt auch in diesen Bereichen inzwischen das Arbeiten entlang streng definierter prozessualer Abläufe.

Trotz der erfreulich hohen Qualität aller eingereichten Arbeiten konnten leider nicht alle veröffentlicht werden. Um aber zumindest die Vielfalt der Themen aufzuzeigen, haben wir uns entschlossen, einige Branchen, Lösungswege und Implementierungsansätze auszugsweise in diesem Lehr- und Lernbuch zusammenzustellen. Sollten über diesen kurzen Einblick hinaus weitere Fragen offen sein, wenden Sie sich bitte an uns oder auch gern direkt an die betreuenden Lehrstühle.

gez. Gerrit Buchenau / Steffen Rietz / Michael Giebel
bdvb-Fachgruppe für Geschäftsprozess- und Projektmanagement

Der bdvb-Award für Geschäftsprozess- und Projektmanagement 2006/07 wurde finanziell und tatkräftig unterstützt von:

Actano GmbH	**euro engineering AG**	**IMAS Consulting**	**Diplomica GmbH**
München	**München**		
		(www.imas-	(www.diplom.de)
(www.actano.de)	(www. euro-	consulting.com)	
	engineering.de)		

ACTANO

euro engineering

imas CONSULTING

Diplom.de

Inhaltsverzeichnis

Abkürzungsverzeichnis

2nd	Second
€	Euro
AB	Auszubildende
Abb.	Abbildung
ABC	Activity Based Costing
ACM	Association for Computing Machinery
AG	Aktiengesellschaft
API	Application Program Interface
ARIS	Architektur Integrierter Informationssysteme
ARIS PPM	ARIS Process Performance Manager
ASP	Active Server Page
Aufl.	Auflage
B2B	Business-To-Business
B2C	Business-to-Consumer
BPE	Business Process Engineering
BPEL	Business Process Execution Language
BPEL-WS	Business Process Execution Language for Web Services
BPM	Business Process Management
BPMI	Business Process Management Institution
BPML	Business Process Modelling Language
BPMN	Business Process Management Notation
BPMS	Business Process Management System
BPR	Business Process Reengineering
BSC	Balanced Scorecard
Bspw.	Beispielsweise
bzgl.	Bezüglich
bzw.	Beziehungsweise
ca.	Circa

EKV	Entwicklung Konstruktion Vertrieb
E-Mail	Electronical Mail
EPC	Event driven Process Chain
EPK	Ereignisgesteuerte Prozesskette
ERM	Entity Relationship Model
ERP	Enterprise Resource Planning
ESA	Enterprise Services Architecture
ESB	Enterprise Service Bus
et al.	et alii
etc.	et cetera
evtl.	Eventuell
f.	Folgende
FES	Fertigungssysteme
ff.	Fortfolgende
FMEA	Failure Mode and Effects Analysis
FTP	File Transfer Protocol
GITO	Verlag für Industrielle Informationstechnik und Organisation
GoM	Grundsätze ordnungsmäßiger Modellierung
GP	Geschäftsprozess(-e)
GPK	Geschäftsprozesskosten
GPM	Geschäftsprozessmanagement
HEF	Haupterfolgsfaktoren
HMD	Handbuch der maschinellen Datenverarbeitung
HOBE	House of Business Engineering
HoQ	House of Quality
HP	Hewlett-Packard
Hrsg.	Herausgeber
HTTP	HyperTextTransferProtocol
i. Allg.	im Allgemeinen
i.d.R.	In der Rede
IDS	Gesellschaft für integrierte Datenverarbeitungssysteme

IDW	Institut der Wirtschaftsprüfer
IM	Information Management
IS	Informationssystem
ISO	International Organization for Standardization
IT	Informationstechnik
IuK-	Informations- und Kommunikations-
IWi	Institut für Wirtschaftsinformatik
JDBC	Java DataBase Connectivity
KID	Kind in Düsseldorf
KPI	Key-Performance-Indikator
KVP	Kontinuierlicher Verbesserungsprozess
LB	Länderbüros
lmi	leistungsmengeninduziert(-e, -en)
lmn	leistungsmengenneutral(-e, -en)
LNI	Lecture Notes in Informatics
LÖ	Leiter der Öffentlichkeitsarbeit
mbH	mit beschränkter Haftung
MDA	Model-Driven Architecture
MOM	Message-orientierte Middleware
NASA	National Aeronautics and Space Administration
NC	Numerical Control
N.N.	nomen nescio (lateinisch: der Name ist nicht bekannt)
Nr.	Nummer
o. Jg.	ohne Jahrgang
o. O.	ohne Ort
o. V.	ohne Verfasser
OASIS	Organization for the Advancement of Structured Information Standards
ODBC	Open Data Base Connectivity
oEPK	objektorientierte Ereignisgesteuerte Prozesskette
QFD	Quality Function Deployment

OMG	Object Management Group
OWL	Ontology Web Language
OWL-S	Ontology Web Language for Services
PANI	Patronato Nacional de Infancia
PC	Personal Computer
PD	Personal Digital Assistent
PRKR	Prozesskostenrechnung
PPM	Process Performance Manager
PPS	Produktionsplanung- und Steuerung
QM	Qualitätsmanagement(-s)
RA	Referatsleitung Ausbildung
RL	Rentabilitäts-Liquiditäts-
ROI	Return on Investment
RPC	Remote Procedure Call
RPZ	Risikoprioritätszahl
RTE	Real-Time-Enterprise
S.	Seite
SAP	Systeme, Anwendungen, Produkte in der Datenverarbeitung
SB	Sachbearbeiter
SCM	Supply Chain Management
SCOR	Supply-Chain Operations Reference Model
SK	Sekretärin
SLA	Service Level Agreement
SMTP	Simple Mail Transfer Protocol
SOA	Serviceorientierte Architektur
SOAP	Simple Object Access Protocol
sog.	so genannte
Sp.	Spalte
SRM	Supplier Relationship Management
St.	Sankt
STV	Steckverbinder(-n, -s)

T-Modell	Tin Lizzy Modell
TP	Teilprozess(-e, -es)
TP Monitor	Transaction Processing Monitor
TPK	Teilprozesskosten
TPKS	Teilprozesskostensatz(-sätze)
TQM	Total Quality Management
TRIZ	Theorie des erfinderischen Problemlösens
u.a.	und andere
UDDI	Universal Description Discovery Integration
UML	Unified Modeling Language
UN	Unternehmen(-s)
URI	Universal Resource Identifier
USA	United States of America
usw.	und so weiter
VDA	Verband der Automobilindustrie
VDI	Verein deutscher Ingenieure
VDMA	Verband deutscher Maschinen- und Anlagenbauer
vgl.	Vergleiche
VV	Vorstandsvorsitzender
W3C	World Wide Web Consortium
WFS	Workflowmanagement-Systeme
WfMC	Workflow Management Coalition
WKD	Wertschöpfungskettendiagramm
WS	Web Service
WS-CDL	Web Service Choreography Description Language
WSCL	Web Service Conversation Language
WSDL	Web Service Description Language
WSFL	Web Services Flow Language
WWW	Word Wide Web
XML	Extended Markup Language
XPath	XML Path Language

XPDL	**XML Process Definition Language**
XSD	**XML Schema Definition**
ZA	**Zentrale Auftragsabwicklung**
z. B.	**zum Beispiel**
ZVEI	**Zentralverband der Elektrotechnischen Industrie**

1 Konzept zur strukturierten Analyse, Modellierung und Optimierung von Geschäftsprozessen

Julia Freund

1.1 Grundlagen der Prozessmodellierung

Im Folgenden werden die für diese Arbeit relevanten theoretischen Grundlagen dargestellt. Neben der Differenzierung zwischen Aufbau- und Ablauforganisation sowie Aufgabenanalyse und -synthese erfolgt die Definition des Prozessbegriffs. Im Anschluss werden die Grundzüge und eine Auswahl an Modellen zur Prozessgestaltung sowie ein Überblick über die wesentlichen Ziele vorgestellt.

1.1.1 Aufbau- und Ablauforganisation

In der deutschsprachigen, betriebswirtschaftlichen Organisationslehre wird zwischen Aufbau- und Ablauforganisation unterschieden, welche die Kernbestandteile der Organisationsgestaltung bilden.[1] Die systematische Gestaltung der Aufbau- und Ablauforganisation ist Gegenstand der betriebswirtschaftlichen Organisationsplanung und beinhaltet die Bestimmung der Aufgaben-, Kompetenz- und Verantwortungsbereiche sowie die Festlegung der Leitungshierarchie und der Arbeitsbeziehungen zwischen den einzelnen Aufgabeneinheiten und zur Umwelt.[2] Während die Aufbauorganisation die institutionale und statische Infrastruktur einer Organisation beschreibt, spiegelt die Ablauforganisation die dynamische Komponente in Form von Arbeits- und Bewegungsvorgängen wider.[3] Die Aufbauorganisation umfasst die vertikale und horizontale Zerlegung von komplexen Entscheidungsaufgaben, die Gestaltung von Kommunikationsbeziehungen und die Zuweisung von Aufgabenkomplexen auf organisatorische Einheiten.[4] Nach GAITANIDES sind Gegenstände aufbauorganisatorischer Gestaltung nicht nur Personal-, Sachmittel- oder Datenbestände, sondern auch das Aufgaben- und Kompetenzgefüge. Zudem beschreibt die Aufbauorganisation die Ausstattung und Verteilung von Potenzialen bzw. Beständen an materiellen und immateriellen Gütern innerhalb der Organisation.[5] Im Zentrum der Aufbauorganisation liegen folglich die Gliederung des Unternehmens in Teilsysteme (z.B. Abteilungen und Stellen), die Verteilung der Aufgaben auf die einzelnen Teilsysteme und die zwischen den Aufgabenträgern existierenden Beziehungen.[6] Aufgrund fachlicher Spezialisierung und Abgrenzung von Machtbereichen sind Unternehmen normalerweise hierarchisch von oben nach unten gegliedert.[7] Nach SCHMIDT gehören zur Aufbauorganisation Regelungen über die Abgrenzung und Gestaltung zentraler Prozesse, die Zuordnung

[1]   Frese, E. (2000), S. 7
[2]   Hahn, D.; Bleicher, K. (2006), S. 313
[3]   Kosiol, E. (1976), S. 32; Frese, E. (2000), S. 7
[4]   Frese, E. (2000), S. 7
[5]   Gaitanides, M. (1992), S. 1
[6]   Lehmann, H. (1974), Sp. 290 ff.; Domschke, W.; Scholl, A. (2005), S. 352
[7]   Schmidt, G. (1995), S. 63

von Aufgaben (Stellenbildung), das Leitungssystem, das Informationssystem, das Kommunikationssystem, das Sachmittelsystem und das Führungssystem.[8]

Im Gegensatz dazu beschreibt die Ablauforganisation den Vollzug, die Ausübung oder Erfüllung von Funktionen und somit den Ablauf des betrieblichen Geschehens.[9] Die Ablauforganisation verbindet die einzelnen Arbeitsschritte zu komplexen Geschäftsprozessen und stellt die Regelung und den Ablauf der Aktivitäten zur Aufgabenerfüllung in den Vordergrund.[10] Sie koordiniert die zeitlichen und räumlichen Aspekte der Aufgabendurchführung und präzisiert den aufbauorganisatorischen Rahmen.[11] Neben der Regelung der Aufgabenerfüllung umfasst die Ablauforganisation die Gestaltung verzweigter und unverzweigter Prozesse mit oder ohne Rückkopplungen und Verknüpfungen.[12] Die dabei entstehenden Grundstrukturen von Prozessen führen dazu, dass die Ablauforganisation heute häufig auch als Prozessorganisation bezeichnet wird.[13] Der Prozess der Aufgabenerfüllung unter Beachtung sachlich logischer, personaler und raum-zeitlicher Aspekte sowie die Darstellung, Analyse und Optimierung dieser Arbeits-, Zeit- und Raumbeziehungen erhält einen besonderen Stellenwert.[14]

Aufbau- und Ablauforganisation sind nicht unabhängig voneinander zu betrachten, sondern stellen „zwei Seiten ein- und desselben Gegenstands" dar.[15] Die Ablauforganisation verkettet die Tätigkeiten zur Erfüllung der Unternehmensaufgabe und verbindet damit die in der Aufbauorganisation beschriebenen unternehmensspezifischen Organisationseinheiten logisch miteinander.[16]

1.1.2 Aufgabenanalyse und -synthese

Aufgaben bilden das Fundament aller aufbau- und ablauforganisatorischen Lösungen und stehen im Mittelpunkt organisatorischer Regelungen und Gestaltung.[17] Aufgaben dienen einem bestimmten Zweck, verfolgen ein konkretes Ziel und umfassen die folgenden Merkmale:[18]

- Verrichtung (Wie wird eine Aufgabe erfüllt?)
- Objekt (Woran wird eine Aufgabe erfüllt?)
- Aufgabenträger (Von wem wird eine Aufgabe erfüllt?)
- Sachmittel (Womit wird eine Aufgabe erfüllt?)

---

[8]   Schmidt, G. (1995), S. 17
[9]   Gaitanides, M. (1992), S. 1
[10] Picot, A.; Franck, E. (1995), S. 4; Frese, E. (2000), S. 7
[11] Schweitzer, M. (1974), Sp. 1 f.; Esswein, W. (1993), S. 551
[12] Schmidt, G. (2000), S. 369
[13] Schmidt, G. (2000), S. 366
[14] Weidner, W.; Freitag, G. (1998), S. 233; Domschke, W.; Scholl, A. (2005), S. 360
[15] Picot, A. (1993), S. 105
[16] Braun, J. (2003), S. 2
[17] Schmidt, G. (1995), S. 23; Weidner, W.; Freitag, G. (1998), S. 31; Braun, J. (2003), S. 1
[18] Weidner, W./ Freitag, G. (1998), S. 32 f.

- Raum (Wo wird eine Aufgabe erfüllt?)
- Zeit (Wann wird eine Aufgabe erfüllt?)

Die Gesamtaufgabe eines Unternehmens erweist sich als ein Komplex vieler Teilaufgaben, die in aller Regel von mehreren Personen gemeinsam bearbeitet werden.[19] Während die Aufgabenanalyse die Zerlegung, Gliederung und Ordnung der Teilaufgaben umfasst, steht bei der Aufgabensynthese die Verknüpfung zu zielwirksamen Strukturen im Vordergrund. Im Zuge der Aufgabenanalyse werden die Aufgaben inhaltlich bestimmt, geordnet und in verteilungsfähige Einzel- oder Teilaufgaben zerlegt.[20] Teilaufgaben bilden die wesentliche Elementgruppe einer Organisation und sollen so miteinander verbunden werden, dass die Gesamtaufgabe bestmöglich erfüllt werden kann.[21] Die in der Analyse gewonnenen und geordneten Aufgaben stellen das Baumaterial der Organisationsarbeit dar, mit anderen Worten die Steine, aus denen organisatorische Gebäude zusammengesetzt sind.[22] Damit bildet die Aufgabenanalyse die notwendige Basis für die organisatorische Tätigkeit.[23] Als Ziele der Aufgabenanalysetechnik nennt SCHMIDT die vollständige Erfassung, die systematische Gliederung, die übersichtliche Darstellung, die beliebige, stufenweise Detaillierung und die erleichterte Kommunikation und Arbeitsteilung.[24]

In der Aufgabensynthese werden die in der Aufgabenanalyse gewonnenen Teilaufgaben zu verteilungsfähigen Aufgabenkomplexen zusammengefasst. Die rein sachliche Betrachtungsweise der Aufgaben wird aufgehoben, die Erfüllung durch Aufgabenträger rückt in den Mittelpunkt, und es entstehen Stellen als kleinste Organisationseinheiten, welche in der Zusammenfassung zu Abteilungen zum strukturierten Organisationsaufbau führen. Im Rahmen der Aufgabensynthese werden zudem die zwischen den Organisationseinheiten bestehenden Beziehungen herausgearbeitet. Zu den einzelnen Anwendungsfeldern der Aufgabensynthese zählen die Stellenbildung, die Instanzenbildung, die Leitungshilfsstellenbildung, der Informationsaustausch und die Kollegienbildung.[25]

Die Aufgabenanalyse und –synthese formen mit der Zusammenfassung analytisch gewonnener Aufgaben zu Stellen und Abteilungen einen wichtigen Bestandteil der Aufbauorganisation. Die zeitliche, logische und räumliche Folge von Aufgaben und das Verbinden der Aufgaben zu Arbeitsprozessen bilden dagegen die Basis der Ablauforganisation. Somit werden die erhobenen Aufgaben sowohl für aufbau- als auch für ablauforganisatorische Regelungen benötigt.[26]

---

[19] Schreyögg, G. (1999), S. 113
[20] Kosiol, E. (1976), S. 45; Krüger, W. (1992), S. 221; Weidner, W.; Freitag, G. (1998), S. 105
[21] Schmidt, G. (2000), S. 216
[22] Schmidt, G. (2000), S. 216
[23] Weidner, W.; Freitag G. (1998), S. 41
[24] Schmidt, G. (2000), S. 218
[25] Kosiol, E. (1976), S. 76; Weidner, W.; Freitag, G. (1998), S. 43
[26] Schmidt, G. (2000), S. 216 ff.

1.1.3 Der Prozessbegriff

1.1.3.1 Definition von Geschäftsprozessen

Aus den zahlreichen in der Literatur zu findenden Definitionen von Geschäftprozessen[27] wird im Folgenden auf die Arbeiten von DAVENPORT, von HOLST, von STAUD, von SCHMELZER und SESSELMANN, sowie von KUTSCHKER und SCHMID zurückgegriffen.

DAVENPORT definiert einen Prozess als „a structured, measured set of activities designed to produce a specified output for a particular customer or market. It implies a strong emphasis on *how* work is done within an organization, in contrast to a product focus´s emphasis on *what*. A process is thus a specific ordering of work activities across time and place, with a beginning, an end and clearly identified inputs and outputs: a structure for action."[28] MEISE greift DAVENPORTs Prozessdefinition auf und konkretisiert die einzelnen Aspekte wie folgt:[29]

- *Strukturierte, durchdachte Menge von Aktivitäten.* Die Funktionen des Prozesses sind das Produkt einer gedanklichen Strukturierung, die auch die (subjektive) Entscheidung umfasst, welche Aktivitäten dem Prozess noch zugeordnet werden und welche nicht mehr. Da bei der Berücksichtigung aller an der Prozessleistung beteiligten Aktivitäten die Gefahr einer zu hohen Komplexität besteht, muss eine subjektive logische Auswahl an Aktivitäten getroffen werden.

- *Erzeugung einer speziellen Leistung für einen Kunden oder einen Markt.* Die Festlegung der speziellen Prozessleistung definiert das Outputobjekt des Prozesses, anhand dessen der Prozessverlauf analysiert wird. Die Outputobjekte dienen als Entscheidungskriterium, anhand dessen die Funktionen und Aktivitäten ausgewählt werden, die dem Prozess angehören.

- *Ordnung der Aktivitäten über Zeit und Raum.* Der Prozess legt die zeitliche Abfolge der Aktivitäten und die möglichen Orte ihrer Ausführung fest.

- *Existenz eines Start- und Endpunktes.* Eine objektive Bestimmung von Start- und Endpunkt ist aufgrund der Subjektivität der Betrachtung nicht möglich. Deshalb erfolgt eine weitgehend willkürliche Festlegung der Begrenzungspunkte des Prozesses.

---

[27]   Der Begriff Geschäftsprozess wird im Folgenden mit dem kürzeren Begriff Prozess gleichgesetzt, da eine Verwechslungsgefahr mit anderen Prozessen, wie etwa verfahrenstechnischen Prozessen, nicht gegeben ist.

[28]   Davenport, T. H. (1993), S. 5

[29]   Meise, V. (2001), S. 85 ff.

- *Eindeutig festgelegter In- und Output.* Jede Aktivität in einem Unternehmen benötigt Ressourcen und erzeugt zwangsläufig einen Output. Für die Prozessbetrachtung ausschlaggebend ist, welche Input- oder Outputobjekte für den Zweck der Betrachtung berücksichtigt werden müssen.

Nach HOLST besteht ein Prozess aus einer Verknüpfung „mehrerer Funktionen zur effizienten Erreichung der strategischen Unternehmensziele."[30] STAUD definiert einen Geschäftsprozess als eine „zusammenhängende abgeschlossene Folge von Tätigkeiten, die zur Erfüllung einer betrieblichen Aufgabe notwendig sind."[31] SCHMELZER und SESSELMANN beschreiben Geschäftsprozesse als eine „funktionsübergreifende Verkettung wertschöpfender Aktivitäten, die spezifische, von Kunden erwartete Leistungen erzeugen und deren Ergebnisse strategische Bedeutung für das Unternehmen haben."[32] Für KUTSCHKER und SCHMID umfasst der Begriff des Geschäftsprozesses alle Tätigkeiten und Aktivitäten, die in direktem Zusammenhang miteinander stehen und in ihrer Summe den betriebswirtschaftlichen, produktionstechnischen, verwaltungstechnischen und finanziellen Erfolg des Unternehmens bestimmen.[33]

Die oben aufgeführten Definitionen setzen unterschiedliche Schwerpunkte. DAVENPORT zeigt neben der Leistungsausrichtung auch die strukturellen Merkmale eines Prozesses auf. HOLST geht auf die effiziente Erreichung der strategischen Unternehmensziele ein, und STAUD stellt die Erfüllung einer bestimmten Aufgabe als Ziel des Prozesses in den Mittelpunkt. SCHMELZER und SESSELMANN heben den funktionsübergreifenden und strategiebezogenen Aspekt hervor, während KUTSCHKER und SCHMID die Verknüpfung zum Unternehmenserfolg betonen.

Da für die Zwecke dieser Arbeit eine Kombination aus den hier aufgeführten Teilaspekten relevant ist, sollen Geschäftsprozesse, angelehnt an die oben dargestellten Prozessdefinitionen, wie folgt definiert werden:

Geschäftsprozesse bestehen aus einer zusammenhängenden, abgeschlossenen und möglichen funktionsübergreifenden Verkettung von Tätigkeiten, die zur Erfüllung einer betrieblichen Aufgabe notwendig sind. Start- und Endpunkt stecken die Grenzen des Geschäftsprozesses ab. Die im Prozess enthaltenen Aktivitäten werden über Zeit und Raum strukturiert, dienen der effizienten Erreichung der strategischen Unternehmensziele und bestimmen in ihrer Summe den Erfolg eines Unternehmens.

---

[30] Holst, J. (1992), S. 261
[31] Staud, J. (2001), S. 9
[32] Schmelzer, H. J.; Sesselmann, W. (2003), S. 5
[33] Kutschker, M.;Schmid, S. (2005), S. 643

1.1.3.2 Prozessebenen

Die in einem Unternehmen vorhandenen Geschäftsprozesse können je nach Beitrag zur Wertschöpfung und Bezug zur Zielerreichung zwei unterschiedlichen Prozessebenen zugeordnet werden. Aus der Vielzahl innerhalb einer Organisation vorhandener Prozesse ragen einige heraus, welche die Leistungen des Unternehmens in besonderem Maße repräsentieren. Diese strategisch besonders relevanten Prozesse werden in der Literatur uneinheitlich als „Kernprozesse", „primäre Prozesse", „Schlüsselprozesse", „Leistungsprozesse", „strategische Prozesse" oder „Unternehmensprozesse" bezeichnet.[34] PORTER teilt in seinem Modell der Wertkette Unternehmensaktivitäten in primäre und unterstützende Aktivitäten auf. Als primäre Aktivitäten definiert er wertschöpfende Tätigkeiten, die einen unmittelbaren Bezug zum hergestellten Produkt bzw. zur Dienstleistung aufweisen und dadurch einen direkten Beitrag zum wirtschaftlichen Ergebnis des Unternehmens leisten (z.B. Tätigkeiten aus den Bereichen Ein- und Ausgangslogistik, Kundendienst, Marketing und Vertrieb sowie Operationen).[35] Die originäre Wertschöpfung, d.h. die unmittelbare Erstellung und Vermarktung von Produkten und Dienstleistungen findet folglich in den primären Geschäftsprozessen statt und zielt unmittelbar auf einen externen Kunden ab.[36] Unterstützende Aktivitäten dagegen, die in der Literatur häufig auch als „Supportprozesse" oder „sekundäre Prozesse" bezeichnet werden, unterstützen die gesamte Wertkette und sind für externe Kunden in der Regel nicht sichtbar.[37] Zu den sekundären Prozessen, die keinen direkten Bezug zu den hergestellten Produkten aufweisen, zählen beispielsweise Personalwirtschaft, Rechnungswesen, Recht und Informationsverarbeitung.[38]

Die von den Kernprozessen benötigte Unterstützung in Form von Infrastrukturleistungen wird folglich von den Supportprozessen gestellt.[39] Auch wenn Supportprozesse keine direkten Berührungspunkte zu den bearbeiteten Produkten bzw. Dienstleistungen aufweisen, sind sie essenziell notwendig, um Kernprozesse durchführen zu können; die Realisierung der wertschöpfenden Tätigkeiten ist ohne ihre Hilfe nicht möglich. Der Übergang zwischen Kern- und Supportprozessen ist fließend. In unterschiedlichen Unternehmen und für unterschiedliche Kontexte kann derselbe Prozess Kern- oder Supportprozess sein.[40] Zudem werden Supportprozesse nicht selten Kernprozessen als Teilprozesse zugeordnet.[41] Kernprozesse und primäre Geschäftsprozesse werden im Folgenden ebenso wie

---

[34]   Meise, V. (2001), S. 169
[35]   Porter, M. E. (1991a), S. 65 ff.
[36]   Jost, P.-J. (2000), S. 465; Schmelzer, H. J.; Sesselmann, W. (2003), S. 51
[37]   Porter, M. E. (1991a), S. 65; Schmelzer, H. J.; Sesselmann, W. (2003), S. 51
[38]   Becker, J; Kahn, D. (2003), S. 7
[39]   Schmelzer, H. J.; Sesselmann, W. (2003), S. 51
[40]   Becker, J.; Kahn, D. (2002), S. 7
[41]   Schmelzer, H. J.; Sesselmann, W. (2003), S. 52

Supportprozesse, sekundäre und unterstützende Geschäftsprozesse jeweils analog verwendet.

1.1.4 Ansätze der Prozessgestaltung

In der Prozessgestaltung kann grundsätzlich zwischen zwei Vorgehensweisen unterschieden werden. Zum einen können Prozesse aus der radikalen Neugestaltung entworfen und zum anderen unter Berücksichtigung der Iststrukturen entwickelt werden.[42] Im Folgenden sollen diese beiden Ansätze näher erläutert werden.

1.1.4.1 Radikaler Ansatz

Der radikale Ansatz wird durch das in den USA entwickelte Business Reengineering vertreten, welches insbesondere durch die Arbeiten von HAMMER und CHAMPY Popularität erzielte. HAMMER und CHAMPY verstehen unter Business Reengineerung ein grundlegendes Überdenken des Unternehmens und seiner Prozesse zur Verbesserung von Kosten, Qualität, Service, Zeit und des Kundennutzens.[43] Dabei stehen nicht die Verbesserung der bestehenden Abläufe im Vordergrund, sondern ein Neubeginn, ein völliges Überdenken der Strukturen und damit eine „Radikalkur" für das Unternehmen.[44] Ihr Konzept beschreiben sie mit den Schlüsselbegriffen:[45]

- fundamental
- radikal
- Verbesserung von Größenordnungen
- Betrachtung von Unternehmensprozessen

Der Ansatz von HAMMER und CHAMPY führte zu einer Reihe von Weiterentwicklungen. In diesem Zusammenhang werden teilweise die Begriffe „Business Process Reengineering", „Business Engineering", „Business Redesign", u.a. synonym verwendet.[46] Business Process Reengineering fordert, alle bisherigen Regeln der Arbeitsteilung und des Bereichsdenkens zu verlassen und Unternehmen nach Prozessen und nicht nach spezialisierten Einheiten zu gliedern.[47] Die existierende Position eines Unternehmens am Markt einschließlich seiner momentanen Kerngeschäftsausrichtung wird in Frage gestellt, um ein fundamentales Überdenken und radikales Redesign zu ermöglichen.[48] Der Betrachtungshorizont endet nicht bei organisatorischen Regelungen im engeren Sinn, sondern reicht weiter. Ausgangspunkt der Optimierung bildet die Überprüfung der Strategie. Dabei

---

[42]   Hohmann, P. (1999), S. 164
[43]   Hammer, M.; Champy, J. (1994), S. 48
[44]   Hammer, M.; Champy, J. (1994), S. 12
[45]   Hammer, M.; Champy, J. (1994), S. 48 ff.
[46]   Gadatsch, A. (2000), S. 10
[47]   Schmidt, G. (1995), S. 64
[48]   Eiff, W. v. (1994), S. 367

steht die Beantwortung der Frage ob man das Richtige tut (doing right things) vor der Frage wie man es richtig macht (doing things right).[49]

Business Process Reengineering zeichnet sich nach SCHMIDT durch die folgenden vier wesentlichen Merkmale aus:[50]

- Infragestellen der Strategie (Überprüfen, ob das Richtige getan wird).
- Radikales Neugestalten (statt Kaizen[51] der Bruch heute bestehender Regeln).
- Angestrebtes Verbessern um erhebliche Größenordnungen.
- Ausrichten von Unternehmen oder Bereichen auf zentrale Prozesse.

1.1.4.2 Evolutionärer Ansatz

Der evolutionäre Ansatz baut im Gegensatz zum Business Reengineering auf den bestehenden Prozessen eines Unternehmens auf und unterscheidet zwischen einer Analyse- und Gestaltungsphase. Bei dieser Vorgehensweise wird zuerst die Istsituation betrachtet, d.h. die bestehenden Prozessaktivitäten beschrieben, der Informationsfluss untersucht und mögliche Schwachstellen analysiert. Auf Grundlage der Istanalyse werden dann die Sollabläufe entwickelt und die entstandenen Lösungen abgestimmt. Neben der Eliminierung nicht notwendiger Prozessschritte, der Änderung der Reihenfolge oder dem Hinzufügen von Schritten sind auch eine Automatisierung (z.B. mit EDV-Unterstützung) oder eine Parallelisierung von Arbeitschritten zur Verbesserung der Prozessstruktur denkbar.[52] Eine Korrektur der bestehenden Abläufe soll durch elektronische Arbeitsverteilung und die Reduktion von Reibungsstellen an Schnittstellen sowie durch den Abbau von Datenredundanzen erzielt werden. Im Gegensatz zum Business Reengineering bleiben die existierenden funktionalen Strukturen meist bestehen, und es findet keine radikale prozessorientierte Neugestaltung der Aufbauorganisation statt.[53] Zudem wird besonderer Wert auf die Beteiligung der Mitarbeiter am Analyse- und Gestaltungsprozess gelegt.[54] GAITANIDES bezeichnet dieses evolutionäre Vorgehen, welches durch ein permanentes Lernen der Mitarbeiter gekennzeichnet ist, als Verbesserungsmodell; demgegenüber steht das Veränderungsmodell des Business Reengineering.[55]

Ein Beispiel für die schrittweise Verbesserung der Unternehmensprozesse ist die japanische Managementphilosophie „Kaizen". Das Wort Kaizen, welches sich aus „KAI = Veränderung, Wandel" und „ZEN = zum Besseren" zusammensetzt, impliziert

---

[49] Schmidt, G. (1995), S. 65
[50] Schmidt, G. (1995), S. 67
[51] Eine genauere Erklärung des Begriffs „Kaizen" folgt in Kapitel 2.4.2
[52] Desjardins, C. (2001), S. 66 f., Binner, H. F. (1997), S. 4 ff.
[53] Gaitanides, M.; Scholz, R.; Vrohlings, A. (1994), S. 4
[54] Just-Hahn, K.; Hagemeyer, J.; Striemer, R. (1998), S. 3
[55] Gaitanides, M. (1995), S. 70

eine kontinuierliche Verbesserung in kleinen Schritten als Ergebnis laufender Bemühungen.[56] Dabei werden die Strategie und Struktur des Unternehmens nicht in Frage gestellt und die Mitarbeiter in die Gestaltung der Prozesse integriert.[57] Das ganzheitliche Kaizen-Konzept betrachtet die gesamte Wertschöpfungskette vom Lieferanten des Unternehmens bis zum Kunden. Darüber hinaus prägt Kaizen die Wertvorstellungen und Verhaltensweisen der Mitarbeiter und Führungskräfte eines Unternehmens und wird dadurch zum Bestandteil der Unternehmenskultur.[58] SCHMELZER und SESSELMANN fassen die wichtigsten Merkmale von Kaizen wie folgt zusammen:[59]

- Fokussierung auf den Prozess zur Erzeugung des Ergebnisses und weniger auf das Ergebnis selbst.
- Permanente Steigerung der Prozessleistung durch Verbesserung in kleinen Schritten.
- Orientierung an den Wünschen der internen und externen Kunden.
- Nutzung der Fähigkeiten aller Mitarbeiter zur Lösung vorhandener Probleme.

Ende der 80er Jahre wurden aufgrund der enormen Erfolge japanischer Unternehmen Teilaspekte des Kaizen in westlich geprägte Unternehmen als „Kontinuierliche Verbesserungsprozesse" (KVP) eingeführt. Die wesentlichen Bestandteile der KVP sind:[60]

- Perfektionierung des betrieblichen Vorschlagswesens.
- Systematische Investitionen in das Wissen der Mitarbeiter zum Aufbau von Kompetenzen.
- Mitarbeiterorientierte Führung.
- Einführung von Qualitätsmanagementsystemen.

Durch die kontinuierliche Verbesserung in kleinen Schritten und das Lösen der Probleme auf der Arbeitsebene soll die Leistung der vorhandenen Geschäftsprozesse permanent gesteigert werden.[61]

1.1.5 Modellierung von Prozessen

Die Modellierung von Prozessen dient der Herstellung von Transparenz über den Verlauf der Prozesse, um darauf aufbauend Aussagen über den Geschäftsprozess treffen und diesen gegebenenfalls optimieren zu können.[62] Für diesen Zweck steht eine Vielzahl an Darstellungsmöglichkeiten mit unterschiedlichen Schwerpunkten zur

[56] Schmelzer, H. J.; Sesselmann, W. (2003), S. 237
[57] Fischermanns, G.; Liebelt, W. (1997), S. 115
[58] Teufel, P. (2003), S. 504 f.
[59] Schmelzer, H. J.; Sesselmann, W. (2003), S. 11 f.
[60] Fischermanns, G. (2006), S. 391
[61] Schmelzer, H. J.; Sesselmann, W. (2003), S. 237
[62] Goldstein, B. (1999), S. 25; Becker, J. (2002), S. 94

Verfügung. Die Auswahl eines Prozessmodells orientiert sich am Einsatzzweck und den damit verbundenen Kriterien und Kennzahlen.[63] In den 90er Jahren wurden zudem allgemeine Gestaltungsempfehlungen zur bedarfsgerechten Modellierung und Erhöhung der Modellqualität in Form von Grundsätzen ordnungsmäßiger Modellierung (GoM) formuliert. Im folgenden Kapitel werden diese genauer erläutert, mögliche Einsatzzwecke und Kriterien von Prozessmodellen gezeigt sowie eine Auswahl an Modelltypen vorgestellt.

1.1.5.1 Grundsätze ordnungsmäßiger Modellierung (GoM)

Eine erste und grundlegende Formulierung der GoM erfolgte durch BECKER, ROSEMANN und SCHÜTTE[64] und wurde später von ROSEMANN[65] für die Prozessmodellierung weiter konkretisiert. Die Zielsetzung der GoM besteht im Entwurf von generellen und adressatenindividuellen Gestaltungsempfehlungen, die die Modellqualität erhöhen sollen.[66] Die folgenden Ausführungen basieren auf der Darstellung von ROSEMANN, SCHWEGMANN und DELFMANN.[67]

Die GoM, die begrifflich an die Grundsätze ordnungsmäßiger Buchführung angelehnt sind, zeichnen sich durch folgende strukturbestimmende Grundsätze aus:

- *Grundsatz der Richtigkeit.* Die beschriebenen Strukturen (z.B. die aufbauorganisatorische Hierarchie) als auch das beschriebene Verhalten (z.B. die Prozesse) müssen korrekt wiedergegeben werden.

- *Grundsatz der Relevanz.* Das Informationsmodell muss die für die jeweilige Perspektive relevanten Sachverhalte darstellen, sollte jedoch keine irrelevanten Informationen enthalten.

- *Grundsatz der Wirtschaftlichkeit.* Die Modellierungsaktivitäten sollen in einem angemessenen Kosten-Nutzen-Verhältnis zueinander stehen. Zur Wirtschaftlichkeit können beispielsweise die Nutzung von Referenzmodellen oder Maßnahmen zur Wiederverwendung beitragen.

- *Grundsatz der Klarheit.* Ein Modell ist nur von Nutzen, wenn es für den Adressaten auch verständlich ist. Deshalb sollte, abhängig vom Modellnutzer, ein adäquater Grad an intuitiver Lesbarkeit eingehalten werden.

- *Grundsatz der Vergleichbarkeit.* Dieses Postulat gewährleistet die modellübergreifend konforme Anwendung der Modellierungsempfehlungen

---

[63] Becker, J. (2002), S. 95
[64] Becker, J.; Rosemann, M.; Schütte, R. (1995)
[65] Rosemann, M. (1996)
[66] Becker, J; Rosemann, M.; Schütte, R. (1995), S. 437
[67] Rosemann, M.; Schwegmann, A.; Delfmann, P. (2003), S. 49 ff.

und vereinfacht beispielsweise die Konsolidierung von unabhängig voneinander erstellten Informationsmodellen.

- *Grundsatz des systematischen Aufbaus.* Da aus Gründen des Komplexitätsmanagements Informationsmodelle immer nur einen Teilaspekt eines bestimmten Realweltausschnitts wiedergeben, sollten wohldefinierte Schnittstellen zu korrespondierenden Modellen bestehen.

1.1.5.2 Einsatzzwecke und Kriterien von Prozessmodellen

Das Spektrum an Modellen zur Beschreibung von Unternehmensabläufen reicht in der Praxis von rein textlichen über tabellarische und grafische Prozessbeschreibungen bis hin zu methoden- und datenbankgestützten Prozessmodellen.[68] Je nach Modell stehen unterschiedliche Elemente und Kriterien im Vordergrund. Die Entscheidung für oder gegen ein Modell hängt primär von der Zielsetzung bzw. den Einsatzzwecken des Prozessmodells ab, aus denen sich die notwendigen Kriterien ableiten lassen.[69] ROSEMANN und SCHWEGMANN nennen als mögliche Einsatzzwecke die *Organisationsdokumentation*, die *Prozessorientierte Reorganisation*, das *Kontinuierliche Prozessmanagement*, die *Zertifizierung nach DIN ISO 9000 ff.*, das *Benchmarking*, das *Wissensmanagement*, die *Auswahl von Enterprise Resource Planning-Software*, das *Modellbasierte Customizing*, die *Softwareentwicklung*, das *Workflowmanagement* und die *Simulation.*[70]

Die aufgeführten Einsatzzwecke stellen unterschiedliche inhaltliche und methodische Anforderungen an die Prozessmodelle, die durch die Verwendung entsprechender Kriterien und Kennzahlen umgesetzt werden können. Für das *Workflowmodell* beispielsweise ist die Spezifikation der In- und Outputdaten zwingend notwendig, während beim *Benchmarking* der Schwerpunkt eher auf Kennzahlen als Vergleichswerte (z.B. Prozesskosten, Prozessdurchlaufzeit) gelegt wird.[71] Der Einsatzzweck *Organisationsdokumentation* verfolgt die Zielsetzung, die Transparenz und die Dokumentation der Geschäftsprozesse zu erhöhen, um dadurch die Kommunikation über diese Prozesse (z.B. zur Mitarbeiterschulung) in ihrer Effizienz zu erhöhen. Dabei steht im Vordergrund, dass die Modelle intuitiv nachvollziehbar und kontinuierlich aktualisierbar bleiben. Für die *Simulation* dagegen, die der Untersuchung des Systemverhaltens im Zeitablauf dient, werden detaillierte Angaben über Zeit-, Mengen- und Kostendaten benötigt, um den besonderen Anforderungen

---

[68]   Bergsmann, S.; Grabek, A.; Brenner, M. (2005), S. 54
[69]   Becker, J. (2002), S. 95
[70]   Rosemann, M; Schwegmann, A. (2002), S. 52 ff.
[71]   Rosemann, M; Schwegmann, A. (2002), S. 58

an die Modelldetailliertheit gerecht zu werden.[72] Diese Beispiele verdeutlichen, dass die Zielsetzung der Prozessmodellierung die Wahl des Prozessmodells in besonderem Maße beeinflusst.

Zur Modellierung von Geschäftsprozessen können verschiedene grafische und computerprogrammgestützte Darstellungsformen verwendet werden, deren inhaltlicher Umfang unterschiedliche Elemente und Kennzahlen abdeckt. Ausgehend vom Einsatzzweck werden die benötigten Kriterien festgelegt, um anschließend ein entsprechendes Prozessmodell auswählen zu können. Zu den möglichen Elementen und Kennzahlen der Prozessmodelle zählen:[73]

- Zeitlich logische Anordnung der Prozesse.
- Prozessschritte (Teilprozesse, Funktionen, Tätigkeiten).
- Prozessstellen (organisatorische Einheiten, die Prozessschritte ausführen).
- Informationsobjekte (Daten und Dokumente, die bearbeitet oder benötigt werden).
- Beziehungen zwischen den genannten Elementen (z.B. Kontrollfluss- und Datenflussbeziehungen zwischen den Prozessschritten oder Zuordnung von Prozessschritten zu Prozessstellen).
- Zeitangaben (z.B. Bearbeitungszeit, Kapazität, Transportzeit, Liegezeit).
- Mengen (z.B. Bearbeitungsmengen, Anzahl der beteiligten Mitarbeiter).
- Kosten (z.B. Prozesskosten, Ressourcen, Deckungsbeitrag).
- Qualität (z.B. Bewertung durch Kunden, ökologische Bewertung).

1.1.5.3 Modelltypen der Prozessmodellierung

Mit der Darstellung von Geschäftsprozessen wird der Versuch unternommen, die im Unternehmen vorhandenen und miteinander verwobenen Aktivitäten möglichst aussagekräftig abzubilden.[74] Nach HAGEMEYER und STRIEMER ist ein Modell die vereinfachte Abbildung eines Ausschnitts der Realität und wird erstellt, um Sachverhalte zu dokumentieren, Erklärungsansätze zu finden oder Gestaltungshinweise zu geben.[75] Ein Modelltyp definiert eine bestimmte Notation, die für die Prozessmodellierung verwendet wird und enthält eine ausgewählte Menge an Objekttypen wie beispielsweise Funktionen, Ereignisse, Konnektoren, Kanten, Stellen etc. mit einer definierten Semantik.[76] Des Weiteren legen Prozessmodelle unterschiedliche Schwerpunkte hinsichtlich der oben dargestellten Kriterien. Im

---

[72] Rosemann, M; Schwegmann, A. (2002), S. 52 ff.
[73] Scholz, R.; Vrohlings, A. (1994b), S. 103; Chrobok, R.; Tiemeyer, E. (1996), S. 166; Hoffmann, M; Goesmann, T.; Herrmann, T. (1998), S. 33; Hohmann, P. (1999), S. 162 f.; Bergsmann, S.; Grabek, A.; Brenner, M. (2005), S. 60
[74] Wittberg, V. (1999), S. 66
[75] Hagemeyer, J.; Striemer, R. (1998), S. 170
[76] Rosemann, M.; Schwegmann, A. (2002), S. 62

Folgenden soll eine Auswahl der in der Literatur gängigen Modelltypen vorgestellt werden.

1.1.5.3.1 Beschreibung in Texten

Abläufe von Tätigkeiten, Richtlinien oder Arbeitsplatzbeschreibungen werden in vielen Unternehmen traditionell in Textform festgehalten. Analog zu diesem Vorgehen wurde in den ersten Prozessmanagementprojekten ebenfalls auf die textliche Darstellung von Abläufen zurückgegriffen. Nachteile bei der ausschließlichen Verwendung dieser Methode bestehen insbesondere darin, dass sie wenig Übersichtlichkeit bietet und daher nur unter hohem Aufwand weitergehende Analysen und Auswertungen der beschriebenen Geschäftsprozesse durchgeführt werden können. Ferner sind Aktualisierungen sehr aufwändig und Inkonsistenzen fast unvermeidlich.[77] Jedoch als Ergänzung zur grafischen Darstellung, beispielsweise in Tabellenform, als Übersichtsberichte, oder auch als Detailberichte, in denen alle relevanten Aspekte zu den erfassten Elementen eines Arbeitsschrittes ausgewiesen werden, sind Texte als sehr sinnvoll zu erachten.[78]

1.1.5.3.2 Wertschöpfungskettendiagramme

Wertschöpfungskettendiagramme (vgl. Abbildung 1) werden zur Dokumentation der Abfolge von Funktionen, die zur Wertschöpfung eines Produktes beitragen, verwendet und gehen in ihrer ursprünglichen Form auf die von PORTER entwickelte Wertkette zurück. Die Wertkette umfasst alle Aktivitäten, die zum Kaufwert beitragen und integriert demnach sowohl die Hauptaktivitäten als auch die Stützungsaktivitäten. Ausgangspunkt bildet die Strategie, welche vorgibt, wie ein Unternehmen einzelne Aktivitäten durchführt und seine gesamte Wertkette ordnet.[79] Wertschöpfungskettendiagramme fungieren im Rahmen der Prozessmodellierung primär als Übersichtsdarstellung hochaggregierter, unternehmensweiter oder abteilungsübergreifender Prozesse bzw. Funktionen und zur Spezifikation der Kernprozesse auf hoher Abstraktionsebene.[80] Dabei wird ein gewisser Grad an Ungenauigkeit in Kauf genommen.[81] Aufgrund dieser strategischen Positionierung enthalten sie keine Details hinsichtlich der eingebundenen Organisationseinheiten, der Anwendungssysteme oder des Kontrollflusses. Zur detaillierten Beschreibung

---

[77]   Bergsmann, S.; Grabek, A.; Brenner, M. (2005), S. 54
[78]   Chrobok, R.; Tiemeyer, E. (1996), S. 167
[79]   Porter, M. E. (1991b), S. 62 f.
[80]   Derszteler, G. (1996), S. 594; Rosemann, M.; Schwegmann, A. (2002), S. 64
[81]   Hüsselmann, C. (2003), S. 78

von Prozessen sind sie nicht geeignet, sondern dienen eher als Einstieg in die Prozessmodelle.[82]

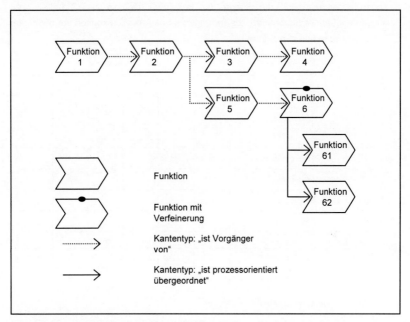

Abbildung 1: Wertschöpfungskettendiagramm[83]

1.1.5.3.3   Prozessgitter

BERGSMANN, GRABEK und BRENNER führen Prozessgitter (vgl. folgende Abbildung) als weiteren Modelltyp auf, welcher auf gängigen Tabellenkalkulationsprogrammen (z.B. MS-Excel) basiert und Ablauffolgen mit der dazugehörigen Ausführungsverantwortung sowie den In- und Outputs beschreibt.[84] Darüber hinaus können Kriterien wie beispielsweise Kostenstellenkosten, Kapazität, Durchlaufzeit oder Prozesskosten im Modell berücksichtigt werden.[85] Durch das übersichtliche Format erhält die Beschreibung eine durchgängige Struktur, was als wesentliche Verbesserung im Vergleich zur rein textlichen Beschreibung zu verzeichnen ist. Zudem können Prozessgitter über Filter-, Sortier- und Formelfunktionen in gewissem Maße ausgewertet werden. Die wesentlichen Probleme dieser Darstellungsform liegen nach BERGSMANN, GRABEK und BRENNER zum einen darin, dass kaum alle

---

[82]   Rosemann, M.; Schwegmann, A. (2002), S. 64
[83]   Rosemann, M.; Schwegmann, A.; Delfmann, P. (2003), S. 66
[84]   Bergsmann, S.; Grabek, A.; Brenner, M. (2005), S. 54
[85]   Bergsmann, S.; Grabek, A.; Brenner, M. (2005), S. 60 f.

Prozesse eines Unternehmens in einer Datei abgebildet werden können und so durch die Aufteilung auf viele Tabellen der Gesamtüberblick verloren geht. Zum anderen gestaltet sich die Pflege der Beschreibungen in den Tabellen sehr aufwendig, und weitergehende Auswertungen sowie Analysen können nur mit einem hohen Aufwand und in beschränktem Ausmaß durchgeführt werden.[86]

Prozessablauf			Abteilung				
Laufende Nr.	Teilprozess-Bezeichnung		a	b	c	d	e
01	Teilprozess 16	a	●				
02	Teilprozess 23	d				●	
03	Teilprozess 18	b		●			
04	Teilprozess 17	a	●				
05	Teilprozess 19	c			●		
06	Teilprozess 20	e					●
07	Teilprozess 24	d				●	

Abbildung 2: Beispiel für ein Prozessgitter[87]

1.1.5.3.4 Folgepläne

Folgepläne sind Ablaufdiagramme, die aufgrund ihrer weitreichenden Symbolik eine Vielzahl an Kriterien für unterschiedliche Einsatzzwecke abbilden können. FISCHERMANNS untergliedert die Einsatzzwecke der Prozessmodellierung in eine Prozesssicht, eine Organisationssicht, eine IT-Systemsicht und eine Datensicht.[88] Während sich die Prozesssicht auf die Modellierung der zeitlich logischen Folge von Aufgaben und Teilprozessen konzentriert, werden bei der Organisationssicht die Aufgaben den jeweiligen Aufgabenträgern zugewiesen. Die IT-Systemsicht dokumentiert die eingesetzten Softwaresysteme, und in der Datensicht werden eingehende und ausgehende Daten dokumentiert. Mit Hilfe der Folgeplantechnik ist es möglich, je nach Einsatzzweck, eine oder mehrere Sichten in einer Darstellung zu

---

[86] Bergsmann, S.; Grabek, A.; Brenner, M. (2005), S. 55
[87] Bergsmann, S.; Grabek, A.; Brenner, M. (2005), S. 55
[88] Fischermanns, G. (2006), S. 189

integrieren.[89] Die folgende Abbildung zeigt beispielhaft einen Folgeplan, der alle vier Sichten verbindet.

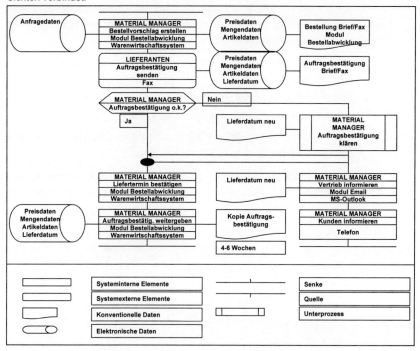

Abbildung 3: Folgeplan mit integrierter Prozess-, Organisations-, IT-System- und Datensicht[90]

1.1.5.3.5 Ereignisgesteuerte Prozessketten

Die Prozessmodellierung in Form von Ereignisgesteuerten Prozessketten (vgl. folgende Abbildung) ist ein weit verbreitetes Werkzeug zur Analyse und Beschreibung von Geschäftsprozessen, deren Methode und dazugehörige Notation von SCHEER und seinen Mitarbeitern im Rahmen des ARIS-Konzepts (Architektur integrierter Informationssysteme)[91] entwickelt wurde.[92] Ereignisgesteuerte Prozessketten stellen *Funktionen* in ihrer zeitlich logischen Folge dar, wobei Funktionen stets von *Ereignissen* ausgelöst werden und wiederum neue Ereignisse

---

[89]   Fischermanns, G. (2006), S. 189 ff.
[90]   In Anlehnung an Fischermanns, G. (2006), S. 210
[91]   Ein Überblick über die Hauptbestandteile des ARIS-Konzepts folgt am Ende dieses Kapitels.
[92]   Staud, J. (2001), S. 59

auslösen. Prozesse werden folglich als Abfolge von Ereignissen und Funktionen modelliert.[93] Den Grundstock der Ereignisgesteuerten Prozesskette bilden neben Funktionen und Ereignissen *Organisationseinheiten* und *Informationsobjekte*. Zudem werden der Kontrollfluss und eingeschränkt der Datenfluss berücksichtigt sowie folgende drei Operatoren bei der Modellierung verwendet:[94]

- UND: alle Ereignisse (bzw. Funktionen) müssen eintreten, erst dann geht es im Kontrollfluss weiter.

- ODER: mindestens eines der Ereignisse (bzw. eine der Funktionen) muss eintreten, erst dann geht es im Kontrollfluss weiter.

- XODER: genau eines der Ereignisse (bzw. eine der Funktionen) muss eintreten, erst dann geht es im Kontrollfluss weiter.

Die hier aufgeführten Elemente werden unter Einhaltung festgelegter Modellierungsregeln zu aussagekräftigen Beschreibungen von Geschäftsprozessen verknüpft.[95]

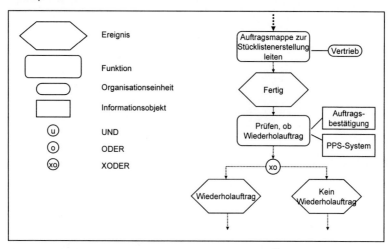

Abbildung 4: Beispiel einer Ereignisgesteuerten Prozesskette[96]

1.1.5.3.6 *Umfassende computergestützte Systeme*

Neben der Darstellung, Analyse und Modellierung bietet das Funktionsspektrum von Werkzeugen zur Gestaltung von Geschäftsprozessen auch programmgestützte Tools zur Simulation, Steuerung und Automatisierung. Bekannte umfassende

---

[93] Hohmann, P. (1999), S. 168
[94] Scheer, A.-W. (1997), S. 49 ff. und S. 691 ff.; Staud, J. (2001), S. 66
[95] Für eine genaue Darstellung der Aufbauregeln Ereignisgesteuerter Prozessketten vgl. Staud, J. (2001), S. 67 ff.
[96] In Anlehnung an Staud, J. (2001), S. 171

computergestützte Systeme sind beispielsweise das ARIS-Konzept von der IDS Scheer AG oder BONAPART von der PIKOS GmbH.[97]

Als ein mögliches System dieser Toolgruppe soll beispielhaft das prozessorientierte ARIS-Konzept vorgestellt werden. Das ARIS-Toolset wurde erstmals auf der CeBIT 1993 als kommerzielles Produkt zur Modellierung und Analyse von Geschäftsprozessen präsentiert und steht für eine Gruppe von Systemen, deren wesentliche Aufgabe darin besteht, Geschäftsprozesse zu dokumentieren, zu analysieren und neu zu gestalten.[98] SCHEER unterscheidet verschiedene, isoliert zu betrachtende Ebenen, die er Sichten nennt und in einem Rahmenkonzept, dem sogenannten ARIS-Haus, miteinander in Verbindung setzt. Zu den Sichten zählen im Einzelnen die Daten-, Funktions-, Organisations-, Ressourcen-, und Steuerungssicht.[99]

Das ARIS-Konzept zielt auf die ganzheitliche Betrachtung organisatorischer Aspekte ab und strebt ein ausführliches Informationssystem zur Unterstützung und Optimierung von Geschäftsprozessen aus allen Sichten und über alle Entwicklungsphasen an.[100] Weiter soll das Toolset eine umfassende Beschreibung ermöglichen, welche die ganze Komplexität von Geschäftsprozessen abbildet und dabei eine einfach zu verstehende Sprache spricht.[101] Weite Teile der Prozessmodellierung des ARIS-Konzepts bauen auf den oben dargestellten Ereignisgesteuerten Prozessketten auf.

1.1.6 Ziele der Prozessanalyse und -gestaltung

Primäres Ziel eines jeden Unternehmens ist es, am Markt dauerhaft zu überleben. Nach MAYER liegt das größte Ergebnispotenzial eines Unternehmens in der Fähigkeit, Prozesse zu managen und zu installieren, um so einen beständigen Erfolg zu erzielen.[102] Mit anderen Worten besteht die Zielsetzung der Prozessanalyse und -gestaltung in der *Sicherung des langfristigen Unternehmenserfolgs* und in der *Behebung der auftauchenden Probleme*, die sich anhand der Schlüsselbegriffe „Effektivität" und „Effizienz" beschreiben lassen. Während Effektivität bedeutet „das Richtige zu tun", kann Effizienz als „etwas richtig tun" beschrieben werden. Die maßgeblichen Einflussfaktoren auf die Effektivität sind die Unternehmensvision, Unternehmensstrategie und Unternehmensziele. Zu den Parametern der Effizienz zählen z.B. Zeit, Qualität und Kosten.[103] Auch wenn in der Praxis allgemein der

---

[97]   Schmelzer, H. J.; Sesselmann, W. (2003), S. 20; für eine ausführliche Auflistung von Prozesstoolanbietern und deren Software vgl. Fischermanns, G. (2006), S. 451
[98]   Jost, W.; Wagner, K. (2002); S. 15 f.
[99]   Scheer, A.-W. (1997), S. 13
[100]   Scheer, A.-W. (1997), S.10; Bürmann, R. (1998), S. 40
[101]   Scheer, A.-W. (2002), S. 3
[102]   Mayer, R. (2005), S. 2
[103]   Schmelzer, H. J.; Sesselmann, W. (2003), S. 3

Effizienz höhere Aufmerksamkeit zukommt als der Effektivität, stellen SCHMELZER und SESSELMANN die Notwendigkeit heraus, der Zielsetzung (Effektivität) eine ebenso hohe Aufmerksamkeit zu schenken wie der Zielumsetzung (Effizienz) - zusammenfassend also „die richtigen Dinge richtig zu tun." Als Ursache vieler Effektivitäts- und Effizienzprobleme nennen SCHMELZER und SESSELMANN die mangelhafte Beherrschung von Geschäftsprozessen. Eine deutliche Reduktion dieser Probleme kann durch ein erfolgreiches Geschäftsprozessmanagement erzielt werden.[104] Ziel der Geschäftsprozessanalyse und -modellierung ist es, Erkenntnisse über die Abläufe auf organisatorischer Ebene zu erlangen und eine Basis für die Verbesserung von Geschäftsprozessen zu erarbeiten.[105] Die Steigerung des wirtschaftlichen Erfolgs ist dabei eng mit der Optimierung der Arbeitsabläufe verbunden.[106] Des Weiteren zielt die Gestaltung der Prozesse auf die *Standardisierung* und *Routinisierung* ab, um mit klar definierten Prozessen und deren verständlicher Darstellung auch komplexe Vorgänge in einer Organisation beherrschbar zu machen.[107] Durchlauf-, Leer- und Wartezeiten sowie die Kosten der Prozessbearbeitung sollen durch Vorstrukturierungen, Vereinfachungen und Vereinheitlichungen reduziert werden.[108] Zudem trägt die Prozessdokumentation über die Erfassung, Strukturierung und Darstellung wesentlich zur *Transparenz* der Abläufe und Verantwortlichkeiten bei.[109] Die transparente Darstellung der Prozesse bildet die Basis für die Analyse und die Umsetzung von Verbesserungspotenzialen. Mit Hilfe der Prozessmodellierung werden Erkenntnisse über einen Ablauf auf organisatorischer Ebene erlangt und so der Grundstock für die *Optimierung von Geschäftsprozessen* geschaffen. Ferner wird durch die Erstellung von Geschäftsprozessmodellen bei allen Beteiligten ein gleiches Grundverständnis über die Geschäftsprozesse erzielt.[110] Die Mitarbeiter erhalten durch die transparente Dokumentation einen umfassenderen Einblick über die am Prozess beteiligten Personen und Tätigkeiten; dadurch schärft sich der *Blick für das Ganze*. Die Arbeitsvorgänge sind nicht mehr lediglich an eine bestimmte Person in der Organisation geknüpft, sondern auch für andere Abteilungen und gegebenenfalls neue Mitarbeiter besser nachvollziehbar. Die Verfügbarkeit sowie der Umfang der Dokumentation der aktuellen Organisation wird erhöht und kann bei zukünftigen Projekten als *Leitfaden* dienen.[111] Auch der Aspekt des *Wissensmanagements* spielt eine wichtige Rolle, da über die Transparenz die Unternehmensressource Wissen erhöht wird und die Prozessdarstellung zu Schulungszwecken und zur Einarbeitung

---

[104] Schmelzer, H. J.; Sesselmann, W. (2003), S. 3 ff.
[105] Hagemeyer, J.; Striemer, R. (1998), S. 162
[106] Heß, H. (1995), S. 347
[107] Gaitanides, M. (1992), S. 2; Mayer, R. (2005), S.2
[108] Desjardins, C. (2001), S. 63
[109] Scholz, R.; Vrohlings, A. (1994a), S. 39
[110] Hagemeyer, J.; Striemer, R. (1998), S. 162
[111] Rosemann, M.; Schwegmann, A. (2002), S. 52

neuer Mitarbeiter genutzt werden kann.[112] Die aufgeführten Ziele dokumentieren das weitreichende Potenzial der Geschäftsprozessanalyse und –gestaltung.

1.2 Ein Konzept zur Analyse und Modellierung von Geschäftsprozessen

Ziel dieses Kapitels ist die Vorstellung eines Konzepts, welches über eine detailliert beschriebene Vorgehensweise die Analyse und transparente Darstellung der bestehenden Geschäftsprozesse der Samuel-Stiftung sowie eine Ableitung von Verbesserungspotenzialen integriert. Aufgrund der geforderten Kombination aus detaillierter Analyse des Istzustands und anschließender Entwicklung von Sollprozessen wird dabei dem Ansatz der evolutionären Prozessgestaltung gefolgt. Unter Berücksichtigung in der Literatur gängiger Leitfäden und Modelle zur Prozessgestaltung[113] wird ein Konzept entworfen, welches eine schrittweise Analyse, Modellierung und Optimierung von Geschäftsprozessen ermöglicht. Darüber hinaus werden bei der Konzepterstellung die speziellen Strukturen einer gemeinnützigen, international tätigen Stiftung berücksichtigt.

Den Ausgangspunkt bildet die Vorbereitung der Prozessmodellierung, welche die Festlegung des Einsatzzwecks, die Struktur der Darstellung und Auswahl des Modellierungswerkzeugs sowie die Identifikation möglicher Informationsquellen umfasst. Die vorbereitende Phase dient der Beschreibung der zur Erhebung und Darstellung notwendigen Tools. Daran anschließend erfolgt die Identifikation der Kern- und Supportprozesse, welche in die Erstellung des Ordnungsrahmens mündet. Diese Grobgliederung ermöglicht einen transparenten Überblick über die im Unternehmen bestehenden Kern- und Supportprozesse auf höchster Aggregationsstufe. Nach der Definition des Ordnungsrahmens beginnen die Erhebung der zu untersuchenden Geschäftsprozesse und ihre Darstellung auf Basis des ausgewählten Modellierungswerkzeugs. Die dokumentierten Geschäftsprozesse bilden die Grundlage zur Identifikation von möglichen Schwachstellen und werden durch die Ableitung von Verbesserungspotenzialen gegebenenfalls optimiert und neu modelliert. Die folgende Abbildung fasst die einzelnen Phasen der Vorgehensweise zusammen.

---

[112] Rosemann, M.; Schwegmann, A. (2002), S. 55
[113] Das hier erarbeitete Konzept orientiert sich insbesondere an den Arbeiten von: Meise, V. (2001); Becker, J.; Kugeler, M.; Rosemann, M. (Hrsg.) (2002); Deutsche Gesellschaft für Qualität e.V. (2005); Fischermanns, G. (2006)

21

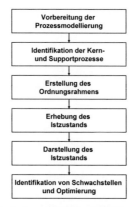

Abbildung 5: Vorgehen bei der Analyse, Modellierung und Optimierung von Geschäftsprozessen

1.2.1 Vorbereitung der Prozessmodellierung

In dieser analysevorbereitenden Phase werden die Struktur der Darstellung und die Tools festgelegt, die in der anschließenden Erhebung und Darstellung der Geschäftsprozesse Anwendung finden. Es wird ein Instrumentarium definiert, welches die Modellierung von Geschäftsprozessen auf unterschiedlichen Abstraktionsebenen ermöglicht und zur späteren Schwachstellenanalyse beiträgt.

Es wurden bereits eine Reihe von Modelltypen zur Prozessmodellierung vorgestellt. Nun gilt es eine Auswahl aus den beschriebenen Modellen zu treffen und für die Aufgabe dieser Arbeit passende Tools zusammenzustellen. Dabei ist zu beachten, dass die Prozessanalyse in einer gemeinnützigen Stiftung durchgeführt wird, in der besondere Prozesse und organisatorische Voraussetzungen gelten. Wie in der Einleitung bereits erwähnt, stammen die in der Literatur zu findenden Praxisbeispiele zumeist aus der produzierenden Industrie oder aus dem Dienstleistungssektor. Die Besonderheit einer gemeinnützigen, rechtsfähigen Stiftung bürgerlichen Rechts liegt insbesondere in ihrer Grundstruktur, die sich aus den drei Elementen inhaltlicher Zweck, Vermögensausstattung und Organisationsstruktur zusammensetzt, bei denen der Zweck die zentrale Funktion einnimmt.[114] Der Stiftungszweck formuliert den inhaltlichen Schwerpunkt der Stiftung und Vorschriften zur Art und Weise der Tätigkeit.[115] Da alle Arten von Stiftungszwecken rechtlich möglich sind, solange sie nicht gegen Gesetze oder die guten Sitten verstoßen, ist der mögliche Tätigkeitsbereich von Stiftungen weit gefächert.[116] Die Organisationsstruktur ist

---

[114]   Schwertmann, P. (2005), S. 71
[115]   Toepler, S. (1996), S. 28
[116]   Haibach, M. (2002), S. 325 ff.

darauf ausgerichtet, durch die Verwendung der Vermögenserträge, den Zweck zu erfüllen.[117] Zu den wichtigsten Aufgaben innerhalb einer Stiftung zählen die Verwaltung und der Einsatz des Stiftungsvermögens sowie die Aktivitäten, die zur Erfüllung des Stiftungszwecks dienen und die allgemeinen Verwaltungstätigkeiten.[118] Im Gegensatz zu rein fördernden Stiftungen ist die Samuel-Stiftung eine operativ tätige Stiftung, die sich durch die Unterhaltung von Einrichtungen und die Durchführung von eigenen Programmen auszeichnet.[119] Sie weist ein sehr individuelles, international ausgerichtetes Leistungsspektrum auf, welches sich insbesondere in den oben genannten Ausbildungsprojekten widerspiegelt. Des Weiteren verfügt sie über ein unantastbares Stiftungsvermögen, dessen Erhalt bzw. Mehrung die Kontinuität und den Bestand der Stiftung gewährleisten. Die Zwecke der Samuel-Stiftung werden gemäß ihrer Satzung aus den Erträgen des Stiftungsvermögens verwirklicht.[120]

Ziel dieses Kapitels ist die Zusammenstellung eines Modellierungswerkzeugs, welches auf die spezifischen Strukturen der Samuel-Stiftung und die hier aufgeführten Besonderheiten einer operativ tätigen, gemeinnützigen Stiftung abgestimmt ist.

1.2.1.1 Festlegung des Einsatzzwecks

Die Basis für die Auswahl des Modellierungswerkzeugs bildet die Entwicklung eines individuellen Anforderungskatalogs.[121] Bevor eine Entscheidung hinsichtlich des Modells getroffen werden kann, sind die für das geplante Modellierungsvorhaben relevanten Einsatzzwecke zu identifizieren, aus denen sich die Anforderungen sowie die benötigten Kriterien ableiten lassen.[122] Das hier erarbeitete Konzept legt einen seiner Schwerpunkte auf die *Organisationsdokumentation*. Deren Zielsetzung beinhaltet die Erhöhung der Prozesstransparenz, um dadurch die Kommunikation über die Prozesse in ihrer Effizienz zu steigern und den Umfang der Dokumentation der aktuellen Organisation zu erweitern.[123] Im Einklang mit diesem Einsatzzweck wird zudem der Aspekt des *Wissensmanagements* in das Prozessmodell integriert, welcher die Transparenz über die Unternehmensressource Wissen zu erhöhen versucht.[124] Das entwickelte Prozessmodell soll folglich auch zur Einarbeitung in betriebliche Sachverhalte und für Schulungszwecke dienlich sein. Als weiterer wesentlicher Einsatzzweck ist die *Optimierung der Geschäftsprozesse* auf Basis

---

[117]   Toepler, S. (1996), S. 28
[118]   Haibach, M. (2002), S. 337
[119]   Haibach, M. (2002), S. 326
[120]   Dokument Imagebroschüre (2001)
[121]   Chrobok, R.; Tiemeyer, E. (1996), S. 165
[122]   Für eine ausführliche Darstellung möglicher Einsatzzwecke und Modellkriterien. Die Auswahl der für das hier entwickelte Konzept relevanten Einsatzzwecke erfolgte in Absprache mit der zu untersuchenden Samuel-Stiftung. Interview Barth, M.; Müller, S. (04.05.2006)
[123]   Rosemann, M.; Schwegmann, A. (2002), S. 52
[124]   Rosemann, M.; Schwegmann, A. (2002), S. 55

einer Schwachstellenanalyse zu nennen. Das verwendete Modellierungswerkzeug soll eine anschließende Problemanalyse unterstützen und eine Prozessverbesserung ermöglichen. Daneben tragen die *Verständlichkeit* und *Übersichtlichkeit* der Modelle, die Möglichkeit der Darstellung aller relevanten Aspekte sowie die Befolgung der Grundsätze ordnungsmäßiger Modellierung zur Auswahl der Modelle bei. Ausgehend von den beschriebenen Einsatzzwecken soll das Instrumentarium insbesondere folgende Kriterien abbilden:

- Zeitlich logische Anordnung der Prozesse.
- Prozessschritte (Prozesse, Teilprozesse, Tätigkeiten).
- Prozessstellen (organisatorische Einheiten, die Prozessschritte ausführen).
- Informationsobjekte (Daten und Dokumente, die bearbeitet oder benötigt werden).
- Beziehungen zwischen den genannten Elementen (z.B. Kontrollfluss- und Datenflussbeziehungen zwischen den Prozessschritten oder Zuordnung von Prozessschritten zu Prozessstellen).

Kriterien wie genaue Zeitangaben, Mengen, Kosten und andere Qualitätskennzahlen bilden nicht den Schwerpunkt des Konzepts, welches sich weniger auf die genaue Abbildung von Deckungsbeiträgen, Prozesskosten oder Bearbeitungszeiten konzentriert, als vielmehr die zeitlich logische Darstellung von Prozessen, Teilprozessen und Tätigkeiten hervorhebt. Im Vordergrund stehen, angepasst an die oben genannten Einsatzzwecke, die Darstellung von Geschäftsprozessen auf unterschiedlichen Abstraktionsniveaus, der genaue Ablauf von Tätigkeiten, die am Prozess beteiligten Organisationseinheiten und die verwendeten bzw. benötigten Informationsquellen.

1.2.1.2 Strukturierung nach Darstellungsebenen

Wie schon bei der Definition der Aufgabenanalyse und –synthese gezeigt wurde, besteht die Gesamtaufgabe eines Unternehmens aus einem Komplex an vielschichtigen Teilaufgaben. Das gewählte Instrumentarium der Modellierung soll eine Strukturierung und übersichtliche Darstellung der Abläufe und Zusammenhänge ermöglichen. Zur Reduktion der Komplexität wird die Modellierung der Geschäftsprozesse, je nach Detaillierungsgrad, auf verschiedenen Ebenen erfolgen. Die Aufteilung in unterschiedliche Abstraktionsebenen ermöglicht eine strukturierte Betrachtung auf verschiedenen Stufen und darüber eine Beibehaltung der Übersichtlichkeit.[125] Durch die hierarchische Differenzierung der umfangreichen

---

[125]   Rosemann, M.; Schwegmann, A. (2002), S. 52

Geschäftsprozesse lassen sich Teilprozesse ermitteln und weiter in einzelne Tätigkeiten bzw. Aufgaben aufspalten, so dass schließlich der ausgewählte Prozess vollständig beschrieben wird.[126] Teilprozesse werden angelehnt an FISCHERMANNS als eine Untermenge eines darüber liegenden Prozesses verstanden.[127] Die Entscheidung, in wie viele Ebenen untergliedert werden soll, basiert auf einem Abwägen von Aufwand und Nutzen, da mit jeder weiteren Dokumentationsebene der Erstellungs- und Änderungsaufwand überproportional ansteigt.[128] Zu Beginn sollte daher ein hohes Aggregationsniveau gewählt werden, welches dann schrittweise, je nach Analysebedarf, weiter unterteilt werden kann.[129]

Für das vorliegende Konzept wird eine Unterteilung in drei Ebenen gewählt und damit der Ordnung in Kernprozesse, Teilprozesse und Tätigkeiten gefolgt. Zum einen wird dadurch eine übersichtliche Darstellung mit zunehmendem Detaillierungsgrad erzielt, bei der stets der Bezug zum Gesamtkontext des Unternehmens gewahrt bleibt. Zum anderen wird die Forderung nach angemessener Einfachheit in der Nutzung und intuitiver Nachvollziehbarkeit gestützt.

Die oberste Ebene besteht aus einem Ordnungsrahmen, der die Kern- und Supportprozesse im Gesamtkontext des Unternehmens umschließt. Auf der zweiten Ebene erfolgt eine Unterteilung der zuvor aufgeführten Prozesse in ihre Teilprozesse. Der höchste Detaillierungsgrad wird auf der dritten Ebene erreicht, auf der die Teilprozesse in ihre einzelnen Tätigkeiten aufgegliedert werden.

Im Folgenden werden die Modellierungswerkzeuge, die der Darstellung der unterschiedlichen Ebenen dienen, ausgewählt und detailliert beschrieben.

1.2.1.3 Auswahl der Modellierungswerkzeuge

Auf Basis der zuvor dokumentierten Auswahl an Modelltypen und der zuvor festgelegten Einsatzzwecke und Kriterien sowie unter Berücksichtigung der strukturellen Besonderheiten der Samuel-Stiftung sollen im Folgenden die für das hier erarbeitete Konzept relevanten Tools zusammengestellt werden.

Zu Beginn gilt es eine Entscheidung zu treffen zwischen speziellen programmgestützten Computersystemen wie dem oben vorgestellten ARIS-Konzept und Modellen, die auch mit der gängigen Standardsoftware bearbeitet werden können. Die in speziellen Computerprogrammen enthaltenen Tools sind sehr umfangreich und insbesondere für große Unternehmen mit komplexen Prozessen interessant.[130] Nach KRIEGER, SCHMITT und HENTSCHEL ist die geringere Funktionsvielfalt der Standardsoftware in vielen Fällen für Unternehmen der mittleren

---

[126]   Chrobok, R.; Tiemeyer, E. (1995), S. 166; Deutsche Gesellschaft für Qualität e.V. (2005), S. 35
[127]   Fischermanns, G. (2006), S. 92
[128]   Schmelzer, H. J.; Sesselmann, W. (2003), S. 96
[129]   Schmidt, H. J. (2003), S. 1195
[130]   Krieger, J.; Schmitt, P.; Hentschel, W. (1999), S. 354

Größenordnung ausreichend.[131] Ziel des hier erarbeiteten Konzepts ist die Analyse und Darstellung der aktuellen Geschäftsprozesse einer gemeinnützigen Stiftung sowie eine anschließende Ableitung von Verbesserungspotenzialen. Für eine übersichtliche und aussagekräftige Visualisierung der Prozesse wird ein Modellierungswerkzeug benötigt, welches sowohl eine schematische und transparente Darstellung von Geschäftsprozessen als auch eine anschließende Optimierung ermöglicht. Gemessen an diesem Unterstützungsbedarf verweisen LULLIES, PASTOWSKY und GRANDKE darauf, dass speziell entworfene Computerprogramme „over-engineered" sind, d.h. einen Detaillierungsgrad erfordern, für den in der Regel keine Notwendigkeit besteht und der das Ziel, Transparenz herzustellen und die Komplexität der Abläufe zu reduzieren, verfehlt.[132] Zudem argumentieren sie, dass diese Instrumente Aufwand und Kosten steigern, ohne dass im Vergleich zu gängiger Grafiksoftware ein erkennbarer Zusatznutzen entstehe.[133] Unter Berücksichtigung der mittleren Größenordnung der Samuel-Stiftung mit weltweit circa 90 Mitarbeitern,[134] des günstigeren Kosten-Nutzen-Verhältnisses und der Zielsetzung des Konzepts erfolgt die Visualisierung der Geschäftsprozesse auf der Basis gängiger Standardsoftware.

Wie im vorangegangenen Kapitel erörtert, baut das Konzept auf drei Ebenen auf, die sich jeweils im Grad der Detaillierung unterscheiden. Für jede Ebene wird eine eigene Modellierungsform verwendet, die das jeweilige Aggregationsniveau berücksichtigt und den Anforderungen der entsprechenden Ebene gerecht wird.

Da die räumliche Anordnung und das Design der im Modell enthaltenen Elemente entscheidend zur Verständlichkeit der beschriebenen Prozessstrukturen beitragen,[135] werden klare Strukturen und ein geradliniges Design aufwendigen Farb-, Form oder Schrifttechniken vorgezogen. Des Weiteren wird der im europäischen Kulturkreis vertretenen Leserichtung von links nach rechts und von oben nach unten gefolgt. Bei der Darstellung von Prozessen wird folglich das auslösende Ereignis bzw. der Input links (oder oben) und der Prozesskunde bzw. der Output rechts (oder unten) stehen.[136] Auf allen Ebenen soll das verwendete Design eine einfache Handhabung, gute Übersichtlichkeit und leichte Verständlichkeit gewährleisten.

Die erste Ebene bildet der Ordnungsrahmen, der den grafisch strukturierten Überblick ermöglicht und die Gesamtzusammenhänge im Unternehmen abbildet. Der Ordnungsrahmen dient als Ausgangspunkt für die weitere Analyse. Aufgrund seiner wichtigen Bedeutung als Fundament der Kern- und Supportprozesse soll er im Folgenden detailliert erläutert werden.

---

[131]   Krieger, J.; Schmitt, P.; Hentschel, W. (1999), S. 359
[132]   Lullies, V.; Pastowsky, M.; Grandke, S. (1998), S. 67
[133]   Lullies, V.; Pastowsky, M.; Grandke, S. (1998), S. 67
[134]   Organisation der Samuel-Stiftung (2006)
[135]   Becker, J.; Meise, V. (2003), S. 134
[136]   Meise, V. (2001), S. 210 f.

Auf der zweiten Abstraktionsebene werden die einzelnen Kernprozesse genauer betrachtet und weiter aufgeschlüsselt. Im Anschluss an die Darstellung der Kernprozesse im Gesamtkontext durch den Ordnungsrahmen erfolgt nun eine detailliertere Beschreibung und grafische Darstellung der Teilprozesse in Form eines Wertschöpfungskettendiagramms. Wie bereits dargestellt, dienen Wertschöpfungskettendiagramme der Spezifikation von Kernprozessen und als Einstiegspunkt in Prozessmodelle. Die Anzahl und Gliederung der Teilprozesse in verschiedene Ebenen richtet sich nach der Komplexität des Kernprozesses. Die Aufschlüsselung und Darstellung soll so differenziert erfolgen, dass im nächsten Schritt die detaillierte Beschreibung der Tätigkeiten beginnen kann, jedoch der Blick für das Ganze erhalten bleibt. Die Untergliederung wird grafisch zum einen durch die Farbwahl, die Größe des Prozesspfeils sowie durch die durchgezogenen und gepunkteten Pfeile unterstützt. Zudem wird die grafische Darstellung durch eine Beschreibung in Textform konkretisiert.

Angelehnt an das oben vorgestellte Wertschöpfungskettendiagramm, wird für die zweite Abstraktionsebene folgende Notation definiert (vgl. folgende Abbildung):

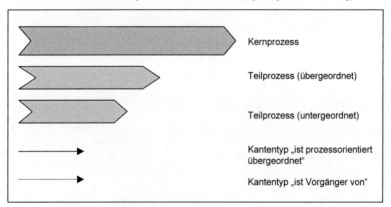

Abbildung 6: Notation der 2. Abstraktionsebene

Auf der dritten Ebene erfolgt die genaue Ablaufbeschreibung der einzelnen Tätigkeiten bzw. Aufgaben. Die auf der zweiten Ebene angeführten Teilprozesse werden nun ausführlich analysiert und modelliert. Insbesondere auf dieser detaillierten Darstellungsebene bilden die definierten notwendigen Modellelemente das entscheidende Auswahlkriterium für ein geeignetes Modell.

Aufgrund der Vielfalt an möglichen Einsatzzwecken, der Unterstützung aller festgelegten Kriterien sowie der übersichtlichen Darstellungsform orientiert sich die hier verwendete Ablaufbeschreibung am Folgeplan. Die einfache Symbolik des Folgeplans, die sich nach der DIN 66001[137] richtet, kann zudem schnell erlernt werden und ist somit auch für an der Prozessgestaltung nicht beteiligte Mitarbeiter leicht verständlich. Auf Basis der definierten Einsatzzwecke und Kriterien sowie in Anlehnung an die von FISCHERMANNS verwendete Symbolik[138] finden folgende Elemente bei der Ablaufbeschreibung Anwendung (vgl. folgende Abbildung):

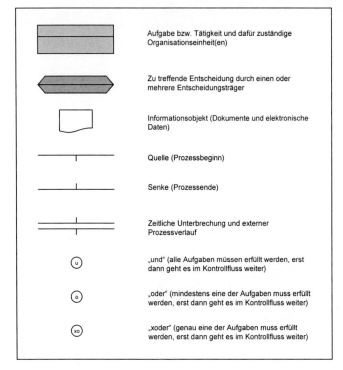

Abbildung 7: Notation der 3. Abstraktionsebene

Ergänzend zur grafischen Darstellung wird ein Prozessstammblatt erstellt, welches neben dem Prozessverantwortlichen und den verwendeten Informationsobjekten eine genaue Ablaufbeschreibung in Textform enthält. Diese Kombination vereint die übersichtliche und leicht verständliche grafische Darstellung mit der notwendigen textlichen Detaillierung, die zur Reduzierung von Interpretationsspielräumen und Verständlichkeitsproblemen beiträgt.

---

[137] DIN 66001 (1983)
[138] Fischermanns, G. (2006), S. 188 ff.

Die Grundsätze ordnungsmäßiger Modellierung erhalten im gesamten Modell Beachtung. Die im Unternehmen vorgefundenen Sachverhalte sollen entsprechend dem *Grundsatz der Richtigkeit* stets korrekt abgebildet werden. Ferner soll das Modell ausschließlich prozessrelevante Informationen enthalten (*Grundsatz der Relevanz*). Der *Grundsatz der Wirtschaftlichkeit* wird insbesondere durch den Einsatz von Standardsoftware und dem damit verbundenen günstigeren Kosten-Nutzen-Verhältnis befolgt. Durch eine übersichtliche und leicht verständliche Darstellungsmethode sowie die Integration mehrerer Abstraktionsebenen wird dem *Grundsatz der Klarheit* Rechnung getragen. Der *Grundsatz der Vergleichbarkeit* und der *Grundsatz des systematischen Aufbaus* werden durch die konsistente Modellanwendung über alle Ebenen hinweg berücksichtigt.

1.2.1.4 Identifikation von Informationsquellen

Neben der konzeptionellen Erarbeitung der Modellierungstools besteht ein weiterer Schritt der Erhebungsvorbereitung in der Identifikation von Informationsquellen. Als Informationsquellen dienen die am Prozess beteiligten Mitarbeiter und die prozessrelevanten Dokumente. Abhängig von der jeweiligen Abstraktionsebene können unterschiedliche Quellen bedeutsam sein.

Für die Erstellung des Ordnungsrahmens sind intensive Gespräche und eine enge Zusammenarbeit mit dem leitenden Management notwendig. Daneben ermöglichen Imagebroschüren, die unternehmenseigene Homepage, firmenbezogene Publikationen, Strategiepapiere, Unternehmensrichtlinien, niedergeschriebene Leitlinien und Zielsetzungen die Erarbeitung eines Überblicks.

Für die darauf folgenden beiden Ebenen können zur detaillierten Betrachtung der Arbeitsabläufe zudem Stellenbeschreibungen, Leistungsbeschreibungen für einzelne Unternehmensbereiche oder Organisationspläne dienlich sein.[139] Vorhandene Organisationsbücher bieten einen Einblick in die gegenwärtige Aufbau- und Ablauforganisation. Auch Dokumentationen eingesetzter Anwendungssysteme (z.B. in Form von Datenmodellen, Funktionsmodellen oder Anforderungsbeschreibungen) können bei der Erhebung mit einbezogen werden.[140] Bei der Generierung aufgabenspezifischer Daten kann das bestehende Aktenmaterial in Form von Kosten- und Budgetangaben, Gesprächsprotokollen, Tätigkeitsauflistungen oder schriftlichen Dokumenten jeglicher Art hilfreiche Informationen liefern.

Die Einbeziehung qualifizierter Mitarbeiter, die das Unternehmen und die existierenden aufbau- und ablauforganisatorischen Strukturen gut kennen, ist für eine detaillierte Erhebung von großer Bedeutung. Die am jeweiligen Geschäftsprozess mitwirkenden Mitarbeiter können aktuelle Informationen beisteuern, Auskunft über

---

[139]   Spiller, D.; Bock, P. (2001), S. 32
[140]   Schwegmann, A.; Laske, M. (2003), S. 161

die tatsächlichen Abläufe im Unternehmen geben und in Bezug auf mögliche Schwachstellen hilfreiche Hinweise liefern.[141] Des Weiteren stellen sie eine bedeutsame Informationsquelle bei der Durchsicht und Auswertung der schriftlichen Dokumente dar. Sie kennen das Ablagesystem sowie die vorhandenen Unterlagen und können die Prozessgestalter bei ihrer Suche nach relevanten Informationen maßgeblich unterstützen.

Die an den Prozessen beteiligten Mitarbeiter sind eine wertvolle Informationsquelle und tragen zur Effizienz der Analyse bei. Aus diesem Grund fundiert das hier erarbeitete Konzept neben der Erhebung von Daten aus schriftlichen Dokumenten auf einem intensiven Austausch mit den Mitarbeitern.

1.2.2 Prozessidentifikation

Nachdem das Modellierungswerkzeug festgelegt ist, gilt es nun, die primären und sekundären Geschäftsprozesse zu identifizieren, um im Anschluss daran den Ordnungsrahmen erstellen zu können. In dieser alle weiteren Phasen determinierenden und damit zugleich erfolgsbestimmenden Phase[142] sollen die wesentlichen Tätigkeiten des Unternehmens erkannt, strukturiert und geeigneten Prozessen zugeordnet werden.[143] Zur Prozessidentifikation werden in der Literatur zwei generelle Vorgehensweisen unterschieden: die *allgemeine* bzw. *idealtypische* und die *individuelle* bzw. *unternehmensspezifische Prozessidentifikation*.[144] Diese beiden Methoden werden im Folgenden kurz dargestellt. Darauf aufbauend schließt sich die in dieser Arbeit gewählte Vorgehensweise zur Identifikation der Kern- und Supportprozesse an.

1.2.2.1 Allgemeine versus individuelle Prozessidentifikation

Bei der *allgemeinen Prozessidentifikation* wird von der Existenz grundlegender, allgemeingültiger Prozesse ausgegangen, die in allen Unternehmen gleich sind. Es erfolgt eine deduktive Ableitung dieser idealtypischen Rahmenprozesse, die im Einzelfall unternehmensspezifisch differenziert und auf ihre wettbewerbskritischen Erfolgsfaktoren hin untersucht werden. Ausgangspunkt bilden detaillierte Referenzmodelle, die branchen- oder anwendungssystemspezifische Rahmenprozesse einer Organisation beschreiben und auf den Einzelfall weiter angepasst werden können.[145] Sie geben Empfehlungen für die Anwendungssystem- bzw. Organisationsgestaltung und stellen vorgefertigte Lösungsschemata oder

---

[141]   Schwegmann, A.; Laske, M. (2003), S. 161 f.
[142]   Gaitanides, M. (1998), S. 372
[143]   Deutsche Gesellschaft für Qualität e.V. (2005), S. 23
[144]   Schantin, D. (2004), S. 98; Meise, V. (2001), S. 169 ff.
[145]   Meise, V. (2001), S. 169 f.; Schantin, D. (2004), S. 98

generelle Rezepte zur Prozessidentifikation dar. Ein Beispiel für ein idealtypisches Prozessmodell sind die „Aggregierten, Differenzierungsfähigen Leistungsprozesse" (ADL-Prozesse), die von der Unternehmensberatung Arthur D. Little entwickelt wurden und folgende Prozesse umfassen:[146]

- Kundennutzenoptimierungsprozess
- Marktkommunikationsprozess
- Produkt-/Leistungsbereitstellungsprozess
- Logistik- und Serviceprozess
- Auftragsabwicklungsprozess
- Rentabilitäts- und Liquiditätssicherungsprozess
- Kapazitätssicherungsprozess
- Strategieplanungs- und Umsetzungsprozess
- Personalschulungs- und Motivationsprozess

Die Vorteile der Prozessidentifikation anhand von Referenzmodellen sind geringere Kosten und eine schnellere Umsetzung, da keine eigenen Konzepte entwickelt werden müssen. Des Weiteren besteht bei der Nutzung bewährter Konzepte ein geringeres Anwendungsrisiko.[147] Als Hauptkritikpunkt nennt MEISE den Verlust an Originalität: „Werden Referenzmodelle in den Kernprozessen eines Unternehmens angewendet, gibt dieses seine Individualität der Geschäftserstellung weitestgehend auf – die Gefahr des Verlustes einer einzigartigen Wettbewerbsposition ist hoch."[148] Ferner besteht die Gefahr, dass Unternehmen sich und ihre Aktivitäten zu sehr in ein Rahmenmodell pressen lassen und die vielen unternehmensindividuellen Schnittstellen zwischen den Prozessen nicht in ausreichendem Maße berücksichtigen.[149]

Ausgangspunkt der von GAITANIDES geprägten *individuellen Prozessidentifikation* bildet die einzelproblemorientierte und induktive Formulierung der Prozesse, welche die individuelle Problemlage des jeweiligen Unternehmens berücksichtigt. Als Hilfestellung zur Prozessidentifikation führt GAITANIDES eine subjektive Problemsicht, kreative und subjektive Akte und die detaillierte Betrachtung des Problembezugs an.[150] Weiter wird davon ausgegangen, dass die Prozesse in jedem Unternehmen entsprechend der Kundenbedürfnisse und der Wettbewerbssituation unterschiedlich sind.[151] Als Kriterien zur Prozessidentifikation können beispielsweise die aus den Unternehmenszielen abgeleiteten Erfolgsfaktoren oder die Kernkompetenzen

---

[146]   Sommerlatte, T.; Wedekind, E. (1990), S. 29 f.
[147]   Meise, V. (2001), S. 170
[148]   Meise, V. (2001), S. 170
[149]   Helbig, R. (2003), S. 55
[150]   Gaitanides, M. (1983), S. 65
[151]   Schantin, D. (2004), S. 100; Gaitanides, M.; Sjurts, I. (1995), S. 61

herangezogen werden.[152] Eine andere Möglichkeit besteht darin, aus der Kundenperspektive die relevanten Geschäftsprozesse zu erarbeiten.[153] Die individuelle Prozessidentifikation ist eine kreative und innovative Handlung, welche die Prozesse aus den Aktivitäten der Organisation formt und von der subjektiven Einschätzung der durchführenden Personen abhängt.[154]

Idealtypische Referenzmodelle bieten für klassische Produktions- und Dienstleistungsunternehmen hilfreiche Anhaltspunkte. Die in dieser Arbeit zu untersuchende gemeinnützige Stiftung weist jedoch sehr individuelle Tätigkeiten und Aktionsfelder auf, so dass eine Prozessidentifikation anhand eines vorgegebenen Rahmenmodells nicht sinnvoll erscheint. Mittels einer individuellen Prozessidentifikation können dagegen die unternehmensspezifischen Aspekte berücksichtigt werden, die sich durch das Unternehmenskonzept der Stiftung ergeben. Aufgrund der zuvor dargestellten allgemeinen Merkmale einer Stiftung, die sich deutlich von klassischen Unternehmen abheben sowie der Verfolgung eines gemeinnützigen, nicht gewinnorientierten Zwecks und der individuellen, internationalen Projektausrichtung der Samuel-Stiftung, findet im Folgenden die unternehmensspezifische Prozessidentifikation Anwendung.

1.2.2.2 Identifikation der Kern- und Supportprozesse

Zu Anfang sollte bei allen an der Prozessgestaltung beteiligten Personen ein Grundverständnis über die Aufgaben und Tätigkeiten des zu untersuchenden Unternehmens bestehen bzw. aufgebaut werden. Für externe Prozessgestalter bieten schriftliche Dokumente wie beispielsweise Imagebroschüren, Flyer, Pressemappen oder die unternehmenseigene Homepage und insbesondere ausführliche Gespräche mit ausgewählten Mitarbeitern hilfreiche Informationsquellen. Erst wenn ein grundlegendes Wissen über das Unternehmen vorhanden ist, kann mit der detaillierten Prozessidentifikation begonnen werden.

Zudem gilt es, bei der individuellen Identifikation der Geschäftsprozesse auf Basis der strategischen Zielsetzung eine Begriffsklärung vorzunehmen, so das alle an der Prozessidentifikation beteiligten Personen einen Konsens in Bezug auf die verwendeten Begriffe herstellen.[155] Die Prozessidentifikation basiert auf der festgelegten Definition von Geschäftsprozessen. Zur Unterscheidung in Kern- und Supportprozesse wird auf die vorherige ausführliche Beschreibung zurückgegriffen. Dabei wurden insbesondere folgende Merkmale herausgestellt:

---

[152]   Zink, K.; Brandstätt, T. (1996), S. 745
[153]   Gaitanides, M. (1995), S. 71
[154]   Meise, V. (2001), S. 178
[155]   Meise, V. (2001), S. 188; Allweyer, T. (2005), S. 60

Kernprozesse:[156]

- Wertschöpfende Tätigkeit.
- Direkter Bezug zur Zielerreichung und zum wirtschaftlichen Ergebnis.
- Repräsentieren Leistungen im Unternehmen in besonderem Maße.
- Strategisch entscheidende Bedeutung.
- Originäre Wertschöpfung, unmittelbare Erstellung und Vermarktung von Produkten und Dienstleistungen.

Supportprozesse:[157]

- Unterstützende Funktionen.
- Kein unmittelbarer Bezug zu hergestellten Produkten/Dienstleistungen.
- Für Kernprozesse essenziell notwendig.
- Leistungen für externe Kunden in der Regel nicht sichtbar.

SCHMELZER und SESSELMANN empfehlen zur Identifikation von Geschäftsprozessen eine Top-down-Vorgehensweise, welche Geschäftsprozesse aus der Gesamtschau des Unternehmens ableitet und strategiekonforme Lösungen bietet.[158] Während der Bottom-up-Ansatz von der untersten Prozessebene ausgeht, deren Aktivitäten nach ablauf- oder informationstechnischen Gesichtspunkten analysiert und zu Arbeitsschritten, Prozessschritten, Teil- und Geschäftsprozessen bündelt, wählt der Top-down-Ansatz die umgekehrte Reihenfolge. Ausgangsdaten für die Prozessidentifikation bilden die in der Strategie definierten Geschäftsfelder, Kundenanforderungen und das Leistungsangebot. Zunächst werden die primären Geschäftsprozesse und ihre Teilprozesse abgeleitet; anschließend erfolgt die Definition der sekundären Geschäftsprozesse.[159]

Ebenfalls eine Top-down-Vorgehensweise wählen ZINK und BRANDSTÄTT. Ausgehend von den Werten, der Vision und der Mission des Unternehmens, werden die strategischen Ziele und kritischen Erfolgsfaktoren definiert und daraus die Kern- und Supportprozesse abgeleitet. Dabei stehen im Einzelnen folgende Fragen im Mittelpunkt:[160]

Werte:	Was sind die grundsätzlichen Einstellungen?
Vision:	Wohin gehen wir?
Mission:	Was für ein Geschäft betreiben wir?
Ziele:	Was wollen wir erreichen?

---

[156] Porter, M. E. (1991a), S. 65 ff.; Jost, P.-J. (2000), S. 465; Schmelzer, H. J.; Meise, V. (2001), S.169; Sesselmann, W. (2003), S. 51

[157] Porter, M. E. (1991a), S. 65; Schmelzer, H. J.; Becker, J.; Kahn, D. (2002), S. 7; Sesselmann, W. (2003), S. 51 f.

[158] Schmelzer, H. J.; Sesselmann, W. (2003), S. 114

[159] Schmelzer, H. J.; Sesselmann, W. (2003), S. 75 f.

[160] Zink, J.; Brandstätt, T. (1996), S. 746

Erfolgsfaktoren: Auf was müssen wir uns konzentrieren?

Kern- und

Supportprozesse: Wie werden wir dies erreichen?

Dieser Vorgehensweise soll auch im vorliegenden Konzept gefolgt werden, da durch die zu Beginn notwendige Definition der Werte, Vision und Mission das Unternehmen von mehreren Seiten beleuchtet und analysiert werden kann. Zudem verlangt die Ziel- und Erfolgsfaktorendefinition eine Darlegung und gegebenenfalls ein Überdenken der bestehenden Unternehmensstrategie. Das Ableiten der Kern- und Supportprozesse erfolgt anschließend im Einklang mit den zuvor definierten Unternehmenselementen und den angeführten Definitionen.

Bei der Ermittlung von Prozessen kann es aufgrund starker Vernetzung der bestehenden Aktivitäten vorkommen, dass die identifizierten Prozesse sehr komplex werden und einen großen Umfang annehmen. Zur Vorbeugung werden deshalb Grenzen definiert, an denen eine weitere Identifikation von Aktivitäten abbricht.[161] Wiederum ist auf die Subjektivität der Prozessgestaltung zu verweisen, die keinen festgelegten Normen folgt, sondern dem Gestalter kreativen Freiraum lässt. BECKER und MEISE führen drei Kriterien auf, die bei der Festlegung der Prozessgrenzen als Vorgabe dienen können:[162]

- Die Leistungsanforderung legt das Ziel der Prozesse fest.[163]
- Die Auslöseereignisse beschreiben die Startpunkte der Prozesse.
- Die Abbruchgrenze gibt den Umfang der Prozesse vor.

Nachdem die Kern- und Supportprozesse identifiziert sind, zeichnet der Ordnungsrahmen im nächsten Schritt einen Gesamtüberblick über die im Unternehmen enthaltenen primären und sekundären Geschäftsprozesse.

1.2.3 Erstellung des Ordnungsrahmens

Der Ordnungsrahmen stellt ein übergeordnetes Modell dar, welches die im vorangegangenen Schritt erarbeiteten Einzelprozesse in einen Gesamtzusammenhang bringt und eine Navigation durch die Prozesse ermöglicht.[164]

MEISE definiert den Ordnungsrahmen wie folgt:[165]

---

[161]   Becker, J.; Meise, V. (2003), S. 133
[162]   Becker, J.; Meise, V. (2003), S. 129
[163]   Zur Identifikation der Leistungsanforderung an die Prozesse werden sowohl die für den Kunden sichtbaren als auch die für den Kunden nicht sichtbaren Leistungen innerhalb der Organisation analysiert. Die Leistungsanforderung bestimmt Inhalt, Umfang und Verlauf des Prozesses.
[164]   Becker, J. (2002), S. 95
[165]   Meise, V. (2001), S. 62

„Ein Ordnungsrahmen gliedert als relevant deklarierte Elemente und Beziehungen eines Originals auf einer hohen Abstraktionsebene nach einer gewählten Strukturierungsweise in einer beliebigen Sprache. Der Zweck eines Ordnungsrahmens besteht darin, einen Überblick über das Original zu vermitteln und bei der Einordnung von Elementen und Beziehungen untergeordneter Detaillierungsebenen deren Bezüge zu anderen Elementen und Beziehungen des Ordnungsrahmens offen zu legen."

Neben der Einhaltung der Grundsätze ordnungsmäßiger Modellierung verweist Meise auf weitere entscheidende Elemente des Ordnungsrahmens:[166]

- *Überblicksvermittlung und Ordnungseigenschaft.* Der Ordnungsrahmen soll einen Raum schaffen, der eine überblicksartige Darstellung des Originals ermöglicht, bei der die Wiedergabe der übergeordneten Zusammenhänge Vorrang vor der detaillierten Darstellung vieler Elemente oder Beziehungen hat. Der zu erstellende Rahmen soll Elemente tieferer Detaillierungsebenen den Elementen des Ordnungsrahmens zuordnen können und damit ihre Position im Gesamtzusammenhang deutlich werden lassen.

- *Fokussierung auf als relevant deklarierte Elemente und Beziehungen hoher Abstraktionsebene.* In den Ordnungsrahmen sollen entsprechend dem Zweck der Überblicksvermittlung nur Elemente und Beziehungen hoher Abstraktionsebene aufgenommen werden. Welche Elemente im Einzelnen zur hohen Abstraktionsebene zählen, hängt von der Intention der Modellierung ab.

- *Gliederung nach einer gewählten Strukturierungsweise.* Die Strukturierungsweise des Ordnungsrahmens wird frei gewählt.

- *Verwendung beliebiger Sprache.* Die Konstruktion muss keiner vordefinierten Modellierungssprache folgen. Die Entscheidung zwischen einer vorhandenen Sprache oder der Nutzung frei definierter Symbole orientiert sich an der Eignung zur Darstellung eines Überblicks über das Original.

Der Ordnungsrahmen ermöglicht folglich, die Grobstruktur des Unternehmens in eine verständliche und einfach kommunizierbare Form zu bringen und kann in den folgenden Phasen den Prozessgestaltern als Leitlinie und gemeinsame Kommunikationsbasis dienen.[167]

---

[166] Meise, V. (2001), S. 62 f.
[167] Meise, V. (2001), S. 108

Analog zur Prozessidentifikation kann auch bei der Erstellung des Ordnungsrahmens auf bestehende Referenzlösungen zurückgegriffen werden. Ein Beispiel hierfür ist das Handels-H-Modell, welches die operativ-dispositiven Funktionen eines Handelsbetriebs in prozessorientierter Reihenfolge darstellt (vgl. folgende Abbildung). Dabei wird der operativ-dispositive Bereich von den Koordinations- und Führungsfunktionen sowie den betriebswirtschaftlich-administrativen Funktionen eingerahmt.[168]

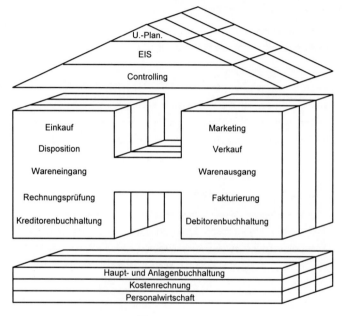

Abbildung 8: Das Handels-H-Modell[169]

Ein weiteres Referenzdesign orientiert sich an der Form eines Hauses (vgl. folgende Abbildung). Dabei bilden die Supportprozesse das Fundament des Hauses, während die Kernprozesse den zentralen Platz im Modell einnehmen und vom Wertschöpfungskettenpfeil umschlossen werden. Zusätzlich werden der Bereich der Koordination und das Umfeld beispielsweise in Form der Zielgruppe in das Modell integriert.[170]

---

[168] Becker, J.; Schütte, R. (1996), S. 9 ff.
[169] Becker, J.; Schütte, R. (1996), S. 11
[170] Meise, V. (2001), S. 216

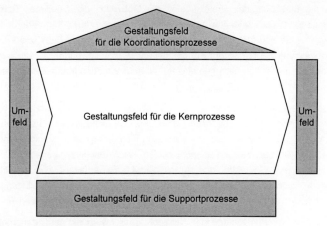

Abbildung 9: Referenzdesign in Haus-Form[171]

Der im späteren Praxisbeispiel zu erstellende Ordnungsrahmen baut auf dem Referenzdesign in Haus-Form auf. Wie die Abbildung verdeutlicht, lässt dieses Design viel Spielraum bei der Gestaltung des unternehmensindividuellen Ordnungsrahmens, schränkt dessen Gestaltung nicht durch vordefinierte Kern- und Supportprozesse ein und bietet eine übersichtliche, leicht verständliche Darstellung. Das Referenzdesign in Haus-Form wird aus diesem Grund zur Orientierungshilfe bei der Modellierung des Ordnungsrahmens für die Samuel-Stiftung verwendet.

1.2.4 Erhebung des Istzustands

Nachdem in den vorangegangenen Phasen das Modellierungswerkzeug zur Darstellung des Istzustands ausgewählt und beschrieben wurde, beginnt nun die Erhebungsphase. Aus den Erkenntnissen der ersten Gespräche mit dem leitenden Management und anderen unternehmensbezogenen Daten, wie beispielsweise der Homepage, Veröffentlichungen oder Imagebroschüren, konnten die Kern- und Supportprozesse identifiziert werden. Nun gilt es, die zu untersuchenden Geschäftsprozesse auszuwählen und die zur Ablaufbeschreibung notwendigen Informationen zu sammeln.

Wie zuvor dargestellt, baut die Datenerhebung auf den beiden Schwerpunkten Dokumentenstudien und Mitarbeitergesprächen auf, wobei das Engagement der Mitarbeiter in beiden Bereichen stark zum Erfolg der Datenerhebung beiträgt. Daher sollten die Mitarbeiter von Beginn an über das Vorhaben und die Ziele des Projekts sowie ihre eigene Beteiligung informiert werden. Eine ausreichende Darlegung der

---

[171]   Meise, V. (2001), S. 217

Bedeutung und Ziele des Projekts sind zur Motivation der beteiligten Personen unabdingbar.[172] Die Interviewpartner müssen ferner über die erforderlichen Detailkenntnisse und fachlichen Qualifikationen verfügen. Nach BEST und WETH ist eine Prozessanalyse nur so gut wie die gewählten Interviewpartner.[173] Die Auswahl sollte demnach sehr sorgfältig gemeinsam mit dem leitenden Management getroffen werden.

Die Dokumentenstudie umfasst die „Erhebung am Schreibtisch", d. h. die Auswertung von Korrespondenzen, Berichten, Dateien, Akten, Gutachten und Statistiken.[174] Der Prozessgestalter muss sich intensiv mit der Aktenlage und den vorhandenen Dokumenten auseinander setzen, um ein möglichst genaues Bild über die verschiedenen Schritte des Arbeitsablaufs zu erhalten. Die schriftlichen Unterlagen dienen als wichtige Informationsquelle bei der Modellierung des Istzustands und dokumentieren einen Teil der im Prozess enthaltenen Tätigkeiten.

Das Interview bildet im vorliegenden Konzept den Schwerpunkt der Datenerhebung. Zum einen bieten Interviews die Möglichkeit, die am Prozess mitwirkenden Mitarbeiter kennen zu lernen und prozess- sowie problemspezifische Fragen zu stellen. Zum anderen erhalten die Mitarbeiter in Einzelgesprächen die Gelegenheit, ihr Prozesswissen ausführlich zu beschreiben, Schwachpunkte zu erläutern, aber auch Wünsche, Erwartungen oder Ängste mitzuteilen.[175]

Befragungen können nach dem Typ des Interviews in persönliche, telefonische und schriftliche Befragungen differenziert werden. Ferner kann nach dem Grad der Strukturierung oder Standardisierung untergliedert werden. Es handelt sich dabei um ein Kontinuum mit den Polen „vollständig strukturiert" auf der einen und „unstrukturiert, offen" auf der anderen Seite. Während offene Interviews nur minimale Vorgaben, im Extremfall nur die Vorgabe eines Themas erfordern, werden bei einem vollständig strukturierten Interview alle Fragen mit vorgegebenen Antwortkategorien in festgelegter Reihenfolge gestellt. Der Vorteil des standardisierten Interviews liegt in einer höheren Objektivität und Reliabilität. Jedoch erhält man bei geschlossenen Fragen keine Informationen jenseits des Spektrums der vorgelegten Antwortkategorien.[176] WIEGAND verweist darauf, dass nicht standardisierte Befragungen nicht von einem vorab ausformulierten, detaillierten Fragenkatalog schematisiert werden. Dadurch bleiben sie für noch unbekannte Sachverhalte offen und können relativ frei und ungezwungen verlaufen. Des Weiteren sind nach WIEGAND mündliche Interviews immer dann vorzuziehen, wenn es auf die persönliche Kommunikation und den direkten Kontakt ankommt. Beim persönlichen Interview sind die Chancen gegenseitiger Verständigung größer, Körpersprache und

---

[172] Schwegmann, A.; Laske, M. (2003), S. 169
[173] Best, E.; Weth, M. (2005), S. 66
[174] Wiegand, V. (1999), S. 402
[175] Wiegand, V. (1999), S. 403
[176] Diekmann, A. (2002), S. 373 f.

Emotionalität lassen sich wahrnehmen und mögliche Unterlagen können direkt gezeigt werden.[177] Aus den genannten Gründen wählt das vorliegende Konzept das persönliche, nicht standardisierte Interview. Die Grobthemen können ferner anhand von Leitfragen formuliert werden und dem Interviewer als strukturierendes und unterstützendes Medium dienen.

Für die Erhebung wird, angelehnt an SCHWEGMANN und LASKE, eine iterative Vorgehensweise gewählt. Ausgehend vom Ordnungsrahmen werden die Kernprozesse sukzessive detailliert und konsolidiert, bis eine stabile Darstellung der Prozesse entsteht.[178]

Auf Basis der vorhandenen schriftlichen Dokumente und Befragungen werden die relevanten Daten erhoben und zunächst ein grober Umriss der Prozesse gezeichnet. Die einzelnen Tätigkeiten werden gesammelt, übergeordneten Teilprozessen zugeordnet und in die richtige Reihenfolge gebracht. Aus dem Sammeln und Ordnen der einzelnen Tätigkeiten entstehen sukzessive die Detailbeschreibungen der übergeordneten Teilprozesse, so dass schließlich der ausgesuchte Prozess komplett beschrieben wird.[179] Detaillierte Befragungen der Mitarbeiter und die Sichtung der vorhandenen schriftlichen Dokumente ermöglichen die schrittweise Strukturierung der Prozesse auf unterschiedlichen Aggregationsebenen.

Die Menge an relevanten schriftlichen Dokumenten bei der Datenerhebung hängt vom jeweiligen Prozess und von der Datenlage im Unternehmen ab. Ein Interview mit den beteiligten Mitarbeitern muss in jedem Fall erfolgen.

Angelehnt an HOFFMANN, GOESMANN und HERRMANN umfasst die Erhebungsphase folgende Aktivitäten:[180]

- Ausführliche Dokumentenanalyse und Sichtung der Aktenlage.

- Interviews zur Geschäftsprozessfeststellung, bei denen der zu untersuchende Geschäftsprozess benannt und abgegrenzt wird sowie Grundmerkmale (z.B. Auslöser, Leistungen und beteiligte Prozessstellen) bestimmt werden.

- Prozessstelleninterviews, bei denen die Arbeit der am Geschäftsprozess beteiligten organisatorischen Einheit detailliert erhoben wird.

- Bei Bedarf Geschäftsprozess-Workshops, die zur Erhebung des gesamten Geschäftsprozesses mit Vertretern aller beteiligten Prozessstellen dienen.

Am Ende dieser Phase soll der Umfang der erhobenen Daten ausreichend präzise sein, so dass im Folgenden mit der Darstellung des Istzustands begonnen werden kann.

---

[177] Wiegand, V. (1999), S. 405
[178] Schwegmann, A.; Laske, M. (2003), S. 170
[179] Deutsche Gesellschaft für Qualität e.V. (2005), S. 35
[180] Hoffmann, M.; Goesmann, T.; Herrmann, T. (1998), S. 31

1.2.5 Darstellung des Istzustands

Die Modellierung der Geschäftsprozesse vereint die zuvor erhobenen Daten mit dem definierten Gestaltungsmodell. In dieser Phase werden die bereits vorgestellten Tools zur Darstellung und die gewonnenen Informationen über die unternehmensspezifischen Geschäftsprozesse zusammengefügt. In der Prozessmodellierung wird demnach der zu untersuchende Realitätsausschnitt unter der fachlich konzeptionellen Perspektive in einem Geschäftsprozess abgebildet.[181] Die gesammelten Daten müssen am Anfang sortiert, strukturiert und den jeweiligen Geschäftsprozessen zugeordnet werden. Wie zuvor dargestellt, erfolgt die Modellierung auf drei Abstraktionsebenen, die sich durch einen zunehmenden Detaillierungsgrad auszeichnen. Die erste Ebene, die das höchste Aggregationsniveau aufweist, ist an dieser Stelle schon als Ordnungsrahmen verfügbar und kann als Leitfaden für die Konkretisierung der zweiten Ebene dienen. Ausgehend vom Ordnungsrahmen wird der zu untersuchende Kernprozess anhand der Daten in Teilprozesse spezifiziert. Dabei werden noch keine detaillierten Ablaufpläne geschrieben, sondern ein mittleres Abstraktionsniveau bewahrt. Erst auf der dritten Ebene soll eine detaillierte Betrachtung erfolgen. Hierzu werden die auf der zweiten Ebene aufgezeigten Teilprozesse weiter aufgegliedert und anhand der Daten genau dokumentiert. Die Darstellung richtet sich nach den vorgestellten Modellelementen. Dabei ist auf die konsistente Einhaltung der vorgegebenen Darstellungselemente und die realitätsgetreue Wiedergabe der Geschäftsprozesse im Status quo zu achten. Wie bereits bei der Auswahl des Modellierungswerkzeugs festgelegt, erfolgt neben der grafischen Darstellung der Prozesse auch eine Beschreibung in textlicher Form. In dieser Phase werden noch keine Prozessoptimierungsmöglichkeiten eingebaut oder diskutiert. Ziel ist eine übersichtliche und transparente Darstellung der existierenden Abläufe auf unterschiedlichem Aggregationsniveau, ohne eine vorzeitige Bewertung vorzunehmen.

1.2.6 Identifikation von Schwachstellen und Optimierung von Geschäftsprozessen

Nachdem im vorangegangenen Kapitel die Darstellung des Istzustands der Prozesse erläutert wurde, schließt sich darauf aufbauend die Prozessoptimierung an. Das vorliegende Konzept soll nicht nur die bestehenden Geschäftsprozesse transparent darstellen, sondern auch eine Identifikation von Schwachstellen und eine darauf folgende Verbesserung der Prozesse ermöglichen. Der Begriff „Prozessverbesserung" kann zum einen als zeitlich logischer Vorgang mit dem Ziel

---

[181]   Gehring, H.; Gadatsch, A. (1999), S. 2

der Verbesserung eines betrieblichen Prozesses interpretiert werden und zum anderen als das Ergebnis eines solchen Vorgangs.[182] Die entwickelte Vorgehensweise integriert die Identifikation von Verbesserungspotenzialen und die anschließende Optimierung der Prozesse. Angelehnt an SPILLER und BOCK sowie SCHWEGMANN und LASKE sollen die dargestellten Geschäftsprozesse insbesondere auf folgende mögliche Schwachstellen untersucht werden:[183]

- *Dopplungen.* Doppelarbeit ergibt sich meist im Organisationsbereich einer Abteilung, wenn mehrere Beteiligte an einem Ablauf arbeiten. Werden Arbeitsabläufe von mehreren Personen gleichzeitig bearbeitet, bedarf es einer hohen Kommunikationsdichte, welche störanfällig und zeitraubend sein kann.

- *Überflüssige Prozesse.* Als überflüssige Prozesse gelten Arbeitsabläufe, die vollständig eliminiert werden können, da beispielsweise eine andere organisatorische Lösung gefunden wurde, die den betrachteten Prozess entbehrlich macht.

- *Schnittstellen.* Werden Arbeiten innerhalb eines Gesamtablaufs von einer organisatorischen Einheit an eine andere übergeben, entstehen Schnittstellen, die Mehrarbeit und Reibungsverluste sowie Liege- und Einarbeitungszeiten verursachen. Kann eine Schnittstelle nicht eliminiert werden, steht die richtig organisierte und möglichst selten notwendige Kommunikation im Vordergrund.

- *Abstimmungsrunden.* Je häufiger Zwischenergebnisse von Vorgesetzten oder anderen Abteilungen überprüft und freigegeben werden müssen, desto langsamer wird eine Aufgabe erledigt.

- *Formularwesen.* Mangelhaft gestaltete Formulare und ein übertriebenes Formularwesen tragen stark zur Ineffizienz von Geschäftsprozessen bei.

- *Fehlbelastungen.* Die Kosten für einen Arbeitsablauf mit niedrigen Anforderungen steigen explosionsartig, wenn hochqualifizierte Mitarbeiter daran arbeiten. Ineffizienz wird sowohl durch Über- als auch durch Unterforderung der Mitarbeiter verursacht.

- *Interne und externe Kunden.* Kommunikationsflüsse müssen besonders sorgfältig und klar definiert werden, sobald interne oder externe Kunden in den Prozess eintreten.

---

[182] Barbian, D.; Schmidt, Y. (2001), S. 235
[183] Spiller, D.; Bock, P. (2001), S. 74, Schwegmann, A.; Laske, M. (2002), S. 165 ff.

Zusätzlich zu den geschilderten Aspekten soll auch die *zeitlich logische Konsistenz* der Prozesse und damit die zeitlich und sachlich logische Anordnung der Aktivitäten überprüft werden.

Die dokumentierten Prozesse werden auf die aufgeführten möglichen Schwachstellen hin untersucht. Die grafische und übersichtliche Darstellung der Geschäftsprozesse trägt zur Identifizierung von Problemstellen bei. Zudem bieten die Interviews mit den am jeweiligen Prozess beteiligten Mitarbeitern eine wichtige Informationsquelle hinsichtlich möglicher Probleme während der Aufgabenbearbeitung. Die Schwachstellenanalyse basiert folglich auf den Erfahrungen der Mitarbeiter während der Prozessdurchführung und auf der Untersuchung der modellierten Prozesse hinsichtlich der oben vorgestellten möglichen Schwachstellen.

Sind Schwachstellen im Prozess identifiziert worden, gilt es diese zu eliminieren bzw. den bestehenden Arbeitsablauf zu optimieren. Lösungsvorschläge werden entwickelt, die den Geschäftsprozess neu gestalten. FISHERMANNS definiert diese Phase als *Prozessdesign*, in der neue Prozessalternativen entworfen werden.[184] Als mögliche Optimierungsmaßnahmen nennt WEYMAR die sachlogische, lokale, quantitative und temporäre Prozessverbesserung. Unter sachlogischer Prozessverbesserung werden alle Maßnahmen verstanden, die die logische Anordnung von Aktivitäten wieder herstellen. Die lokale Prozessverbesserung beinhaltet die räumliche Lage einzelner Prozesselemente untereinander, und die quantitative Prozessverbesserung umfasst die Eliminierung und Auslagerung von Prozessaktivitäten. Das Beschleunigen oder das Verlangsamen eines Prozesselements innerhalb einer Prozesskette wird durch die temporäre Prozessverbesserung berücksichtigt.[185] Neben den von WEYMAR aufgeführten Verbesserungsmaßnahmen sollen, angelehnt an BOCK und SPILLER sowie SCHWEGMANN und LASKE, zudem folgende Aspekte beim Prozessdesign beachtet werden:[186]

- Vermeidung von Dopplungen und Schnittstellen, Erledigung möglichst vieler Schritte von einem Mitarbeiter.

- Kürzung von Abstimmungsrunden auf das notwendige Minimum.

- Einsatz von Mitarbeitern nach ihren Qualifikationen.

- Bei gleicher Qualifikation: Einsatz von Mitarbeitern nach ihren Stärken und Schwächen, Vorlieben und Abneigungen.

- Minimierung von Fehlerquellen durch Qualitätsorientierung.

- Beachtung von internen und externen Kunden im Ablauf.

---

[184] Fischermanns, G. (2006), S. 316
[185] Weymar, F. (2001), S. 31 f.
[186] Spiller, D.; Bock, P. (2001), S. 78 ff.; Schwegmann, A.; Laske, M. (2002), S. 165 ff.

- Kontrolle des Ablaufbeitrags zur Wertschöpfung.

- Zusammenfassung von Tätigkeiten.

- Parallele Ausführung von Teilabläufen.

- Bildung von Ablaufvarianten.

- Verbesserung der Arbeitsbedingungen.

- Vermeidung unnötiger Transporte.

- Verkürzung von Durchlaufzeiten.

- Überprüfung von Outsourcing- und Delegationsmöglichkeiten.

- Kontrolle über Vergleiche.

- Vermeidung von Überproduktion.

- Einführung von Selbstkontrolle.

- Hervorhebung der Kundenorientierung.

- Verringerung von Beständen.

- Erhöhung der Verfügbarkeit und Effizienz von Betriebsmitteln.

- Vereinheitlichung und Standardisierung von Prozessen.

- Eliminierung überflüssiger Prozesse.

Je nach Art der identifizierten Schwachstelle werden zur Optimierung Maßnahmen aus dem aufgeführten Katalog ausgewählt und im Geschäftsprozess umgesetzt. Der zuvor dokumentierte Istprozess wird durch die Maßnahmenverwirklichung optimiert und als Sollprozess mittels der festgelegten Modellierungsmethode dargestellt. Zum Abschluss der Geschäftsprozessoptimierung gilt es, das neu entworfene Prozessdesign im Unternehmen zu kommunizieren und umzusetzen.

1.3 Literaturverzeichnis

Allweyer, T. (2005): Geschäftsprozessmanagement. Strategie, Entwurf, Implementierung, Controlling, Herdecke, u.a

Andrick, B. (1988): Stiftungsrecht und Staatsaufsicht unter besonderer Berücksichtigung der nordrhein-westfälischen Verhältnisse, Schriftenreihe zum Stifungswesen 14, Baden-Baden

Arbeitsweise der Samuel-Stiftung (2006):
URL: http://www.samuel.de/stiftung/wie_arbeiten_wir.php,
Zugriff am 25.07.2006

Ausbildungsprojekte der Samuel-Stiftung (2006):
URL: http://www.samuel.de/german/projekte/proj_ausbildung.php, Zugriff am 30.07.2006

Barbian, D.; Schmidt, Y. (2001): Workflow-Management-System als Instrument zur koordinierten und kontinuierlichen Prozessverbesserung, in: Wirtschaftsinformatik, Band 43, Nr. 3, S. 235-244

Becker, J. (2002): Projektmanagement für Prozessmanagement. Ein Vorgehensmodell für prozessorientierte Reorganisationsprojekte, in: Information Management & Consulting, Band 17, Sonderausgabe Geschäftsprozessmanagement, S. 94-101

Becker, J.; Kahn, D. (2002): Der Prozess im Fokus, in: Becker, J.; Kugeler, M.; Rosemann, M. (Hrsg.): Prozessmanagement. Ein Leitfaden zur prozessorientierten Organisationsgestaltung, 3., vollständig neubearbeitete und erweiterte Auflage, Berlin, u.a., S. 3-15

Becker, J.; Kahn, D. (2003): Der Prozess im Fokus, in: Becker, J.; Kugeler, M.: Rosemann, M. (Hrsg.): Prozessmanagement. Ein Leitfaden zur prozessorientierten Organisationsgestaltung, 4., korrigierte und erweiterte Auflage, Berlin, u.a., S. 3-16

Becker, J.; Kugeler, M.; Rosemann, M. (Hrsg.) (2003): Prozessmanagement. Ein Leitfaden zur prozessorientierten Organisationsgestaltung, 4., korrigierte und erweiterte Auflage, Berlin, u.a.

Becker, J.; Meise, V. (2003): Strategie und Ordnungsrahmen, in: Becker, J.; Kugeler, M.; Rosemann, M. (Hrsg.): Prozessmanagement. Ein Leitfaden zur prozessorientierten Organisationsgestaltung, 4., korrigierte und erweiterte Auflage, Berlin, u.a., S. 107-157

Becker, J.; Rosemann, M.; Schütte, R. (1995): Grundsätze ordnungsmäßiger Modellierung (GoM), in: Wirtschaftsinformatik, Band 37, Nr. 5, S. 435-445

Becker, J.; Schütte, R.(1996): Handelsinformationssysteme, Landsberg am Lech

Bergsmann, S.; Grabek, A.; Brenner, M. (2005): Transparenz durch Prozessanalyse und –modellierung, in: Horváth & Partners (Hrsg.): Prozessmanagement umsetzen, Stuttgart, S. 47-68

Best, E.; Weth, M. (2005): Geschäftsprozesse optimieren. Der Praxisleitfaden für erfolgreiche Reorganisation, 2. Auflage, Wiesbaden

Binner, H. F. (1997): Integriertes Organisations- und Prozessmanagement, in: REFA-Fachbuchreihe Unternehmensentwicklung, München, u.a.

Braun, J. (2003): Grundlagen der Organisationsgestaltung, in: Bullinger, H.-J.; Warnecke, H. J.; Westkämper, E. (Hrsg.): Neue Organisationsformen im Unternehmen. Ein Handbuch für das moderne Management, 2., neu bearbeitete und erweiterte Auflage, Berlin, u.a., S. 1-67

Brömmling, U. (2005): Die Kunst des Stiftens, Berlin

Bürmann, R. (1998): Aufgabenanalyse als Basis der Neuen Steuerung, in: Verwaltung-Organisation-Personal (VOP), Nr. 10, S. 39-41

Bundesverband deutscher Stiftungen (2006): Rekordjahr der Stiftungen, URL: http://www.stiftungen.org/index.php?strg=61_78&baseID=78, Zugriff am 10.09.20006

Chrobok, R.; Tiemeyer, E. (1996): Geschäftsprozeßorganisation. Vorgehensweise und unterstützende Tools, in: Zeitschrift Führung und Organisation (ZfO), Band 65, Nr. 3, S. 165-173

Davenport, T. H. (1993): Process Innovation. Reengineering Work through Information Technology, Boston

Derszteler, G. (1996): Workflow Management Cycle. Ein Ansatz zur Integration von Modellierung, Ausführung und Bewertung workflowgestützter Geschäftsprozesse, in: Wirtschaftsinformatik, Band 38, Nr. 6, S. 591-600

Desjardins, C. (2001): Ein arbeitspsychologischer Ansatz zur Optimierung von Serviceprozessen, Frankfurt am Main

Deutsche Gesellschaft für Qualität e.V. (2005): Prozessmanagement für Praktiker. Leitfaden für das Erkennen, Beschreiben, Bewerten, Umsetzen und Verbessern von Prozessen, Berlin, u.a.

Diekmann, A. (2002): Empirische Sozialforschung. Grundlagen. Methoden, Hamburg

DIN 66001 (1983): Informationsverarbeitung. Sinnbilder und ihre Anwendung, Berlin

Domschke, W.; Scholl, A. (2005): Grundlagen der Betriebswirtschaftslehre, Berlin, u.a.

Eiff, W. v. (1994): Geschäftsprozeßmanagement. Integration von Lean Management-Kultur und Business Process Reengineering, in: Zeitschrift Führung und Organisation (zfo), Band 63, Nr. 6, S. 364-371

Esswein, W. (1993): Das Rollenmodell der Organisation, in: Wirtschaftsinformatik, Band 35, Nr. 6, S. 551-561

Ettel, M.; Nowotny, C. (1997): Rechtliche Gestaltungsformen für NPOs, in: Badelt, C. (Hrsg.): Handbuch der Nonprofit Organisation. Strukturen und Management, Stuttgart

Fischermanns, G.; Liebelt, W. (1997): Grundlagen der Prozessorganisation, Gießen

Fischermanns, G. (2006): Praxishandbuch Prozessmanagement, ibo Schriftenreihe, Band 9, Gießen

Frese, E. (2000): Grundlagen der Organisation, 8. Auflage, Wiesbaden

Gadatsch, A. (2000): Entwicklung eines Konzeptes zur Modellierung und Evaluation von Workflows, Frankfurt

Gaitanides, M. (1983): Prozeßorganisation. Entwicklung, Ansätze und Programme prozeßorientierter Organisationsgestaltung, München

Gaitanides, M. (1992): Ablauforganisation, in: Frese, E. (Hrsg.): Handwörterbuch der Organisation, 3., völlig neu gestaltete Auflage, Stuttgart, S. 1-18

Gaitanides, M.; Scholz, R.; Vrohlings, A. (1994): Prozessmanagement. Grundlagen und Zielsetzungen, in: Gaitanides, M. et al. (Hrsg.) : Prozessmanagement. Konzepte, Umsetzungen und Erfahrungen des Reengineering, München, u.a., S. 1-19

Gaitanides, M.; Sjurts, I. (1995): Wettbewerbsvorteile durch Prozeßmanagement. Eine ressourcenorientierte Analyse, in: Corsten, H.; Will, T. (Hrsg.): Unternehmungsführung im Wandel. Strategien zur Sicherung des Erfolgspotentials, Stuttgart, u.a.

Gaitanides, M. (1995): Je mehr desto besser? Zu Umfang und Intensität des Wandels bei Vorhaben des Business Reengineering, in: Technologie & Management, Band 44, Nr. 2, S. 69-76

Gaitanides, M. (1998): Prozeßmanagement. Von der Managementtechnik zur Theorie der Unternehmung?, in: Die Betriebswirtschaft, Band 58, Nr. 3, S. 369-381

Gehring, H.; Gadatsch, A. (1999): Ein Rahmenkonzept für die Modellierung von Geschäftsprozessen und Workflows, Diskussionsbeiträge Fachbereich Wirtschaftswissenschaft, Hagen

Geschichte der Samuel-Stiftung (2006):
URL: http://www.samuel.de/german/index-d.htm, Zugriff am 01.07.2006

Goldstein, B. (1999): Prozessmodellierung, in: Hofer-Alfeis (Hrsg.): Geschäftsprozessmanagement. Innovative Ansätze für das wandlungsfähige Unternehmen, Marburg, S. 25-36

Hagemeyer, J.; Striemer, R. (1998): Anforderungen an die Erweiterung von Metamodellen; in: Herrman, T.; Scheer, A. W.; Weber, H. (Hrsg.): Verbesserung von Geschäftsprozessen mit flexiblen Workflow-Management-Systemen 1, Heidelberg, S. 161-180

Hahn, D.; Bleicher, K. (2006): Organisationsplanung als Gegenstand der strategischen Planung, in: Hahn, D./ Taylor, B. (Hrsg.): Strategische Unternehmungsplanung – Strategische Unternehmungsführung, 9., überarbeitete Auflage, Berlin, u.a., S. 313-327

Haibach, M. (2002): Handbuch Fundraising. Spenden, Sponsoring, Stiftungen in der Praxis, vollständig überarbeitete und aktualisierte Neuauflage, Frankfurt/Main, New York

Hammer, M.; Champy, J. (1994): Business Reengineerung, 2. Auflage, Frankfurt, u.a.

Helbig, R. (2003): Prozessorientierte Unternehmensführung. Eine Konzeption mit Konsequenzen für Unternehmen und Branchen dargestellt an Beispielen aus Dienstleistung und Handel, Heidelberg

Heß, H. (1995): Geschäftsprozessmodellierung und Vorgangsbearbeitung, in: Zeitschrift für wirtschaftlichen Fabrikbetrieb (ZWF), Band 90, Nr. 7-8, S. 347-350

Hoffmann, M.; Goesmann, T.; Herrmann, T. (1998): Erhebung von Geschäftsprozessen bei der Einführung von Workflow Management, in: Herrmann, T.; Scheer, A.-W.; Weber, H. (Hrsg.): Verbesserung von Geschäftsprozessen mit flexiblen Workflow-Management-Systemen 1, Heidelberg, S. 15-72

Hohmann, P. (1999): Geschäftsprozess und integrierte Anwendungssysteme. Prozessorientierung als Erfolgskonzept, Köln

Holst, J. (1992): Der Wandel im Dienstleistungsbereich – Mit Prozessmanagement zur schlanken Organisation, in: Controlling, Nr. 5, S. 260 –267

Horváth & Partners (Hrsg.) (2005): Prozessmanagement umsetzen, Stuttgart

Hüsselmann, C. (2003): Fuzzy-Geschäftsprozessmanagement, Lohmar

Jost, P.-J. (2000): Organisation und Koordination, Wiesbaden

Jost, W.; Wagner, K. (2002): Das ARIS Toolset, in: Scheer, A.-W.; Jost, W. (Hrsg.): ARIS in der Praxis. Gestaltung, Implementierung und Optimierung von Geschäftsprozessen, Berlin, u.a., S. 15-32

Just-Hahn, K.; Hagemeyer, J.; Striemer, R. (1998): Das MOVE-Projekt, in: Herrmann, T.; Scheer, A.-W.; Weber, H. (Hrsg.): Verbesserung von Geschäftsprozessen mit flexiblen Workflow-Management-Systemen 1, Heidelberg, S. 1-11

Kosiol, E. (1976): Organisation der Unternehmung, 2., durchgesehene Auflage, Wiesbaden

Krieger, J.; Schmitt, P.; Hentschel, W. (1999): Schwachstellenanalyse und Prozeßbewertung, in: Hofer-Alfeis, J. (Hrsg.): Geschäftsprozeßmanagement. Innovative Ansätze für das wandlungsfähige Unternehmen, Marburg, S. 351-360

Krüger, W. (1992): Aufgabenanalyse und –synthese, in: Frese, E. (Hrsg.): Handwörterbuch der Organisation, 3., völlig neu gestaltete Auflage, Stuttgart, S. 221-236

Kutschker, M.; Schmid, S. (2005): Internationales Management, 4., bearbeitete Auflage, München

Leitlinien der Samuel-Stiftung (2006):
URL: http://www.samuel.de/german/inhalt2.htm, Zugriff am 01.07.2006

Lehmann, H. (1974): Aufbauorganisation, in: Grochla, E.; Wittmann, W. (Hrsg.): Handwörterbuch der Betriebswirtschaft, 4., völlig neu gestaltete Auflage, Stuttgart, Sp. 290-298

Lullies, V.; Pastowsky, M.; Grandke, S. (1998): Geschäftsprozesse optimieren – ohne Diktat der Technik, in: Harvard Business Manager, Band 20, Nr. 2, S. 65-74

Mayer, R. (2005): Prozessmanagement: Erfolg durch Steigerung der Prozessperformance, in: Horváth & Partners (Hrsg.): Prozessmanagement umsetzen, Stuttgart, S. 1-7

Meise, V. (2001): Ordnungsrahmen zur prozessorientierten Organisationsgestaltung, Hamburg

Nordsieck, F. (1934): Grundlagen der Organisationslehre, Stuttgart

Organisation der Samuel-Stiftung (2006):
URL:http://www.samuel.de/german/stiftung/wie_arbeiten_wir_organisation.php, Zugriff am 15.08.2006

Picot, A. (1993): Organisation, in: Bitz, M. u.a. (Hrsg.): Vahlens Kompendium der Betriebswirtschaftslehre, 3. Auflage, München, S. 101-174

Picot, A.; Franck, E. (1995): Prozeßorganisation. Eine Bewertung der neuen Ansätze aus Sicht der Organisationslehre, Freiberger Arbeitspapiere Nr. 5, Bergakademie Freiberg

Porter, M. E. (1991a): Wettbewerbsvorteile. Spitzenleistungen erreichen und behaupten, 3. Auflage, Frankfurt/Main

Porter, M. E. (1991b): Nationale Wettbewerbsvorteile. Erfolgreich konkurrieren auf dem Weltmarkt, München

Projekte der Samuel-Stiftung (2006):
URL: http://www.samuel.de/german/projekte_sons.php,
Zugriff am 30.07.2006

Prosa (2004): Die Samuel-Stiftung auf einen Blick, Publikation der Hedwig und Robert Samuel-Stiftung, Nr. 3

Rosemann, M. (1996): Komplexitätsmanagement in Prozessmodellen. Methodenspezifische Gestaltungsempfehlungen für die Informationsmodellierung, Wiesbaden

Rosemann, M.; Schwegmann, A. (2002): Vorbereitung der Prozessmodellierung, in: Becker, J.; Kugeler, M.; Rosemann, M. (Hrsg.): Prozessmanagement. Ein Leitfaden zur prozessorientierten Organisationsgestaltung, 3., vollständig neubearbeitete und erweiterte Auflage, Berlin, u.a., S. 47-94

Rosemann, M.;, Schwegmann, A.; Delfmann, P. (2003): Vorbereitung der Prozessmodellierung, in: Becker, J.; Kugeler, M.; Rosemann, M. (Hrsg.): Prozessmanagement. Ein Leitfaden zur prozessorientierten Organisationsgestaltung, 4., korrigierte und erweiterte Auflage, Berlin, u.a., S. 47-105

Schantin, D. (2004): Makromodellierung von Geschäftsprozessen – Kundenorientierte Prozessgestaltung durch Segmentierung und Kaskadierung, Wiesbaden

Scheer, A.-W. (1997): Wirtschaftsinformatik. Referenzmodell für industrielle Geschäftsprozesse, 7., durchgesehene Auflage, Berlin, u.a.

Scheer, A.-W. (2002): ARIS. Von der Vision zur praktischen Geschäftspozresssteuerung, in: Scheer, A.-W.; Jost, W. (Hrsg.): ARIS in der Praxis. Gestaltung, Implementierung und Optimierung von Geschäftsprozessen, Berlin, u.a., S. 1-14

Schmelzer, H. J.; Sesselmann, W. (2003): Geschäftsprozessmanagement in der Praxis, 3.,völlständig überarbeitete Auflage, München, u.a.

Schmidt, G. (1995): Grundlagen der Aufbauorganisation, Gießen

Schmidt, G. (2000): Methoden und Techniken der Organisation, Gießen

Schmidt, H.-J. (2003): Umsetzungsaspekte, in: Bullinger, H.-J.; Warnecke, H. J.; Westkämper, E. (Hrsg.): Neue Organisationsformen im Unternehmen. Ein Handbuch für das moderne Management, 2., neu bearbeitete und erweiterte Auflage, Berlin, u.a., S. 1193-1201

Scholz, R.; Langer, S. (1990): Stiftung und Verfassung, Berlin

Scholz, R.; Vrohlings, A. (1994a): Prozeß-Struktur-Transparenz, in: Gaitanides, M. et al. (Hrsg.): Prozessmanagement. Konzepte, Umsetzungen und Erfahrungen des Reengineering, München, u.a., S. 37-56

Scholz, R.; Vrohlings, A. (1994b): Prozeß-Redesign und kontinuierliche Prozessverbesserung, in: Gaitanides, M. et al. (Hrsg.): Prozessmanagement. Konzepte, Umsetzungen und Erfahrungen des Reengineering, München, u.a., S. 99-122

Schwegmann, A.; Laske, M. (2002): Istmodellierung und Istanalyse, in: Becker, J.; Kugeler, M.; Rosemann, M. (Hrsg.): Prozessmanagement. Ein Leitfaden zur prozessorientierten Organisationsgestaltung, 3., vollständig neubearbeitete und erweiterte Auflage, Berlin, u.a., S. 147-179

Schwegmann, A.; Laske, M. (2003): Istmodellierung und Istanalyse, in: Becker, J.; Kugeler, M.; Rosemann, M. (Hrsg.): Prozessmanagement. Ein Leitfaden zur prozessorientierten Organisationsgestaltung, 4., korrigierte und erweiterte Auflage, Berlin, u.a., S. 159-190

Schweitzer, M. (1974): Ablauforganisation, in: Grochla, E.; Wittmann, W. (Hrsg.): Handwörterbuch der Betriebswirtschaft, 4., völlig neu gestaltete Auflage, Stuttgart, Sp. 1-8

Schwertmann, P. (2005): Stiftungen als Förderer der Zivilgesellschaft, in: Stiftungszentrum im Stifterverband für die Deutsche Wissenschaft (Hrsg.): Schriftenreihe zum Stiftungswesen, Band 36, Essen

Schwintek, S. (2001): Vorstandskontrolle in rechtsfähigen Stiftungen bürgerlichen Rechts, Essen, u.a.

Schreyögg, G. (1999): Organisation, 3., überarbeitete und erweiterte Auflage, Wiesbaden

Sommerlatte, T./Wedekind, E. (1990): Leistungsprozesse und Organisationsstruktur, in: Little, Arthur D. (Hrsg.): Management der Hochleistungsorganisationen, Wiesbaden

Spiller, D.; Bock, P. (2001): Effiziente Arbeitsabläufe. Schwachstellen erkennen – Prozesse optimieren, Wiesbaden

Staud, J. (2001): Geschäftsprozessanalyse, 2., überarbeitete und erweiterte Auflage, Berlin, u.a.

Teufel, P. (2003): Der Prozess der ständigen Verbesserung (Kaizen) und dessen Einführung, in: Bullinger, H.-J.; Warnecke, H. J.; Westkämper, E. (Hrsg.): Neue Organisationsformen im Unternehmen. Ein Handbuch für das moderne Management, 2., neu bearbeitete und erweiterte Auflage, Berlin, u.a., S. 504-525

Toepler, S. (1996): Das gemeinnützige Stiftungswesen in der modernen demokratischen Gesellschaft. Ansätze zu einer ökonomischen Betrachtungsweise, München

Vorstand der Samuel-Stiftung (2006):
URL: http://www.samuel.de/german/stiftung/wer_wir_sind_vorstand.php
Zugriff am 25.07.2006

Weidner, W./ Freitag, G. (1998): Organisation in der Unternehmung: Aufbau und Ablauforganisation; Methoden und Techniken praktischer Organisationsarbeit, 6., überarbeitete Auflage, München, u.a.

Weymar, F. (2001): Strategische Unternehmensprozeßgestaltung mit der Methode des Target Processing, Berlin

Wiegand, J. (2005): Handbuch Planungserfolg. Methoden, Zusammenarbeit und Management als integraler Prozess, Zürich

Wittberg, V. (1999): Unternehmensanalyse mit Führungsprozessen. Instrumentarium zur Früherkennung von Risiken, Wiesbaden

Zink, K.; Brandstätt, T. (1996): Gestaltung von Geschäftsprozessen im Rahmen umfassender Qualitätsmanagement-Konzepte, in: WISU (Das Wirtschaftsstudium), Band 8-9, S. 743-749

Ziele der Samuel-Stiftung (2006):
URL: http://www.samuel.de/german/stiftung/was_wir_wollen.php,
Zugriff am 25.07.2006

2 Workflowmanagement – methodische Grundlagen und Anforderungen des Collaborative Engineering

Kai Daniel

2.1 Collaborative Engineering

2.1.1 Definitionen

Engineering   Der Begriff *Engineering* zielt auf die spezielle Intention eines kreativen Prozesses ab, in dem technisch neue Produkte entwickelt werden sollen. Nachfolgend sollen die Begriffe wissensintensiver Prozess und Engineering synonym verwendet werden.

ABRAMOVICI definiert *Engineering* als technisch orientierte Planung, Definition, Konzeption, Dokumentation und Simulation von Produkten sowie von produktbezogenen Kern- und Hilfsprozessen im gesamten Produktlebenszyklus [Abra05e]. Engineering ist die Quelle und die Grundlage für Produkt–, Prozess–, und Service–Innovationen [Abra05c].

Der Engineering–Prozess ist ein Teil des gesamten Unternehmensprozesses. Sein Resultat ist das intellektuelle Produkt, d.h. die Produktbeschreibung mit allen dazugehörigen Dokumenten, Beschreibungen, Spezifikationen, digitalen Modellen und Entwurfsunterlagen aller zugehörigen Betriebsmittel (Werkzeuge, Maschinen, Anlagen,…) [ES01].

Collaborative Engineering   Unter Collaborative Engineering ist die Entwicklung von Produkten in dezentralen Teams unter Einbindung externer Partner zu verstehen [adUK05].

Die Gründe für eine unternehmensübergreifende Kooperation sind vielfältig. Vor allem die Ausrichtung des unternehmerischen Handelns an den (Kern–) Geschäftsprozessen im Rahmen der intensivierten Prozessorientierung der Unternehmen hat in den letzten Jahren zu einem starken Anstieg des Collaborative Engineering geführt (vgl. dazu [HC96]). Kooperationen entstammen nach PICOT im Allgemeinen aus dem Bestreben zur Überwindung von

- Know–How– und Kapazitätsgrenzen,
- zur Risikoteilung sowie zur
- Einsparung von Produktionskosten [PDF05][GLRW00].

Die Gründe sind auch im kooperativen Produktengineering als maßgeblich für eine gemeinsame Entwicklung von Produkten und Prozessen zu sehen [GLRW00].

2.1.2 Herausforderungen für das Collaborative Engineering

Mittlerweile haben sich die Marktbedingungen in der Industrie derart verschärft, dass eine engere Verzahnung der Entwicklungspartner unumgänglich geworden ist. Die heutige Marktsituation ist gekennzeichnet durch global agierende Unternehmen, die über Ländergrenzen hinweg operieren und mit einer Reihe von Zulieferern und Entwicklungspartnern eng zusammenarbeiten müssen [Schi05].

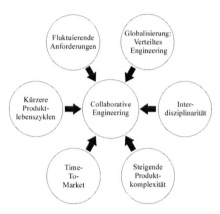

Abbildung 10: Herausforderungen des Collaborative Engineering

Hieraus resultieren neue Herausforderungen an die Kommunikation zwischen Kunden, Zulieferern und den Anbietern. Die performante, zeitnahe Bereitstellung aktueller Produktdaten an verteilten Lokalisationen ist Voraussetzung für eine flexible Reaktion auf kundenspezifische Anforderungen [Schi05][adUK05]. Die heute üblichen kontinuierlichen Änderungen im Verlauf eines Produktentwicklungsprozesses dürfen dessen Fortschritt nicht verzögern. Das setzt eine präzise Abstimmung der Kooperationspartner und durchgängige Prozesse auch über Unternehmensgrenzen hinweg voraus. Kürzere Produktlebenszyklen und zunehmender internationaler Wettbewerb erfordern die schnelle Lieferung neuer und innovativer Produkte [Schi05]. Die Zeit, die für die Entwicklung und Positionierung neuer Produkte benötigt wird (Time–to–Market) ist zu einem zentralen Wettbewerbsfaktor geworden, der nicht selten über Gewinn oder Verlust entscheidet.

2.1.3 Produktentwicklung im Collaborative Engineering

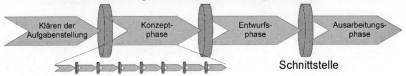

Abbildung 11: Phasen des Entwicklungsprozesses

Den Vorgang, den eine Ware von der Idee bis zur Fertigung durchläuft, nennt man *Produktentwicklung* bzw. *Produktentwicklungsprozess.* Der Produktentwicklungsprozess stellt einen Subprozess unter den Engineering–Prozessen dar und folgt einem strengem Schema, das sich in *Klärung der Aufgabenstellung, Konzeptions—, Entwurfs–* sowie *Ausarbeitungsphase* strukturieren lässt, wie die Abbildung zeigt. Die Einordnung der Produktentwicklung in den Produktlebenszyklus wird im Folgenden veranschaulicht.

Die Zwischenergebnisse in der Produktentwicklung sind ständigen Änderungen unterworfen. Kreativ und iterativ wird auf der Basis einer Soll–Konzeption sukzessiv ein Produkt entwickelt. Wie eingangs bereits erwähnt, wird der Engineering–Prozess weiterhin durch einen zunehmenden Anteil an administrativen Tätigkeiten geprägt, die sich kontinuierlich wiederholen. Begründet wird dieser Trend vor allem durch die immense Komplexität heutiger Produkte. Maschinen haben bis zu 50.000 Einzelteile, was einen beträchtlichen Aufwand hinsichtlich der Verwaltung, Suche, Verteilung sowie Archivierung von produktbezogenen Daten und Dokumenten verursacht. Die Bewältigung dieser Aufgaben wird zunehmend durch Produktdatenmanagementsysteme unterstützt.

Moderne Produktentwicklungsprozesse finden in zunehmendem Maße unternehmensübergreifend statt. Das konstatierte Phasenschema (vgl. Bild 2) des Produktentwicklungsprozesses gilt daher ohne Einschränkung auch für unternehmensübergreifende Entwicklungsprozesse.

Nach Abschluss der einzelnen Phasen in Entwicklungsprojekten (bspw. Milestones) wird zwischen Kooperationspartnern vereinbart, dass ausführliche Berichte anzufertigen sind, die von der Gegenseite als Grundlage für die Weiterarbeit zu genehmigen sind.

Als Ergebnis der Klärung der Aufgabenstellung" ist beispielsweise ein detailliertes Pflichtenheft vorzulegen. Das Ergebnis der Konzeptionsphase sind z.B. Skizzen, Schemata, Diagramme, grobmaßstäbliche Zeichnungen sowie Blockschaltbilder. Losgelöst von den Dokumenten, die an den **Schnittstellen** zwischen diesen "klassischen" Phasen anzufertigen und auch freizugeben sind, existieren innerhalb dieser Phasen viele weitere Schnittstellen, an denen Abstimmungsvorgänge wischen den Kooperationspartnern notwendig sind (vgl. folgende Abbildung).

Diese Abstimmungsvorgänge verstärken den ohnehin hohen Administrationsaufwand der Ingenieure ohne innerhalb der Wertkette einen wertschöpfenden Beitrag zu leisten. Gekennzeichnet sind diese koordinativen Tätigkeiten durch ein hohes Maß an Strukturierung sowie häufige Wiederholungen, was diese Prozesse für eine Automatisierung mit Hilfe von Workflow Managementsystemen prädestiniert.

2.1.4 Simultaneous Engineering und Outsourcing

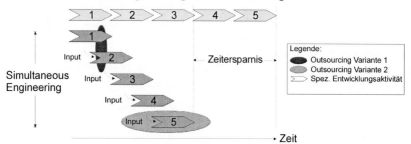

Abbildung 12: Zeitersparnis durch Simultaneous Engineering

Ein wesentlicher und auch kritischer Aspekt im Rahmen des Collaborative Engineering stellt das *Simultaneous Engineering (SE)* dar. Hierunter wird eine Parallelisierung von Aufgaben im Produktentwicklungsprozess verstanden, um die Entwicklungszeiten zu verkürzen (vgl. [SK97]). Im Gegensatz zur sequentiellen Abarbeitung der einzelnen Entwicklungsschritte versucht das SE unabhängige Vorgänge gleichzeitig durchzuführen und voneinander abhängige Vorgänge so weit als möglich überlappen zu lassen, wie in der vorherigen Abbildung gezeigt wird. Zum Einsatz kommt das SE bevorzugt in der Produktneuentwicklung. In der betrieblichen Praxis werden Entwicklungszyklen hierdurch um bis zu 50% verkürzt.

Neben der erheblichen zeitlichen Beschleunigung soll die Qualität des Entwicklungsprozesses wesentlich angehoben werden, um Kosten einzusparen. Je früher ein Fehler in der Entwicklung entdeckt wird, desto geringer fallen die Fehlerkosten aus (vgl. Abbildung). Die ohnehin unfertigen Prozesserzeugnisse können im Rahmen eines *Rapid Prototyping* frühzeitig einer Qualitätskontrolle zugeführt werden mit der Maßgabe, dass Schwachstellen und daraus resultierende Kosten eliminiert werden können (vgl. folgende Abbildung).

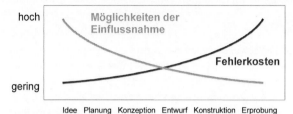

Bild 4: Fehlerrelevanz in den Phasen der Produktentwicklung

Auf Basis des Simultaneous Engineering lassen sich neue Anforderungen an das Collaborative Engineering formulieren. Die Parallelisierung von Arbeitsschritten erfordert eine verstärkte Kommunikation an den Schnittstellen der parallel ablaufenden Prozesse, da Input– sowie Outputgrössen der Prozesse sich während der Entwicklungsphase stets ändern können (vgl. Abbildung). Noch kritischer ist der Kommunikationsbedarf zu betrachten, wenn mehrere, unterschiedliche, topographisch entfernte Unternehmen eine SE–Kooperation anstreben. Wird ein Kooperationspartner nicht oder zu spät über wesentliche Änderungen der Inputgrößen seines eigenen (Teil–)Entwicklungsprozesses unterrichtet, kann dieser darauf nicht oder nur verspätet reagieren, was wiederum vermeidbare Kosten verursacht.

Kooperationen zwischen Unternehmen kommen sehr häufig im Rahmen eines *Outsourcing* zu Stande. Mit Outsourcing wird die Auslagerung von Prozessen oder Subprozessen (vgl. [Dani07]) an Drittunternehmen verstanden. Das Outsourcing kann, entweder gesamte Entwicklungsabschnitte (Variante 2) betreffen oder Teile von diesen (Variante 1), welche jedoch parallel bzw. zeitgleich ausgeführt werden müssen. Die unterschiedlich möglichen Konstellationen bei einem solchen Outsourcing erfordern streng definierte Schnittstellen zwischen den Unternehmen wie etwa vereinbarte Produkt–, Prozess–, oder Organisationselemente. Aufgrund der bereits erwähnten Dynamik des Produktentwicklungsprozesses entsteht hieraus nochmals die Forderung nach verstärkter Kommunikation sowie ein enormer Synchronisationsbedarf (zeitlich, inhaltlich) zwischen den Kooperationspartnern. Die Komplexität einer ohnehin schon anspruchsvollen Produktentwicklung wird durch das SE daher noch erhöht.

2.1.5 Kooperationsformen

Projekt

Entwicklungsaufgaben finden heutzutage unternehmensintern wie auch –extern in Projekten statt. Ein Projekt ist nach DIN 69901 ein Vorhaben, bei dem innerhalb einer definierten Zeitspanne ein definiertes Ziel erreicht werden soll, und das sich dadurch auszeichnet, dass es im Wesentlichen ein einmaliges Vorhaben ist. Typisch für ein Projekt ist des Weiteren seine spezifische Projektorganisation (vgl. [Szyp89]).

Organisationskollektive

Neben dem bereits erwähnten Outsourcing in Form von Auftraggeber/Lieferanten–Beziehungen können vom Prinzip her unterschiedliche Typen der unternehmensübergreifenden Kooperation unterschieden werden.

Einen Ansatz hierzu liefert die Organisationstheorie mit Hilfe von *Organisationskollektiven*. Beim Konzept der Organisationskollektive als Umweltinteraktionsansatz handelt es sich um einen institutionenökonomischen Ansatz[187] [Schr03]. Innerhalb der Theorie der interorganisationalen Beziehungen wird nicht das einzelne Unternehmen wie beim Ressourcenabhängigkeits– oder dem strategischen Ansatz betrachtet, sondern es werden durch den Wechsel zu einer interorganisationalen Perspektive die Koordinations– und Kooperationsformen von Organisationskollektiven zwischen Hierarchie und Markt fokussiert.

---

[187]Die Institutionenökonomie befasst sich mit der Wirkung von Kooperationen auf das wirtschaftliche Umfeld

Tabelle 1: Organisationskollektive

Art der Interdependenz	Kommensialistisch		Symbiotisch	
Organisations-kollektiv	Konföderiert	Agglomerat	Konjugat	Organisch
Beziehung	direkt	indirekt	direkt	indirekt
Anzahl beteiligter Organisationen	wenige	viele	wenige	viele
Spezies	artgleich	artgleich	verschieden	verschieden
Kollektive Strategien	Kollusion	Kartelle	Joint Venture Langfrist-verträge	Netzwerke
Kontrollform /Sanktionen	sozial	organisa-torisch	gesetzlich	normativ

Organisationskollektive werden als wenig formalisierte, aber dennoch stabile Systeme angesehen, die das Verhalten der Mitgliederorganisationen stark bestimmen. Der Einfluss wird z.T. aus dem Kalkül, dass gemeinsam mehr als einzeln erreicht werden kann, z.T. aber auch aus der Dominanz einzelner Organisationen erklärt. Aufbauend auf dieser Definition nimmt SCHREYÖGG in Anlehnung an ASTLEY und FOMBRUN (1983) eine Klassifikation der Organisationskollektive durch die Dimensionen Art der interorganisatorischen Beziehungen (direkt/indirekt) sowie

"Art der Interdependenz zwischen den Organisationen eines Kollektives (kommensialistisch, symbiotisch)" vor [Schr03][AF83].

Die interorganisatorischen Beziehungen sind *direkt*, wenn das Kollektiv nur wenige Mitglieder umfasst und durch die Übersichtlichkeit der beteiligten Organisationen Kommunikation untereinander möglich ist. Sie werden als *indirekt* bezeichnet, wenn aufgrund der großen Anzahl der beteiligten Organisationen Unüberschaubarkeit herrscht und diese nicht durch direkte Kommunikation koordiniert werden können. Als *kommensialistisch* werden Interdependenzen zwischen den Organisationen eines Kollektivs bezeichnet, wenn es sich bei den Beteiligten um artgleiche Organisationen handelt, unter denen eine kompetetive Grundorientierung herrscht. Von *symbiotischen* Interdependenzen wird bei artverschiedenen, auf komplementären Bedürfnissen aufbauenden Organisationen gesprochen, die durch kooperatives Verhalten gekennzeichnet sind. Durch die Kombination der beiden Dimensionen ergeben sich vier Typen der Organisationskollektive: *konföderiert, agglomerat, konjugat* und *organisch* [Schr03].

Ein weiteres Klassifikationsschema zwischenbetrieblicher Beziehungen liefert GAUSEMEIER, auf dessen Grundlage ist die folgende Abbildung aufbaut [GLRW00].

Abbildung 13: Aspekte des unternehmensübergreifenden Prouduktengineerings

2.2 *Workflow*

2.2.1 Definition

Eine grobe Vorstellung davon, was *Workflow* überhaupt bedeutet, liefert die wörtliche Übersetzung Arbeitsfluss. Dieser Arbeitsfluss bezieht sich auf Geschäftsprozesse und [...] ist hauptsächlich dafür zuständig, einen korrekten Ablauf eines oder mehrerer Prozesse zu gewährleisten [vHS04]. Neben dieser Sichtweise sind auch folgende Definitionen zum Workflow–Begriff üblich:

Workflow–Management–Coalition:

Als *Workflow* bezeichnet man die teilweise oder vollständige Automatisierung eines Geschäftsprozesses, in dem Dokumente, Informationen oder Aufgaben einer Ressource zu einer anderen entsprechend einer Menge an prozeduralen Regeln transferiert werden, um eine Aktion hervorzurufen [Alle02]. Eine Ressource kann dabei entweder durch einen Mensch oder durch eine Maschine repräsentiert werden.

Galler und Scheer:

GALLER und SCHEER betrachten den Workflow als eine technische Verfeinerung des betriebswirtschaftlichen Geschäftsprozesses. Als Kriterium für den Grad der Verfeinerung dient dabei die Automatisierbarkeit, d.h. die Ausführung des

Geschäftsprozesses durch ein Workflow Managementsystem ist mit Hilfe von definierten Inputs, Outputs sowie einem „Regelwerk „ möglich.

Im Rahmen des Architekturkonzeptes für integrierte Informationssysteme ordnen GALLER und SCHEER den Workflow der Ebene des IT–Konzeptes und den Geschäftsprozess der anwendernahen Fachkonzept–Ebene zu [Sche01][GS95][Gada03].

Österle:

ähnlich beschreibt auch ÖSTERLE den Workflow als einen verfeinerten Geschäftsprozess. Ausgehend von einem Prozessentwurf auf der Makro–Ebene und dessen sukzessiver Zerlegung in Teilprozesse wird die Mikro–Ebene dann erreicht, wenn gilt: Die Aufgaben sind so detailliert, dass sie von den Prozessmitarbeitern als Arbeitsanweisung umgesetzt werden können. Anhand der Aufgabenkette kann eine Führungskraft den Arbeitsablauf steuern. Der Workflow stellt die detaillierte Form des Mikro–Prozesses dar; anstelle einer Führungskraft übernimmt nun der Computer die Ablaufsteuerung [Öst95].

Jablonski:

Unter einem *Workflow* versteht man eine zum Teil automatisierte, von einem Workflow–Management–System gesteuerte Gesamtheit von Aktivitäten, welche sich auf Teile eines oder mehrerer *Anwendungsprozesse* (vgl. [Dani07]) beziehen [Jabl01]. Der funktionale Aspekt eines Prozesses sagt aus, *was* ausgeführt wird. Ein Workflow hingegen definiert *wie* eine Verarbeitung in einem System (vgl. [Dani07]) ausgeführt wird [Jabl95a].

Gadatsch:

Ein Workflow ist ein formal beschriebener, ganz oder teilweise automatisierter Geschäftsprozess. Er beinhaltet die zeitlichen, fachlichen und ressourcenbezogenen Spezifikationen, die für eine automatische Steuerung des Arbeitsablaufes auf der operativen Ebene erforderlich sind. Die hierbei anzustoßenden Arbeitsschritte sind zur Ausführung durch Mitarbeiter oder Anwendungsprogramme vorgesehen. Von dem Workflow als Typ oder Schema eines (teil–)automatisierten Arbeitsablaufes zu unterscheiden ist eine Workflow–Instanz, die eine konkrete Ausführung des Workflows bezeichnet [Gehr98][Gada03].

2.2.2 Klassifikation

Collaborative		Semi-strukturiert		Strukturiert	
Ad-hoc-Workflow	Team-basierter Workflow	Integrierte Gruppen-aktivität	Integrierte Teamaktivität	Standard mit Ausnahmen	Standard Workflow
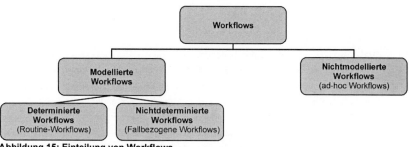					
Interaktiver, sich selbst organisieren-der Workflow	Zusammen-arbeit im Team mit einem Verantwort-lichen	Ein Aktivitäten-pool ohne feste Abfolge innerhalb eines strukturierten Workflow	Teambasiertes Arbeiten innerhalb eines strukturierten Workflows	Vorgedachte Ausnahme-behandlungen einzelner Aktivitäten	Strukturierter Workflow mit wiederkehren-der Abfolge

selbst organisierend ←→ strukturiert

Abbildung 14: Kontinuum der Organisationsformen und Strukturarbeit

Die Klassifizierung von Workflows ist der Klassifizierung von Geschäftsprozessen sehr ähnlich. Schließlich baut ein Workflow stets auf einem Prozess auf. Auch Workflows können strukturiert bis völlig unstrukturiert auftreten [vHS04]. Ebenso ist eine Einteilung nach Art und Häufigkeit des Workflows möglich. Die vorherige Abbildung konzentriert den Fokus auf die Strukturierung von Workflows und weist auch auf das Klassifizierungsmerkmal „*Collaborative*" hin.

```
                    Workflows
                   /         \
      Modellierte            Nichtmodellierte
      Workflows              Workflows
      /      \               (ad-hoc Workflows)
Determinierte  Nichtdeterminierte
Workflows      Workflows
(Routine-      (Fallbezogene Workflows)
Workflows)
```

Abbildung 15: Einteilung von Workflows

Ein weiteres hierarchisches Klassifizierungsschema zeigt die Abbildung „Einteilung von Workfows", bei dem neben der Strukturierung die Modellierbarkeit (Modelliertheit) von Workflows in den Vordergrund gerückt wird. Vom Prinzip her werden generell hierbei zwei Klassen von Workflows voneinander unterschieden. Das ist auf der einen Seite der modellierte und auf der anderen der nichtmodellierte Workflow. Letzterer steht synonym für einen so genannten *ad–hoc Workflow*. Ad–hoc Workflows repräsentieren unstrukturierte Vorgänge, die sich aus der laufenden Arbeit ergeben, nur einmal auftreten oder so variieren, dass sie nicht vorhersehbar sind.

Modellierte Workflows weisen hingegen einen bestimmten Grad an Strukturierbarkeit sowie Wiederholbarkeit auf. Der dazu zählende *determinierte* Workflow ist eine Definition von festgelegten Prozessen in reaktiv unveränderbaren Umgebungen. Prozessmodelle können nur gesamt und nicht für einzelne laufende Prozesse verändert werden. Diese werden häufig auch als Routine– oder strukturierte Workflows bezeichnet.

Nichtdeterminierte, fallbezogene, flexible oder so genannte *collaborate* Workflows zeichnen sich dadurch auch, dass vor Prozessbeginn ein Ablauf definiert wird, doch während der Laufzeit weiterhin die Möglichkeit besteht, Prozesse und deren Modelle zu verändern.

2.2.3 Workflow und Prozess im Vergleich

Die gängigen Definitionen von Prozessen wie auch von Workflows wurden vorgestellt. Was unterscheidet aber nun einen Prozess von einem Workflow?

Ein Workflow ist eine spezielle Art von Prozess (vgl. folgende Abbildung). Zwei wesentliche Eigenschaften obliegen jedoch ausschließlich den Workflows:

a)   Automatisierbarkeit
b)   Rollenbezug

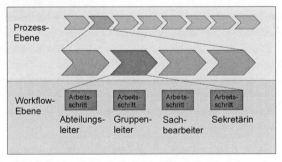

Abbildung 16: Gegenüberstellung von Prozessen und Workflows

Die beiden Eigenschaften sind notwendige Kriterien dafür, dass der Prozess einen Workflow repräsentiert. Weist ein Prozess ein ausreichend hohes Maß an Granularität bzw. Hierarchisierbarkeit, Formalisierbarkeit (s.u.) sowie Strukturierung auf, dass eine Automatisierung des Prozesses möglich ist, und werden den

Aktivitäten dieses Prozesses definierten Rollen zugewiesen, so kann von einem Workflow gesprochen werden. Die Automatisierung des Prozesses wird von *Workflow Managementsystemen* übernommen. Der Wunsch nach Automatisierbarkeit impliziert, dass es sich bei dem maßgeblichen Prozess um einen Geschäftsprozess handelt, welcher im speziellen Fall ein Engineering–Prozess sein kann.

Der Geschäftsprozess ist der fachlich konzeptionellen Ebene, der Workflow der operativen Ebene zuzurechnen. Der erforderliche Detaillierungsgrad eines Geschäftsprozesses ist dann erreicht, wenn er die Arbeitsschritte beschreibt, die von einem Mitarbeiter in einem Zug an einem Arbeitsplatz ausgeführt werden kann. Erreicht man einen Detaillierungsgrad, der von den ausführenden Mitarbeitern als konkrete Arbeitsanweisung verstanden werden kann, und der die Beschreibung für computerunterstützt ausführbare Arbeiten so konkret vorgibt, dass sie von einem Anwendungssystem ausgeführt werden können, so erreicht man die Workflow–Ebene. Ein eindeutiges Unterscheidungsmerkmal ist nach [Gada03] die Ausführbarkeit durch einen menschlichen Aufgabenträger (Mitarbeiter) oder eine Maschine.

Formalisierungsgrad

Die Automatisierbarkeit wird wesentlich durch den Formalisierungsgrad der gewählten Beschreibungsmethode bestimmt, mit der die Geschäftsabläufe beschrieben werden. Die Bedeutung des Begriffes *Formalisierungsgrad* soll für die Verwendung im Rahmen dieser Arbeit daher im Folgenden festgelegt werden:

Ein *Formalismus* stellt prinzipiell ein Regelwerk dar. Das Modellieren von Prozessen und Workflows mit Hilfe von Notationen erfolgt immer nach definierten Regeln. Es kann also davon ausgegangen werden, dass die Beschreibungsmethoden unabhängig davon, ob sie text– oder grafikbasiert sind, ausreichend und formal exakt beschrieben sind. Dies trifft auf die mit Hilfe dieser Beschreibungsmethoden erstellten Modelle jedoch nicht zu. So geben beispielsweise einige Methoden keinen Aufschluss darüber, bei welcher Funktion oder welchem Ereignis sich gerade eine Ausführungssequenz befindet.

Im Rahmen dieser Arbeit soll sich der Formalismus–Begriff daher stets auf die Modelle beziehen, die mit Hilfe der genannten Beschreibungsmethoden erstellt werden. Darüber hinaus sei ein Formalismus geknüpft an

- den Detaillierungsgrad sowie
- die Exaktheit

der Modelle. Ein textbasiertes Modell ist immer exakter als ein grafisches Modell, da Grafiken dem Modellierer stets nicht spezifizierten Freiraum bieten wie z.B. Größe der Symbole, Farben, Strichstärken...). Die Argumentation erscheint banal, doch für die maschinelle Ausführbarkeit ist dies eine essentielle Eigenschaft.

Unter einem *informalen Modell* wird im Folgenden dasjenige verstanden, welches nicht den erforderlichen Detaillierungsgrad für die Automatisierbarkeit aufweist (z.b. fehlen Rollenzuweisungen). Ein *semi–formales Modell* sei zwar detailliert, jedoch nicht exakt (typische Eigenschaft der grafischen Beschreibungssprachen). Ein *formales Modell* weise dahingegen einen ausreichenden Detaillierungsgrad sowie die notwendige Exaktheit auf.

2.3 Anforderungen des Collaborative Engineering an ein IT– Werkzeug für das Prozess– und Workflow Management

In Unternehmen [...] mit wissensintensiven Prozessen hängt der Erfolg immer stärker davon ab, dass die richtigen Mitarbeiter effizient – oft über räumliche und zeitliche Grenzen hinweg – zusammenarbeiten und kommunizieren [SJHK05].

In diesem Kapitel sollen die wesentlichen Anforderungen als Grundlage für eine Konzeption einer verteilten Umgebung für das Collaborative Engineering hergeleitet werden. Die Anforderungen sollen dabei aspektbezogen nach Folgenden Kriterien erarbeitet werden.

Hinweis: Die in diesem Kapitel entwickelten Anforderungen werden mit eingeklammerten Buchstaben mit Zahlen, z.B. (A2), durchgängig gekennzeichnet, um eine spätere Referenzierung entsprechend zu erleichtern.

a) Allgemeine Anforderungen
  (a) Sicherheit
  (b) Wirtschaftlichkeit
b) Methodische Anforderungen
  (a) Laufzeitumgebung (Runtime)
  (b) Entwicklungsumgebung (Buildtime)
c) Anforderungen aus Anwendersicht
  (a) Transparenz
  (b) Akzeptanz
d) Systembezogene Anforderungen
  (a) Interoperabilität
  (b) Portabilität

2.4 Allgemeine Anforderungen

2.4.1 Sicherheit

Workflow–relevante Daten sind vor unzulässigen Beeinträchtigungen und Manipulationen (Stichwort: Integrität) durch vereinbarte, systemübergreifende Zugriffsprotokolle zu schützen. Weiterhin muss die Vertraulichkeit bzw. Geheimhaltung von unternehmenskritischen Informationen durch geeignete Authentifizierungsmechanismen sichergestellt werden. Hierzu sind

- **Authentifizierungsmechanismen (S1)** sowie
- **Autorisationsmechanismen (S2)**

geeignet zu berücksichtigen. Die Zugriffs– und Datensicherheit muss des Weiteren durch

- **Synchronisation (S3)**

der beteiligten Administrationskomponenten sichergestellt werden.

2.4.2 Wirtschaftlichkeit

- **Investitionskosten (W4)**

Eine konservative und kostengünstige Architektur ist anzustreben. Bei einer Integration von neuen Ressourcen (Anwendungen, Funktionen, Objekte) müssen vorhandene Komponenten (Hard– wie auch Software) zum größten Teil beibehalten werden können, um den Investitionsaufwand für die Unternehmen gering zu halten.

- **Wartbarkeit (W5)**

Das System muss so konzipiert sein, dass die Kosten für nachträgliche Modifikationen am System sowie Wartungen minimiert werden können. Im Übrigen muss der Administrationsaufwand für die notwendige Netzwerkarchitektur möglichst gering sein.

- **Fortbildungsaufwand (W6)**

Neben der technischen Integration muss ebenso eine Anwenderintegration unter ökonomischen Aspekten erfolgen. Dies bezieht sich vor allem auf den Fortbildungsaufwand. Die Kosten für die Schulungen selbst sowie der Ausfall

2.4.3 Laufzeitumgebung (Runtime)

1. Operative Unterstützung der Anwender

Durchgängigkeit (L1): Nutzdaten müssen ohne Medienbruch integrierbar sein. Es ist unbedingt zu vermeiden, dass Daten aufgrund von Inkompatibilitäten mehrfach repliziert werden müssen. Im Hinblick auf das Collaborative Engineering müssen hierfür vor allem vorhandene Produktdaten teilweise oder ganz für den Kooperationspartner verfügbar gemacht werden. über den reinen Zugriff hinaus müssen (Nutz–)Daten, vornehmlich technische Dokumente, während der Laufzeit eines Workflows in den laufenden Datenfluss einfließen können.

Vorzeitiges Beenden eines Workflows (L2): Das Engineering erfordert dynamische Eingriffsmöglichkeiten in Workflows. So muss ein vorzeitiger Abbruch des gesamten Workflows während der Laufzeit durch autorisierte Benutzer möglich sein.

Benutzerinitiiertes Zurückgeben von Aktivitäten (L3): Der Anwender muss in der Lage sein, Aktivitäten an den Vorgänger zurückzugeben, sofern die Eingangsgrößen nicht der geforderten Qualität entsprechen.

Unterstützung der Wiedervorlage (L4): Die Wiedervorlage soll es dem Benutzer ermöglichen, die Bearbeitung der maßgeblichen Aktivität zeitlich hinauszuzögern

- bis zu einem bestimmten Ereignis (z.B. aus ad–hoc–Instanziierung),
- bis zu einem bestimmten Termin.

Das System soll die Aktivität sodann dem Anwender automatisch zu Weiter– bzw. Wiederbearbeitung vorlegen.

Delegation von Aktivitäten (L5): Für die Delegation von Tätigkeiten an Dritte ist vor allem eine Autorisation vorzusehen (erlaubt/nicht erlaubt/auf Anfrage erlaubt). Zur Ausführung der Aktivität muss während der Buildtime– als auch der Runtime–Phase ein Stellvertreter durch einen autorisierten Teilnehmer aktivierbar sein. Die Aktivität ist entweder auf Anfrage auf einen Stellvertreter übertragbar oder wird vom System automatisch auf diesen übertragen, sobald ein Ereignis eintritt (Fristüberschreitung, Auswertung einer Abwesenheitsdatenbank)

Signalisierung und Vergabe von Prioritäten (L6): Die Bearbeitungsstatus von Aktivitäten (z.b.: Idle, Running, Finished, Aborted) müssen für den Benutzer visualisierbar und (sofern autorisiert) editierbar sein. Ebenso müssen für Aktivitäten Prioritätsstufen vergebbar sein (z.b. 1=unwichtig, höchste Priorität).

2. Strategische Unterstützung der Anwender

Monitoring und Protokollierung (L7): Für das Management stellen Performance – Messungen ein wichtiges Instrument von WfMS dar. Das System muss automatisch (push–Prinzip), oder auf Anforderung (pull–Prinzip) Kennzahlen verdichtet oder en detail zur Verfügung stellen können. Folgende Gesichtspunkte sind daher zu berücksichtigen:

-   **Protokollierung und Überwachung:** In der Buildtime–Phase definierte Kennzahlen müssen systemseitig zur *Laufzeit* eines Workflows überwacht werden. Die Messgrößen sind zu protokollieren. Die aufgenommen Daten müssen hinsichtlich der Überschreitung von Schwellwerten systemseitig ständig geprüft werden.
-   **Eskalationsmechanismen:** Den Anwendern mit Führungsfunktionen müssen Überschreitungen von vordefinierten Schwellwerten vom System mitgeteilt werden. Dies beinhaltet beispielsweise eine Terminüberwachung für den Vorgesetzten, der über Fristüberschreitungen direkt informiert wird oder aber auch eine individuelle Terminüberwachung für den Anwender als Rolleninhaber, der regelmäßige Erinnerungen vom System erhält, eine anstehende Tätigkeit rechtzeitig abzuarbeiten.
-   **Visualisierung und Merging:** Die Darstellung verdichteter Informationen aus der Protokollierung sowie der den Eskalationsmechanismen zu Grunde liegenden Kennzahlen muss grafisch unterstützt werden, um aus den übersichtlich aufbereiteten Informationen einfach Rückschlüsse ziehen und Entscheidungen treffen zu können. Hierzu sind geeignete Funktionen bereitzustellen. Die Visualisierung von Kennzahlen erleichtert das Verständnis und muss dem autorisierten Anwender verschiedene Sichten, eine Hierarchisierung, Modularisierung sowie verschiedene Detaillierungsgrade zur Auflösung der Kennzahlen mittels *Merging*[188] anbieten.

Archivierung (L8): Abgeschlossene Workflow Instanzen müssen archivierbar sein, um aus juristischen Gründen, wie beispielsweise der Produkthaftung auf Daten zu einem viel späteren Zeitpunkt zurückgreifen zu können.

---

[188]Unter Merging versteht man das Zusammenfassen von feingranularen Prozessen zu grobgranularen Master–Prozessen.

Auswertungen von protokollierten Workflow–Instanzen (L9): Historiendaten aus protokollierten, abgeschlossenen Workflows enthalten wichtige Informationen für das Unternehmen. Daher müssen aspektbezogene Auswertungen von Kennzahlen durchgeführt werden können (z.B. statistische Erhebung über die Liegezeiten der letzten 100 Workflows) sowie für autorisierte Personen visualisiert werden können.

2.4.4 Entwicklungsumgebung (Buildtime)

Im Folgenden sollen Anforderungen für die *Ausdrucksmächtigkeit* und *Leistungsfähigkeit* der Beschreibungssprachen sowie übrigen Methoden (z.B. Monitoring) formuliert werden.

Die Ausdrucksmächtigkeit einer Modellierungssprache besagt, welche und damit, ob alle relevanten Aspekte, die benötigt werden, modellierbar sind. Die Konstrukte der Modellierungssprache sollen der Problemstellung angemessen sein.

Übertragbarkeit (E1): Die Heterogenität der auf dem Markt eingesetzten Beschreibungssprachen (eEPK, UML, Petri–Netze etc.) verlangt nach einer Integration dieser Methoden. Daher muss eine semantische Übertragbarkeit der Modelle hergestellt werden, welche die unterschiedlichen Notationen ineinander transformierbar macht. Weiterhin muss gleichzeitig der sukzessive Übergang von grafischen Darstellungsformen zu formalen Beschreibungen unterstützt werden, so dass eine maschinelle Ablaufunterstützung möglich wird.

Offenheit (E2): Zur Herstellung einer gemeinsamen Kommunikationsbasis müssen die Kooperationspartner eine einheitliche, in sich konsistente Beschreibungssprache verwenden, die den Ansprüchen eines offenen Standards genügt. Dazu müssen die Methoden alle der folgenden Kriterien erfüllen:

- **Beschreibung:** Die Modellierungsmethode muss durch gängige, vorzüglich bekannte Methoden eindeutig (konsistent) beschrieben sein.
- **Verfügbarkeit:** Die Dokumentation der Modellierungsmethode muss für jedermann, unabhängig von der Herkunft oder Angehörigkeit einer Organisation zugänglich sein.
- **Kosten:** Der Erwerb der Methode bzw. der Methode zu Grunde liegenden Dokumentation muss kostenfrei erhältlich sein. Die Nutzung muss weiterhin ohne den kostenpflichtigen Erwerb einer Lizenz möglich sein.
- **Administration:** Die Verantwortung für die Pflege der Methode muss klar definiert sein und in den Händen einer Organisation liegen, die auch für Aktualisierungen und nachträgliche Änderungen zuständig sind. Das Abstimmungsverfahren zu Änderungen sowie Aktualisierungen der Methode muss für alle Organisationen

zugänglich sein.

Formalisierungsgrad (E3): Es muss eine exakte und formale Beschreibung der Workflow–Modelle vorgenommen werden, so dass Workflow–Engines diese interpretieren können. Für den Anwender ist zeitgleich eine leicht verständliche und übersichtliche (nicht notwendigerweise formale) Beschreibungsmethode zur Verfügung zu stellen, um Geschäftsprozesse modellieren zu können.

Rollenzuweisungen (E4): Aktivitäten müssen zur Erledigung den beteiligten Ingenieuren zugewiesen werden, die sodann auch die Verantwortung für die damit verbundenen Aufgaben tragen.

Verteilte Organisationsstrukturen (E5): Die Verteiltheit des Systems ist als Projektion der kooperationsspezifischen Aufbauorganisation zu interpretieren. Aus multiplen Aufbauorganisationen gehen verteilte, dezentralisierte, unternehmensübergreifende Verantwortungsbereiche hervor, deren Komplexität durch das System abgebildet werden muss.

Modellieren verschiedener Prozesshierarchien bzw. Granularitätsebenen (E6): Je nach Zielgruppe und Ziel müssen verschiedene Formalisierungs–– bzw. Präzisierungsgrade möglich sein. Es sollte darum möglich sein, grob– und feingranulare Prozesse zu modellieren. Die Methode soll es dem Anwender ermöglichen, hierarchische Workflowstrukturen durch Module zu modellieren, um zum einen unternehmensübergreifende und zum anderen sehr große Workflows zu integrieren. Das Verständnis des Gesamtmodells zum Verständnis von Teilen des Modells ist nicht immer notwendig (Lokalität).

Kapselung (E7): Die Modellierung von Kapselungen muss von der Entwicklungsumgebung durch Bereitstellung einer geeigneten Notation ermöglicht werden. Die Kapselungen sollen auf unterschiedlichen hierarchischen Stufen (Subprozessen) realisierbar sein, so dass je nach Definition für über– oder untergeordnete Instanzen Sichtbarkeit aktiviert oder deaktiviert werden kann. Des Weiteren soll sie Subprozesse als Black Box für definierbare Anwendergruppen (Rollenträger) erscheinen lassen. Hier werden explizit Inputgrössen als Übergabeparameter und Outputgrössen als Zielvereinbarung definiert.

Erweiterbarkeit (E8): Die Modellierung muss den Gegebenheiten der Organisationen anpassbar sein. Gerade bei längerfristigen Kooperationen entwickeln sich kooperationsspezifische Abläufe, deren Abbildung ermöglicht werden muss. Hierzu müssen den Modellierern Freiheiten eingeräumt werden, um eigene Modellkonstrukte zu definieren.

Dies darf nur soweit erlaubt werden wie Einheitlichkeit und Konsistenz der Beschreibungssprache erhalten bleiben.

Nebenläufigkeit (E9): Prozesse im Collaborative Engineering laufen in der Regel nicht sequentiell, sondern parallel ab. Besonders für das Simultaneous Engineering muss daher die Modellierbarkeit von Nebenläufigkeit als unverzichtbares Merkmal für eine Modellierungssprache gegeben sein.

Definition von Kennzahlen und Schwellwerten (E10): Das Monitoring muss den beteiligten Unternehmen, Kooperationen und Prozessen angepasst werden. Hierzu sind von den Verantwortungsträgern Kennzahlen zu definieren (z.B. Bearbeitungsstand, Liegezeiten bis zur Ausführung der Aktivität, Durchlaufzeit, durchschnittliche Bearbeitungszeiten, Termintreue/–überschreitungen).

Die Kennzahlen müssen bei der Erstellung von Workflow–Modellen definierbar sein. Zur Überwachung dieser Kennzahlen müssen ebenso Schwellwerte im Workflow–Modell editierbar sein, anhand derer das System die Überwachung der Kennzahlen vornehmen kann.

Simulierbarkeit und Analysierbarkeit (E11): Fehler in den modellierten Build–Time–Modellen müssen frühzeitig erkannt und eliminiert werden können.

Daher muss eine systemseitige Analyse der syntaktischen Eigenschaften, der Konsistenz und Leistungsfähigkeit des Modells mit Hilfe von Simulationen ermöglicht werden. Hierzu müssen beispielsweise Eintrittswahrscheinlichkeiten an Verzweigungen (Alternativen) sowie Kapazitäten (z.B. für Mitarbeiter) und der Zeitbedarf für Aufgabenbearbeitungen anzugeben sein, um die Effizienz eines Modells analysieren zu können.

2.4.5 Transparenz

Der Anwender in der Funktion des Entwicklers soll sich auf konstruktive Tätigkeiten konzentrieren können. Als Maßgabe resultiert hieraus die Filterung von Informationen, die für den Anwender zur Erledigung seiner Aufgabe irrelevant sind.

Zugriffstransparenz (T1): Bei der Abarbeitung der ihm aufgetragenen Aufgaben soll verborgen bleiben, ob die für die Erledigung der Aufgabe zur Verfügung gestellten Ressourcen (Inputgrößen) lokal oder verteilt bereitgestellt werden. Ebenso soll die Übermittlung der Outputgrößen an einen lokalen wie auch verteilten Empfänger gleich geartet sein.

Positionstransparenz (T2): Die Position der Rechner sowie nebenläufige Zugriffe sollen für den Anwender verborgen bleiben.

2.4.6 Akzeptanz

Handhabbarkeit und intuitive Erlernbarkeit (A1): Die intuitive Erlernbarkeit einer kooperativen, verteilten Umgebung stellt einen wesentlichen Erfolgsfaktor für diese dar, der bei der Konzeption nicht vernachlässigt werden darf. Die Modellierung sollte dem Anwender daher einfach zugänglich gemacht werden. Hierzu muss die Modellierungsmethode folgende Eigenschaften aufweisen:

- Anschaulichkeit Strukturiertheit, Übersichtlichkeit, Nachvollziehbarkeit der Darstellung
- Wiederverwendbarkeit von Teilmodellen
- Anpassbarkeit, Ändere– und Pflegbarkeit der Modelle

Prinzipiell sollte für die Methode der Grundsatz *So einfach wie möglich, so komplex wie nötig* gelten.

Popularität (A2): Die Modellierungsmethode muss nach dem Bekanntheitsgrad ausgewählt werden. Dies ist vor allem im Collaborative Engineering von Bedeutung, da schnelllebige Kooperationen wenig Raum zum Erlernen neuer Methoden bieten. Je bekannter eine Modellierungssprache ist, desto geringer ist der Aufwand für alle Beteiligten und desto höher ist auch die Akzeptanz.

Visualisierung (A3): Die Modellierung von Prozessen und Workflows (Prozessmodellierung), muss visuell unterstützt werden.

Integrationsfähigkeit (A4): Die neuen Funktionen sind als Komponenten bzw. Module nahtlos in die graphische Oberfläche bestehender Anwendungen zu integrieren. Der Einsatz mehrerer, heterogener graphischer Oberflächen zur Bearbeitung eines Workflows ist möglichst zu vermeiden. Vor allem muss das gemeinschaftliche und verteilte Modellieren zwischen Kooperationspartnern ermöglicht werden, um die Konzeption allgemeiner Kooperationsmodelle zu ermöglichen.

2.4.7 Interoperabilität

Insbesondere bei unternehmensübergreifenden Kooperationen wie etwa dem Collaborative Engineering stellt die Interoperabilität eine Muss–Anforderung dar, der auf jeden Fall Rechnung getragen werden muss, um verteiltes Arbeiten systemseitig unterstützen zu können.

Die kollaborative Produktentwicklung ist durch eine heterogene IT–Systemlandschaft gekennzeichnet. So dominieren unterschiedliche Hersteller verschiedener Systemtypen (PDMS, WfMS, ERP) mit überlappender Funktionalität den Markt für verteilte Anwendungen. Zwischen den bereits existierenden Systemen muss Interoperabilität auf zwei Ebenen realisiert werden:

Horizontale Interoperabilität (I1): Anwendungen eines Systemtyps (z.B. WfMS) verschiedener Hersteller müssen miteinander kommunizieren und interagieren können. Hierzu zählt die bidirektionale Kommunikation zwischen WfMS, wie z.B. das Anstoßen und das Feedback von anderen WfMS.

Vertikale Interoperabilität (I2): Unterschiedliche Systemtypen (z.B. WfMS, PDMS, ERP, Browser) und Plattformen (Hardware, Betriebssysteme) sind transparent über geeignete Schnittstellen miteinander zu vernetzen. In diesem Zuge müssen auch Dienste, die zur Ausführung einer Tätigkeit notwendig sind (z.B. Yellow Pages), gegenseitig zugänglich gemacht werden können, so dass diesbezüglich Ressourcen gemeinsam genutzt werden können.

2.4.8 Portabilität

Eine verteilte Anwendung muss stets losgelöst von den nativen Plattformen implementiert werden können. Eine Anwendung zur Ablaufunterstützung im Collaborative Engineering muss daher unabhängig von

- der verwendeten **Hardware (P1)**
- der eingesetzten **Betriebssysteme (P2)**

eingesetzt werden können.

2.5 Stand der Technik und Forschung

Auf Basis der unterschiedliche Definitionen und Sichtweisen auf Prozesse, Workflows sowie Managementansätze (siehe auch [Dani07]) soll nun deren Abbildung im Stand der Technik Gegenstand der Betrachtung sein. Dazu wird der Fokus im Folgenden auf die Softwarearchitekturen gerichtet, um im Anschluss auf Schnittstellen, Standards und Integrationstiefen verteilter Engineering–Systeme näher einzugehen. Als zweiter Schwerpunkt werden sodann in diesem Kapitel ausgewählte Prozessmodellierungsmethoden vorgestellt.

2.6 Prozessorientierte Anwendungssysteme für das Engineering

2.6.1 Klassifikation

Zunächst soll eine Klassifikation der Softwaresysteme hinsichtlich einer Eignung für das Management des verteilten Produktentstehungsprozesses bzw. Collaborative Engineering vorgenommen werden.

Eine Klassifikation der Systeme und deren zu Grunde gelegten Architekturen können aus unterschiedlichen Perspektiven bzw. Kriterien erfolgen. Hier sind beispielsweise die Engineering–Sicht, die rein ökonomische Sichtweise oder die Betrachtungsweise inwieweit Gruppenkommunikation unterstützt wird aufzuführen.

Hinsichtlich der computergestützten Gruppenarbeit bieten so genannte *Groupwaresysteme* ein mögliches Ordnungsschema an:

CSCW bzw. Groupwaresysteme

Computer Supported Cooperative Work (CSCW) stellt (…) ein interdisziplinäres Forschungs– und Anwendungsgebiet dar, in dem sich Wirtschaftsinformatiker, Informatiker, Soziologen, Psychologen, Organisatoren, Computerergonomen und andere Disziplinen [SK99] verschiedenen Aspekten der Gruppenarbeit, Zusammenarbeit und den die Gruppenarbeit unterstützenden Informations– und Kommunikationstechnologien befassen. Die zugehörigen unterstützenden Technologien werden unter dem Begriff *Groupware* subsumiert.

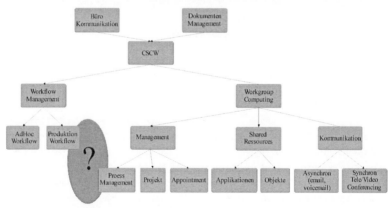

Abbildung 17: Übersicht CSCW-Systeme

Ziel: CSCW soll die Teamarbeit fördern und durch Computer unterstützen. Dies verspricht eine Flexibilisierung der Organisationen, wodurch wirtschaftliche Ziele (wie kürzere Entwicklungszeiten von Produkten, ein schnellerer Informationstransfer) erreicht werden sollen. Auch kann der Verwaltungsaufwand verringert werden [vHS04].

Ein Klassifikationsschema für CSCW–Systeme zeigt die vorherige Abbildung. Unter *Appointment* sind z.B. einfache Kalendersysteme zu verstehen. Zu *Applikationen* der Kategorie *Shared Resources* sind z.B. PDM–, und Enterprise Ressource Planning– Systeme (ERP–Systeme) zu zählen. Das Prozessmanagement gewinnt innerhalb der computergestützten Gruppenarbeit zunehmend an Bedeutung, doch ist eine fehlende Integration zu den operativen Workflow Managementsystemen zu bemängeln.

Eine weitere nützliche Klassifikation von CSCW–Technologien erfolgt häufig auf Grundlage der Unterscheidung von Kooperationssituationen mit Hilfe der Dimensionen Raum und Zeit [LK91] (vgl. folgende Abbidlung). Die Klassifikation der Systeme unter dem Gesichtspunkt der Zeitdimension gibt an, ob die Kooperanden zur gleichen Zeit (*synchron*), oder zu unterschiedlichen Zeiten (*asynchron*) an einer Aufgabe arbeiten und die Kommunikation durch relativ lose zeitliche Kopplung charakterisiert ist. Analog unterscheidet die Raumdimension, ob sich die Kooperanden bei der Anwendung an einem Ort (lokal gebündelt) oder an unterschiedlichen Orten (verteilt) befinden [GKTRM02].

Raum \ Zeit	Zur gleichen Zeit (synchron)	Zu verschiedenen Zeiten (asynchron)
An einem Ort (lokal)	- Sitzungsunterstützungs- systeme - Group Decision Support Systeme (GDSS)	- Coautorensysteme - Terminmanagementsysteme - Projektmanagementsysteme - Prozessunterstützungssysteme
An verschiedenen Orten (verteilt)	- Telekonferenzsysteme (Audio- und Video- konferenzsysteme) - Screen-sharing-Systeme - gemeinsame elektronische Arbeitsbereiche	- Group Decision Support Systeme (GDSS) - E-Mail-Systeme - Computerkonferenzsysteme - Gemeinsame elektronische Arbeitsbereiche

Abbildung 18: Raum-Zeit-Taxonomie von Groupware Technologien

Workflow Managementsysteme und Systeme mit gemeinsamer Datenhaltung (PDM– Systeme, ERP–Systeme) könnten am ehesten der Kategorie "asynchron und verteilt" zugeteilt werden. Es sei bereits hier darauf hingewiesen, dass verteilt zwar unterschiedliche Lokalisationen der Kooperanden meint, jedoch lässt sich hieraus nicht notwendigerweise eine Eignung für das Collaborative Engineering ableiten. Gründe werden in [Dani07] ausführlich erörtert.

In der Trennung in die vier Bereiche liegt die zentrale Schwäche der obigen Klassifikationen und der auf ihr aufbauenden Werkzeuge: Sie geht am Integrationsbedürfnis der Gruppenarbeit vorbei, denn diese vollzieht sich in einem Wechsel von kollaborativer und isolierter Arbeit am Gruppenthema und ist eben nicht auf eine der Situationen beschränkt. Dennoch leitet diese Einteilung heute noch weitgehend Forschung und Produktangebot. Der Integrationstrend hat eine Hybridisierung der Systemkategorien zur Folge, so dass Klassifikationen mehr und mehr unscharf erfolgen. So weisen z.B. moderne PDM–Systeme nicht reine Datenbankfunktionen auf, sondern verfügen meist auch über Workflow–Engines (.

In den folgenden Unterkapiteln soll eine Auswahl unterschiedlicher Softwaresysteme vorgestellt werden, um hieraus eine Einsetzbarkeit im Collaborative Engineering ableiten zu können.

2.6.2 Prozessmanagementsysteme

Die Softwaresysteme zur Modellierung von Geschäftsprozessen und Managementunterstützung lassen sich aufgrund ihrer Funktionalität in zwei große Klassen einteilen, welche im Folgenden kurz vorgestellt werden sollen:

- Grafikorientierte Modellierungswerkzeuge bzw. Prozessvisualisierungssysteme
- Geschäftsprozessmodellierungswerkzeuge –bzw. Simulationstools

Grafikorientierte Modellierungswerkzeuge

Bei den grafikorientierten Modellierungswerkzeugen steht das Zeichnen der Diagramme im Vordergrund. Sie ähneln allgemeinen Grafikprogrammen, bieten aber spezielle Funktionen an, die das Erstellen von Flussdiagrammen u.ä. erleichtern. In der Regel sind diese Produkte mit Symbolbibliotheken für verschiedene Notationen ausgestattet, die oft individuell vom Anwender erweitert werden können.

Geschäftsprozessmodellierungswerkzeuge –bzw. Simulationstools

Im Gegensatz zu rein grafikorientierten Werkzeugen, in denen verschiedene grafische Elemente beliebig miteinander verbunden werden können, erlauben Geschäftsprozessmodellierungswerkzeuge i.d.R. nur eine methodisch korrekte Modellierung, wie sie die maßgebliche Notation vorschreibt. Hierdurch wird sichergestellt, dass die Prozesse einheitlich beschrieben werden und vergleichbar sind. Letztlich ist dies eine notwendige Voraussetzung für eine automatische Verarbeitung (Stichwort: Workflow) oder für die Simulation.

Ein weiterer Unterschied der Geschäftsprozessmodellierungswerkzeuge zu den rein grafikorientierten Modellierungswerkzeugen besteht hinsichtlich der Datenhaltung mit Hilfe von Datenbankmanagementsystemen (DBMS). Die einzelnen grafischen Objekte eines Modells in einer Datenbank werden samt ihrer Attribute referenziert, so dass diese auch modell– bzw. notationsübergreifend genutzt werden können. Beispielsweise hat die Änderung eines Objektes zur Folge, dass die Änderung automatisch in allen Modellen Berücksichtigung findet, die dieses Objekt in Anspruch nehmen. Der Einsatz von Datenbanksystemen zur persistenten Speicherung ermöglicht des Weiteren die *konsistente* und *verteilte* Modellierung von Geschäftsprozessen.

Weitere typische Funktionen solcher Werkzeuge sind u.a. die dynamische Simulation, Unterstützung der Prozesskostenrechnung, Prozessanalysen sowie Schnittstellen zu Workflowmanagement–Systemen. Eine kleine Marktübersicht typischer IT–Werkzeuge im Prozessmanagement zeigt die folgende Abbildung (ohne Anspruch auf Vollständigkeit).

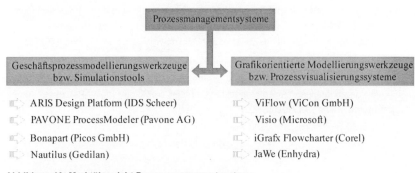

Abbildung 19: Marktübersicht Prozessmanagenetsysteme

2.6.3 Workflow Managementsysteme (WfMS)
Definition

GALLER und SCHEER definieren Workflow Managementsysteme als verteilte, integrierte Informationssysteme auf der Basis einer Client/Server– Architektur, die zur Entwicklung von Workflow–Anwendungen eingesetzt werden können. Mit deren Hilfe können Geschäftsprozesse informationstechnologisch umgesetzt und deren Ablauf DV–technisch unterstützt werden [GS95].

Nach OBERWEIS sind Workflow Managementsysteme Groupware–Systeme, die kooperative Arbeitsabläufe unter Verwendung eines Ablaufschemas aktiv steuern.

Sie unterstützen manuelle und automatisierte sowie strukturierte und unstrukturierte Arbeitsabläufe [Ober96].

Die WORKFLOW MANAGEMENT COALITION definiert ein Workflow Managementsystem als ein System, das durch den Gebrauch von Software die Ausführung von Workflows definiert, erzeugt und managt, das auf einer oder mehreren Workflow–Maschinen läuft, welche in der Lage sind, die Prozessdefinition zu interpretieren, mit Workflow–Teilnehmern zu interagieren und, wo es erforderlich ist, die Benutzung von informationstechnologischen Tools und Applikationen zu veranlassen.

Ein Workflow Managementsystem ist ein anwendungsunabhängiges, dem **Middlewarebereich** zuzuordnendes Softwaresystem, das die Modellierung, die Ausführung und das Monitoring von Workflows, sowie gegebenenfalls weitere Funktionen wie die Simulation und die Analyse von Workflows unterstützt; insbesondere ist es in der Lage, die Ausführung von Prozessschritten durch die vorgesehenen Aktivitätsträger (Rollen) – Mitarbeiter oder Anwendungsprogramme – zu veranlassen und gegebenenfalls erforderliche Arbeitsanweisungen und Dokumente bereitzustellen [Gehr98].

BECKER differenziert zwischen Prozessgestaltung, Prozessplanung, Prozesskoordination sowie Anwendungssystem und benennt die Prozesskoordination als das Wirkfeld der Workflowmanagement–Systeme [BKR05].

Mit der zunehmenden Modularisierung von Anwendungsarchitekturen [...] fällt Workflow Managementsystemen zunehmend die Rolle einer Integrationsschicht zu, die unabhängige Anwendungskomponenten entlang der Prozesse eines Unternehmens verbindet [SS02].

Workflow Managementsysteme koordinieren Prozesse, indem sie die Ausführungsreihenfolge eines Prozesses überwachen, Daten für die Ausführung einzelner Aktivitäten bereitstellen, anstehende Aktivitäten menschlichen oder technischen Bearbeitern zur Ausführung zuordnen und Anwendungssysteme für die Bearbeitung der Aktivitäten zur Verfügung stellen [BKR05]. Die Unterstützungsfunktion von Workflow Managementsystemen bezieht sich somit hauptsächlich auf die *Koordination* räumlich oder zeitlich verteilter Arbeitsgruppen. Sie ermöglichen die Zusammenarbeit mehrerer Arbeitsstationen nach genau definierten Regeln und Methoden, wobei die gemeinsame Nutzung von Dokumenten im Vordergrund steht [OV96].

Aufgaben und Funktionen

Die Aufgaben des Workflow Managements lassen sich in drei funktionale Gruppen aufteilen: Die Modellierung und Simulation, die Instanziierung und Ausführung sowie Monitoring und Analyse (vgl. folgende Abbildung).

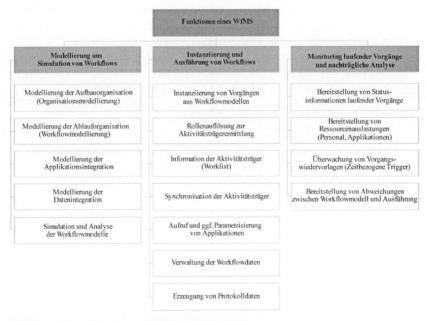

Abbildung 20: Funktionen eines WfMS (nach [Gada03])

Modellierung und Simulation

Vor der Workflow–Ausführung steht die Spezifikation der notwendigen Workflow–Modelle [Gada03]. Bei Workflow–Modellen wird kein Quelltext und damit keine Anwendung generiert. Stattdessen wird der Geschäftsprozess modelliert und als Workflow–Modell in einer DV–gestützten Repräsentation, meist im Zusammenhang mit einer Organisationsstruktur abgebildet. Der generische Prozess der graphischen Modellierung wird als *Buildtime–Phase* bezeichnet. Das Modell, das aus der Buildtime–Phase hervorgeht, heißt Buildtime–Modell.

Der *Kontrollfluss* [Jabl95a] (die Ablauforganisation) determiniert dabei die Aktivitäten des Geschäftsprozesses sowie seine Reihenfolge zur Bearbeitung (sequentiell, parallel). Darüber hinaus werden den Aktivitäten Rollen zugeteilt, die den Tätigkeitsumfang sowie Verantwortungsbereich festlegen. Neben der Modellierung der Ablauf– und Aufbauorganisation ist die Integration der Applikationen und Daten erforderlich. Hierbei ist zum einen von Interesse, welche Daten für den Workflow erforderlich sind, welche Daten zu generieren oder zu modifizieren sind und zum anderen welche Applikationen zur Abarbeitung des Workflows zum Einsatz kommen sollen. Zudem sind die Workflow Modelle vor der Ausführung formal und inhaltlich zu überprüfen, beispielsweise durch eine Simulation. GADATSCH postuliert: Ein Workflow Managementsystem sollte daher Funktionen bereitstellen, die Lauffähigkeit eines Workflow–Modells vorab testen und die erzielbaren Ergebnisse (Prozessdurchlaufzeiten, Prozesskosten, Mitarbeiterauslastung) analysieren [Gada03].

Instanziierung und Ausführung

Die Steuerung eines Workflows ist Aufgabe der Workflow–Engine. Die Regeln hierfür sind durch das Buildtime–Modell beschrieben. Die Interpretation dieses Modells während eines realen Geschäftsprozesses, in dem es zur Ausführung eines Workflows kommt, wird als *Runtime–Phase* bezeichnet. Da in der Runtime-Phase ebenfalls ein Modell existiert, das die spezifische Geschäftsaktivität beschreibt, wird dieses Modell als Runtime–Modell, oder in Anlehnung an die Objektorientierung als Instanzmodell oder Workflow–Instanz bezeichnet [Kron03]. In Analogie zur Objektorientierung korrespondiert eine *Klasse* somit mit dem Buildtime–Modell und das *Objekt* mit dem Runtime–Modell. Das Workflow Managementsystem hat neben der Interpretation der Build–Time–Modelle folgende Aufgaben:

- Identifikation eines Bearbeiters für jeden Teilschritt unter Berücksichtigung dynamischer Restriktionen, wie Anwesenheitsstatus des Mitarbeiters [Gada03] und statischer Restriktionen wie beispielsweise die Qualifikation.

- Benachrichtigung des Mitarbeiters, dass eine Tätigkeit zur Bearbeitung ansteht, sowie Übermittlung einer Worklist, aus welcher der inhaltliche Gegenstand der auszuführenden Tätigkeiten hervorgeht.
- Bereitstellung von Ressourcen. Die notwendigen Daten, die zur Aufnahme der Prozessaktivität erforderlich sind, müssen vom Workflow Managementsystem bereitgestellt werden. Dabei obliegt es dem System, Eingangsvoraussetzungen oder Vollständigkeit der Daten zu prüfen [Kron03]. Maschinell unterstützte Workflows erfordern es, dass unter Kontrolle des WfMS Programme gestartet und ggf. mit Parametern versorgt werden [OV96]. Eventuell müssen Daten aus anderen Systemen importiert, konvertiert oder versioniert werden. Hierzu muss das WfMS geeignete Werkzeuge zur Verfügung stellen.
- Die Applikationen, die zur Ausführung der Tätigkeit benötigt werden, sind vom WfMS zu identifizieren und zu starten.
- Nach Abschluss des Teilschritts durch einen Mitarbeiter ist seitens des Systems zu prüfen, ob die vordefinierten Ziele erfüllt worden sind. Darüber hinaus müssen die Daten übernommen und zur weiteren Interpretation des Workflows in den Ablauf integriert werden.

Monitoring und Analyse

Beim *Monitoring* von Geschäftsprozessen ist man zum einen an einer statistischen Analyse verdichteter Daten interessiert; zum anderen liegt ein wesentliches Bedürfnis in der Darstellung der Zustände der aktuell in Bearbeitung befindlichen Abläufe. Zu den prozessspezifischen Statusinformationen, die diese Werkzeuge zur Verfügung stellen gehören beispielsweise:

- Datum der Instanziierung, aktueller Bearbeiter, aktuell anstehende Funktion
- Prozessstatus bzw. Stand der Bearbeitung (z.B.: Idle, Running, Finished, Aborted)
- Auslastung von Ressourcen, Werkzeugen und Applikationen

Neben der rein passiven Informationsbereitstellung lassen Monitoring–Tools auch die aktive Einflussnahme am Prozessablauf zu. Ermöglicht werden hierdurch unter anderem Ablauf–, Statusänderungen, Hinzufügen von Informationen, Beeinflussung von Start– und Endterminen oder gar der Abbruch von Prozessinstanzen. Ein weiteres wichtiges Merkmal stellt die Initiierung von Ausnahmeroutinen dar: Unter Umständen können Vorgänge tage– und wochenlang von einem Bearbeiter blockiert werden, wenn dieser beispielsweise durch Krankheit nicht verfügbar ist. In solchen Fällen muss das Workflow Managementsystem Ausnahmeroutinen aktivieren, welche die weitere Bearbeitung durch einen Stellvertreter ermöglichen. Eine solche so genannte Ausnahmebehandlung setzt als Prämisse ein ausgereiftes Berechtigungssystem voraus, um eine unsachgemäße oder nicht autorisierte Beeinflussung von Unternehmensabläufen zu verhindern [Heß95] [Kron03] [Gada03].

Im Hinblick auf die Zielsetzung einer kontinuierlichen Verbesserung ist nicht nur eine Darstellung des aktuellen Zustands, sondern auch eine zeitliche Verdichtung dieser Daten notwendig. Verdichtung bedeutet dabei, dass Einzelinformationen, wie sie beim Betrieb der Workflow-Engine anfallen, in periodischen Abständen zu aggregierten Daten zusammengefasst werden [Heß95]. Historiendaten geben dabei Aufschluss über:

- Überschreitung von Schwellwerten
- Angefallene Prozesskosten
- Liegezeiten und Gesamtbearbeitungszeit

Klassifikation

Eine Klassifikation der WfMS kann nach unterschiedlichen Gesichtspunkten erfolgen, die im Anschluss aufgezählt, verfeinert und erläutert werden sollen:

1. Klassifikation nach technologischen Kriterien

    (a) **Nachrichtenorientierte Systeme** sind im Prinzip nichts anderes als komfortable E–Mail–Systeme und bieten deshalb keine oder nur geringe Unterstützung für die aktive Steuerung von Workflows (Email–Attachment–Workflow). Dementsprechend einfach gestalten sich hier z.B. Ad–hoc-Abweichungen vom geplanten Ablauf [RD00].

    (b) **Dokumentenorientierte Systeme** basieren meist auf Dokumenten–Managementsystemen und bieten eine sehr gute Integration bzgl. des Dokumenten Handling und Routing (Weiterleitung) [Kron03].

    (c) **Datenbankbasierte Systeme** nutzen eine von allen Komponenten nutzbare Datenbasis, in der Workflow–Modelle, –Instanzen sowie andere workflow–relevante Daten verfügbar gemacht werden.

    (d) **Internetbasierte Systeme** nutzen meist Browser als Benutzerschnittstelle. Verteilte Workflows können somit fast überall auf der Welt verfügbar gemacht werden.

2. Klassifikation nach Strukturierungsgrad und Wiederholungsgrad

    Um an die Klassifikation von Workflows anzuknüpfen erscheint insbesondere eine Betrachtung an Hand der Kenngrößen *Strukturierungsgrad* und *Wiederholungsgrad* sinnvoll, die im Übrigen auch häufig Anwendung findet. Auf Basis dieser Kenngrößen können drei typischen Klassen gebildet werden:

    a) **Produktions—WfMS** haben ihr Einsatzgebiet bei stark strukturierten, genau geregelten Abläufen, die viele Mitarbeiter unternehmensweit involvieren und eine hohe Wiederholungsrate aufweisen. Das Produktions-WfMS übt dabei die aktive Rolle bei der Steuerung der Aktivitäten aus. Das dazu notwendige Wissen über die Ablauf– und Aufbauorganisation wird mittels grafischer Editoren modelliert und im System hinterlegt.

    b) **Collaborate-WfMS** haben ihren Schwerpunkt bei gruppen-orientierten Prozessen (z.B. Produktentwicklung). Dabei werden Teile der Abläufe fest vordefiniert, während zugleich flexible Eingriffsmöglichkeiten vorgesehen sind.

    c) **Ad–hoc-WfMS** haben ihr Einsatzgebiet bei sich häufig ändernden oder selten ausgeführten Prozessen mit wenig vorhersehbaren Regeln. Der

Schwerpunkt liegt dabei auf der Gruppenarbeit sowie der Bearbeitung von Abläufen, die aus wenigen Schritten bestehen.

3. Klassifikation nach Wertschöpfungsgrad

Als Erweiterung kann nach MOORE neben dem Wiederholungsgrad der Wertschöpfungsgrad herangezogen werden. Hieraus ergibt sich ein Portfolio [Moor99].

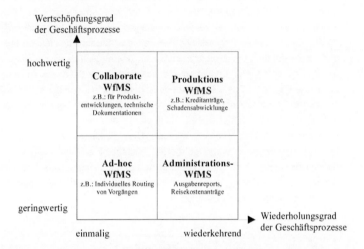

Abbildung 21: Klassifikation nach Wertschöpfungs- und Wiederholungsgrad

Architektur

Unter einer *Architektur* eines Informationssystems versteht man die Beschreibung des Systems und der Bausteine, aus denen das Informationssystem besteht, hinsichtlich der Art, der funktionalen Eigenschaften und des Zusammenwirkens der Bausteine untereinander [Scheer92].

Eine *Referenzarchitektur* ist eine idealtypische Architektur. Sie darf nicht als Grundlage einer Implementierung verstanden werden, sondern wird als Vergleichsmaßstab und Hilfsmittel zum besseren Verstehen von Informationssystemen verwendet [Somm01].

a) *Referenzmodell der Workflow Management Coalition [Fisc05]:*
    Das wohl am häufigsten zitierte Referenzmodell stammt von der Workflow Management Coalition (WfMC). Die WfMC ist eine Vereinigung von Herstellern und Anwendern von WfMS und wurde 1993 gegründet. Ihr

85

erklärtes Ziel ist die Förderung des Einsatzes der Workflow Management-Technologie. Derzeit wird ein so genanntes Schnittstellenarchitekturmodell für WfMS entwickelt, um Schnittstellen zu standardisieren, so dass eine Interoperabilität von WfMS unterschiedlicher Hersteller hergestellt wird. Die folgende Abbildung zeigt das Schnittstellenarchitekturmodell der WfMC.

Die zentrale Komponente der Architektur ist ein Kontrollteil, der so genannte *Workflow-Enactment-Service*, der aus einer oder mehreren *Workflow–Engines* besteht. Er ist der zentrale Einstiegspunkt für alle Leistungen des WfMS. Die Workflow–Engines übernehmen das Starten, die Interpretation und die Ausführung der Workflow–Instanzen und erfüllen damit die Aufgabe der Instanziierung. Der Enactment–Service koordiniert dabei die einzelnen Workflow–Engines. Das Referenzmodell legt keine monolithische oder zentralistische Komponente nahe. Der Workflow Enactment Service kann aus vielen verteilten Komponenten bestehen, die von allen weiteren Komponenten genutzt werden können. Die Workflow–Engine stellt die Laufzeitumgebung für Vorgänge bereit. Insgesamt arbeitet man an der Spezifikation von fünf Schnittstellen, deren Vereinigung das *Workflow Application Programming Interface (WAPI)* bildet. Diese fünf Schnittstellen werden nachfolgend kurz beschrieben:

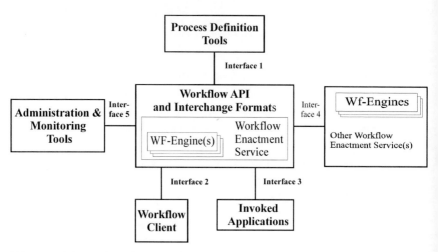

Abbildung 22: Das Referenzmodell der WfMC

Interface 1: Process Definition Tools (PDT)

über diese Schnittstelle sollen Prozessmodelle (Vorgangsmodelle) zwischen Modellierungswerkzeug und Workflow–Enactment-Service ausgetauscht werden können. Ziel ist es, sich auf ein gemeinsames Metamodell zu einigen, damit Modellierungswerkzeuge unterschiedlicher Hersteller verwendet werden können.

Interface 2: Workflow Client Application (WFC)

Im Wesentlichen geht es darum, Anwendern eine einheitliche Schnittstelle in Form einer Oberflächenkomponente zu WfMS unterschiedlicher Hersteller zu bieten. Der Workflow–Client wird dabei in die Oberfläche des maßgeblichen WfMS eingebettet, so dass es nicht erforderlich ist zwischen zwei Oberflächen wechseln zu müssen. Die Schnittstelle umfasst den Aufbau einer Verbindung mit dem WfMS, die Bereitstellung eines Postkorbs (Worklist) sowie Funktionen, um Vorgänge zu starten und ihren Zustand abzufragen.

Interface 3: Invoked Applications (IA)

Diese Schnittstelle dient der Interaktion mit externen Applikationen. Es geht darum, abstrakte Schnittstellen vorzugeben, mit denen man die externen Applikationen einbinden kann. Die Anwendungssysteme werden dabei automatisch ausgeführt, gestartet und mit den operativen Daten versorgt.

Interface 4: Workflow Interoperability

Workflow Interoperabilität bezeichnet die Fähigkeit zweier Workflow– Enactment Services, miteinander kommunizieren zu können, um standort– oder unternehmensübergreifend Workflow–Prozesse zu steuern. Dies ist immer dann erforderlich, wenn WfMS unterschiedlicher Hersteller kooperieren sollen. Die Schnittstelle stellt beispielsweise Funktionen bereit, die innerhalb eines Vorgangs einen Sub–Vorgang auf einem anderen WfMS starten und ihn ferngesteuert kontrollieren. Es sei an dieser Stelle angemerkt, dass Interoperabilität keine Standardfunktionalität von WfMS ist.

Interface 5: Administration and Monitoring Tools

Das Interface 5 ist die Schnittstelle zu Administrations– und Monitoringwerkzeugen. Sie umfasst Administrationsfunktionen und stellt standardisierte Daten über laufende und bereits beendete Vorgänge zur Verfügung. Die Darstellung erfolgt meist tabellarisch oder graphisch.

b) *Referenzmodell von Jablonski:*
   JABLONSKI betrachtet die Architektur eines WfMS aus drei Sichten:

a)   Systeminfrastruktursicht
b)   Implementierungssicht
c)   Benutzersicht

Die Systeminfrastruktursicht ordnet ein WfMS einer Middlewareschicht zu, die zwischen dem Benutzer und den für die Aufgabenerfüllung notwendigen Werkzeugen liegt. Aus der Sicht des Benutzers stellt ein WfMS eine Reihe von Werkzeugen zur Verfügung, die der Benutzer zur Modellierung, Simulation, Ausführung und Analyse von Workflows einsetzen kann. Die Implementierungssicht schließlich zeigt ein WfMS als eine Menge von Modulen, welche die Gesamtfunktionalität eines WfMS realisieren.

Aus dem von JABLONSKI gewählten modularen Ansatz lässt sich unmittelbar die grundsätzliche Funktionsweise eines WfMS ableiten. Der *Controller* bzw. *WfMS–Kern* bildet die zentrale Komponente eines WfMS: Er wird durch unterschiedliche Diensterbringer (Server) unterstützt, die der den WfMS-Kern umgebenden Schale zugeordnet sind (vgl. [Jabl95a] [Jabl95b]).

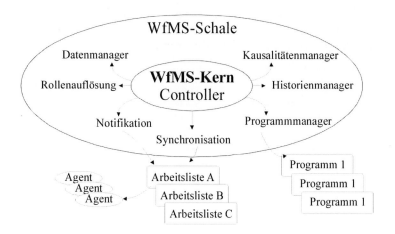

Abbildung 23: Funktionales WfMS Referenzmodell

Die Kommunikation zwischen den Diensterbringern der WfMS-Schale erfolgt nur über den WfMS–Kern mittels offener Programmschnittstellen in Form von Application Programm Interfaces (API). Der Controller wertet die Workflowspezifikationen der zur Ausführung anstehenden Workflows aus und steuert die Abarbeitung. Die Notifikation benachrichtigt so genannte *Agenten* über durchzuführende Aufgaben. Unter Agenten versteht JABLONSKI materialisierbare, organisatorische Objekte, also Mitarbeiter, Maschinen oder Prozesse der Diensterbringer ([Jabl095a]). Die Benachrichtigung kann z.B. über E–Mail-Systeme erfolgen. Da die Notifikation einen oder mehrere Agenten über durchzuführende Arbeiten informieren kann, wird eine Koordination der Verteilung der Arbeit notwendig. Diese Aufgabe übernimmt die Synchronisation. Die Rollenauflösung dient der Auswahl von Mitarbeitern, welche die zur Bearbeitung anstehenden Aktivitäten durchführen sollen. Hierbei benötigte Anwendungsprogramme werden von dem Programmanager integriert, d.h. den ausführenden Mitarbeitern jeweils an ihrem Computer/ Arbeitsplatz zur Verfügung gestellt. Der Historienmanager verwaltet die Historiendaten, die im Zuge der Ausführungen von Aktivitäten anfallen und die Grundlage für eine spätere Analyse von Arbeitsabläufen bilden. Der Kausalitätenmanager wertet logische Abhängigkeiten zwischen den Workflow-Modellen aus und überwacht deren Einhaltung.

Was die verarbeiteten Daten anbelangt, unterscheidet JABLONSKI zwischen *Nutzdaten*, die für die jeweilige Anwendung von Relevanz sind, und *Kontrolldaten*. Letztere werden zwischen Workflows ausgetauscht, um die Ablaufsteuerung durch das WfMS sicherzustellen. Der Datenmanager dient der Verwaltung der Kontrolldaten (vgl. [Jabl95a]).

a) *Referenzmodell von Gadatsch:*
    Im Folgenden wird eine Client/Server–Architektur als Grundlage für eine Rahmenarchitektur eines WfMS vorgestellt, die auf einer Aufgabenteilung zwischen dem prozesssteuernden WfMS und den zur Unterstützung aufgerufenen Applikationen basiert.

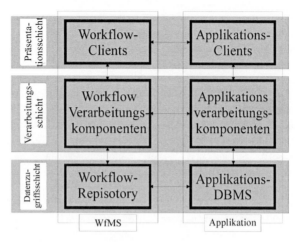

Abbildung 24: WfMS Schichtenarchitektur

Das Client/Server-Konzept unterscheidet jeweils in die Schichten Präsentation, problembezogene Verarbeitung und Datenzugriff. Die Präsentationsschicht beinhaltet die Bedieneroberfläche und dient der Benutzerführung und –interaktion. Der Workflow–Client als Bestandteil der Präsentationsschicht stellt dem Benutzer Dialogprogramme zur Verfügung, mit denen er die Prozesssteuerung durchführen kann. Die Applikations–Clients stellen Dialogprogramme für die problembezogene Ausführung der Funktionen zur Verfügung, die von den Programmen der Applikationsmodule durchgeführt werden. Applikations–Clients werden als Bestandteil eines workflowgesteuerten Prozesses problembezogen vom Workflow-Client aufgerufen, d.h. sie liegen aus Sicht des Benutzers unterhalb des Workflow-Clients.

Die oberste Benutzerschnittstelle für den Anwender ist der Workflow–Client, der je nach Aufgabenstellung Applikations–Clients aufruft und dem Bearbeiter zur Verfügung stellt. Die Schicht der problembezogenen Verarbeitung stellt Funktionen für die Prozesssteuerung bzw. Ausführung der Aufgaben bereit. Die Workflow-Verarbeitungsmodule rufen hierzu ggf. Applikationsverarbeitungsmodule auf. Die Datenzugriffsschicht als unterste Ebene einer Client/Server-Architektur dient der Verwaltung der Workflow-Daten des WfMS sowie der Daten der Applikationssysteme [GG99].

Marktübersicht über Workflow Managementsysteme (WfMS)

Eine kleine Marktübersicht über einschlägige WfMS zeigt die folgende Abbildung (ohne Anspruch auf Vollständigkeit). Hiernach kann zwischen folgenden Softwaresystemen unterschieden werden:

- Stand–Alone–Systems
- Embedded Systems

Stand–Alone–Systems stellen eigenständige Anwendungen dar, wohingegen Embedded Systems solche sind, die über eine eingebettete Workflow–Engine verfügen. Hierzu zählen vor allem Produktdatenmanagementsysteme auch wegen ihres Einsatzschwerpunktes im Engineering, näher betrachtet werden sollen.

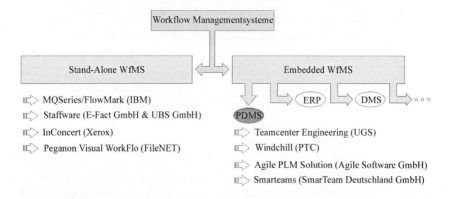

Abbildung 25: Marktübersicht WfMS

2.6.4 Produktdatenmanagementsysteme (PDMS)
Definition

Produktdatenmanagement–Systeme (PDMS) sind technische Informationssysteme zur Unterstützung und Umsetzung der Produktdatenmanagement–Ansätze [Abra05d].

Aufgaben und Funktion

Ein Produktdatenmanagement-System unterstützt IT–Prozesse in der Produktentwicklung unter Einbeziehung von externen Partnern (Kunden und Lieferanten) eines Unternehmens. Als technische Datenbank– und Kommunikationssystem bildet es die Integrations– und Kommunikationsplattform für unterschiedliche CAx-Systeme, die während des gesamten Produktlebenszyklus eingesetzt werden. Ein PDM–System unterstützt die Erfassung, Bearbeitung und

Verwaltung der digitalen Produktbeschreibung sowie die Organisation der Abläufe innerhalb der industriellen Prozessketten.

PDM–Systeme können nicht nur Stücklisten zusammenstellen, Daten ablegen oder Zeichnungen verwalten, sondern auch Prozesse und Zugriffsrechte bestimmen und festlegen. Dazu zählt die Verwaltung von Änderungen, von betriebsinternen Abläufen (wie z. B. Entwicklungs– und Produktionsfreigaben) sowie die Unterstützung bei der Zusammenstellung und Übergabe von Daten.

Klassifikation

Eine Klassifikation von PDM–Systemen nebst Kurzbeschreibung und Beispiel liefert ABRAMOVICI in folgender Abbildung[Abra05d]).

Als weiterer Aspekt zur Klassifikation zieht ABRAMOVICI den Grad an Anpassbarkeit bzw. Vorrat an Standardfunktionalitäten heran und unterscheidet demnach:

Schlüsselfertige PDM–Systeme weisen einen hohen Anteil von Funktionen, Basisobjekten sowie Prozessen auf. Eine Anpassung an Unternehmensstrukturen kann in relativ geringem Maße mit Hilfe konfigurierbarer Anwendungsmodule vorgenommen werden.

Konfigurierbare Toolboxen sind branchenspezifische Lösungen auf der Basis einer PDM–Toolbox, die von Drittherstellern modifiziert und vertrieben werden.

PDM–Toolboxen weisen den höchsten Grad an Flexibilität auf. Es handelt sich hierbei um Entwicklungsumgebungen für kundenspezifische PDM–Lösungen, die über zahlreiche Werkzeuge verfügen.

PDM-Systemtypen	Ursprung	Fokus	Beispiele
Klassische PDM-Systeme	PDM-Systementwicklung	- Produktstruktur - Lifecycle Management	- Matrix One - Metaphase - Windchill
CAD-orientierte PDM-Systeme	CAD-Systementwicklung	- CAD-Modellmanagement für Projektteams - Integration mit CAD/DMU	- ENOVIA, VPDM - Pro Intralink - UG Manager
Dokumentorientierte PDM-Systeme	DM-Systementwicklung	- Integration unternehmens-übergreifender Dokumente - Archiv-Management	- Documentum - File Net - Ser
PPS/ERP-orientierte PDM Systeme	PPS-Systementwicklung	- Integration mit kommerziellen Produktdaten	- SAP - PDM - Baan PDM - Agile
Kooperationsorientierte PDM-Systeme	CSCW-Anbieter	- Verteilte Teamarbeit in heterogenen Umgebungen	- OneSpace

Abbildung 26: Klassifikation von PDM-System

Architektur

Eine funktionale Sichtweise auf eine PDM–Systemarchitektur zeigt folgende Abbildung. Das Dateisystem (Data–Vault) wird durch physische Programmdateien gebildet, wie z.B. CAD-Dateien, Grafiken, Stücklisten, Pläne. Die Metadaten über diese Dateien werden in einer Datenbank referenziert, welche über ein Datenbankmanagementsystem (DBMS) zugänglich gemacht werden. Der Zugriff durch den Anwender über die Benutzungsoberfläche wird mit Hilfe von folgenden Funktionsmodulen sichergestellt:

- Anwendungsfunktionen
- Handhabungsfunktionen

Die *Anwendungsfunktionen* decken die Aufgabenbereiche Dokumenten– und Teilemanagement, Teileklassifikation und Informationssuche, Produktstruktur– und Konfigurationsmanagement, Prozessmanagement sowie Projektmanagement ab.

Handhabungsfunktionen sind Registrieren und Kopieren, Check–in / Check–out, Einfrieren, Viewing / Redlining, Übertragung von Eigentumsrechten, Scan– und Plotmanagement.

Darüber hinaus ermöglichen *Administrations–/Anpassungsfunktionen* die Benutzer- und Zugriffsverwaltung, Datensicherung, Langzeitarchivierung, Datenimport /–export sowie Systemkonfiguration und Entwicklungsumgebung

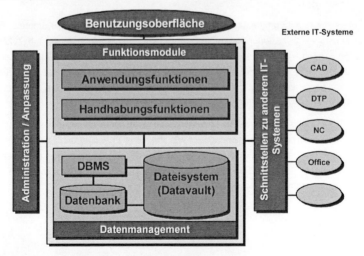

Abbildung 27: PDM-Systemarchitektur [Abra05d]

Weitere Details zu PDMS sind in der einschlägigen Literatur [Abra05d], [ES01], [Scho99] nachzulesen, auf die an dieser Stelle verwiesen sei.

2.6.5 Enterprise Resource Planning Systeme (ERPS)

Enterprise Ressource Planning (ERP) Systeme sind Softwarelösungen für die Steuerung von betrieblichen Geschäftsprozessen. Hierzu zählen primär Produktstammdatenhaltung, Warenwirtschaft, Lagerhaltung, Produktionsplanung, Buchhaltung, Verwaltung des Personals, Controlling sowie Kundendienst.

Der Begriff ERP entstand mit dem Einsatz Datenbank–gestützter Software für diese Aufgaben. Ziel solcher ERP–Systeme ist es, die gesamten Unternehmensdaten in einem einheitlich strukturierten System abzulegen, zu halten und einer verlässlichen, aktuellen Analyse zugänglich zu machen. ERP–Systeme sind typischerweise modular aufgebaut und werden jeweils speziell auf die Kundenbedürfnisse angepasst, so dass sie die jeweiligen spezifischen Geschäftsprozesse abbilden. Sie dienen vorrangig der Verarbeitung strukturierter Daten und unterstützen primär stark strukturierte, standardisierte Prozesse, wie z.B. die Auftragsbearbeitung [Allw05].

ERP–Systeme nutzen zunehmend die Integration über Firmennetze und das Internet, um E–Commerce (elektronischer Handel), E–Procurement (elektronische Beschaffung) sowie weitere elektronische Prozesse zu unterstützen. Dazu gehören Kundenbeziehungen über das Customer Relationship Management (CRM) und die unternehmensweite Integration von Software mittels Enterprise Application Integration (EAI).

PDM–Systeme haben eine gewisse funktionale Überlappung zu ERP–Systemen, die notwendigerweise zu einer Redundanz führt. Während PDM–Systeme den Zyklus des Erzeugens, Änderns, Versionierens im Bereich des Engineering unterstützen und dort eine Archivierungsfunktion beinhalten, kommen ERP–Systeme dann zum Einsatz, wenn ein bestimmter Entwicklungsstand (Baseline) in die Fertigung überführt wird [Gerh00].

Das ERP–System arbeitet in allen Phasen der Produktionsplanung und –steuerung mit nur einer einzigen Versionsnummer je Entität. Eine Versionierung ist nicht nötig, da die aus der Produktentwicklung übernommenen PDM–Informationen nur lesend benutzt werden [Scho05]. Die folgende Abbildung veranschaulicht den Schnittbereich und die Unterschiede der Systeme.

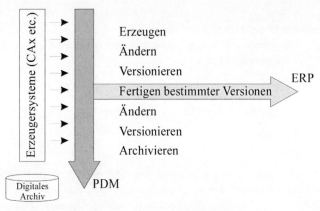

Abbildung 28: Abgrenzung zwischen PDM- und ERP-Systemen

2.6.6 Management Informationssysteme (MIS)

Das Management Informationssystem soll Führungskräften helfen, rasch die richtigen Entscheidungen zu treffen und Schwachpunkte in kritischen Prozessen zu identifizieren [Scho99]. Die Management Informationssysteme, die bereits in den 1960ern entstanden sind, übernehmen detaillierte und verdichtete Informationen aus den operativen Systemen und stellen diese entweder in periodischen Berichtssystemen oder nach gezielter Abfrage in Echtzeit für die Analyse dar [GKTRM02].

Neben dem Begriff Management–Informationssystem finden sich die Bezeichnungen Computer Information System (CIS), Entscheidungsunterstützungssystem (EUS), Decision Support System (DSS), Management Support System (MSS), Executive Support Systems (ESS), Führungsinformationssystem (FIS) und Executive Information System (EIS). Nähere Angaben zu diesen Facetten finden sich beispielsweise in [Heil87], [GKTRM02].

Wesentliche Funktionen eines MIS können folgendermaßen klassifiziert und erläutert werden:

- **Exception Reporting** ist ein „Alert–Mechanismus" und beschreibt die selektive Aufbereitung von Kennzahlen bei großen Datenmengen mit dem Ziel der Aufwandsminderung für den Anwender. Es werden nur Kennzahlen aufgezeigt, die kritische Soll–/Ist- Abweichungen aufweisen und somit eine sofortige Entscheidung und Aktion erfordern.

- **Drill–Down** ermöglicht eine Tiefenanalyse auf die operative Datenbasis [GKTRM02]. Auf verschiedenen Detaillierungsebenen können relevante Detailinformationen in Echtzeit per Navigation abgerufen werden.

- **Trendanalyse** ist ein Instrument für den Manager, um zukünftige Trends vorhersehen zu können. Aus Historiendaten können beispielsweise Extrapolationen oder Prognosen anhand von Wahrscheinlichkeiten erstellt

95

werden.

Als Datenbasis für ein modernes MIS dient meist ein *Data–Warehouse*. Einzelheiten über das Data–Warehouse–Konzept werden ausgiebig diskutiert z.b. in [Holt00], [BvE00], [MS03], [Nuss03] [Böh01]

2.7 Integrationsansätze für verteilte Anwendungssysteme

2.7.1 Definitionen
Verteilte Systeme

Ein *verteiltes System* ist ein System (vgl. [Dani07]), in dem sich Hardware– und Softwarekomponenten auf vernetzten Computern befinden und miteinander über den Austausch von Nachrichten kommunizieren [CDK02]. Typische Eigenschaften verteilter Systeme lassen sich stichpunktartig folgendermaßen skizzieren (ohne Anspruch auf Vollständigkeit):

- Heterogene Hard– und Softwarekomponenten (Schnittstellenproblematik)
- Verschiedene, autonome Rechner und Speicher in einem Netzwerk
- Kommunikation übers Netz (Interaktion über Nachrichtenaustausch)
- Parallele Aktivitäten (Koordination, Synchronisation)
- Nutzung von Dienstleistungen
- höhere Fehler– und Ausfallwahrscheinlichkeit (Problem der Fehlertoleranz)

Verteilte Anwendungen

Eine verteilte Anwendung (ein verteiltes Softwaresystem) ist ein Softwaresystem, das verteilte Systeme nutzt, um Anwendern eine einheitliche Funktionalität zur Verfügung zu stellen [Kuhr05]. Da eine Anwendung ohne System nicht existieren kann, werden die Begriffe System und Anwendung gewöhnlich synonym verwendet.

Verteilte Verarbeitung

Unter verteilter Verarbeitung versteht man die Lösung eines Anwendungsproblems / die Bearbeitung eines Geschäftsprozesses mit Hilfe eines verteilten Systems.

2.7.2 Architekturen verteilter Softwaresysteme
Client/Server–Architekturmodell

Die Client–Server–Architektur (C/S–Architektur) bezeichnet eine kooperative Informationsverarbeitung, bei dem die Verarbeitung einer Anwendung in zwei separate Teile aufspaltet wird (vgl. folgende Abbildung). In einem solchen Verbundsystem stellen Server (Backend–Komponente) Dienstleistungen für die

Clients (Front–End) zur Verfügung. Dienstleistungen werden vom Client angefordert und in Anspruch genommenen. Transaktionen[189] bilden die Basis für die Kommunikation zwischen Client und Server. Diese werden vom Client generiert und zur Bearbeitung an den Server in Auftrag gegeben [Niem95].

HAMMERSCHALL benennt drei Variationen der Client–Server–Architektur verteilter Systeme [Hamm05]:

Mobiler Code beruht auf dem erwähnten Transaktionsmodell, wobei meist Java Applets zum Einsatz kommen. Applets sind serverseitig zur Verfügung gestellte Anwendungen, die über HTTP an den Client übertragen werden und dort auf Anfrage zur Ausführung kommen.

Server–Cluster sind Zusammenschlüsse von Servern, die für den Client entweder transparent oder erkennbar bleiben. Der Verbund dient der arbeitsteiligen Bearbeitung von Anfragen. Zum Einsatz kommt das Cluster Konzept beispielsweise beim Domain Name Service (DNS).

Replizierte Server sind beispielsweise Spiegelserver (mirrors), die zur redundanten Datenhaltung eingesetzt werden. Zum einen dienen sie somit der erhöhten Datensicherheit und zum anderen soll auf diese Weise die Verfügbarkeit von bereitgestellten Diensten erhöht werden.

Peer–to–Peer Architekturmodell

Die Peer–to–Peer Architektur (P2P) besitzt im Gegensatz zur C/S–Architektur keine determinierte Rollenverteilung. Die Teilnehmer in einem Netzwerk stellen gleichberechtigt Ressourcen zur Verfügung und treten somit gleichzeitig als Server und Client auf (vgl. folgende Abbildung). Eine Datensicherung sowie die Administration der im Netzwerk zur Verfügung gestellten Dienste muss von jedem Client selbst übernommen werden. Ein großer Nachteil dieser Technologie besteht in der Realisierung einer konsistenten Versionsverwaltung für Dokumente. Die Vorteile sind demgegenüber Verfügbarkeit und Flexibilität.

---

[189]Eine Transaktion ist in der IT eine Folge logisch zusammengehöriger Aktivitäten

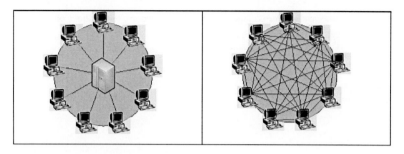

Abbildung 29: Client/Server und P2P-Architektur

Tier–Architekturmodelle

Bei den Tier-Modellen handelt es sich um Client/Server–Architekturen, welche die verteilten Anwendungskomponenten einem Schichtenmodell zuweisen, um die Funktionsbereiche von Clients und Servern festzulegen. Das zu Grunde gelegte Schichtenmodell basiert auf drei Schichten, die im Folgenden erläutert werden (vgl. [Elme05]):

Tabelle 2: Eigenschaften von P2P und C/S-Architekturen

	Peer–to–Peer	Client–Server
Verfügbarkeit	hoch	begrenzt
Infrastruktur	selbst-organisiert	zentral organisiert
Kosten der Infrastruktur	gering	hoch
Globale Datenhaltung	nein	ja

Präsentationsschicht: Die Präsentationsschicht wird häufig auch als Darstellungsschicht bezeichnet und bildet stets das Frontend in einer Tier–Architektur. Die Aufgabe der Präsentationsschicht konzentriert sich auf die Bereitstellung einer interaktiven Benutzerschnittstelle zur Anwendung, das Graphical User Inferface (GUI).

Logikschicht: In Analogie zu den anderen angelsächsischen Bezeichnungen spricht man bei der Logikschicht (Fachschicht) auch vom Middletier. Dieser Schicht unterliegen die fachlichen Aspekte zur Verarbeitung, wie beispielsweise Berechnungen.

Datenschicht: Repräsentiert das Backend in der Tier–Konzeption. Das Backend hält die Daten, meist in Form einer Datenbank, bereit und übernimmt folglich das physikalische Laden und Speichern von Daten. Die Datenschicht bleibt für den Benutzer transparent.

Von den bekannten Tier–Architekturmodellen sollen hier als Grundlage lediglich die relevanten 3–, 4–Tier–Architektur vorgestellt werden:

3–Tier–Architektur

Die 3–Tier–Architektur baut auf drei Schichten auf, wie es folgende Abbildung zeigt. Die Logikschicht ist von der Präsentationsschicht strikt getrennt und auf einem eigenen Server implementiert, auf dem die Clients zugreifen können. Unter anderem verwenden Applikationsserver dieses Prinzip als Grundlage. Die Wiederverwendbarkeit von Logiken sowie Administrierbarkeit ist ein nennenswerter Vorteil dieses Architekturmodells. Nachteilig ist hingegen die Herstellerabhängigkeit, da Produkte als Gesamtkonzeption für 3–Tier–Architekturen vertrieben werden und nicht modular für die einzelnen Schichten erhältlich sind. Die Portabilität auf Systeme ist somit eingeschränkt. Die Kommunikation zwischen 3–Tier–Architekturen verschiedener Hersteller gestaltet sich daher schwierig [LR05].

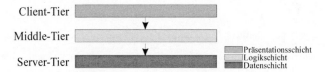

Abbildung 30: 3–Tier Architektur

4–Tier–Architektur

Im Zuge der Verbreitung webbasierter Anwendungen hat sich die 4–Tier–Architektur herauskristallisiert. Sie gilt mittlerweile als "state of the art" und kann wie in folgender Abbildung dargestellt werden. Letztlich handelt es sich um eine erweiterte 3–Tier–Architektur, bei der das Applikations-Tier in zwei logische Einheiten zerlegt wird (in Tier 2 und Tier 3) [LPW02]. Hinsichtlich der Portabilität und Herstellerabhängigkeit hat diese Architektur keine Nachteile mehr aufzuweisen. Lediglich einen erhöhten Grad an Komplexität der Architektur könnte als Nachteil identifiziert werden.

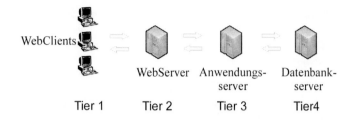

WebClients

WebServer   Anwendungs-   Datenbank-
          server   server

Tier 1   Tier 2   Tier 3   Tier4

Abbildung 31: 4–Tier Architektur

Tier 1: Tier 1 hält die Visualisierungsebene (den Web-Client) vor. Sie visualisiert die Benutzeroberfläche. Hier werden diejenigen Daten mittels eines Browsers visualisiert, die auf dem Tier 2 präsentationstechnisch zusammengestellt werden. Gleichzeitig nimmt der Browser die Eingaben des Anwenders entgegen und sendet diese zu Verarbeitungszwecken an die Applikationen der Tier 2.

Tier 2–4: Der WebServer auf Tier 2 ist auf der Präsentationsebene zuständig für die Auswertung der Ergebnisse vom Tier 1 auf HTML–Ebene. Die Anwendungslogik ist auf dem Anwendungsserver auf Tier 3 implementiert. Der Datenbankserver (Tier 4) ist für die gesamte Datenhaltung zuständig. Hier kommen auch häufig Cluster zum Einsatz.

"Thin" und "Fat" Clients

Eine weitere, verbreitete Klassifikation der Client/Server Architektur kann anhand der Komplexität der Anwendungskomponente auf dem Client–Tier erfolgen. Ein Thin–Client nimmt dabei nur Aufgaben der Präsentationsschicht wahr. Ein Fat–Client beherbergt darüber hinaus auch noch Aufgaben der Anwendungslogik (Logikschicht) (vgl. folgende Abbildung). Internetanwendungen können in der Regel den "Thin" Clients zugeordnet werden. Eine Kombination mit den n–Tier–Architekturen ist möglich.

Eingabe	Ausgabe
Verarbeitung	

Fat Client

Eingabe	Ausgabe

Thin Client

Abbildung 32:"Fat" und "Thin" Clients

2.7.3 Integrationstechnologien

Unterschiedliche Kommunikationsprotokolle, Datenformate, verschiedene Schnittstellen, Programmiersprachen, heterogene Plattformen und Datenbanken führen zur Bildung von Insellösungen und dazu, dass die Interoperabilität von verteilten IT–Systeme enorm eingeschränkt ist.

Zur Überwindung dieser Barrieren zwischen heterogenen Systemen kann man sich dreier unterschiedlicher Ansätze bedienen, um Interoperabilität herzustellen:

- Direkte Netzwerkprogrammierung
- Middleware
- Enterprise Application Integration

Die nachfolgende Abbildung veranschaulicht dabei die Abgrenzung der ersten beiden genannten Ansätze. Vor allem der Grundgedanke der Middleware soll im Rahmen dieser Arbeit etwas detaillierter erörtert werden. Bevor auf die Middleware eingegangen wird, sollen die Ansätze „Direkte Netzwerkprogrammierung" sowie "Enterprise Application Integration" kurz zur Middleware abgegrenzt werden.

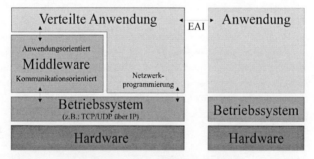

Abbildung 33: Klassifikation und Abgrenzung von Middleware

Direkte Netzwerkprogrammierung

Greift eine verteilte Anwendung direkt auf den Protokollstack zu, so spricht man von Netzwerkprogrammierung. Dieser Ansatz ermöglicht auf der einen Seite die Kontrolle und stärkere Einflussnahme auf die Parameter der Kommunikationsabläufe. Die Implementierung auf „unterer Ebene" kann einfach erfolgen und trägt daher zu einer höheren Performance der Übertragung bei. Gerade bei der Entwicklung neuartiger Protokolle bietet die Netzprogrammierung ein hohes Maß an Flexibilität. Auf der anderen Seite erkauft man sich diese Vorteile bei der Entwicklung durch eine höhere

Fehleranfälligkeit, da auch die technischen Aspekte, die nichts mit der Anwendungslogik zu tun haben, berücksichtigt werden müssen.

Enterprise Application Integration (EAI)

Die Ziele von EAI haben viel Ähnlichkeit mit den Zielen einer Middleware. Der grundlegende Unterschied besteht darin, dass EAI die Integration eigenständiger Anwendungen fokussiert, während Middleware sich auf die Kommunikation zwischen Komponenten verteilter Anwendungen konzentriert [Hamm05]. EAI soll in dieser Arbeit nicht weiter betrachtet werden.

Middleware

1. Definition

ÖSTERLE definiert Middleware folgendermaßen: Middleware (auch Verteilungsplattform oder Verteilungsinfrastruktur genannt [Öst95]) ist eine Softwareschicht, welche auf Basis standardisierter Schnittstellen und Protokolle Dienste für eine transparente Kommunikation verteilter Anwendungen bereitstellt. Middlewaredienste stellen eine Infrastruktur für die Integration von Anwendungen und Daten in einem heterogenen und verteilten Umfeld zur Verfügung [...]. Middleware ist im Rahmen des ISO/OSI–Referenzmodells für Rechnerkommunikation in offenen Systemen den anwendungsorientierten Schichten (Ebene 5-7) zuzuordnen [Öst96], [Müh05].

2. Grundlagen, Funktion und Anwendung

Die wichtigste Aufgabe einer Middleware ist die Sicherstellung der (Verteilungs-) *Transparenz*. Ein Benutzer (egal ob Mensch oder Anwendung) soll entfernte Ressourcen auf die gleiche Weise benutzen können wie lokale.

Dazu muss die Middleware von den komplexen internen Aufgaben abschirmen, die nötig sind, um Verteiltheit zu überwinden. Middleware soll auch die Interaktion zwischen Anwendungskomponenten auf heterogenen Systemen unterstützen. SCHWICHTENBERG verzichtet daher bewusst auf den allgemeinen Begriff Ressource, um von der Frage zu abstrahieren, ob es sich dabei um Objekte oder Komponenten oder nur um einfache Programmroutinen oder Daten handelt [Schw06].

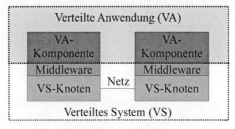

Abbildung 34: Middleware, Verteilte Anwendung, Verteiltes System

Verteilte Anwendungen bauen auf Komponenten auf, die auf die Dienste ihrer zu Grunde gelegten verteilten IT–Infrastruktur zurückgreifen. Diese systemseitig zur Verfügung gestellten Dienste sind jedoch häufig nur rudimentärer Art (Verbindungsaufbau, Verbindungsabbau, Übertragung von Datenpaketen im Byteformat sowie Zusicherungen zur Übertragungssicherheit und Fehlerbehandlung). Middleware knüpft als Schnittstelle an diesen der Netzwerkprogrammierung unterliegenden Dienste an und verbirgt deren kritischen Punkte vor der Anwendung, zu der sie eine Verbindung herstellt.

Der zusätzliche Aufwand der Netzwerkprogrammierung entfällt beim Einsatz von Middleware. Die Fehleranfälligkeit ist daher geringer, da die Wiederverwendung von Middleware gut erprobt ist und sich die Entwickler der Anwendung auf diese selbst konzentrieren können.

Middleware erreicht darüber hinaus eine größere Funktionalität als Betriebssysteme und Netzwerkdienste, indem sie eine Menge an standardisierten Application Programming Interfaces (APIs) zur Verfügung stellt. Diese ermöglichen eine größere Betriebssicherheit und Verfügbarkeit der Anwendung, sowie eine transparente Lokalisierung über das Netzwerk und eine Interoperabilität mit anderen Anwendungen und Diensten. Umso mehr Funktionalität vom zugrunde liegenden Netzwerk zur Verfügung gestellt wird, umso weniger Code beinhaltet eine verteilte Anwendung und umso größer ist die Kostensenkung bei deren Entwicklung. Der Nachteil von Middleware im Vergleich zur direkten Netzwerkprogrammierung liegt in der niedrigeren Performance, die durch einen Mehraufwand an Verwaltungsdaten verursacht wird (overhead).

3. Klassifikation

Middleware lässt sich nach HAMMERSCHALL in zwei grobe Klassen unterteilen [Hamm05]:

a) Kommunikationsorientierte Middleware

Hierbei liegt der Schwerpunkt in der Abstraktion von der Netzwerkprogrammierung. Der Fokus richtet sich dabei auf die Bereitstellung einer geeigneten Kommunikationsinfrastruktur für Komponenten einer verteilten Anwendung. z.B.: Java RMI, WebService

b) Anwendungsorientierte Middleware

Im Mittelpunkt steht neben der Kommunikation vor allem die Unterstützung verteilter Anwendungen. Es handelt sich hierbei um eine Erweiterung der kommunikationsorientierten Middleware, um Dienste und Laufzeitaspekte zur Unterstützung von Anwendungen. Beispiele sind sowohl allgemeine Architekturen, wie CORBA, J2EE oder .NET, als auch komplette Betriebssysteme, wie z.B. MIDP (Mobile Information Device Profile), Java-basiertes System für Mobiltelefone, MHP (Multimedia Home Platform), Java-basiertes System für das interaktive Fernsehen

4. Standards

Im Middleware–Bereich existieren Standards unterschiedlicher Organisationen, welche entweder mehr kommunikations– oder anwendungsorientierte Konzepte und Dienste für verteilte Umgebungen bereit halten:

- Java Message Service (JMS)
- Java 2 Enterprise Edition (J2EE)
- Common Object Request Broker Architecture (CORBA)
- .Net
- WebServices

Hinsichtlich der verteilten Geschäftsprozesse weisen insbesondere WebServices bereits etablierte Ansätze auf, die daher nachfolgend vorgestellt werden sollen. Standards wie JMS, J2EE CORBA und .Net sollen hier nicht weiter betrachtet werden.

WebServices:

WebServices bieten eine Möglichkeit zur Realisierung verteilter Anwendungen über Unternehmensgrenzen hinweg. Sie bauen auf bereits etablierten Standards auf, um auf diese Weise den Anforderungen Interoperabilität, Offenheit sowie Portabilität gerecht zu werden. Im Wesentlichen handelt es sich hierbei um die Standards:

SOAP steht als Akronym für Simple Object Access Protocol. Der SOAP–Standard setzt auf einem Transportprotokoll (z.B.: HTTP, SMTP) auf [Hamm05] und repräsentiert das Middleware–Protokoll für WebServices. Es basiert auf XML und besteht aus drei wesentlichen Teilen:

a) Ein so genannter Envelope spezifiziert den obligatorischen sowie optionalen Inhalt einer Nachricht sowie die Details der Verarbeitung (z.B.: wie und von wem).

b) Ein Header ermöglicht das flexible Erweitern einer Nachricht.

c) Der Body enthält die eigentliche Nutzinformation für den Empfänger.

Weitere Informationen zum SOAP–Standard finden sich unter [Worl05].

WSDL ist die in XML definierte WebService Description Language. Diese Schnittstellendefinition beschreibt einen Service vollständig und gibt Aufschluss darüber, wo der maßgebliche Service zu lokalisieren ist, wie dieser aufzurufen ist, welche Funktionen dieser zur Verfügung stellt und welche Datenformate unterstützt werden.

XML Die Extensible Markup Language ermöglicht als Metasprache die Definition eines Datenformates, welches wiederum die Intersystem–Kommunikation erlaubt. Ein XML–Dokument ist in zwei Teile gegliedert:

a) Der Header enthält allgemeine Metainformationen wie Angaben zur XML–Version und Zeichensatz.

b) Im Rumpf stehen die Daten.

UDDI steht für Universal Description Discovery and Integration. UDDI repräsentiert einen Verzeichnisdienst speziell für WebServices. Dieser dient zur Veröffentlichung der angebotenen WebServices beispielsweise eines Unternehmens, welches seinen Namen sowie Metainformationen über Art und Umfang der WebServices beim Verzeichnisdienst hinterlegt hat, um diese einem breiten Publikum zugänglich zu machen.

Der detaillierte Funktionsumfang von Middleware wird in [Hamm05] anschaulich vermittelt, worauf zur weiteren Vertiefung dieses Themenkomplexes an dieser Stelle verwiesen sei.

2.7.4 Standards verteilter Softwaresysteme

In Unternehmen finden verschiedene Softwaresysteme Anwendung, welche die Ingenieure bei der Erledigung ihrer Tätigkeiten unterstützen sollen. Bei unternehmensübergreifenden Kooperationen kommen somit unweigerlich unterschiedliche Softwaresysteme zum Einsatz, deren Interoperabilität erst mühsam hergestellt werden muss.

Prinzipiell lässt sich eine Integration über Schnittstellen auf zwei Wegen realisieren. Man kann unterschiedliche Systeme direkt miteinander über eine spezifische Schnittstelle verbinden (1. Variante) oder eine Verbindung zu einen Standard als Schnittstelle verwenden, der für alle Systeme als verbindlich erklärt wird (2. Variante).

Abbildung 35: Vorteile bei Verwendung eines Standards (Beispiel für n = 8)

Bei einer Anzahl von n verwendeten Systemen in einem Kooperationsnetz werden bei der 2. Variante auch nur n statt im worst–case $0,5n(n-1)$ Transformationsschritte für eine Integration erforderlich. Die obige Abbildung veranschaulicht diesen Sachverhalt für $n=8$ an einem Beispiel. Der Aufwand zur Erstellung von Schnittstellen lässt sich auf diese Weise minimieren.

Hinsichtlich der Konzeption, die den Einsatzbereich im Engineering als wesentlichen Aspekt berücksichtigen wird, sollen im Folgenden vor allem bisherige Standardisierungsbemühungen bei der Integration von verteilten, heterogenen PDM–Systemen fokussiert werden.

Neutrales Datenmodell

„Ein *Datenmodell* legt Eigenschaften, Struktur und Konsistenzbedingungen für (…) zu speichernde Datenelemente fest, einschließlich der erlaubten Erzeuge–,

Manipulations– und Löschoperationen" [Balz96]. Das Datenmodell dient der Darstellung von Informationen und Beziehungen untereinander, die für ein System oder eine Organisation von Bedeutung sind. Für die grafische Darstellung des Datenmodells auf der Ebene des Fachkonzeptes hat sich das relationale Datenmodell durchgesetzt, wobei das Entity Relationship Model (ERM) als de facto Standard–Beschreibungssprache zum Einsatz kommt [SH02] [Balz96].

Ein *neutrales Datenmodell* ist ein offener Standard für ein *Datenmodell*. Hinsichtlich der Integrationstiefe verteilter Softwaresysteme stellt STEP ein neutrales Datenmodell zur Verfügung, welches als Grundlage zur Integration für verteilte PDM–Systeme dient.

STEP ist das Akronym für **ST**andard for the **E**xchange of **P**roduct model data. Definiert ist STEP im ISO–Standard 10303 "Product Data Representation and Exchange" der eine einheitliche Beschreibung von Produktdaten vorgibt. Der offene Standard soll als Grundlage den Datenaustausch zwischen verschiedenen Systemen gewährleisten. Die Heterogenität auf dem Softwaremarkt, vor allem von PDM–Systemen, stellte eine Barriere für den unternehmensübergreifenden Austausch von Produktdaten dar. STEP wurde als Standard angelegt, um diese Barriere zu überwinden. Nach einem Baukastenprinzip hält der Standard Grundbausteine parat (Integrated Resources) mit denen Produktdatenmodelle (Application Protocols) einheitlich beschrieben werden können. Diese sind im Wesentlichen [Foru02]:

a) Modelle zur Beschreibung von Produktdaten (Integrated Resources, Anwendungsprotokolle)

b) Beschreibungsmethoden (Description Methods)

c) Implementierungsmethoden (Implementation Methods)

d) Methoden zum Konformitätstest (Conformance Testing Methodology and Framework)

PLM–Services ist ein Standard der Object Management Group (OMG), der über die Standardisierung von reinen Produktstrukturen hinaus auch die Anwendungsfälle im Collaborative Engineering beim Austausch von Produktdaten spezifizieren soll. Hierzu zählen unter anderem [ProS05]:

- Authentifizierung und Start–up einer Session
- Navigation durch die konfigurierte Produktstruktur
- Navigation durch die Dokumentenstruktur
- Download einzelner digitaler Dateien und
- Download von Produktstruktur–Metadaten.

Der Standard PLM Services nutzt hierfür bereits verbreitete Standards, um ein hohes Maß an Interoperabilität herstellen zu können. PLM–Services basieren auf

- der Nutzung des neutralen Datenmodells STEP,
- der Verwendung eines plattformunabhängigen Referenzmodells (platform independent model – PIM) in der Unified Modeling Language (UML) sowie
- dem Einsatz moderner Internettechnologien (XML–Schema, SOAP, WebServices).

Natives Datenmodell

Im Gegensatz zum Neutralen Datenmodell steht das Native Datenmodell. Das native Datenmodell ist speziell für ein System (Hardware, Betriebssystem) von einem bestimmten Hersteller entwickelt worden. Die System– und Herstellerabhängigkeit macht es ohne zusätzliche Schnittstellen unmöglich, zwei unterschiedliche Systeme miteinander kommunizieren zu lassen.

Im Kontext der Prozessmodellierung spricht man statt von neutralen Datenmodellen von offenen Prozessmodellen bzw. offenen Beschreibungssprachen, auf die im Rahmen der Prozessmodellierung. Detaillierte Informationen zu Prozessmodellierungsmethoden finden sich in [Dani07], auf das der interessierte Leser verwiesen sei

2.7.5 Integrationstiefe verteilter Anwendungen

Die funktionale Integration von PDM–Systemen auf der Basis zuvor vorgestellten Standards ist Gegenstand dieses Abschnitts.

Datenaustausch auf STEP–Basis

Mittlerweile wird das STEP–Datenformat von den meisten PDM–Systemen als Exportformat unterstützt. Die Produktdaten werden hierzu STEP–konform aufbereitet und können z.B. per E–Mail verschickt und in ein anderes System importiert werden. Hiermit ist die Momentaufnahme eines sehr kleinen Teils einer Produktstruktur in fremde Systeme übertragbar. Ein Echtzeit–Zugriff auf die aktuellen, gesamten Produktstrukturen sowie deren zugehörigen Relationen ist damit allerdings nicht möglich.

Benutzerzentrierte Schnittstelle

Die Heterogenität hinsichtlich unterschiedlicher, individuell angepasster PDM–Systeme, die herstellerabhängig unterschiedliche Datenmodelle zu grunde legen, war bisher ein großes Hindernis für Entwicklungsarbeiten im Collaborative Engineering.

Eine Möglichkeit zur Realisierung der benutzerzentrierten Schnittstelle als Verteilungsmodell wurde im Verbundprojekt PDTnet entwickelt, welche im August 2003 zum Abschluss kam [ProS06]. Auf der Basis des Standards PLM Services nutzt die benutzerzentrierte Schnittstelle einen neutralen WebClient, um heterogene PDM–Systeme zusammenzuführen und um somit den Produktdatenaustausch zwischen Partnern mit unterschiedlichen PDM Systemen zu ermöglichen.

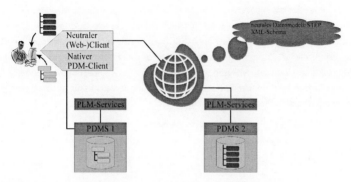

Abbildung 36: Zusammenführung von zwei PDMS über PLM Services

Durch die Nutzung des neutralen Datenmodells STEP werden die nativen Produktdaten in das für den neutralen WebClient interpretierbare Datenformat STEP transformiert, der diese dann mit Hilfe von PLM–Services für den Anwender anzeigt. Auf diese Weise braucht bei Kooperationspartnern neben den bestehenden, nativen PDM–Systemen nur noch der weitere neutrale Client mit PLM Services als Schnittstelle installiert zu werden. Die Abbildung veranschaulicht schematisch den Aufbau einer verteilten PDM–Umgebung für das Collaborative Engineering.

Kostenintensive Einzellösungen zur Integration heterogener PDM–Systeme sind damit nicht mehr nötig. Diese waren zuvor bei jeder Neukonstellation von verteilten, unternehmensübergreifenden und heterogenen PDM–Systemen erforderlich.

Föderiertes System

Eine Föderation von Systemen bezeichnet die virtuelle Zusammenführung von logisch zusammengehörenden, aber physisch auf verschiedene Systeme verteilte Produktdaten [NvL03].

Als Repräsentant dieser Systemklasse soll hier das aus dem PDM–Collaborator–Projekt hervorgegangene Systemmodell (PDMC) näher betrachtet werden [PDM06]. Im Vergleich zur benutzerzentrierten Schnittstellenarchitektur bietet das föderierte

Systemmodell erhöhte Komfortabilität und Funktionalität: Statt zwei graphische Benutzeroberflächen nutzen zu müssen (native PDM–Plattform und neutralen WebClient), kann der Anwender die Oberfläche eines neutralen Clients seines nativen PDM–Systems weiternutzen (z.B. aus dem PDTnet–Projekt). Die Produktdaten aus "fremden" PDM–Systemen werden unabhängig vom konkreten System und dessen Standort mit dem unternehmenseigenen Produktdatenmodell zusammengeführt.

Jeder Partner hat die Möglichkeit, für ihn notwendige und freigegebene Produktdaten in den Partnersystemen ohne Kenntnis technischer Details aufzufinden, online zu betrachten und gegebenenfalls einen Entwicklungsstand zusammenzustellen. Die dazu erforderliche Zugangsberechtigung sowie die Heterogenität der beteiligten PDM–Systeme werden vollständig verborgen. Bei Änderungsvorgängen und Datenaustausch wird über eine Konsistenzsicherung jeweils dafür gesorgt, dass alle Partner auf den aktuellen Daten arbeiten.

Eine Architektur für ein föderiertes PDM–System zeigt folgende Abbildung. Die architektonisch verwendeten Module föderierter Systeme sollen im Folgenden kurz erläutert werden:

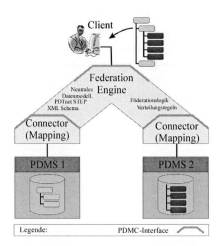

Abbildung 37: Föderiertes System nach dem PDMC–Schema (nach [?])

Connectoren: Die Connectoren verbinden die jeweiligen PDM–Systeme mit der Federation Engine. Ihre Funktion besteht vor allem im Mapping der verschiedenen Datenstrukturen. Unter Mapping versteht man die Abbildung von Informationen aufeinander, die eine unterschiedliche Bedeutung haben [Gerh00]. Hierbei werden die Produktdaten einer Quelle in ein entferntes PDMS importiert und in die native Produktstruktur integriert.

Das von den Connectoren vorgenommene Mapping ist als Translation gemäß einem neutralen Datenmodell in eine standardisierte Datenstruktur (STEP) zu verstehen. Die STEP–konformen Produktdaten werden im Anschluss von der Federation Engine weiterverarbeitet.

Federation Engine: Die Federation–Engine–Komponente übernimmt die Organisation der Benutzeranfragen an die jeweiligen PDMS sowie das Zusammenführen der Suchergebnisse zu einem Gesamtergebnis [ASV+03b]. Die notwendigen Verteilungsregeln für jeden Anwendungsfall werden vor Beginn einer Kooperation in einem konfigurierbaren Repository hinterlegt. Durch mehrfachen Einsatz von Federation Engines können kaskadierte Multi–PDM–Systeme aufgebaut werden.

2.8 Literaturverzeichnis

[Abra05c]   M. Abramovici: *Herausforderungen und Entwicklungstrends im Engineering.* Vortragsmaterial,

Think3 – Kundentag, Hohenkammer, 15.09.2005.

[Abra05d]   M. Abramovici: *Produktdatenmanagement – Vorlesungsmaterial.* Lehrstuhl für Maschinenbauinformatik, Ruhr-Universität Bochum, 2005.

[Abra05e]   M. Abramovici: *Die Zukunft des Engineerings auf der Basis von digitalen Produktdefinitions.* Vortragsmaterial, PTC Management Forum Kerpen–Sindorf, 26.10.2005.

[ASV+03b]   M. Abramovici, J. Schlingensiepen, J. Versmold, H. Hayka, B. Pasewaldt: "Kooperationslösungen für heterogene PDM-Umgebungen". *eDM–Report* 4, 2003.

[adUK05]   F. I. F. an der Universität Karlsruhe: *http://www.plmlabor.de.* dto., Recherche 12/2005.

[AF83]   W. Astley, C. Fombrun: "Social ecology of organizational environments". *Academy of Management Review* 8, 1983, S. 576–587.

[Allw05]   T. Allweyer: *Geschäftsprozessmanagement – Strategie, Entwurf, Planung, Implementierung, Controlling.* W3L–Verlag, 2005.

[Alle02]   R. Allen: *The Workflow Handbook 2002 (WfMC).* Future Strategies Inc., 2002.

[Balz96]   H. Balzert: *Lehrbuch der Software–Technik.* Spektrum–Verlag, 1996.

Böh01]   M. Böhnlein: *Konstruktion semantischer Data–Warehouse–Schemata.* Deutscher Universitätsverlag, 2001.

[BKR05]   J. Becker, M. Kugeler, M. Rosemann: *Prozessmanagement – Ein Leitfaden prozessorganisierten Organisationsgestaltung.* Springer–Verlag, 2005.

[BvE00]   M. Böhnlein, A. U. vom Ende: "Grundlagen des DataWarehousing: Modellierung und Architektur". *Bamberger Beiträge zur Wirtschaftsinformatik,* (55), 2000.

[CDK02]   G. F. Coulouris, J. Dollimore, T. Kindberg: *Verteilte Systeme : Konzepte und Design.* Pearson Studium, 2002.

[Dani07]   K. Daniel: Collaborative Engineering – Anwendungen, Architekturen und Schnittstellen, VDM Verlag 2007

[Elme05]   F. Elmer: *Software–Engineering, Vorlesungsmaterial.* Universität Basel, 2005.

[ES01]   M. Eigner, R. Stelzer: *Produktdatenmanagement–Systeme.* Springer–Verlag, 2001.

[Fisc05]   L. Fischer: *The Workflow Handbook 2005 (WfMC).* Future Strategies Inc., 2005.

[Foru02]   P. I. Forum: *Usage Guide for the STEP PDM Schema V1.2, Release 4.3.*

             http://www.pdm-if.org, 2002.

[Gada03]   A. Gadatsch: *Grundkurs Geschäftsprozess–Management – Methoden und Werkzeuge für die IT–Praxis.* Vieweg–Verlag, 2003.

[Gehr98]   H. Gehring: *Betriebliche Anwendungssysteme, Kurseinheit 2, Prozessorientierte Gestaltung von Informationssystemen.* Fernuniversität Hagen, 1998.

[Gerh00]   D. Gerhard: *Erweiterung der PDM–Technologie zur Unterstützung verteilter kooperativer Produktentwicklungsprozesse (Dissertationsschrift).* Fakultät für Maschinenbau, Ruhr–Universität Bochum, 2000.

[GG99]   H. Gehring, A. Gadatsch: "Eine Rahmenarchitektur für Workflow-Management-Systeme: Motivation, Modellierung, Architektur". *Fachbereichsbericht*, (275), 1999, S. 1–16.

[GKTRM02]   R. Gabriel, F. Knittel, H. Taday, A.-K. Reif-Mosel: *Computergestützte Informations– und Kommunikationssysteme in der Unternehmung.* Springer– Verlag, 2002.

[GLRW00]   J. Gausemeier, U. Lindenmann, G. Reinhart, H.-P.Wiendahl: *Kooperatives Produktengineering.* Heinz Nixdorf Institut, Universität Paderborn, 2000.

[GS95]   J. Galler, A.-W. Scheer: "Vom Geschäftsprozessmodell zur unternehmensspezifischen Workflow–Anwendung". *Information Management* Heft 1, 1995, S. 20–27.

[Hamm05]   U. Hammerschall: *Verteilte Systeme und Anwendungen.* Pearson Studium, 2005.

[Heil87]   H. Heilmann: "Computerunterstützung für das Management - Entwicklung und Überblick". *HMD* 138, 1987, S. 3–17.

[HC96]   M. Hammer, J. Champy: *Business Reengineering – Die Radikalkur für das Unternehmen.* Campus–Verlag, 1996.

[Heß95]   H. Heß: "Monitoring von Geschäftsprozessen". *ZWF* 90(7-8), 1995, S. S. 347–350.

[Holt00]   J. Holthuis: *Grundüberlegungen für die Modellierung einer Data Warehouse– Datenbasis, in: Das Data–Warehouse–Konzept: Architektur, Datenmodelle, Anwendungen (von Harry Mucksch und Wolfgang Behme).* Gabler–Verlag, 2000.

[Jabl95a]   S. Jablonski: *Workflow–Management–Systeme – Modellierung und Architektur.* Thomson Publishing, 1995.

[Jabl95b]   S. Jablonski: "Workflow Management Systeme: Motivation, Modellierung, Architektur". *Informatik Spektrum* 18(1), 1995, S. 13–24.

[Jabl01]   S. Jablonski: "Von der Anwenderanalyse zu ersten Systemkonzepten
            für

            Workflow–Management–Lösungen". *Berichte des Instituts für Informatik*
            34(3), 2001.

[Kron03]   A. Kronz: *Verteiltes Workflow–Management*. Josef Eul Verlag, 2003.

[Kuhr05]   M. Kuhrmann: *Verteilte Systeme mit .NET – Architektur und
            Entwicklung*. Vorlesungsmaterial der Fachhochschule Augsburg, 2005.

[LK91]   H. Lewe, H. Krcmar: "Groupware". *Informatik Spektrum* 14(4), 1991, S.
            S. 345-348.

[LPW02]   P. C. Lockemann, D. Pfeifer, Z. Wu: *Experimentelle Leistungsanalyse
            und

            -verbesserung eines Applikations-Server-Cachesektwirtschaft
            (Studienarbeit)*. Universität Karlsruhe, Institut für Programmstrukturen
            und Datenorganisation (IPD), verfügbar unter http://www.ipd.uni-
            karlsruhe.de/, 2002.

[LR05]   T. Langner, D. Reiberg: *J2EE und JBoss – Grundlagen und Profiwissen*.
            Hanser–Verlag, 2005.

[Moor99]   C. Moore: "What approach and criteria should be used when evaluating
            workflow products? In: C. Hastedt–Marckwardt: Ein Beitrag der IT zur
            Geschäftsprozess– Orientierung und –Optimierung". *Informatik
            Spektrum* 22, 1999, S. 99–109.

[MS03]   H. Messerschmidt, K. Schweinsberg: *OLAP mit dem SQL–Server*.
            dpunkt–Verlag, 2003.

[Müh05]   G. Mühl: *Verteilte Systeme (Vorlesungsmaterial)*. TU Berlin – Fakultät
            für Elektrotechnik u. Informatik, 2005.

[Niem95]   K. D. Niemann: *Client/Server-Architektur – Organisation und Methodik
            der Anwendungsentwicklung*. Vieweg–Verlag, 1995.

[Nuss03]   M. A. Nusselein: *Inhaltliche Gestaltung eines Data Warehouse–Systems
            am Beispiel einer Hochschule (Dissertation)*. Bayerisches Staatsinstitut
            für Hochschulforschung und Hochschulplanung, 2003.

[NvL03]   S. Nowacki, U. von Lukas: "Föderation von PDM–Systemen auf der
            Basis des PDTnet–Schemas". *ProduktDatenJournal*, (1), 2003, S. 31–
            33.

[Ober96]   A. Oberweis: *Modellierung und Ausführung von Workflows mit Petri-Netzen*. Teubner–Verlag, 1996.

[Öst95]   H. Österle: *Business Engineering: Prozess- und Systementwicklung, Entwurfstechniken*. Springer–Verlag, 1995.

[OV96]   H. ¨Osterle, P. Vogler: *Praxis der Workflow–Managements – Grundlagen, Vorgehen, Beispiele*. Vieweg–Verlag, 1996.

[PDF05]   A. Picot, H. Dietl, E. Franck: *Organisation – eine ökonomische Perspektive*. Schäfer–Poeschel–Verlag, 2005.

[PDM 06]   PDM Collaborator : *http://www.pdm-collaborator.de*. dto., Recherche 2006.

[ProS05]   ProSTEP iViP Association: *http://www.prostep.org*. dto., Recherche 2005.

[RD04]   M. Reichert, P. Dadam: *ADEPT – Prozess Management–Technologie der nächsten Generation, In: D. Spath, K. Haasis: Aktuelle Trends in der Softwareforschung*. IRB Verlag Stuttgart, 2004.

[Sche92]   A.-W. Scheer: *Architektur integrierter Informationssysteme – Grundlagen der Unternehmensmodellierung*. Springer, 1992.

[Sche01]   A.-W. Scheer: *ARIS – Vom Geschäftsprozess zum Anwendungssystem*. Information–Management, 2001.

[Schi05]   S. Schindewolf: "Collaborative Engineering und Projektmanagement in verteilten Umgebungen". *HMD – Praxis der Wirtschaftsinformatik* 215(08)

[Scho99]   J. Schoettner: *Produktdatenmanagement in der Fertigungsindustrie*. Hanser–Verlag, 1999.

Schr03]   G. Schreyögg: *Organisation*. Gabler, 2003.

[Schw06]   H. Schwichtenberg: *http://www.dotnetframework.de*. dto., Recherche 01/2006.

[SH02]   P. Stahlknecht, U. Hasenkamp: *Einführung in die Wirtschaftsinformatik*. Springer–Verlag, 2002.

115

[SJHK05]   A.-W. Scheer, W. Jost, H. Hess, A. Kronz: *Corporate Performance Management.* Springer, 2005.

[SK97]   G. Spur, F.-L. Krause: *Das virtuelle Produkt – Management der CAD–Technik.* Carl–Hanser–Verlag, 1997.

[Somm01]   I. Sommerville: *Software Engineering.* Pearson Studium, 2001.

[SS02]   T. Schickinger, A. Steger: *Diskrete Strukturen.* Springer–Verlag, 2002.

[Szyp89]   N. Szyperski: *Handwörterbuch der Planung. In: Enzyklopädie de Betriebswirtschaftslehre.* Poeschel–Verlag, 1989.

[vHS04].   C. R. von Hagen, W. Stocky: *Business–Process– und Workflow–Management.* Teubner–Verlag, 2004

[Gehr98]   H. Gehring: *Betriebliche Anwendungssysteme, Kurseinheit 2, Prozessorientierte Gestaltung von Informationssystemen.* Fernuniversität Hagen, 1998.

3 Konzeption eines Kennzahlensystems für das Geschäftsprozessmanagement in der diskreten Fertigung

Sarah Pulvermüller

3.1 Kennzahlen und Kennzahlensysteme

In diesem Kapitel werden zunächst der Begriff, die Klassifizierung, Funktionen und Anforderungen an Kennzahlen beschrieben. In den weiteren Unterkapiteln wird der Begriff, die Zwecksetzung und die Arten von Kennzahlenssystemen vorgestellt. Ein Vergleich von finanziellen und modernen Kennzahlensystemen wird durchgeführt und allgemeine Kritik an Kennzahlensystemen geäußert.

3.1.1 Kennzahlen

3.1.1.1 Definition Kennzahl

In der einschlägigen Literatur wird der Kennzahlenbegriff nicht einheitlich verwendet. Weitere Bezeichnungen wie **Key Performance Indicator** (KPI), Kennziffer, Messgröße, Richtzahl, Schlüsselzahl, Kontrollzahl, und Standardzahl werden häufig als Synonyme für den Begriff der Kennzahl verwendet.

Nachdem viele unterschiedliche Auffassungen über die Definition von Kennzahlen vertreten wurden, herrscht heute weitgehend Einigkeit. „Betriebliche Kennzahlen beziehungsweise betriebliche Kennziffern sind Maßstabswerte für den innerbetrieblichen (betriebsindividuelle Kennzahlen) und den zwischenbetrieblichen (Branchenkennzahlen) Vergleich. Kennzahlen setzen in einem leicht fassbaren Zahlenausdruck verschiedene Größen in ein sinnvolles Verhältnis zueinander."[190] Kennzahlen werden als jene Zahlen betrachtet, die quantitativ erfassbare Sachverhalte in konzentrierter, messbarer Form erfassen.[191]

3.1.1.2 Klassifizierung von Kennzahlen

Kennzahlen können nach ihrer Art klassifiziert werden. Die einfachste Form der Kennzahl ist die **absolute Zahl**. Es handelt sich um Zahlen wie Umsatz oder Kosten, die einfach und in unbegrenztem Ausmaß zu ermitteln sind. Wesentlicher Nachteil ist allerdings die Aussagekraft. Die zweite Kategorie ist die der **Verhältniszahlen**, bspw. Marktanteil oder Mitarbeiterproduktivität. Die Kennzahl wird automatisch auf eine Vergleichszahl bezogen und ist auch alleine aussagefähig. Die Aussagekraft sowohl der Verhältniszahlen als auch der absoluten Zahlen ist bei einzelner Verwendung eher eingeschränkt. Diesem Problem kann durch das in Betracht ziehen von Vergleichswerten, die eine Erhöhung der Aussagekraft ermöglichen, abgeholfen werden.[192]

---

[190] Gabler (Hrsg.): Wirtschaftslexikon. Gabler, Wiesbaden 1988.
[191] Vgl. BIFOA-Forschungsgruppe MAWI (Hrsg.): Kennzahlenhandbuch der Materialwirt-schaft. Köln, Universität Köln, 1980, S. 15.
[192] Vgl. Preißner, A.: Marketing- und Vertriebssteuerung. Hanser, München 2000, S. 10f.

Beziehungszahlen sind die wichtigsten Kennzahlen, da sie verschiedene Größen zwischen denen eine betriebswirtschaftliche Ursache-Wirkungs-Relation besteht, in Beziehung zueinander setzen. Beziehungszahlen bzw. Verhältniszahlen sind bspw. Produktivitäts-, Kosten- und Erfolgskennzahlen. **Gliederungszahlen** sind dadurch charakterisiert, dass eine Gesamtgröße sich in verschiedene Bestandsgrößen aufteilen lässt, bspw. die Personalkosten in Löhne, Gehälter, gesetzliche sowie freiwillige Sozialkosten.[193] **Indexzahlen** erlauben es, durch ihren Einsatz eine Veränderung in einer bestimmten Zeitperiode aufzuzeigen, z.b. drückt der Beschaffungskostenindex die Veränderung des aktuellen Beschaffungspreises zum Beschaffungspreis der Vorperiode aus.[194]

Abbildung 38: Klassifizierung von Kennzahlen[195]

Der **Informationscharakter** ist einer der wichtigsten vier Merkmale einer Kennzahl und drückt sich in der zweckgerichteten Bildung von Kennzahlen. Er bringt zum Ausdruck, dass durch Kennzahlen Urteile über wichtige Sachverhalte und Zusammenhänge gefällt werden. Die **Quantifizierbarkeit** setzt die kardinale Messung eines Tatbestandes voraus um präzise Aussagen zu ermöglichen. Die **spezifische Form** soll sowohl einen schnellen als auch umfassenden Überblick über die komplexen Strukturen und Prozesse, dargestellt in relativ einfacher Weise, in einem Unternehmen gewährleisten.[196] Die **Qualität** von Kennzahlen hängt von der Güte des zugrunde liegenden Datenmaterials und der Richtigkeit der hinter einem Kennzahlensystem stehenden Logik ab.

3.1.1.3 Funktionen von Kennzahlen

Kennzahlen sind eine wichtige Informationsgrundlage und unterstützen als Instrument der Unternehmensführung Managementaufgaben im Bereich der Leistungserstellung. Zum einen gibt es **interne Interessenten**, die hauptsächlich aus

---

[193]   Vgl. Graumann, M.: Controlling: Begriff, Elemente, Methoden und Schnittstellen. IDW, Düsseldorf 2003, S. 206.
[194]   Vgl. Preißner, A.: Praxiswissen Controlling: Grundlagen - Werkzeuge - Anwendungen. Hanser, Müchen, Wien 1999, S. 176.
[195]   Küting, K.; Weber, C.-P.: Die Bilanzanalyse: Lehrbuch zur Beurteilung von Einzel- und Konzernabschlüssen. 5., erw. und aktual. Aufl., Schäffer-Poeschel, Stuttgart 2000, S. 24.
[196]   Vgl. Reichmann, Th.: Controlling mit Kennzahlen und Managementberichten. 6., überarb. und erw. Aufl., Vahlen, München 2001, S. 20.

entscheidungsbefugten Mitarbeitern der Unternehmensorganisation bestehen. Dem gegenüber stehen **externe Interessenten**, die in erster Linie aus Kapitalgebern (Kreditwürdigkeitsprüfung), potentiellen Investoren (Bilanz- und Wertpapieranalyse), Wirtschaftsprüfern und Steuerberatern (Bilanz- und Betriebsanalyse) und staatlichen Stellen (Aufsichtsbehörden, Kartellamt) bestehen.[197]

Entsprechend der großen Anzahl an interessierten Personen sind die Funktionen die Kennzahlen zu erfüllen haben sehr vielfältig. Wichtige Funktionen von Kennzahlen werden im Folgenden beschrieben.

Operationalisierungsfunktion:

Kennzahlen geben die Unternehmensziele weiter und müssen diese somit auch messbar machen, d.h. in Kennzahlen umsetzen. Die Kennzahlen werden gebildet und berechnet, um Ziele zu operationalisieren, die somit konkret messbar sind. Für operationale Ziele müssen der Zeitbezug, das Zielausmaß und die Messbarkeit vorgegeben sein.[198] Quantitative Ziele, die als Entscheidungskriterien benötigt werden, können als Kennzahlen ausgedrückt werden und unterstützen bei schlecht strukturierten Problemen den Entscheidungsprozess. Dadurch werden Orientierungsziele vermittelt.[199]

Anregungsfunktion:

Kennzahlen dienen der Erkennung von Auffälligkeiten und Veränderungen.[200] Als Frühwarnsystem werden sie bei der momentanen Wirtschaftslage immer wichtiger, um Gefahren und Fehlentwicklungen frühzeitig aufzuzeigen. Steuert das Unternehmen auf kritische Werte zu, wird ein Signal gegeben und es kann sofort reagiert werden.[201]

Vorgabefunktion:

Kennzahlen sind bei der Budgeterstellung die wichtigsten Zielvorgaben. Sie dienen als Grundlage für alle strategischen und operativen Entscheidungen.[202] Diese Vorgabewerte ergeben sich aus den Zielen, Plänen und Planzahlen, die dann für die Entscheidungsebenen abgeleitet werden. Aufgrund der Vorgabe können so

---

[197] Vgl. Staehle, W. H.: Kennzahlen und Kennzahlensysteme: Ein Beitrag zur modernen Organisationstheorie. Diss., München 1967, S. 64.

[198] Vgl. Gladen, W.: Kennzahlen- und Berichtssysteme: Grundlagen zum Performance Mea-surement. 2. Aufl., Gabler 2003, S. 59f.

[199] Vgl. Geiß, W.: Betriebswirtschaftliche Kennzahlen: theoretische Grundlagen einer prob-lemorientierten Kennzahlenanwendung. Lang, Frankfurt 1986, S. 51.

[200] Vgl. Preißner, A.: Praxiswissen Controlling: Grundlagen - Werkzeuge - Anwendungen. Hanser, Müchen, Wien 1999, S. 175.

[201] Vgl. Probst, H.-J.: Kennzahlen leicht gemacht: Welche zählen wirklich?. Redline Wirt-schaft, Frankfurt, Wien 2004, S. 15.

[202] Vgl. Bichler, K.; Gerster, W.; Reuter, R.: Logistik-Controlling mit Benchmarking – Pra-xisbeispiele aus Industrie und Handel. Gabler, Wiesbaden 1994, S. 52.

Ursachen und Abweichungen analysiert werden und schließlich Korrekturmaßnahmen ergriffen werden.[203]

Steuerungsfunktion:

Durch nur wenige Kennzahlen können komplexe Steuerungsprozesse im Unternehmen vereinfacht und besser beurteilt werden. Als Eckdaten vermitteln sie den Mitarbeitern ein Bild der Zukunft. Es werden Maßnahmen vorgegeben, um das gesetzte Ziel zu erreichen. Die Zielerreichung wird kontinuierlich überprüft und Abweichungen analysiert.[204] Komplexe Sachverhalte werden verständlicher dargestellt, die Führungskräfte werden über die Zusammenhänge informiert, Einflussfaktoren des Erfolges, Ursachen für Mängel und Auswirkungen von Schwächen werden erkennbar.[205]

Kontrollfunktion:

Kennzahlen werden erfasst um Soll-Ist-Abweichungen zu erkennen und dienen somit als Grundlage für Abweichungsanalysen. Die Ursachen und kausale Zusammenhänge werden analysiert und geeignete Korrekturmaßnahmen ergriffen, wobei vorher das Wesentliche vom Unwesentlichen zu trennen ist. Bei Entscheidungen ist es wichtiger, in Relationen statt in Euro zu denken und mehr auf die Produktivität als auf die Produktion zu achten.[206]

Wirtschaftlichkeitsfunktion:

Abschließend dienen Kennzahlen auch zur Ermittlung der Wirtschaftlichkeit des Unternehmens. Sie sollen helfen wirtschaftliche Schwächen zu beheben und mit einer Verhältniszahl zu beurteilen, wie sich ein geändertes Verfahren oder Vorgang auf die Produktivität, den Erfolg oder den Umsatz auswirkt.

3.1.1.4 Anforderungen an Kennzahlen

Neben den Funktionen von Kennzahlen werden gewisse Anforderungen an die Messung gestellt. Unter anderem wird gefordert, dass der Informationsgehalt der Kennzahlen dem Informationsbedarf genügt, sie gut den Verlauf der Originaldaten wiedergeben und zu dem aktuell und einfach zu beschaffen sind.[207]

In der nachfolgenden Tabelle wird auf weitere Anforderungen die an Kennzahlen gestellt werden eingegangen und diese beschrieben.

---

[203] Vgl. Staehle, W. H.: Kennzahlen und Kennzahlensysteme als Mittel der Organisation und Führung von Unternehmen. Gabler, Wiesbaden 1969, S. 127f.

[204] Vgl. Probst, H.-J.: Kennzahlen leicht gemacht: Welche zählen wirklich?. Redline Wirt-schaft, Frankfurt, Wien 2004, S. 14.

[205] Vgl. Schott, G.: Kennzahlen: Instrument der Unternehmensführung. 6. Aufl., Forkel, Stuttgart et al. 1991, S. 17.

[206] Vgl. Siegwart, H.: Kennzahlen für die Unternehmensführung. Paul Haupt, Bern 2003, S. 16f.

[207] Vgl. Kernler, H.: PPS-Controlling. Gabler, Wiesbaden 1996, S. 35f.

Tabelle 3: Anforderungen an Messgrößen bzw. Kennzahlen[208]

Anforderung	Beschreibung
Validität	Eine Messgröße muss exakt die zu untersuchenden Leistungsmerkmale der Prozesse erfassen.
Präzision	Mehrere Messungen der gleichen Messgröße sollten bei identischen Verhältnissen zu gleichen Messresultaten führen.
Objektivität	Eine Messgröße sollte möglichst exakt die Ausprägungen der Prozessmerkmale widerspiegeln.
Multi-dimensionalität	Die Merkmale eines Geschäftsprozesses lassen sich nicht durch eine einzige Messgröße darstellen.
Sensitivität	Änderungen realer Größen und der zugehörigen Messwerte sollten (quotienten)gleich sein.
Verlässlichkeit	Das Messgrößensystem sollte einen permanenten Charakter haben.
Verständlichkeit	Die Messgrößen und ihre Zusammenhänge sollten transparent und leicht verständlich sein.
Kontrollmöglichkeit	Die Messgrößen sollten nach Möglichkeit beeinflussbar sein.
Tangibilität	Zur Akzeptanzsteigerung der Messgrößen sollten diese konkrete Leistungsmerkmale und keine abstrakten Größen sein.
Messbarkeit	Zur Erleichterung der Messbarkeit sind quantitative Maßgrößen zu präferieren.
Reaktionszeit	Zwischen der Änderung eines Leistungsmerkmales und der Reaktion der Messgröße sollten keine wesentlichen zeitlichen Verzögerungen liegen.
Flexibilität	Das Messgrößensystem sollte leicht an geänderte Anforderungen anpassbar sein.
Messaufwand	Der Aufwand für die Ermittlung der Messgrößen sollte möglichst gering sein.

---

[208] In Anlehnung an: Fries, S.: Neuorientierung der Qualitätskostenrechnung in prozessorien-tierten TQM-Unternehmen: Entwurf eines ganzheitlichen Entwicklungsprozesses zur Aus-wahl von Prozessgrößen. Diss., St. Gallen 1994, S. 96f.

3.1.1.5 Effektivität versus Effizienz

Eine Fähigkeit von Kennzahlen liegt darin, dass diese über die Effektivität und die Effizienz von Geschäftsprozessen Auskunft geben können. Ist ein Unternehmen in der Lage, ohne Probleme festzulegen, welches die richtigen Dinge sind, die zu tun sind und diese auch umsetzt, so arbeitet es effektiv. Effektivität bedeutet somit „doing the things right".[209] Von entscheidender Bedeutung ist jedoch, dass am Ende auch die geforderte Zielsetzung erreicht wird. Hier setzt die Effektivität als **Ergebnis-Ziel-Relation** und damit als Gradmesser der Zielerreichung an.

$$Effektivität \; = \; \frac{Ergebnis}{Ziel} \; = \; \frac{Leistung}{SOLL} \; = \; \frac{Output \, / \, Outcome}{SOLL} \; = \; \frac{IST}{SOLL} \; = \; 1$$

[210]

Hat dieses Unternehmen zudem die Fähigkeit, die Dinge richtig zu tun, arbeitet es effizient. Effizienz bedeutet somit „doing the right things". Die Dinge richtig tun heißt z.B. eine Aufgabe zu möglichst geringen Kosten in möglichst kurzer Zeit mit möglichst hoher Qualität zu erledigen.[211] Mit Effizienzmaßen werden **Ergebnis-Einsatz-Relationen** abgebildet. Auf diese Weise können betriebswirtschaftliche Prozesse im Hinblick auf ihre Wirtschaftlichkeit bewertet werden. Die Effizienz von Prozessen sollte in jedem Fall > 1 liegen.[212]

$$Effizienz \; = \; \frac{Ergebnis}{Einsatz} \; = \; \frac{Leistung}{Einsatz} \; = \; \frac{Output}{Input} \; > \; 1$$

[213]

Der Zusammenhang beider Messgrößen lässt sich kurz zusammenfassen: Effizienz kennzeichnet den Weg, aber Effektivität ist das angestrebte Ergebnis betriebswirtschaftlicher Planungs- und Gestaltungsmaßnahmen. Hierbei wird auch deutlich, dass Effizienz immer die Voraussetzung für Effektivität bildet.

---

[209] Vgl. Griese, J.; Sieber, P.: Betriebliche Geschäftsprozesse: Grundlagen, Beispiele, Kon-zepte. Haupt, Bern, Stuttgart, Wien 1999, S. 41.

[210] Töpfer, A.: Betriebswirtschaftslehre: Anwendungs- und prozessorientierte Grundlagen. Springer, Berlin et al. 2005, S. 76.

[211] Vgl. Griese, J.; Sieber, P.: Betriebliche Geschäftsprozesse: Grundlagen, Beispiele, Kon-zepte. Haupt, Bern, Stuttgart, Wien 1999, S. 41.

[212] Vgl. Töpfer, A.: Betriebswirtschaftslehre: Anwendungs- und prozessorientierte Grundla-gen. Springer, Berlin et al. 2005, S. 76.

[213] Töpfer, A.: Betriebswirtschaftslehre: Anwendungs- und prozessorientierte Grundlagen. Springer, Berlin et al. 2005, S. 75.

3.2 Kennzahlensysteme

3.2.1 Definition Kennzahlensystem

Wie der vorherige Abschnitt deutlich machte, dienen Kennzahlen zur Quantifizierung und Bewertung spezifischer Sachverhalte. Die Beurteilung eines gesamten Prozesses lassen jedoch einzelne Kennzahlen nicht zu. Da mehrere zusammenhangslos nebeneinander stehende Einzelkennzahlen wenig Aussagekraft und Informationsgehalt besitzen, sollte man sie in ein Kennzahlensystem einbinden. Dort werden einzelne Kennzahlen integrativ erfasst, mit dem Ziel, auf der Basis einer umfassenden Systemkonzeption Mehrdeutigkeiten in der Interpretation zu eliminieren und die Abhängigkeiten, die zwischen den Systemelementen bestehen, zu erfassen.[214] „Unter einem **Kennzahlensystem** wird im allgemeinen eine Zusammenstellung von quantitativen Variablen verstanden, wobei die einzelnen Kennzahlen in einer sachlich sinnvollen Beziehung zueinander stehen, einander ergänzen oder erklären und insgesamt auf ein gemeinsames übergeordnetes Ziel ausgerichtet sind."[215]

Kennzahlensysteme lassen sich hinsichtlich ihrer Ausgewogenheit (Grad unterschiedlicher Kennzahleninhalte) und ihres Zusammenhangs (mathematische Verknüpfung) unterscheiden. Somit können Kennzahlensysteme helfen eine Informationsüberlastung des Managements durch zu viele Kennzahlen zu vermeiden.[216] Ausgehend von der Verknüpfungsform der Elemente kann eine Systematisierung von Kennzahlensystemen nach Rechensystemen, Ordnungssystemen und Zielsystemen erfolgen.

Rechensysteme werden durch rechentechnische Verknüpfungen von Kennzahlen gebildet. Eine rechnerische Zerlegung bzw. Aggregation macht die Beziehungen zwischen den Kennzahlen in Form einer hierarchischen Struktur einer Pyramide sichtbar. **Ordnungssysteme** entstehen durch sachlogische Verknüpfung von Kennzahlen. Dies bedeutet, dass eine Zuordnung von Kennzahlen nach festgelegten Sachverhalten geschieht, so dass bestimmte Aspekte der Unternehmung erfasst werden.[217] **Zielsysteme** sind eine Erweiterung von Ordnungssystemen, da die Kennzahlen nach den entsprechenden Zielen strukturiert sind. Hierzu wird ein übergeordnetes Ziel in untergeordnete quantifizierbare Teilziele zerlegt. Obwohl grundsätzlich eine Korrelation zwischen Kennzahlen zweier benachbarter Ebenen besteht, muss der Zusammenhang zwischen den Kennzahlen, im Gegensatz zu den

---

[214] Vgl. Staehle, W. H.: Kennzahlen und Kennzahlensysteme als Mittel der Organisation und Führung von Unternehmen. Gabler, Wiesbaden 1969, S. 73.

[215] Reichmann, Th.: Controlling mit Kennzahlen und Managementberichten. 6., überarb. und erw. Aufl., Vahlen, München 2001, S. 23.

[216] Gabler: Wirtschaftslexikon. 16. Aufl., Gabler, Wiesbaden 2005.

[217] Vgl. Ullmann, W.: Controlling logistischer Produktionsabläufe am Beispiel des Ferti-gungsbereichs. VDI, Düsseldorf 1994, S. 75.

Rechensystemen, nicht notwendigerweise quantifizierbar sein. Zielsysteme erleichtern die Koordination der Entscheidungen der Handlungsträger.[218]

3.2.2 Zwecksetzung von Kennzahlensystemen

Aufgrund der Vielzahl der in der Unternehmung anfallenden Daten und Informationen, werden Kennzahlen in übersichtlicher Form eines Kennzahlensystems als Grundlage für Entscheidungen genutzt. Durch ein zielgerichtetes Konzept, reduzieren Kennzahlensysteme die Unsicherheit des Entscheidungsträgers. Informationsverdichtung und Zusammenfassung unterschiedlicher Ebenen bieten dem Entscheidungsträger präzise und aktuelle Informationen.[219]

Da Kennzahlensysteme eine komplexe Zusammenstellung von Kennzahlen darstellen, wird eine Reihe der folgenden Zwecksetzungen verfolgt.

Führungsinstrument:

Aufgrund der verkürzten Darstellung von Kennzahlensystemen, die einen gewissen Spielraum für individuelle Erklärungen und Begründungen offen lassen, sind diese zur Führung eines Unternehmens unerlässlich. Da ein Kennzahlensystem auf wenige Schlüsselkennzahlen begrenzt ist, vermittelt es den Entscheidungsträgern einen schnellen und umfassenden Überblick über das Geschäftsgeschehen. Aufgrund dieser Vorstrukturierung können in kurzer Zeit Entscheidungen getroffen werden.[220]

Analyseinstrument:

Mit Hilfe des Kennzahlensystems als Analyseinstrument können Informationen geliefert werden, die in die Planungsentscheidungen eingehen und Urteile über einzelne Teilprozesse bzw. Bereiche gefällt werden. Ein Problem wird untersucht, indem ein komplexer Sachverhalt in seine Elemente aufgespalten wird. Es wird nach Ursachen geforscht und Kennzahlen werden ausfindig gemacht, die auffällige Werte annehmen.[221] Gerade traditionelle Kennzahlensysteme spiegeln die Zusammensetzung oder die wichtigsten Einflussgrößen übergeordneter Kennzahlen wider. Somit kann erkannt werden welche Erfolgsgrößen für das Ergebnis bestimmend waren und aus welchen Teilen sich die Gesamtwirkung zusammensetzt.[222]

---

[218] Vgl. Kern, W.: Kennzahlensysteme als Niederschlag interdependenter Unternehmenspla-nung. In: Zeitschrift für betriebswirtschaftliche Forschung o. Jg. (1971) 23, S. 708f.

[219] Vgl. Reichmann, Th.: Controlling mit Kennzahlen und Managementberichten. 6., überarb. und erw. Aufl., Vahlen, München 2001, S. 24.

[220] Geiß, W.: Betriebswirtschaftliche Kennzahlen: theoretische Grundlagen einer problemori-entierten Kennzahlenanwendung. Lang, Frankfurt 1986. S. 304f.

[221] Gladen, W.: Kennzahlen- und Berichtssysteme: Grundlagen zum Performance Measure-ment. 2. Aufl., Gabler 2003, S. 103

[222] Vgl. Scholz, M.: Industriebetriebslehre. 2., völlig überarb. und erw. Aufl., Vahlen, Mün-chen 1994, S. 918.

Instrument zur Planung, Steuerung und Kontrolle:

Als Bestandteil des Managementinformationssystems soll das Kennzahlensystem das Management bei der kurzfristiger Planung, Steuerung und Kontrolle unterstützen. Es eignet sich hervorragend als Entscheidungsinstrument, indem es zur systematischen Gewinnung und Aufbereitung der Informationen im Unternehmen dient. Verschiedene Entscheidungsalternativen können einfach und schnell überprüft werden.[223] Ebenso kann das Erreichen von Erfolgszielen überprüft werden und die Leistungsfähigkeit des Unternehmens erhöht werden.[224]

Informationsinstrument:

Die Informationsaufgabe von Kennzahlensystemen und somit die Bereitstellung von handlungsbezogenen Informationen ist im Entscheidungsprozess von hoher Bedeutung. Kennzahlensysteme haben sowohl die Funktion der Leistungsmessung als auch die der Lenkung. Folglich werden Sachverhalte beurteilt, erklärt und letztendlich dokumentiert. Hierbei werden Soll-Größen aus der Vergangenheit, festgehalten und Ist-Größen gegenübergestellt, wobei nützliche Informationen gewonnen werden. Unterstützend können auch Branchenwerte als Vergleichsmaßstab herangezogen werden. Die Dokumentation der Kennzahlen erfolgt mittels einer verkürzten Präsentation wichtiger Daten.[225]

3.2.3 Traditionelle Kennzahlensysteme

Kennzeichen traditioneller Kennzahlensysteme ist die Fokussierung auf finanzielle bzw. bilanzielle Kennzahlen. Sie sind meist durch ihren pyramidenförmigen Aufbau sehr übersichtlich, wobei sich die Spitzenkennzahl aus Unterkennzahlen entwickelt und somit eine zielgerichtete Ursachenforschung ermöglicht wird.[226]

3.2.3.1 DuPont-Kennzahlensystem

Das vom amerikanischen Konzern *I.E. DuPont de Nemours & Co.* entwickelte **DuPont-Kennzahlensystem** ist der Ursprung der Kennzahlensysteme, dessen Grundgedanken sich bis heute in vielen anderen Systemen wieder finden. Das System geht auf das Jahr 1919 zurück und wurde erstmals im Jahre 1949 öffentlich zugänglich gemacht. Die DuPont Kennzahlenpyramide, deren Spitzenkennzahl der **Return on Investment** (ROI) ist, wird sukzessiv über mehrere Ebenen hinweg

---

[223] Vgl. Vollmuth, H. J.: Gewinnorientierte Unternehmensführung: Gewinnsicherung mit einem Kennzahlensystem. Sauer, Heidelberg 1987, S. 21f.

[224] Vgl. Reichmann, Th.: Controlling mit Kennzahlen und Managementberichten. 6., überarb. und erw. Aufl., Vahlen, München 2001, S. 29

[225] Vgl. Geiß, W.: Betriebswirtschaftliche Kennzahlen: theoretische Grundlagen einer prob-lemorientierten Kennzahlenanwendung. Lang, Frankfurt 1986, S. 104f.

[226] Vgl. Probst, H.-J.: Kennzahlen leicht gemacht: Welche zählen wirklich?. Redline Wirtschaft, Frankfurt, Wien 2004, S. 34.

aufgespalten.[227] Bei dem DuPont Kennzahlensystem, das Grundlage einer finanzwirtschaftlichen Analyse ist, sind die Kennzahlen mathematisch fest miteinander verknüpft. So lässt sich einfach berechnen, wie sich Kosten- und Preisänderungen auf die Rendite auswirken.[228]

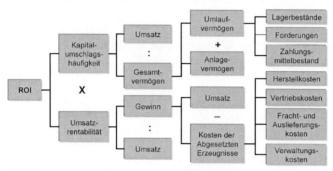

Abbildung 39: DuPont-Kennzahlensystem[229]

Der ROI, „Kapitalrentabilität" oder auch „Ertrag aus investiertem Kapital" genant, gibt die Verzinsung von Eigen- und Fremdkapital an, somit die Verzinsung des gesamten eingesetzten Kapitals. Der ROI wird in die Komponenten Umschlagshäufigkeit und Umsatzrendite mit dem Ziel zerlegt, seine Einflussfaktoren ständig zu überwachen und Wege einer möglichen Verbesserung aufzeigen zu können. Die beiden Komponenten werden wiederum in absolute Größen (nicht in Verhältnisgrößen) weiter unterteilt, bis ihr Zustandekommen hinreichend erklärt ist. Das System verzichtet hierbei gänzlich auf Hilfskennzahlen.[230]

3.2.3.2 Überblick über finanzielle Kennzahlensysteme

Neben dem bekannten DuPont-System gibt es eine Vielzahl weiterer Finanzkennzahlensysteme die sich im Laufe der Zeit daraus entwickelt haben.

Die folgende Tabelle soll einen Überblick über verschiedene Kennzahlensysteme geben und deren charakteristische Merkmale vergleichend aufzeigen.

---

[227] Vgl. Bichler, K.; Gerster, W.; Reuter, R.: Logistik-Controlling mit Benchmarking – Pra-xisbeispiele aus Industrie und Handel. Gabler, Wiesbaden 1994, S. 54.

[228] Vgl. Preißner, A.: Praxiswissen Controlling: Grundlagen - Werkzeuge - Anwendungen. Hanser, Müchen, Wien 1999, S. 181.

[229] Bühner, R.: Betriebswirtschaftliche Organisationslehre. 8. Aufl., Oldenbourg, München, Wien 1996, S. 135.

[230] Vgl. Küting, K.: Kennzahlensysteme in der betrieblichen Praxis. In: Wirtschaftswissenschaftliches Studium o.Jg. (1983) 6, S. 291.

Tabelle 4: Vergleich finanzieller Kennzahlensysteme

Kennzahlensystem	Merkmale
DuPont-Kennzahlensystem	• Spitzenkennzahl „ROI" • Zerlegung in Umsatzrentabilität und Kapitalumschlag • Aufspaltung zur Ertrags- und Aufwandsanalyse
Pyramid Structure of Ratios[231]	• Spitzenkennzahl „ROI" (Anlehnung an DuPont) • besteht aus Folge von logisch verknüpften Fragen und Antworten • dient vorrangig dem zwischenbetrieblichen Vergleich
Ratios au tableau de bord[232]	• Spitzenkennzahl Gewinnrentabilität • Aufbau wie DuPont-Sytem, aber detaillierter
ZVEI-Kennzahlensystem[233] des Betriebswirtschaftlichen Ausschusses des Zentralverbandes der Elektrotechnischen Industrie e.V.	• Aufteilung in Wachstums- und Strukturanalyse • sowohl Analyse- als auch Planungsinstrument
Rentabilitäts-Liquiditäts-System[234] (RL-System)	• Betrachtung von Rentabilität und Liquidität • reines Ordnungssystem ohne mathematische Verknüpfungen

3.2.4   Balanced Scorecard- ein modernes Kennzahlensystem

3.2.4.1 Aufbau der Balanced Scorecard

Kennzahlensysteme werden in der Unternehmenspraxis schon seit vielen Jahren angewendet. Diese traditionellen Ansätze fokussieren jedoch zu einseitig auf finanzielle und vergangenheitsbezogene Kennzahlen. Heutzutage wird eine Vielzahl relevanter Größen zur Unternehmenssteuerung in Betracht gezogen. Auf diese Weise identifizierten Blickwinkel, wie z.B. die Potenzialperspektive, die Prozessperspektive und die Kundenperspektive, je nach Branche oder Spezifikation des Unternehmens gegliedert, werden nachvollziehbar über Ursache-Wirkungsketten mit den finanziellen Zielen verbunden. Ein so entstandenes mehrdimensionales

---

[231] Vgl. Staehle, W. H.: Kennzahlensysteme als Instrumente der Unternehmensführung. In: Wirtschaftswissenschaftliches Studium 2 (1973) 5, S. 222-228.

[232] Vgl. Schott, G.: Kennzahlen: Instrument der Unternehmensführung. 6. Aufl., Forkel, Stuttgart et al. 1991.

[233] Vgl. Betriebswirtschaftlicher Ausschuß [!] des Zentralverbandes der Elektrotechnischen Industrie e.V. (Hrsg.): ZVEI-Kennzahlensystem: Ein Instrument zur Unternehmenssteuerung. 3. Aufl., ZVEI, Frankfurt am Main 1976.

[234] Vgl. Lachnit, L: Das Rentabilitäts-Liquiditäts-(R/L-)Kennzahlensystem als Basis control-linggestützter Managementkonzepte. In: Lachnit, L.; Lange, Chr.; Palloks, M. (Hrsg.): Zukunftsfähiges Controlling: Konzeptionen, Umsetzungen, Praxiserfahrungen. Vahlen, München 1998, S. 42.

Kennzahlensystem entwickelt sich zum Bindeglied der Entwicklung einer Strategie und ihrer Umsetzung.[235]

Als eines der wichtigsten Konzepte moderner Kennzahlen- bzw. Managementsysteme lässt sich an dieser Stelle die Balanced Scorecard nennen. Die **Balanced Scorecard** (BSC), auf Deutsch vielmals übersetzt als „ausgewogener Berichtsbogen", ist ein weltweit vieldiskutiertes Management- und Controllingkonzept, zur mehrdimensionalen, vorwiegend strategischen Planung und Steuerung eines Unternehmens oder Geschäftsbereichs.[236]

Aufgrund immer lauter werdender Kritik an der Eindimensionalität finanzieller Kennzahlensysteme wurde in den USA Anfang der neunziger Jahre durch *Robert S. Kaplan* (Harvard University) und *David P. Norton* (Unternehmensberater) in einer Kooperation mit 12 Vertretern aus der Wirtschaft ein Kennzahlensystem entwickelt, das den gestiegenen Anforderungen der Unternehmen Rechnung tragen sollte. In ihrem Konzept der Balanced Scorecard werden die traditionellen finanziellen Kennzahlen durch eine Kunden-, eine interne Prozess- und des weiteren um eine Lern- und Entwicklungsperspektive ergänzt; vorlaufende Indikatoren bzw. Leistungstreiber werden dabei mit traditionellen Ergebniskennzahlen kombiniert.[237]

In der folgenden Abbildung wird das Konzept der Balanced Scorecard grafisch dargestellt.

---

[235]   Vgl. Morganski, B.: Balanced scorecard: auf dem Weg zum Klassiker. Vahlen, München 2001, S. 241

[236]   Vgl. Gleich, R.: Das System des Performance Management: Theoretisches Grundkonzept, Entwicklung- und Anwendungsstand. Vahlen, München 2001, S. 52

[237]   Vgl. Weber, J.; Schäffer, U.: Balanced Scorecard & Controlling: Implementierung - Nutzen für Manager und Controller - Erfahrungen in deutschen Unternehmen. 2., aktual. Aufl., Gabler, Wiesbaden 2000, S. 2f.

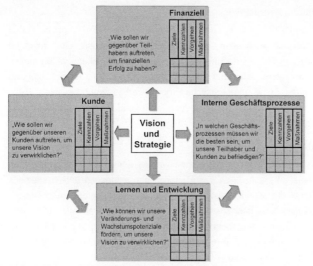

Abbildung 40: Konzept der Balanced Scorecard[238]

Die Balanced Scorecard unterstützt die Umsetzung von Strategien im Unternehmen anhand von ausgewogenen Zielen, Zielwerten, Messgrößen und der Festlegung strategischer Aktionen. Die Kennzahlen sind allerdings nicht alleinige Steuerungsgröße, sondern die Kommunikation im Unternehmen ist auch entscheidend, da die Balanced Scorecard weit mehr als bloß ein neues Kennzahlensystem darstellt. Sowohl Führungskräften, als auch Mitarbeitern aller Hierarchieebenen, will sie die Ausrichtung ihrer Entscheidungen und das operative Handeln entlang der strategischen Ziele des Unternehmens erleichtern.[239]

Mit Hilfe der Balanced Scorecard ist eine bisher nicht existierende Ausgewogenheit hinsichtlich externer und interner, quantitativer und qualitativer Sichtweisen sowie Spät- und Frühindikatoren erreicht worden. Es ist jedoch hervorzuheben, dass es nicht *die* Balanced Scorecard gibt, sondern dass jede ein Unikat darstellt, da die Voraussetzungen in den Unternehmen und in ihrem Umfeld zu unterschiedlich sind.[240]

3.2.4.2 Die vier Perspektiven der Balanced Scorecard

Im Folgenden werden nun die vier Perspektiven der Balanced Scorecard vorgestellt. Etwas detaillierter wird auf die interne Prozessperspektive eingegangen, welche Ansatzpunkte für ein kennzahlenbasiertes Geschäftsprozessmanagement liefert.

---

[238] In Anlehnung an: Kaplan, R.; Norton, D.: Balanced scorecard: Strategien erfolgreich um-setzen. Schäffer-Poeschel, Stuttgart 1997, S. 9.

[239] Vgl. Morganski, B.: Balanced scorecard: auf dem Weg zum Klassiker. Vahlen, München 2001, S. 10f.

[240] Vgl. Morganski, B.: Balanced scorecard: auf dem Weg zum Klassiker. Vahlen, München 2001, S. 241f.

Finanzwirtschaftliche Perspektive:

Da traditionelle Finanzkennzahlen einen Überblick über die wirtschaftlichen Konsequenzen früherer Aktivitäten darstellen, verzichtet auch die Balanced Scorecard nicht auf die finanzwirtschaftliche Perspektive. Finanzkennzahlen stellen Indikatoren dar, die zeigen, ob die Unternehmensstrategie, ihre Umsetzung und Durchführung überhaupt eine grundsätzliche Ergebnisverbesserung bewirken. Meist werden Größen wie **Rentabilität**, Periodengewinn und Umsatzwachstum zur Bewertung herangezogen.[241]

Kundenperspektive:

Die generelle Vision der Kundenzufriedenheit wird in den wettbewerbsrelevanten Markt- und Kundensegmenten durch das Management festgesetzt und in spezielle Leistungskennzahlen der Kundenperspektive, die als repräsentativ für die vom Kunden gewünschten Leistungsmerkmale stehen, umgewandelt. Die drei Hauptkategorien für Kundenansprüche sind **Zeit** (z.B. Dauer bis zur Erfüllung der Abnehmerwünsche), **Qualität** (z.B. Produktqualität aus Kundensicht) und **Preis** (z.B. Preiseinschätzung aus Kundensicht).[242]

Lern- und Entwicklungsperspektive:

In der Lern- und Entwicklungsperspektive steht die Rolle des Mitarbeiters im Mittelpunkt. Um Produkte und Verfahren ständig weiter zu entwickeln und die geforderten Ziele zu verfolgen, müssen die Mitarbeiter ausreichende Wissens- und Könnens-Potentiale aufweisen. Durch eine angestrebte Produktivität und Treue zum Arbeitgeber wird eine gewisse **Mitarbeiterzufriedenheit** aufgebaut. Diese kann durch Weiterbildungsmaßnahmen, ein zufriedenheitsförderndes Arbeitsumfeld oder durch Förderung der Kompetenzen der Mitarbeiter verstärkt werden. Des Weiteren umfasst diese Perspektive die Gestaltung der betrieblichen Informationssysteme sowie die Motivation der Mitarbeiter.[243]

Interne Prozessperspektive:

In der internen Prozessperspektive werden diejenigen Prozesse abgebildet, die von zentraler Bedeutung sind, um die Ziele der finanziellen Perspektive und der Kundenperspektive zu erreichen. Somit ist die Aufmerksamkeit auf jene Abläufe und deren spezifische Maßgrößen zu richten, die maßgeblich zur Befriedigung der Kundenwünsche und der Unternehmenszielerreichung beitragen. Die Darstellung der gesamten Wertschöpfungskette ist dabei sehr hilfreich.[244]

---

[241] Vgl. Kaplan, R.; Norton, D.: Balanced scorecard: Strategien erfolgreich umsetzen. Schäffer-Poeschel, Stuttgart 1997, S. 24.

[242] Vgl. Gleich, R.: Das System des Performance Management: Theoretisches Grundkonzept, Entwicklung- und Anwendungsstand. Vahlen, München 2001, S. 53.

[243] Vgl. Preißner, A.: Praxiswissen Controlling: Grundlagen - Werkzeuge - Anwendungen. Hanser, Müchen, Wien 1999, S. 203f.

[244] Vgl. Weber, J.; Schäffer, U.: Balanced Scorecard & Controlling: Implementierung - Nutzen für Manager und Controller - Erfahrungen in deutschen Unternehmen. 2., aktual. Aufl., Gabler, Wiesbaden 2000, S. 4.

Das Vorgehen in der Geschäftsprozessperspektive, um herauszufinden welche Geschäftsprozesse verändert werden müssen, um die Kunden noch besser zufrieden zu stellen, gliedert sich in die folgenden Phasen:[245]

1. Aufgaben für Innovation, Prozesse und Kundendienst fixieren
2. Kennzahlen definieren
3. Vorgaben für die Kennzahlen festlegen
4. Maßnahmen vereinbaren und umsetzen
5. Zielerreichung kontrollieren

In den meisten Unternehmen wird eine Verbesserung existierender Betriebsprozesse durchgeführt. Bei der Balanced Scorecard definiert das Management eine vollständige Wertschöpfungskette interner Prozesse. Beginnend mit dem Innovations- bzw. **Entwicklungsprozess** findet eine Identifizierung von aktuellen und zukünftigen Kundenwünschen und Entwicklung neuer Lösungen für diese Wünsche statt. Daraufhin folgt der **Betriebsprozess**, in dem Kunden existierende Produkte und Dienstleistungen angeboten werden. Schließlich folgt der **Dienstleistungsprozess**, ein Angebot von Dienstleistungen nach dem Produktkauf, der zum Kundennutzen beiträgt.[246]

3.2.5 Traditionelle versus moderne Kennzahlensysteme

Die traditionellen Finanzkennzahlensysteme besitzen eine Tendenz zur kurzfristigen Gewinnmaximierung und somit zu kurzfristigem Denken. In den Kennzahlensystemen werden Kennzahlen die als wichtig erachtet werden oft vermisst, deshalb kann die Analyse oft nicht sehr tief gehen. Eine Ausrichtung auf finanzielle Zahlen wird daher stark kritisiert.[247] Der Grund dafür ist, dass die Informationen eher für die oberen Führungsebenen gedacht sind und daher auf bereits vorhandene Zahlen des Rechnungswesens zurückgegriffen wird.[248]

Moderne Kennzahlensysteme werden hingegen als strategisches Managementsystem verwendet, womit Unternehmen ihre Strategie langfristig verfolgen und messen können. In der folgenden Tabelle werden die zwei unterschiedlichen Konzepte gegenübergestellt und die grundlegenden Unterschiede hervorgehoben.

---

[245] Vgl. Morganski, B.: Balanced scorecard: auf dem Weg zum Klassiker. Vahlen, München 2001, S. 77.

[246] Vgl. Kaplan, R.; Norton, D.: Balanced scorecard: Strategien erfolgreich umsetzen. Schäffer-Poeschel, Stuttgart 1997, S. 89.

[247] Vgl. Groll, K.-H.: Erfolgssicherung durch Kennzahlensysteme. 3. Aufl., Haufe, Freiburg im Preisgau 1990 S. 35.

[248] Vgl. Gladen, W.: Kennzahlen- und Berichtssysteme: Grundlagen zum Performance Mea-surement. 2. Aufl., Gabler 2003, S. 97.

Tabelle 5: Vergleich traditioneller und moderner Kennzahlensysteme[249]

Traditionelle Kennzahlensysteme	Moderne Kennzahlensysteme
• Monetäre Ausrichtung (vergangenheitsorientiert)	• Kundenausrichtung (zukunftsorientiert)
• Begrenzt flexibel; ein System deckt interne und externe Informationsinteressen ab	• Aus den operativen Steuerungserfordernissen abgeleitete hohe Flexibilität
• Einsatz in erster Linie zur Überprüfung des Erreichungsgrads finanzieller Ziele	• Überprüfung des Strategieumsetzungsgrads; Impulsgeber zur weiteren Prozessverbesserung
• Kostenreduzierung	
• Vertikale Berichtsstruktur	• Leistungsverbesserung
• Fragmentiert	• Horizontale Berichtsstruktur
• Kosten, Ergebnisse und Qualität werden isoliert betrachtet	• Integriert
• Individuelles Lernen	• Qualität, Auslieferung, Kosten und Zeit werden simuliert betrachtet
• Unzureichende Abweichungsanalyse	• Lernen der gesamten Organisation
• Individuelle Leistungsanreize	• Abweichungen werden direkt zugeordnet (Bereich, Person)
	• Team-/Gruppenbezogene Leistungsanreize

3.3 Grenzen von Kennzahlen und Kennzahlensystemen

Kennzahlensysteme werden immer wieder auf Grund verschiedener Gesichtspunkte kritisch beurteilt. Zusammenfassend wird nun auf häufig genannte Grenzen und Gefahren von Kennzahlen und Kennzahlensystemen eingegangen

Überfluss an Kennzahlen:

In der Vergangenheit haben viele Unternehmen bei der Entwicklung von Kennzahlensystemen übertrieben, da aufgrund einfacher Berechnung von Kennzahlen, sich der Einsatz ohne Hinderung auf fast alle Bereiche ausweitete. Als Problem stellte sich heraus, dass Auswertungen und mögliche Gegensteuerungsmaßnahmen nicht mehr vollzogen werden konnten. Je mehr Kennzahlen es gibt, desto mehr Widersprüche treten auf, so dass es kaum möglich ist sämtliche Kennzahlen gleichzeitig zu optimieren.[250] So darf nicht vergessen werden, dass der Aussagewert einzeln betrachteter Kennzahlen begrenzt ist.[251]

---

[249]   In Anlehnung an: Klingebiel, N.: Performance Management. In: Zeitschrift für Planung 9 (1998) 1, S. 10.

[250]   Vgl. Preißner, A.: Praxiswissen Controlling: Grundlagen - Werkzeuge - Anwendungen. Hanser, Müchen, Wien 1999, S. 178.

[251]   Vgl. BIFOA-Forschungsgruppe MAWI (Hrsg.): Kennzahlenhandbuch der Materialwirtschaft. Köln, Universität Köln, 1980, S. 20f..

Finanzielle Kennzahlen:

Erfolgsorientierte Zielgrößen sind hoch aggregiert und stellen speziell bei traditionellen Kennzahlensystemen meist nur monetäre Größen dar. Kritische Erfolgsfaktoren wie Zeit und Qualität finden keine Berücksichtigung. Die Ursachen von Erfolgsabweichungen sind nicht erkennbar. Es ist somit nicht möglich, exogen bedingte Abweichungen von endogen verursachten zu trennen.[252]

Vergangenheitsorientierung von Erfolgsgrößen:

Die meisten Kennzahlen beschränken sich auf vergangenheitsorientierte Daten.[253] Der steigende Anteil fixer Kosten an den Unternehmungskosten, die Verkürzung der Produktlebenszyklen und die zunehmende Bedeutung immaterieller Vermögenswerte führen dazu, dass der Erfolg einer Periode größtenteils nicht durch Entscheidungen der laufenden Periode, sondern durch die Entscheidungen früherer Perioden bestimmt wird. Werden Zielabweichungen festgestellt, sind die Handlungsspielräume bereits so weit eingeschränkt, dass den festgestellten Fehlentwicklungen nicht mehr entgegengewirkt werden kann.[254]

Zielkonflikte:

Besondere Schwierigkeiten bei der Erstellung eines Zielsystems, und damit einhergehend eines Kennzahlensystems, bereitet die Lösung der Zielkonflikte. Wenn ein Kennzahlensystem als Zielsystem vorgegeben wird, ist stets zu prüfen, ob es keine Widersprüche enthält, weil die angestrebten Erreichungsgrade der verschiedenen Ziele nicht gleichzeitig realisierbar sind. Für die Vorgabe von Kennzahlensystemen bekommt die Festlegung von Anspruchniveaus eine besondere Bedeutung, weil sie ein isoliertes Handeln der verschiedenen Instanzen ermöglicht. Sofern jeder Bereich das vorgegebene Mindest- oder Höchstniveau seines Ziels einhält, ist eine ausreichende Koordination und befriedigende Gesamtzielerreichung zu erwarten.[255]

Fehlende Strategieorientierung:

Erfolgsorientierte Kennzahlen eignen sich nicht zur Beschreibung der verfolgten Unternehmungs- oder Geschäftsfeldstrategie. Sie sind damit nicht in der Lage, die Umsetzung von Strategien zu unterstützen und motivieren nicht zur Umsetzung der Strategien, sondern vielmehr zur Optimierung des kurzfristigen Periodenerfolgs.

---

[252] Vgl. Kaplan, R.: Atkinson, A.: Advanced Management Accounting. 3. Aufl., Upper Saddle River, New York 1997, S. 300f.

[253] Vgl. Weber, J.: Logistik- und Supply Chain Controlling. 5., aktual. und völlig überarb. Aufl., Schäffer-Poeschel, Stuttgart 2002, S. 219.

[254] Vgl. Johnson, Th.; Kaplan, R.: Relevance Lost. Harvard Business School Press, Boston 1987, S. 254.

[255] Vgl. Zwicker, E.: Möglichkeiten und Grenzen der betrieblichen Planung mit Hilfe von Kennzahlen. In: Zeitschrift für Betriebswirtschaft 46 (1976) 46, S. 228.

Schließlich bilden sie keine Grundlage für strategische Kontrollen und sollten um nicht monetäre Zielgrößen erweitert werden.[256]

Strukturbrüche bei Zeitvergleichen:

Durch Zahlenwerte der gerade abgelaufenen Periode und durch entsprechende Zahlen weiter zurückliegender Perioden kann man Zeitvergleiche beobachten und analysieren um Rückschlüsse auf langfristige Entwicklungen und Veränderungen zu schließen. Bei einer Durchführung von Zeitvergleichen sind so genannte Strukturbrüche zu berücksichtigen oder gegebenenfalls zu bereinigen. Diese ergeben sich aus herausragenden, häufig einmalig eingetretenen Ereignissen die eine Vergleichbarkeit mit zeitlich zurückliegenden Werten kaum oder nur schwer zu lassen. Dies kann z.B. nach einer Fusion oder Übernahme der Fall sein.[257]

3.4 Diskrete Fertigung

In diesem Kapitel wird nun auf die diskrete Fertigung eingegangen. Aufgrund ihrer Komplexität der diskreten Fertigung kann im Rahmen dieser Arbeit nur eine Branche näher betrachtet werden. In diesem Fall wird detailliert auf den Maschinen- und Anlagenbau eingegangen und insbesondere auf dessen Ausprägungform des Anlagen- und Sondermaschinenbaus.

3.4.1 Beschreibung der diskreten Fertigung

In vielen industrialisierten Ländern, so auch in Deutschland, ist in den letzen Jahren festzustellen, dass der Anteil der produzierenden Industrie am Bruttosozialprodukt stetig zugunsten des tertiären Sektors, der Dienstleistungsbranche, abnimmt. Nach wie vor ist jedoch die produzierende Industrie einer der wichtigsten Wertschöpfungsbereiche der deutschen Wirtschaft. Eine wesentliche Säule der produzierenden Industrie stellt dabei die diskrete Fertigung dar, die aus den zwei Branchen **Automobilindustrie** und **Investitionsgüterindustrie** (Maschinen- und Anlagenbau) besteht.[258] Die beiden Industriezweige gehören mit zusammen 1.629.000 Beschäftigten und einem Umsatz von 385 Mrd. Euro pro Jahr zu den Schlüsselsektoren der deutschen Wirtschaft. Gemeinsam sind sie allein für ein Exportvolumen von 261 Mrd. Euro und mit einem Außenhandelsüberschuss von 156 Mrd. sind sie für den Exportweltmeister-Status Deutschland verantwortlich. Deutschland bildet mit beiden Industrien den innovativen Kern eines globalen

---

[256] Vgl. Kaplan, R.; Norton, D.: Balanced scorecard: Strategien erfolgreich umsetzen. Schäffer-Poeschel, Stuttgart 1997, S. 13.

[257] Vgl. Graumann, M.: Controlling: Begriff, Elemente, Methoden und Schnittstellen. IDW, Düsseldorf 2003, S. 208.

[258] Vgl. Stegmüller, W.: Einleitung: Diskrete Fertigung. In: Scheer, A.-W. et al. (Hrsg.): Innovation durch Geschäftsprozessmanagement. Springer, Berlin et al. 2004, S. 171.

Produktionsverbunds, der weltweit agierende Großunternehmen genauso umfasst wie vor allem eine große Anzahl kleiner und mittelständischer Unternehmen.[259]

Im Zusammenhang mit dem Begriff der diskreten Fertigung soll erwähnt sein, dass **diskret** im mathematischen und physikalischen Sprachgebrauch ein Synonym für „nicht zusammenhängend, vereinzelt, gesondert, unstetig"[260] ist. Die diskrete Fertigung beschäftigt sich daher mit der Produktion von Stückgut das eine technische Funktion bzw. Aufgabe besitzt.

Im Weiteren wird nun aus Komplexitätsgründen der Maschinen- und Anlagenbau als Vertreter der diskreten Fertigung näher betrachtet.

3.4.2 Maschinen- und Anlagenbau

3.4.2.1 Aktuelle Lage im Maschinen- und Anlagenbau

Als größter industrieller Arbeitgeber, führende Exportbranche und oft wichtigster Partner in der Entwicklung und Umsetzung von Innovationen besitzt der Maschinen- und Anlagenbau quantitativ und qualitativ eine Schlüsselstellung in der deutschen Wirtschaft. Gemessen an den rund 6.000 Unternehmen und 858.000 Beschäftigten ist er die größte Branche Deutschlands vor der Elektrotechnik und dem Straßenfahrzeugbau.[261]

Der Export bestimmt mit 71 % des Maschinenumsatzes das Geschäft des deutschen Maschinen- und Anlagenbaus entscheidend. In 2004 sind die Maschinenexporte um real 10 % gestiegen und lagen bei 96,8 Mrd. €. Der Maschinenhandelsüberschuss lag 2004 bei 63 Mrd. EUR.[262] Für das Jahr 2005 wird eine Plusrate von 4 % im Maschinenbau erwartet. Der Wachstumsbeitrag kommt aus dem Ausland, das Inlandsgeschäft hat stagniert. Für 2006 wird mit einem realen Plus in Höhe von 2 % gerechnet. Die Maschinenproduktion bleibt auf **Wachstumskurs** trotz schrumpfender Wachstumsraten.[263] Die folgende Abbildung zeigt die Auftragseingangslage im Maschinen- und Anlagenbau der letzten Jahre.

---

[259]   Vgl. VDA;VDMA (Hrsg.): Gemeinsame Anliegen von VDA und VDMA zur Tarifrunde 2006 in der Metallindustrie.http://www.vdma.org/ilwwcm/resources/file/eb8501048fe5049/Gemeinsame%20Anliegen%20von%20VDA%20und%20VDMA.pdf. 2005-12-14, Abruf am 2006-01-08, S. 1.

[260]   Wahrig, G. (Hrsg.): Deutsches Wörterbuch. Bertelsmann Lexikon, Gütersloh 1991.

[261]   Vgl. VDMA (Hrsg.): Maschinenbau 2005 in Zahl und Bild. VDMA, Frankfurt 2005, S. 6.

[262]   Vgl. VDMA (Hrsg.): Maschinenbau 2005 in Zahl und Bild. VDMA, Frankfurt 2005, S. 13; 16.

[263]   Vgl. Wiechers, R.; Wortmann, O.: Drittes Wachstumsjahr in Folge. In: VDMA Nachrich-ten o. Jg. (2006) 02, S. 42.

preis- und saisonbereinigt, glatte Komponente, Index Umsatz 2000 = 100

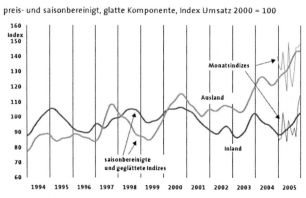

Abbildung 41: Auftragseingang im Maschinen- und Anlagenbau[264]

3.4.2.2 Angebotsvielfalt des Maschinen- und Anlagenbaus

Mit dem Begriff der **Investitionsgüter**, oft auch als Capital Goods bezeichnet, beschreibt sich die Branche des Maschinen- und Anlagenbaus sehr gut selbst, da das Merkmal dieser Branche in der Erzeugung und Lieferung von Gütern besteht, die eine Investition für das Unternehmen darstellen. Im Gegensatz zu einer Investition in Geld, werden durch Investition in handfeste, greifbare Güter, Investitionsgüter geschaffen, die zur „ständigen Weiterveredlung" innerhalb eines Industriebetriebs genutzt werden. Der Großteil der Investitionsgüterindustrie befindet sich innerhalb eines sehr komplexen Investitionsprozesses. Somit stehen nur wenige Unternehmen am Anfang oder Ende dieser unternehmensübergreifenden Wertschöpfungskette.[265]

Die Angebotsvielfalt des deutschen Maschinen- und Anlagenbaus ist mit etwa 20.000 typisierten Produkten weltweit einmalig.[266] Grob können die verschieden Produkte nach dem Grad ihrer Produktkomplexität und dem Grad der Komplexität der Vertriebs- und Abwicklungsprozesse gegliedert werden. Die produktspezifischen Prozesse werden in Pick-to-Order, Assemble-to-Order, Make-to-Order und Engineer-to-Order unterschieden, siehe folgende Abbildung.

---

[264]   VDMA (Hrsg.): Auftragseingang im Maschinenbau. http://www.vdma.org/ilww cm/resouces/file/eb10f4025682699/060201_AE_Dezember_d.pdf, Abruf am 2006-02-25.

[265]   Vgl. Schmid-Vogt, W.; Mayer, J.: Vom Investitionsgut zum gesamtheitlichen Produkt- und Service Life Cycle. In: Scheer, A.-W. et al. (Hrsg.): Innovation durch Geschäftsprozessmanagement. Springer, Berlin et al. 2004, S.174.

[266]   Vgl. Wüpping, J.: Wenn der Standard zur Ausnahme wird. In: VDMA Nachrichten o. Jg. (2006) 01, S. 55.

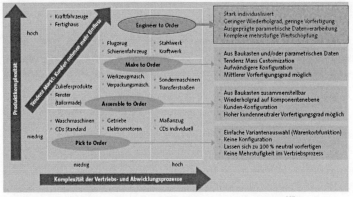

Abbildung 42: Angebotsvielfalt des Maschinen- und Anlagenbaus[267]

Im weiteren Verlauf wird speziell auf den Bereich des Anlagen- und Sondermaschinenbaus eingegangen, da dieser einen typischen Auftragsfertiger darstellt. Gerade solche kundenspezifischen Aufträge, die dem Engineer-to-Order Prozess folgen, werden zukünftig auch in anderen Produktionsunternehmen, wie in der Automobilindustrie, an Bedeutung zunehmen, da der Markt immer mehr Flexibilität von den Unternehmen erwartet.

3.4.2.3 Anlagen- und Sondermaschinenbau

Gerade die Unternehmen im Großanlagenbau verbuchten im Zeitraum von Juli 2004 bis Juli 2005 einen historischen Rekord von 19,1 Mrd. € bei den Auftragseingängen, welches den höchsten nominalen Auftragseingang darstellte. Im Vergleich zum Vorjahr ist dies ein Anstieg von 10 % oder 1,7 Mrd. €. Allein das Auftragsvolumen aus dem Ausland betrug 15,6 Mrd. €. Besonders gefragt waren bei diesen Kunden vor allem Kraftwerke, Hütten- und Walzwerke sowie Chemieanlagen. Insgesamt ist die Branche auch für 2006 optimistisch gestimmt. Die Mehrzahl der Firmen rechnet mit einer weiterhin guten Auftragslage, allerdings mit einer leicht rückläufigen Tendenz.[268]

Die Betriebswirtschaftslehre beschäftigt sich schon lange mit der Typisierung von Produktionsunternehmen. Anhand von Merkmalsausprägungen wie z.B. der Auftragsauslösungsart, des Erzeugnisspektrums, der Erzeugnisstruktur, der Bevorratung und der Fertigungsart, kann ein Produktionsunternehmen, in einem so

---

[267]   i.A. an: Wüpping, J.: Wenn der Standard zur Ausnahme wird. In: VDMA Nachrichten o. Jg. (2006) 01, S. 56.

[268]   Vgl. Gottwald, K.: Großanlagenbau erzielt Auftragsrekord. In: VDMA Nachrichten o. Jg. (2005) 12, S. 46.

genannten **morphologischen Kasten**, klassifiziert werden.[269] In diesem werden die charakteristischen Merkmalsausprägungen dieser Branche hervorgehoben.

Der Anlagen- und Sondermaschinenbau ist ein typischer Fall eines **Auftragsfertigers**. Im Unterschied zur Lagerfertigung besticht diese Form der Leistungserstellung dadurch, dass die wesentlichen Produktmerkmale über die Anforderungen und Wünsche eines Kunden festgelegt werden. Der Kundenauftrag mit seinen näheren Produktspezifikationen gibt den Anstoß zur Leistungserstellung. Dies entspricht der modernen Sichtweise des „One-to-one-Marketing", da die Produkte kundenspezifisch gestaltet und verkauft werden.[270]

Diese Form der **Einzelfertigung** oder Sonderanfertigung bezieht sich auf eine einmalige Fertigung, wenn nur eine Mengeneinheit einer Produktart innerhalb eines Planungszeitraums hergestellt wird. Die zu fertigenden Produkteigenschaften richten sich nach individuellen Kundenwünschen. Für jede Kundenbestellung müssen dementsprechend neue Konstruktionspläne, Mengen, Terminpläne und Stücklisten erstellt werden.[271] Gerade bei kundenbezogener Auftragsfertigung existieren im Voraus noch keine fertigen Stücklisten und Arbeitspläne. Dies bedeutet, dass diese Informationen in der Einzelfertigung lange Zeit im Dunkeln bleiben, da bis zu 90 % des Bedarfsmaterials erst während der Konstruktion entsteht.[272] Das Unternehmen produziert somit aufgrund direkter Bestellungen seiner Kunden, wobei der Umfang des Kundenauftrags variieren kann. Typisches Merkmal der kundenbezogenen Produktion ist die Lösung von Kundenproblemen, d.h. die Ansprüche der Auftraggeber bestimmen das Produktionsprogramm und die Erzeugnisstruktur.[273]

Die Konfigurationen des Anlagen- und des Sondermaschinenbaus ist gekennzeichnet durch den **geringen Standardisierungsgrad**. Obwohl die meisten Anlagen und Sondermaschinen modularisiert aufgebaut sind und die Produktionsunternehmen oft Aufträge mit ähnlichen Anforderungsprofilen abwickeln, sind die einzelnen Anlagen und Maschinen fast immer auf die besonderen Kundenbedürfnisse zugeschnitten und müssen somit in kundenspezifischer Einzelfertigung hergestellt werden.[274] Aufgrund der Einmaligkeit einer Anlage oder einer Sondermaschine ergibt sich von selbst eine kundenbezogenen Auftragsabwicklung. Da oft an einzelnen Elementen noch konstruktive Änderungen während des Auftragsabwicklungsprozesses vorgenommen werden müssen,

---

[269] Vgl. Kurbel, K.: Produktionsplanung und -steuerung: Methodische Grundlagen von PPS-Systemen und Erweiterungen. 5. Aufl., Oldenbourg, München, Wien 2003, S. 32.

[270] Vgl. Töpfer, A.: Betriebswirtschaftslehre: Anwendungs- und prozessorientierte Grundlagen. Springer, Berlin et al. 2005, S. 481.

[271] Vgl. Fandel, G.; François, P.; Gubitz, K.-M.: PPS- und integrierte betriebliche Softwaresysteme: Grundlagen, Methoden, Marktanalyse. 2. Aufl., Springer, Berlin et al. 1997, S. 42.

[272] Vgl. Schmidt, P.-G.: Mit ERP die Kapazitäten mittelfristig planen. In: VDMA Nachrich-ten o. Jg. (2005) 05, S. 60.

[273] Vgl. Jacob, H.: Die Planung des Produktions- und Absatzprogramms. In: Jacob, H. (Hrsg.): Industriebetriebslehre. 4. Aufl., Gabler 1990, S. 540f.

[274] Vgl. Hay, P. H.: Allgemeine Kennzeichnung von Projekten des Anlagenbaus. In: Höffken, E.; Schweitzer, M. (Hrsg.): Beiträge zur Betriebswirtschaft des Anlagenbaus. Handelsblatt, Düsseldorf 1991, S. 8f..

gestaltet sich dieser als sehr komplex. Dieser wird durch den spezifischen Kunden konkret beeinflusst, im Gegensatz zur Massenproduktion, wo die Lenkungsgröße der anonyme Markt ist.[275]

Im nachfolgenden Kapitel wird für solch einen Auftragsfertiger ein prozessorientiertes Kennzahlensystem, bezogen auf die vollständige Abwicklung eines Kundenauftragsabwicklungsprozesses, erstellt und detailliert beschrieben.

3.5 Konzeption eines prozessorientierten Kennzahlensystems für die diskrete Fertigung

In diesem Kapitel wird nun aus den Erkenntnissen der betriebswirtschaftlichen Literatur und Erfahrungen aus der Praxis des Maschinen- und Anlagenbaus ein prozessorientiertes Kennzahlensystem erstellt. Alle Teilprozesse des Auftragsabwicklungsprozesses werden durchleuchtet und mit Prozesskennzahlen und Branchenwerten beurteilt.

3.5.1 Vorgehensweise zur Erstellung eines prozessorientierten Kennzahlensystems

In der einschlägigen betriebswirtschaftlichen Literatur existiert bis jetzt kein Kennzahlensystem, das sich mit der Zuordnung von branchenspezifischen Kennzahlen zu den jeweiligen Teilprozessen eines Auftrags-abwicklungsprozesses in der diskreten Fertigung beschäftigt hat. Es gibt zwar eine Vielzahl von Kennzahlen die man in der einschlägigen Literatur findet, jedoch beziehen sich diese meist auf vergangenheitsorientierte Finanzkennzahlen. Andere Kennzahlensammlungen, wie die von *Aichele*, sind hingegen viel zu umfangreich und darüber hinaus nicht in einzelne typische Branchenkennzahlen gegliedert.

Aufgrund des Nicht-Vorhandenseins eines prozessorientierten Kennzahlensystems für den Maschinen- und Anlagenbau, dessen Inhalt sich mit der Zuordnung und Bewertung von branchentypischen Kennzahlen für die Auftragsabwicklung und deren Teilprozesse beschäftigt, wurde hiermit ein neues übersichtliches Kennzahlensystem entwickelt.

Das charakteristische an dem entwickelten Kennzahlensystem ist, dass ausgehend von einer Fülle von bestehenden Kennzahlen, diejenigen Kennzahlen für die kritischen Teilprozesse einer Auftragsabwicklung bei einem Auftragsfertiger im Maschinen- und Anlagenbau ausgewählt wurden, die einen schnellen Überblick über die aktuelle Lage des Unternehmens wiedergeben können.

---

[275]   Vgl. Lüling, H.: Produktentwicklung im Anlagenbau. Diss., St. Gallen 1997, S. 54.

Schematisch wird die Vorgehensweise der Konzeption des Kennzahlensystems in der folgenden Abbildung dargestellt. Diese Abbildung soll verdeutlichen, dass nur die wichtigen Kennzahlen den einzelnen Kernprozessen auf Wertschöpfungsketten-Ebene zugeordnet werden.

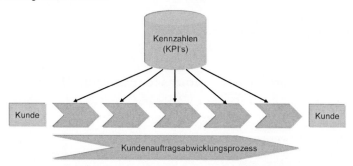

Abbildung 43: Erstellung eines prozessorientierten Kennzahlensystems

Das entwickelte Konzept eines prozessorientierten Kennzahlensystems wurde durch Ausführung der folgenden Vorgehensschritte erstellt:

1. Auswahl des zu betrachteten Kundenauftragsabwicklungsprozesses

2. Bestimmung und Analyse jedes einzelnen Teilprozesses

3. Literaturrecherche nach prozessorientierten Kennzahlen

4. Zuordnung der Kennzahlen zu den jeweiligen Teilprozessen

5. Einteilung der Kennzahlen in die Kategorien Zeit, Qualität und Kosten

6. Priorisierung der Kennzahlen durch Unternehmensberater in der diskreten Fertigung

7. Konsolidierung der kritischen Kennzahlen aufgrund neuer Erkenntnisse

8. Erstellung von Kennzahlenbäumen aller Teilprozesse

9. Recherche nach Branchenwerten für hochpriorisierte Kennzahlen

10. Konsolidierung der branchenbezogenen Kennzahlenwerte

Da der Umfang der gesammelten Kennzahlen, deren Definitionen, deren Priorisierung und deren Literaturquellen recht hoch ist, sind im Anhang ausführliche Darstellungen zu allen 109 Kennzahlen der Teilprozesse tabellarisch dargestellt. Aufgrund der Vielzahl der festgehaltenen Prozesskennzahlen kann im Folgenden nur auf einige wenige im Detail eingegangen werden.

Zunächst wird nun auf die Standard-Prozessleistungsparameter Zeit, Qualität und Kosten und zusätzlich auf den sich ergebenden Kundennutzen eingegangen, da das Kennzahlensystem nach diesen drei Dimensionen gegliedert wurde.

3.5.2 Standard-Prozessleistungsparameter

Die Prozessorientierung macht es heutzutage möglich, Prozessverbesserungen in allen drei Dimensionen Zeit, Qualität und Kosten durchzuführen. Diese drei Zielgrößen die als Prozessleistungsparameter eingesetzt werden, stehen sich grundsätzlich als zieldivergent gegenüber. In der Literatur werden diese drei Leistungsparameter als „**magisches Dreieck**" bezeichnet.[276] Versucht man, eine der Zielgrößen zu maximieren, werden die Erfüllungsgrade der beiden anderen in der Regel deutlich schlechter. Mit Hilfe eines ganzheitlichen, prozessorientierten Ansatzes lässt sich jedoch ein Gesamtoptimum ermitteln. Hierzu ist es erforderlich, alle Zielgrößen in einem gemeinsamen Modell abzubilden und bezüglich ihrer Relevanz zu gewichten bzw. zu priorisieren.[277]

In der heutigen Zeit wird ein Unternehmen nur dann langfristig bestehen können, wenn es ihm gelingt, eine Verringerung der Durchlauf- und Innovationszeit bei erhöhter Qualität aus Kundensicht und gleichzeitiger Kostenreduzierung zu erreichen. Wenn die Unternehmen im Wettbewerb bestehen wollen, müssen diese sich an den Führenden der Branche orientieren. Die folgende Abbildung stellt die Unterschiede zwischen den durchschnittlichen Unternehmen und den Weltklasseunternehmen im Maschinen- und Anlagenbau bzgl. der Faktoren Kosten, Entwicklungszeit und Qualität dar.

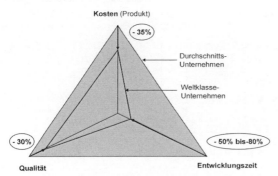

Abbildung 44: Magisches Dreieck im Maschinen- und Anlagenbau[278]

Im Maschinen- und Anlagenbau unterscheiden sich die Spitzenunternehmen von den Durchschnittsunternehmen darin, dass sie im Bereich der Entwicklungszeit einen sehr großen Vorsprung gegenüber ihren durchschnittlichen Konkurrenten besitzen. Gerade dieser Abstand zwischen den Unternehmen des Maschinen- und

276 Vgl. Derszteler, G.: Prozeßmanagement [!] auf Basis von Workflow-Systemen. Josef Eul, Köln 2000, S. 3..
277 Vgl. Eversheim, W.: Prozessorientierte Unternehmensorganisation: Konzepte und Metho-den zur Gestaltung "schlanker" Organisationen. Springer, Berlin et al. 1995, S. 27.
278 In Anlehnung an: Rommel, G. et al.: Einfach überlegen – Das Unternehmenskonzept, das die Schlanken schlank und die Schnellen schnell macht. Schöffer-Poeschel, Stuttgart 1993, S. 77.

Anlagenbaus zeigt die hohe Leistungsfähigkeit und Effizienz der Spitzenunternehmen auch gegenüber anderen Branchen.[279]

Unter der Grobgliederung der Standardkennzahlen Zeit, Qualität und Kosten verbirgt sich eine Vielzahl von Kennzahlen die den jeweiligen Gruppen zugeordnet werden können. Darüber hinaus darf nicht unbeachtet bleiben, dass die verschiedenen Kennzahlen untereinander eine Beziehung haben, welche sich sowohl positiv als auch negativ auf die Kennzahlenwerte auswirken können.

Um dies zu verdeutlichen ist in der folgenden Abbildung ein **Wirkungsnetzwerk** von gängigen Kennzahlen abgebildet. Ändert sich nur ein Wert einer Kennzahl, kann dies eine Kettenreaktion auslösen, so dass sich eine Vielzahl von Kennzahlenwerten der eigentlich nicht direkt betroffenen Kennzahlen verändern kann.

Die Abbildung lässt allerdings keine Rückschlüsse auf die Wirkungsintensitäten der einzelnen Kennzahlen zu. Für ein Unternehmen wäre es interessant zu wissen welche Änderung einer Kennzahl welche Wirkungen auslöst.

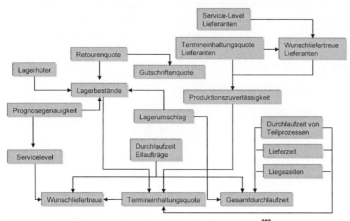

Abbildung 45: Wirkungsnetzwerk von Standardkennzahlen[280]

3.5.2.1 Zeit als Leistungsparameter

Zieht man den Prozessleistungsparameter **Zeit** in Betracht, werden Fragen aufgeworfen wie z.B. „Wie schnell werden die Kundenwünsche befriedigt?" oder „Wie gut werden vereinbarte Termine eingehalten?".

Durchlaufzeiten spielen im Hinblick auch auf die anderen Ziele Qualität und Kosten eine wichtige Rolle. Häufig wird die Verkürzung der Durchlaufzeit als Ziel genannt.

---

[279]   Vgl. Töpfer, A.; Mann, A.: Benchmarking: Lernen von den Besten. In: Töpfer, A. (Hrsg.): Benchmarking: Der Weg zu Best Practice. Springer, Belin et al. 1997, S. 34..
[280]   In Anlehnung an: Muschter, S.: IS-gestütztes Prozessmanagement. Diss., St. Gallen 1998, S. 335.

Dies lässt sich auf das Problem der Ablaufsteuerung zurückführen, das darin liegt, dass die Teilprozesse so angestoßen und den Bearbeitern zugeordnet werden müssen, dass die Prozessdurchlaufzeit unter Berücksichtigung weiterer Faktoren möglichst gering bleibt.[281] Die Reduzierung der Durchlaufzeit trägt neben kürzeren Lieferzeiten auch zur Verringerung der Bestände und damit auch des gebundenen Kapitals bei.[282]

Zeitziele sind beispielsweise die folgenden:[283]

- Minimierung der durchschnittlichen Durchlaufzeiten

- Minimierung der Wartezeiten (Liegezeiten) aller Aufträge

- Maximierung der Kapazitätsauslastung

- Minimierung der Stillstandszeiten aller/ ausgewählter Betriebsmittel

- Minimierung der Terminüberschreitungen (Termintreue)

Häufen sich Terminüberschreitungen, wird oft der Schluss gezogen, dass die geplanten Durchlaufzeiten wohl zu niedrig angesetzt sein müssen, und man erhöht den Wert der zukünftig geplanten Durchlaufzeiten. Dies hat zur Folge, dass die Aufträge früher freigegeben werden und somit früher in die Fertigung gelangen. Dies führt zu einer rechnerischen Erhöhung des Kapazitätsbedarfs an den Betriebsmitteln bzw. zu einer Verlängerung der Auftragswarteschlangen. Die Umlaufbestände in der Fertigung steigen und damit verbunden auch die Lagerbestände. Längere Warteschlangen führen zu längeren Ist-Durchlaufzeiten und schlechterer Termintreue womit sich der Kreis wieder schließt. Um den heutigen Anforderungen gerecht zu werden, müssen moderne PPS-Systeme folglich die zeitwirtschaftlichen Aspekte besonders gut unterstützen.[284]

3.5.2.2 Qualität als Leistungsparameter

Zieht man den Prozessleistungsparameter **Qualität** in Betracht, werden Fragen wie z.B. "Wie gut werden die Kundenanforderungen und -erwartungen erfüllt?" oder „Wie fehlerfrei werden die Kundenleistungen bereitgestellt?" aufgeworfen.

Qualität ist „die Fähigkeit beziehungsweise das Vermögen eines Produktes, Systems oder Prozesses, mit der Gesamtheit der darin enthaltenen Merkmale die Anforderungen der Kunden oder anderer Adressaten zu erfüllen".[285] Qualität ist demnach prozess- und kundenorientiert ausgerichtet.

---

[281] Vgl. Gehring, H: Betriebliche Anwendungssysteme: Integrierte betriebliche Informations-verarbeitung. Universität Hagen, Hagen 1996, S. 46.

[282] Vgl. Hering, E.; Triemel, J. (Hrsg.): CAQ im TQM: rechnergestütztes Qualitätsmanage-ment. Vieweg, Wiesbaden 1996, S. 60.

[283] Vgl. Kurbel, K.: Produktionsplanung und -steuerung: Methodische Grundlagen von PPS-Systemen und Erweiterungen. 5. Aufl., Oldenbourg, München, Wien 2003, S. 20.

[284] Vgl. Kurbel, K.: Produktionsplanung und -steuerung: Methodische Grundlagen von PPS-Systemen und Erweiterungen. 5. Aufl., Oldenbourg, München, Wien 2003, S. 23.

[285] DIN EN ISO 9000:2000

Qualität unterscheidet man nach mehreren Dimensionen:[286]

- **Qualität ersten Grades**: Qualität des physischen Produktes/ Dienstleistung, die der Kunde direkt beurteilen kann

- **Qualität zweiten Grades**: Qualität der Kommunikation, des Service und der Betreuung, die der Kunde ebenfalls bewerten kann

- Qualität der internen Fertigung, die sich auf das Material, die Technologie und die direkte Wertschöpfung bezieht

- Qualität aller internen Prozesse, insbesondere auch aller indirekten unterstützenden Prozesse

- Qualität des Managements und der Mitarbeiter

Je später Qualitätsdefizite im Wertschöpfungsprozess entdeckt werden, desto kostenintensiver und aufwendiger wird ihre Beseitigung. Dies nennt man eine progressive Fehlerauswirkung. Erfahrungswerte belegen, dass jede weitere Wertschöpfungsstufe, bei der Fehler nicht entdeckt werden, einen Kostenzuwachs von Fehlerbeseitigungskosten mit dem Faktor 10 bewirkt.[287]

Die Qualität der dem Kunden gegenüber erbrachten Leistungen soll durch Reduktion von Prozessfehlern verbessert werden. Durch einen permanenten Abgleich von tatsächlich ausgeführten Prozessen mit den bestehenden Sollergebnissen der Prozessmodelle, unterstützt durch das Prozesscontrolling, wird die in den Prozessmodellen definierte Leistungsqualität sichergestellt.[288]

3.5.2.3 Kosten als Leistungsparameter

Zieht man den Prozessleistungsparameter **Kosten** in Betracht, wird man mit der häufigen Frage konfrontiert „Welche Kosten bzw. welcher Ressourcenaufwand werden für die Erstellung der Kundenleistung benötigt?".

Die Prozesskostenrechnung basiert auf dem Prinzip der Segmentierung der Geschäftsprozesse in elementare Teilprozesse. Für die entstandenen Teilprozesse werden durchschnittliche Kosten, die bei einmaliger Durchführung des Teilprozesses (**Prozessinstanz**) anfallen, ermittelt. Bewertete Prozessmodelle stellen demnach die Informationsbasis für die Darstellung und Berechnung der Prozesskosten dar. Um die Kosten des gesamten Geschäftsprozesses zu ermitteln wird das Prinzip der Verrechnungssatzkalkulation herangezogen.[289] Das Ziel der Prozesskostenreduktion stellt die Quantifizierung anderer Ziele wie der Zeit und der Qualität, z.B. die Verkürzung der Durchlaufzeiten oder die Erhöhung der Produktivität und Auslastung,

---

[286] Vgl. Töpfer, A.: Betriebswirtschaftslehre: Anwendungs- und prozessorientierte Grundlagen. Springer, Berlin et al. 2005, S. 906.

[287] Vgl. Töpfer, A.: Betriebswirtschaftslehre: Anwendungs- und prozessorientierte Grundlagen. Springer, Berlin et al. 2005, S. 909.

[288] Vgl. Gadatsch, A.: Management von Geschäftsprozessen: Methoden und Werkzeuge für die IT-Praxis: Eine Einführung für Studenten und Praktiker. 2. Aufl., Vieweg, Wiesbaden 2002, S. 35..

[289] Vgl. Scheer, A.-W.: ARIS - Vom Geschäftsprozess zum Anwendungssystem. 4., durchges. Aufl., Springer, Berlin et al. 2002, S. 66.

dar. Für die Ermittlung der Prozesskosten wird eine Bewertung der Prozessleistungsmengen vorausgesetzt. Dies erfordert wiederum eine Beschreibung der Prozesse in Modellen.[290]

Beispielsweise ist bei der operativen Produktionsplanung eine Reihe von Kostenarten, wie Löhne, Gehälter oder Stückkosten, bereits weitgehend fix. Als entscheidungsrelevante Kosten werden diejenigen Kosten bezeichnet, die durch Planungs- und Steuerungsmaßnahmen noch beeinflusst werden können. Dies sind hauptsächlich Kosten für

- die Vorbereitung der Produktionsanlagen (Einrichte-, Rüstkosten)

- den Stillstand von Produktionsanlagen (Leer-, Stillstandskosten)

- die Lagerung von Rohmaterial und fremdbezogenen Teilen, Vor-, Zwischen- und Endprodukten (Lagerhaltungskosten)

- die Nichteinhaltung von Lieferterminen, z.B. Konventionalstrafen, Zukäufe, Preisnachlässe

- die Vermeidung absehbarer Terminüberschreitungen (Überstunden)[291]

3.5.2.4 Kundenzufriedenheit als Leistungsparameter

"Wie zufrieden sind die externen und internen Kunden mit den Prozessergebnissen?" ist die häufig gestellte Frage in Bezug auf die Kundenzufriedenheit.

Die stärkere Orientierung am Kunden bedeutet, dass es darauf ankommt, den Kunden zufrieden stellen zu können, kurze Lieferzeiten zu bestätigen und diese auch einzuhalten sowie auf spezielle Wünsche schnell und flexibel reagieren zu können. Hohe Lagerbestände an End-, Zwischen- oder Vorprodukten stehen dieser Flexibilität entgegen.[292] Die Kundenzufriedenheit ist das Ergebnis eines Vergleichsprozesses zwischen den Kundenerwartungen (Soll) und dem vom Kunden tatsächlich wahrgenommenen Leistungsniveau bzw. Nutzen (Ist). Die Erreichung hoher Kundenzufriedenheit setzt eine sehr gründliche und punktgenaue Umsetzung und Erfüllung des zuvor beschriebenen Auftrags voraus.[293]

Letztendlich wirken sich die drei Prozessleistungsparameter Zeit, Qualität und Kosten auf die Kundenzufriedenheit aus, die als Oberziel einer jeden Unternehmung

---

[290]   Vgl. Gadatsch, A.: Management von Geschäftsprozessen: Methoden und Werkzeuge für die IT-Praxis: Eine Einführung für Studenten und Praktiker. 2. Aufl., Vieweg, Wiesbaden 2002, S. 36.

[291]   Vgl. Kurbel, K.: Produktionsplanung und -steuerung: Methodische Grundlagen von PPS-Systemen und Erweiterungen. 5. Aufl., Oldenbourg, München, Wien 2003, S. 19f.

[292]   Vgl. Kurbel, K.: Produktionsplanung und -steuerung: Methodische Grundlagen von PPS-Systemen und Erweiterungen. 5. Aufl., Oldenbourg, München, Wien 2003, S. 22.

[293]   Vgl. Töpfer, A.: Betriebswirtschaftslehre: Anwendungs- und prozessorientierte Grundlagen. Springer, Berlin et al. 2005, S. 566.

anzusehen ist.[294] Die folgende Abbildung zeigt, dass eine Vielzahl von Faktoren, ausgedrückt in Kennzahlen, sich auf die Kundenzufriedenheit auswirken.

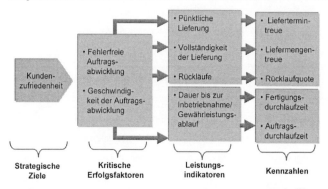

Abbildung 46: Ableitung von Kennzahlen zur Kundenzufriedenheit[295]

3.5.3 Anmerkungen zum folgenden Kennzahlensystem

Die im Folgenden erläuterten Teilprozesse des Auftragsabwicklungsprozesses befassen sich mit einem jeweils untersuchten Unternehmensbereich. Das heißt natürlich nicht, dass diese Bereiche separat zu betrachten sind, vielmehr müssen die Beziehungen zu den anderen Unternehmensbereichen mit in Betracht gezogen werden. Diese Sammlung von zugeordneten Prozesskennzahlen besitzt einen gewissen Kennzahlenstamm, so dass man beispielsweise Zeitreihen oder Personaleinsatzvergleiche bilden kann.

Aus der Lücke zwischen den herausgefundenen Prozesskennzahlenwerten der Investitionsgüterindustrie, die als Benchmarkingwerte dienen, und den eigenen Kennzahlen können Anregungen zur Gestaltung des eigenen Prozesses generiert werden. Zielgrößen bei einem **Prozessbenchmarking** können sowohl zeitliche, qualitative, finanzielle als auch mengenmäßige Indikatoren verkörpern. Das Benchmarking unterstützt neue Anregungen zur Vereinfachung und Beschleunigung von Geschäftsprozessen.[296] Alle Kennzahlen unterliegen jedoch den Einflüssen des Marktes, so dass diese zwar zum Vergleich herangezogen werden können, jedoch auch mit einer gewissen Vorsicht zu betrachten sind.

---

[294] Vgl. Gaitanides, M.; Scholz, R. Vrohlings, A.: Prozeßmanagement [!] – Grundlagen und Zielsetzungen. In: Gaitanides, M. et al. (Hrsg.): Prozeßmanagement [!]. Hanser, München et al. 1994, S. 13.

[295] Dietrich, L.: Die ersten 100 Tage des CIO- „Quick Wins" und Weichenstellung. In: Diet-rich, L.; Schirra, W. (Hrsg.): IT im Unternehmen: Leistungssteigerung bei sinkenden Bud-gets; Erfolgsbeispiele aus der Praxis. Springer, Berlin et al. 2004, S. 81

[296] Vgl. Scheer, A.-W.: ARIS - Vom Geschäftsprozess zum Anwendungssystem. 4., durchges. Aufl., Springer, Berlin et al. 2002, S. 70

In den Tabellen der Branchenwerte findet man die drei folgenden Werte:

Ø   arithmetischer Mittelwert

von   unterster Wert des 70 % Streubandes

bis   oberster Wert des 70 % Streubandes

Zur Erstellung des **Streubandes** werden alle Kennzahlen in aufsteigender Reihenfolge sortiert. Die unteren und oberen 15 % werden „abgeschnitten", da Antworten in diesen beiden Bereichen erfahrungsgemäß sehr breit streuen. Extremwerte werden somit beim Streuband nicht berücksichtigt. Zudem werden aus Vertraulichkeitsgründen keine Minimal- und Maximalwerte weitergeben. Beim arithmetischen Mittel dagegen sind alle Meldungen enthalten.[297]

Es wird darauf hingewiesen, dass die angegebenen Branchenkennzahlen arithmetische Mittelwerte für den gesamten Maschinen- und Anlagenbau sind, und somit über alle Fachzweige, Betriebsgrößen und Unternehmensformen gehen.[298]

3.6 Prozessorientiertes Kennzahlensystem für die Auftragsfertigung im Anlagen- und Sondermaschinenbau

3.6.1 Auftragsabwicklungsprozess

3.6.1.1 Beschreibung der Auftragsabwicklung

Der Auftragsabwicklungsprozess erstreckt sich von der Anfrage des Kunden bis zur Installation der Anlage bzw. bis zur Annahme der vom Kunden abgenommenen Produkte und die von dem Kunden bezahlten Rechnungen. Nimmt man es ganz genau, endet der Auftragsabwicklungsprozess erst mit dem Ablauf der Gewährleistungsfrist. Der Auftragsabwicklungsprozess zielt darauf ab, mit möglichst geringem Aufwand zum vereinbarten Liefertermin das dem Kunden zugesagte Produkt in der zugesagten Qualität und Leistungsfähigkeit zu liefern.

Bestandteile der Auftragsabwicklung des Engineer-to-order Prozesses sind:[299]

- Auftrag klären (Vertrieb)
- Produkt klären (Entwicklung und Konstruktion)
- Produkt planen (Planung)
- Material, Teile und Leistungen bereitstellen (Beschaffung)
- Produkt fertigen und montieren (Fertigung und Montage)

---

[297]   Vgl. VDMA (Hrsg.): VDMA-Kennzahlen vergleichen, verstehen, verändern: Kosten 2002. VDMA, Frankfurt 2003, S. 9.

[298]   Vgl. VDMA (Hrsg.): Kennzahlenkompass: Informationen für Unternehmer und Führungskräfte – Ausgabe 2005. VDMA, Frankfurt 2005, S. 3.

[299]   VDMA: Verband deutscher Maschinen- und Anlagenbauer

- Produkt versenden (Versand)

- Produkt beim Kunden in Betrieb nehmen (Inbetriebnahme)

- Produkt in der Gewährleistungsphase betreuen (Gewährleistung)

Diese acht genannten Teilprozesse und der übergeordnete Auftragsabwicklungsprozess sind Bestandteil des nachfolgenden Kennzahlensystems.

Geschäftsprozessmodelle wie der Engineer-to-order Prozess können auf unterschiedlichen Abstraktionsebenen (Detaillierungsebenen) betrachtet werden. Das im Weiteren betrachtete Geschäftsprozessmodell bezieht sich zwar auf den Anwendungsfall der Auftragsbearbeitung und deren Teilprozesse, beschreibt aber keinen konkreten Kundenauftrag, sondern einen allgemeinen Auftragsabwicklungsprozess für die Herstellung kundenspezifischer Maschinen und Anlagen. Diese Beschreibung eines generalisierten Geschäftsprozessmodells wird als **Geschäftsprozesstyp** bezeichnet.[300]

Abbildung 47: Kundenauftragsabwicklungsprozess für die Auftragsfertigung im Anlagen- und Sondermaschinenbau[301]

Diese für die Effizienz der Auftragsabwicklung genannten wichtigen Teilprozesse sind aus Sicht der Kunden weitgehend uninteressant. Das Hauptinteresse der Kunden liegt darin, die bestellten Produkte zu den zugesagten Lieferterminen mit den erwarteten/ zugesicherten Eigenschaften zu erhalten. Der Verantwortliche für den Auftragsabwicklungsprozess hat deshalb Sorge zu tragen, dass die Kundenaufträge termin-, kosten- und qualitätsgerecht erfüllt werden.[302] Das nun folgende Kennzahlensystem versucht dieser Forderung der Kunden Rechnung zu tragen,

---

[300] Vgl.Scheer, A.-W.: ARIS - Vom Geschäftsprozess zum Anwendungssystem. 4., durchges. Aufl., Springer, Berlin et al. 2002, S. 26.

[301] Bünting, F.: Prozessorientierte Managementsysteme: Prozesse richtig definieren, beschrei-ben und steuern. VDMA, Frankfurt 2004, S. 27

[302] Vgl. Schmelzer, H.; Sesselmann, W.: Geschäftsprozessmanagement in der Praxis: Kunden zufrieden stellen – Produktivität steigern – Wert erhöhen. 2. Aufl., Hanser, München 2002, S. 130.

indem den Prozessverantwortlichen ein übersichtliches prozessorientiertes Kennzahlensystem zur Verfügung gestellt wird.

3.6.1.2 Kennzahlen und Branchenwerte der Auftragsabwicklung

Der Markt in der Investitionsgüterindustrie akzeptiert heute kaum noch Verzögerungen von Lieferterminen, da die Supply Chains inzwischen so eng verbunden sind, dass bereits geringe Verzögerungen das gesamte System innerhalb der Wertschöpfungskette stören können. Damit führt jede verspätete Lieferung eines Auftrags zu einer Verschlechterung des Lieferantenrankings beim Kunden. Verzögerungen von Lieferterminen bergen die Gefahr, einen Kunden dauerhaft zu verlieren und damit Umsatz- und Gewinneinbußen hinnehmen zu müssen.[303]

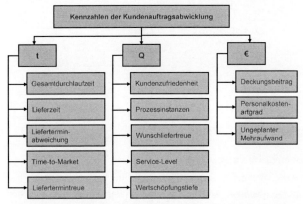

Abbildung 48: Kennzahlenbaum für die Kundenauftragsabwicklung

Die Entwicklungen zeigen, dass die Wertschöpfungstiefe der Unternehmen immer weiter abnehmen wird, da immer mehr Lieferanten aus dem Ausland verstärkt in den Markt eindringen.[304] Grundsätzlich ist durch eine geringe Fertigungstiefe nichts einzuwenden, da sie in starkem Maße von dem Umfeld der Zulieferer abhängt, mit denen ein Unternehmen zusammen arbeitet. Nachdenklich stimmt jedoch die Entwicklung der Durchlaufzeiten für einen durchschnittlichen Fertigungsauftrag, die sich um rund 10% verlängert. Verlängerte Lieferzeiten entsprechen aber nicht

---

[303] Vgl. VDMA (Hrsg.): Ansätze für ein Controlling im mittelständischen Maschinen- und Anlagenbau mit Hilfe einer Standard ERP-Lösung. VDMA, Frankfurt 2005, S. 12f

[304] Vgl. VDMA (Hrsg.): VDMA-Kennzahlen vergleichen, verstehen, verändern: Materialwirtschaft 2005. VDMA, Frankfurt 2005, S. 3.

unbedingt den Wünschen der Kunden.[305] Durch Anwendung verstärkter Projektarbeit kommt es zu einer Verkürzung der Lieferzeit eines Kundenauftrages, welche von der Auftragserteilung bis zur Inbetriebnahme beim Kunden reicht. Betrug dieser Zeitraum vor 5 Jahren noch durchschnittlich 22,6 Wochen, so wurde er in der letzten Umfrage mit 21,5 Wochen angegeben. Hierbei muss jedoch unterschieden werden, dass die Lieferzeit davon abhängt ob es sich um eine Neuentwicklung, Weiterentwicklung oder Kundenvariante handelt.[306]

Die folgende Tabelle zeigt anhand wichtiger Kennzahlen die typischen Branchenwerte der Auftragsabwicklung im Maschinen- und Anlagenbau.

Tabelle 6: Branchenwerte der Auftragsabwicklung

Kennzahl	Ø	von	bis	Quelle
Deckungsbeitrag (DB I)	41,8 %	20,2 %	57,0 %	VDMA – Vertrieb 2004
Lieferzeit	21,5 Wochen	6,0 Wochen	36,0 Wochen	VDMA – Entwicklung und Konstruktion 2002
Liefertermintreue, Quote der eingehaltenen zugesagten Termine	87,6 %			VDMA – Vertrieb 2004

3.6.2 Vertriebsprozess

3.6.2.1 Beschreibung des Vertriebs

Der Vertriebsprozess erstreckt sich von der Kundenanfrage bis zur Auftragsbestätigung des geklärten Auftrags. Inhaltlicher Bestandteil des Vertriebs sind alle Aktivitäten die mit der Betreuung des Kunden, der Angebotserstellung und der Auftragsklärung einhergehen. Das Prozessziel des Vertriebs liegt in der erfolgreichen und schnellen Erstellung und Erteilung von Aufträgen.

Der Vertrieb besteht aus den folgenden auszuführenden Tätigkeiten:[307]

- Anfrage mit dem Kunden klären (technisch und kaufmännisch)

- Entwurf projektieren und kalkulieren

- Technische Details mit der Konstruktion, der Fertigung und dem Einkauf klären

- Erforderliche Konstruktionskapazitäten und Fertigungskapazitäten ermitteln

---

[305] Vgl. VDMA (Hrsg.): VDMA-Kennzahlen vergleichen, verstehen, verändern: Fertigung und Montage 2004. VDMA, Frankfurt 2004, S. 6.
[306] Vgl. VDMA (Hrsg.): VDMA-Kennzahlen vergleichen, verstehen, verändern: Entwicklung und Konstruktion 2002. VDMA, Frankfurt 2002, S. 5.
[307] VDMA: Verband deutscher Maschinen- und Anlagenbauer

- Realisierbarkeit des gewünschten Kundentermins prüfen

- Angebot erstellen

- Auftrag mit dem Kunden klären und in die Kapazitätsplanung einlasten

- Klassifikation des Auftrags vornehmen

- Zahlungseingänge überwachen

3.6.2.2 Kennzahlen und Branchenwerte des Vertriebs

Die Auftragsabwicklung im engeren Sinne beginnt zwar erst mit der Auftragserteilung, jedoch spielt der Verkaufsvorgang eine wichtige Rolle. Der Vertriebsvorgang ist im Maschinen- und Anlagenbau eine kritische Aktivität, die nicht nur über den Auftragseingang, sondern auch die spätere Auftragsabwicklung wesentlich beeinflusst.[308] Da im Anlagenbau und Sondermaschinenbau nicht von einem Standardprodukt ausgegangen werden kann, müssen bei jeder Verkaufsverhandlung die genauen Spezifikationen festgelegt werden. Der Zeitpunkt der Verkaufsverhandlungen liegt bei der Massenprodukten erst nach der Produktion. Im Anlagenbau und Sondermaschinenbau besteht zum Zeitpunkt der Verkaufsverhandlung oft nur eine abgeschlossene Grundlagenentwicklung, das Produkt ist jedoch noch nicht fertig entwickelt.[309]Der folgende Kennzahlenbaum für den Vertrieb gibt eine Übersicht über die wichtigsten Kennzahlen die zur Messung der Vertriebsleistung herangezogen werden.

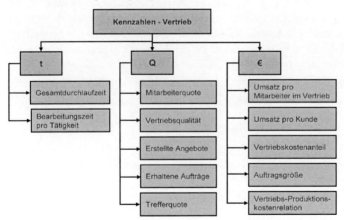

Abbildung 49: Kennzahlenbaum für den Vertrieb

[308] Vgl. Heiob, W.: Technische Auftragsabwicklung mit EDV-Einsatz. In: VDI (Hrsg.): Das internationale Geschäft mit Industrieanlagen: Risiko, Kooperation, Auftragsabwicklung. VDI, Düsseldorf 1984, S. 43f
[309] Vgl. Lüling, H.: Produktentwicklung im Anlagenbau. Diss., St. Gallen 1997, S. 53.

Für die Unternehmen ist gerade die Trefferquote eine sehr wichtige Kennzahl. Die mengenmäßige Trefferquote liegt derzeit prozentual fast gleich zur volumenabhängigen Trefferquote. Das Streuband, das zwischen 10 und 50% liegt, lässt erkennen, dass gerade hier die Produktivität im Vertriebsbereich ein hohes Potenzial beinhaltet. Bei manchen Unternehmensgrößenklassen liegt die Trefferquote sogar zwischen 50 und 80 %.[310]

Tabelle 7: Branchenwerte des Vertriebs

Kennzahl	Ø	von	bis	Quelle
Mitarbeiterquote im Vertrieb	16,1 %	6,0 %	24,0 %	VDMA – Vertrieb 2004
Trefferquote (mengenbezogen)	28,4 %	10,0 %	50 %	VDMA – Vertrieb 2004
Umsatz pro Mitarbeiter im Vertrieb / Außendienst	3417,6 T€ pro Jahr	1000,0 T€ pro Jahr	5080,0 T€ pro Jahr	VDMA – Vertrieb 2004

3.6.3 Entwicklungs- und Konstruktionsprozess

3.6.3.1 Beschreibung der Entwicklung und Konstruktion

Der Entwicklungs- und Konstruktionsprozess erstreckt sich vom Auftragseingang des geklärten Auftrags bis zum geklärten Produkt. Inhaltlicher Bestandteil der Entwicklung und Konstruktion sind alle Aktivitäten die mit der Umsetzung der in der Auftragsbestätigung definierten Aufgabenpakete sich beschäftigen. Die Prozessziele der Entwicklung und Konstruktion sind die termingerechte Kapazitätsplanung in der Konstruktion, die Fertigstellung aller erforderlichen Zeichnungen und aller vollständigen Stücklisten.

In der Entwicklung und Konstruktion sind die folgenden Tätigkeiten auszuführen:[311]

- Zeichnungen und Stücklisten erstellen (Mechanik)

- Dokumentation Mechanik erstellen

- Zeichnungen und Stücklisten erstellen und dokumentieren (Elektrik und Elektronik)

- Programme und Programm-Dokumentation erstellen

- Langläuferteile definieren

- Nacharbeiten und/ oder Änderungen ausführen

---

[310] Vgl. VDMA (Hrsg.): VDMA-Kennzahlen vergleichen, verstehen, verändern: Vertrieb 2004. VDMA, Frankfurt 2004, S. 5.
[311] VDMA: Verband deutscher Maschinen- und Anlagenbauer

3.6.3.2 Kennzahlen und Branchenwerte der Entwicklung und Konstruktion

Die Entwicklung bildet eine Kerntätigkeit der industriellen Unternehmen, um der Herausforderung des Marktes mit neuen und verbesserten Produkten begegnen zu können. Obwohl viele Firmen die Ergebnisse der Forschung oft übernehmen können, besteht aber für die Unternehmen gerade im Maschinen- und Anlagenbau der Zwang zur eigenen, zukunftsichernden Produktentwicklung.[312] Die Innovationsrate verdeutlicht die Neuartigkeit eines Produktes und gibt Auskunft über die Innovationsfähigkeit und Agilität eines Unternehmens.

Die Forderung der Kunden nach kundenindividuellen Produkten hält unvermindert an. Der relativ hohe Anteil an Kundenvarianten wird als sehr positiv gewertet, da dies zeigt, dass die Unternehmen die letzten Jahre gezielt genutzt haben, eine Vielzahl kundenspezifischer Anforderungen mit standardisierten Lösungen zu realisieren.[313] Der folgende Kennzahlenbaum fasst die wichtigsten Kennzahlen im Bereich der Entwicklung und Konstruktion zusammen.

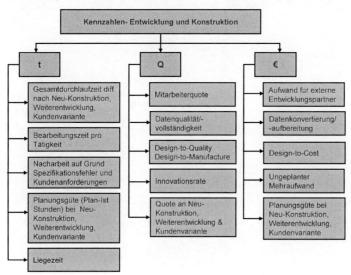

Abbildung 50: Kennzahlenbaum für die Entwicklung und Konstruktion

Die große Zahl unterschiedlicher Aktivitäten im Entwicklungsprozess ist Anlass, weitere Unterteilungen vorzunehmen. Oft wird nach dem Neuigkeitsgrad einer

---

[312] Vgl. Siegwart, H.: Produktentwicklung in der industriellen Unternehmung. Paul Haupt, Bern 1974, S. 17.
[313] Vgl. VDMA (Hrsg.): VDMA-Kennzahlen vergleichen, verstehen, verändern: Fertigung und Montage 2004. VDMA, Frankfurt 2004, S. 5.

Produktentwicklung differenziert, d.h. nach Neuentwicklung, Weiterentwicklung (Variantenentwicklung, Verbesserung) und Anpassungsentwicklung (Kundenvariante), da die Durchlaufzeiten sehr unterschiedlich sein können.[314]

Aufgrund der hohen Nachfrage an Produkten der Investitionsgüterindustrie ist der Anteil der Mitarbeiter in der Entwicklung und Konstruktion in den letzten fünf Jahren von 12,65 % auf 14,1 % gestiegen. Diese hohe Auslastung betont die Bedeutung der Entwicklungs- und Konstruktionsaufgaben, wobei angemerkt werden muss, dass in der Einzelfertigung schon immer ein höheres Mitarbeiterniveau bestand.[315] Weitere wichtige Branchenwerte für den Bereich der Entwicklung und Konstruktion sind in der folgenden Tabelle dargestellt.

Tabelle 8: Branchenwerte der Entwicklung und Konstruktion

Kennzahl	Ø	von	bis	Quelle
Gesamtbearbeitungszeit diff. nach				VDMA – Entwicklung und
Neu-Konstruktion	42,0 Wo.	8,0 Wo.	80,0 Wo.	Konstruktion 2002
Weiterentwicklung	17,2 Wo.	3,5 Wo.	30,0 Wo.	
Kundenvariante	7,0 Wo.	2,0 Wo.	13,0 Wo.	
Planungsgüte bei Budgetierung diff.				VDMA – Entwicklung und
Neu-Konstruktion	14,7 %	5,0 %	30,0 %	Konstruktion 2002
Weiterentwicklung	6,4 %	0 %	15,0 %	
Kundenvariante	4,1 %	0 %	10,0 %	
Mitarbeiterquote in der Entwicklung und Konstruktion	14,1 %	6,0 %	21,0 %	VDMA – Entwicklung und Konstruktion 2002
Quote an				VDMA – Entwicklung und
Neu-Konstruktion	31,5 %	10,0%	50,0 %	Konstruktion 2002
Weiterentwicklung	29,1 %	12,5 %	40,0 %	
Kundenvariante	39,7 %	10,0 %	70,0 %	
Innovationsrate				VDMA – Vertrieb 2004
Produkte < 3 Jahre	25,1 %	5,0 %	50,0 %	
Produkte > 3 < 10 Jahre	44,9 %	16,0 %	70,0 %	
Produkte > 10 Jahre	30,0 %	0,0 %	70,0 %	

---

[314] Vgl. Schmelzer, H.J.; Buttermilch, K.: Reduzierung der Entwicklungszeiten in der Produktentwicklung als ganzheitliches Problem. In: Brockhoff, K. (Hrsg.): Zeitmanagement in Forschung und Entwicklung. Handelsblatt, Düsseldorf 1988, S. 48

[315] Vgl. VDMA (Hrsg.): VDMA-Kennzahlen vergleichen, verstehen, verändern: Entwicklung und Konstruktion 2002. VDMA, Frankfurt 2002, S. 3.

3.6.4 Planungsprozess

3.6.4.1 Beschreibung der Planung

Der Planungsprozess erstreckt sich vom geklärten Produkt bis zum geplanten Produkt. Inhaltlicher Bestandteil der Fertigungsplanung und -steuerung sind alle Aktivitäten die zur Fertigung und Montage des Auftrags grundlegend erforderlich sind. Die Prozessziele des Planungsprozesses sind die termingerechte Kapazitätsplanung und die Erstellung aller erforderlichen Arbeitspläne und Montagepläne.

Die Zielsetzung der Fertigungsplanung und -steuerung wird nach dem Wirtschaftlichkeitsprinzip vereinfacht dargestellt. Sie besagt, dass die Maßnahmen der Produktionsplanung und -steuerung so zu treffen sind, dass eine vorgegebene Leistung mit möglichst niedrigen Kosten unter Berücksichtigung der Zeit und Qualität erbracht werden soll.[316]

Die folgenden Tätigkeiten werden in der Planung durchgeführt:[317]

- Entscheidung über Zukauf oder Eigenfertigung

- Erstellen der Arbeitspläne, Montagepläne und Dispositionslisten

- Prüfen der Kapazitätsauslastung und des möglichen Liefertermins

- Rückstandsfreies planen des Fertigungs- und Montageablaufs

- Termine verfolgen

- Festlegen der Fertigungslosgrößen

- Synchronisieren des Auftragsablaufs

3.6.4.2 Kennzahlen der Planung

Die aufgestellten Pläne sind meist nur zum Zeitpunkt der Planung „korrekt". Dies liegt darin, dass die Pläne laufenden Änderungen vorbehalten werden die mit dem Vertrieb oder der Konstruktion abgesprochen werden müssen, da sich die Lieferzeiten oder bspw. die Kapazitätsauslastungen ändern. Besonders stark fällt das Auseinanderklaffen bei der angesprochenen Durchlaufzeitproblematik ins Auge. Auf den höher aggregierten Planungsebenen arbeitet man mit Soll-Durchlaufzeiten, die beispielsweise auf Durchschnitts- oder Erfahrungswerten aus der Vergangenheit basieren. Die tatsächlichen Durchlaufzeiten in der Durchführung werden jedoch von einer Vielzahl von Faktoren beeinflusst (z.B. Kapazitätsbelastung zum Zeitpunkt der Auftragsfreigabe, Verschiebungen beim Kapazitätsabgleich,

---

[316]   Vgl. Kurbel, K.: Produktionsplanung und -steuerung: Methodische Grundlagen von PPS-Systemen und Erweiterungen. 5. Aufl., Oldenbourg, München, Wien 2003, S. 19.

[317]   VDMA: Verband deutscher Maschinen- und Anlagenbauer

Bearbeitungsreihenfolgen an den einzelnen Betriebsmitteln, Prioritäten der Aufträge). Die Ist-Durchlaufzeiten variieren deshalb oft erheblich und liegen oft deutlich über den Planzeiten. Die ungenauen Planzeiten können so die Zuverlässigkeit der Planungsergebnisse erheblich beeinträchtigen.[318]

In der Planung ist es dementsprechend interessant, die Planungsgenauigkeit in Bezug auf die Zeit und die Kosten zu wissen und deren mögliche Gründe und Ursachen herauszufinden. Je komplexer der Kundenauftrag ist, desto höher kann die Planungsstörungsrate liegen und desto schlechter sind die Produktionsplanungsdauerrate und die Angebotskalkulationsgenauigkeit.

Die folgende Abbildung gibt einen Überblick über typische Kennzahlen die im Planungsprozess gemessen werden.

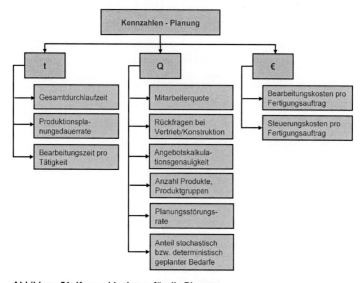

Abbildung 51: Kennzahlenbaum für die Planung

Branchenübliche Kennzahlenwerte der Planung können hier nicht angegeben werden, da für diese Kennzahlen bis jetzt noch keine repräsentative Umfrage im Maschinen- und Anlagenbau beim VDMA stattgefunden hat.

---

[318] Vgl. Kurbel, K.: Produktionsplanung und -steuerung: Methodische Grundlagen von PPS-Systemen und Erweiterungen. 5. Aufl., Oldenbourg, München, Wien 2003, S. 29.

3.6.5 Beschaffungsprozess

3.6.5.1 Beschreibung der Beschaffung

Der Beschaffungsprozess erstreckt sich vom geplanten Produkt bis zum bereitgestellten Material und den bereitgestellten Teilen. Inhaltlich sind Bestandteil der Beschaffung Aktivitäten wie der Einkauf, der zur Beschaffung der in den Stücklisten und Zeichnungen definierten Materialien und Kaufteile erforderlich sind.

In der Beschaffung werden die folgenden Tätigkeiten ausgeführt:[319]

- Klärung technischer oder kaufmännischer Veränderungen/Alternativen

- Langläuferteile bestellen und Liefertermine überwachen

- Angebote einholen

- Materialien und Kaufteile bestellen und Liefertermine überwachen

- Zahlungsanweisungen freigeben

3.6.5.2 Kennzahlen und Branchenwerte der Beschaffung

Mit rund 40 % vom Umsatz nehmen die Materialkosten im Maschinen- und Anlagenbau einen erheblichen Teil an den Gesamtkosten ein. Insofern verdient dieser Bereich natürlich die besondere Beachtung durch das Controlling. Aber nicht nur die relative Höhe der Kosten, sondern auch die wachsende Abhängigkeit des Unternehmens von funktionierenden Beschaffungsprozessen ist von hoher Bedeutung. Die tendenziell starke Abnahme der Fertigungstiefe in den Unternehmen der Investitionsgüterindustrie sowie der höher werdende Preisdruck in der Branche, welches die Unternehmen durch Beschaffung auf internationalen Märkten auszugleichen versuchen, macht die Beschaffungspolitik zum erfolgskritischen Prozess.

Die Beschaffung, auch Disposition genannt, initiiert einen Beschaffungsvorgang durch Erstellung von Lieferantenbestellungen. Neben der Vermeidung von Fehlmengen beziehungsweise der Sicherstellung einer permanenten Lieferbereitschaft ist die Minimierung der Lagerbestände ein zentrales Ziel der Disposition. Als wesentliches Steuerungsinstrument dient hierzu die kosten- und zeitmäßige Optimierung der Liefermengen bzw. -termine.[320]

Aufgrund der zu beobachtenden Tendenz einer weiteren Zunahme des Anteils beschaffter Einsatzgüter auch im Anlagenbau, wird der hohe Stellenwert eines leistungsfähigen Beschaffungsmanagements noch weiter ansteigen. Von

---

[319] VDMA: Verband deutscher Maschinen- und Anlagenbauer
[320] Vgl. Schütte, R.; Vering, O.: Erfolgreiche Geschäftsprozesse durch standardisierte Warenwirtschaftssysteme: Marktanalyse, Produktübersicht, Auswahlprozess. Springer, Berlin et al. 2004, S. 198.

Maßnahmen des Outsourcings sind sogar zuvor selbst produzierte Teile betroffen womit die strategisch wie operativ große und damit auch erfolgskritische Bedeutung der Beschaffung offensichtlich wird.[321]

Der folgende Kennzahlenbau fasst die wichtigsten Kennzahlen im Bereich der Beschaffung zusammen.

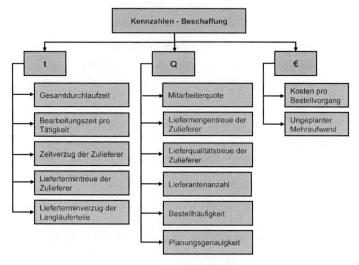

Abbildung 52: Kennzahlenbaum für die Beschaffung

Hohe Qualität, niedrige Kosten, hohe Lieferbereitschaft und geringe Bestände sind die elementaren Zielgrößen der Beschaffung. Wünschenswert ist natürlich die Optimierung aller dieser Größen gleichzeitig. Die letzte Umfrage bei den Unternehmen im Maschinen- und Anlagenbau zeigte, dass eindeutig die Produktqualität an erster Stelle steht, gefolgt von dem Ziel günstiger Einstandspreise und zuletzt die Lieferbereitschaft. Dies verwundert, da sonst der Lieferbereitschaft eine sehr hohe Bedeutung zugemessen worden ist.[322] Dies ist wohl darauf zurückzuführen, dass auf den weltweiten Beschaffungsmärkten die Unternehmen einem anhaltend hohem Kostendruck ausgesetzt sind, welches dazu führt, dass die Margen stark geschmälert wurden. Die Unternehmen hoffen auf eine Entspannung der Lage auf den weltweiten Beschaffungsmärkten.

---

[321] Vgl. Töpfer, A.: Betriebswirtschaftslehre: Anwendungs- und prozessorientierte Grundla-gen. Springer, Berlin et al. 2005, S. 743.

[322] Vgl. VDMA (Hrsg.): VDMA-Kennzahlen vergleichen, verstehen, verändern: Materialwirt-schaft 2005. VDMA, Frankfurt 2005, S. 3.

In der folgenden Tabelle sind die derzeit aktuellen Branchenwerte der wichtigsten Kennzahlen im Bereich der Beschaffung des Maschinen- und Anlagenbaus aufgestellt.

Tabelle 9: Branchenwerte der Beschaffung

Kennzahlen	Ø	von	bis	Quelle
Liefertermintreue der Zulieferer	81, 3 %	70,0 %	95,0 %	VDMA –Materialwirtschaft 2005
Liefermengentreue der Zulieferer	91,6 %	85,0 %	98,2 %	VDMA –Materialwirtschaft 2005
Lieferqualitätstreue der Zulieferer	92,4 %	90,0 %	99,0 %	VDMA –Materialwirtschaft 2005
Lieferantenanzahl	1.068,4	250	1.177,0	VDMA –Materialwirtschaft 2005

3.6.6 Fertigungs- und Montageprozess

3.6.6.1 Beschreibung der Fertigung und Montage

Der Fertigungs- und Montageprozess erstreckt sich vom geplanten Produkt und bereitgestellten Material bis zum fertigen Produkt. Inhaltlicher Bestandteil der Fertigung und Montage sind alle Aktivitäten die zur Herstellung des Produktes dienen. Ziel der Fertigung und Montage ist das fertige Produkt zu erstellen.

In der Fertigung und Montage werden die folgenden Tätigkeiten ausgeführt:[323]

- Teile fertigen und Baugruppen montieren

- Probelauf durchführen

- Kundenabnahme vorbereiten

- Produkt in versandgerechte Baugruppen demontieren

- Teile nacharbeiten

- Endmontage und Endabnahme durchführen

- Kundenabnahme durchführen

- Engpässe analysieren

3.6.6.2 Kennzahlen und Branchenwerte in der Fertigung und Montage

Die Fertigung und Montage zählt zu den Bereichen, in denen sich die Investitionsgüterindustrie stark von anderen Industriezweigen unterscheidet, da sie

---

[323] VDMA: Verband deutscher Maschinen- und Anlagenbauer

von variantenreichen Produkten geprägt ist. Im Anlagenbau liegen komplexe, kundenindividuelle Großprojekte vor. Unter diesen Bedingungen ist häufig eine Fertigungsplanung nach den Grundsätzen kostenoptimaler Maschinenlosgrößen vielfach suboptimal oder sogar kontraproduktiv. Für das Controlling ergeben sich Fragen nach den entstehenden Fertigungskosten. Zum anderen sind Informationen von hohem Interesse, wie die Fertigung durch die Produktions- und Montageabteilungen fließt und wo Engpässe sind, die die Durchlaufzeit der gesamten Fertigung bestimmen.[324] Die wichtigsten Kennzahlen für den Bereich Fertigung und Montage sind im folgenden Kennzahlenbaum zusammengefasst.

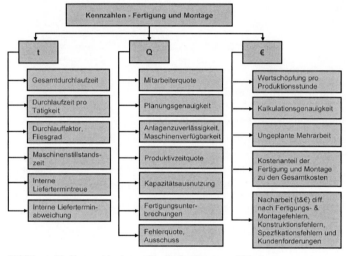

Abbildung 53: Kennzahlenbaum für die Fertigung und Montage

Die Erhöhung des Durchlauffaktors, der den Zeitanteil der Durchlaufzeit beschreibt, in der das Teil aktiv bearbeitet wird, deutet darauf hin, dass der vermehrte Einsatz von NC- und CNC-Werkzeugmaschinen es erlaubt, mehr Arbeitsschritte in einem Vorgang auf einer Werkzeugmaschine zu bearbeiten. Dies reduziert die Anzahl der Zwischenschritte und die Summe der Wartezeiten erheblich.[325] Man muss sich klar machen, wieso es zu teilweise hohen Maschinenausfallzeiten kommt. Die Maschinenstillstandszeit kann vermindert, allerdings nicht ganz vermieden werden, da Instandhaltung, Reparatur, Wartung und organisatorische Gründe einen Stillstand

---

[324]   Vgl. VDMA (Hrsg.): Ansätze für ein Controlling im mittelständischen Maschinen- und Anlagenbau mit Hilfe einer Standard ERP-Lösung. VDMA, Frankfurt 2005, S. 20.

[325]   Vgl. VDMA (Hrsg.): VDMA-Kennzahlen vergleichen, verstehen, verändern: Fertigung und Montage 2004. VDMA, Frankfurt 2004, S. 4 -6.

der Maschine hervorrufen. Typische Branchenwerte für die Fertigung und Montage sind die folgenden:

Tabelle 10: Branchenwerte der Fertigung und Montage

Kennzahl	Ø	von	bis	Quelle
Gesamtbearbeitungszeit in der Fertigung und Montage	22,8 Tage	5 Tage	36 Tage	VDMA – Fertigung und Montage 2004
Durchlauffaktor bzw. Fliesgrad	34,0 %	7,5 %	70,0 %	VDMA – Fertigung und Montage 2004
Wertschöpfung je Produktionsstunde	67,1 € / Stunde	36,0 € / Stunde	101,0 € / Stunde	VDMA – Fertigung und Montage 2004
Anlagenzuverlässigkeit	88,2 %	85,0 %	98,6 %	VDMA – Fertigung und Montage 2004
Maschinenverfügbarkeit	90,0 %	85,0 %	99,0 %	
Maschinenstillstandszeit	8,9 %	3,0 %	15,0 %	VDMA – Fertigung und Montage 2004

Im Maschinen- und Anlagenbau fallen häufig in der Fertigung und Montage lediglich 5-10 % Prozesszeiten auf den Maschinen und 15-20 % Montagezeiten an. Somit kann festgehalten werden, dass die restlichen 70-80 % nur Liege- und Transportzeiten sind. Die Unternehmen müssen erkennen, dass hierin ein schlummerndes Rationalisierungspotenzial liegt und die Planung dafür verantwortlich ist, die Steuerung zu verbessern.[326]

Darüber hinaus stehen die Unternehmen bei der Einzelproduktion, häufig vor der Situation, dass die Maschinen zwar standardisiert sind, da sie Variantenausprägungen enthalten, aber dennoch ein hoher Grad an kundenindividuellen Änderungen je Auftrag erforderlich ist. Eine Maschine, die zu 80 % standardisiert hergestellt wird, verursachen die 20 % der kundenindividuellen Fertigung meist 50 % der Produktionskosten.[327]

3.6.7 Versandprozess

3.6.7.1 Beschreibung des Versands

Der Versandprozess erstreckt sich vom fertigen Produkt bis zum verschickten Produkt. Inhaltliche Bestandteile sind alle Aktivitäten der Verpackung und der

---

[326] Vgl. Schnittler, V.: ERP-Lösungen im Vergleich. In: VDMA Nachrichten o. Jg. (2005) 08, S. 70f.
[327] Vgl. Scheer. A.-W. et al. (Hrsg.): Prozessorientiertes Product Lifecycle Management. Springer, Berlin et al. 2005, S. 21.

Versendung des Produktes zum Kunden. Das Ziel des Versands ist der Versand des fertigen Produkts und die termingerechte Lieferung des bestellten Produkts. Im Versand werden die folgenden Tätigkeiten durchgeführt:[328]

- Versandmaterial disponieren und Produkt versandgerecht verpacken
- Versandunterlagen und Exportunterlagen erstellen
- Spediteur koordinieren
- Verpacktes Produkt verladen und vorschriftsmäßig sichern
- Auftrag versenden und fakturieren

3.6.7.2 Kennzahlen des Versands

Der Versand kann bei großen Anlagen und Maschinen einen erheblichen logistischen Aufwand hervorrufen. Aufgrund der Komplexität der Versendung der Ware sind gerade Kennzahlen wie die Fehllieferungsquote und die Nachlieferungsquote interessant, da diese sich erheblich auf die Durchlaufzeiten der Lieferzeit auswirken können und hohe Kosten verursachen können.

Die Versandzeit unterliegt sehr starken Schwankungen, da diese abhängig von der Komplexität des Produktes und dem Bestimmungsort bzw. Bestimmungsland abhängig ist. Da ein Großteil der Maschinen und Anlagen auch in das fernere Ausland transportiert werden müssen, kann der Versand von einigen Tagen bis zu einige Wochen einnehmen.

In der folgenden Abbildung sind die typischen Kennzahlen für den Bereich Versand in einem Kennzahlenbaum dargestellt.

Branchenübliche Kennzahlenwerte des Versands können hier nicht angegeben werden, da für diese Kennzahlen bis jetzt noch keine repräsentative Umfrage des VDMA für den Maschinen- und Anlagenbau stattgefunden hat.

---

[328] VDMA: Verband deutscher Maschinen- und Anlagenbauer

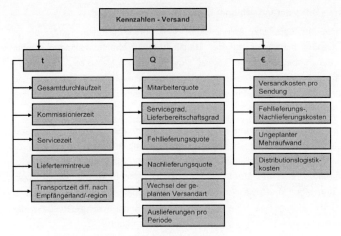

Abbildung 54: Kennzahlenbaum für den Versand

3.6.8 Inbetriebnahmeprozess

3.6.8.1 Beschreibung der Inbetriebnahme

Die Inbetriebnahme erstreckt sich vom gelieferten Produkt bis zur Produktionsübergabe an den Kunden. Inhaltlicher Bestandteil sind dabei alle Aktivitäten der Inbetriebnahme des Produktes beim Kunden. Ziel der Inbetriebnahme ist die Produktionsübergabe des fertigen Produktes wobei der Kunde eine termingerechte Produktionsübergabe erwartet.

In der Inbetriebnahme werden die folgenden Tätigkeiten durchgeführt:[329]

- Versandkisten ausladen

- Produkt beim Kunden montieren

- Produkt in Betrieb nehmen

- Leistungsfähigkeit nachweisen

- Produktabnahme und Sicherheitsabnahme durchführen

- Produkt an die Produktion übergeben

- Bediener anweisen

---

[329]   VDMA: Verband deutscher Maschinen- und Anlagenbauer

3.6.8.2 Kennzahlen der Inbetriebnahme

Die eigentliche Montage einer Anlage oder einer Sondermaschine kann, bedingt durch ihre Größe, meist nur auf der Baustelle beim Kunden erfolgen. Dabei geschieht die Inbetriebnahme meist durch den Hersteller. Für die Inbetriebnahmesetzung werden meist spezialisierte Ingenieure vor Ort delegiert, die die Inbetriebnahmeprozedere leiten und die gesamte Anlage unter Belastung auf ihre Funktion überprüfen.[330]

Kommt es während der Inbetriebnahme zu ungeplantem Mehraufwand bzw. dauert der Inbetriebnahmeprozess länger als er vorab determiniert wurde, führt dies zu Inbetriebnahmeverzögerungen die sich auf die gesamte Wertschöpfung des Betriebs negativ auswirken können. Meist planen die Unternehmen mit einem fixen Produktionsstartzeitpunkt, da sie bereits Aufträge vor Inbetriebnahme der Maschine annehmen und dadurch eine Verpflichtung mit dem Kunden eingehen, dass die geforderte Leistung auch termingerecht produziert werden kann.

Eine Übersicht über typische Kennzahlen in der Inbetriebnahme von Anlagen oder Sondermaschinen gibt die folgende Abbildung.

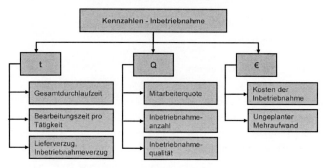

Abbildung 55: Kennzahlenbaum für die Inbetriebnahme

Branchenübliche Kennzahlenwerte der Inbetriebnahme werden hier nicht angegeben, da für diese Kennzahlen bis jetzt noch keine repräsentative Umfrage des VDMA im Maschinen- und Anlagenbau stattgefunden hat.

---

[330] Vgl. Lüling, H.: Produktentwicklung im Anlagenbau. Diss., St. Gallen 1997, S. 55f.

3.6.9 Gewährleistungsprozess

3.6.9.1 Beschreibung der Gewährleistung

Der Gewährleistungsprozess erstreckt sich von der Übergabe des Produktes an den Kunden bis zum Ablauf der Gewährleistungsfrist. Inhaltlicher Bestandteil sind dabei alle Aktivitäten des Unternehmens zur Nachbesserung des Produktes während der Gewährleistungsfrist. Das Ziel der Gewährleistung ist die Aufrechterhaltung der vollen Produktleistung des Produktes beim Kunden.

Die anfallenden Tätigkeiten in der Gewährleistungsphase sind die folgenden:[331]

- Bearbeitung der Reklamationsanfragen

- Ursachen der Reklamation herausfinden

- Nacharbeiten durchführen

- Vorbeuge- und Korrekturmaßnahmen durchführen

- Reklamationsgründe abstellen

3.6.9.2 Kennzahlen und Branchenwerte der Gewährleistung

Es ist von hohem Interesse, den Auftrag auch nach der Faktura weiter zu beobachten. Nicht selten werden in der Gewährleistungsphase die Gewinne durch erforderliche Nachbesserungen und Garantieansprüche des Kunden wieder aufgezehrt. Die Summe der Kosten für Garantieleistungen betragen durchschnittlich 3,3 % vom Gesamtumsatz des Unternehmens. Davon entfallen 2,2 % auf Garantieleistungen (Gewährleistungen) und 1,1 % auf freiwillige Leistungen (Kulanzen).[332] Hier ist das Controlling in der Pflicht das Ausmaß und die Ursachen für die Kosten zu ermitteln und geeignete Maßnahmen zu entwickeln, die eine Wiederholung erkannter Fehler ausschließen.

Für viele Unternehmen der Investitionsgüterindustrie ist der Service zu einem bedeutenden Standbein seiner unternehmerischen Tätigkeiten geworden. Schon immer richtig war der Leitsatz: „Die erste Maschine verkauft der Vertrieb, die nächsten der Service." Über die Kundenbindung hinaus ist aber in Teilbranchen auch die Wertschöpfung durch Serviceleistungen ein bedeutender Faktor. Hier sind die Deckungsbeiträge in der Regel deutlich besser als beim normalen Geschäft des Maschinen- und Anlagenbaus. Durch geeignete Gewährleistungs- und

---

[331]   VDMA: Verband deutscher Maschinen- und Anlagenbauer
[332]   Vgl. VDMA (Hrsg.): VDMA-Kennzahlen vergleichen, verstehen, verändern: Kunden-dienst 2005. VDMA, Frankfurt 2005, S. 6.

Garantiestrategien lässt sich nicht nur die Kundenbindung verbessern, sondern auch der Ersatzteilevertrieb als stabiler Umsatzträger generiert.[333]

Die folgende Abbildung stellt in einem Kennzahlenbaum typische Kennzahlen für die Phase des Gewährleistungsprozesses dar.

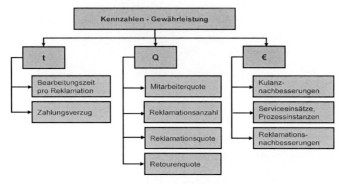

Abbildung 56: Kennzahlenbaum für die Gewährleistung

Die Hauptkostenträger der externen Fehlerkosten sind Garantie-, Gewährleistungs- sowie Kulanzkosten. Gegenüber internen Fehlerkosten (Bsp. Ausschuss, Nacharbeit), die meist zu Herstellkosten bewertet werden, werden externe Fehlerkosten zu Verkaufspreisen verrechnet.[334] Dies bedeutet, dass das Unternehmen innerhalb der Gewährleistungsphase die Aufwendungen für Reklamationen recht teuer bezahlen muss. Die angegebenen Branchenwerte für die Reklamationsquote sind recht beachtlich. Die Unternehmen sollten den möglichen Ursachen auf den Grund gehen.

Tabelle 11: Branchenwerte der Gewährleistung

Kennzahl	Ø	von	bis	Quelle
Bearbeitungszeit einer Reklamation	8,8 Tage	2,0 Tage	14,0 Tage	VDMA – Qualitätsmanagement 2002
Reklamationsanzahl	785,0	25	1320	VDMA - Qualitätsmanagement 2002
Reklamationsquote (mengenmäßig)	24,6 %	0,3 %	12,0 %	VDMA – Qualitätsmanagement 2002

---

[333] Vgl. VDMA (Hrsg.): Ansätze für ein Controlling im mittelständischen Maschinen- und Anlagenbau mit Hilfe einer Standard ERP-Lösung. VDMA, Frankfurt 2005, S. 29f.
[334] Vgl. Banki, K.; Bünting, F.: Prozessorientierung im Maschinenbau. In: VDMA Nachrich-ten o. Jg. (2005) 12, S. 64.

3.7 Literaturverzeichis

Aichele, Ch.: Kennzahlenbasierte Geschäftsprozeßanalyse [!]. Gabler, Wiesbaden 1997.

Alff, S. C.; Bungert, W.: Business Intelligence. In: *Scheer, A.-W.* et al. (Hrsg.): Innovation durch Geschäftsprozessmanagement: Jahrbuch Business Process Excellence 2004/2005. Springer, Berlin et al. 2004, S. 155-167.

Allweyer, Th.; Scheer, A.-W.: Modellierung und Gestaltung adaptiver Geschäftsprozesse. In: *Scheer, A-W.* (Hrsg.): Veröffentlichungen des Instituts für Wirtschaftsinformatik. Heft 115, Saarbrücken 1995.

Allweyer, T.: Geschäftsprozessmanagement: Strategie, Entwurf, Implementierung, Controlling. W3L, Herdecke 2005.

Banki, K.; Bünting, F.: Wie sieht ein Kennzahlensteckbrief aus? In: VDMA Nachrichten o. Jg. (2005) 10, S. 72-73.

Banki, K.; Bünting, F.: Prozessorientierung im Maschinenbau. In: VDMA Nachrichten o. Jg. (2005) 12, S. 63-64.

Bea, F. X.; Dichtl, E.; Schweitzer, M. (Hrsg.): Allgemeine Betriebswirtschaftlehre: Band 2: Führung. 8., neubearb. und erw. Aufl., Lucius & Lucius, Stuttgart 2001.

Betriebswirtschaftlicher Ausschuß [!] des Zentralverbandes der Elektrotechnischen Industrie e.V. (Hrsg.): ZVEI-Kennzahlensystem: Ein Instrument zur Unternehmenssteuerung. 3. Aufl., ZVEI, Frankfurt am Main 1976.

Bichler, K.; Gerster, W.; Reuter, R.: Logistik-Controlling mit Benchmarking – Praxisbeispiele aus Industrie und Handel. Gabler, Wiesbaden 1994.

Bierer, W.; Liappas, I.: Strategieentwicklung im Real-Time Enterprise (RTE). In: *Scheer, A.-W.; Abolhassan, F.; Bosch, W.* (Hrsg.): Real-Time Enterprise, Mit beschleunigten Managementprozessen Zeit und Kosten sparen. Springer, Berlin et al. 2003, S. 11-23.

BIFOA-Forschungsgruppe MAWI (Hrsg.): Kennzahlenhandbuch der Materialwirtschaft. Köln, Universität Köln, 1980.

Blickle, T.; von der Driesch, M.: Operatives, toolgestütztes Corporate Performance Management mit dem ARIS Process Performance Manager. In: *Scheer, A.-W.* et al. (Hrsg.): Corporate Performance Management: ARIS in der Praxis. Springer, Berlin et al. 2005, S. 45-63.

Bogaschewsky, R.; Rollberg, R.: Prozeßorientiertes [!] Management. Springer, Berlin et al. 1998.

Bühner, R.: Betriebswirtschaftliche Organisationslehre. 8. Aufl., Oldenbourg, München, Wien 1996.

Bünting, F.: Prozessorientierte Managementsysteme: Prozesse richtig definieren, beschreiben und steuern. VDMA, Frankfurt 2004.

Bünting, F.: Standardprozessmodell als Schlüssel zur Prozessmessung. In: VDMA Nachrichten o. Jg. (2005) 7, S. 72-73.

Camp, R.: Benchmarking. Hanser, München, Wien 1994.

Davenport, T.-H.: Process Innovation: Reengineering Work through Information Technology. Harvard Business School Press, Boston 1993.

Derszteler, G.: Prozeßmanagement [!] auf Basis von Workflow-Systemen. Josef Eul, Köln 2000.

Dietrich, L.: Die ersten 100 Tage des CIO- „Quick Wins" und Weichenstellung. In: *Dietrich, L.; Schirra, W.* (Hrsg.): IT im Unternehmen: Leistungssteigerung bei sinkenden Budgets; Erfolgsbeispiele aus der Praxis. Springer, Berlin et al. 2004, S. 45-82.

DIN EN ISO 9000:2000

Dobler, Th.: Kennzahlen für die erfolgreiche Unternehmenssteuerung: Instrumente zur Analyse, Krisenvorbeugung und Unternehmenssicherung. Schäffer-Poeschel, Stuttgart 1998.

Ernst, M.: Beschaffungsmanagement eines Anlagenbauers in globalisierten Märkten. Diss., Hohenheim 2002.

Eversheim, W.: Prozessorientierte Unternehmensorganisation: Konzepte und Methoden zur Gestaltung "schlanker" Organisationen. Springer, Berlin et al. 1995.

Fandel, G.; François, P.; Gubitz, K.-M.: PPS- und integrierte betriebliche Softwaresysteme: Grundlagen, Methoden, Marktanalyse. 2. Aufl., Springer, Berlin et al. 1997.

Fischermanns, G.; Liebelt, W.: Grundlagen der Prozeßorganisation [!]. 5. Aufl., Götz Schmitz, Gießen 2000.

Ford, H.: Mein Leben und mein Werk. 21. Aufl., Paul List, Leipzig 1923.

Fries, S.: Neuorientierung der Qualitätskostenrechnung in prozessorientierten TQM-Unternehmen: Entwurf eines ganzheitlichen Entwicklungsprozesses zur Auswahl von Prozessgrößen. Diss., St. Gallen 1994.

Gabler (Hrsg.): Wirtschaftslexikon. Gabler, Wiesbaden 1988.

Gabler: Wirtschaftslexikon. 16. Aufl., Gabler, Wiesbaden 2005.

Gadatsch, A.: Management von Geschäftsprozessen: Methoden und Werkzeuge für die IT-Praxis: Eine Einführung für Studenten und Praktiker. 2. Aufl., Vieweg, Wiesbaden 2002.

Gaitanides, M.: Prozeßorganisation [!]: Entwicklung, Ansätze und Programme prozeßorientierter [!] Organisationsgestaltung. Vahlen, München 1983.

Gaitanides, M.; Scholz, R. Vrohlings, A.: Prozeßmanagement [!] – Grundlagen und Zielsetzungen. In: *Gaitanides, M.* et al. (Hrsg.): Prozeßmanagement [!]. Hanser, München et al. 1994, S. 1-19.

Gehring, H: Betriebliche Anwendungssysteme: Integrierte betriebliche Informationsverarbeitung. Universität Hagen, Hagen 1996.

Geiß, W.: Betriebswirtschaftliche Kennzahlen: theoretische Grundlagen einer problemorientierten Kennzahlenanwendung. Lang, Frankfurt 1986.

Gierhake, O.: Integriertes Geschäftsprozeßmanagement [!]. Vieweg, Wiesbaden 1998.

Gladen, W.: Kennzahlen- und Berichtssysteme: Grundlagen zum Performance Measurement. 2. Aufl., Gabler 2003.

Gleich, R.: Das System des Performance Management: Theoretisches Grundkonzept, Entwicklung- und Anwendungsstand. Vahlen, München 2001.

Gottwald, K.: Großanlagenbau erzielt Auftragsrekord. In: VDMA Nachrichten o. Jg. (2005) 12, S. 46.

Graumann, M.: Controlling: Begriff, Elemente, Methoden und Schnittstellen. IDW, Düsseldorf 2003.

Griese, J.; Sieber, P.: Betriebliche Geschäftsprozesse: Grundlagen, Beispiele, Konzepte. Haupt, Bern, Stuttgart, Wien 1999.

Groll, K.-H.: Erfolgssicherung durch Kennzahlensysteme. 3. Aufl., Haufe, Freiburg im Preisgau 1990.

Gronau, N.: Führungsinformationssysteme für das Management der Produktion. Oldenbourg, München, Wien 1994.

Grüning, M.: Performance-Measurement-Systeme: Messung und Steuerung von Unternehmensleistungen. DUV, Wiesbaden 2002.

Hammer, M.: Reengineering Work: Don't Automate, Obliterate. In: Harvard Business Review 68 (1990) 7/8, S. 104-112.

Hammer, M.; Champy, J.: Business Reengineering: Die Radikalkur für das Unternehmen. Campus, Frankfurt et al. 1994.

Hansmann, H.; Neumann, S.: Prozessorientierte Einführung von ERP-Systemen. In: *Becker, J.; Kugeler, M.; Rosemann, M.* (Hrsg.): Prozessmanagement: Ein Leitfaden zur prozessorientierten Organisationsgestaltung. 5., überarb. und erw., Aufl., Springer, Berlin et al. 2005, S. 329-372.

Haupt, R.; Planer, D.: Aufgaben und Bestimmungsgrößen der Produktionsprogrammerstellung. In: *Corsten, H.* (Hrsg.): Handbuch Produktionsmanagement: Strategien, Führung, Technologie, Schnittstellen. Gabler, Wiesbaden 1994, S. 75-92.

Hay, P. H.: Allgemeine Kennzeichnung von Projekten des Anlagenbaus. In: *Höffken, E.; Schweitzer, M.* (Hrsg.): Beiträge zur Betriebswirtschaft des Anlagenbaus. Handelsblatt, Düsseldorf 1991, S. 4-16.

Heiob, W.: Technische Auftragsabwicklung mit EDV-Einsatz. In: VDI (Hrsg.): Das internationale Geschäft mit Industrieanlagen: Risiko, Kooperation, Auftragsabwicklung. VDI, Düsseldorf 1984, S. 43-49.

Hering, E.; Triemel, J. (Hrsg.): CAQ im TQM: rechnergestütztes Qualitätsmanagement. Vieweg, Wiesbaden 1996.

Heß, H.: Marktführerschaft durch Process Performance Management: Konzepte, Trends und Anwendungsszenarien. In: *Scheer, A.-W.* et al. (Hrsg.): Innovation durch Geschäftsprozessmanagement: Jahrbuch Business Process Excellence 2004/2005. Springer, Berlin et al. 2004, S. 119-136.

Heß, H.: Von der Unternehmensstrategie zur Prozess-Performance – Was kommt nach Business Intelligence?. In: *Scheer, A.-W.* et al. (Hrsg.): Corporate Performance Management: ARIS in der Praxis. Springer, Berlin et al. 2005, S. 7-29.

Horváth, P.: Controlling. 9. Aufl., Vahlen, München 2003.

IDS Scheer AG

IDS Scheer AG (Hrsg.): ARIS Controlling Platform: ARIS PPM Process Performance Manager. White Paper, September 2004.

Imai, M: Kaizen. Der Schlüssel zum Erfolg der Japaner im Wettbewerb. 12. Aufl., Langen Müller/Herbig, München 1994.

Jacob, H.: Die Planung des Produktions- und Absatzprogramms. In: *Jacob, H.* (Hrsg.): Industriebetriebslehre. 4. Aufl., Gabler 1990, S. 401-590.

Johnson, Th.; Kaplan, R.: Relevance Lost. Harvard Business School Press, Boston 1987.

Kaplan, R.; Atkinson, A.: Advanced Management Accounting. 3. Aufl., Upper Saddle River, New York 1997.

Kaplan, R.; Norton, D.: Balanced scorecard: Strategien erfolgreich umsetzen. Schäffer-Poeschel, Stuttgart 1997.

Keller, W.: Vom Messen von Prozessen. In: VDMA Nachrichten o. Jg. (2006) 01, S. 47-48.

Kern, W.: Kennzahlensysteme als Niederschlag interdependenter Unternehmensplanung. In: Zeitschrift für betriebswirtschaftliche Forschung o. Jg. (1971) 23, S. 701-718.

Kernler, H.: PPS-Controlling. Gabler, Wiesbaden 1996.

Kirsch, J.: Prozessorientiertes Management von Client-Server-Systemen. Gabler, Wiesbaden 1999.

Klingebiel, N.: Performance Management. In: Zeitschrift für Planung 9 (1998) 1, S. 1-15.

Knolmayer, G.; Herbst, H.: Business Rules. In: Wirtschaftsinformatik 35 (1993) 4, S. 386-390.

Kosiol, E.: Organisation der Unternehmung. Gabler, Wiesbaden 1962.

Krcmar, H.: Informationsmanagement. Springer, Berlin et al. 1997.

Kronz, A.: Management von Prozesskennzahlen im Rahmen der ARIS-Methodik. In: *Scheer, A.-W.* et al. (Hrsg.): Corporate Performance Management: ARIS in der Praxis. Springer, Berlin et al. 2005, S. 31-44.

Kurbel, K.: Produktionsplanung und -steuerung: Methodische Grundlagen von PPS-Systemen und Erweiterungen. 5. Aufl., Oldenbourg, München, Wien 2003.

Küting, K.: Kennzahlensysteme in der betrieblichen Praxis. In: Wirtschaftswissenschaftliches Studium o.Jg. (1983) 6, S. 291-296.

Küting, K.; Weber, C.-P.: Die Bilanzanalyse: Lehrbuch zur Beurteilung von Einzel- und Konzernabschlüssen. 5., erw. und aktual. Aufl., Schäffer-Poeschel, Stuttgart 2000.

Lachnit, L: Das Rentabilitäts-Liquiditäts-(R/L-)Kennzahlensystem als Basis controllinggestützter Managementkonzepte. In: *Lachnit, L.; Lange, Chr.; Palloks, M.* (Hrsg.): Zukunftsfähiges Controlling: Konzeptionen, Umsetzungen, Praxiserfahrungen. Vahlen, München 1998, S. 19-44.

Lüling, H.: Produktentwicklung im Anlagenbau. Diss., St. Gallen 1997.

Mertens, P. (Hrsg.): Lexikon der Wirtschaftsinformatik. 3., vollst. neubearb. und erw. Aufl., Springer, Berlin et al. 1997.

Morganski, B.: Balanced scorecard: auf dem Weg zum Klassiker. Vahlen, München 2001.

Muschter, S.: IS-gestütztes Prozessmanagement. Diss., St. Gallen 1998.

Nordsiek, F.: Grundprobleme und Grundprinzipien der Organisation des Betriebsaufbaus. In: DBW 24 (1931) 6, S. 158-162.

Nüttgens, M.; Scheer, A.-W.; Zimmermann, V: Objektorientierte Ereignisgesteuerte Prozeßkette [!] (oEPK) – Methode und Anwendung. In: *Scheer, A.-W.* (Hrsg.): Veröffentlichungen des Instituts für Wirtschaftsinformatik. Heft 141, Saarbrücken 1997.

Ossola-Haring, C.: Das große Handbuch Kennzahlen zur Unternehmensführung: Kennzahlen richtig verstehen, verknüpfen und interpretieren. Moderne Industrie, Landsberg/Lech 1999.

Österle, H. et al.: Business Engineering: Prozeß- [!] und Systementwicklung, Band 1- Entwurfstechniken. 2., verb. Aufl., Springer, Berlin et al. 1995.

Österle, H., Fleisch, E.; Alt, R.: Business Networking- Chancen und Herausforderungen. In: *Österle, H., Fleisch, E.; Alt, R.* (Hrsg.): Business Networking in der Praxis, Beispiele und Strategien zur Vernetzung mit Kunden und Lieferanten. Springer, Berlin et al. 2002, S. 1-13.

Osterloh, M.; Frost, J.: Prozessmanagement als Kernkompetenz: wie Sie Business Reengineering strategisch nutzen können. Gabler, Wiesbaden 1996.

Porter, M.; Fuller, M.: Koalitionen und Globale Strategien. In: *Porter, M.* (Hrsg.): Globaler Wettbewerb. Gabler, Wiesbaden 1989, S. 363-397.

Preißner, A.: Praxiswissen Controlling: Grundlagen - Werkzeuge - Anwendungen. Hanser, Müchen, Wien 1999.

Preißner, A.: Marketing- und Vertriebssteuerung. Hanser, München 2000.

Probst, H.-J.: Kennzahlen leicht gemacht: Welche zählen wirklich?. Redline Wirtschaft, Frankfurt, Wien 2004.

Reichmann, Th.: Controlling mit Kennzahlen und Managementberichten. 6., überarb. und erw. Aufl., Vahlen, München 2001.

Remme, M.: Konstruktion von Geschäftsprozessen: Ein modellgestützter Ansatz durch Montage generischer Prozeßpartikel [!]. Gabler, Wiesbaden 1997.

Rolles, R.: Kontinuierliche Verbesserung von workflow-gestützten Geschäftsprozessen. In: *Scheer, A.-W.; Weber, H.* (Hrsg.): Verbesserung von Geschäftsprozessen mit flexiblen Workflow-Management-Systemen. Physica, Heidelberg 1998, S. 109-133.

Rommel, G. et al.: Einfach überlegen – Das Unternehmenskonzept, das die Schlanken schlank und die Schnellen schnell macht. Schöffer-Poeschel, Stuttgart 1993.

Sames, G.; Büdenbender, W.: Aachener PPS-Modell: Das morphologische Merkmalsschema. 7., Aufl., Forschungsinstitut für Rationalisierung an der RWTH Aachen, Aachen 1998.

Scheer, A.-W.: Prozeßorientierte [!] Unternehmensmodellierung: Grundlagen-Werkzeuge-Anwendungen. Gabler, Wiesbaden 1994.

Scheer, A.-W.: ARIS - Modellierungsmethoden, Metamodelle, Anwendungen, 4. Aufl., Springer, Berlin et al. 2001.

Scheer, A.-W. et al.: Geschäftsprozessmanagement – The 2nd wave. In: IM Fachzeitschrift für Information Management & Consulting 17 (2002) Sonderausgabe, S. 9-15.

Scheer, A.-W.: ARIS - Vom Geschäftsprozess zum Anwendungssystem. 4., durchges. Aufl., Springer, Berlin et al. 2002.

Scheer, A.-W.: ARIS – Von der Vision zur praktischen Geschäftsprozesssteuerung. In: *Scheer, A.-W.; Jost, W.* (Hrsg.): ARIS in der Praxis, Gestaltung, Implementierung und Optimierung von Geschäftsprozessen. Springer, Berlin et al. 2002, S. 1-14.

Scheer, A.-W. et al.: Prozessmanagement durch Geschäftsregeln. In: Controlling 17 (2005) 8/9, S.459-466.

Scheer, A.-W.; Jost,W.: Von der Prozessdokumentation zum Corporate Performance Management. In: *Scheer, A.-W.* et al. (Hrsg.): Corporate Performance Management: ARIS in der Praxis. Springer, Berlin et al. 2005, S. 1-6.

Scheer. A.-W. et al. (Hrsg.): Prozessorientiertes Product Lifecycle Management. Springer, Berlin et al. 2005.

Scheller, M.; Daum, B.: Electronic Business. Addison-Wesley, München 2000.

Schmelzer, H.J.; Buttermilch, K.: Reduzierung der Entwicklungszeiten in der Produktentwicklung als ganzheitliches Problem. In: *Brockhoff, K.* (Hrsg.): Zeitmanagement in Forschung und Entwicklung. Handelsblatt, Düsseldorf 1988, S. 43-73.

Schmelzer, H.; *Sesselmann, W.*: Geschäftsprozessmanagement in der Praxis: Kunden zufrieden stellen – Produktivität steigern – Wert erhöhen. 2. Aufl., Hanser, München 2002.

Schmidt, P.-G.: Mit ERP die Kapazitäten mittelfristig planen. In: VDMA Nachrichten o. Jg. (2005) 05, S. 60-61.

Schmid-Vogt, W.; Mayer, J.: Vom Investitionsgut zum gesamtheitlichen Produkt- und Service Life Cycle. In: *Scheer, A.-W.* et al. (Hrsg.): Innovation durch Geschäftsprozessmanagement. Springer, Berlin et al. 2004, S. 173-188.

Schnittler, V.: ERP-Lösungen im Vergleich. In: VDMA Nachrichten o. Jg. (2005) 08, S. 70-71.

Scholz, Chr.: Strategische Organisation: Prinzipien zur Vitalisierung und Virtualisierung. Moderne Industrie, Landsberg 1997.

Scholz, M.: Industriebetriebslehre. 2., völlig überarb. und erw. Aufl., Vahlen, München 1994.

Schott, G.: Kennzahlen: Instrument der Unternehmensführung. 6. Aufl., Forkel, Stuttgart et al. 1991.

Schütte, R.; *Vering, O.*: Erfolgreiche Geschäftsprozesse durch standardisierte Warenwirtschaftssysteme: Marktanalyse, Produktübersicht, Auswahlprozess. Springer, Berlin et al. 2004.

Siegwart, H.: Produktentwicklung in der industriellen Unternehmung. Paul Haupt, Bern 1974

Siegwart, H.: Kennzahlen für die Unternehmensführung. Paul Haupt, Bern 2003.

Smith, A.: Der Wohlstand der Nationen: Eine Untersuchung seiner Natur und seiner Ursachen. Beck, München 1974.

Spreitzer, O.: Controlling in Prozeßorientierten [!] Organisationen. Diss., St. Gallen 1997.

Staehle, W. H.: Kennzahlen und Kennzahlensysteme: Ein Beitrag zur modernen Organisationstheorie. Diss., München 1967.

Staehle, W. H.: Kennzahlen und Kennzahlensysteme als Mittel der Organisation und Führung von Unternehmen. Gabler, Wiesbaden 1969.

Staehle, W. H.: Kennzahlensysteme als Instrumente der Unternehmensführung. In: Wirtschaftswissenschaftliches Studium 2 (1973) 5, S. 222-228.

Stegmüller, W.: Einleitung: Diskrete Fertigung. In: *Scheer, A.-W.* et al. (Hrsg.): Innovation durch Geschäftsprozessmanagement. Springer, Berlin et al. 2004, S. 171-172.

Töpfer, A.; Mann, A.: Benchmarking: Lernen von den Besten. In: *Töpfer, A.* (Hrsg.): Benchmarking: Der Weg zu Best Practice. Springer, Belin et al. 1997, S. 31-90.

Töpfer, A.: Betriebswirtschaftslehre: Anwendungs- und prozessorientierte Grundlagen. Springer, Berlin et al. 2005.

Ullmann, W.: Controlling logistischer Produktionsabläufe am Beispiel des Fertigungsbereichs. VDI, Düsseldorf 1994.

VDA;VDMA (Hrsg.): Gemeinsame Anliegen von VDA und VDMA zur Tarifrunde 2006 in der Metallindustrie. http://www.vdma.org/ilwwcm/resources /file/eb8501048fe5049/Gemeinsame%20Anliegen%20von%20VDA%20und%20V DMA.pdf. 2005-12-14, Abruf am 2006-01-08.

VDI-EKV (Hrsg.): Angebotsbearbeitung – Schnittstelle zwischen Kunden und Lieferanten: Kundenorientierte Angebotsbearbeitung für Investitionsgüter und industrielle Dienstleistungen. Springer, Berlin et al. 1999.

VDMA: Verband deutscher Maschinen- und Anlagenbauer

VDMA (Hrsg.): VDMA-Kennzahlen vergleichen, verstehen, verändern: Entwicklung und Konstruktion 2002. VDMA, Frankfurt 2002.

VDMA (Hrsg.): VDMA-Kennzahlen vergleichen, verstehen, verändern: Qualitätsmanagement 2002. VDMA, Frankfurt 2002.

VDMA (Hrsg.): VDMA-Kennzahlen vergleichen, verstehen, verändern: Kosten 2002. VDMA, Frankfurt 2003.

VDMA (Hrsg.): VDMA-Kennzahlen vergleichen, verstehen, verändern: Kosten 2002. VDMA, Frankfurt 2003.

VDMA (Hrsg.): VDMA-Kennzahlen vergleichen, verstehen, verändern: Vertrieb 2004. VDMA, Frankfurt 2004.

VDMA (Hrsg.): VDMA-Kennzahlen vergleichen, verstehen, verändern: Fertigung und Montage 2004. VDMA, Frankfurt 2004.

VDMA (Hrsg.): Ansätze für ein Controlling im mittelständischen Maschinen- und Anlagenbau mit Hilfe einer Standard ERP-Lösung. VDMA, Frankfurt 2005.

VDMA (Hrsg.): Kennzahlenkompass: Informationen für Unternehmer und Führungskräfte – Ausgabe 2005. VDMA, Frankfurt 2005.

VDMA (Hrsg.): Maschinenbau 2005 in Zahl und Bild. VDMA, Frankfurt 2005.

VDMA (Hrsg.): VDMA-Kennzahlen vergleichen, verstehen, verändern: Materialwirtschaft 2005. VDMA, Frankfurt 2005.

VDMA (Hrsg.): VDMA-Kennzahlen vergleichen, verstehen, verändern: Kundendienst 2005. VDMA, Frankfurt 2005.

VDMA (Hrsg.): Auftragseingang im Maschinenbau. http://www.vdma.org/ilww cm/resouces/file/eb10f4025682699/060201_AE_Dezember_d.pdf, Abruf am 2006-02-25.

Vollmuth, H. J.: Gewinnorientierte Unternehmensführung: Gewinnsicherung mit einem Kennzahlensystem. Sauer, Heidelberg 1987.

Wahrig, G. (Hrsg.): Deutsches Wörterbuch. Bertelsmann Lexikon, Gütersloh 1991.

Weber, J.: Logistik- und Supply Chain Controlling. 5., aktual. und völlig überarb. Aufl., Schäffer-Poeschel, Stuttgart 2002.

Weber, J.; Schäffer, U.: Balanced Scorecard & Controlling: Implementierung - Nutzen für Manager und Controller - Erfahrungen in deutschen Unternehmen. 2., aktual. Aufl., Gabler, Wiesbaden 2000.

Wiechers, R.; Wortmann, O.: Drittes Wachstumsjahr in Folge. In: VDMA Nachrichten o. Jg. (2006) 02, S. 42-44.

Winkeler, R.; Raupach, E.; Westphal, L.: Enterprise Application Integration als Pflicht vor der Business-Kür. In: IM Fachzeitschrift für Information Management & Consulting 16 (2001) 1, S. 7-16.

Woods, D.: Enterprise Services Architecture. Galileo Press, Bonn 2004.

Wüpping, J.: Wenn der Standard zur Ausnahme wird. In: VDMA Nachrichten o. Jg. (2006) 01, S. 55-57.

Zachau, T.: Prozeßgestaltung [!] in industriellen Anlagengeschäften. DUV, Wiesbaden 1995.

Zwicker, E.: Möglichkeiten und Grenzen der betrieblichen Planung mit Hilfe von Kennzahlen. In: Zeitschrift für Betriebswirtschaft 46 (1976) 46, S. 225-244.

4 Anforderungen & Potentiale der Prozesskostenrechnung auf Basis des Geschäftsprozessmanagements

Katharina Maier

4.1 Geschäftsprozessmanagement

4.1.1 Prozessorientierung

Die unzureichende Beherrschung der Prozesse, die sich negativ auf die Produktivität und Profitabilität von UN auswirkt, hat das Prozessbewusstsein der UN gefördert, das zusätzlich durch die Grundgedanken des Business Process Reengineering[335] verstärkt wurde.[336] Außerdem verlangt die DIN EN ISO 9001:2000[337] eine Erhöhung der Kundenzufriedenheit durch einen prozessorientierten Ansatz, der in der nachfolgenden Abbildung verdeutlicht wird.[338]

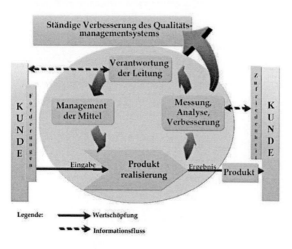

Abbildung 57: Modell eines prozessorientierten Qualitätsmanagementsystems[339]

---

[335] BPR, das Anfang der 90er Jahre von amerikanischen Unternehmensberatungen entwickelt wurde, wird als ein Managementkonzept bezeichnet, das die betrieblichen Prozesse als Kernelement in der Organisation mit einer verstärkten Markt- und Kundenausrichtung betrachtet. (Vgl. Wirtz, B.W. (1996), S.1023 ff.; Gadatsch, A. (2003), S. 4 f.) Dabei wird die Unternehmensstruktur oder die wesentlichen Unternehmensprozesse grundlegend überdacht und radikal umgestaltet mit dem Ziel Verbesserungen um Größenordnungen in den Leistungsgrößen Kosten, Zeit, Qualität und Service zu erreichen. (Vgl. Hammer, M./Champy, J. (2003), S. 48) In der Praxis hat sich dieses Konzept aufgrund der Umsetzbarkeit nicht bewährt, da eine komplette Beseitigung der Organisation und ein anschließender Wiederaufbau nicht möglich und nicht sinnvoll ist. (Vgl. Schmelzer, H.J./Sesselmann, W. (2004), S. 252 f.)

[336] Vgl. Wilhelm, R. (2003), S. 15

[337] Während die DIN EN ISO 9000:2000 die Grundlagen für das QM legt, definiert die DIN EN ISO 9001 Anforderungen an das Qualitätsmanagementsystem, die eine Leistungserbringung (Produkte bzw. Dienstleistungen) gemäß der externen Einflussfaktoren (Kunden und Behörden) beinhalten. Durch die DIN EN ISO 9004 wird den UN ein Leitfaden zur Verfügung gestellt, der zur Erfüllung der von den Kunden, Behörden und weiteren Interessengruppen gestellten Anforderungen beitragen soll. (Vgl. Scheibeler, A.W. (2003), S.48 f. Vgl. dazu auch: Lobinger/Lehner/Gietl (2001), S. 36 f.; Bartholme, P. (2005), S. 4; Harmeier, J. (2005), S. 4 f)

[338] Vgl. DIN EN ISO 9001:2000 (2003), S. 56

[339] DIN EN ISO 9001:2000, S. 58

Die vorherige Abbildung verdeutlicht einen systemorientierten Ansatz einer Kunden- und Prozessorientierung, der mit einem ständigen Verbesserungsprozess zu belegen ist.[340] Dabei ist in der vertikalen Betrachtung die Unternehmensleitung dafür verantwortlich, dass die strategische Ausrichtung (Kundenanforderungen und -zufriedenheit) operationalisiert wird, indem in der horizontale Betrachtungsweise die wertschöpfende Produktrealisierung mit Hilfe des Ressourcenmanagements, Messung, Analyse und Verbesserung der Prozesse die Kundenbedürfnisse befriedigt werden.[341] Zur Anwendung dieses Modells in der Praxis ist die Orientierung an Geschäftsprozessen und GPM zu empfehlen, weil damit die Anforderungen der DIN EN ISO 9001:2000 erfüllt werden können.[342]

4.1.2 Grundbegriffe, Ziele und Aufgaben des Geschäftsprozess-managements

Der Begriff Prozess wird als ein Bündel von Ressourcen und Tätigkeiten, die in Wechselwirkungen zueinander stehen und Eingaben (Input) in Ergebnisse (Output) umgewandelt werden, betrachtet.[343] Dagegen können in der nachfolgenden Abbildung **Geschäftsprozesse** (im Folgenden abgekürzt: GP) als eine zielgerichtete zeitlich-logische Reihe von wertschöpfenden Aktivitäten mit Input-Output-Beziehungen, die am internen oder externen Kundennutzen ausgerichtet sind, zum Zweck einer Leistungserstellung definiert werden.[344] Unter Einsatz von Ressourcen (Input) wird ein Ergebnis (Output) erzeugt, das für den internen oder externen Kunden einen Wert darstellt und für das UN von strategischer Bedeutung ist.[345] Somit sind unter dem Begriff GP nicht nur die unternehmensinternen Aktivitäten, sondern auch die von Kunden, Lieferanten und anderen Geschäftspartnern erbrachte Leistungen zu berücksichtigen.[346]

---

[340] Vgl. Schmelzer, H.J./Sesselmann, W. (2004), S. 29
[341] Vgl. Pfitzinger, E. (2003), S. 19. Der laufende Verbesserungsprozess kann z.B. mit der methodischen Unterstützung des PDCA-Modells (Plan, Do, Check, Act) zur Optimierung der Prozesse erfolgen. (Vgl. DIN EN ISO 9001:2000 (2003), S. 57) Dabei bilden die Phasen der Planung der Verbesserungsmaßnahme (Plan), Erprobung (Do), Überprüfung und Beurteilung (Check) und schließlich die Einführung der Lösung (Act) einen Kreislauf, durch den die Prozesse optimiert werden können. (Vgl. Jung, B. (2002), S. 93. Vgl. dazu auch: DIN EN ISO 9001:2000 (2003), S. 57)
[342] Vgl. Schmelzer, H.J./Sesselmann, W. (2004), S. 29 ff.
[343] Vgl. DIN EN ISO 9001:2000 (2003), S. 56. In der Praxis orientiert sich ein Prozess jedoch am Markt und ist durch eine Kernkompetenz gekennzeichnet. (Vgl. Helfrich, C. (2002), S. 102)
[344] Vgl. Gadatsch, A. (2003), S. 29. Vgl. dazu auch: Gabler Wirtschafts-Lexikon (2000), S. 1267; Harmeier, J. (2005), S. 2 f.
[345] Vgl. Hansen (2005), S. 3 f.
[346] Vgl. Scheer A.W. (2002), S. 3. Vgl. dazu auch: Becker, J./Kahn, D. (2003), S. 7. Wird ein GP komplett bzw. teilweise automatisiert, kann die Bezeichnung des Workflows verwendet werden. (Vgl. Gadatsch, A. (2003), S. 33)

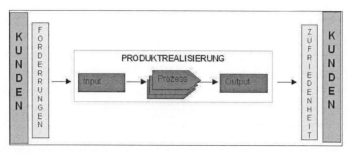

Abbildung 58: Geschäftsprozess[347]

GPM wird als „...ein integriertes Konzept von Führung, Organisation und Controlling der GP..." bezeichnet.[348] Im Rahmen der Führung der GP ist die Zielerreichung der GP durch die Prozessverantwortlichen (Process Owner) anzustreben. Dabei werden mit Hilfe der Prozessorganisation die GP identifiziert und gestaltet, um eine Eingliederung der GP in die Unternehmensorganisation zu gewährleisten.[349] In Verbindung mit Prozesskennzahlen und Prozessberichtswesen versucht das Prozesscontrolling eine Steuerung und Transparenz der GP zu ermöglichen, indem die Prozesskriterien Zeit, Kosten und Qualität zu Entscheidungsfindungen herangezogen werden.[350] Folglich besteht die Aufgabe des GPM darin, die GP zu planen, modellieren, installieren, permanent zu überwachen und zu optimieren.[351]

Ziel des GPM ist es eine Steigerung der Effektivität und Effizienz zu gewährleisten, das zur Erhöhung des Unternehmenswertes einen erheblichen Beitrag leistet.[352] Während die Effektivität darauf beruht „das Richtige zu tun", fixiert die Effizienz die Aufgabe „etwas richtig zu tun".[353] Da die **Effektivität** die Bedürfnisse der Kunden und

---

[347]   In Anlehnung an: DIN EN ISO 9001:2000, S. 58

[348]   Schmelzer, H.J. (2004), S. 25

[349]   Vgl. Schmelzer, H.J. (2004), S. 25

[350]   Vgl. Schmelzer, H.J. (2004), S. 25 Vgl. dazu auch: Bauer, G. (2000), S. 145. Controlling wird im Rahmen des Prozesscontrollings als Werkzeug zur Unterstützung von Prozessen betrachtet. (Vgl. Stöger, R. (2005), S. 185) Dabei kommt dem Controlling die Funktion eines Navigators hinzu, denn aufgrund des Wettbewerbsdrucks und sich zunehmend unvorhersehbaren und permanent wandelnden Marktsituation ist die strategische Marktorientierung und die Konzentration auf die Effizienz des Controllings unabdingbar. (Vgl. Horváth, P. (2001), S. 33) Das Controlling der GP kann mit dem bewährten Instrument Balanced Scorecard zur Bildung, Messung und Erreichung der Prozessziele eingesetzt werden. (Vgl. Bauer, G. (2000), S. 148) Das Prozesscontrolling ist von der PRKR hinsichtlich der Controllingkriterien abzugrenzen. Denn die PRKR übernimmt die Steuerungsfunktion des Kriteriums Kosten. (Vgl. Bauer, G. (2000), S. 145)

[351]   Vgl. Scheer/Thomas/Wagner (2003), S. 740. Unter Modellierung der GP ist die Repräsentation der GP in einem Modell zu verstehen, um Potenziale zur Effizienzsteigerung erkennen und einleiten zu können. (Vgl. Scheer/Thomas/Wagner (2003), S. 740) Dabei können die GP mit Hilfe von ereignisgesteuerten Prozessketten mit Softwarewerkzeugen wie ARIS-Tollset systematisch gestaltet werden. (Vgl. Scheer, A.W./Thomas, O. (2005), S. 1069) Zu Ereignisgesteuerten Prozessketten und ARIS-Toolset vgl. Scheer, A.W./Thomas, O. (2005), S. 1069-1078

[352]   Vgl. Schmelzer, H.J. (2004), S. 25. Vgl. dazu auch: Gaitanides, M. (2002), S. 197; Scheer/Thomas/Wagner (2003), S. 740

[353]   Vgl. Schmelzer, H.J. (2004), S. 25 f.

anderer Interessengruppen berücksichtigt (Bestimmung richtiger Zielmärkte, Kundengruppen, Kernkompetenzen und Produkte), kann ihr eine strategische Bedeutung zugeteilt werden.[354] Unter den **Effizienz**gesichtspunkten sollen die strategisch gesetzten Ziele operationalisiert werden, indem eine Optimierung der Effizienzparameter Zeit, Qualität und Kosten angestrebt wird.[355] Zur Erreichung der Kostenziele wird die PRKR auf der Grundlage des GPM eingesetzt.[356] An dieser Stelle kann die Verbindung vom GPM zur PRKR gezogen werden, da die PRKR als Instrument der Rationalisierung die Reduzierung der Kosten mit anschließender Prozessoptimierung anstrebt.[357]

4.1.3 Vorgehensweise bei der Einführung des Geschäftsprozess-managements

Für die Ermittlung der Prozesskosten wird die Identifizierung und Analyse der betrieblichen Prozesse vorausgesetzt.[358] Bei der Identifizierung und Analyse der GP kann die top-down oder bottom-up Vorgehensweise gewählt werden. Während im Rahmen des top-down Ansatzes die GP aus der Geschäftsstrategie abgeleitet und analysiert werden, bilden beim bottom-up Ansatz die einzelnen Tätigkeiten die Grundlage für die Identifizierung und Analyse der GP.[359] Aufgrund der Orientierung an externen und internen Einflussfaktoren, die in der Geschäftsstrategie fundiert sind, ist die top-down Vorgehensweise zu empfehlen.[360] Dadurch lassen sich schneller bessere und zielgerichtete Ergebnisse erreichen.[361]

Hat sich ein UN dazu entschlossen das Konzept des GPM auf der Grundlage des top-down Ansatzes zu implementieren, kann die Einführung unter der Berücksichtigung der DIN EN ISO 9004:2000[362] (Leitfaden zur Leistungs-verbesserung) in sechs Schritten, die in der nachfolgenden Abbildung dargestellt werden, erfolgen.

---

[354]   Vgl. Schmelzer H.J./Sesselmann, W. (2004), S. 2 f.
[355]   Vgl. Pfeifer/Borghese/Sommerhäuser (2005), S. 3. Vgl. dazu auch: Schmelzer H.J./Sesselmann, W. (2004), S. 3
[356]   Vgl. Bauer, G. (2000), S. 145
[357]   Vgl. Hering, E./Rieg, R. (2002), S. 72
[358]   Vgl. Wilhelm, R. (2003), S. 15. Vgl. dazu auch: Gadatsch, A. (2003), S. 22
[359]   Vgl. Schmelzer, J./Sesselmann, W. (2004), S. 77
[360]   Vgl. Schmelzer, J./Sesselmann, W. (2004), S. 78 f. Vgl. dazu auch: Gadatsch, A. (2003), S. 22
[361]   Vgl. Ebert, G. (2004), S. 217
[362]   Vgl. DIN EN ISO 9004:2000 (2003), S. 110 ff.

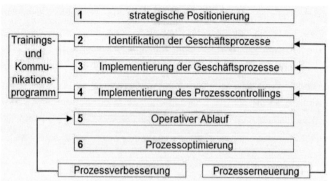

Abbildung 59: Ablaufphasen des Geschäftsprozessmanagements[363]

Vor der Einführung des GPM sind im ersten Schritt die strategischen Ziele des UN von der Unternehmensleitung zu identifizieren.[364] Hierbei kann die **strategische Positionierung** nach Kriterien wie Geschäftsfelder, Produktportfolio, Qualität der Produkte, Zielgruppen, Marktauftritt und interne Rentabilitätsziele gebildet werden.[365] Daraufhin ist im zweiten Schritt die **Identifizierung der GP** unter Mitwirkung der Unternehmensleitung und erfahrenen Fachpersonen im Rahmen eines Managementworkshops durchzuführen. Dabei werden die GP, an der strategischen Positionierung des UN ausgerichtet, definiert und in der Prozesslandkarte abgebildet.[366] Hierbei können die GP in Führungs-, Kern-, und Unterstützungsprozesse unterteilt werden.[367] Da strategieorientierte *Führungsprozesse* (Managementprozesse) zur Leitung und Lenkung des operativen Geschäfts unumgänglich sind, übernehmen sie entscheidende und regelnde

---

[363] Schmelzer, J./Sesselmann, W. (2004), S. 294
[364] Zu den Ablaufphasen des GPM vgl. im Folgenden Schmelzer, H.J./Sesselmann, W. (2004), S. 303 ff. Erläuternd dazu vgl. Pfitzinger, E. (2003), S. 43 ff.; DIN EN ISO 9004:2000 (2003), S. 131; Wittig, K.J. (2002), S. 55 f., 128; Rosemann/Schwegmann/Delfmann (2003), S. 54; Groh, P.E. u.a. (2004), S. 98
[365] Zu strategischer Positionierung vgl. Kerth, K./Püttmann, R. (2005), S. 185 ff. Bevor mit der Identifizierung der GP begonnen wird, ist es zu empfehlen die Belegschaft über die Einführung des GPM zu informieren, um die Unterstützung der Mitarbeiter zu sichern und möglichen Widerstand, der auf Rationalisierungsmaßnahmen und somit auf Verlust des Arbeitsplatzes zurückgeführt werden kann, im Voraus zu vermeiden. (Vgl. Pfitzinger, E. (2003), S. 44 f.)
[366] Die Prozesslandkarte, die GP abbildet, ist ein gutes Instrument zur Veranschaulichung der Wechselbeziehung und Nahtstellen (Schnittstellen) zwischen den GP. (Vgl. Schmelzer, J./Sesselmann, W. (2004), S. 60)
[367] Vgl. Haselbacher, M. u.a. (2002), S. 28. Vgl. dazu auch: Becker, J./Meise, V. (2003), S. 131. Aufgrund der Abgrenzungsschwierigkeiten von Führungs- und Unterstützungsprozessen können die GP auch in primäre GP (wie Innovation, Produktplanung, -entwicklung, Vertrieb, Auftragsabwicklung und Service) und sekundäre GP (wie Strategieplanung, Personal-, Ressourcenmanagement, IT, Controlling und QM) unterteilt werden. (Vgl. Schmelzer, H.J./Sesselmann, W. (2004), S. 56 f.)

Funktionen.[368] Dagegen leiten sich *Kernprozesse* aus dem Kerngeschäft des UN ab.[369] Sie sind dadurch gekennzeichnet, dass sie wertschöpfend sind, ein externer Kunde am Anfang und Ende des Prozesses steht und sie wesentlich zum Unternehmenserfolg und zur Kundenzufriedenheit beitragen.[370] Die *unterstützenden Prozesse* (Supportprozesse) begleiten die Kernprozesse, indem sie zweckbezogene Daten (Informationen) dem Kerngeschäft zur Verfügung stellen, durch verwaltungstechnische Tätigkeiten die Wertschöpfung unterstützen und dadurch die Basis für die Kernprozesse bilden.[371] Auf der Grundlage der definierten GP wird anschießend die Prozessaufbaustruktur grob vordefiniert, indem die GP weiter in Teilprozesse (im Folgenden abgekürzt: TP) unterteilt, Messgrößen und Prozessverantwortliche festgelegt werden.

Im dritten Schritt sind bei der **Implementierung der GP** die Teilprozessverantwortlichen zu ernennen sowie die Prozess- und Management-Teams[372] zu bilden. Hier wird die endgültige hierarchische Prozessstruktur festgelegt. Dabei werden die vordefinierten GP und TP durch die Prozess-Teams unter Mitwirkung der Teilprozessverantwortlichen überprüft, und die TP auf Prozess- und Arbeitsschritte heruntergebrochen. Durch eine zeitlich logische Verknüpfung der TP bzw. Prozessschritte wird anschließend die Prozessablaufstruktur festgelegt, die zur Veranschaulichung und Dokumentation in Diagrammen zu visualisieren ist.[373]

---

[368] Vgl. Jung, B. (2002), S. 22 Vgl. dazu auch: Wilhelm, R. (2003), S. 80; Horváth & Partners-Studie (2004), S. 6. Denn im Hinblick auf die Unternehmenswertsteigerung ist die Optimierung der operativen GP allein nicht ausreichend. (Vgl. Horváth & Partners-Studie (2004), S. 6)

[369] Vgl. Haselbacher, M. u.a. (2002), S. 28 Vgl. dazu auch: Stöger, R. (2005), S. 10. Kernprozesse können auch als Wertschöpfungs- oder Schlüsselprozesse bezeichnet werden. (Vgl. Wilhelm, R. (2003), S. 80)

[370] Vgl. Schmelzer H.J. (2004), S. 12. Vgl. dazu auch: Gadatsch, A. (2003), S. 32

[371] Vgl. Jung (2002), S. 22. Vgl. dazu auch: Haselbacher, M. u.a. (2002), S. 28; Becker, J./Kahn, D. (2003), S. 7; Stöger, R. (2005), S. 10; Wilhelm, R. (2003), S. 80

[372] Während die Prozess-Teams aus Teilprozessverantwortlichen bestehen, setzt sich das Management-Team aus der Geschäftsleitung und den Geschäftsprozessverantwortlichen zusammen, die die Steuerung der GP während der Einführung und bei der anschließenden Optimierung übernehmen. (Vgl. Schmelzer H.J./Sesselmann, W. (2004), S. 110)

[373] Dabei sind die Prozesskriterien wie Ziele, durchgeführte Tätigkeiten, Verantwortliche der Tätigkeitsdurchführung, Inputs, Outputs, Einrichtungen, Schnittstellen zu anderen Prozessen, Bewertungskriterien zur Überwachung der Prozessleistungen und ergänzende Abwicklungskriterien zu beachten. (Vgl. Jung, B. (2002), S. 48 f.; Lobinger/Lehner/Gietl (2001), S. 64) Die Darstellung kann mittels Symbolen nach DIN 66001 oder Standardsymbolen Prozess-Organisations-Diagramme (swim lane charts bzw. Abteilungsmatrix), Flussdiagramme mit Input und Output oder integrierte Flussdiagramme unter Berücksichtigung der oben genannten Prozesskriterien eingesetzt werden. (Vgl. Haselbacher, M. u.a. (2002), S. 30 f. Vgl. dazu auch: Lobinger/Lehner/Gietl (2001), S. 65 f.; Jung, B. (2002), S. 52 f.) Die Darstellung der Ablaufsstruktur mittels Prozess-Organisations-Diagrammen liefert wertvolle Informationen bezüglich organisatorischer Schwachstellen. Weil hierbei der Verantwortungswechsel im Prozessablauf visualisiert wird, werden Schnittstellen im Prozess sichtbar. (Vgl. Schmelzer, H.J./Sesselmann, W. (2004), S. 97)

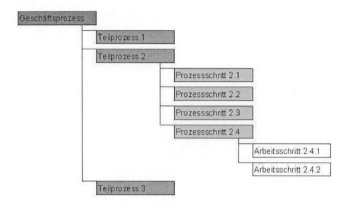

Abbildung 60: Hierarchische Prozessstruktur[374]

Anschließend wird im vierten Schritt die **Implementierung des Prozesscontrollings,** die Festlegung der Leistungsparameter und Etablierung eines Berichtssystems mit einschließt, vollzogen. Aufgabe der Prozess-Teams ist es nun Messgrößen der GP, die im Rahmen des Managementworkshops durch die Management-Teams definiert wurde, zu überprüfen und auf die TP der GP runterzubrechen. Hierbei können neben der Kundenzufriedenheit die Kennzahlen bezüglich der Prozesszeit, Prozesskosten und Prozessqualität definiert werden. Diese sind mit Zielwerten zu belegen und in ein Prozessberichtssystem zu integrieren.

Die Etablierung des Prozesscontrollings fundiert den operativen Einsatz des GPM. Folglich kann im fünften Schritt der **operative Ablauf** und die Steuerung der GP erfolgen.

Im sechsten Schritt kann die **Optimierung der GP** über kontinuierliche **Prozessverbesserung** mit den Methoden Total Cycle Time, KAIZEN oder Six Sigma oder über **Prozesserneuerung** wie Business Process Reengineering (BPR) erfolgen.[375] Aufgrund der radikalen Umgestaltung beim BPR sind die Schritte zwei, drei und vier erneut durchzuführen bzw. anzupassen. Dagegen sind bei der

---

[374] Schmelzer, H.J. (2004), S. 47
[375] Die Anforderung der ständigen Verbesserung wir durch die ISO 9001:2000 aufgestellt. (Vgl. DIN EN ISO 9001:2000 (2003), S. 78) Die Vorgehensweise der Prozessverbesserungsmethoden vollzieht sich nach dem PDCA-Zyklus. (Vgl. Schmelzer, H.J./Sesselmann, W. (2004), S. 255) Zur Abgrenzung der Prozessverbesserung von der Prozesserneuerung Zu Total Cycle Time vgl. Schmelzer, H.J./Sesselmann, W. (2004), S. 258 ff.
Zu KAIZEN vgl. Teufel, P. (2003), S. 504 ff.; Stevens, F. u.a. (2005a), S. 472; Horváth, P./Reichmann, T. (2003), S. 365. Zu Six Sigma vgl. Schmelzer, H.J./Sesselmann, W. (2004), S. 270 ff.

Prozessverbesserung, begründet durch ihre inkrementelle Vorgehensweise, Rückkoppelungen nur zum Schritt fünf festzustellen. Bei der Implementierung des GPM ist darauf zu achten, dass die Phasen der Identifizierung und Implementierung durch intensives Training und Kommunikation begleitet werden. Denn vor allem in der Einführungsphase ist die Unterstützung der Belegschaft unabdingbar, nicht nur aufgrund des möglichen Widerstandes der Mitarbeiter, sondern auch aufgrund der fachlichen Kompetenz der mitwirkenden Personen.

4.2 Prozesskostenrechnung

4.2.1 Begriffsabgrenzung, Ziele, Aufgaben und Prämissen

Der anglo-amerikanische Ansatz des **Activity Based Costing** (im Folgenden abgekürzt: ABC), das Ende der 80er Jahre in den USA von *Cooper und Kaplan* geprägt wurde, legte die Grundidee für die PRKR.[376] Erstmals entstand der Gedanke die Kosten nicht auf der Basis von Ressourcen, sondern auf der Grundlage der auszuführenden Aktivitäten auf die Kostenträger zu verrechnen.[377]

Der Grundgedanke des ABC wurde von *Horváth und Mayer* an die deutsche Rechnungslegung und Kostenrechnung angepasst und 1989 als **PRKR** im deutschsprachigen Raum deklariert.[378] Die PRKR baut auf der traditionellen Kostenarten- und Kostenstellenrechnung auf und ergänzt durch eine prozessorientierte Kalkulation die vorhandene Kostenrechnung.[379] Denn für die Ermittlung der Teilprozesskostensätze (im Folgenden abgekürzt: TPKS) ist die Bewertung der Kostenstellenkosten erforderlich, was zur Notwendigkeit der Kostenstellenrechnung führt und die PRKR zum zusätzlichen Kostenrechnungsinstrument macht.[380]

Die PRKR unterscheidet sich von der ABC dahingehend, dass

- in der PRKR in leistungsmengeninduzierte und -neutrale Prozesse unterschieden wird,

---

[376] Vgl. Cooper, R./Kaplan, R.S. (1988), S 96 ff.

[377] Vgl. Cooper, R. (1990), S. 210 f. Vgl. dazu auch: Atkinson, A.A. u.a. (1997), S. 20; Kaplan, R.S./Aktinson, A.A. (1998), S. 97. Denn die amerikanische Kostenrechnung war aufgrund der fortschreitenden Technologie und des zunehmenden Wettbewerbs nicht in der Lage Wirtschaftlichkeitskontrollen in Form von Leistungsbeurteilung durch Kontrolle der Prozesse und Produktkosten durchzuführen. (Vgl. Johnson, H.T./Kaplan, R.S. (1987), S. XI und 39 ff.) Somit war eine verursachungsgerechte Verteilung der Kosten auf die Kostenträger nicht mehr gewährleistet, was die Effektivität und Effizienz eines UN negativ beeinflussen kann. Durch das ABC sollte vor allem die Transparenz der Produktkosten und somit des Ressourceneinsatzes erhöht werden, indem neben direkten Bereichen (wie Fertigung) indirekte Bereiche (wie Beschaffung, Logistik, Marketing, Vertrieb, Rechnungswesen, Datenverarbeitung, allgemeine Verwaltung) verursachungsgerecht berücksichtigt werden. (Vgl. Horngren/Datar/Foster (2003), S. 141; Cooper, R./Kaplan, R.S. (1988), S 97)

[378] Vgl. Horváth, P./Mayer, R. (1989), S. 214 ff.

[379] Vgl. Horváth, P./Reichmann, T. (2003), S. 623. Vgl. dazu auch: Horváth, P./Mayer, R. (1989), S. 216 ff.

[380] Vgl. Benz, A./Britzelmaier, B. (2000), S. 34

- die PRKR ein an die deutsche Rechnungslegung angepasstes Kostenrechnungssystem ist,

- eine Verdichtung von Teil- zu Hauptprozessen durchgeführt wird und

- eine prozessorientierte Kalkulation (Losgrößen- und variantenzahlabhängige Prozessmenge) möglich ist.[381]

Die **Ziele** der PRKR bestehen darin, eine Kostentransparenz vor allem in den Gemeinkostenbereichen zu schaffen und eine Verbesserung der Produktkalkulation zu gewährleisten, indem eine genauere Allokation der Kosten auf die Kostenträger erfolgt.[382] Die **Aufgabe** der PRKR liegt in der Unterstützung der strategisch-langfristigen Planung sowie mittel- bis kurzfristigen Reduzierung und Steuerung der Kosten durch Kostenkontrollen.[383] Die Kostenkontrolle wird durch prozess- und verursachungsgerechte Zuteilung der Kosten (z.B. Kundenaufträge) den Prozessobjekten, über alle Bearbeitungsstationen hinweg, vollzogen.[384] Damit kann die PRKR als Instrument des strategischen und operativen Kostenmanagements betrachtet werden.[385]

Die wirtschaftlich sinnvolle Anwendung der PRKR setzt repetitive (wiederholende) Tätigkeiten, einen proportionalen Zusammenhang zwischen den Kostentreibern und Prozesskosten, Definition unternehmensindividueller Kostentreiber, detaillierte Erfassungsdaten (Kosten und Prozessobjekte), Prozessanalysen und einen kausalen Zusammenhang zwischen den Gemeinkosten und Produkten voraus.[386] Erst bei Erfüllung dieser **Prämissen** ist eine verursachungsgerechte Kalkulation gewährleistet.

4.2.2 Vergleich mit der traditionellen Kostenrechnung

An die Planungs- und Kontrollfunktion des betrieblichen **Kostenrechnungssystems**[387] werden Anforderungen der Beeinflussung, Fundierung und Kontrolle von Entscheidungen gestellt.[388] Im Folgenden soll

---

[381] Vgl. Stoi, R. (1999), S. 15
[382] Vgl. Jäger-Goy, H. (2000), S. 492. Vgl. dazu auch: Coners, A. (2003), S. 255; Brokemper, A./Gleich, R. (1999), S. 77; Littkemann/Eisenberg/Stark (2005), S. 356
[383] Vgl. Horváth, P. (2003), S. 553; Mayer, R. (2001), S. 29
[384] Vg. Helfrich, C. (2002), S. 32;
[385] Während operatives Kostenmanagements auf kurz- bis mittelfristiger Sicht Maßnahmen innerhalb gegebener Strukturen und Kapazitäten ergreift, ist das strategische Kostenmanagement auf längerfristige Sicht zu betrachten, da es durch variable Strukturen und Kapazitäten geprägt ist. (Vgl. Hardt, R. (2002) S. 7 f.)
[386] Vgl. Preißler, P. (2005), S. 215 f. Die Analyse der Prozesse liefert Aufschluss über repetitive und einmalige (nicht repetitive) Tätigkeiten wie z.B. kreative, innovative Projektleistung.
[387] Kostenrechnungssysteme können auf Voll- oder Teilkostenbasis basieren, Ist-, Normal- oder Plankosten zum unternehmensindividuellen Zweck erfassen, speichern und auswerten. (Vgl. Gabler Wirtschaftslexikon (2000), S. 1848)
[388] Vgl. Coenenberg, A.G. (2003), S. 18; Gabler Wirtschaftslexikon (2000), S. 1848; Michel/Torspecken/Jandt (2004), S. 24 ff Die Kontrollaufgaben zielen auf die Wirtschaftlichkeits- und Erfolgskontrolle ab, während die Planungsaufgaben Grundlagen für Entscheidungsfindung und -vollzug legen. (Vgl. Coenenberg, A.G. (2003), S. 18)

festgestellt werden inwieweit eine prozessorientierte Kostenrechnung den Planungs- und Kontrollaufgaben gegenüber der traditionelle Kostenrechnung besser nachkommen kann, um den gestellten Anforderungen gerecht zu werden.

Die PRKR weist gegenüber der traditionellen Kostenrechnung Allokations-, Degressions- und Komplexitätseffekte auf.[389] Diese führen zu einer verursachungsgerechteren Gemeinkostenverrechnung und Steigerung der Kosten- und Ressourcentransparenz.[390] Dadurch wird eine Verbesserung der Kalkulation, eine verbesserte Planung und Steuerung der indirekten Bereiche im Rahmen des strategischen Kostenmanagements sowie eine strategieorientierte Gestaltung des Produkt-Mix ermöglicht.[391] Aufgrund des dadurch entstehenden strategischen Informationsvorsprungs der PRKR kann die prozessorientierte Kostenrechnung den Planungs- und Kontrollaufgaben besser nachkommen. Demzufolge kann die PRKR die gestellten Anforderungen der Beeinflussung, Fundierung und Kontrolle von Entscheidungen erfüllen. Somit kann die Vorteilhaftigkeit eines prozessorientiertes Kostenrechnungssystems dargestellt werden, wobei die PRKR jedoch das bestehende Kostenrechnungssystem im UN nicht ersetzen kann,[392] da sie zum einen als Vollkostenrechnung konzipiert ist und zum anderen nicht alle Unternehmenstätigkeiten in Prozessen abbilden kann.[393] Resultierend daraus kann eine Einführung der PRKR als Ergänzung zur vorhandenen Kostenrechnung aufgrund der Allokations-, Degressions- und Komplexitätseffekte für UN, die von Veränderungen der Wertschöpfungs- und Kostenstruktur betroffen sind, empfohlen werden. Wie bereits beschrieben, kann die Einführung der PRKR auf der Grundlage der bottom-up oder der top-down Methode erfolgen, das im nachfolgenden Gliederungsabschnitt beschrieben und kritisch analysiert wird.

---

[389] Vgl. Coenenberg, A.G. (2003), S. 222. Der Allokationseffekt kommt aufgrund der genaueren Verrechnung der GK auf die Produkte mit Hilfe von Prozesskostensätzen, zustande. Während die GK bei der Zuschlagskalkulation über Zuschlagssätze unverändert auf die Produkte verrechnet werden, verrechnet die PRKR GK, die von Bezugsgrößen (z.B. Stückzahl) unabhängig sind, bei zunehmender Stückzahl im Vergleich zur traditionellen Zuschlagskalkulation weniger GK, das zu Degressionseffekten führt. Da die PRKR Transparenz in komplexe Produktreihen hineinbringt, werden richtigerweise bei Spezialprodukten die GK in höherem Ausmaß berücksichtigt als bei Standardprodukten. (Vgl. Coenenberg, A.G. (2003), S. 222 f.; Steger, J. (2001), S. 558 ff. Vgl. dazu auch: Kümpel, T. (2004), S. 1025)

[390] Vgl. Coenenberg, A.G. (2003), S. 222 ff.

[391] Vgl. Michel/Torspecken/Jandt (2004), S. 259, Coenenberg (2003), S. 217 ff.; Horngren/Datar/Foster (2003), S. 149 Vgl. dazu auch: Ossadnik, W./Maus, S. (1995), S. 147 ff.; Homburg, C. (2001), S. 246; Dierkes, S. (2005), S. 333; Lange, C./Martensen, O. (2003), S. 259, 263. Durch die Ermittlung der Prozesskostensätze (Verrechnungssätze) ermöglicht die PRKR eine monetäre Bewertung der Unternehmensprozesse. (Vgl. Hirschmann, P./Scheer, A.W. (1994), S. 190; Gadatsch, A. (2003), S. 242) Dadurch wird eine analytisch-mengenorientierte Planung der Gemeinkosten möglich, die mit Hilfe von Soll-Ist-Vergleichen im Rahmen der Budgetierung zur permanenten Planung, Kontrolle und Steuerung der Gemeinkosten eingesetzt werden kann. (Vgl. Horváth, P. (2003), S. 557)

[392] Vgl. Steger (2001), S. 144; Michel/Torspecken/Jandt (2004), S. 256

[393] Vgl. Michel/Torspecken/Jandt (2004), S. 254 ff.

4.2.3 Einführung der Prozesskostenrechnung

4.2.3.1 Vorgehensweise nach der bottom-up Methode

Bei der bottop-up Methode bilden die einzelnen Aktivitäten (Tätigkeiten) die Ausgangsbasis für die Einführung der PRKR. Diese kann dem Schema nach *Horváth und Mayer* folgende Schritte beinhalten:

Festlegung der Unternehmensbereiche und Zielsetzungen

Bildung der Hauptprozesshypothesen

Tätigkeitsanalyse

Durchführung der Prozesskostenstellenrechnung

Teilprozessverdichtung zu Hauptprozessen[394]

Im **ersten Schritt** sind die einzubeziehenden Unternehmensbereiche, für diese die Prozessanalyse und Prozesskostenermittlung stattfinden soll, zu definieren und klare angestrebte Ziele festzulegen. Anschließend werden im **zweiten Schritt** Hypothesen zu möglichen Hauptprozessen und Maßgrößen (Cost Driver) gebildet. Diese sind aus der Unternehmensstruktur und den Zielsetzungen der Einführung der PRKR abzuleiten, um die daran anschließende Tätigkeitsanalyse gezielt steuern zu können. Darauf aufbauend werden im **dritten Schritt** die Tätigkeiten der eingegrenzten Unternehmensbereiche analysiert.[395] Dabei werden ausgehend von den einzelnen Tätigkeiten TP gebildet, die in leistungsmengeninduzierte (im Folgenden abgekürzt: lmi) und leistungsmengenneutrale (im Folgenden abgekürzt: lmn) TP unterschieden werden.[396] An dieser Stelle sind im Rahmen von Interviews mit den Kostenstellenleitern die Kapazitäten (Prozesszeiten) der TP und Kostentreiber (Prozessmenge) für die lmi TP zu definieren. Daraufhin werden im **vierten Schritt** die Prozesskosten der lmi TP ermittelt sowie die lmn Teilprozesskosten (im Folgenden abgekürzt: TPK) umgelegt. Die lmn TPK können entweder proportional zu der Höhe der lmi TPK oder als Block erfasst und auf die Einzel- und lmi TPK mit prozentualen Zuschlägen verteilt werden.[397] Anschließend sind durch Division der lmi bzw. der gesamten TPK durch die Menge der Kostentreiber die lmi bzw. die

---

[394] Im Folgenden vgl. Horváth, P./Mayer, R. (1995), S. 70 ff. Erläuternd vgl. dazu: Coenenberg, A.G. (2003), S. 211 ff.; Horngren/Datar/Foster (2003), S. 337 ff.; Preißler, P. (2005), S. 189 ff.; Küting, K./Lorson, P. (1995), S. 89 ff.; Rau, K.H./Schmidt, J. (1995), S. 179 ff.; Kremin-Buch, B. (2001), S. 31 ff. Zu einem Beispiel aus der Praxis vgl. Pfaff, D./Schneider, T. (2000), S. 248 f.

[395] Die Tätigkeitsanalyse kann mit Hilfe von Interviews mit den Kostenstellenleitern, Analysen aus bestehenden Dokumenten oder aktuellen Ergebnissen aus Gemeinkostenwertanalysen durchgeführt werden.

[396] Lmi Teilprozesse wie z.B. „Bestellung durchführen" verhalten sich proportional zum Leistungsvolumen (Kostentreiber), da sie eine Abhängigkeit zur Leistungserbringung (Output) aufweisen. Dagegen sind Teilprozesse wie „Abteilung leiten", die keinen Bezug zur Leistungserbringung herstellen, als lmn einzustufen.

[397] Beim Letzteren werden die lmn Prozesskosten kostenstellenübergreifend in einer Sammelposition separat ausgewiesen und durch einen Zuschlagssatz auf die produktspezifischen Einzel- und Prozesskosten verrechnet. (Vgl. Coenenberg, A.G. (2003), S. 220)

gesamten TPK zu bestimmen. Zum Abschluss sind im **fünften Schritt** die Imi TP zu Hauptprozessen zu verdichten und die Imi bzw. gesamten Kostensätze der Hauptprozesse zu bestimmen. Die hiermit ermittelten Prozesskostensätze legen die Grundlage für die Kalkulation.

4.2.3.2 Vorgehensweise nach der top-down Methode auf der Grundlage des Geschäftsprozessmanagements

Bei der top-down Methode bildet die Geschäftsstrategie die Ausgangsbasis für die Ermittlung der Prozesskostensätze.[398] Diese Vorgehensweise hat den Vorteil, dass die Orientierung der GP an den Kundenwünschen und -anforderungen gewährleistet werden kann.[399] Insofern kann die Einführung und Anwendung der PRKR auf der Grundlage des GPM nach dem top-down Ansatz als eine neue Methode bzw. Ansatz interpretiert werden, die eine strategieorientierte Unternehmensführung ermöglicht. Die Einführung der PRKR nach der top-down Methode kann in Anlehnung an *Schmelzer/Sesselmann und Ebert* in folgenden Schritten erfolgen:[400]

Definition von GP, TP und Prozessschritten und Festlegung von Prozessverantwortlichen im Rahmen des GPM

Zuordnung von Kostenstellen zu TP bzw. Prozessschritten und Ermittlung der Geschäftsprozesskosten

Definition der Bezugsgrößen für TP bzw. Prozessschritte

Ermittlung der Prozessmengen und Kapazität sowie Feststellung der Imi und Imn TP bzw. Prozessschritte

Ermittlung der Prozesskosten und Prozesskostensätze der TP bzw. Prozessschritte und GP

Im **ersten Schritt** sind die GP, TP und Prozessschritte festzulegen. Dies erfolgt im Rahmen der Implementierung der GP. Auf der Basis der identifizierten GP wird in den Schritten 2 bis 5 die **Geschäftsprozessbewertung** durchgeführt.[401] Dabei sind im **zweiten Schritt** die Zuordnung der Kostenstellen mit Hilfe der bestehenden Kostenarten- und Kostenstellenrechnung zu TP bzw. Prozessschritten vorzunehmen und die Geschäftsprozesskosten (im Folgenden abgekürzt: GPK) zu ermitteln.[402] Anschließend sind im **dritten Schritt** die Bezugsgrößen (Kostentreiber) für die TP

---

[398] Vgl. Schmelzer, H.J./Sesselmann, W. (2004), S. 77; 204.
[399] Vgl. Schmelzer, H.J. (2004), S. 71
[400] Im Folgenden vgl. Schmelzer, H.J./Sesselmann, W. (2004), S. 204; Ebert, G. (2004), S. 217
[401] Vgl. Sprenger, J./Neher. A. (2005), S. 39
[402] Vorteilhaft wäre es, wenn für jeden TP bzw. Prozessschritt eine separate Kostenstelle bereitgestellt wird, weil damit die Erfassung der TPK für ein Plan-Ist-Kostenvergleich erleichtert wird.

bzw. Prozessschritte zu definieren. Da die Kostentreiber i.d.R. identisch mit den Bearbeitungsobjekten (Prozessobjekten) sind, kann die Definition der Kostentreiber auf der Grundlage der Prozessobjekte erfolgen.[403] Im **vierten Schritt** sind für die definierten Kostentreiber im Rahmen von Interviews die Prozessmengen und -zeiten zu ermitteln. Aus den TP bzw. Prozessschritten, für die Kostentreiber definiert werden konnten, ergeben sich lmi TP bzw. Prozessschritte. Die restlichen TP bzw. Prozessschritte fungieren demnach als lmn. Mit Hilfe des Faktors je Kapazitätseinheit werden im **fünften Schritt** die lmi Kosten der TP bzw. Prozessschritte ermittelt.[404] Durch Subtraktion der lmi TPK von den GPK ergibt sich die Höhe lmn Kosten der TP bzw. Prozessschritte, die anschließend umgelegt werden. Im Anschluss an die Geschäftsprozessbewertung werden die Kostensätze der GP und TP bzw. Prozessschritte durch die Division der Prozesskosten durch die Prozessmenge bestimmt. Hierbei können lmi Kostensätze der TP bzw. Prozessschritte und gesamte Kostensätze der TP bzw. Prozessschritte und GP zu Kalkulationszwecken ermittelt werden.

4.2.3.3 Stärken und Schwächen der Ansätze

Da bei der top-down Vorgehensweise die GP durch das etablierte GPM bereits identifiziert und analysiert wurden, erfordert diese Vorgehensweise einen geringeren zeitlichen und personellen Aufwand.[405] Folglich fällt das Kosten-Nutzen-Verhältnis bei der Einführung der PRKR auf Basis des GPM, im Vergleich zu der bottom-up Vorgehensweise, günstiger aus. Denn die bottom-up Vorgehensweise ist mit einem höheren Aufwand verbunden, weil im Rahmen der Tätigkeitsanalyse die GP erst durch Verdichtung der einzelnen Aktivitäten identifiziert werden können.[406] Folglich liegt die Stärke des top-down Ansatzes in der Wirtschaftlichkeit, weil der Einführungsaufwand gegenüber der bottom-up Methode geringer ausfällt.

Ein weiterer Vorteil des top-down Ansatzes ist durch das Wesen des GPM geprägt. So spiegeln die im Rahmen der PRKR ermittelten Prozesskostensätze die Ausrichtung an internen und externen Kunden sowie anderen Geschäftspartnern und Umwelteinflüssen wider, dass zu strategischen Informationsvorteilen genutzt werden kann. Zusätzlich schließen sich für das UN aufgrund der Zielverfolgung der Effektivität- und Effizienzsteigerung Möglichkeiten zur Kostenreduzierung und Gewinnsteigerung, indem beispielsweise für nicht rentable Kunden neue Preise vereinbart, die Durchlaufzeiten in der Fertigung gesenkt und Kosten für Produktentwicklung reduziert werden.[407] Ebenso können Schnittstellen, redundante Tätigkeiten und Tätigkeiten, die keinen Kundennutzen darstellen, aufgedeckt und

---

[403]   Beispielsweise bildet im TP „Anfrage bearbeiten" die Anfrage das zu bearbeitende Objekt. So könnte der Kostentreiber „Anzahl der Anfragen" für diesen TP gewählt werden.

[404]   Der Faktor je Kapazitätseinheit wird durch die Division der GPK durch die gesamte Kapazität des GP ermittelt.

[405]   Vgl. Schmelzer, H.J./Sesselmann, W. (2004), S. 206

[406]   Vgl. Schmelzer, H.J./Sesselmann, W. (2004), S. 206; Back-Hock, A. (1995), S. 39

[407]   Vgl. Kaplan, R./Anderson, S. (2005), S. 90. Vgl. dazu auch: Stevens, F. u.a. (2005b), S. 1491

reduziert werden,[408] womit eine Steigerung der Effektivität und Effizienz erreicht werden kann.

Als Stärke des bottom-up Vorgehens, die nach ablauf- und informationstechnischen Aspekten durch Verdichtung der einzelnen Tätigkeiten die GP identifiziert,[409] kann die Abbildung der Realität entsprechenden Ablaufstruktur (Ist-Situation) festgestellt werden. Dadurch können Ineffizienzen transparent gemacht und Verbesserungsmöglichkeiten aufgezeigt werden.[410] Die Anwendung der PRKR nach der bottom-up Methode kann auch als isolierte PRKR bezeichnet werden,[411] da diese die Eingliederung der betrieblichen Prozesse in die Unternehmensorganisation nicht gewährleistet. Aufgrund des hohen zeitlichen und personellen Arbeitsaufwand, der mit der Einführung und Anwendung der PRKR nach der bottom-up Vorgehensweise verbunden ist, kann eine permanente zielgerichtete Steuerung der betrieblichen Prozesse nicht gewährleistet werden, da hierfür detaillierte Analysen der betrieblichen Prozesse in regelmäßigen Abständen notwendig sind.[412] Ebenso liefert sie keine Informationen über die Effizienz der Leistungserstellung, wobei diese für die Prozessverbesserung von elementarer Bedeutung sind.[413]

Bei beiden Ansätzen kann die Ermittlung der Prozessmenge und -zeit mit Hilfe von Interviews bemängelt werden. Zum einen basieren die geschätzten Werte auf subjektiven Einschätzungen oder Erfahrungswerten und zum anderen geben die Prozessverantwortlichen bzw. die Mitarbeiter sehr selten die tatsächliche Kapazitätsauslastung an.[414] Dies kann zu Verzerrungen der Prozesskostensätze und zur Einschränkung der Kostenaussagekraft führen. Weitere Kritik der beiden Ansätze ist durch die Planung der Prozesskosten begründet. Der bottom-up- sowie der top-down-Ansatz erfordert im Hinblick auf die Kostenkontrolle eine Ermittlung der Prozesskosten auf Plan-Basis. Die Planung der Prozesskosten kann auf der Grundlage analytischer Planung, Vorjahres- oder Budgetwerten erfolgen. Hierbei kommt das **Planungsproblem** zustande, da die analytische Planung einen hohen Aufwand mit sich bringt und die Fortschreibung der Vergangenheitswerte die Gefahr der Weitertreibens von Unwirtschaftlichkeiten in sich birgt.[415] Als weiterer Kritikpunkt ist die **nicht verursachungsgerechte** Verrechnung der lmn Prozesskosten bei beiden Ansätzen aufzuführen. Der bottom-up- sowie der top-down Ansatz

---

[408] Vgl. Schmelzer H.J./Sesselmann, W. (2004), S. 78.
[409] Vgl. Schmelzer H.J./Sesselmann, W. (2004), S. 78
[410] Vgl. Stevens, F. u.a. (2005b), S. 1491
[411] Vgl. Schmelzer, H.J./Sesselmann, W. (2004), S. 205
[412] Vgl. Homburg, C./Eichin, R. (1998), S. 636
[413] Vgl. Stevens, F. u.a. (2005b), S. 1491
[414] Vgl. Kaplan, R./Anderson, S. (2005), S. 88 Diesem Problem kann durch die Entwicklung des ABC zum Time-Driven ABC entgegengewirkt werden, indem der Ressourceneinsatz nicht von den Mitarbeitern sondern direkt vom Management angegeben wird oder die Teilprozesse mit Hilfe von Ressourcenverbrauchsfunktionen differenziert werden. Damit kann die tatsächliche Kapazitätsauslastung (80-85%) bewertet und realistische Prozesskostensätze ermittelt werden. (Vgl. Kaplan, R./Anderson, S. (2005), S. 90; Coners, A./von der Hardt, G. (2004), S. 639) Zu Time-Driven-ABC vgl. Kaplan, R.S./Anderson, S.R. (2004), S. 133 ff.; Bruggeman, W./Moreels, K. (2004), S. 599 ff.
[415] Vgl. Horváth, P./Mayer, R. (1995), S. 73; Jacob, F./Bogajewskaja, J. (2000), S. 587

verrechnen wie auch die traditionelle Kostenrechnung die lmn TPK über Zuschlagsbasen entweder auf die lmi TPK oder direkt auf die Kostenträger. Dies führt zu einer Proportionalisierung der Fixkosten und schwächt die Aussagekraft der ermittelten Prozesskostensätze bzw. die Kostenträgerkalkulation.[416] Trotz dieser Mängel und der Vorzüge des bottom-up Ansatzes wird in dieser Arbeit, aufgrund der strategischen Ausrichtung des UN ERNI, die unter anderem eine totale Kundenorientierung mit einschließt, der Schwerpunkt auf die top-down Vorgehensweise gelegt.

4.3 Prozesskostenrechnung auf der Grundlage des Geschäftsprozessmanagements

4.3.1 Einführung des Geschäftsprozessmanagements

4.3.1.1 Identifizierung der Geschäftsprozesse

Aufgrund der geforderten Prozessorientierung der DIN EN ISO 9001:2000 initiierte die Leitung des QM die Einführung des GPM im UN ERNI. In Zusammenarbeit mit der Leitung des QM wurde auf der Grundlage der strategischen Unternehmensziele eine Prozesslandkarte konzipiert, die in der nachfolgenden Abbildung dargestellt wird.

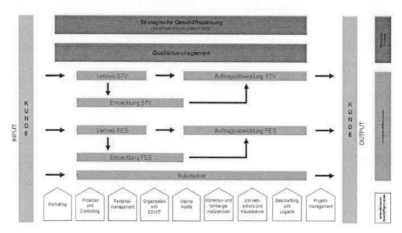

Abbildung 61: ERNI Prozesslandkarte[417]

---

[416]   Vgl. Ebert, G. (2004), S. 220; Benz, A./Britzelmaier, B. (2000), S. 34.
[417]   In Anlehnung an: Binner, H.F. (2005), S. 12

Durch die Anpassung der Produkte an bestehenden und zukünftigen Markterfordernissen verfolgt das UN ERNI das Ziel einer verstärkten Markt- bzw. Kundenorientierung. Demzufolge sind die GP an den Produktanforderungen der Kunden (Input) und an der Zufriedenheit der Kunden (Output) auszurichten. Auf der Grundlage des Produktportfolios konnten klare Schwerpunkte von ERNI identifiziert werden. Diese beruhen auf hochwertigen **Steckverbindern** für industrielle Anwendung und Telekommunikation und viele andere Bereiche der industriellen Elektronik sowie auf der Weiterverarbeitung dieser Komponenten in der projektbezogenen **Systemtechnik**. So konnten zwei Produktbereiche STV und Fertigungssysteme (im Folgenden abgekürzt: FES), die bereits in der Profit-Center-Organisation geführt werden, festgestellt werden. Als weiterer möglicher Produktbereich konnte die Produktsparte **Automotive** identifiziert werden. Diese Produktbereiche bilden demnach das Kerngeschäft des UN, aus dem die Kernprozesse abgeleitet werden. Da im UN ERNI zwei Geschäftsbereiche (STV und FES) in der Organisationsform Profit Center vorherrschen, sind die **Kernprozesse** auf Profit Center zu beziehen.[418] Aufgrund des unterschiedlichen Prozessablaufs wurden die Kernprozesse nach den Bereichen STV, FES und Automotive in „Vertrieb STV", „Entwicklung STV", „Auftragsabwicklung STV", „Vertrieb FES", „Entwicklung FES", „Auftragsabwicklung FES" und „Automotive" untergliedert.

Zu den **Führungsprozessen** wurde neben der „Strategischen Geschäftsplanung" das „Qualitätsmanagement" zugeordnet, da es aufgrund der strategischen Qualitätsziele gemäß der DIN EN ISO 9001:2000 die Qualitätspolitik des UN ERNI bildet. Die Bereiche „Marketing", „Finanzen und Controlling", „Personalmanagement", „Organisation und EDV/IT", „Interne Audits", „Korrektur- und Vorbeugemaßnahmen", „Umweltschutz- und Haustechnik", „Beschaffung und Logistik" sowie „Projektmanagement" leisten unterstützende Tätigkeiten, indem sie mit Informations-, Kommunikations- und Leistungsströmen die Grundlage für die Kernprozesse darstellen. Somit wurden sie als **Unterstützungsprozesse** identifiziert.[419]

Mit der Erstellung der Prozesslandkarte war die Konzipierung der Einführung des GPM im UN ERNI abgeschlossen. Das Konzept sowie die Prozesslandkarte wurde im Rahmen einer Einführungsveranstaltung von der Geschäftsleitung und erster Führungsebene mit positiver Resonanz aufgenommen.[420] Im Anschluss daran wurde mit der Implementierung der GP im Rahmen der Workshops begonnen. Im Hinblick

---

[418] Vgl. Schmelzer H.J. (2004), S. 17
[419] Beispielsweise unterstützt das Personalmanagement die Wertschöpfung des UN mit Lohn- und Gehaltsabrechnungen, Einstellung von Mitarbeitern oder Planung der Weiterbildungsmaßnahmen. Ebenso versorgt die Haustechnik die Auftragsabwicklung mit Instandhaltung der Betriebsmittel.
[420] Das Konzept zur Einführung des GPM wurde der Geschäftsleitung und der ersten Führungsebene im Rahmen einer zweistündigen Einführungsveranstaltung präsentiert. Dabei wurde auf Definitionen, Ziele und Vorgehensweise zur Einführung des GPM mit der entworfenen Prozesslandkarte sowie auf Probleme und Schwachstellen im UN ERNI eingegangen. In der anschließenden Diskussionsrunde wurden weitere Schwachstellen, Anregungen und Empfehlungen gesammelt, die bei der Durchführung des Projektes zu berücksichtigen waren.

auf die Bewertung des GP „Vertrieb STV" wird im Folgenden die Implementierung dieses GP demonstriert.

4.3.2 Implementierung der Geschäftsprozess

4.3.2.1 Workshop des Geschäftsprozesses „Vertrieb" des Profit Centers Steckverbinder

Die Organisationsstruktur des UN ERNI weist im Bereich „Vertrieb STV" eine Aufbaustruktur nach Vertriebsteams (Sachbearbeiter und zentrale Auftragsabwicklung), Administration und Vertriebsleitung auf.[421] Während die Sachbearbeiter (im Folgenden abgekürzt: SB) für die Kundenbetreuung zuständig sind, wird die Erfassung der Aufträge und sonstige Assistentenaufgaben von der zentralen Auftragsabwicklung (im Folgenden abgekürzt: ZA) erledigt. Dagegen assistiert die Administration der Vertriebsleitung und nimmt sonstige Aufgaben wie z.B. Schreibtätigkeiten wahr.

Um verschiedene Arbeits- und Vorgehensweise in die Implementierung mit einfließen zu lassen, wurde zur Implementierung des GP „Vertrieb STV" ein Prozessteam gebildet, das sich aus jeweils zwei SB und ZA unterschiedlicher Vertriebsteams zusammensetzt. Mit Hilfe dieses Prozessteams wurde im Workshop „Vertrieb STV" die Ablaufstruktur des GP und der TP festgelegt.

4.3.2.2 Prozessstruktur des Geschäftsprozesses „Vertrieb" des Profit Centers Steckverbinder

Die im Rahmen des Workshops GP „Vertrieb STV" ermittelte Aufbaustruktur setzt sich aus den TP: „Anfrage bearbeiten", „Angebot erstellen", „Bestellung prüfen", „Bestellung bearbeiten", „Sonderversand anmelden", „Liefertermine prüfen und abklären", „Reklamationen bearbeiten", „Rechnungen bzw. Preis prüfen", „Produktänderungsmitteilungen bearbeiten" und den dazugehörigen Prozessschritten zusammen. Durch die logische und zeitliche Verknüpfung der Prozessschritte wurde die Ablaufstruktur der TP und des GP festgelegt, die mit dem Prozessmodell nach der DIN EN ISO 90001:2000 (Abb. 1, S. 4) begründet werden können.[422] Die Ablaufstruktur der TP wurde mittels Standardsymbolen[423] in einem integrierten Flussdiagramm dargestellt.

---

[421]   Vgl. Organigramm Vertrieb, in: ERNI-Intranet, Handbuch, Stand 01.04.2006

[422]   Denn die Tätigkeiten des Vertriebs laufen nicht in fester Reihenfolge ab wie z.B. die Fertigung des Produkts, die durch den Arbeitsplan festgelegt wird, sondern werden durch die Anforderung des Kunden ausgelöst und schließen mit der Zufriedenheit des Kunden ab.

[423]   Zur Darstellung des Prozessflusses wurde die Standardsymbolik, die von unterschiedlichsten Softwareprodukten eingesetzt wird, gewählt, da zum späteren Zeitpunkt die Darstellung der Ablaufstruktur der TP durch eine geeignete Software erfolgen soll. (Vgl. Jung, B. (2002), S. 52 f.; ERNI QM-Leiter (2005), Gespräch am 02.06.05 in Adelberg)

Die Ablaufstruktur der GP bzw. TP ist durch Querverweise (Schnittstellen) zu anderen GP bzw. TP gekennzeichnet. Am Beispiel der Ablaufstruktur des TP „Anfrage bearbeiten" sind in der nachfolgenden Abbildung die Beziehungen zu anderen Abteilungen dargestellt.

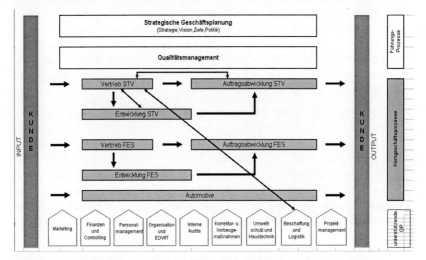

Abbildung 62: Schnittstellen des Teilprozesses „Anfrage bearbeiten"

Der TP „Anfrage bearbeiten" des GP „Vertrieb STV" weist an drei Stellen, die durch grau hinterlegte Symbole gekennzeichnet sind, Beziehungen zu den GP „Auftragsabwicklung STV", „Entwicklung STV" und „Beschaffung und Logistik" auf. Zum einen besteht beim Unterprozess „Termin hinsichtlich Kundenanforderung abklären" Bedarf zur Kommunikation mit der Produktionssteuerung (TP des GP „Auftragsabwicklung STV") und dem Einkauf, zum anderen ist der Unterprozess „Technische Abklärung" bei kundenindividuellen Produkten in Absprache mit der Entwicklung STV abzuwickeln. Erweist sich die kundenindividuelle Lösung als machbar, ist ein Neuerfassungsantrag zu erstellen, der in Zusammenarbeit mit dem Assistenten der technischen Leitung abzuwickeln ist. An diesem Beispiel sind Unterbrechungen im Prozessdurchlauf festzustellen, denn beim Abarbeiten des TP „Anfrage bearbeiten" sind andere TP mitinvolviert. Demzufolge behindern solche Sprünge den fließenden Ablauf innerhalb des Vertriebs, da Verzögerungen der Prozesszeit aufgrund von Abstimmungstätigkeiten hervortreten können. Hierbei ist zu untersuchen, inwieweit der top-down-Ansatz der PRKR die Schnittstellenproblematik beseitigen kann. Diese gestellte Anforderung wird im Folgenden auf ihre Erfüllung hin analysiert und festgestellt.

4.3.3 Stärken und Schwächen der Einführungsvorgehensweise

Als Stärke der Einführungsvorgehensweise kann die Informationsversorgung festgestellt werden. Denn aufgrund des erhöhten Informations- und Kommunikationsbedarfs in der Implementierungsphase der GP wurden die Prozessteams ausführlich über das Thema und die Einführung des GPM sowie Handlungsbedarf und Verbesserungspotenziale informiert, um Widerstand seitens der Belegschaft zu vermeiden. Ebenso konnte durch die Unterstützung der Geschäftsleitung nicht nur als Druckmittel sondern vor allem die Bedeutung und Notwendigkeit des Instrumentes GPM die aktive Mitwirkung der Belegschaft gefordert und gesichert werden.

Als Kritik kann bei der Identifizierung der GP die strategieorientierte Vorgehensweise vorgebracht werden. Da die GP durch das Projektteam aus den vorhandenen strategischen Unternehmenszielen abgeleitet wurden, konnte die strategische Positionierung nicht neu überdacht werden. Ferner wird die fehlende Steuerungsinstanz beanstandet, die für das Funktionieren und die Aufrechterhaltung des GPM verantwortlich ist und somit das Risiko des Untergehens des GPM vermindert. Dies ist darauf zurückzuführen, dass vor der Implementierung der GP kein Management-Team gebildet wurde.

Die Darstellung der Ablaufstruktur in integrierten Flussdiagrammen stellt aufgrund der detaillierten Prozessinformationen einen zusätzlichen Nutzen für das UN dar, weil damit alle Tätigkeiten, das Zusammenwirken dieser Tätigkeiten, Verantwortlichkeiten, benötigte Ressourcen sowie Daten- und Informationsflüsse abgebildet werden können.[424] Integrierte Flussdiagramme können zur Verbesserung der GP sowie für die interne und externe Auditierung (Revision)[425] der Aufgabenabwicklung genutzt werden.[426] Dabei ist eine zusätzliche Darstellung der TP in einem Prozess-Organisations-Diagramm zu empfehlen, weil durch die Visualisierung der Beziehungen zwischen den TP und der Aufbauorganisation Schwachstellen in der Organisation festgestellt werden können.[427] Ferner kann eine abteilungsübergreifende Darstellung der TP einen Überblick über die Aufbau- und Ablaufstruktur verschaffen.

Das Projekt zur Einführung des GPM, das sich über einen Zeitraum von sieben Monaten erstreckt hat, konnte nicht abgeschlossen werden. Wobei die strategische

---

[424] Vgl. Haselbacher, M. u.a. (2002), S. 30
[425] Während die interne Revision durch Unternehmensangehörige z.B. im Rahmen von internen Audits durchgeführt wird, erfolgt die externe Revision im Hinblick auf die ISO 9001:200 durch eine unabhängige Organisation (Zertifizierungsstelle). (Vgl. Gabler Wirtschaftslexikon (2001), S. 1618; Schmelzer, J.H./Sesselmann, W. (2004), S. 26)
[426] Vgl. Schmelzer, J.H./Sesselmann, W. (2004), S. 90 Vgl. dazu auch: Gliederungsabschnitt 2.1.3 Die Darstellung der Ablaufstruktur mittels Prozess-Organisations-Diagrammen wurde trotz ihrer Vorteile (siehe Fn. 48) nicht gewählt, da der detaillierten Prozessinformation mittels der Prozesskriterien (Vgl. Gliederungsabschnitt. 2.1.3) aufgrund der hohen Informationsgrades höhere Bedeutung zugeteilt wurde. (Vgl ERNI QM-Leiter (2005), Gespräch am 02.06.05 in Adelberg)
[427] Vgl. Schmelzer, J.H./Sesselmann, W. (2004), S. 96 f.

Positionierung, Identifizierung sowie die Implementierung der GP vollzogen werden konnte. Dagegen konnte die Implementierung des Prozesscontrollings nicht durchgeführt werden. Für die GP „Auftragsabwicklung STV" und „Vertrieb STV" wurden lediglich Kennzahlen mit den GP-Verantwortlichen definiert.[428] Hier besteht noch Handlungspotential, für die noch ausstehenden GP Kennzahlen zu definieren und ein Prozessberichtswesen aufzubauen. Zusammenfassend kann die Vorgehensweise zur Einführung des GPM für das UN ERNI als ein Anfangsschritt betrachtet werden. In diesem Sinne gilt es die Implementierung des Prozesscontrollings, die Bildung eines Management-Teams und die Prozessoptimierung voranzutreiben.

4.3.4 Geschäftsprozessbewertung[429] - „Vertrieb" Profit Center Steckverbinder

Aufgrund der Leitsätze der Unternehmenspolitik, die unter anderem eine totale Kundenorientierung mit dem Ziel der größtmöglichen Kundenzufriedenheit einschließt, stellt der Bereich Vertrieb eine Kernfunktion dar.[430] Aus diesem Grund wurde die Bewertung des GP „Vertrieb STV" auf der Grundlage des implementierten GP „Vertrieb STV" ex post für das Jahr 2005 durchgeführt.[431] Die daraus gewonnen Erkenntnisse werden im Anschluss auf die Bewertung weiterer GP abgeleitet.

Auf der Grundlage des implementierten GP „Vertrieb STV", der sich aus neun TP zusammensetzt, wurde die Bewertung in Anlehnung an die beschriebene Vorgehensweise zur Einführung der PRKR auf der Basis des GPM durchgeführt. Hierbei wurden zuerst die GPK ermittelt, indem die Kosten der Kostenstelle Vertrieb STV (2.000.000 €), die dem GP zugeordnet wurden, dem Betriebsabrechnungsbogen 2005 entnommen wurden. Anschließend wurden gemeinsam mit dem Prozessverantwortlichen Kostentreiber für die TP auf der Grundlage ihrer Prozessobjekte definiert. Wie bereits beschrieben, kann die anschließende Bestimmung der Prozessmengen und -zeiten in Rahmen von Interviewgesprächen durchgeführt werden. Um jedoch Ungenauigkeiten aufgrund von Schätzungen vorzubeugen, wurden die Prozessmengen (Output) und Prozesszeiten (Input) des GP „Vertrieb STV" mit Hilfe einer dreiwöchigen

---

[428] Im Anschluss an den Workshop „Vertrieb STV" wurden zusammen mit dem Prozessverantwortlichen geeignete Prozesskennzahlen aus einer Vorauswahl definiert, die zuvor vom Projektteam erarbeitet wurde.

[429] Aus datenschutzrechtlichen Gründen wurden alle unternehmensindividuellen Daten anonymisiert.

[430] Ebenso besteht von der Geschäftsleitung aufgrund des steigenden Vertriebsgemeinkostenzuschlagssatzes ein besonderes Interesse an der Kostentransparenz des Vertriebsbereichs. In den letzten 3 Jahren ist der Vertriebsgemeinkostenzuschlagssatz insgesamt um 14 % gestiegen. (Vgl. ERNI SB Kostenrechnung (2006), Gespräch am 15.03.06 in Adelberg)

[431] In der Praxis hat sich gezeigt hat, dass in indirekten Bereichen die Schwierigkeit besteht die Prozessmengen (Kostentreiber) und die Prozesszeiten (Ressourcen) eindeutig zu bestimmen bzw. zu planen. Deshalb ist die Ermittlung der Prozesskostensätze auf Ist-Basis (ex post) anzuraten, da rückwirkend die Prozessmengen und -zeiten sich hinreichend genauer als auf Plan-Basis bestimmen lassen. (Vgl. Jacob, F./Bogajewskaja, J. (2000), S. 587)

Tätigkeitsaufnahme der Vertriebsmitarbeiter ermittelt.[432] Die durch die Tätigkeitsaufnahme ermittelten Prozessmengen und -zeiten wurden auf 220 Arbeitstage des Jahres 2005 hochgerechnet. Die somit ermittelten Werte stellen den durchschnittlichen Output und Input der TP je SB bzw. ZA dar. Diese wurden in den grünhinterlegten Spalten der Tabelle mit der Anzahl der SB bzw. ZA multipliziert, um die gesamte Prozessmenge und -zeit der TP für das Jahr 2005 zu bestimmen. Zur Ermittlung des prozentualen Anteils der Prozesszeiten an der Gesamtkapazität wurden in der nachfolgenden Tabelle die Anwesenheitsstunden der Vertrieb Mitarbeiter der Kostenstelle Vertrieb STV mit Hilfe einer Abfrage in der Unternehmenssoftware Enterprise Resource Planning (im Folgenden abgekürzt: ERP-System) für das Jahr 2005 ermittelt.[433]

Tabelle 12: Kapazität des Geschäftsprozesses „Vertrieb Steckverbinder"

	Anzahl MA	**Arbeitszeit 2005**
SB	15	26.400,00
ZA	7	9.240,00
Admin	2	3.520,00
VTL	1	1.760,00
	25	40.920,00

Mit Hilfe der Gesamtkapazität konnte somit der Anteil der lmi TP an der Gesamtkapazität von 73,12 % ermittelt werden. Demzufolge werden 26,88 % der Kosten mittels Zuschlagssätzen umgelegt.[434] Nachdem die Anzahl der Kostentreiber und die Kapazität bestimmt wurde, wurden im nächsten Schritt die Prozesskosten und die Prozesskostensätze der TP ermittelt

Um die gesamten Kosten der Kostenstelle Vertrieb STV (2.000.000 €) auf die TP zu verteilen, wurden auf der Basis der ermittelten Prozesszeiten durch Division der gesamten Kostenstellenkosten durch die gesamte Kapazität der Faktor je Kapazitätseinheit ermittelt. Der **Faktor je Kapazitätseinheit** für den GP „Vertrieb STV", der in der nachfolgenden Formel rechnerisch nachzuvollziehen ist, beträgt 48,8758 €/h.

---

[432]   Dabei wurden von einem SB und einer ZA des Kundengebietes Asien die Prozessmengen der TP und die dazugehörige Kapazität in Minuten in einem Zeitraum von 15 Arbeitstagen täglich notiert. Das Kundengebiet Asien setzt sich aus zwei SB und einer ZA zusammen. (Vgl. Organigramm Vertrieb, in: ERNI-Intranet, Handbuch, Stand 01.04.2006) Die Tätigkeitsaufnahme wurde einem SB, der die Aufgaben des Geschäftsprozessverantwortlichen des GP „Vertrieb STV" wahrnimmt, und einer ZA durchgeführt.

[433]   Die Anwesenheitsstunden der Mitarbeiter werden im Zeiterfassungssystem, das vom ERP-System separat geführt wird, gebucht. Zur Ermittlung der Anwesenheitsstunden wurden hierbei die Daten aus dem Betriebsdatenerfassungssystem (Zeiterfassung) in das ERP-System übernommen. Auf der Grundlage dessen wurde im ERP-System die Abfrage erstellt. Dabei wurde für alle Mitarbeiter separat die monatliche Anwesenheitszeit für das Jahr 2005 ermittelt.

[434]   In der Regel betragen die lmn Kosten ca. 5 % an den Gesamtkosten. (Vgl. Horváth, P./Mayer, R. (1995), S. 74) In der Praxis weisen jedoch wenige UN einen prozentualen Anteil der lmn Kosten an den Gesamtkosten von 20 %. (Vgl. Weber, J. (2006), Gespräch am 06.04.2006 in Stuttgart) Demzufolge kann der ermittelte prozentuale Anteil der lmn Kosten an den Gesamtkosten von 26,88 % als repräsentativ betrachtet werden

$$Faktor \ je \ Kapazitätseinheit \ (48,8758 \ €/h) = \frac{Gesamte \ Kosten \ (2.000.000 \ €)}{Gesamte \ Kapazität \ (40.920 \ h)}$$

Dadurch können die Prozesskosten der lmi TP ermittelt werden, indem die Kapazitäten der TP mit dem Faktor je Kapazitätseinheit multipliziert werden. Beispielsweise betragen die lmi TPK des TP „Anfrage bearbeiten" 134.409 €, das folgendermaßen ermittelt wurde:

$$lmi \ TPK \ (134.409 \ €) = Kapazität \ lmi \ TP \ (2.750 \ h) * Faktor \ je \ Kap.einheit \ (48,8758€/h)$$

Anschließend erfolgt die Umlage der lmn Prozesskosten, die 26,88 % der Gesamtkosten ausmacht, proportional zu den lmi TPK.[435] Dabei wurden anhand der Verhältnisse der Kapazitäten der TP zu der gesamten lmi Kapazität die lmn TPK ermittelt. Die Berechnung der lmn TPK „Anfrage bearbeiten" ist in der nachfolgenden Formel rechnerisch dargestellt.

$$lmn \ TPK \ (49.415 \ €) = lmn \ PK \ (537.634 \ €) * \frac{Kapazität \ lmi \ TP \ (2.750 \ h)}{gesamte \ lmi \ Kapazität \ (29.920 \ h)}$$

Die Addition der lmi und lmn Prozesskosten ergibt die gesamten Prozesskosten der TP. Im Anschluss daran wurden die lmi und die gesamten Prozesskostensätze der TP bestimmt, indem die Prozesskosten durch die Anzahl der Kostentreiber dividiert wurden. Demzufolge wurde für den TP „Anfrage bearbeiten" mit 16.500 Anfragen ein lmi TPKS von 8,15 € und ein gesamter TPKS von 11,14 € je Anfrage ermittelt. Durch die Addition der Gesamtkosten der TP ergeben sich die Gesamtkosten des GP „Vertrieb STV", das in diesem Fall den Kostenstellenkosten von 2.000.000 € entspricht. Abschließend wurde die Ermittlung des Geschäftsprozesskostensatzes (GPKS) vorgenommen. Dafür wurden die gesamten Kosten in der nachfolgenden Formel durch die Kostentreibermenge Kundenbestellung dividiert.

$$GPKS \ (86,58 \ €/Kundenbestellung) = \frac{gesamte \ Kosten \ (2.000.000 \ €)}{Anzahl \ der \ Kostentreiber \ (23.100 \ Kundenbestellung)}$$

Vor dem Hintergrund der ermittelten Prozessmengen und -zeiten bietet sich in diesem Rahmen an, den Effizienzparameter Zeit je TP zu ermitteln.[436] Hierbei ergibt

---

[435]　Wie zuvor beschrieben, kann die Umlage der lmn Prozesskosten entweder proportional zu den lmi TPK oder enbloc über prozentuale Zuschläge direkt auf die Einzel- und Prozesskosten der Kostenträger erfolgen. Um die gesamten Prozesskosten und Prozesskostensätze ermitteln zu können, wurde die erstere Umlagemethode gewählt. Für die Kalkulation soll jedoch die zweite Methode zur Anwendung kommen, da somit die Verfälschung prozessorientierter Kosteninformationen vermieden werden kann.

[436]　Die im Rahmen der PRKR ermittelte Prozesszeiten könnten für die Kapazitätsplanung und für das Behavioral Accounting eingesetzt werden. Das Behavioral Accounting wird im Rahmen der Unternehmensführung zur Verhaltensbeeinflussung und -steuerung der Mitarbeiter eingesetzt, um die Unternehmensleistung zu verbessern und eine Fundierung der strategischen Entscheidungen zu erlangen. (Vgl. GSO Research (2006))

sich für den TP „Anfrage bearbeiten", der die benötigte Prozesszeit für das Bearbeiten einer Kundenanfrage anzeigt, nachfolgender Teilprozesszeitsatz.

$$Teilprozesszeitsatz\ (10,00\ Minuten/\ Anfrage) = \frac{lmi\ Kapazität\ (165.000\ Minuten)}{Anzahl\ der\ Kostentreiber\ (16.500\ Anfragen)}$$

Durch die Ermittlung der prozentualen Anteile der Prozesszeitsätze an den Prozesskostensätzen, kann die Proportionalität der Kostentreiber zu der Kapazität der TP festgestellt werden. Denn der gleichbleibende Anteil von 123 % zu den lmi TPK und 90 % zu den gesamten TPK bei allen TP ist auf die Ermittlung der TPK auf der Grundlage der Kapazität zurückzuführen. Damit kann die Proportionalität der Kostentreiber zur Ressourcenbeanspruchung bestätigt werden.

4.3.5 Stärken und Schwächen der Vorgehensweise bei der Geschäftsprozessbewertung

Die dreiwöchige Tätigkeitsaufnahme für die Ermittlung der Anzahl der Kostentreiber und der zugehörigen Zeiten erschien sinnvoller als die Schätzung dieser Parameter im Rahmen eines Interviews, weil sonst nach Aussage des GP-Verantwortlichen die Prozessmengen und -zeiten nicht der Realität entsprechen würden.[437] Es kann jedoch festgestellt werden, dass die durch die Tätigkeitsaufnahme ermittelte Prozessmengen und -zeiten eines SB nicht auf alle SB übertragen werden können, da die Tätigkeiten kunden- und produktindividuell anfallen.[438] Hier besteht die Gefahr einer Verfälschung der Prozesskostensätze durch Induktion[439]. Somit ist die induktive Vorgehensweise zur Ermittlung der Maßgrößen und der Kapazität aufgrund des **Induktionsproblems** mit Vorsicht zu betrachten.[440] Um Unsicherheiten und Verfälschungen zu vermeiden, könnte in Zukunft einer umfangreichere Tätigkeitsaufnahme von allen SB und ZA über einen längeren Zeitraum durchgeführt werden. Da aber der Zeit- und Personalaufwand einer umfangreicheren Auswertung mit dem Umfang der Tätigkeitsaufnahme steigt, ist der daraus resultierende Nutzen unternehmensindividuell zu bestimmen. Ebenso sind die durch die Tätigkeitsaufnahme ermittelten Prozessmengen und -zeiten kritisch zu betrachten. Die Prozessmengen und -zeiten sind **keine erfassten Ist-Werte**, sondern

---

[437]   Vgl. ERNI GP- Verantwortlicher (2006), Gespräch am 22.03.2006 in Adelberg

[438]   So fallen beispielsweise beim Kundengebiet Asien mehr Reklamationen an, da die Kunden des asiatischen Marktes jegliche Art von Mängeln, vor allem geringe optische Mängel, beanstanden. Dies kann dadurch belegt werden, dass gemäß der Tätigkeitsaufnahme die sechsfache Prozessmenge (Anzahl der Reklamationen) erhoben wurde als in der QM-Datenbank verbucht worden ist. (Vgl ERNI QM-Leiter (2006), Gespräch am 21.03.2006 in Adelberg) Weiterhin ist beim Teilprozess „Produktänderungen bearbeiten" zu beachten, dass Änderungsmitteilungen für das Gebiet Asien Übersetzungen erfordern, welche beispielsweise bei inländischen Kundengebieten nicht anfallen. Somit ist die Bearbeitung einer Produktänderung im Vertriebsgebiet Asien zeitaufwendiger. Demzufolge sind die Prozesskostensätze der TP „Reklamation bearbeiten" und „Produktänderungen bearbeiten" bei anderen Vertriebsgebieten geringer, da geringere Kapazitäten erfordert werden. Somit variieren die Prozesskostensätze von Gebiet zu Gebiet.

[439]   Bei der Induktion handelt es sich um ein Verfahren, bei welchem durch logische Vorgehensweise von einzelnen Beobachtungen auf das Allgemeine geschlossen wird. (vgl. Gabler Wirtschaftslexikon (2001), S. 1493)

[440]   Vgl. Gabler Wirtschaftslexikon (2001), S. 1493

Prognosewerte, die durch eine einfache Hochrechnung von einem Stichprobenmittelwert mit n=15 Tagen auf die Gesamtanzahl von N=220 Tagen hochgerechnet wurden.[441] Folglich müssen in der Praxis aufgrund des Induktionsproblems etwaige Unsicherheiten und Verfälschungen akzeptiert werden. Um dies statistisch zu belegen, wurde die Eintrittswahrscheinlichkeit der Prozessmenge des TP „Bestellung bearbeiten", mit dem Kostentreiber „Anzahl Kundenbestellungen", ermittelt. Die aus der Tätigkeitsaufnahme resultierende Prozessmenge von 23.100 Kundenbestellungen würde mit einer Eintrittswahrscheinlichkeit von 47,11 % eintreten. Die geringe Eintrittswahrscheinlichkeit könnte durchaus auf das Induktionsproblem zurückgeführt werden. Nichtsdestotrotz werden die ermittelten Prozessmengen und -zeiten als richtungsweisend betrachtet, da einerseits keine andere Möglichkeit besteht die Prozessmengen und -zeiten zu ermitteln und andererseits der hohe Aufwand einer umfangreicheren Tätigkeitsaufnahme nicht in Kauf genommen werden kann.[442] Deswegen soll die Bewertung der noch ausstehenden GP auf die gleiche Weise durchgeführt werden.

4.4 Anforderungserfüllung

4.4.1 Erfüllung der Hauptanforderungen

Durch die Anwendung des top-down Ansatzes können **Effektivitäts- und Effizienzprobleme** reduziert werden, indem die nicht beherrschten Prozesse, ausgerichtet an der Unternehmensstrategie, zielgerichtet gesteuert werden. Der top-down Ansatz liefert strategische Informationsvorteile zur Eingrenzung der Effektivitätsprobleme. Durch die Prozessverbesserung wird das magische Dreieck außer Gefecht gesetzt, indem die Kosten gesenkt, Durchlaufzeiten verkürzt und die Qualität verbessert wird. Dadurch können Effizienzprobleme reduziert werden. Folglich kann die Hauptanforderung der Reduzierung der Effektivität- und Effizienzprobleme als **erfüllt** betrachtet werden.

Aufgrund der monetären Bewertung der Unternehmensprozesse ermöglicht die PRKR eine analytisch-mengenorientierte Planung der Gemeinkosten, um auf dieser Grundlage die Kostenkontrolle mit daran anschließender Steuerung der Kosten durchzuführen. Zusätzlich weist die PRKR durch ihre strategische Informationsvorteile (Allokations-, Degressions- und Komplexitätseffekt) eine verbesserte Planung, Kontrolle und Steuerung der Kosten auf. Folglich kann die

---

[441]   Bei der Hochrechnung wurde je TP der Mittelwert aus den an 15 Arbeitstagen aufgenommenen Prozessmengen und -zeiten der Mittelwert gebildet. Die somit ermittelte durchschnittliche Prozessmenge und -zeit wurde mit 220 Arbeitstagen und anschließend mit der Anzahl der SB bzw. ZA multipliziert.

[442]   Vgl ERNI Geschäftsleitung (2006), Gespräch am 05.04.06 in Adelberg. Die Aufnahme der erfassten Ist-Werte konnte nur für die Prozessmenge Kundenbestellungen durchgeführt werden. Die restlichen Prozessmengen und -zeiten können nicht mit Hilfe des ERP-Systems ermittelt werden.

Anforderung der **zielorientierten Gestaltung der Kosten** als erfüllt und die PRKR als unterstützendes Instrument des strategischen Kostenmanagements betrachtet werden. Aufgrund des Planungsproblems und der nicht verursachungsgerechten Kostenverrechnung der lmn Prozesskosten wird die Hauptanforderung nur **teilweise** erfüllt.

Auf der Grundlage dieser Anforderungserfüllung kann der PRKR auf der Basis des GPM eine kybernetische Eigenschaft zugesprochen werden, da sie ausgerichtet am Unternehmenszweck die Effektivitäts- und Effizienzprobleme reduziert und durch Planung, Kontrolle und Steuerung der Kosten, Zeit und Qualität den **Selbstregelungsmechanismus** zur Regulierung und Lenkung von UN gewährleistet.[443] Das bedeutet, dass die PRKR auf der Grundlage des GPM die Entscheidungsträger mit entscheidungsrelevanten Informationen über Kosten, Zeit und Qualität unter Berücksichtigung des Marktes, der Kunden und Umwelt in den Phasen Planen, Kontrolle und Steuerung versorgt. Folglich kann die Eignung der PRKR auf der Basis des GPM als unterstützendes Instrument des Managements zur Regulierung und Lenkung von Organisationen festgestellt werden, wobei das Planungsproblem zu beachten ist.

4.4.2 Anforderungserfüllung der Unternehmenspraxis

4.4.2.1 Anforderungserfüllung der Geschäftsprozessbewertung

An die durchgeführte Bewertung des GP „Vertrieb STV" wurden Anforderungen, die eine sinnvolle Anwendung der PRKR gewährleisten, aufgestellt. Diese sind im Folgenden auf ihre Erfüllung hin zu untersuchen.

Im GP „Vertrieb STV" konnte für die lmi TP durch die Ermittlung der gleichbleibenden prozentualen Anteile der Prozesszeitsätze an den Prozesskostensätzen ein proportionales Verhältnis der Kostentreiber zur Kapazität (Ressourcenbeanspruchung) festgestellt werden. Somit kann die Anforderung der **Proportionalität der Kostentreiber zur Ressourcenbeanspruchung** als **erfüllt** betrachtet werden.

Weiterhin bestand die Forderung **verständliche und durchschaubare Kostentreiber** zu definieren. Somit wurde für jeden TP ein Kostentreiber gewählt, der in dem entsprechenden TP als Bearbeitungsobjekt fungiert und die Proportionalität des Kostentreibers zur Ressourcenbeanspruchung gewährleistet.[444]

---

[443]   Das GPM verfügt aufgrund seiner Vorgehensweise die Eigenschaft komplexe Systeme regulieren und lenken zu können. (Vgl. Stöger, R. (2005), S. 202)

[444]   I.d.R. sind die Kostentreiber identisch mit den Bearbeitungsobjekten des TP. Für jeden TP wurde nur ein Kostentreiber definiert, um den Überblick über die Kostentreiber zu gewährleisten und keine Komplexität in die Ermittlung der Prozesskostensätze einzubringen.

Damit ist die Anforderung der Verständlichkeit und Durchschaubarkeit der Kostentreiber **erfüllt**.

Die Anforderung einer **einfachen und zeitnahen Ermittlung der Planwerte** ist aufgrund des Planungsproblems als **nicht erfüllt** einzustufen. Denn eine einfache und zeitnahe Ermittlung der Planwerte kann aufgrund der aufwendigen analytischen Planung nicht gewährleistet werden. Werden die Planwerte durch Fortschreibung der Vergangenheitswerte bzw. Erfahrungswerte ermittelt, besteht die Gefahr Unwirtschaftlichkeiten fortzuschreiben und Unsicherheit der Planwerte in Kauf zu nehmen.

Um eine Kostenkontrolle gewährleisten zu können, ist eine **Erfassung der Istwerte** notwendig.[445] Die Istwerte der Kostentreiber und der Kapazität können dem ERP-System entnommen werden.[446] Im Rahmen der Bewertung des GP „Vertrieb STV" konnte lediglich die Prozessmenge des TP „Bestellung bearbeiten", die GPK und die gesamte Kapazität des GP aus dem ERP-System ermittelt werden. Die Prozessmengen und -zeiten der restlichen TP wurde mit Hilfe der Tätigkeitsaufnahme ermittelt, die keine Ist-Werte darstellen. Demzufolge kann eine **teilweise** Gewährleistung der Datenerfassung festgestellt werden.

Resultierend daraus kann die Anforderung der **einfachen Erfassbarkeit der Kostentreiber und Kapazitäten** als **nicht erfüllt** eingestuft werden, da eine einfache Erfassung lediglich für den Kostentreiber "Anzahl der Kundenbestellungen" durchgeführt werden konnte. Die restlichen Kostentreiber und Kapazitäten wurden durch die aufwendigere Tätigkeitsaufnahme ermittelt.

Zuletzt ist die Anforderungserfüllung der **Genauigkeit** im Hinblick auf die Plan- und Istwerte abzuleiten. Resultierend aus dem Planungsproblem können die Planwerte der Anforderung der Genauigkeit nicht gerecht werden. Dagegen können die Istwerte die Anforderung der Genauigkeit erfüllen, da rückwirkend die Prozessmengen und -zeiten sich hinreichend genauer als auf Plan-Basis bestimmen lassen.[447] Jedoch weisen die ermittelten Prozessmengen und -zeiten des GP „Vertrieb STV", begründet durch das Induktionsproblem, lediglich eine Genauigkeit von 47,11 % auf. Folglich ist die Anforderung der Genauigkeit an die Geschäftsprozessbewertung als **nicht erfüllt** zu betrachten.

4.4.2.2 Erfüllung der unternehmensindividuellen Anforderungen

Aufbauend auf der festgestellten Eignung der PRKR nach dem top-down Ansatz zur Unternehmenssteuerung, werden im nachfolgenden aufgestellten Anforderungen auf ihre Erfüllung hin untersucht und festgestellt. Bei einer Nichterfüllung bzw. teilweisen

---

[445] Vgl. Batz/Schimpf/Eigenbrandt (1998), S. 370
[446] Vgl. Batz/Schimpf/Eigenbrandt (1998), S. 370 f.
[447] Vgl. Jacob, F./Bogajewskaja, J. (2000), S. 587

Erfüllung der Anforderungen werden Handlungsempfehlungen, die lang- oder kurzfristig ausgelegt sind, zur Erfüllung vorgeschlagen.

a) verursachungsgerechte Kostenverrechnung

Da die PRKR gemäß ihrer Prämissen nur die repetitiven (lmi) Tätigkeiten verursachungsgerecht auf die Kostenträger verrechnen kann,[448] können vor allem administrative Arbeiten (zum Größten Teil nicht repetitiv und komplex) über die PRKR nicht verursachungsgerecht verrechnet werden.[449] Hier stoßen die Allokations-, Degressions- und Komplexitätseffekte der PRKR an ihre Grenzen, da sie wie die traditionelle Zuschlagskalkulation die nicht repetitiven (lmn) Tätigkeiten mittels Schlüsselsätzen auf die Kostenträger verrechnet. Dabei wird aufgrund des Vollkostencharakters der PRKR durch die Proportionalisierung der fixen Kosten gegen das Verursachungsprinzip verstoßen.[450] Insofern wird die Anforderung der verursachungsgerechten Kostenverrechnung bei repetitiven Tätigkeiten erfüllt und bei nicht repetitiven Tätigkeiten nicht erfüllt. Zusammenfassend kann die Anforderungserfüllung der verursachungsgerechten Kostenverrechnung aufgrund der Fixkostenproportionalisierung als **teilweise erfüllt** eingestuft werden. Zur Erfüllung der Anforderung können kurz- und langfristig Handlungsmaßnahmen unterbreitet werden. Diese werden im Zusammenhang mit den nachfolgenden Anforderungen entgegen gebracht.

b) Transparenzerhöhung

Da durch das GPM unwirtschaftliche Abläufe erkannt und durch die PRKR die Kosten vor allem der indirekten Gemeinkostenbereiche durchleuchtet werden, erhöht sich die Transparenz zum einen hinsichtlich der Prozessverbesserung und zum anderen bezüglich der Kosten.[451] Folglich werden die Anforderung der Transparenzerhöhung, wie bereits festgestellt, **erfüllt**. Denn durch die verursachungsgerechte Allokation der Kosten liefert die PRKR Anhaltspunkte für Prozessgestaltungen, das unternehmensübergreifend eine Optimierung der GP und somit Steuerung der Kosten ermöglicht.[452] Somit kann unter anderem auch die Erschließung verborgener Potenziale im UN gewährleistet werden, denn gering rentable Kunden, die zuvor durch nicht verursachungsgerechte Verrechnung der

---

[448] Für den GP „Vertrieb STV" konnten bei neun TP die Proportionalität der Kostentreiber zur Ressourcenbeanspruchung festgestellt werden. 1)

[449] Vgl. Benz, A./Britzelmaier, B. (2000), S. 34. Lmi Tätigkeiten können durch die PRKR jedoch verursachungsgerecht den Kostenträgern belastet werden. (Vgl. Schneeweiß, C./Steinbach, J. (1996), S. 471)

[450] Vgl. Steger, J. (2001), S. 343

[451] Vgl. Ebert, G. (2004), S. 219 f. Vgl. dazu auch: Jäger-Goy, H. (2000), S. 493; Stoi, R./Luncz, F. (1996), S. 311; Mayer, R. (2001), S. 30; Frischmuth, R./Schlaffer, W. (2004), S. 212

[452] Vgl. Mattheis, A. u.a. (2004), S. 31

Gemeinkosten unrentabel aufgetreten sind, können in Wahrheit hohe Deckungsbeiträge ausweisen.[453]

c) Verrechnung interner Dienstleistungen

Durch die aus b) resultierende Anforderungserfüllung der Transparenzerhöhung wird folglich auch in die innerbetrieblichen Leistungen Transparenz und Nachvollziehbarkeit hereingebracht.[454] Dadurch können im Vergleich zu kosten- oder marktpreisorientierten Verrechnungspreisermittlung verursachungsgerechtere Verrechnungspreise für innerbetriebliche bzw. konzerninterne Leistungen veranschlagt werden.[455] Somit können mit Hilfe der PRKR die Aufgaben der Verrechnungspreise unterstützt werden, da aufgrund der prozessbasierten Vorgehensweise eine realistische Erfolgsermittlung möglich wird.[456] Demnach kann die Profit-Center-Ergebnisrechnung des UN ERNI zur Steuerung der Profit Center eingesetzt werden, da durch eine realistische Erfolgsermittlung die Erfolgssteigerung der Profit Center durch Erfolgsbeteiligungen der Profit-Center-Leiter gewährleistet werden kann. Demzufolge wird die Anforderung an die Eignung der PRKR für die Verrechnung interner Dienstleistungen **erfüllt**.

d) Verbesserung der Kalkulation

Die Erweiterung der traditionellen Zuschlagskalkulation auf Vollkostenbasis um die Prozesskosten, bringt eine verursachungsgerechte Allokation der Imi Prozesse mit sich.[457] Somit können aufgrund der Allokations-, Degressions- und Komplexitätseffekte die Gemeinkosten verursachungsgerechter auf die Produkte verrechnet werden, was zur Verbesserung der Kalkulation führt.[458] Aufgrund der in a) festgestellten teilweisen Erfüllung der verursachungsgerechten Kostenverrechnung, kann die Anforderung der Kalkulationsverbesserung als **teilweise erfüllt** betrachtet werden, da die Kosten nicht repetitiver Tätigkeiten, wie auch bei der traditionellen Zuschlagskalkulation, mittels pauschaler Zuschlagssätze auf die Kostenträger verteilt werden. Dieser Effekt wird durch die proportionale Umlage der Imn Prozesskosten zu den Imi Prozesskosten zusätzlich verstärkt, wobei die Möglichkeit besteht die Imn Prozesskosten durch prozentuale Zuschlagssätze direkt auf die Summe der Einzel- und Imi Prozesskosten zu verrechnen.[459] Durch die direkte Zurechnung der Imn

[453] Vgl. Joppe, H. (2000a), S. k03. Vgl. dazu auch: Kaplan, R.S./Aktinson, A.A. (1998), S. 158 ff.

[454] Vgl. Stoi, R./Luncz, F. (1996), S. 311

[455] Vgl. Stoi, R./Luncz, F. (1996), S. 310. Zu kosten- oder marktpreisorientierten Verrechnungspreisermittlung vgl. Weber/Stoffels/Kleindienst (2004), S. 20 ff.

[456] Vgl. Stoi, R./Luncz, F. (1996), S. 311 Zu den Aufgaben der Verrechnungspreise zählen: interne und externe Erfolgsermittlung, Steuerung von dezentralen Bereichen und Gesellschaften, Besteuerung, Anreizfunktion für die Belegschaft und dezentrale Einheiten, Preisrechtfertigung. (Vgl. Weber/Stoffels/Kleindienst (2004), S. 13)

[457] Vgl. Mayer, R. (2001), S. 30

[458] Werden Prozesskosten in eine mehrstufige Deckungsbeitragsrechnung einbezogen, bietet sich die Möglichkeit kundenbezogene Tätigkeiten (z.B. Auftragsabwicklung) und produktbezogen Aktivitäten (z.B. Beschaffungsprozesse) direkt dem Kunden bzw. Produkt zuzuordnen, um somit Entscheidungsgrundlagen für Programmpolitik und Kundensegmentierung zu legen. (Vgl. Mayer, R. (2001), S. 31)

[459] Vgl. Coenenberg, A.G.(2003), S. 220

Prozesskosten auf die Einzel- und Prozesskosten können die Prozesskosten unverfälscht in der Kalkulation angezeigt werden, das die Grundlage für Make-or-buy-Entscheidungen und betriebliche Steuerung legt.[460] Folglich kann die Anforderung als erfüllt betrachtet werden, wenn die lmn Prozesskosten direkt auf die Kostenträger verrechnet werden. Da diese Handlungsmaßnahme keine zusätzlichen Ressourcen beansprucht, scheint die Erfüllung der Anforderung auf kurzfristiger Sicht erreichbar zu sein.

e) Kostenmanagement

ea) Wie bereits festgestellt, werden die Anforderungskriterien des Kostenmanagements (Planung, Kontrolle und Steuerung der Kosten) nur teilweise erfüllt. Denn aufgrund des Planungsproblems ist die Planung der Prozesskosten im Rahmen des Kostenmanagements kritisch zu betrachten. Demnach kann das Kriterium **Kostenplanung** als **teilweise erfüllt** betrachtet werden. Zur Erfüllung der Anforderungen kann die Handlungsempfehlung einer analytischen Planung der Prozesskosten aus kurzfristiger Sicht unterbreitet werden, um die Gefahr des Weitertreibens von Unwirtschaftlichkeiten einzugrenzen, wobei der erhöhte Planungsaufwand in Kauf genommen werden muss.

eb) Da die PRKR auf Ist- und Plankostenbasis durchgeführt werden kann, kann eine **Kostenkontrolle** durch eine Gegenüberstellung der Plan- zu den Ist-Prozesskosten gewährleistet werden. Die hierbei ermittelten Abweichungen sind hinsichtlich der Gründe und Verursachung zu analysieren. Dabei können Preis-, Verbrauchs oder Beschäftigungsabweichungen festgestellt werden.[461] Jedoch ist eine monatliche Kostenkontrolle im Hinblick auf die Steuerung der Kosten aufgrund der Fixkostenremanenz eingeschränkt möglich.[462] Folglich ist das Kriterium Kostenkontrolle als **teilweise erfüllt** einzureihen. Um die Aussagefähigkeit der Kostenkontrolle zu gewährleisten, kann eine jährliche Durchführung der Kostenkontrolle empfohlen werden.[463] Hiermit kann die Anforderung der Kostenkontrolle kurzfristig erfüllt werden.

ec) Bei der Abweichungsanalyse, die zur **Steuerung der Kosten** eingesetzt wird, entstehen aufgrund des Vollkostencharakters der PRKR Beschäftigungsabweichungen (Leerkosten), die auf die Proportionalisierung der fixen Kosten zurückzuführen ist.[464] Demnach eignet sich die prozesskostenbasierte Wirtschaftlichkeitskontrolle nur begrenzt zur Ermittlung der Wirtschaftlichkeit, da

---

[460] Vgl. Coenenberg, A.G.(2003), S. 217, 226 f.

[461] Zu Abweichungsarten vgl. Jórasz, W. (1999), S. 223-225

[462] Vgl. Mayer, R. (2001), S. 30. Denn Gemeinkosten, die über einen Fixkostencharakter verfügen, sind kurzfristig nicht abbaubar und können demzufolge kurzfristig nicht verändert werden. (Vgl. Steger, J. (2001), S. 110)

[463] Vgl. Mayer, R. (2001), S. 30. Denn langfristig sind Kosten abbaubar. (Vgl. Frischmuth, R./Schlaffer, W. (2004), S. 212)

[464] Vgl. Ebert, G. (2004), S. 148. Zur Abweichungsanalyse vgl. Steger, J. (2001), S. 498 ff.; Ebert, G. (2004), S. 146 ff.

Anpassung der Beschäftigung kurzfristig keine Steuerungsmöglichkeit bieten kann.[465] Demzufolge kann die Steuerung bzw. Beeinflussung der Kosten als **teilweise erfüllt** eingestuft werden, da nur eine längerfristige Beeinflussung der Kosten gewährleistet werden und aufgrund einer teilweisen verursachungsgerechten Kostenverrechnung, die eine Transparenzerhöhung der Kosten mit sich bringt, die Steuerung der Kosten begrenzt erfolgen kann.[466] Um eine kurzfristige Steuerung der Kosten anzustreben, können die Leerkosten in die Planung der Prozesskosten mit einbezogen werden. Folglich kann die Berücksichtigung der Leerkosten in der Kostenplanung als Handlungsempfehlung, die kurzfristig umsetzbar ist, unterbreitet werden.

ed) Um die Steuerung der Kosten zu ermöglichen, ist eine **Kontinuierlichkeit** der Planung und Kontrolle zu gewährleisten. Da die PRKR für die Gestaltung des Effizienzparameters Kosten eingesetzt wird, übernimmt sie somit ein Teilgebiet des Prozesscontrollings und ist folglich Bestandteil der GPM, das eine kontinuierliche Gestaltung der GP und Prozesskosten ermöglicht.[467] Somit eignet sich die PRKR für eine permanente Planung, Kontrolle und somit zur Steuerung der Kosten. Wird die Planung und Erfassung der Kosten EDV-technisch unterstützt kann eine permanente und verbesserte Kostenplanung und -steuerung und GP-Optimierung gewährleistet werden.[468] Demzufolge kann die Anforderung der Kontinuierlichkeit unter Einsatz der EDV als **erfüllt** betrachtet werden.

ee) Resultierend daraus kann die PRKR als Instrument für **strategisches Kostenmanagement** eingesetzt werden, da sie aufgrund ihrer Eigenschaften und Zielsetzungen strategischen Charakter aufweist. Denn aufgrund der Allokations-Degressions- und Komplexitätseffekte liefert die PRKR strategische Informationsvorteile, die für das strategische Kostenmanagement und strategische Entscheidungen eingesetzt werden können.[469] Aufgrund der Fixkostenproportionalisierung kann die PRKR jedoch aufgrund der Beschäftigungsabweichung nicht aussagekräftig strategische Entscheidungen fundieren.[470] Somit kann die Anforderung des strategischen Kostenmanagements als **teilweise erfüllt** betrachtet werden. Dem kann jedoch wie in ec) empfohlen, durch Berücksichtigung der Leerkosten in der Kostenplanung entgegengewirkt werden.

ef) Ebenso ist die Eignung der PRKR für ein **operatives Kostenmanagement**, wie in ec) festgestellt, aufgrund ihres Vollkostencharakters als **nicht erfüllt** einzustufen. Denn für eine operative Gestaltung der Kosten mit Hilfe der Ist- und Plankostenrechnung mit Abweichungsanalyse ist die PRKR aufgrund ihres

---

[465] Vgl. Schlüchtermann, J./Völkl, S. (2004), S. 390 f. Dennoch können die Informationen über Leerkosten (nicht genutzte Kapazität) für die Identifizierung von Ineffizienzen genutzt werden, um die Optimierung der Ablauforganisation anzustreben. (Vgl. Frischmuth, R./Schlaffer, W. (2004), S. 212)
[466] Vgl. Joppe, H. (2000b), S. k03
[467] Vgl. Schmelzer, H.J./Sesselmann, W. (2004), S. 18
[468] Vgl. Stoi, R. (1999), S. 219
[469] Vgl. Coenenberg, A.G.(2003), S. 222. Vgl. dazu auch: Stoi, R./Luncz, F. (1996), S. 310;
[470] Vgl. Ossadnik, W./Maus, S. (1995), S. 149.

Vollkostencharakters kritisch zu betrachten. Um eine korrekte operative Planung der Prozesskosten zu gewährleisten, kann wie in ec) und ee) die Beschäftigungsabweichung (Leerkosten) in die Ermittlung der Planprozesskosten mit einbezogen werden.[471] Folglich kann die Anforderung des operativen Kostenmanagements auf kurzfristige Sicht erfüllt werden, da zusätzlich lediglich die Leerkosten in der Prozesskostenplanung berücksichtigt werden müssen.

f) Optimierung der Geschäftsprozesse

Wie zuvor festgestellt, können durch die PRKR auf der Basis des GPM nicht beherrschte Prozesse zielgerichtet gesteuert werden. Dabei übernimmt die PRKR die gezielte Steuerung der Kosten und unterstützt somit den kontinuierlichen Verbesserungsprozess des GPM. Ebenso konnte in ed) die Kontinuierlichkeit für die PRKR festgestellt werden. Somit können die GP durch die laufende Verbesserung optimiert werden, indem die Kosten gesenkt, Durchlaufzeiten verkürzt und die Qualität verbessert werden. Demzufolge kann die PRKR auf der Grundlage des GPM die Anforderung der Optimierung der GP **erfüllen.**

g) Überwindung der Schnittstellenproblematik

Mit Hilfe der Prozessoptimierung kann auch der Schnittstellenproblematik (Brüche in verbundenen Prozessen) entgegengewirkt werden, denn durch die Neuausrichtung bzw. Eliminierung redundanter GP findet eine Reduzierung der Schnittstellen statt, was zu einem optimalen Ablauf im Betriebsgeschehen führen kann.[472] Aufgrund der Erfüllung der Anforderung der GP-Optimierung kann die PRKR auf der Grundlage des GPM dazu beitragen die zuvor am Beispiel des TP „Anfrage bearbeiten" dargestellten Beziehungen zu anderen GP bzw. TP zu reduzieren. Somit kann die Anforderung der Überwindung der Schnittstellenproblematik als **erfüllt** betrachtet werden.

h) Markt- bzw. Kundenorientierung

Gemäß dem top-down Ansatz der PRKR sind die GP an der Geschäftsstrategie und somit an den Kundenbedürfnissen ausgerichtet. Somit kann die PRKR auf der Grundlage des GPM die Anforderungen der Markt- bzw. Kundenorientierung erfüllen. Da jedoch die vom Markt geforderte Variantenvielfalt und Kundenintegration durch Komplexität und Spezialisierung der Leistungen geprägt ist, wird die Anforderung der Marktorientierung nur **teilweise erfüllt.** Denn während Projekte der Kundenintegration die Eigenschaft der Leistungsindividualisierung bzw. eine kundenindividuelle Dienstleistung für ein standardisiertes Produkt aufweisen,[473] ist eine zunehmende Variantenvielfalt durch den Anstieg von Komplexitätskosten

---

[471] Vgl. Kloock, J. (1995), S. 150. Vgl. dazu auch: Schiller, U./Lengsfeld, S. (1998), S. 541 ff.

[472] Vgl. Michel/Torspecken/Jandt (2004), S. 308

[473] Vgl. Jacob, F./Bogajewskaja, J. (2000), S. 586. Vgl. dazu auch: Stevens, F. u.a. (2005b), S. 1491

gekennzeichnet, die zur Bewältigung der Komplexität benötigt werden.[474] Somit wird gegen die Prämisse repetitiver Tätigkeiten verstoßen. Denn während bei steigender Integrität einer Leistung die Tätigkeiten weniger repetitiv, sondern spezieller werden,[475] werden zur Komplexitätsbewältigung neue (nicht repetitive) Tätigkeiten benötigt.[476] Zur Erfüllung der Anforderung kann die Handlungsmaßnahme einer **Modifizierung bzw. Erweiterung der PRKR** vorgeschlagen werden.[477] Da die Modifizierung und Erweiterung der PRKR zeitlichen und personellen Aufwand mit sich bringt[478] und die Möglichkeiten hierzu unternehmensindividuell zu untersuchen sind, scheint die Anforderung auf längerfristiger Sicht erfüllbar zu sein.

i) **Wirtschaftlichkeit**[479]

Wie zuvor festgestellt, benötigt die PRKR auf der Grundlage des GPM einen geringeren zeitlichen und personellen Aufwand wie die isolierte PRKR. Dennoch bringt das kontinuierliche Betreiben der PRKR neben der erstmaligen Einrichtung (Ingangsetzung) Aufwand mit sich.[480] Denn der Prozesskostenmanagement-Zyklus ist kontinuierlich durchzuschreiten, d.h., dass nach der Ingangsetzung die TPKS festgelegt, strategische Planung durchgeführt, Ist-Daten erfasst und die Kostenkontrolle mit anschließenden Handlungsmaßnahmen durchgeführt werden müssen.[481] Dabei können z.B. Probleme bezüglich der komplizierten Software-Lösungen oder der zeitaufwendigen Beschaffung von Ist-Daten (Prozessseiten und -mengen und Kosten der TP) auftreten.[482] Demnach kann die Anforderung der Wirtschaftlichkeit als **teilweise erfüllt** betrachtet werden. Dies kann jedoch bei einer Verknüpfung der PRKR mit einem Workflow-System in Grenzen gehalten werden, da hierbei nur ein Software-Tool eingesetzt wird und die Ist-Daten aus dem Workflow-System direkt der PRKR zur Verfügung gestellt werden können.[483] Ebenso kann die

---

[474]   Vgl. Battenfeld, D. (2001), S. 138
[475]   Vgl. Jacob, F./Bogajewskaja, J. (2000), S. 587
[476]   Vgl. Battenfeld, D. (2001), S. 138
[477]   Bei der Modifizierung wird die PRKR an die Individualität und Integrativität der Leistungen ausgerichtet, indem nur nicht repetitive Tätigkeiten, das Kundenverhalten als Kostenbestimmungsfaktor, Prozesse selbst als Bestandteile der Leistung, Definition mehrerer Kostentreiber und die Aufhebung des proportionalen Zusammenhangs zwischen Prozess und Produkt in der Rechnung berücksichtigt werden. (Vgl. Jacob, F./Bogajewskaja, J. (2000), S. 587) Dagegen wird bei der Erweiterung der PRKR durch Bildung von Disponibilitätsstufen der proportionale Zusammenhang zwischen den Kostentreibern und den Prozesskosten aufgehoben, um Transparenz in die Komplexitätskosten, die durch nicht-lineare Kostenverläufe gekennzeichnet sind, einzubringen. (Vgl. Battenfeld, D. (2001), S. 141)
[478]   Die Modifizierung bringen die Phasen der Prozessanalyse, Bestimmung der Kostentreiber und ihrer Ausprägung einen hohen Aufwand mit sich. (Vgl. Battenfeld, D. (2001), S. 587 f.) Ebenso ist bei der Erweiterung der PRKR bei der Bildung der Disponibilitätsstufen eine analytische Kostenplanung durchzuführen, das einen hohen Aufwand erfordert. (Vgl. Battenfeld, D. (2001), S. 141)
[479]   Die Feststellung der Anforderungserfüllung der Wirtschaftlichkeit erweist sich als schwierig. Denn während der Aufwand sich durch Arbeitsstunden und EDV-Kosten exakt feststellen lässt, ist die Identifizierung des Nutzens aufgrund der fehlenden objektiven Beurteilungskriterien kritisch zu betrachten. Vgl. Ebbeken, K./Ebbeken, M. (2001), S. 181. So weist die Bewertung des Nutzens z.B. mittels einer Nutzwertanalyse bzw. eines Scoring-Modells (Verfahren zur Alternativenbewertung) eine subjektive Kriteriengewichtung und Teilnutzenbestimmung auf. (Vgl. Gabler Wirtschaftslexikon (2000), S. 2272)
[480]   Vgl. Jäger-Goy, H. (2000), S. 493
[481]   Vgl. Weiß, D. (1999), S. 543
[482]   Vgl. Weiß, D. (1999), S. 543
[483]   Vgl. Weiß, D. (1999), S. 546 ff. Vgl. dazu auch: Gadatsch, A. (2003), S. 242; Benz, A./Britzelmaier, B. (2000), S. 34. Zu Workflow vgl. Fn. 23. Um GP über Workflow-Management-Systeme steuern zu können, sind detaillierte Beschreibungen der Prozess- und Arbeitsschritte notwendig. Die Entscheidung über die

Erhebung der Ist-Daten durch die Erweiterung der PRKR zu einem Time-Driven ABC-System mit Hilfe von Zeitstudien-Ergebnissen zeitnah aktualisiert werden, weil hierbei die Verknüpfung zu der Unternehmenssoftware (z.B. ERP-System) geschaffen werden kann.[484] Aufgrund des hohen Implementierungsaufwands der Handlungsmaßnahme scheint die Erfüllung der Anforderung auf längerer Sicht erreichbar zu sein.

4.4.3 Grenzen und Möglichkeiten der Prozesskostenrechnung auf der Grundlage des Geschäftsprozessmanagements

Wie im vorhergehenden Abschnitt festgestellt, stößt die prozessorientierte Kostenrechnung aufgrund der nicht verursachungsgerechten Kostenverrechnung nicht repetitiver Tätigkeiten an ihre Grenzen. Dieser Effekt wird durch die Verteilung der lmn Kosten zusätzlich verstärkt, das zur Proportionalisierung der Fixkosten führt. Zusätzlich bringt die Einführung und Anwendung der PRKR einen hohen zeitlichen und personellen Aufwand mit sich. Durch die Modifizierung bzw. Erweiterung der PRKR, die Berücksichtigung der Leerkosten in der Planung und die Integration der PRKR in Workflow- oder Time-Driven ABC-Systemen besteht die Möglichkeit diese Nachteile einzugrenzen.

Trotz dieser Mängel löst die PRKR auf der Basis des GPM die im Kapitel 1 beschriebenen Probleme. Denn die verursachungsgerechte Kostenverrechnung repetitiver Tätigkeiten ermöglicht eine Erhöhung der Transparenz, verursachungsgerechte innerbetriebliche Leistungsverrechnung, Verbesserung der Kalkulation und gezielte Kostensteuerung bzw. -beeinflussung. Durch das GPM werden die Effektivitäts- und Effizienzprobleme beseitigt, indem zur Erfüllung der Kundenanforderungen die Qualität verbessert, die Durchlaufzeiten verkürzt und die Produktkosten gesenkt werden. Dadurch kann die Kundenzufriedenheit und der Unternehmenserfolg gesteigert sowie die Wettbewerbsfähigkeit gesichert werden.[485] Zusätzlich besteht die Möglichkeit die PRKR auf der Grundlage des GPM für weitere Steuerungszwecke einzusetzen. So kann sie beispielsweise zur Unterstützung einer wertorientierten Unternehmensführung und zur Mitarbeitersteuerung herangezogen werden.[486] Resultierend daraus hat sich das UN ERNI für die Einführung der PRKR

Einführung derartiger Systeme ist aufgrund des hohen Aufwandes sorgfältig abzuwägen. (Vgl. Schmelzer H.J. (2004), S. 100)

[484] Vgl. Coners, A. (2003), S. 257. Vgl. dazu auch: Bruggeman, W./Moreels, K. (2004), S. 601. Zu Time-Driven ABC-System vgl. Fn. 93

[485] Anhand einer empirischen Studie konnte bewiesen werden, dass sich die PRKR unter einer EDV-gestützten kontinuierlichen Durchführung als Instrument des Kostenmanagements aufgrund der verbesserten Planung, Steuerung der indirekten Bereiche und Prozessoptimierung, positiv auf den Unternehmenserfolg auswirken kann. (Vgl. Stoi, R. (1999), S. 219)

[486] Durch die Dynamisierung und Erweiterung der PRKR können mit Hilfe der Prozesskosten in den einzelnen Perioden indirekt die Zahlungsüberschüsse der Periode ermittelt werden, mit dem Ziel den Marktwert des Eigenkapitals zu maximieren. Ebenso können die Kapitalkosten genauer als mit der traditionellen Kostenrechnung ermittelt werden, indem die (kalkulatorischen) Prozess-Zinskosten zur Berechnung der Kapitalbindung herangezogen werden. (Vgl. Lange, C./Martensen, O. (2003), S. 263; Dierkes, S. (2005), S.

auf der Basis des GPM entschieden, weil sie als unterstützendes Instrument der Unternehmensführung die anfangs beschriebenen Probleme beseitigt und die Sicherung der Wettbewerbsfähigkeit gewährleistet.

333, 340) Da der Informationsgehalt der Prozesskosten für die Mitarbeiter wenig aussagekräftig ist, eignen sich Prozesskosten nur bedingt zur Messung und Beurteilung der Leistung. Folglich kann die im Rahmen der GP-Bewertung ermittelte Prozesszeit zur Steuerung des Mitarbeiterverhaltens eingesetzt werden. (Vgl. Schmelzer, H.J./Sesselmann, W. (2004), S. 203. Vgl. dazu auch: Fn. 134)

4.5 Literaturverzeichnis

Aberle, G. (1996):   Managementkonzepte / Wertschöpfung sichern und steigern. Der weite Weg vom Spediteur zum Logistikdienstleister, in: Handelsblatt Nr. 205 vom 23.10.1996, S. b03

Atkinson, A.A. u.a. (1997):   Management Accounting, 2nd edition, New Jersey 1997

Back-Hock, A. (1995):   Implementierung und Nutzung der Prozesskostenrechnung, in: Prozesskostenrechnung (Hrsg.: W. Männel), Wiesbaden 1995, S. 37-39

Bartholme, P. (2005):   Qualitätsmanagementsysteme Teil 5: Managementsysteme nach DIN EN ISO 9001:2000, in: Qualitätsmanagement, Digitale Fachbibliothek, Symposion Publishing GmbH (Hrsg.: G.F. Kamiske), Balve 2005

Battenfeld, D. (2001):   Behandlung von Komplexitätskosten in der Kostenrechnung, in: Kostenrechnungspraxis, (2001), H. 3, S. 137-143

Batz/Schimpf/Eigenbrandt (1998):   Prozessorientierte Ressourcenplanung als Baustein eines integrativen Prozessmanagements, in: Controlling, (1998), H. 6, S. 364-373

Bauer, G. (2000):   Prozess-Controlling am Beispiel des Prozesses der Entwicklung von Produkten, in: Kostenrechnungspraxis, (2000), H. 1, S. 145-154

Baus, J. (2000):   Controlling, 2. Aufl., Berlin 2000

Becker, J. und Kahn, D. (2003):   Der Prozess im Fokus, in:
Prozessmanagement (Hrsg.:
Becker/Kugeler/Rosemann), 4. Aufl.,
Berlin/Heidelberg/New York 2003, S. 3-16

Becker, J./Meise, V. (2003):   Strategie und Ordnungsrahmen, in:
Prozessmanagement (Hrsg.:
Becker/Kugeler/Rosemann), 4. Aufl.,
Berlin/Heidelberg/New York 2003, S. 107-157

Becker/Kugeler/Rosemann (2003):   Prozessmanagement, 4. Aufl.,
Berlin/Heidelberg/New York 2003

Benz, A./Britzelmaier, B. (2000):   Aufbau einer Prozesskostenrechnung für
eine Bank, in: Controller Magazin, (2000), H.
1, S. 31-36

Binner, H. F. (2005):   Qualitätsmanagementsysteme Teil 1:
Prozessorientiertes QM. Systematisches
Vorgehensmodell zur Umsetzung der neuen
ISO 9000:2000, in: Qualitätsmanagement,
Digitale Fachbibliothek, Symposion
Publishing GmbH (Hrsg.: G.F. Kamiske),
Balve 2005

Brokemper, A. und Gleich, R. (1999):   Empirische Analyse von
Gemeinkostenprozessen zur Herleitung eines
branchenspezifischen Prozess(kosten-
)modells, in: Betriebswirtschaft, (1999), H. 1,
S. 76-89

Bruggeman, W. und Moreels, K. (2004):Activity-Based Costing in Complex and
Dynamic Environments, The Emergence of
Time-Driven ABC, in: Controlling, (2004), H.
11, S. 597-602

Bullinger/Warnecke/Westkämper (2003):Neue Organisationsformen im
Unternehmen, 2. Aufl., Springer-Verlag,
Berlin/Heidelberg/New York 2003

Bundschuh, M. (1998):   Kybernetik zum Anfassen, http://www.gm.fh-koeln.de/~bundschu/bisherige_vortraege/kyb anfa1.pdf, (27.03.2006)

Coenenberg, A. G. (2003):   Kostenrechnung und Kostenanalyse, 5. Aufl., Stuttgart 2003

Coners, A. (2003):   Von der Prozesskostenrechnung über Zeitstudien zum Time-Driven Activity-Based Costing, in: Zeitschrift für Unternehmensentwicklung und Industrial Engineering, (2003), H. 6, S. 255-259

Coners, A./von der Hardt, G. (2004): In das Führungsinformationssystem integriertes Time-Driven Activity-Based Costing – dargestellt am Beispiel „Prozessmanager", in: Controlling, (2004), H. 11, S. 639-645

Cooper, R. (1990):   Activity-Based Costing – Was ist ein Activity-Based Cost-System?, in: Kostenrechnungspraxis, (1990), H. 4, S. 210-220

Cooper, R. und Kaplan, R.S. (1988): Measure Costs Right: Make the Right Decisions, in: Harvard Business Review, (1988), H. 5, S. 96-103

Dierkes, S. (2005):   Strategisches Kostenmanagement im Rahmen einer wertorientierten Unternehmensführung, in: Controlling & Management, (2005), H. 5, S. 333-341

DIN Deutsches Institut für Normung e.V. (2003):   DIN Taschenbuch 226, Qualitätsmanagement – Verfahren, Normen, 4. Aufl., Beuth Verlag, Berlin, Wien und Zürich 2003

DIN EN ISO 9001 (2003): Qualitätsmanagementsysteme –
Anforderungen (ISO 9001:2000-09);
Dreisprachige Fassung EN ISO 9001:2000,
in: DIN Taschenbuch 226,
Qualitätsmanagement – Verfahren, Normen,
(Hrsg.: DIN Deutsches Institut für Normung
e.V.), 4. Aufl., Beuth Verlag, Berlin, Wien und
Zürich 2003, S. 44-109

DIN EN ISO 9004 (2003): Qualitätsmanagementsysteme – Leitfaden
zur Leistungsverbesserung (ISO 9004:2000);
Dreisprachige Fassung EN ISO 9004:2000,
in: DIN Taschenbuch 226,
Qualitätsmanagement – Verfahren, Normen,
(Hrsg.: DIN Deutsches Institut für Normung
e.V.), 4. Aufl., Beuth Verlag, Berlin, Wien und
Zürich 2003, S. 110-207

Ebbeken, K./Ebbeken, M. (2001): Prozessorientierte Centerkostenrechnung, in:
Kostenrechnungspraxis, (2001), H. 3, S. 173-
181

Ebert, G. (2004): Kosten- und Leistungsrechnung, 10. Aufl.,
Wiesbaden 2004

Ellringmann H. und Schmelzer H. J. (2004): Geschäftsprozessmanagement inside, 4.
Aufl., München und Wien (2004)

ERNI (2005): ERNI Company Profile, in: ERNI Intranet

ERNI Geschäftsleitung (2006): Gespräch am 05. April 2006 im Unternehmen
ERNI Electronics GmbH, Adelberg

ERNI GP-Verantwortlicher (2006): Gespräch am 22. März 2006 im
Unternehmen ERNI Electronics GmbH,
Adelberg (Sachbearbeiter Vertrieb)

ERNI Handbuch (2006): ERNI Handbuch, in: ERNI Intranet

ERNI QM-Leiter (2005): Gespräch am 02. Juni 2005 im Unternehmen
ERNI Electronics GmbH, Adelberg

ERNI QM-Leiter (2005):   Gespräch am 05. Mai 2005 im Unternehmen
                                          ERNI Electronics GmbH, Adelberg

ERNI QM-Leiter (2006):   Gespräch am 21. März 2006 im
                                          Unternehmen ERNI Electronics GmbH,
                                          Adelberg

ERNI SB Kostenrechnung (2006):   Gespräch am 15. März 2006 im
                                          Unternehmen ERNI Electronics GmbH,
                                          Adelberg

Fischer, F. (2003):   Qualitätsmanagement, in: Handbuch
                                          Prozessmanagement, (Hrsg.: F. Fischer und
                                          A.W. Scheibeler), München und Wien 2003,
                                          S. 591-672

Fischer, F. und Scheibeler, A.W. (2003):   Handbuch Prozessmanagement,
                                          München und Wien 2003

Friedl, B. (1995):   Anforderungen unterschiedlicher
                                          Rechnungsziele an die
                                          Prozesskostenrechnung, in:
                                          Prozesskostenrechnung (Hrsg.: W. Männel),
                                          Wiesbaden 1995, S. 103-113

Frischmuth, R. und Schlaffer, W. (2004):   Prozesskostenrechnung für
                                          Vermögensverwaltungsgesellschaften –
                                          Instrument zur Produktivitätssteigerung, in:
                                          Die Bank, (2004), H. 3, S. 206-212

Gabler Wirtschafts-Lexikon (2000):   Die ganze Welt der Wirtschaft:
                                          Betriebswirtschaft – Volkswirtschaft – Recht –
                                          Steuern, 15. Aufl., Wiesbaden 2000

Gadatsch, A. (2003):   Grundkurs Geschäftsprozessmanagement, 3.
                                          Aufl., Wiesbaden 2003

Gaitanides, M. (2002):   Processonomics – Prozessmanagement ist
                                          Wertmanagement, in: Zeitschrift für
                                          Organisation, (2002), H. 4, S. 196-200

Groh, P.E. u.a. (2004):   Kosten-Nutzen-Analyse als Instrument des
                                        Qualitätsmanagements, WEKA MEDIA
                                        GmbH, Kissingen 2004

GSO Research (2006):   Behavioral Accounting, Internet-URL:
                                        http://www.gsoresearch.com/behavioralaccou
                                        nting/behavioralaccounting.htm (18.04.2006)

Hammer, M./Champy, J. (2003):   Business Reengineering: die Radikalkur für
                                        das Unternehmen, 7. Aufl., Frankfurt/Main
                                        2003

Hansen, W. (2005):   Geschäftsprozesse und
                                        Qualitätsmanagement, in:
                                        Qualitätsmanagement, Digitale
                                        Fachbibliothek, Symposion Publishing
                                        GmbH, (Hrsg.: G.F. Kamiske), Balve 2005

Hardt, R.(2002):   Kostenmanagement, Methoden und
                                        Instrumente, 2. Aufl., München und Wien
                                        2002

Harmeier, J. (2005):   Business Excellence und
                                        Prozessorientierung, in:
                                        Qualitätsmanagement, Digitale
                                        Fachbibliothek, Symposion Publishing
                                        GmbH, (Hrsg.: G.F. Kamiske), Balve 2005

Härtelt, A. (2005):   Gespräch am 18.11.2005, Process Day im
                                        Novotel Stuttgart Nord, Stuttgart (Sales
                                        Manager Germany)

Haselbacher, M. u.a. (2002):   Prozessmanagement – Leitfaden für
                                        Organisationen, 3. Aufl., CICERO
                                        CONSULTING GmbH, Klagenfurt 2002

Helfrich, C. (2002):   Praktische Prozess-Management, 2. Aufl.,
                                        München und Wien 2002

Hering, E. und Rieg, R. (2002):   Prozessorientiertes Controlling-Management,
                                        2. Aufl., München und Wien 2002

Hirschmann, P. und Scheer, A.W. (1994):   Entscheidungsorientiertes Management von Geschäftsprozessen, in: Management und Computer, (1994), H. 3, S. 189-196

Homburg, C. (2001):   Hierarchische Controllingkonzeption: theoretische Fundierung eines koordinationsorientierten Controlling, Heidelberg 2001

Homburg, C. und Eichin, R. (1998):   Aggregierte Prozessanalysen als Instrument der Prozessmanagements, in: Die Betriebswirtschaft, (1998), H. 5, S. 635-643

Horngren/Datar/Foster (2003):   Cost Accounting – A Managerial Emphasis, 11th Edition, New Jersey 2003

Horváth & Partners-Studie (2004):   Performance-Steigerung durch Verbesserung der strategischen Führungsprozesse, Studienergebnisse und Handlungsempfehlungen (Auszug), Internet-URL: http://www.horvath_-parters. com/hp3/pdf/ Ergebnisse_Studie_Fuehrungsprozesse_Aus zug.pdf (29.03.2006)

Horváth, P. (2001):   Der Controller: Navigator der Führung – von der Kostensenkung zur strategischen Führung, in: „Frankfurter Allgemeine Zeitung" vom 28.05.2001, S. 33

Horváth, P. (2003):   Controlling, 9. Aufl., München 2003

Horváth, P. (Hrsg.) (1999):   Controlling-Praxis, München 1999

Horváth, P. und Mayer, R. (1989):   Prozesskostenrechnung – Der neue Weg zu mehr Kostentransparenz und wirkungsvolleren Unternehmensstrategien, in: Controlling, (1989), H. 4, S. 214-219

Horváth, P. und Mayer, R. (1995):   Konzeption und Entwicklungen der Prozesskostenrechnung, in: Prozesskostenrechnung (Hrsg.: W. Männel), Wiesbaden 1995, S. 59-86

Horváth, P. und Reichmann, T. (2003): Vahlens Großes Controlling Lexikon, 2.Aufl., München 2003

Jacob, F./Bogajewskaja, J. (2000):   Prozesskostenrechnung im Projektgeschäft: Ein Instrument zum Controlling der Kundenintegration, in: Controlling, (2000), H. 12, S. 585-592

Jäger-Goy, H. (2000):   Innovative Führungsinstrumente für die Informationsverarbeitung. Wie Balanced Scorecard, Benchmarking, Prozesskostenrechnung und Target Costing zur Führungsunterstützung in der IV eingesetzt werden können, in: Controlling, (2000), H. 10, S. 491-497

Johnson, H.T. und Kaplan, R.S. (1987): Relevance Lost: The Rise and Fall of Management Accounting, Harvard Business School Press, Boston 1987

Joppe, H. (2000a):   Schätze schlummern, Viele Unternehmen gehen verschwenderisch mit ihren Umsatzpotenzialen um: Ihnen fehlt ein Vertriebscontrolling, das diesen Namen verdient, in: Handelsblatt Nr. 154 vom 11.08.2000, S. k03

Joppe, H. (2000b):   Keine Zeit für nichts, Viele Manager stehen so unter Termindruck, dass sie sich nicht auch noch die Zeit nehmen können, sich selbst oder ihre Abteilung besser zu organisieren, in: Handelsblatt Nr. 179 vom 15.09.2000, S. k03

Jórasz, W. (1999):   Kosten- und Leistungsrechnung, in: Die neue
                              Schule des Controllers (Hrsg.: P.H
                              Steinmüller), Bd. 2, Stuttgart 1999, S. 1-278

Jung, B. (2002):   Prozessmanagement in der Praxis,
                              Vorgehensweisen, Methoden, Erfahrungen,
                              Köln 2002

Kagermann, H. (1991):   Abbildung prozessorientierter
                              Kostenrechnungssysteme mit Hilfe von
                              Standardsoftware, in: Die Betriebswirtschaft,
                              (1991), H. 3, S. 391-392

Kamiske, G.F. (Hrsg) (2005): Qualitätsmanagement, Digitale
                              Fachbibliothek, Symposion Publishing
                              GmbH, Balve 2005

Kaplan, R.S. und Anderson S.R. (2004):   Time-Driven Activity-Based Costing, in:
                              Harvard Business Review, (2004), H. 11, S.
                              131-138

Kaplan, R.S. und Anderson S.R. (2005):   Schneller und besser kalkulieren, in:
                              Harvard Business Manager, (2005), H. 5, S.
                              86-98

Kaplan, R.S./Aktinson, A.A. (1998):   Advanced Management Accounting, 3rd
                              Edition, New Jersey 1998

Kerth, K. und Püttmann, R. (2005):   Die besten Strategietools in der Praxis,
                              München und Wien 2005

Kloock, J. (1995):   Flexible Prozesskostenrechnung und
                              Deckungsbeitragsrechnung, in:
                              Prozesskostenrechnung (Hrsg.: W. Männel),
                              Wiesbaden 1995, S. 137-151

Kremin-Buch, B. (2001):   Strategisches Kostenmanagement, 2. Aufl.,
                              Wiesbaden 2001

Kümpel, T. (2004):   Prozesskostenrechnung, in: Das
                              Wirtschaftsstudium, (2004), H. 8-9, S. 1022-
                              1025

Küting, K. und Lorson, P. (1995):   Stand, Entwicklung und Grenzen der
                                        Prozesskostenrechnung, in:
                                        Prozesskostenrechnung (Hrsg.: W. Männel),
                                        Wiesbaden 1995, S. 87-101

Lange, C. und Martensen, O. (2003):   Wertorientierung des Kostenmanagements,
                                        in: Controlling & Management, (2003), H. 4,
                                        S. 259-263

Littkemann/Eisenberg/Stark (2005):   Die Prozesskostenrechnung in der
                                        öffentlichen Verwaltung: Möglichkeiten und
                                        Grenzen, in: Controlling & Management,
                                        (2005), H. 5, S. 350-358

Lobinger/Lehner/Gietl (2001):   Prozessorientiertes Qualitätsmanagement,
                                        Seminarunterlagen, TÜV-Akademie GmbH,
                                        Rev. 04, München 2001

Männel, W. (2000):   Kostenmanagement, in: Die ganze Welt der
                                        Wirtschaft: Betriebswirtschaft –
                                        Volkswirtschaft – Recht – Steuern, (Gabler
                                        Wirtschafts-Lexikon) 15. Aufl., Wiesbaden
                                        2000, S. 1840-1846

Männel, W. (Hrsg.) (1995):   Prozesskostenrechnung, Wiesbaden 1995

Mattheis, A. u.a. (2004):   Gerechte Rechnung, in: Logistik Heute,
                                        (2004), H. 7-8, S. 30-31

Mayer, R. (2001):   Konzeption und Anwendungsgebiete der
                                        Prozesskostenrechnung, in:
                                        Kostenrechnungspraxis, (2001), Sonderheft
                                        3, S. 29-31

Michel/Torspecken/Jandt (2004):   Neuere Formen der Kostenrechnung mit
                                        Prozesskostenrechnung, 5. Aufl., München
                                        und Wien 2004

Neumann/Probst/Wernsmann (2003):   Kontinuierliches Prozessmanagement, in:
                                        Prozessmanagement (Hrsg.:
                                        Becker/Kugeler/Rosemann), 4. Aufl.,
                                        Berlin/Heidelberg/New York 2003, S. 277-335

Ossadnik, W. und Maus, S. (1995):   Strategische Kostenrechnung, in: Die
Unternehmung, (1995), H. 2, S. 143-158

Pfaff, D. und Schneider, T. (2000):   Prozesskostenrechnung in der
Nahrungsmittelindustrie – Erkenntnisse einer
Machbarkeitsstudie, in:
Kostenrechnungspraxis, (2000), H. 4, S. 246-
250

Pfeifer/Borghese/Sommerhäuser (2005):   Das Ziel – die Leistungsfähigkeit, in:
Qualitätsmanagement, Digitale
Fachbibliothek, Symposion Publishing
GmbH, (Hrsg.: G.F. Kamiske), Balve 2005

Pfitzinger, E. (2003)   Geschäftsprozess-Management – Steuerung
und Optimierung von Geschäftsprozessen, 2.
Aufl., Beuth Verlag, Berlin, Wien und Zürich
2003

Preißler, P. (2005):   Entscheidungsorientierte Kosten- und
Leistungsrechnung, 3. Aufl., München und
Wien 2005

Rau, K.H. und Schmidt, J. (1995):   Implementierung der
Prozesskostenrechnung, in:
Prozesskostenrechnung (Hrsg.: W. Männel),
Wiesbaden 1995, S. 177-186

Rautenberg, M. (2004):   Prozessorientierte Kennzahlensystem in
Industrieunternehmen, Seminarunterlagen,
RI Rautenberg Industrieberatung GmbH,
Lüdenscheid 2004

Rosemann/Schwegmann/Delfmann (2003): Vorbereitung der Prozessmodellierung,
in: Prozessmanagement (Hrsg.:
Becker/Kugeler/Rosemann), 4. Aufl.,
Berlin/Heidelberg/New York 2003, S. 47-105

Scheer, A.W. (2002):   ARIS – Vom Geschäftsprozess zum
Anwendungssystem, 4. Aufl., Berlin 2002

Scheer, A.W. und Thomas, O. (2005): Geschäftsprozessmodellierung mit der ereignisgesteuerten Prozesskette, in: Das Wirtschaftsstudium, (2005), H. 8-9, S. 1069-1078

Scheer/Thomas/Wagner (2003): Verfahren und Werkzeuge zur Unternehmensmodellierung, in: Neue Organisationsformen im Unternehmen (Hrsg.: Bullinger/Warnecke/Westkämper), 2. Aufl., Springer-Verlag, Berlin/Heidelberg/New York 2003, S. 740-758

Scheibeler, A.W. (2003): Business Excellence im Prozessmanagement, in: Handbuch Prozessmanagement, (Hrsg.: F. Fischer und A.W. Scheibeler), München und Wien 2003, S. 47-102

Schiller, U. und Lengsfeld, S. (1998): Strategische und operative Planung mit der Prozesskostenrechnung, in: Zeitschrift für Betriebswirtschaft, (1998), H. 5, S. 525-547

Schlüchtermann, J. und Völkl, S. (2004): Rekonfiguration der Logistikaktivitäten in einer Supply Chain mit Hilfe der Prozesskostenrechnung, in: Controlling, (2004), H. 7, S. 385-392

Schmelzer, H.J. (2004) Grundlagen des Geschäftsprozessmanagements, in: Geschäftsprozessmanagement inside, (Hrsg.: H. Ellringmann und H. J. Schmelzer), 4. Aufl., München und Wien 2004

Schmelzer, H.J. und Sesselmann, W. (2004): Geschäftsprozessmanagement in der Praxis, 4. erweiterte Aufl., München und Wien 2004

Schneeweiß, C./Steinbach, J. (1996): Zur Beurteilung der Prozesskostenrechnung als Planungsinstrument, in: Die Betriebswirtschaft, (1996), H. 4, S. 459-473

Sprenger, J. und Neher. A. (2005): Services im Baukastensystem in Rechnung stellen, in: IO New Management, (2005), H. 11, S. 37-41

Steger, J. (2001): Kosten- und Leistungsrechnung, 3. Aufl., München und Wien 2001

Steinmüller, P. (Hrsg.) (1999): Die neue Schule des Controllers, Bd. 2, Stuttgart 1999

Stevens, F. u.a. (2005a): Managementmodelle: Kaizen, in: Das Wirtschaftsstudium, (2005), H. 4, S. 472

Stevens, F. u.a. (2005b): Managementmodelle: Prozesskostenrechnung, in: Das Wirtschaftsstudium, (2005), H. 12, S. 1491

Stöger, R. (2005): Geschäftsprozesse erarbeiten – gestalten – nutzen, Stuttgart 2005

Stoi, R. (1999): Prozessorientiertes Kostenmanagement in der deutschen Unternehmenspraxis: eine empirische Untersuchung, Diss., in: Controlling-Praxis (Hrsg.: P. Horváth), München 1999

Stoi, R. und Luncz, F. (1996): Prozessorientierte Verrechnung administrativer Serviceleistungen einer Managementholding, in: Controlling, (1996), H. 5, S. 304-311

Teufel, P. (2003): Der Prozess der ständigen Verbesserung (Kaizen) und dessen Einführung, in: Neue Organisationsformen im Unternehmen (Hrsg.: Bullinger/Warnecke/Westkämper), 2. Aufl., Springer-Verlag, Berlin/Heidelberg/New York 2003, S. 504-525

Weber, J. (2003): Anwendungsbezogen Theorie, Notizen einer Vorlesung an der Berufsakademie Stuttgart, Stuttgart 2003

Weber, J. (2006): Gespräch am 06. April 2006 in der
Berufsakademie Stuttgart, Stuttgart

Weber/Stoffels/Kleindienst (2004): Internationale Verrechnungspreise im
Konzern, Reihe: Advanced Controlling, 7.
Jahrgang, Bd. 40, Vallendar 2004

Weiß, D. (1999): Wie kann das Workflow Management die
Prozesskostenrechnung unterstützen?, in:
Controlling, (1999), H. 11, S. 543-549

Wilhelm, R. (2003): Prozessorganisation, München 2003

Wirtz, B.W. (1996): Business Process Reengineering –
Erfolgsdeterminanten, Probleme und
Auswirkungen eines neuen
Reorganisationsansatzes, in: Zeitschrift für
betriebswirtschaftliche Forschung, (1996), H.
11, S. 1023-1036

Wittig, K.J. (2002): Prozessmanagement, Weil der Stadt 2002

5 SOA – Serviceorientierte Architekturen als Basis für flexibles Geschäftsprozessmanagement

Katrina Anne Leyking

5.1 Geschäftsprozessmanagement

Moderne computergestützte Informationssysteme bieten vielfältige Möglichkeiten zur Unterstützung unternehmerischer Abläufe. Damit technische Infrastrukturen die Unternehmensstrategie effektiv und nachhaltig unterstützen können, muss aus fachlicher und informationstechnischer Perspektive ein gemeinsamer Betrachtungsgegenstand identifiziert werden. Als zentraler Berührungspunkt beider Seiten hat sich im Laufe der vergangenen Jahrzehnte in Theorie und Praxis die Struktur der Geschäftsprozesse manifestiert. Das folgende Kapitel betrachtet zentrale Begriffe und Vorgehensweisen des Geschäftsprozessmanagements, die für die Einführung prozessorientierter Informationssysteme essentiell sind.

5.1.1 Vom Framework zum Modell

Im Zuge einer wachsenden Dynamik des ökonomischen Umfelds sowie einer rapiden, vielschichtigen Entwicklung der Informationstechnologien (IT) wird die Abstimmung zwischen Unternehmensstrategie und ihrer informationstechnischen Unterstützung immer komplexer. Für ihre Bewältigung sind grundlegende Prinzipien, Regelwerke und Systematiken erforderlich.[487] Angesichts dieser Problemstellung gewinnt der Begriff der Architektur an Bedeutung. Er ist in der wissenschaftlichen Literatur der Betriebswirtschaftslehre längst nicht mehr in seiner ursprünglichen Bedeutung im Sinne eines *„nach Regeln der Baukunst gestaltete Aufbau eines Gebäudes"* vorbehalten.[488] Die architekto-nische Regelsystematik wird als Enterprise Architecture auf die Integration aller Ressourcen eines Unternehmens zur Unterstützung seiner strategischen Ziele und operativen Abläufe übertragen.[489]

Enteprise Architecture Framework

Unter einem Enterprise Architecture Framework (EAF) versteht man ein Rahmenkonzept, welches die zu erfassenden Informationen eines Unternehmens und dafür empfohlene Techniken und Technologien in eine holistische Struktur bringt.[490] Hinsichtlich der Informations- und Kommunikationstechnologien (IuK-Technologien) unterstützt es die Planung eines Unternehmensinformationssystems ausgehend von der anwendungsorientierten, d.h. betriebswirtschaft-lichen Perspektive.[491] Dabei liegt der Fokus auf einer wirkungsvollen IT-Unterstützung der betrieblichen Tätigkeiten im Kontext sich ständig wandelnder unternehmerischer Anforderungen. SCHÖNHERR sieht in der Ausrichtung der technischen Infrastruktur an

---

[487] Vgl. *Bernus, P.; Nemes, L.*: Handbook on Enterprise Architecture. Springer Verlag, Berlin et al. 2003, S. 1.
[488] *Scholze-Stubenrecht, W.* (Hrsg.): Duden. Das Fremdwörterbuch. Dudenverlag, Mannheim 1997, S. 81.
[489] Vgl. *Schönherr, M.*: Enterprise Architecture Frameworks. In: *Aier, S.; Schönherr, M.* (Hrsg.): Enterprise Application Integration – Serviceorientierung und nachhaltige Architekturen. In: Enterprise Architecture. Band 2, GITO-Verlag, Berlin 2004, S. 11.
[490] Vgl. *Bernus, P.; Nemes, L.*: Handbook on Enterprise Architecture. Springer Verlag, Berlin et al. 2003, S. 2-3.
[491] Vgl. *Scheer, A.-W.*: ARIS – Vom Geschäftsprozeß [!] zum Anwendungssystem. 4. Aufl., Springer Verlag, Berlin et al. 2002, S. 6.

Katrina Anne Leyking, Prof. Dr. Dr. h. c. mult. A.-W. Scheer

SOA – Serviceorientierte Architekturen als Basis für flexibles Geschäftsprozessmanagement

der Unternehmensstrategie das wesentliche Merkmal einer nachhaltigen Enterprise Architecture.[492] In Theorie und Praxis haben sich hierzu verschiedene Frameworks entwickelt und gegenseitig beeinflusst. Zu den bekanntesten zählen das in den USA weit verbreitete Zachman Framework, die Architektur integrierter Informationssysteme (ARIS), die Open System Architecture for Computer Integrated Manufacturing (CIMOSA) und der St. Gallener Ansatz des Business Engineering PROMET.[493] ARIS hebt sich durch seinen ganzheitlichen Prozessfokus, eingebettet in ein durchgängiges Konzept der Unternehmensarchitektur, von allen anderen Ansätzen ab. Neben der Prozessausrichtung haben branchenspezifische Referenzmodelle sowie die von IDS Scheer entwickelte ARIS Platform Software zur Durchsetzung der ARIS-Methode im GPM beigetragen. Als De-facto-Standard bestimmt sie heute maßgeblich die Einführung von Standardsoftware, insbesondere SAP Systemen, und wird als Grundlage für die vorliegende Arbeit genommen.[494]

Methode

Jedes EAF bietet für die Entwicklung, Realisierung und Optimierung des Informationssystems eine Auswahl von Methoden.[495] Der Begriff der Methode steht für *„ein auf einem Regelsystem aufbauendes Verfahren, das zur Erlangung von wissenschaftlichen Erkenntnissen oder praktischen Ergebnissen dient".*[496] Bei der Betrachtung der zeitgenössischen angloamerikanischen Literatur ist festzustellen, dass die Begriffe method und methodology oft synonym verwendet werden, während im Deutschen die Methodologie als Lehre des methodischen Vorgehens von diesem abgegrenzt wird. Von dieser Unterscheidung ausgehend, bezeichnet die Wissenschaft eine Methode als *„planmäßig angewandte, begründete Vorgehensweisen zur Erreichung von festgelegten Zielen ([i.Allg.] im Rahmen festgelegter Prinzipien)".*[497] BALZERT definiert den Methodenbegriff analog und erweitert ihn um die Bedeutung als *„Oberbegriff von Konzepten, Notation und methodischer Vorgehensweise".*[498] Nachfolgende Betrachtungen werden auf diesem Methodenverständnis beruhen und den Schwerpunkt insbesondere auf die

---

[492] Schönherr, M.: Enterprise Architecture Frameworks. In: Aier, S.; Schönherr, M. (Hrsg.): Enterprise Application Integration – Serviceorientierung und nachhaltige Architekturen. In: Enterprise Architecture. Band 2, GITO-Verlag, Berlin 2004, S. 11.

[493] Vgl. Zachman, J. A.: A framework for information systems architecture. In: IBM Systems Journal 26 (1987) 3, S. 276-292, Scheer, A.-W.: Wirtschaftsinformatik. Referenzmodelle für industrielle Geschäftsprozesse. 7. Aufl., Springer Verlag, Berlin et al. 1997, S. 2-95, Österle, H.: Business Engineering. Prozeß- [!] und Systementwicklung. Band 1 Entwurfstechniken. Springer Verlag, Berlin et al. 1995, S. 31, Kosanke, K.; Zelm, M.; Vernadat, F.: CIMOSA: Enterprise engineering and integration. In: Computers in Industry 40 (1999) 2-3, S. 83-97.

[494] Vgl. Schönherr, M.: Enterprise Architecture Frameworks. In: Aier, S.; Schönherr, M. (Hrsg.): Enterprise Application Integration – Serviceorientierung und nachhaltige Architekturen. In: Enterprise Architecture. Band 2, GITO-Verlag, Berlin 2004, S. 31; o. V.: ARIS hat die Nase vorn. In: Computerwoche 28 (2001) 26, S. 18-19.

[495] Vgl. Bernus, P.; Nemes, L.: Handbook on Enterprise Architecture. Springer Verlag, Berlin et al. 2003, S. 5-6.

[496] Scholze-Stubenrecht, W. (Hrsg.): Duden. Das Fremdwörterbuch. Dudenverlag, Mannheim 1997, S. 515.

[497] Hesse, W.; Merbeth, G.; Frölich, R.: Software-Entwicklung. Vorgehensmodelle, Projektführung, Produktverwaltung. Oldenbourg, 2005, S. 32.

[498] Balzert, H.: Lehrbuch der Software-Technik. Software Entwicklung. 2. Aufl., Spektrum Akademischer Verlag, Heidelberg et al. 2000, S. 36-38.

Teilbegriffe der praktischen Vorgehensweise und Notation setzen. Dabei sollen methodische Vorgehensweisen klar strukturierte Anleitung für die Erreichung eines verifizierbaren Zieles geben.

Modell

Mittels Notationen lassen sich reale Sachverhalte symbolhaft modellieren und abbilden. Durch Beschränkungen auf die kritischen und relevanten Aspekte der jeweiligen Betrachtungsweise, abstrahieren Modelle von oftmals komplexen, unübersichtlichen Verhältnissen der Realität.[499] SCHEER definiert Modelle dementsprechend als *„Abbildungen eines Realitätsausschnitts"*, die mittels Abstraktion nur die Merkmale der Realobjekte darstellen, die für die Problemstellung wesentlich sind.[500] Dieser interessierende Ausschnitt wird von HARS als Diskursbereich bezeichnet.[501] Modelle bilden den Diskursbereich so ab, dass Elemente und Zusammenhänge der Realität für die Problemanalyse überschaubarer und erklärbar werden. Zur Lösung von Ablaufsplanungen empfiehlt SCHMIDT Modelle, die die *„jeweilige Planungssituation möglichst gut abbilden".*[502] Werden Modelle als Pläne zur konstruktiven Lösungsfindung eingesetzt, dienen sie nicht als Ab- sondern als Vorbilder bzw. Soll-Modelle, für die Umsetzung in der Wirklichkeit.[503]

Im Mittelpunkt der ARIS Modelle stehen die Unternehmensabläufe, die als Geschäftsprozesse einen der beiden zentralen Betrachtungsgegenstände der vorliegenden Arbeit ausmachen.

5.1.2 Diskussion des Prozessbegriffes

Der Prozessbegriff leitet sich von dem lateinischen Verb procedere ab und steht allgemein für Ablauf, Verlauf, Hergang, Entwicklung.[504] Die Betriebwirtschaftslehre führt den ablauforientierten Gedanken weiter und versteht unter einem Prozess *„eine inhaltlich abgeschlossene, zeitliche und sachlogische Folge von Aktivitäten, die zur Bearbeitung eines prozessprägenden betriebswirtschaftlichen Objektes notwendig ist".* [505] Gemäß KRCMAR und SCHMIDT wandeln Prozesse Inputfaktoren über mehrstufige Funktionen zu einem Outputfaktor um. KRCMAR unterscheidet zudem Prozesse nach ihrem Bezugsobjekt in materielle und informatorische Prozesse. [506]

[499]   Vgl. *Jost, W.*: EDV-gestützte CIM-Rahmenplanung. Gabler, Wiesbaden 1993, S.12; *Hansen, H. R.; Neumann, G.*: Wirtschaftsinformatik 1. 8. Aufl., Lucius&Lucius Verlag, Stuttgart 2001, S. 251.

[500]   Vgl. *Scheer, A.-W.*: ARIS – Vom Geschäftsprozeß [!] zum Anwendungssystem. 4. Aufl., Springer Verlag, Berlin et al. 2002, S. 4.

[501]   Vgl. *Hars, A.*: Referenzdatenmodelle: Grundlagen effizienter Datenmodellierung. Gabler, Wiesbaden 1994, S. 9.

[502]   *Schmidt, G.*: Prozeßmanagement [!]. Modelle und Methoden. 2. Aufl., Springer Verlag, Berlin et al. 2002, S. 68.

[503]   Vgl. *Thomas, O.*: Das Modellverständnis in der Wirtschaftsinformatik: Historie, Literaturanalyse und Begriffsexplikation. In: *Scheer, A.-W.* (Hrsg.): Veröffentlichungen des Instituts für Wirtschaftsinformatik. Heft 184, Saarbrücken 2005, S. 6.

[504]   Vgl. *Scholze-Stubenrecht, W.*: Duden. Das Fremdwörterbuch. Dudenverlag, Mannheim 1997, S. 668.

[505]   *Becker, J.; Kahn, D.*: Der Prozess im Fokus. In: *Becker, J.; Kugeler, M.; Rosemann, M.* (Hrsg.): Prozessmanagement. Ein Leitfaden zur prozessorientierten Organisationsgestaltung. 5. Aufl., Springer Verlag, Berlin et al. 2005, S. 6.

[506]   Vgl. *Krcmar, H.*: Informationsmanagement. 4. Aufl., Springer Verlag, Berlin et al. 2004, S. 120.

Katrina Anne Leyking, Prof. Dr. Dr. h. c. mult. A.-W. Scheer

SOA – Serviceorientierte Architekturen als Basis für flexibles Geschäftsprozessmanagement

Beide Prozessarten finden sich in der betrieblichen Leistungserstellung wieder. Die Erzeugung von Gütern (Output) unter Einsatz bestimmter Inputfaktoren ist Gegenstand der betriebswirtschaftlichen Wertschöpfung. Ein betriebswirtschaftlicher Prozess, Unternehmensprozess oder Geschäftsprozess hat das Ziel, zur Wertschöpfung – d.h. zur Leistungserstellung – des Unternehmens beizutragen.[507] In Entsprechung dazu konkretisiert SCHEER obige Prozessdefinition und definiert einen Geschäftsprozess als *„eine zusammengehörende Abfolge von Unternehmungsverrichtungen zum Zwecke einer Leistungserstellung. Ausgang und Ergebnis eines Geschäftsprozesses ist eine Leistung, die von einem internen oder externen „Kunden" angefordert und abgenommen wird".*[508] Die vorliegende Arbeit basiert auf dieser Auffassung und betont insbesondere die Aspekte der Kundenorientierung und des Leistungsfokus sowie der grundsätzlichen Unabhängigkeit eines Prozesses von *„Benutzer, Architektur oder System".*[509] Bei der Erfassung und Gestaltung von Geschäftsabläufen werden Kernprozesse von Unterstützungsprozessen unterschieden. Kernprozesse tragen direkt zur Wertschöpfung für den Kunden bei. Sie erstrecken sich abteilungsübergreifend von dem Input der Lieferanten bis hin zur Bedienung des Kunden. Ihre strategische Wichtigkeit schlägt sich in der Wettbewerbswirksamkeit und Markteffizienz nieder. Unterstützungsprozesse hingegen umfassen die Tätigkeiten, die zur Entlastung der Kernprozesse notwendig sind. Statt für externe Kunden, erfüllen sie interne Leistungsanforderungen.[510] Die zunehmende Bedeutung unternehmerischer Kooperationen ließ den Begriff des end-to-end Prozesses entstehen, welcher die kundenorientierte Wertschöpfungskette über Unternehmensgrenzen hinweg beschreibt. So wird der Kunde in den Mittelpunkt einer transparenten, ganzheitlichen Prozessabwicklung gestellt.[511]

5.1.3 Evolution des Geschäftsprozessmanagements

Die Entwicklung des Geschäftsprozessmanagements zu einem entscheidenden Instrument der Unternehmensführung erfolgte seit den Achtziger Jahren im Rahmen von verwandten, aber voneinander abzugrenzenden Ansätzen.

In den Vereinigten Staaten wurde der Geschäftsprozessbegriff von den Managern Hammer und Champy als zentraler Gegenstand ihres Business Process Reengineering (BPR)-Ansatz Anfang der Neunziger Jahre verbreitet. Ihr Manifesto

---

[507] Vgl *Schmidt, G.*: Prozeßmanagement [!]. Modelle und Methoden. 2. Aufl., Springer Verlag, Berlin et al. 2002, S. 1.

[508] *Scheer, A.-W.*: ARIS – Vom Geschäftsprozeß [!] zum Anwendungssystem. 4. Aufl., Springer Verlag, Berlin et al. 2002, S. 3.

[509] *Götz, A.; Liddle, J.*: "Process Driven Architecture" und "Business Process Management". In: Objektspektrum o. Jg. (2003) S. 41.

[510] Vgl. *Porter, M. E.*: The Competitve Advantage. Creating and Sustaining Superior Performance. Free Press, New York 1985, S. 47, *Scheer, A.-W.*: ARIS – Modellierungsmethoden, Metamodelle, Anwendungen. 4. Aufl., Springer Verlag, Berlin et al. 2001, S. 9-10, *Osterloh, M.; Frost, J.*: Prozeßmanagement [!] als Kernkompetenz. 4. Aufl., Gabler, Wiesbaden 2003, S. 35-37.

[511] *Scheer, A.-W. et al.*: Geschäftsprozessmanagement – the 2nd wave. In: IM Information Management & Consulting 17 (2002) Sonderausgabe Oktober 2002, S. 11.

for Business Revolution fordert eine radikale Abkehr von der funktional spezialisierten Aufgabenorientierung hin zu einer Fokussierung der ganzen Unternehmung auf ihre Prozesse.[512] Die resultierende prozessorientierte Unternehmensorganisation steht zu der einst vorherrschenden funktionalen Struktur orthogonal.

Bei der Gegenüberstellung prozess- und funktionsorientierter Organisationsansätze unterscheidet die Literatur grundsätzlich zwischen Aufbau- und Ablauforganisation: Die Aufbauorganisation verfolgt die betriebliche Aufgabenkoordination indem sie die Wert schöpfende Gesamtaufgabe des Unternehmens in funktionale Teilaufgaben gliedert.[513] Entlang einer statischen Hierarchie werden diese Teilaufgaben dann den Aufgabenträgern zugewiesen. Die Struktur einer Aufbauorganisation orientiert sich an Funktionen, die Organisationseinheiten zugeordnet werden.[514] Es entstehen funktionale Arbeitsinseln, die sich durch hohe Ressourceneffizienz auszeichnen. Der Preis hierfür liegt in einem Mangel an funktionsübergreifender Koordination, d.h. an Prozesseffizienz, welche für erfolgreiche Wertschöpfung, das Ziel einer jeden Unternehmung, unabdingbar ist.[515] Demgegenüber definiert die Ablauforganisation das Unternehmen über die übergreifenden Geschäftsprozesse, die die funktionalen Teilaufgaben zu einer logisch strukturierten Abfolge verknüpfen. Sie steht für eine verhaltensorientierte Betrachtung der Vorgänge zur Leistungserstellung.[516] Statt einzelner funktionaler Aufgaben steht der kundenorientierte Geschäftsprozess im Mittelpunkt.[517] Ein prozessorientiertes Unternehmen fokussiert seine Ressourcen auf die Anforderungen des Kunden und damit verbundene Wertschöpfungspotenziale. Im Zuge der Globalisierung sind immer weniger technologische Überlegenheit oder Breite des Produktportfolios entscheidend für den unternehmerischen Erfolg. Die Konkurrenzfähigkeit am Markt hängt zunehmend von der Fähigkeit ab mittels, effizienter Prozesse auf die Bedürfnisse der Kunden einzugehen.[518]

Während BPR einen einmaligen radikalen Neuentwurf aller Unternehmensprozesse propagiert, verstehen SCHEER und ÖSTERLE GPM mehr als evolutionäre, fortlaufende und ganzheitliche Gestaltung, Planung und Steuerung der Pro-zesse. Es hebt sich

---

[512] Vgl. *Hammer, M.; Champy, J.*: Reengineering the Corporation. A Manifesto for Business Revolution. Harper Business Essentials, New York 2003, S. 31, *Levi, M. H.*: The Business Process (Quiet) Revolution. Transformation to Process Organization. In: *Kosanke, K. et al.* (Hrsg.): Enterprise Inter- and Intra-organizational Integration. Kluwer Academic Publishers, Boston et al. 2003, S. 147.

[513] Vgl. *Kosiol, E.*: Organisation der Unternehmung. 2. Aufl., Gabler, Wiesbaden 1976, S. 32.

[514] Vgl. *Scheer, A.-W.*: ARIS – Vom Geschäftsprozeß [!] zum Anwendungssystem. 4. Aufl., Springer Verlag, Berlin et al. 2002, S.2-3, *Kugeler, M.; Vieting, M.*: Gestaltung einer prozessorientierten Aufbauorganisation. In: *Becker, J.* (Hrsg.): Prozessmanagement: ein Leitfaden zur prozessorientierten Organisationsgestaltung. 4. Aufl., Springer Verlag, Berlin et al. 2003, S. 222.

[515] Vgl. *Scheer, A.-W.*: ARIS – Modellierungsmethoden, Metamodelle, Anwendungen. 4. Aufl., Springer Verlag, Berlin et al. 2001, S. 7-9.

[516] Vgl. *Scheer, A.-W.*: ARIS – Vom Geschäftsprozeß [!] zum Anwendungssystem. 4. Aufl., Springer Verlag, Berlin et al. 2002, S. 2-3.

[517] Vgl. *Kugeler, M.; Vieting, M.*: Gestaltung einer prozessorientierten Aufbauorganisation. In: *Becker, J.* (Hrsg.): Prozessmanagement: ein Leitfaden zur prozessorientierten Organisationsgestaltung. 4. Aufl., Springer Verlag, Berlin et al. 2003, S. 222.

[518] Vgl. *Levi, M. H.*: The Business Process (Quiet) Revolution. Transformation to Process Organization. In: *Kosanke, K. et al.* (Hrsg.): Enterprise Inter- and Intra-organizational Integration. Kluwer Academic Publishers, Boston et al. 2003, S. 148.

Katrina Anne Leyking, Prof. Dr. Dr. h. c. mult. A.-W. Scheer

SOA – Serviceorientierte Architekturen als Basis für flexibles Geschäftsprozessmanagement

von dem radikalen BPR durch die Betonung eines Continuous Process Improvement (CPI) ab.[519] Durch kontinuierliche Prozessverbesserung kann dem ständigen Wandel, dem eine Unternehmung sowohl von innen als auch von außen unterworfen ist, besser Rechnung getragen und es können Änderungen umgesetzt werden.

Auch der amerikanische Begriff Business Process Management (BPM), obgleich die wörtliche Übersetzung, erfährt im aktuellen Sprachgebrauch eine von oben definiertem Geschäftsprozessmangement verschiedene Bedeutung. Während sich GPM zentral dem strategisch-taktischen Design der Prozesse, ihrer Aufbereitung und Kontrolle widmet, rückt BPM vielmehr die operative Ausführung dieser identifizierten und modellierten Abläufe in den Mittelpunkt der Betrachtung. BPM Systeme (BPMS) koordinieren die Systemfunktionalitäten entlang der Geschäftsprozesse und bieten damit die Infrastruktur für die Laufzeitumgebung der Prozesse.[520]

Die Lücke zwischen dem betriebswirtschaftlichen Gestalten und Planen von Geschäftsprozessen und ihrer informationstechnischen Umsetzung beschäftigt Wissenschaftler wie Theoretiker gleichermaßen schon seit einiger Zeit. Dabei entwickelte sich die Idee des Workflowmanagement aus dem Bedürfnis, Benutzerinteraktionen innerhalb von Geschäftsprozessen durch den Einsatz von Informations- und Kommunikationstechnologien zu unterstützen und zu automatisieren. Der Begriff des Workflow ist mit dem des Geschäftsprozesses eng verwandt und wird in der Literatur oft nur sehr unscharf von ihm abgegrenzt. Gegenstand beider Konzepte ist die Beschreibung von Arbeitsabläufen.[521] Bei näherer Betrachtung lassen sich aber zwei unterschiedliche Ansätze erkennen. Workflows sind als genau die Teilmenge der Geschäftsprozesse zu verstehen, die ganz oder teilweise automatisierbar, d.h. mittels informationstechnischer Ressourcen steuerbar sind.[522] Eine weitere Begriffstrennung lässt sich über den Detaillierungsgrad vollziehen: Geschäftsprozesse sind demnach *„high-level descriptions of an organisation's activities".*[523] Sie sind Betrachtungsgegenstand der konzeptionellen Analyse und Gestaltung, welche sich an organisatorischen und

---

[519] Vgl. *Scheer, A.-W.*: ARIS – Vom Geschäftsprozeß [!] zum Anwendungssystem. 4. Aufl., Springer Verlag, Berlin et al. 2002, S. 54, *Österle, H.*: Business Engineering. Prozeß- [!] und Systementwicklung. Band 1 Entwurfstechniken. Springer Verlag, Berlin et al. 1995, S. 22.

[520] Vgl. *Leymann, F.; Roller, D.; Schmidt, M.-T.*: Web services and business process management. In: IBM Systems Journal 41 (2002) 2, S. 208.

[521] Vgl. *Gadatsch, A.*: Grundkurs Geschäftsprozess-Management. Methoden und Werkzeuge für die IT-Praxis: Eine Einführung für Studenten und Praktiker. 3. Aufl., Vieweg, Wiesbaden 2003, S. 39.

[522] Vgl. *Gadatsch, A.*: Grundkurs Geschäftsprozess-Management. Methoden und Werkzeuge für die IT-Praxis: Eine Einführung für Studenten und Praktiker. 3. Aufl., Vieweg, Wiesbaden 2003, S. 33, *Zur Mühlen, M.; Hansmann, H.*: Workflowmanagement. In: *Becker, J.; Kugeler, M.; Rosemann, M.* (Hrsg.): Prozessmanagement. Ein Leitfaden zur prozessorientierten Organisationsgestaltung. 5. Aufl., Springer Verlag, Berlin et. al 2005, S. 390-391. *Vossen, G.; Weikum, G.*: Transactional Information Systems. Theory, Algorithms, and the Practice Concurrency Control and Recovery. Morgan Kaufmann Publishers, San Fransisco et al. 2002, S. 12-15.

[523] *Zukunft, O.; Rump, F.*: From Business Process Modelling to Workflow Management. An Integrated Approach. In: *Scholz-Reiter, B.; Stickel, E.* (Hrsg.): Business Process Modelling. Springer Verlag, Berlin et al. 1996, S. 5.

strategischen Zielen der Unternehmung orientiert. Demgegenüber stehen Workflows als feinkörnigere, detaillierte Spezifikationen der informationstechnisch operativen Arbeitsvorgänge.[524] Analog zum Geschäftsprozess wird die Ablauflogik eines Workflows in Modellen abgebildet. [525] Entlang ihrer koordinieren und kontrollieren Workflowmanagement-Systeme (WFS) den Arbeitsfluss zwischen allen zur Verfügung stehenden Computersystemen und ihren Benutzern. Je nach Implementierung können benötigte Anwendungen und Formulare automatisch aufgerufen oder ihre Verwendung dem Verantwortlichen für den nächsten Arbeitsschritt vorgeschlagen werden. Mittels WFS werden Geschäftsprozesse somit in der alltäglichen ablauforganisatorischen Büroarbeit realisiert.[526] Dabei beschränkt sich ihre Unterstützung allerdings maßgeblich auf Benutzer-Benutzer-Interaktionen und unternehmensinterne Abläufe.[527] Dennoch begründet das Potenzial, alle im Einsatz befindlichen Systemkomponenten zu integrieren und in den Dienst des Geschäftsprozesses zu stellen, die Rolle der WFS im Feld der EAI (vgl. Kapitel 5.2).

5.1.4 Generische Phasen des Geschäftsprozessmanagements

Bei näherer Untersuchung der Enterprise Architecture Frameworks und ihrer Methoden kristallisieren sich bestimmte Tätigkeitsgebiete heraus, die entscheidend für das erfolgreiche Management von Geschäftsprozessen sind. Gemeinsam ist allen Ansätzen ein zyklisches Vorgehen zur ständigen Optimierung der in der Unternehmung implementierten Prozesse.

Voraussetzung und Grundlage für eine erfolgreiche Geschäftsprozessverbesserung ist eine klare Formulierung der Unternehmensstrategie und der damit verbundenen Ziele. Sie dient als Bewertungsmaßstab für bestehende und neu entwickelte Prozesse, deren Qualität kontinuierlich anhand dieser strategischen Anforderung zu optimieren ist. Die Planungs- und Gestaltungsphase beginnt mit der Erhebung des Ist-Zustandes der Geschäftsprozesse. Die gängige Literatur und Theorie empfiehlt diesbezüglich, die gegebenen Unternehmensabläufe mit ihren Schwächen und

---

[524] Vgl. *Zukunft, O.; Rump, F.*: From Business Process Modelling to Workflow Management. An Integrated Approach. In: *Scholz-Reiter, B.; Stickel, E.* (Hrsg.): Business Process Modelling. Springer Verlag, Berlin et al. 1996, S. 5, *Gadatsch, A.*: Grundkurs Geschäftsprozess-Management. Methoden und Werkzeuge für die IT-Praxis: Eine Einführung für Studenten und Praktiker. 3. Aufl., Vieweg, Wiesbaden 2003, S. 40.

[525] Vgl. *Ould, M. A.*: Business processes: modelling and analysis for re-engineering and improvement. John Wiley & Sons, Chichester et al. 1995, S. 6.

[526] Vgl. *Zukunft, O.; Rump, F.*: From Business Process Modelling to Workflow Management. An Integrated Approach. In: *Scholz-Reiter, B.; Stickel, E.* (Hrsg.): Business Process Modelling. Springer Verlag, Berlin et al. 1996, S. 5, *Scheer, A.-W.*: ARIS – Vom Geschäftsprozeß [!] zum Anwendungssystem. 4. Aufl., Springer Verlag, Berlin et al. 2002, S. 27.

[527] Vgl. *Schmale, T.*: Mit EAI und SOA zum Real-Time Enterprise. In: *Aier, S.; Schönherr, M.* (Hrsg.): Enterprise Application Integration – Serviceorientierung und nachhaltige Architekturen. In: *Aier, S.; Schönherr, M.*: Enterprise Architecture. Band 2, GITO, Berlin 2004, S. 167.

Katrina Anne Leyking, Prof. Dr. Dr. h. c. mult. A.-W. Scheer

SOA – Serviceorientierte Architekturen als Basis für flexibles Geschäftsprozessmanagement

Stärken in Ist-Modellen zu dokumentieren.[528] Sie bieten eine solide Argumentationsgrundlage für die Ermittlung des Änderungsbedarfs und Verbesserungspotenzials hinsichtlich der zu bedienenden Geschäftstrategie. Die sich anschließende Analyse überprüft die bestehenden Prozesse auf Schwächen in Bezug auf die Erfüllung strategischer Geschäftsziele. Effizienz und Effektivität stehen hierbei im Mittelpunkt der Betrachtung. Orientierung für die Bewertung geben Simulationswerkzeuge, Referenzmodelle und Benchmarking-Werte. Die sorgfältige Dokumentation der Verbesserungspotenziale dient als Checkliste für die nachstehende Restrukturierung der Prozesse.[529] Als Konsequenz ergeben sich Konzepte für neu strukturierte, optimierte Geschäftsprozesse, die in Soll-Modellen ausgestaltet werden. Die Umsetzung dieser vorbildhaften Geschäftsprozessmodelle ist Gegenstand der operativen Phase der Ausführung.[530] Die automatisierte Steuerung des Prozessflusses wird im Allgemeinen von WFS, EAI-Systemen und Enterprise Resource Planning (ERP) Software übernommen. Zusätzlich schließt individuell entwickelte Software die funktionalen Lücken für die reibungslose Unterstützung. Neben Automatisierung bietet die Informationstechnik entscheidende Vorteile für die laufende Überwachung der Prozessinstanzen im Unternehmensalltag. Der Begriff des Monitoring begründet sich in der Informatik und benennt gemäß GALLAS die *„Leistungsmessung und die Beobachtung des zeitlichen Ablaufgeschehens in Computersystemen".*[531] Ausführende Systeme liefern qualitative und quantitative Werte des Prozessverhaltens, die gegen unternehmensinterne Anforderungen und unternehmensübergreifenden Benchmarking-Werte abgeglichen werden. An dieser Stelle schließt sich der Zyklus des GPM: Anhand der ermittelten Ausführungsdaten werden die Sollprozesse analysiert und hinsichtlich einer optimierten Erfüllung der Geschäftsziele überarbeitet und restrukturiert.

---

[528]   *Gadatsch, A.*: Grundkurs Geschäftsprozess-Management. Methoden und Werkzeuge für die IT-Praxis: Eine Einführung für Studenten und Praktiker. 3. Aufl., Vieweg, Wiesbaden 2003, S. 53.

[529]   Vgl. *Schwegmann, A.; Laske, M.*: Istmodellierung und Istanalyse. In: *Becker, J.; Kugeler, M.; Rosemann, M.* (Hrsg.): Prozessmanagement. Ein Leitfaden zur prozessorientierten Organisationsgestaltung. 5. Aufl., Springer Verlag, Berlin et al. 2005, S. 179-182.

[530]   Vgl. *Gadatsch, A.*: Grundkurs Geschäftsprozess-Management. Methoden und Werkzeuge für die IT-Praxis: Eine Einführung für Studenten und Praktiker. 3. Aufl., Vieweg, Wiesbaden 2003, S. 52-53, *Kugeler, M.; Vieting, M.*: Gestaltung einer prozessorientierten Aufbauorganisation. In: *Becker, J.* (Hrsg.): Prozessmanagement: ein Leitfaden zur prozessorientierten Organisationsgestaltung. 4. Aufl., Springer Verlag, Berlin et al. 2003, S. 222.

[531]   *Gallas, B. E.*: Der Aufbau eines Service Life Cycle Managements für eine Service Orientierte Architektur als Brücke zwischen Geschäftsprozess und IT Integration. In: *Aier, S.; Schönherr, M.* (Hrsg.): Enterprise Application Integration – Serviceorientierung und nachhaltige Architekturen. In: *Aier, S.; Schönherr, M.*: Enterprise Architecture. Band 2, GITO, Berlin 2004, S. 260.

5.1.5 Geschäftsprozessmanagement mit dem ARIS-Framework

ARIS, die Architektur integrierter Informationssysteme, genießt bei Anwendern und in der Forschungsgemeinde des GPM gleichermaßen höchste Akzeptanz und Verbreitung. Sie adressiert den Ruf nach prozessorientierten Unternehmensarchitekturen, indem sie hilft, *„die vielfältigen Beschreibungsaspekte von Geschäftsprozessen zu erfassen, ihren Methoden zuzuordnen, die Methoden auf Überschneidungen zu analysieren und offene Beschreibungsfelder zu identifizieren".*[532]

Entscheidend ist die Bedeutung des ARIS-Frameworks für die Ableitung Geschäftsprozess unterstützender, informationstechnischer Infrastrukturen. SCHEER betrachtet Geschäftsprozessmodelle in ARIS sogar als *„Montagezeichnungen, nach denen ein Informationssystem zusammengesetzt wird".*[533] Durch den Einsatz des ARIS-Ansatzes wird also der Geschäftsprozess zur gemeinsamen Schnittstelle zwischen betrieblichen und informationstechnischen Problemstellungen. Er steht im Mittelpunkt des Frameworks, welches die Entwicklung integrierter Informationssysteme auf der Basis betriebswirtschaftlicher Problemstellungen begleitet.[534] Das ARIS-Haus ist die Grundlage des Rahmenwerkes. Es untergliedert die Enterprise Architecture in fünf Sichten: Daten-, Organisations-, Funktions- und Leistungssicht übernehmen die Perspektive der statischen Elemente, während die Steuerungssicht die übrigen Sichten in Beziehung zueinander setzt und ihre jeweilige Rolle im Geschäftsprozessfluss aufzeigt.[535]

Das zugehörige ARIS-Phasenmodell impliziert eine konkrete Projektvorgehensweise für die informationstechnische Umsetzung von Geschäftsprozessen, in der sich alle im vorigen Kapitel betrachteten generischen Phasen wieder finden. Jede einzelne Sicht wird von der Unternehmensstrategie zur Realisierung im IuK-System geführt Nach der Definition der Unternehmensstrategie führt die Erstellung eines Fachkonzepts zu semantischen Modellen, die fachliche Anforderungen an die Informationssysteme abbilden. Mit dem DV-Konzept erfolgt im nächsten Schritt eine Übertragung der Fachmodelle in die technische Betrachtungsweise. Erst im vierten Schritt der technischen Implementierung findet die tatsächliche Umsetzung in ein Informationssystem statt. Der nachfolgende Betrieb des Systems verbunden mit Wartung und Support wird als Run Time bezeichnet und in dieser Arbeit nur am

---

[532]   *Scheer, A.-W.*: ARIS – Vom Geschäftsprozeß [!] zum Anwendungssystem. 4. Aufl., Springer Verlag, Berlin et al. 2002, S. 2.

[533]   *Scheer, A.-W.*: ARIS – Vom Geschäftsprozeß [!] zum Anwendungssystem. 4. Aufl., Springer Verlag, Berlin et al. 2002, S.*Scheer, A.-W.*: ARIS – Vom Geschäftsprozeß [!] zum Anwendungssystem. 4. Aufl., Springer Verlag, Berlin et al. 2002, S. 2.

[534]   Vgl. *Scheer, A.-W.*: ARIS – Vom Geschäftsprozeß [!] zum Anwendungssystem. 4. Aufl., Springer Verlag, Berlin et al. 2002, S. 6.

[535]   Vgl. *Scheer, A.-W.*: ARIS – Vom Geschäftsprozeß [!] zum Anwendungssystem. 4. Aufl., Springer Verlag, Berlin et al. 2002, S. 36.

Katrina Anne Leyking, Prof. Dr. Dr. h. c. mult. A.-W. Scheer

SOA – Serviceorientierte Architekturen als Basis für flexibles Geschäftsprozessmanagement

Rande betrachtet. Die Bedeutung der IuK-Technik für die Unternehmensstrategie wird durch den Pfeil auf die strategische Ausgangssituation verdeutlicht.

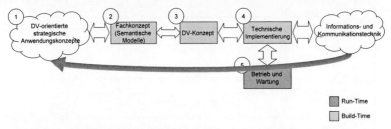

Abbildung 63: ARIS-Phasenmodell[536]

Im ARIS-House of Business Engineering (HOBE) wird das Vorgehen des GPM in vier Ebenen strukturiert und visualisiert Im Rahmen der Prozessgestaltung werden Prozesse aus strategischer Sicht modelliert. Die zweite Ebene widmet sich der kontinuierlichen Kontrolle und Auswertung des Prozessverhaltens. Die Ebenen der Workflowsteuerung und Prozessausführung im Anwendungssystem adressieren die DV-technische Umsetzung im konkreten System. Feedbackschleifen zwischen den Ebenen illustrieren die ständige Prozessverbesserung gemäß eines CPI. Als fünfter Bestandteil des HOBE-Ansatzes wird ein Framework gebildet, welches alle Erkenntnisse der vier Ebenen in einen Zusammenhang stellt. Mit Hilfe dieses Frameworks lassen sich die Anwendungssysteme konfigurieren und ihr Zusammenspiel auf informationstechnische und betriebswirtschaftliche Anforderungen abstimmen.[537]

---

[536] In Anlehnung an: Scheer, A.-W.: ARIS – Vom Geschäftsprozeß [!] zum Anwendungssystem. 4. Aufl., Springer Verlag, Berlin et al. 2002, S. 39.

[537] Vgl. *Scheer, A.-W.*: ARIS – Vom Geschäftsprozeß [!] zum Anwendungssystem. 4. Aufl., Springer Verlag, Berlin et al. 2002, S. 54-55.

Abbildung 64: ARIS-House of Business Engineering (HOBE)[538]

ARIS Business Architect, der als jüngste Komponente der ARIS Platform auch serviceorientierte Modellierungstechniken umfasst.

5.2 Serviceorientierte Architekturen

Das vorgestellte Konzept der prozessorientierten Enterprise Architecture strebt ein integriertes, die Geschäftsstrategie ganzheitlich und flexibel unterstützendes Informationssystem an. Hierfür erweist sich das Paradigma der Serviceorientierung als vielversprechende Herangehensweise, die durch die zunehmende Verbreitung und Standardisierung von Web Services den aktuellen Diskurs der Software Architekturen bestimmt.

5.2.1 Diskussion des Architektur- und Servicebegriffes

5.2.1.1 Software Architektur – Bauplan eines Informationssystems

Der Begriff der Architektur wurde in der Standardliteratur der Informationstechnologie schon frühzeitig auf den Aufbau eines Computersystems übertragen.[539] Eine Software Architektur charakterisiert ein Softwaresystem durch Beschreibung der Softwarekomponenten, ihrer Funktionalitäten und ihres Zusammenspiels.[540] KRAFZIG unterstreicht in seiner Definition zusätzlich die Planungsbedeutung und versteht

---

[538]   In Anlehnung an: Scheer, A.-W.: ARIS – Vom Geschäftsprozeß [!] zum Anwendungssystem. 4. Aufl., Springer Verlag, Berlin et al. 2002, S. 56-57.

[539]   Vgl. *Scheer, August-Wilhelm:* ARIS – Vom Geschäftsprozess zum Anwendungssystem. 2. Auflage, Springer Verlag, Berlin 1998 S. 1.

[540]   Vgl. *Shaw, M.; Garlan, D.:* Software Architecture. Perspectives on an Emerging Discipline. Prentice Hall, Upper Saddle River 1996, S. 1, *Balzert, H.:* Lehrbuch der Software-Technik. Software Entwicklung. 2. Aufl., Spektrum Akademischer Verlag, Heidelberg et al. 2000, S. 696, *Hansen, H. R.; Neumann, G.:* Wirtschaftsinformatik 1. 8. Aufl., Lucius&Lucius Verlag, Stuttgart 2001, S. 254.

Katrina Anne Leyking, Prof. Dr. Dr. h. c. mult. A.-W. Scheer

SOA – Serviceorientierte Architekturen als Basis für flexibles Geschäftsprozessmanagement

unter einer Software Architektur einen „*blueprint for the system and therefore the implicit high-level plan for its construction*".[541] Software Architektur kann somit als Bauplan für die technische Struktur eines Softwaresystems aufgefasst werden. Handelt es sich um die IT-Infrastruktur eines Unternehmens, so ist ihre Software Architektur Bestandteil des erläuterten holistischen Konzeptes der Enterprise Architecture. Im Verlauf dieser Arbeit wird die Integration der betriebswirtschaftlichen und technischen Anforderungen an Software Architekturen insbesondere auf Basis der jüngsten serviceorientierten Entwicklung betrachtet, und ein Versuch der ganzheitlichen Beschreibung unternommen.

5.2.1.2 Services – Abstrakte Bausteine eines Informationssystems

Der Servicebegriff steht als Schlüsselelement der serviceorientierten Architekturen im Mittelpunkt nachfolgender Erläuterungen. Das Wort Service findet in der deutschen Sprache in unterschiedlichen Zusammenhängen verwandte aber dennoch verschiedenartige Verwendung. Insbesondere bei der Vermengung von betriebswirtschaftlicher und technischer Perspektive führt es zu Verwirrung. Zum besseren Verständnis wird die im Zusammenhang dieser Arbeit relevante Definition vorgestellt und von anderen Bedeutungen abgegrenzt.

In der Betriebswirtschaftslehre versteht man unter einem Service eine Dienstleistung, d.h. ein von der Warenproduktion abgegrenztes immaterielles Gut. Dienstleistungen kennzeichnen sich durch die Gleichzeitigkeit von Verbrauch und Produktion bei Einbindung eines externen Faktors, in Form eines Kunden.[542] Im Zuge der Entwicklung der IuK-Technologien bildete sich eine weitere Bedeutung des Servicebegriffes heraus. Sie baut auf der ursprünglichen auf und überträgt sie in die technische Anwendung. So verwendet man in der Fachsprache der Rechnernetze den Servicebegriff im Sinne einer Leistung, die eine Netzwerkschicht mit Hilfe eines Schichtprotokolls der darüber liegenden Schicht erbringt.[543] Generell steht Service im informationstechnischen Sprachgebrauch für eine wohl definierte, in sich abgeschlossene Funktionalität eines Software-Modulen, die von anderen Applikationen über definierte Schnittstellen lokal und remote aufgerufen werden

[541] *Krafzig, D.; Banke, K.; Slama, D.*: Enterprise SOA – Service-Oriented Architecture Best Practices. Prentice Hall, Upper Saddle River 2005, S. 56.

[542] Vgl. *Ellis, A.; Kauferstein, M.*: Dienstleistungsmanagement. Erfolgreicher Einsatz von prozessorientiertem Service Level Management. Springer Verlag, Berlin et al. 2004, S. 2-4.

[543] Vgl. *Klußmann, N.*: Lexikon der Kommunikations- und Informationstechnik: Telekommunikation, Internet, Mobilfunk, Computer, E-Business. 3. Aufl., Hüthig, Heidelberg 2001, S. 253.

kann.[544] Dieser Definition schließt sich ALONSO an: *"A service is a procedure, method, or object with a stable, published interface that can be invoked by clients. The invocation and this is very important is made by a program."*[545] Der Abstraktionsgrad eines Services spielt hierbei eine entscheidende Rolle: Services kapseln komplexe technische Funktionalitäten und stellen dem Nutzer eine einfachere Schnittstelle zur Verfügung.[546] Somit agieren Services plattformunabhängig und können von jeder Systemart verwendet werden. KRAFZIG nennt als weitere entscheidendes Charakteristikum eines Service dessen Wiederverwendbarkeit in verschiedenen Anwendungsbereichen und von heterogenen Systemen. Den Grad der Wiederverwendbarkeit bestimmen die Standardisierung der Schnittstellen und die Verbreitung dieser Standards. Die Idee des Services ist nicht neu. Schon in frühen Software Architekturen taucht sie auf und wurde beständig weiterentwickelt.[547] Services werden – ähnlich wie Objekte und Softwarekomponenten – als Grundbausteine für verteilte Systeme betrachtet.[548] Den bisherigen Höhepunkt erlebt die Serviceidee in der jüngsten Entwicklung der Web Services, die durch Standards basierend auf der Extended Markup Language (XML) und weit verbreitete Internetprotokolle ein Maximum an Wiederverwendbarkeit und Abstraktion erreichen.

5.2.2 Serviceorientierung in der Evolution der Software Architekturen

Die grundlegende Serviceidee – *„the capability to call a remote computer program from another computer program in a seamless and controlled way"*[549] – zieht sich wie ein roter Faden durch die Geschichte der Software Architekturen. Durch Services werden verteilte Systeme miteinander verknüpft, können kommunizieren und kombiniert werden. Abhängig von dem Stand der Technik, sowie den Anforderungen der Unternehmensziele, wurde die Serviceidee im Rahmen von Informationssystemen immer wieder neu formuliert und in verschiedenen Formen umgesetzt.

---

[544] Vgl. *Natis, Y.*: Service Oriented Architecture (SOA) ushers in the next era in business software engineering. In: Business Integration o. Jg. (2004) 05, S. 23, *Krafzig, D.; Banke, K.; Slama, D.*: Enterprise SOA – Service-Oriented Architecture Best Practices. Prentice Hall, Upper Saddle River 2005, S. 14.

[545] *Alonso, G.*: Web Services – Concepts, Architectures and Applications. Springer Verlag, Berlin 2004, S. 131.

[546] Vgl. *Haas, H.; Brown, A.*: Web Services Glossary – W3C Working Group Note. http://www.w3.org/tr/ws-gloss, 2004-2-11, Abruf am 2005-02-01.

[547] Vgl. *Krafzig, D.; Banke, K.; Slama, D.*: Enterprise SOA – Service-Oriented Architecture Best Practices. Prentice Hall, Upper Saddle River 2005, S. 14-17.

[548] Vgl. *Johnson, J. T.*: Making sense of service-oriented architectures. In: Network World 21 (2004) 43, S. 30.

[549] Vgl. *Krafzig, D.; Banke, K.; Slama, D.*: Enterprise SOA – Service-Oriented Architecture Best Practices. Prentice Hall, Upper Saddle River 2005, S. 19.

Katrina Anne Leyking, Prof. Dr. Dr. h. c. mult. A.-W. Scheer

SOA – Serviceorientierte Architekturen als Basis für flexibles Geschäftsprozessmanagement

Seit den sechziger Jahren spielen Mainframe Rechner eine bedeutende Rolle in kommerziellen Computer-Architekturen.[550] So genannte dumb terminals, die oft nur aus einer Tastatur und einem Bildschirm bestehen, fordern Services von dem Großrechner an, beschränken sich dabei aber auf die pure Dateneingabe und - ausgabe.[551] Der Serviceansatz ist nur sehr rudimentär realisiert – zugunsten von Performanz und Effizienz. Mit dem Siegeszug des Personal Computers (PC) an die Arbeitsplätze in den achtziger Jahren begann die Ära der Client/Server Architekturen.[552] Sie zeichnen sich durch die erste „echte" Verteilung von Rechenleistung aus: Der Server übernimmt zumeist das Ressourcenmanagement und die Anwendungslogik, während der Client für die Darstellung und Benutzerschnittstelle, sprich die Präsentation, zuständig ist. Die Kommunikation zwischen Server- und Clientprogrammen wird via Remote Procedure Calls (RPC) verwirklicht. So wird es möglich, entfernte Funktionen aus anderen Programmsystemen über das Netzwerk aufzurufen und auszuführen.[553] Schnittstellenspezifikationen müssen vor der Aufnahme der Kommunikation bekannt und auf beiden Seiten implementiert sein. Zudem erlaubt RPC nur synchrone Kommunikation, d.h. wenn eine Funktion aufgerufen wird, wird das aufrufende System blockiert, bis es eine entsprechende Antwort erhält.[554] Die zunehmende Benutzung und Weiterentwicklung der RPC ließ Softwareentwickler das Schnittstellenkonzept übernehmen und in Programmiersprachen übertragen. Aus der Interfacegestaltung der objektorientierten Programmierung erwuchsen klar definierte, öffentliche Schnittstellen für ganze Anwendungskomponenten, mit denen Server- und Clientprogramme insgesamt erreichbar wurden. ALONSO erkennt in Application Program Interfaces (API), die erste wahrhafte Form der Serviceorientierung.[555] Beispiele für in der Softwareentwicklung dominante API sind die Datenbankschnittstellen ODBC (Open Data Base Connectivity) und JDBC (Java Data Base Connectivity) von Microsoft und Java. Ihr schnittstellenbasierter Ansatz zur Kommunikation innerhalb eines Client/Server-Systems legte hinsichtlich nachfolgender Entwicklungen die Grundlage für flexible anforderungsgerechte IT-

---

[550] Vgl. *IBM Corporation*: The IBM Mainframe – Building on the past, defining the future. http://www-1.ibm.com/servers/eserver/zseries/timeline/1960s.html#, Abruf am 2005-02-03.

[551] Vgl. *Alonso, G.*: Web Services – Concepts, Architectures and Applications. Springer Verlag, Berlin 2004, S. 10.

[552] Vgl. *Hansen, H. R.; Neumann, G.*: Wirtschaftsinformatik 1. 8. Aufl., Lucius&Lucius Verlag, Stuttgart 2001, S. 162.

[553] Vgl. *Schelp, J.; Winter, R.*: Enterprise Portals and Enterprise Application Integration. In: HMD – Praxis der Wirtschaftsinformatik 39 (2002) 225, S. 12.

[554] Vgl. *Alonso, G.*: Web Services – Concepts, Architectures and Applications. Springer Verlag, Berlin 2004, S. 13.

[555] *Alonso, G.*: Web Services – Concepts, Architectures and Applications. Springer Verlag, Berlin 2004, S. 13-14.

Infrastrukturen. Die zunehmende Heterogenität der Informationssysteme in Unternehmen verlangte nach einem neuen Konzept zur Integration bestehender Server, Mainframes, und Client-Applikationen.[556] Middleware begegnete diesem Problem als „Softwareschicht, welche Dienstleistungen für die Integration in einer verteilten, heterogenen Umgebung erbringt".[557] Middleware bereitet die Funktionalitäten von zugrunde liegenden heterogenen Systemen so auf, dass sie von verteilten Applikationen einheitlich als Services genutzt werden können.[558] Der Servicegedanke wird also im Sinne einer allgemein zugänglichen, gekapselten Funktionalität implementiert und weiterentwickelt. Allgemein zugänglich, da Benutzer und Entwickler auf die bereitgestellten Services durch eine einheitliche, d.h. transparente Systemsicht blicken. Gekapselt, da somit die Komplexität der verteilten Systeme und der Funktionalität an sich versteckt wird.[559] Im Gegensatz zur 1:1 Verbindung via RPC, verkoppelt Middleware mehrere unterschiedliche Systeme und gilt damit als die mächtigste und flexibelste Art der Anwendungsintegration.[560] Für die Kommunikation zwischen heterogenen Systemen mittels der Middlewareschicht wurden – die Unzulänglichkeiten des RPC-Konzept adressierend – eine Reihe neuer Mechanismen entwickelt, die auf der Basistechnik der RPC aufbauen und diese weiterentwickeln. Während die Technologie der Transaction-Processing (TP) Monitors die Mechanismen der RPC um eine transaktionsgetriebene Prozedursteuerung erweiterte, passte objekt-orientierte Middleware das RPC-Prinzip der zunehmend objekt-orientierten Softwareentwicklung an.[561] Gemäß einem Aufruf entfernter Prozeduren mit RPC, wurde nun eine Technik zur Benutzung entfernter Objekte nötig. Die Idee des Object Brokers wurde geboren.[562] Die Object Management Group (OMG) erarbeitete die Common Object Request Broker Architecture (CORBA), die sich zum bis heute regelmäßig eingesetzten Standard entwickelte. Message-orientierte Middleware (MOM) adressiert wiederum das Defizit des RPC in der synchronen Kommunikation. Wie der Name schon sagt, dienen bei

---

[556]   Alonso, G.: Web Services – Concepts, Architectures and Applications. Springer Verlag, Berlin 2004, S. 16.

[557]   Riehm, R.; Vogler, P.: Middleware: Infrastruktur für die Integration. In: Österle, H.; Riehm, R.; Vogler, P. (Hrsg.): Middleware. Grundlagen, Produkte und Anwendungsbeispiele für die Integration heterogener Welten. Vieweg, Wiesbaden 1996, S. 27.

[558]   Vgl. Österle, H.: Integration: Schlüssel zur Informationsgesellschaft. In: Österle, H.; Riehm, R.; Vogler, P. (Hrsg.): Middleware. Grundlagen, Produkte und Anwendungsbeispiele für die Integration heterogener Welten. Vieweg, Wiesbaden 2005, S. 18.

[559]   Vgl. Riehm, R.; Vogler, P.: Middleware: Infrastruktur für die Integration. In: Österle, H.; Riehm, R.; Vogler, P. (Hrsg.): Middleware. Grundlagen, Produkte und Anwendungsbeispiele für die Integration heterogener Welten. Vieweg, Wiesbaden 1996, S. 28.

[560]   Vgl. Linthicum, D. S.: Next Generation Application Integration. From Simple Information to Web Services. Addison-Wesley, Boston et al. 2003, S. 119.

[561]   Vgl. Schelp, J.; Winter, R.: Enterprise Portals and Enterprise Application Integration. In: HMD – Praxis der Wirtschaftsinformatik 39 (2002) 225, S. 13.

[562]   Vgl. Alonso, G.: Web Services – Concepts, Architectures and Applications. Springer Verlag, Berlin 2004, S. 33.

Katrina Anne Leyking, Prof. Dr. Dr. h. c. mult. A.-W. Scheer

SOA – Serviceorientierte Architekturen als Basis für flexibles Geschäftsprozessmanagement

MOM byte-große Nachrichten als Grundeinheit zur Informationsübertragung. [563] Mit Hilfe einer Message Queue wird ein asynchroner Nachrichtenaustausch zwischen den zu integrierenden Anwendungen möglich und so die Problematik der blockierenden, synchronen Prozeduraufrufe gelöst.[564] Unter dem Begriff der Enterprise Application Integration fassen die meisten Autoren alle Erweiterungen von Middleware um zusätzliche administrative Dienste und Tools zur Anwendungsverbindung zusammen. Intelligente Message Queues übernehmen beispielsweise Aufgaben zur sicheren und verlässlichen Nachrichtenübertragung zwischen heterogenen Anwendungen: Nachrichten werden von Message Brokers aufgrund ihres Inhalts an den richtigen Empfänger adressiert (Intelligent Routing). Außerdem können sie Nachrichtenformate automatisch in die erwartete Datenstruktur transformieren und filtern.[565] Ein weiterer Bestandteil vieler EAI-Lösungen sind Workflowmanagement-Systeme, die die Funktionalitäten verschiedener Anwendungen gemäß eines Dokumentenflusses oder Arbeitsablaufes koordinieren und somit einen Workflow automatisieren.[566] Sie sind der Ausgangspunkt vieler gegenwärtiger Entwicklungen der Serviceintegration, wie nachfolgende Betrachtungen darlegen werden.

Vorangehende Erläuterungen haben aufgezeigt, dass serviceorientierte Architekturen nur im Kontext einer evolutionären Entwicklung der Software Architekturen zu verstehen sind. Mit der Technologie der Web Services gewinnt SOA ein bisher unerreichtes Potenzial, die Vision der Serviceorientierung zu realisieren.

5.2.3 Serviceorientierte Architekturen mit Web Services

Web Services haben in den vergangenen Jahren viele Analysten und aufstrebende Softwareunternehmen zur Ausrufung einer Revolution der IT-Welt veranlasst: Das Bild vom rein virtuellen Unternehmen, das selbst seine IT-Infrastruktur über das Web als Services ganz nach Bedarf einkauft bzw. verkauft, wurde mehr als einmal entworfen.[567] Mit dieser Aufregung einher ging das Aufstreben des SOA-Konzeptes welches durch Web Services ein scheinbar neues Gewand erhielt. Der Begriff SOA wurde 1996 von der Gartner Group geprägt, 1999 im Rahmen von Hewlett-Packard's (HP) eSpeak erstmals implementiert und seitdem mit wechselndem Interesse von

---

[563] Vgl. *Linthicum, D. S.*: Next Generation Application Integration. From Simple Information to Web Services. Addison-Wesley, Boston et al. 2003, S. 126.

[564] Vgl. *Alonso, G.*: Web Services – Concepts, Architectures and Applications. Springer Verlag, Berlin 2004, S. 59-60.

[565] Vgl. *Longo, J. R.*: The ABCs of Enterprise Application Integration. In: EAI Journal o. Jg. (2001) 5, S. 56-57.

[566] Vgl. *Alonso, G.*: Web Services – Concepts, Architectures and Applications. Springer Verlag, Berlin 2004, S. 81-85.

[567] Vgl. *Barry, D. K.*: Web Services and Service Oriented Architectures – The Savy Manager's Guide. Morgan Kaufmann Publishers, San Fransisco 2003, S. 22.

der Forschungs- und Praxisgemeinde verfolgt und weiterentwickelt.[568] Wie in vorhergehenden Abschnitten aufgezeigt, ist SOA wider so mancher öffentlich vertretener Auffassung nicht zwangsläufig mit Web Services gleichzusetzen. Web Services sind vielmehr die jüngste technologische Ausprägung des Servicegedanken, die für die Ausgestaltung einer SOA in Frage kommt. Zuvor betrachtete Middleware-Technologien legen in vielerlei Hinsicht die Basis für Web Services.[569] SOA an sich ist aber in keiner Weise an eine ausnahmslose Realisierung mittels Web Services gebunden.[570] Sie konsolidieren bestehende Konzepte zur Integration heterogener Softwarelandschaften – wie Workflowmanagement, EAI, ERP, etc. – mittels der Serviceidee.[571]

Hinsichtlich einer klaren Definition des SOA-Begriffes herrscht Uneinigkeit in der Literatur. BARRY bemüht sich um eine simple Erklärung und setzt SOA mit einer reinen „Menge von Services"[572] gleich. Auch der Vizepräsident der Gartner Group und führende Analyst NATIS definiert SOA eher universell im Sinne einer Topologie von Schnittstellen, ihren Implementierungen und Aufrufen, die auf einer zuvor bestimmten Spezifikation beruht.[573] Trotz aller Unterschiede teilen alle Betrachtungen gewisse Grundprinzipien, die sich in der Definition des Handbuchs für maschinelle Datenverarbeitung (HMD) vereinigen: „Serviceorientierte Architekturen sind IT-Architekturen, die gekennzeichnet sind durch verteilte Komponenten, die lose miteinander gekoppelt sind, die über offene Standards integriert sind."[574] Verteilte Komponenten sind Softwaremodule, die auf verschiedenen örtlich getrennten Hardwareeinheiten (PCs, Servers, Mainframes, etc.) liegen. Das Prinzip der SOA findet demnach hauptsächlich Anwendung in komplexen unternehmensweiten und unternehmensübergreifenden Infrastrukturen. Gesetztes Ziel aller serviceorientierten Ansätze ist die Interoperabilität von Anwendungen und Services.[575] Statt über stringente, statisch programmierte Kommunikationskanäle, kommunizieren SOA-Komponenten via standardisierte Schnittstellen, die von Services bereitgestellt werden. Die Wiederverwendbarkeit und Abstraktion dieser Services tragen zu einer losen Koppelung der Komponenten bei. Der in der englischen Literatur oft verwandte

---

[568] Vgl. *Natis, Y.*: Service-Oriented Architecture Scenario. http://www4.gartner.com/ DisplayDocument?doc_cd=114358, 2003-4-16, Abruf am 2005-05-02, *Hauser, T.; Löwer, U. M.*: Web Services. Die Standards. Galileo Press, Bonn 2004, S. 15.

[569] Vgl. *Linthicum, D. S.*: Next Generation Application Integration. From Simple Information to Web Services. Addison-Wesley, Boston et al. 2003, S. 115.

[570] Vgl. *Krafzig, D.; Banke, K.; Slama, D.*: Enterprise SOA – Service-Oriented Architecture Best Practices. Prentice Hall, Upper Saddle River 2005, S. 22.

[571] Vgl. *Hubert, R.*: Software ist ein Service. In: Computerwoche o. Jg. (2005) 4, S. 24.

[572] *Barry, D. K.*: Web Services and Service Oriented Architectures – The Savy Manager's Guide. Morgan Kaufmann Publishers, San Fransisco 2003, S. 19.

[573] Vgl. *Natis, Y.*: Service Oriented Architecture (SOA) ushers in the next era in business software engineering. In: Business Integration o. Jg. (2004) 05, S. 23.

[574] *o. V.*: Glossar zu Web-Services. In: HMD – Praxis der Wirtschaftsinformatik 40 (2003) 234, S. 108.

[575] Vgl. *Hubert, R.*: Software ist ein Service. In: Computerwoche o. Jg. (2005) 4, S. 24.

Katrina Anne Leyking, Prof. Dr. Dr. h. c. mult. A.-W. Scheer

SOA – Serviceorientierte Architekturen als Basis für flexibles Geschäftsprozessmanagement

Begriff des „loose coupling" betont die Flexibilität einer SOA und damit ihre Anpassungsfähigkeit gegenüber externen Änderungen.[576] *„Loose coupling means that the connections can be established without being tailored to the specific functionality embedded in the applications to be connected."[577]* Web Services bieten hierfür die bisher vielversprechendste, wenn auch nicht in jedem Szenario geeignete, Technologie. Dementsprechend sieht ALONSO Web Services als Katalysator für die vollständige Umsetzung der SOA-Vision, eine Perspektive, welche für diese Arbeit adaptiert wird und die Beschränkung auf die Ausgestaltung einer SOA mittels Web Services begründet.

5.2.3.1 Grundgedanke der Web Services

Manche Autoren verstehen Web Services schlicht als Verbindungs- bzw. Schnittstellentechnologie zwischen Services über XML-basierte Nachrichtenprotokolle[578]. WOODS bezeichnet Web Services als *„universelles Steckersystem"* zur Kommunikation zwischen Anwendungen und Services.[579] Das World Wide Web Consortium (W3C) vertritt eine konkretere Definition, die auch als Grundlage der vorliegenden Arbeit dienen soll: *„A Web service [!] is a software system identified by a URI, whose public interfaces and bindings are defined and described using XML. Its definition can be discovered by other software systems. These systems may then interact with the Web service [!] in a manner prescribed by its definition, using XML based messages conveyed by Internet protocols."* [580] Web Services heben sich von den herkömmlichen Serviceansätzen hinsichtlich der Ausnutzung bestehender Kommunikationsstandards ab. Zum einen werden empfangene und gesendete Nachrichten im Format von XML beschrieben. Zum anderen greifen Web Services für die Nachrichtenübertragung auf weit verbreitete Internetprotokolle zurück. Aufgrund dieser Merkmale würde sich allerdings schon ein einfaches Skript einer Active Server Page (ASP) oder eines Common Gateway Interface (CGI), das auf einem Web Server liegt, als Web Service qualifizieren. [581] Mit dem Begriff des Web Service verbindet sich aber im aktuellen Gebrauch eine Menge von zusätzlichen XML-Standards, die sich im Laufe der letzten Jahre etabliert haben.

[576]   Vgl. *Kaye, D.*: Loosely Coupled. The Missing Piece of Web Services. RDS Press, Marin County 2003, S. 131.

[577]   *Hagel, J.*: Out of the Box. Strategies for Achieving Profits Today and Growth Tomorrow through Web Services. Harvard Business School Press, Boston 2002, S. 24.

[578]   Vgl. *Barry, D. K.*: Web Services and Service Oriented Architectures – The Savy Manager's Guide. Morgan Kaufmann Publishers, San Fransisco 2003, S. 5.

[579]   Vgl. *Woods, D.*: Enterprise Services Architecture. Galileo Press, Bonn 2004, S. 29.

[580]   *Austin, D. et al.*: Web Services Architecture Requirements – W3C Working Group Note. http://www.w3.org/tr/wsa-rqs, 2004-2-11, Abruf am 2005-02-02.

[581]   *Erl, T.*: Service-Oriented Architecture – A Field Guide to Integrating XML and Web Services. Prentice Hall, Upper Saddle River 2004, S. 49.

Sie definieren nicht nur das Format der Nachrichtenkommunikation, sondern beschreiben die Service-Schnittstelle selbst. In dieser Hinsicht sind Web Services das bisher beste Ergebnis der Standardisierungsbestrebungen, die mit der Serviceidee schon seit Jahren Hand in Hand gehen.

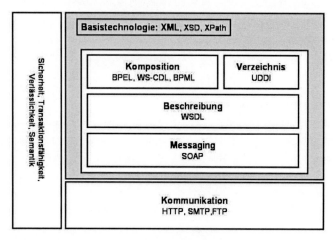

Abbildung 65: Schichten und Standards des Web Service Konzeptes[582]

In den vergangenen Jahren konnte sich dank der Arbeit und dem Einsatz verschiedener Konsortien und Unternehmenspartnerschaften eine Reihe von XML-Schemata konstituieren, die sich im Umfeld der verteilten Anwendungen etabliert haben.[583] Insbesondere für Kommunikation, Messaging, Beschreibung und Verzeichniserstellung von Web Services haben sich Standardprotokolle konsolidiert.[584] Die vorherige Abbildung fasst die einzelnen Schichten des Web Service Konzeptes mit ihren Protokollen zusammen.

Zur Kommunikation nutzen Web Services die allgemeine Verbreitung von Internetprotokollen wie das Hypertext Transfer Protocol (HTTP), Simple Mail Transfer Protocol (SMTP), File Transfer Protocol (FTP) sowie deren Unterstützung durch Browsersoftware und Web Server. Den nachrichtenorientierten Datenaustausch der

---

[582]   In Anlehnung an: Booth, D.; Haas, H.; McCabe, F.: Web Services Architecture. W3C Working Group Note. http://www.w3.org/tr/2004/note-ws-arch-20040211/wsa.pdf, 2004-2-11, Abruf am 2005-04-12, S. 62.

[583]   Vgl. *Manes, A. T.*: Standardizing Web Services. In: Software & Information Industry Association Upgrade Magazine o. Jg. (2002) 4, S. 23.

[584]   Vgl. *Alonso, G.*: Web Services – Concepts, Architectures and Applications. Springer Verlag, Berlin 2004, S. 133, *Hauser, T.; Löwer, U. M.*: Web Services. Die Standards. Galileo Press, Bonn 2004, S. 17-18.

Katrina Anne Leyking, Prof. Dr. Dr. h. c. mult. A.-W. Scheer

SOA – Serviceorientierte Architekturen als Basis für flexibles Geschäftsprozessmanagement

Web Services übernimmt das XML-basierte Simple Object Access Protocol (SOAP). Die technologische Unabhängigkeit und Verbreitung von XML (und verwandter Sprachen wie z.B. die XML-Schemadefinition (XSD) und die XML Anfragesprache XPath) zeichnet es als solide Basistechnologie nicht nur für SOAP, sondern auch für alle übergeordneten Protokollsprachen aus.[585] Unter ihnen üben die Web Service Description Language (WSDL) und die Universal Description, Discovery, Integration (UDDI) Spezifikation bereits die Rolle eines akzeptierten Standards aus.[586]

Mittels WSDL werden Web Services als eine Menge von Porttypes spezifiziert. Jeder Porttype wiederum setzt sich zusammen aus einer Menge von Service-Operationen, die über ihre Input- und Output-Messages definiert werden. WSDL unterscheidet abstrakte, d.h. protokoll- und systemunabhängige Porttypes von ihrem konkreten Binding. Das Binding legt vor der Ausführung notwendige Kommunikationsdetails fest. Dazu zählen die Bestimmung des Kommunikations- und Transportprotokolls, die Spezifizierung der Interaktionen über diese Protokolle, sowie die Netzwerkadresse des Web Services selbst.[587]

Mit Hilfe des UDDI-Schemas lassen sich Web Services in einem zentralisierten Service-Register verwalten, und ihre Inhalte auf Anfrage veröffentlichen. UDDI-Informationen sind in einem Browser darstellbar und somit vergleichbar mit einem automatisierten Telefonverzeichnis. Über das UDDI Service Register wird es möglich, innerhalb einer zwischenbetrieblichen SOA ohne menschliche Absprachen und Konventionen Service auszutauschen.[588]

Um die statischen, abstrakten WSDL-Service-Bausteine innerhalb eines Anwendungsszenarios miteinander in Beziehung zu setzen, sind Kompositionssprachen nötig, die sie gegenseitig in dynamische, zeitlich und logisch strukturierte Beziehungen versetzen. Die Vielfalt solcher Ansätze ist trotz einiger Konsolidierungstrends noch sehr groß, so dass noch von keiner prinzipiellen Standardisierung gesprochen werden kann. Im Folgenden wird die Business Process Execution Language (BPEL) von anderen Entwicklungen abgegrenzt und näher erläutert.

---

[585] Vgl. *Alonso, G.*: Web Services – Concepts, Architectures and Applications. Springer Verlag, Berlin 2004, S. 152.

[586] Vgl. *Leymann, F.; Roller, D.; Schmidt, M.-T.*: Web services and business process management. In: IBM Systems Journal 41 (2002) 2, S. 198.

[587] Vgl. *Christensen, E. et al.*: Web Service Description Language (WSDL), Version 1.1. W3C. http://www.w3.org/tr/wsdl, 2001-3-15, Abruf am 2005-01-07.

[588] Vgl. *Curbera, F.*: Unraveling the Web Services Web. An Introduction to SOAP, WSDL and UDDI. In: IEEE Internet Computing 6 (2002) 2, S. 86-92; *Clement, L. et al.*: Universal Description Discovery Interface (UDDI), Version 3.0.2. OASIS Open. http://uddi.org/pubs/uddi_v3.htm, 2004-10-19, Abruf am 2005-02-03.

Weitere Standardisierungsbestrebungen zur Verbesserung von Sicherheit, Verlässlichkeit und Transaktionsfähigkeit von Web Services sind derzeit zu beobachten. Mit ihrer Hilfe soll eine stabile und leistungsfähige Infrastruktur für den Web Service Einsatz innerhalb einer SOA erzielt werden. Darüber hinaus haben sich branchenspezifische Initiativen entwickelt, die sich um XML-Standards für die unternehmensübergreifende Service-Kommunikation und -Transaktion einer bestimmten Branche bemühen. Zu den bisher erfolgreichsten zählen RosettaNet für die IT-Logistikkette und ebXML, welches von der Organization for the Advancement of Structured Information Standards (OASIS) für den generellen e-business Geschäftsverkehr entwickelt und bereits als ISO-Standard anerkannt wurde.[589] Forschungsinitiativen hinsichtlich durchgehender Semantiksprachen für Serviceobjekte hingegen befinden sich noch im Anfangsstadium der Entwicklung.[590]

5.2.3.2 Übertragung des Web Service Konzeptes auf SOA

Vorgestellte XML-Sprachen ermöglichen Interaktionen zwischen den Schlüsselelementen eines Web Service Gefüges, wie es von der W3C definiert wurde und in folgender Abbildung dargestellt ist.

Anwendungskomponenten und ihre Services sind die aktiven Teilnehmer einer SOA. Anwendungskomponenten agieren als Service Consumer (Servicekonsument) und Service Provider (Serviceanbieter) je nachdem ob sie Services bereitstellen oder in Anspruch nehmen. Die Anwendungskomponente, die den Service anfordert und konsumiert, wird als Service Consumer bezeichnet. Der Service wird von einer zweiten Anwendungskomponente bereitgestellt, die hier als Service Provider abgebildet ist. Jede Applikation übermittelt die Spezifikationen der von ihr zur Verfügung gestellten Services (in WSDL) an das Service Registry. Dort werden die verfügbaren Services mittels des UDDI-Standards verwaltet und gepflegt. Da der Service Consumer den gewünschten Service nicht zwangsläufig kennt, kann er ihn über das Service Registry via UDDI finden und sich die notwendigen Spezifikationen (in WSDL) übermitteln lassen. Anschließend steht einer Interaktion des Service Consumers in der Rolle eines Clients mit dem Service per HTTP und SOAP nichts mehr im Wege.[591]

---

[589] *Alonso, G.*: Web Services – Concepts, Architectures and Applications. Springer Verlag, Berlin 2004, S. 238-241.
[590] Vgl. *Hagel, J.*: Out of the Box. Strategies for Achieving Profits Today and Growth Tomorrow through Web Services. Harvard Business School Press, Boston 2002, S. 31.
[591] Vgl. *Barry, D. K.*: Web Services and Service Oriented Architectures – The Savy Manager's Guide. Morgan Kaufmann Publishers, San Fransisco 2003, S. 22-25.

Katrina Anne Leyking, Prof. Dr. Dr. h. c. mult. A.-W. Scheer

SOA – Serviceorientierte Architekturen als Basis für flexibles Geschäftsprozessmanagement

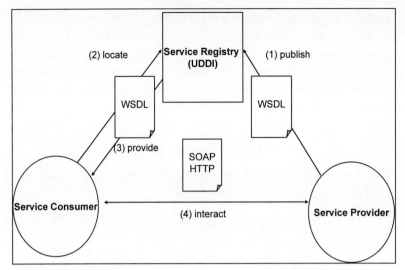

Abbildung 66: Das Web Service Konzept[592]

Transferiert man das Web Service Konzept auf Software Architekturen, verschmelzen die Rollen der Serviceanbieter und Servicekonsumenten zu heterogenen Anwendungskomponenten, die sowohl Services bereitstellen als auch in Anspruch nehmen. Der Enterprise Service Bus (ESB) nimmt das zuvor vorgestellte Service Registry auf und ist – in Tradition eines herkömmlichen Middleware und EAI Bus – für die Integration der Anwendungssysteme verantwortlich. Die serviceorientierte Variante der Integration ist allerdings dank der abstrakten Schicht der Services weniger starr. Die charakteristische lose Koppelung der im Service Registry aufgenommenen Services wird über einen im Voraus in der Regel mit BPEL abstrakt komponierten Serviceprozess gewährleistet, der von einer Service Engine ausgeführt wird.[593]

Trotz dieser verheißungsvollen Aussichten und revolutionären Visionen, stellen Web Services dennoch keine ultimative Lösung dar, als das sie so oft verkauft werden. Die Kritik an ihrer mangelnden Performanz und Effizienz wird zwar durch die stetige Verdoppelung der Leistungsfähigkeit der Central Processing Units (CPU),

---

[592] In Anlehnung an: Barry, D. K.: Web Services and Service Oriented Architectures – The Savy Manager's Guide. Morgan Kaufmann Publishers, San Fransisco 2003, S. 23

[593] *Chappell, D.*: Enterprise Service Bus. O'Reilly, Sebastopol et al. 2004, S. 45.

Speicherdichte und Netzwerkdurchsatz in der Zukunft wahrscheinlich nachlassen.[594] Dennoch sind Web Services nicht zwangsläufig die beste Wahl zur Implementierung einer SOA. Sie bieten sich insbesondere dann an, wenn die Kommunikation via Internet stattfinden soll, verteilte Komponenten verschiedene Technologien und Hersteller aufweisen und existierende Anwendungen zu einem Web Service abstrahiert werden können.[595]

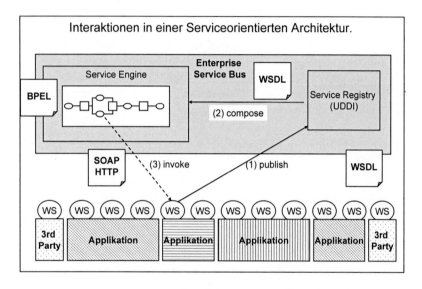

Abbildung 67: Das Web Service Konzept im Rahmen einer SOA

5.2.4 Web Service Komposition mit BPEL

Die zuvor erläuterte Schicht der Web Services Komposition widmet sich dem Zusammenspiel einzelner Web Services und ist für die vorliegende Arbeit entscheidend. Erst durch die Festlegung der Interaktionen und Abfolge von Web Services untereinander, werden aus den Grundbausteinen der Web Services integrierte serviceorientierte Systeme, die entlang von Unternehmensabläufen betriebswirtschaftliche Anforderungen widerspiegeln und abwickeln können.[596] Ein

[594] Vgl. *Bieberstein, N.*: Statt EAI nun SOA? Neue Allheilmittel für eine aufgabenorientierte Anwendungsentwicklung. In: XML & Web Services magazin o. Jg. (2004) 04, S. 19.

[595] Vgl. *Booth, D.; Haas, H.; McCabe, F.*: Web Services Architecture. W3C Working Group Note. http://www.w3.org/tr/2004/note-ws-arch-20040211/wsa.pdf, 2004-2-11, Abruf am 2005-04-12, S. 62.

[596] Vgl. *Leymann, F.; Roller, D.*: Modeling Business Processes with BPEL4WS. In: *o. V.* (Hrsg.): Proceedings of 7th GI Conference "Modellierung 2004", 1. GI-Workshop XML4BPM 2004, XML Interchange Formats for

Katrina Anne Leyking, Prof. Dr. Dr. h. c. mult. A.-W. Scheer

SOA – Serviceorientierte Architekturen als Basis für flexibles Geschäftsprozessmanagement

Web Service, der sich aus mehreren Web Services zusammensetzt, wird gemäß ALONSO im Folgenden als Composite Service oder Serviceprozess, das Erstellen eines solchen als Web Service Komposition bezeichnet.[597] In der Literatur finden in diesem Zusammenhang auch die Begriffe Orchestrierung und Choreographie Erwähnung. Beide drücken mit leichten Unterschieden bzgl. der kollaborativen Ausgestaltung ebenfalls die Gestaltung der Interaktionen zwischen Web Services aus und werden nachfolgend synonym verwendet.[598]

Im Umfeld der Web Service Komposition hat sich bisher keine XML-Sprache durchgehend als Standard etablieren können. Noch konkurrieren viele Spezifikationen wie beispielsweise W3C's Web Service Choreography Description Language (WS-CDL), Hewlett-Packards Web Service Conversation Language (WSCL) und die Business Process Execution Language for Web Services (BPEL-WS) um die Vormachtstellung. Zudem stellen einige weitere Sprachen, wie beispielsweise die Business Process Modelling Language (BPML), die sich nicht konkret auf Web Services sondern auf die Modellierung von Prozessen an sich beziehen, die serviceorientierte Prozessausführung in Aussicht.[599]

Mit BPEL-WS (kurz: BPEL) hat sich allerdings eine Spezifikation herauskristallisiert, die vielerorts schon als De-facto-Standard gesehen wird.[600] Sie entwickelte sich aus der Vereinigung der Workflowsprachen XLANG von Microsoft und WSFL von IBM und wird heute unter der Führerschaft des OASIS Konsortium unter Beteiligung von SAP, Siebel und BEA weiterentwickelt. Die Ergebnisse der Version 1.1 fließen schon heute in die Produkte zahlreicher Integrationsanbieter ein. Trotz alternativer Ansätze verspricht BPEL der Standard zu werden, der auch in diesem Bereich zwingend benötigt wird, um die Möglichkeiten der Web Service-orientierten Architekturen vollständig auszunutzen.[601] Im Folgenden werden die grundlegenden und für das

---

Business Process Management Marburg, Lecture Notes in Informatics (LNI) P-45, Köllen Verlag, Bonn 2004, S. 7.

[597] Vgl. *Alonso, G.*: Web Services – Concepts, Architectures and Applications. Springer Verlag, Berlin 2004, S. 245.

[598] Vgl. *Peltz, C.*: Web Service Orchestration. A Review of emerging technologies, tools, and standards. http://devresource.hp.com/drc/technical_white_papers/WSOrch/ WSOrchestration.pdf, 2003-1-1, Abruf am 2005-02-14, S. 3, *Leymann, F.; Roller, D.*: Modeling Business Processes with BPEL4WS. In: *o. V.* (Hrsg.): Proceedings of 7th GI Conference "Modellierung 2004", 1. GI-Workshop XML4BPM 2004, XML Interchange Formats for Business Process Management Marburg, Lecture Notes in Informatics (LNI) P-45, Köllen Verlag, Bonn 2004, S. 7, *Mendling, J.; Neumann, G.; Nüttgens, M.*: A Comparison of XML Interchange Formats for Business Process Modelling. In: *Feltz, F.;Oberweis, A.;Ould, M. A.* (Hrsg.): Proceedings of Informationssysteme im E-Business und E-Government (EMISA 2004) Luxembourg, Lecture Notes in Informatics (LNI) P-56, Köllen, Bonn 2004, S. 135.

[599] *Charfi, A.; Mezini, M.*: Hybrid Web Service Composition: Business Processes Meet Business Rules. In: *o. V.*: Proceedings of 2nd international conference on Service oriented computing New York, ACM Press, New York 2004, S. 30.

[600] *Alonso, G.*: Web Services – Concepts, Architectures and Applications. Springer Verlag, Berlin 2004, S.248, S. 283.

[601] *Woods, D.*: Enterprise Services Architecture. Galileo Press, Bonn 2004, S. 29-30.

Verständnis der weiteren Arbeit erforderlichen BPEL-Konzepte in ihrem Zusammenhang erläutert.

Zur Integration verschiedener Web Services in eine interne oder kollaborative Ablauflogik komponiert BPEL zustandslose, abstrakte WSDL-Komponenten.[602] Ein BPEL-Prozess definiert die logische Reihenfolge, in der die zugrunde liegenden WSDL-Komponenten (d.h. die Web Services) aufgerufen werden. Er versetzt sie somit in einen Zustand innerhalb einer zeitverbrauchenden Transaktion.[603] Das grundlegende XML-Schema eines BPEL-Prozesses fasst **Fehler! Verweisquelle konnte nicht gefunden werden.** zusammen.

Tabelle 13: Grundlegende XML-Struktur eines BPEL-Prozesses[604]

```
<process>
    <partnerLinks>
    ...
    </partnerLinks>
    <variables>
    ...
    </variables>
    <activity>
        <activity>
        ...
        </activity>
    </activity>
</process>
```

Das Konstrukt der Partnerlinks trägt dem grundlegenden Peer-To-Peer-Gedanken der Web Services Rechnung. Ein Partnerlink modelliert die Verbindung der Porttypes zweier Prozessteilnehmer, die sowohl in die Rolle des Serviceanbieters, als auch in die des Servicekonsumenten treten können. Die Operationen dieser Porttypes können im Prozessverlauf aufgerufen werden. Nachdem Variablen für den Datenaustausch zwischen Services definiert wurden, kann die Abfolge der Serviceaufrufe entworfen werden. Hierfür dienen ineinander geschachtelte Aktivitäten als Schlüsselelemente des BPEL-Prozesse. Basisaktivitäten umfassen

---

[602] *Linthicum, D. S.*: Next Generation Application Integration. From Simple Information to Web Services. Addison-Wesley, Boston et al. 2003, S. 283.

[603] *Andrews, T. et al.*: Business Process Execution Language for Web Services (BPEL-WS), Version 1.1. BEA Systems; IBM Corp.; Microsoft Corp.; SAP AG; Siebel Systems. ftp://www6.software.ibm.com/software/developer/library/ws-bpel.pdf, 2003-5-11, Abruf am 2005-04-12, S. 31-32.

[604] Vgl. Andrews, T. et al.: Business Process Execution Language for Web Services (BPEL-WS), Version 1.1. BEA Systems; IBM Corp.; Microsoft Corp.; SAP AG; Siebel Systems. ftp://www6.software.ibm.com/software/developer/library/ws-bpel.pdf, 2003-5-11, Abruf am 2005-04-12, S. 24-26.

Katrina Anne Leyking, Prof. Dr. Dr. h. c. mult. A.-W. Scheer

SOA – Serviceorientierte Architekturen als Basis für flexibles Geschäftsprozessmanagement

die Aktivitäten, die in einer bestimmten Art und Weise die Interaktion mit einem bestehenden Web Service kontrollieren.

Tabelle 14: BPEL Basisaktivitäten[605]

<Receive>	ruft eine Operation auf und wartet so lange bis entsprechende Nachricht eintrifft.
<Reply>	sendet eine Antwort auf eine durch <receive> empfangene Nachricht. (request/Response)
<Invoke>	ruft eine von einem Porttype bereit gestelltet Operation auf.
<Assign>	ermöglicht die Veränderung von Variablen
<Throw>	generiert einen Fehler aus einem Prozess heraus.
<Terminate>	bricht den BPEL-Prozess vorzeitig ab.

Tabelle 15: BPEL Strukturaktivitäten[606]

<Sequence>	umfasst mehrere Aktivitäten in der Reihenfolge ihrer Ausführung.
<Switch>	wählt aufgrund von Bedingungen eine bestimmte Aktivität aus.
<While>	gibt an, dass eine Aktivität solange wiederholt werden soll, bis eine bestimmte Bedingung wahr wird.
<Flow>	umfasst mehrere Aktivitäten, die gleichzeitig ausgeführt werden.

Die Kommunikationsart des aufzurufenden Services bestimmt die Wahl der aufrufenden Basisaktivität. Das Pärchen <receive> ... <reply> gewährleistet die synchrone Bereitstellung des Composite Services. Für die asynchrone Kommunikation mit einem BPEL-Prozess muss dieser zum Versenden der Antwort eine Callback-Operation beim Servicekunden über <invoke> aufrufen. Andererseits wird für den Aufruf jeder Art von Operation das <invoke>-Element verwandt und je nach Kommunikationsart das Ergebnis direkt in der Outputvariable aufgenommen (synchron) bzw. mittels eines zweiten später platzierten <receive>-Elements das Ankommen des Ergebnisses erwartet (asynchron).[607] Strukturaktivitäten bringen die

---

[605] Vgl. Andrews, T. et al.: Business Process Execution Language for Web Services (BPEL-WS), Version 1.1. BEA Systems; IBM Corp.; Microsoft Corp.; SAP AG; Siebel Systems. ftp://www6.software.ibm.com/software/developer/library/ws-bpel.pdf, 2003-5-11, Abruf am 2005-04-12, S. 53-57.

[606] Vgl. Andrews, T. et al.: Business Process Execution Language for Web Services (BPEL-WS), Version 1.1. BEA Systems; IBM Corp.; Microsoft Corp.; SAP AG; Siebel Systems. ftp://www6.software.ibm.com/software/developer/library/ws-bpel.pdf, 2003-5-11, Abruf am 2005-04-12.S. 58-68.

[607] Vgl. *Andrews, T. et al.*: Business Process Execution Language for Web Services (BPEL-WS), Version 1.1. BEA Systems; IBM Corp.; Microsoft Corp.; SAP AG; Siebel Systems. ftp://www6.software.ibm.com/software/developer/library/ws-bpel.pdf, 2003-5-11, Abruf am 2005-04-12, S. 56.

Menge von aufgerufenen Web Services in eine logische Ordnung. Sie unterscheiden sich in der zugrunde liegenden Logik und können beliebig geschachtelt werden.

Ein BPEL-Prozess versetzt isolierte und zustandslose Web Services in einen semantischen Zusammenhang, d.h. in eine Folge von Serviceaufrufen, die in ihrer Gemeinsamkeit ein gewisses Ziel verfolgen. Im unternehmerischen Kontext können solche Serviceprozesse auf Geschäftsziele und somit entlang von Geschäftsprozessen ausgerichtet werden, wie im Folgenden darlegt.[608]

5.3 Serviceorientierte Architekturen als Plattform für das Geschäftsprozessmanagement

Die vorangehenden Ausführungen haben für die technische und betriebswirtschaftliche Beschreibung eines unternehmerischen Informationssystems den Architekturbegriff zum Ausgangspunkt genommen. Obgleich die Anlehnung an die Baukunst in vielerlei Hinsicht durchaus sinnvoll ist, existiert dennoch ein entscheidender Unterschied: Unternehmensarchitekturen – betriebswirtschaftliche wie informationstechnische – unterliegen im Gegensatz zu Bauwerken einem zunehmend an Fahrt gewinnenden Wandel, der ihnen ein Höchstmaß an Flexibilität abverlangt. Nur unter Wahrung dieser Agilität können Unternehmen angesichts des verschärften Konkurrenzkampfes auf dem Weltmarkt und ständiger Neuerungen in Technik und Wirtschaft bestehen. Dem Bedarf an flexiblen Unternehmensstrukturen muss schon in der Planung, d.h. in der Architektur Rechnung getragen werden. Zwingend erforderlich ist hierbei an erster Stelle das Zusammenwachsen der betriebswirtschaftlichen und informationstechnischen Architekturmethoden.

Gilt in der Baukunst noch das Prinzip *„form follows function"*, so muss es in der unternehmerischen Systemplanung zu *„form follows process follows strategy"* uminterpretiert werden.[609] Demnach beeinflusst die allgemeine Geschäftsstrategie flexibel, d.h. bedarfsgerecht, die Prozesse der Unternehmung. Die so bestimmte Geschäftsprozessarchitektur wird wiederum von einem abgeleiteten Informationssystem unterstützt und operativ ausgeführt. Das im Rahmen von BPM und Workflowmanagement formulierte visionäre Ziel der unmittelbaren informationstechnischen Prozessausführbarkeit und -automatisierbarkeit konkretisiert

---

[608] Vgl. *Leymann, F.; Roller, D.*: Modeling Business Processes with BPEL4WS. In: *o. V.* (Hrsg.): Proceedings of 7th GI Conference "Modellierung 2004", 1. GI-Workshop XML4BPM 2004, XML Interchange Formats for Business Process Management Marburg, Lecture Notes in Informatics (LNI) P-45, Köllen Verlag, Bonn 2004, S. 7.

[609] *Osterloh, M.; Frost, J.*: Prozeßmanagement [!] als Kernkompetenz. 4. Aufl., Gabler, Wiesbaden 2003, S. 37.

Katrina Anne Leyking, Prof. Dr. Dr. h. c. mult. A.-W. Scheer

SOA – Serviceorientierte Architekturen als Basis für flexibles Geschäftsprozessmanagement

sich durch das zuvor vorgestellte Servicekonzept.[610] Das entsprechende Integrationsparadigma „business drives technology" wird von einer SOA zum Leitspruch genommen.[611] Im Folgenden soll aufgezeigt werden, welchen Platz eine serviceorientierte Architektur bei Geschäftsprozessarchitektur und -management einnimmt.

5.3.1 Nutzenpotenziale der Serviceorientierung für das GPM

SOA und GPM näheren sich demselben Problem von zwei verschiedenen Seiten. SOA strebt die Flexibilisierung und Standardisierung der Integration von verteilten, heterogenen, monolithischen Systemkomponenten an. GPM rückt den Fokus von funktionalen Arbeitsinseln auf betriebswirtschaftlich zusammengehörige, abteilungsübergreifende Prozesse. Integration und Flexibilisierung sind die gemeinsamen Ziele von Service- und Prozessorientierung. Unter Praktikern, Managern und Wissenschaftlern besteht die begründete Erwartung, dass eine Kombination aus SOA und GPM die noch bestehende Kluft zwischen betriebswirtschaftlichen und informationstechnischen Problemstellungen überbrücken wird. SOA verspricht das informationstechnische Rückgrat für die vollständige Realisierung der Ziele des flexiblen GPM zu werden.[612] *„Im unternehmensinternen Kontext ist die Vision des Real-Time-Enterprise, dessen IuK-Infrastruktur durch eine Gestaltung auf fachkonzeptioneller Ebene in Echtzeit konfiguriert wird, ein deutliches Stück näher gerückt."[613]*

5.3.1.1 Optimierung interner und externer Systemintegration

Die Schwerfälligkeit bisheriger IT-Architekturen, begründet heterogenen Systemlandschaften, funktionalen Datensilos und restriktiven Enterprise Resource Planning (ERP) Systemen, verursacht ebenso unbewegliche Geschäftsprozesse.[614] SOA stellt flexible, da lose gekoppelte, integrierte IT-Infrastrukturen in Aussicht, die effizient und Kosten sparend an Geschäftsprozessen ausgerichtet werden können. Diese finden zunehmend auch unternehmensübergreifend statt. Angesichts gesättigter Märkte müssen die meisten Organisationen Partnerschaften und

---

[610]   Scheer, A.-W.; Adam, O.; Erbach, F.: Next Generation Business Process Management. In: Scheer, A.-W.; Jost, W.; Wagner, K. (Hrsg.): Von Prozessmodellen zu lauffähigen Anwendungen. Springer Verlag, Berlin et al. 2005, S. 12.

[611]   Vgl. Mattern, T.: The New Architecture of Integration. In: SAP Info o. Jg. (2003) 105, S. 24-25.

[612]   Vgl. Smith, H.; Fingar, P.: 21st Century Business Architecture. http://www.bpmg.org/ downloads/HowardSmith/21stC-BPM-Architecture.pdf, 2003-5-12, Abruf am 2005-03-02, S. 4, Krafzig, D.; Banke, K.; Slama, D.: Enterprise SOA – Service-Oriented Architecture Best Practices. Prentice Hall, Upper Saddle River 2005, S. 109.

[613]   Scheer, A.-W.: Next Generation Business Process Management. In: Scheer, A.-W. (Hrsg.): Von Prozessmodellen zu lauffähigen Anwendungen. Springer Verlag, Berlin et al. 2005, S. 13.

[614]   Vgl. Hagel, J.; Brown, J. S.: Your next IT-Strategy. In: Harvard Business Review 2001 (2001) 10, S. 106.

Kooperationen über Unternehmensgrenzen hinweg eingehen, um weiterhin Wert schöpfen zu können.[615] Eine erfolgreiche IT-Unterstützung dieser Kooperationsprozesse führt zu verbesserter Datentransparenz zwischen den Geschäftspartnern, medientechnischer und zeitlicher Verknüpfung der Partnerprozesse, sowie reduzierten Prozesskosten im Allgemeinen.[616]

SOA mit Web Services gibt der vollständigen, d.h. unternehmensweiten und -übergreifenden informationstechnischen Integration eine realistische Perspektive. Durch die zunehmende Standardisierung und Verbreitung von Web Services werden kollaborative Geschäftsprozesse einfacher und flexibler zu implementieren. Statt fixen Punkt-zu-Punkt-Verbindungen, deren Komplexität bei zunehmender Anzahl der Geschäftspartner und Systeme quadratisch anwächst, wird das Peer-To-Peer-Konzept Grundlage der Service-Vernetzung.[617] Die Verbreitung der Internetnutzung und der damit verbundenen Standards wie HTTP und XML schafft die Grundlage für den SOA-Einsatz über geographische Distanzen hinweg. Web Service Standards bauen darauf auf und bieten den beteiligten Geschäftspartnern technologie-, plattform-, und systemunabhängige Schnittstellen zu Softwareanwendungen sowie die passenden standardisierten Protokolle. Eine gemeinsame Middleware-Plattform zwischen den Parteien wird somit obsolet und interne wie externe Geschäftsprozesse können lose gekoppelt, d.h. flexibler und bedarfsgerechter innerhalb einer beliebigen Menge von beteiligten Unternehmen implementiert werden.[618]

5.3.1.2 Steigerung der Innovations- und Reaktionsfähigkeit

Mit fortschreitender und sich gegenseitig befruchtender Entwicklung der globalisierten Märkte und Informationstechnologien nimmt das Tempo der betriebswirtschaftlichen Dynamik, in der ein Unternehmen agieren und bestehen muss, beständig zu. Der verschärfte Konkurrenzkampf wird durch die Integration und Konsolidierung der Märkte stetig vorangetrieben. *„Im Wettbewerb wird nur bestehen, wer sich auf dieses Spiel einlässt und Mobilität und Flexibilität deutlich verbessert."*[619]

---

[615] Vgl. *Scheer, A.-W.; Adam, O.; Erbach, F.*: Next Generation Business Process Management. In: *Scheer, A.-W.; Jost, W.; Wagner, K.* (Hrsg.): Von Prozessmodellen zu lauffähigen Anwendungen. Springer Verlag, Berlin et al. 2005, S. 13.

[616] Vgl. *Reichmayr, C.*: Collaboration und Web Services – Architekturen, Portale, Techniken und Beispiele. Springer Verlag, Berlin et al. 2003, S. 87.

[617] Vgl. *Johnson, J. T.*: Making sense of service-oriented architectures. In: Network World 21 (2004) 43, S. 30.

[618] Vgl. *Alonso, G.*: Web Services – Concepts, Architectures and Applications. Springer Verlag, Berlin 2004, S. 131-133.

[619] *Kluge, J.; Stein, L.; Krubasik, E.*: Wachstum durch Verzicht. Schneller Wandel zur Weltklasse: Vorbild Elektronikindustrie. Schäffer-Poeschel Verlag, Stuttgart 1994, S. 14.

Katrina Anne Leyking, Prof. Dr. Dr. h. c. mult. A.-W. Scheer

SOA – Serviceorientierte Architekturen als Basis für flexibles Geschäftsprozessmanagement

„Nur Unternehmen mit hoher Flexibilität sichern sich langfristig ihre Existenz."[620] Gleichzeitig steigen die Anforderungen an Informationstechnologien, die die zunehmend komplexen Geschäftsvorgänge unterstützen müssen. Ihre stetige Weiterentwicklung verlangt eine kontinuierliche Überprüfung und Anpassung von Unternehmensinfrastrukturen an den neusten Stand der Technik. In diesem Technologie- und Business-Chaos der heutigen Einflussfaktoren auf unternehmerische Entscheidungen ist Reaktionsschnelligkeit und Anpassungsfähigkeit der Geschäftsstrategie von großer Bedeutung für den Erfolg eines Unternehmens.[621] Wollen Unternehmen kontinuierlichen Mehrwert für ihre Kunden erzeugen, so müssen sie zudem konsequent neue Ideen generieren und Innovationen realisieren. Innovationen können allerdings nur dann zum Erfolg führen, wenn Unternehmensabläufe ihnen angepasst werden, so dass hundertprozentige Unterstützung in der Umsetzung gewährleistet ist. Service- und Geschäftsprozessorientierung bergen die Voraussetzungen für ein erfolgreiches Change- und Innovationsmanagement. Die schnelle Umsetzbarkeit von Innovationen und Geschäftsstrategien ist daher in hohem Maße von der zugrunde liegenden Flexibilität der Prozess- und IT-Organisation abhängig. Lose gekoppelte, von einem übergeordneten Geschäftsprozess zusammengehaltene Services lassen sich dank standardisierter Schnittstellen bedarfsgerecht an veränderte Geschäftsausrichtungen anpassen. Die angestrebte Agilität wird auf technischer Seite durch Serviceorientierung und auf betriebswirtschaftlicher Seite durch Geschäftsprozessorientierung erreicht. Eine serviceorientierte Architektur in Kombination mit einem integrierten GPM bietet die Reaktionsfähigkeit, die ein innovatives Unternehmen braucht.[622]

5.3.1.3 Flexibilisierung durch Wiederverwendung

Dank ihrer fortgeschrittenen Standardisierung stellen Web Services einen hohen Grad an Wiederverwendbarkeit in Aussicht. Somit lassen sich Services mehrfach einsetzen anstatt ihre Funktionalitäten in unterschiedlichen technischen und betriebswirtschaftlichen Kontexten jedes Mal neu implementieren zu müssen.[623] Dies

---

[620] Becker, J.; Kahn, D.: Der Prozess im Fokus. In: Becker, J.; Kugeler, M.; Rosemann, M. (Hrsg.): Prozessmanagement. Ein Leitfaden zur prozessorientierten Organisationsgestaltung. 5. Aufl., Springer Verlag, Berlin et al. 2005, S. 10.

[621] Vgl. Barry, D. K.: Web Services and Service Oriented Architectures – The Savy Manager's Guide. Morgan Kaufmann Publishers, San Fransisco 2003, S. 85.

[622] Vgl. Scheer, A.-W.; Adam, O.; Erbach, F.: Next Generation Business Process Management. In: Scheer, A.-W.; Jost, W.; Wagner, K. (Hrsg.): Von Prozessmodellen zu lauffähigen Anwendungen. Springer Verlag, Berlin et al. 2005, S. 5.

[623] Vgl. Götz, A.; Liddle, J.: "Process Driven Architecture" und "Business Process Management". In: Objektspektrum o. Jg. (2003) 6, S. 42.

begünstigt die Software-Entwicklung an sich, da sie aus einem bibliotheksartigen Pool von Services schöpfen kann. Veränderungen und Verbesserungen im operativen und taktischen Geschäft sowie Wartung und Pflege müssen nur an einem Service zentral ausgeführt werden. Funktionalitäten müssen nicht mehrfach gehalten und gepflegt werden, sondern können durch die Bereitstellung als Services in verschiedenen Kontexten bedarfsgerecht eingesetzt werden. Kurzum die Wiederverwendung der Services stellt eine Reduktion von Redundanzen und Kosten zugunsten einer effizienteren Software-Entwicklung und Instandhaltung in Aussicht.[624] Insbesondere durch die Standardisierung und Weborientierung, die Web Services mit in eine SOA bringen, können komplexe verteilte Systeme in und über Unternehmen hinweg effektiver integriert werden. Bestehende starre Systemlandschaften, die bisher durch hart verdrahtete oftmals punktuelle Verbindungen zusammengehalten wurden und auf funktionalen Insellösungen basierten, können in lose gekoppelte Komponenten aufgebrochen werden. Deren Funktionalitäten können als Services nach Bedarf genutzt und zu umfassenderen Anwendungen zusammengestellt werden.[625] Angesichts technologie- und plattformunabhängiger Schnittstellen können Applikationen, die inhaltlich die gleichen Aufgaben erfüllen, aber deren Darstellungstechniken (Personal Digital Assistent (PDA), Handy, Notebook, PC, etc.) unterschiedlich sind, über so genanntes Multi-Channeling auf die gleichen Services zurückgreifen.[626]

In der Summe ergeben die erläuterten Potenziale einer Verquickung von Prozess- und Serviceorientierung ein spezifiziertes Verständnis einer SOA: Serviceorientierung als Befähigung einer IT-Landschaft zu der Flexibilität, die die Umsetzung eines dynamischen GPM benötigt. Die Unterstützung und Optimierung der Geschäftsprozesse sind nach GALLAS geradezu Hauptzielsetzungen der SOA. Auch ÖSTERLE sieht Services als hauptverantwortlich für die Erfüllung einer Teilaufgabe eines Geschäftsprozess.[627] GALLAS führt diese Verbindung von Prozess- und Serviceorientierung weiter, und betont die Relevanz der SOA *„im Spannungsfeld von Geschäftsstrategie und -system, sowie IT-Strategie und -system".*[628]

---

[624] Vgl. *Hubert, R.*: Software ist ein Service. In: Computerwoche o. Jg. (2005) 4, S. 24, *Küster, M. W.*: Web Services – Versprechen und Realität. In: HMD – Praxis der Wirtschaftsinformatik 40 (2003) 234, S. 30.

[625] Vgl. *Scheer, A.-W.; Adam, O.; Erbach, F.*: Next Generation Business Process Management. In: *Scheer, A.-W.; Jost, W.; Wagner, K.* (Hrsg.): Von Prozessmodellen zu lauffähigen Anwendungen. Springer Verlag, Berlin et al. 2005, S.11.

[626] Vgl. *Mawdsley, G.; Information Age*: A Business Case For Enterprise Services Architecture. http://www.infoage.idg.com.au/pp.php?id=456893946&fp=131072&fpid=0, 2004-6-17, Abruf am 2005-04-18.

[627] Vgl. *Österle, H.; Alt, R.; Heutschi, R.*: WebServices – Hype oder Lösung? Outtasking statt Outsourcing von Geschäftsprozessen. In: New Management o. Jg. (2003) 1-2, S. 66.

[628] *Gallas, B. E.*: Der Aufbau eines Service Life Cycle Managements für eine Service Orientierte Architektur als Brücke zwischen Geschäftsprozess und IT Integration. In: *Aier, S.; Schönherr, M.* (Hrsg.): Enterprise

Katrina Anne Leyking, Prof. Dr. Dr. h. c. mult. A.-W. Scheer

SOA – Serviceorientierte Architekturen als Basis für flexibles Geschäftsprozessmanagement

Die Vision, dass der Einsatz einer SOA eine derartige Agilität der betriebswirtschaftlichen und informationstechnisch unterstützten Abläufe bedingt, muss sich in der Realität noch beweisen. Nichtsdestotrotz wird sich SOA bis 2008 gemäß Gartner-Analyst NATIS als vornehmliches Prinzip der Software Architektur herauskristallisieren.[629] Ungeachtet des tatsächlichen Erfolgs und der Realisierung der oben erläuterten Potenziale, wird SOA die existierenden Methoden des GPM vor grundlegende Fragen hinsichtlich eines servicegerechten Vorgehens stellen. Zur Erschließung der ausgeführten visionären Vorteile müssen folgerichtige und schlüssige Antworten gefunden werden und die Methoden des GPM für den Einsatz im Umfeld serviceorientierter Architekturen entsprechend angepasst werden.

5.3.2 Entwurf einer servicegerechten Geschäftsprozess-architektur

Um die Synergieeffekte der Service- und Prozessorientierung ausnutzen zu können, müssen die Zusammenhänge zwischen Geschäftsprozess und Service verstanden und in ein gemeinsames Rahmenwerk integriert sein. Wie folgende Ausführungen zeigen, bietet das ARIS–House of Business Engineering hierfür eine solide Ausgangsbasis.

5.3.2.1 Ausführbare Geschäftsprozesse auf einer SOA

Geschäftsprozesse, Workflows und Serviceprozesse teilen in ihrer Definition die Erfüllung des funktionalen Aspekts der Leistungserstellung durch eine Folge von Aktivitäten. Wegen ihrer Eigenschaft der Durchführbarkeit erweisen sich Serviceprozesse als mit den Workflows verwandt. Serviceprozesse koordinieren aber in erster Linie nicht Benutzer-Interaktionen, sondern die automatisierte Ausführung von Service aufrufenden Aktivitäten und bringen sie in eine logisch strukturierte Ordnung. Die Tatsache, dass sich BPEL-WS aus zwei ursprünglichen Workflowsprachen entwickelte und in vielen proprietären Ausgestaltungen schon Erweiterungen für die Benutzerinterfacesteuerung beinhaltet, verdeutlicht die konzeptionelle Nähe beider Ansätze. Geschäftsprozesse hingegen bestimmen die fachlichen Spezifikationen eines bestimmten Unternehmensablaufs. Dabei verläuft ihr Prozessfluss orthogonal zu Abteilungen, Funktionen und Anwendungssoftware. Funktionen eines Geschäftsprozesses werden von unterschiedlichen Softwarekomponenten unterstützt.

Application Integration – Serviceorientierung und nachhaltige Architekturen. In: *Aier, S.; Schönherr, M.*: Enterprise Architecture. Band 2, GITO, Berlin 2004, S. 235.

[629] Vgl. *Natis, Y.*: Service Oriented Architecture (SOA) ushers in the next era in business software engineering. In: Business Integration o. Jg. (2004) 5, S. 25.

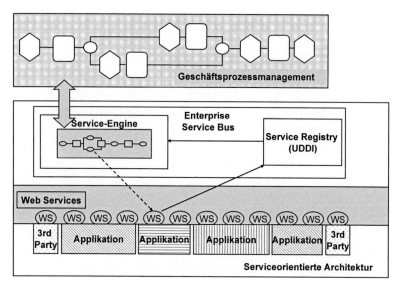

Abbildung 68:Zusammenspiel zwischen SOA und GPM

Um die Lücke zwischen Anforderungen eines Geschäftsprozesses einerseits und operativer IT-Infrastruktur andererseits zu schließen, fügt SOA die Schicht der abstrakten Services ein, welche in Serviceprozessen bestmöglich gemäß fachlicher Anforderungen orchestriert werden. Die vorherige Abbildung verdeutlicht dieses Gefüge des GPM auf Basis einer SOA. Eine möglichst verlustfreie Übertragung des fachlichen Geschäftsprozesses in einen technischen Serviceprozess ist Ziel des erarbeiteten Vorgehensmodells.

5.3.2.2 Erweiterung von ARIS-HOBE um eine Serviceebene

Angesichts der beschriebenen Affinität einer SOA zu Enterprise Application Integration und Workflowmanagement stellt sich die Vision der Serviceorchestrierung als eine ganzheitliche, prozessorientierte Steuerung verfügbarer Systemressourcen – auch unter Einbezug von Benutzerinteraktionen – dar. Mittels der Web Service Standards werden bestehende Integrationsansätze, wie EAI-Lösungen, Message Bus, Workflowsystem, etc., in einer Plattform, dem Enterprise Service Bus, integriert. Diese Entwicklung impliziert eine serviceorientierte Erweiterung des etablierten ARIS-HOBE. Die folgende Abbildung skizziert wie die HOBE-Ebene III der Workflowsteuerung zu einer allgemeinen Servicesteuerung (IIIa) ausgeweitet wird und somit die ganzheitliche Integration der zugrunde liegenden Anwendungssysteme übernimmt.

Katrina Anne Leyking, Prof. Dr. Dr. h. c. mult. A.-W. Scheer

SOA – Serviceorientierte Architekturen als Basis für flexibles Geschäftsprozessmanagement

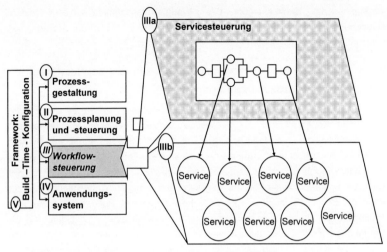

Abbildung 69: Servicegerechte Erweiterung des ARIS-HOBE[630]

Hierzu wird zwischen Anwendungssystemen (IIIb) und Steuerungsebene noch eine weitere Abstraktionsschicht eingefügt, die die von den Applikationen zur Verfügung gestellten Funktionalitäten als Services aufnimmt und zur Orchestrierung bereitstellt. Durch eine solche Darstellung wird die relative Unabhängigkeit der Services von den tatsächlich ausführenden Softwaresystemen verdeutlicht. Diese Serviceschicht ist in der resultierenden Unternehmensarchitektur die beständigste Komponente: Während sich Geschäftsprozesse – dem ständigen Wandel der Umwelt folgend – stetig erneuern müssen und auch einzelne Anwendungssysteme sich einer kontinuierlichen Weiterentwicklung der Technologien beugen müssen, werden Services als Kernbausteine einer Unternehmung erhalten bleiben.[631] Auf der schnelllebigeren Ebene der Prozessgestaltung kann auf dieser Basis schnell und flexibel auf Änderungen eingegangen werden.[632]

Ein solcher Eingriff in das Grundgerüst des GPM bleibt nicht ohne Folgen auf dessen Ziele, Aufgaben und Rahmenbedingungen. Seine Auswirkungen auf die Modellierung, Handhabung und Optimierung von Geschäftsprozessen werden konkret entlang eines Vorgehensmodells in Kapitel **Fehler! Verweisquelle konnte nicht gefunden werden.** dieser Arbeit erläutert. Aufgrund der engen Beziehung zu

---

[630]   In Anlehnung an: Scheer, A.-W.: ARIS – Vom Geschäftsprozeß [!] zum Anwendungssystem. 4. Aufl., Springer Verlag, Berlin et al. 2002, S. 56-57

[631]   Angaben von Herrn Dr. Markus Löffler, McKinsey & Company, Frankfurt, private Mitteilung am 01. April 2005.

[632]   Vgl. *Götz, A.; Liddle, J.*: "Process Driven Architecture" und "Business Process Management". In: Objektspektrum o. Jg. (2003) 6, S. 42.

vorangehenden Entwicklungen des Workflowmanagement, bieten hierzu Überlegungen von GALLER zur Ableitung von Workflowmodellen aus Geschäftsprozessen Orientierung.[633]

5.3.3 Grundlegende Fragestellungen eines servicegerechten Geschäftsprozessmanagements

Eine möglichst verlustfreie Umsetzung der Geschäftsprozesse in ausführbare Composite Services stellt die Voraussetzung zur Erreichung komplementärer Synergieeffekte zwischen SOA und GPM dar. [634] Dafür müssen Abhängigkeiten und Zusammenhänge beider Konzepte analysiert werden. Trotz aller Visionen über das Zusammenwachsen von Geschäftsprozessen und Systemkomponenten via Services, haben bisherige Forschungsansätze nur wenig konkrete Erkenntnisse zur Rolle der Service-Technologien im GPM hervor gebracht. Jedoch zeigen aktuelle Projekte in der Praxis, dass die Einführung serviceorientierter Architekturen für die Vorgehensweise des GPM noch Fragen aufwirft.[635] Eine systematische Betrachtung und vergleichende Analyse der betrieblichen und technischen Prozessperspektiven bieten Lösungsansätze.

5.3.3.1 Parallelität der fachlichen und technischen Modellstrukturen

Technische Serviceprozesse und fachliche Geschäftsprozesse bilden denselben Unternehmensablauf aus zwei verschiedenen Perspektiven ab. Für eine Synthese der fachlichen und der technischen Modellierung muss der parallele Umgang beider Modelltechniken durchdacht werden. Insbesondere der Übergang von der fachlichen in die technische Modellierung muss klar definiert werden. Um komplexe Prozessszenarien zu bewältigen, verfeinert man in der Projektpraxis des GPM grobe Wertschöpfungskettendiagramme mehrstufig in immer detailliertere EPK-Diagrammen.[636] So entsteht eine Geschäftsprozesshierarchie die sich durch Übersichtlichkeit und einfache Handhabung auszeichnet.[637] Während sich dieser Hierarchieansatz für das GPM durchgesetzt hat, muss bei der Überführung in technische BPEL-Modelle darüber nachgedacht werden, ob und auf welcher Ebene der Geschäftsprozesshierarchie dieser zu vollziehen ist.

---

[633] Vgl. *Galler, J.*: Vom Geschäftsprozeßmodell [!] zum Workflow-Modell. Gabler, Wiesbaden 1997, S. 113-187.

[634] Vgl. *Zur Mühlen, M.; Rosemann, M.*: Multi-Paradigm Process Management. In: *Grundspenkis, J.;Kirikova, M.* (Hrsg.): Proceedings of CAiSE'04 – Workshop on Business Process Modeling, Development and Support (BPMDS 2004), Riga 2004, S. 173, *Henkel, M.; Zdravkovic, J.; Johanesson, P.*: Service-based Processes – Design for Business and Technology. In: *o. V.* (Hrsg.): Proceedings of 2nd International Conference on Service Oriented Computing (ICSOC 2004), Workshop Service Design and Modelling, New York, ACM Press, New York 2004, S. 26.

[635] Angaben von Herrn Eric Brabänder, Manager, IDS Scheer AG, persönliches Gespräch vom 12. Januar 2005.

[636] Vgl. *Gadatsch, A.*: Grundkurs Geschäftsprozess-Management. Methoden und Werkzeuge für die IT-Praxis: Eine Einführung für Studenten und Praktiker. 3. Aufl., Vieweg, Wiesbaden 2003, S. 99.

[637] Vgl. *Brugger, R.*: IT-Projekte strukturiert realisieren. Vieweg, Wiesbaden 2003, S. 262-264.

Katrina Anne Leyking, Prof. Dr. Dr. h. c. mult. A.-W. Scheer

SOA – Serviceorientierte Architekturen als Basis für flexibles Geschäftsprozessmanagement

5.3.3.2 Servicegerechte Geschäftsprozessmodellierung

Beim Entwurf der Geschäftsprozesse müssen fachliche Informationen, die für eine serviceorientierte Unterstützung maßgeblich sind, in die Modelle mit aufgenommen werden. Es stellt sich hierbei die Frage, wann und insbesondere von wem diese Informationen gepflegt werden. Der fachliche Prozessanalyst kennt zwar die betriebswirtschaftlichen Anforderungen im Detail, kann aber ohne entsprechendes Hintergrundwissen oftmals keine Implikationen für die Servicestruktur ableiten. Der Entwickler hingegen beherrscht die Erstellung von Services, verfügt aber nicht über den notwendigen fachlichen Überblick. Diese Diskrepanzen führen bestenfalls zur lückenhaften Unterstützung der Geschäftsprozesse und im ungünstigsten Fall zu folgenschweren fachlichen Fehlern in der Ausführung der Prozesse. Zur Erreichung optimaler Ergebnisse ist es daher zu empfehlen, dass ein interdisziplinärer Modellierer die Aufgaben, die Verständnis der technischen und betriebswirtschaftlichen Perspektive erfordern, übernimmt.[638] Da dieser Idealfall in der Praxis nicht immer realisierbar ist, muss dennoch eine Vorgehensweise gefunden werden, die den Austausch zwischen fachlicher und technischer Perspektive optimiert.

Grundsätzlich ist zu beachten, dass alle fachlichen Informationen, die bei der Gestaltung der ausführbaren BPEL-Prozesse relevant sind, möglichst frühzeitig identifiziert und dokumentiert werden. Iteratives Überarbeiten und Rückfragen zwischen technischer Implementierung und fachlichem Bedürfnis werden in der Praxis jedoch nicht vermeidbar sein.

5.3.3.3 Semantische Auswahl und Import der Services

Wie ausführlich diskutiert steht die Komposition bestehender Services entlang von Geschäftsprozessmodelle im Mittelpunkt der Erwartungen an eine prozessorientierte SOA. Hierbei ist insbesondere die fachlich korrekte, verlustfreie Überführung der Geschäftsprozesse in Serviceprozesse von größter Relevanz. Es empfiehlt sich diesen Schritt in der Modellierungsumgebung vorzunehmen, in der die fachlichen Anforderungen in Geschäftsprozessmodellen festgehalten wurden. Der fachliche Modellierer ist mit der visualisierten Darstellung von Prozessen vertraut und kann so leichter an der Erstellung der Serviceprozesse teilhaben. Um im ARIS Business Architect BPEL-Prozesse modellieren zu können, muss die Möglichkeit geschaffen werden, Serviceobjekte in die Modellierungsumgebung aufzunehmen.

Vor einem tatsächlichen Import in die Modellierungsumgebung müssen die Services identifiziert werden, die für die Unterstützung der Geschäftsprozesse von Belang sind.[639] Eine solche Auswahl fällt aus fachlicher Sicht oft schwer. Bisherige

---

[638]   Vgl. *Bloomberg, J.*: Principles of SOA. http://www.adtmag.com/article.asp?id=7345, 2003-1-3, Abruf am 2005-04-15.

[639]   Vgl. *Hagel, J.*: Out of the Box. Strategies for Achieving Profits Today and Growth Tomorrow through Web Services. Harvard Business School Press, Boston 2002, S. 41.

Servicebeschreibungen in WSDL machen nur wenige Aussagen über die Semantik, d.h. die inhaltlichen Aufgaben eines Service. Die Benennung alleine gibt oft nur vagen Aufschluss über Service, Porttypes und Operationen.[640] Das W3-Konsortium erkennt diesen Bedarf und empfiehlt jenseits von maschinenlesbaren WSDL- und UDDI-Beschreibungen auch eine informelle Erläuterung der Aufgaben und realen Ergebnisse eines Services.[641] In diesem Zusammenhang verweisen GALLAS und LEYMANN auf den Forschungsbereich der Taxonomien und Ontologien, die vor dem Kontext des semantischen Webs eine Grundlage für effektive Servicebeschreibungen bieten.[642] Entsprechende Bestrebungen sind in servicegerechten Erweiterungen der Ontology Web Language (OWL) erkennbar.[643]

5.3.3.4 Zuordnung zwischen fachlichen und technischen Elementen

Zur Übertragung der fachlichen in durchführbare Modelle muss für jeden Elementtyp eines Geschäftsprozess das entsprechende Konstrukt der Orchestrierungssprache identifiziert werden. HENKEL betont hierfür die Zielsetzung der Verlustfreiheit, d.h. aus dem abgeleiteten technischen Prozess muss jederzeit während der Ausführung der Status des Geschäftsprozesses zurückzuführen sein.[644] Der eindeutigen 1:1-Übertragung von fachlichen EPK-Funktionen in technische BPEL-Aktivitäten wird nur in Ausnahmefällen Bedeutung zugemessen. In den meisten Fällen scheitert ein direkter Transfer an der unterschiedlichen Granularität der fachlichen und technischen Funktionalitäten.[645] Daneben stellt der oft unterschiedliche Zuschnitt, gemäß welchem die Funktionalitäten Aufgaben erfüllen, ein Problem für die direkte Zuordnung dar. Beide Sachverhalte bedingen eine komplexe n:m Beziehung zwischen Funktionen und Operationen.[646] Analoge Überlegungen lassen sich zur Zuordnung zwischen fachlichen und servicetechnischen Datenstrukturen anstellen. Für alle Elementtypen erleichtern die zuvor empfohlene fachliche Servicebeschreibungen die semantisch korrekte Zuordnung.

Das Festhalten und Speichern der Zuordnungs- oder Mapping-Beziehungen zwischen fachlichen und technischen Objekten ist aus unterschiedlichen Gründen sinnvoll. Zum einen dokumentieren sie, wie Geschäftsprozesse in BPEL-Prozesse

---

[640] Vgl. *Kaye, D.*: Loosely Coupled. The Missing Piece of Web Services. RDS Press, Marin County 2003, S. 48.

[641] Vgl. *Booth, D.; Haas, H.; McCabe, F.*: Web Services Architecture. W3C Working Group Note. http://www.w3.org/tr/2004/note-ws-arch-20040211/wsa.pdf, 2004-2-11, Abruf am 2005-04-12, S. 42-43.

[642] Vgl. *Gallas, B. E.*: Der Aufbau eines Service Life Cycle Managements für eine Service Orientierte Architektur als Brücke zwischen Geschäftsprozess und IT Integration. In: *Aier, S.; Schönherr, M.* (Hrsg.): Enterprise Application Integration – Serviceorientierung und nachhaltige Architekturen. In: *Aier, S.; Schönherr, M.*: Enterprise Architecture. Band 2, GITO, Berlin 2004, S. 266.

[643] Vgl. *Martin, D. et al.*: OWL-S 1.0 Release. http://www.daml.org/services/owl-s/1.0/owl-s.html, Abruf am 2005-05-16.

[644] Vgl. *Henkel, M.; Zdravkovic, J.; Johanesson, P.*: Service-based Processes – Design for Business and Technology. In: *o. V.* (Hrsg.): Proceedings of 2nd International Conference on Service Oriented Computing (ICSOC 2004), Workshop Service Design and Modelling, New York, ACM Press, New York 2004, S. 26.

[645] Vgl. *Krafzig, D.; Banke, K.; Slama, D.*: Enterprise SOA – Service-Oriented Architecture Best Practices. Prentice Hall, Upper Saddle River 2005, S. 165.

[646] Vgl. *Schmale, T.*: Mit EAI und SOA zum Real-Time Enterprise. In: *Aier, S.; Schönherr, M.* (Hrsg.): Enterprise Application Integration – Serviceorientierung und nachhaltige Architekturen. In: *Aier, S.; Schönherr, M.*: Enterprise Architecture. Band 2, GITO, Berlin 2004, S. 190.

Katrina Anne Leyking, Prof. Dr. Dr. h. c. mult. A.-W. Scheer

SOA – Serviceorientierte Architekturen als Basis für flexibles Geschäftsprozessmanagement

überführt wurden und machen das angewandte Vorgehen jederzeit auch im Rückblick nachvollziehbar. Diese Kenntnis gewinnt insbesondere bei der Synchronisation beider Modellarten an Bedeutung. Die erfassten Beziehungen bieten für eine korrekte Übertragung von Änderungen des fachlichen Prozessmodells in die Serviceorchestrierung die notwendige Orientierung, um den resultierenden Revisionsbedarf im technischen Modell zu erkennen.[647] Ähnliches gilt für die umgekehrte Synchronisationsrichtung. Sie wird allerdings im Folgenden aufgrund der Forderung, dass Fachlichkeit die Technologie bestimmt („business drives technology") und nicht umgekehrt, ausgeschlossen. Ein weiterer Grund für die Aufrechterhaltung der Mapping-Beziehung findet sich, sobald eine Funktion im System der Geschäftsprozesse wieder verwendet wird. Mit der bestehenden Verbindung zu den schon zugeordneten Service-Operationen können diese direkt manuell oder vom ARIS Business Architect in das entsprechende BPEL-Modell übertragen werden. Schlussendlich signalisiert eine fehlende Mapping-Beziehung einer fachlichen Funktion zu einem Serviceelement Handlungsbedarf zur Prüfung der Möglichkeiten ihrer servicetechnischen Unterstützung.

5.3.3.5 Abbildung der Geschäftsprozesslogik

Mittels der Konnektoren AND, OR, und XOR lassen sich in der EPK verschiedene Logikmuster realisieren.[648] Die Semantik der Strukturaktivitäten in BPEL deckt sich nur teilweise mit der EPK-Logik. Der grundlegende Unterschied ist dadurch bedingt, dass das Kernelement der EPK – ein Ereignis – kein Gegenstück in BPEL kennt. BPEL steuert den bedingungsabhängigen, logischen Prozessfluss entweder über blockorientierte Switch- und While-Aktivitäten oder graphorientiert mittels Übergangsbedingungen innerhalb eines Flows. Die Übergangsbedingungen (transition condition) werden „tief" in den Konstrukten, d.h. in den Attributen der Tags dargestellt und nicht wie die Ereignisse einer EPK als eigene Modellierungsobjekte visualisiert. Keiner der beiden Ansätze dominiert in bisherigen Service Engines den anderen.[649] Es gilt daher zu prüfen, welche Potenziale beide Alternativen für die Ausführung von EPK-Modellen bereithalten.

5.3.3.6 Automatisierbarkeit des Transfers

Vorangehende Überlegungen zur Übertragung eines Geschäftsprozesses in einen technischen Web Service Prozess zeigen auf, dass eine simple Übersetzung der bestehenden Modellobjekte nicht ausreichend ist. Eindeutiges Verständnis über die

---

[647]   Vgl. *Galler, J.*: Vom Geschäftsprozeßmodell [!] zum Workflow-Modell. Gabler, Wiesbaden 1997, S. 36.
[648]   Vgl. *Scheer, A.-W.*: ARIS – Modellierungsmethoden, Metamodelle, Anwendungen. 4. Aufl., Springer Verlag, Berlin et al. 2001, S. 125.
[649]   Vgl. *Leymann, F.*: Choreographie: Geschäftsprozesse mit Web-Services. In: Objektspektrum(2003) 6, S. 14, *Alonso, G.*: Web Services – Concepts, Architectures and Applications. Springer Verlag, Berlin 2004, S. 286-287.

Semantik der BPEL-Konstrukte, sowie fachliche Kenntnisse sind für einen verlustfreien Transfer erforderlich. Beschreibungstechniken für Geschäftsprozesse – wie die EPK – legen ihren Schwerpunkt auf eine intuitive und flexible Abbildung der fachlichen Anforderungen. Diese aus betriebswirtschaftlicher Sicht vorteilhafte Semi-Formalität macht die automatisierte Generierung von XML-Code scheinbar unmöglich. Komplexität, Umfang und Mehrdeutigkeit der Modelle stellten bisherige Transformationsansätze vor geradezu unüberwindbare Hindernisse.[650] Die kritische Frage der Transformation fachlicher in ausführbare Modelle ist nicht neu. Schon Automatisierungsansätze des Workflowmanagements scheiterten an einer unmittelbaren, schematischen Ableitung aus gegebenen fachlichen Modellen.[651] GALLER stellte fest, dass die Unterschiede zwischen den Metamodellen der Beschreibungstechniken für Geschäftsprozesse und Workflows die Möglichkeiten einer automatischen Transformation beachtlich einschränken.[652] Daneben postuliert der Ansatz der Model-Driven Architecture (MDA) zwar langfristig eine modellgetriebene Code-Generierung für die Integration heterogener Systeme. Kurzfristig wird aber wegen fehlender semantischer Präzision der Modelle und mangelnder Erfahrung ein menschlicher Eingriff in die Konvertierung als notwendig erachtet.[653] Im Servicekontext bemühen sich derzeit diverse Forschungsinitiativen, Regelautomatismen zwischen BPEL und Beschreibungstechniken für Geschäftsprozesse herauszuarbeiten.[654] HENKEL bezeichnet die verlustfreie Überführung betrieblicher in technische Prozesse jedoch als allgemein schwieriges Unterfangen.[655] Zudem ist der Nutzen einer EPK-BPEL-Transformation auf Knopfdruck im Rahmen eines ganzheitlichen GPM in Frage zu stellen. Abgesehen von der immensen Komplexität eines solchen Vorhabens, ist die Befähigung der Fachabteilung zum unkontrollierten, unmittelbaren Übertragen ihrer Anforderungen in die informationstechnische Ausführbarkeit aus Managementperspektive nicht vorteilhaft.[656] Ein organisatorisch kontrollierter und computergestützter Prozess der Übertragung der fachlichen in die technische Sicht der Prozesse verspricht größere Akzeptanz bei allen Beteiligten.[657]

---

[650] Vgl. *Koehler, J. et al.*: Declarative techniques for model-driven business process integration. In: IBM Systems Journal 44 (2005) 1, S. 49.

[651] Vgl. *Kronz, A.*: Verteiltes Workflowmanagement – Konzepte und Architektur. Josef Eul Verlag, Köln 2003, S. 8; *Zur Mühlen, M.; Hansmann, H.*: Workflowmanagement. In: *Becker, J.; Kugeler, M.; Rosemann, M.* (Hrsg.): Prozessmanagement. Ein Leitfaden zur prozessorientierten Organisationsgestaltung. 5. Aufl., Springer Verlag, Berlin et. al 2005, S. 397.

[652] Vgl. *Galler, J.*: Vom Geschäftsprozeßmodell [!] zum Workflow-Modell. Gabler, Wiesbaden 1997, S. 185.

[653] Vgl. *Soley, R.; p*: Model Driven Architecture. OMG Staff Strategy Group. ftp://ftp.omg.org/pub/docs/omg/00-11-05.pdf, 2000, Abruf am 2005-05-13, S. 5.

[654] Vgl. *Mendling, J.; Ziemann, J.*: EPK-Visualisierung von BPEL4WS Prozessdefinitionen. Accepted for the 7th Workshop Software-Reengineering (WSR 2005). http://wi.wu-wien.ac.at/~mendling/publications/05-WSR.pdf, 2005, Abruf am 2005-05-25, S. 1-2, *White, S. A.*: Using BPMN to Model a BPEL Process. http://www.bpmn.org/Documents/Mapping%20BPMN%20to%20BPEL%20Example.pdf, 2005, Abruf am 2005-04-22, S. 1.

[655] Vgl. *Henkel, M.; Zdravkovic, J.; Johanesson, P.*: Service-based Processes – Design for Business and Technology. In: *o. V.* (Hrsg.): Proceedings of 2nd International Conference on Service Oriented Computing (ICSOC 2004), Workshop Service Design and Modelling, New York, ACM Press, New York 2004, S. 27.

[656] Angaben von Herrn Dr. Markus Löffler, McKinsey & Company, private Mitteilung vom 01. April 2005.

[657] Angaben von Herrn Eric Brabänder, Manager, IDS Scheer AG, persönliches Gespräch vom 15. April 2005.

Katrina Anne Leyking, Prof. Dr. Dr. h. c. mult. A.-W. Scheer

SOA – Serviceorientierte Architekturen als Basis für flexibles Geschäftsprozessmanagement

5.3.3.7 Erweiterte Spezifikation der ausführbaren Services

Einem allein aus den Inhalten einer EPK erstellten BPEL-Prozess mangelt es für die Ausführbarkeit auf einer Process Engine an vielfältigen technischen Spezifikationen. Die Aufnahme der BPEL-Modellierung in ARIS Business Architect bietet grundsätzlich die Möglichkeit, einen BPEL-Prozess vollständig in der ARIS-Umgebung auszugestalten und in eine BPEL-Datei zu exportieren, die von einer Process Engine direkt ausgeführt werden kann. Der Nutzen eines solchen Vorgehens bleibt jedoch zu diskutieren. Erstens ist die graphische Programmierung nur bis zu einem gewissen Detaillierungsgrad der textuellen hinsichtlich Übersichtlichkeit und Usability vorzuziehen. Der ARIS Business Architect ist wie jede andere Modellierungsumgebung einer vollständigen technischen Entwicklung nicht gewachsen, da funktionale Unterstützungen für Variablenverwaltung, Klassenbibliotheken und ähnliche Programmierwerkzeuge fehlen.

5.3.3.8 Kontrolle der laufenden Serviceprozesse

Im Zyklus eines kontinuierlichen GPM spielt die Phase des Geschäftsprozesscontrollings die entscheidende Rolle für die Optimierung der Prozesse. Im Kontext serviceorientierter Architekturen, die mittels Serviceprozesse die Geschäftsprozesse ausführbar machen, kommt diesem Aspekt besondere Bedeutung zu. Bisherige Vergangenheitsdaten der abgewickelten Prozesse, ausschlaggebend für deren Korrektur und Anpassung, versprechen dank der Serviceorientierung von Echtzeit-Messwerten abgelöst zu werden.[658] Zur Realisierung dieses Ansatzes muss die Definition von Key-Performance-Indikatoren (KPI) in die Entwicklung von Serviceprozessen integriert und ihre Messung über Serviceschnittstellen durchgeführt werden.

Die beschriebenen Aspekte skizzieren potenzielle Herausforderungen einer Zusammenführung von Prozess- und Serviceorientierung. Das im folgenden Kapitel ausgearbeitete Vorgehensmodell für eine servicegerechte Erweiterung der Methoden des Geschäftsprozessmanagement nimmt sich dieser Fragestellungen an und stellt Lösungsansätze vor.

---

[658] Vgl. *Scheer, A.-W. et al.*: Geschäftsprozessmanagement – the 2nd wave. In: IM Information Management & Consulting 17 (2002) Sonderausgabe Oktober 2002, S. 13; *Schmale, T.*: Mit EAI und SOA zum Real-Time Enterprise. In: *Aier, S.; Schönherr, M.* (Hrsg.): Enterprise Application Integration – Serviceorientierung und nachhaltige Architekturen. In: *Aier, S.; Schönherr, M.*: Enterprise Architecture. Band 2, GITO, Berlin 2004, S. 183.

5.4 Literaturverzeichnis

Alexander, S.: SOA: In kleinen Schritten zum Erfolg. Die Einführung Service-orientierter Architekturen wird IT und Business lange beschäftigen. In: Computerwoche o. Jg. (2005) 18, S. 23-23.

Alonso, G.: Web Services - Concepts, Architectures and Applications. Springer Verlag, Berlin 2004.

Andrews, T. et al.: Business Process Execution Language for Web Services (BPEL-WS), Version 1.1. BEA Systems; IBM Corp.; Microsoft Corp.; SAP AG; Siebel Systems. ftp://www6.software.ibm.com/software/developer/library/ws-bpel.pdf, 2003-05-11, Abruf am 2005-04-12.

Austin, D. et al.: Web Services Architecture Requirements - W3C Working Group Note. http://www.w3.org/tr/wsa-rqs, 2004-02-11, Abruf am 2005-02-02.

Balzert, H.: Lehrbuch der Software-Technik. Software Entwicklung. 2. Aufl. Spektrum Akademischer Verlag, Heidelberg et al. 2000.

Barbash, B.: Oracle BPEL Process Manager. Making SOA design easy. In: Web Services Journal 4 (2004) 8, S. 28-29.

Barry, D. K.: Web Services and Service Oriented Architectures - The Savy Manager's Guide. Morgan Kaufmann Publishers, San Fransisco 2003.

Becker, J.; Kahn, D.: Der Prozess im Fokus. In: *Becker, J.; Kugeler, M.; Rosemann, M.* (Hrsg.): Prozessmanagement. Ein Leitfaden zur prozessorientierten Organisationsgestaltung. 5. Aufl., Springer Verlag, Berlin et al. 2005, S. 1-16.

Bernus, P.; Nemes, L.: Handbook on Enterprise Architecture. Springer Verlag, Berlin et al. 2003.

Best, E.; Weth, M.: Geschäftsprozesse optimieren. Der Praxisleitfaden für erfolgreiche Reorganisation. Gabler, Wiesbaden 2003.

Bieberstein, N.: Statt EAI nun SOA? Neue Allheilmittel für eine aufgabenorientierte Anwendungsentwicklung. In: XML & Web Services magazin o. Jg. (2004) 04, S. 18-21.

Bloomberg, J.: Principles of SOA. http://www.adtmag.com/article. asp?id=7345, 2003-01-03, Abruf am 2005-04-15.

Booth, D.; Haas, H.; McCabe, F.: Web Services Architecture. W3C Working Group Note. http://www.w3.org/tr/2004/note-ws-arch-20040211/wsa.pdf, 2004-02-11, Abruf am 2005-04-12.

Brugger, R.: IT-Projekte strukturiert realisieren. Vieweg, Wiesbaden 2003.

Chakraborty, D.; Lei, H.: Extending the Reach of Business Processes. In: IEEE Computer 37 (2004) 4, S. 104-106.

Chappell, D.: Enterprise Service Bus. O'Reilly, Sebastopol et al. 2004.

Katrina Anne Leyking, Prof. Dr. Dr. h. c. mult. A.-W. Scheer

SOA – Serviceorientierte Architekturen als Basis für flexibles Geschäftsprozessmanagement

Charfi, A.; Mezini, M.: Hybrid Web Service Composition: Business Processes Meet Business Rules. In: *o. V.* (Hrsg.): Proceedings of 2nd international conference on Service oriented computing, New York, ACM Press, New York 2004, S. 30-38.

Chen, P. P.-S.: The Entity-Relationship Model - Toward a Unified View of Data. In: ACM Transactions on Databas Systems 1 (1976) 1, S. 9-36.

Christensen, E. et al.: Web Service Description Language (WSDL), Version 1.1. W3C. http://www.w3.org/TR/wsdl, 2001-03-15, Abruf am 2005-01-07.

Clement, L. et al.: Universal Description Discovery Interface (UDDI), Version 3.0.2. OASIS Open. http://uddi.org/pubs/uddi_v3.htm, 2004-10-19, Abruf am 2005-02-03.

Crawford, C. H. et al.: Toward an on demand service-oriented architecture. In: IBM Systems Journal 44 (2004) 1, S. 81-107.

Curbera, F.: Unraveling the Web Services Web. An Introduction to SOAP, WSDL and UDDI. In: IEEE Internet Computing 6 (2002) 2, S. 86-93.

Ellis, A.; Kauferstein, M.: Dienstleistungsmanagement. Erfolgreicher Einsatz von prozessorientiertem Service Level Management. Springer Verlag, Berlin et al. 2004.

Erl, T.: Service-Oriented Architecture - A Field Guide to Integrating XML and Web Services. Prentice Hall, Upper Saddle River 2004.

Gabriel, J.: Best Practices in Integrating Data Models for SOA. Integrating underlying datamodels is an essential precursor to SOA. In: Web Services Journal 5 (2005) 3, S. 10-13.

Gadatsch, A.: Grundkurs Geschäftsprozess-Management. Methoden und Werkzeuge für die IT-Praxis: Eine Einführung für Studenten und Praktiker. 3. Aufl. Vieweg, Wiesbaden 2003.

Gallas, B. E.: Der Aufbau eines Service Life Cycle Managements für eine Service Orientierte Architektur als Brücke zwischen Geschäftsprozess und IT Integration. In: *Aier, S.; Schönherr, M.* (Hrsg.): Enterprise Application Integration - Serviceorientierung und nachhaltige Architekturen. In: *Aier, S.; Schönherr, M.* (Hrsg.): Enterprise Architecture. Band 2,GITO, Berlin 2004, S. 231-278.

Galler, J.: Vom Geschäftsprozeßmodell [!] zum Workflow-Modell. Gabler, Wiesbaden 1997.

Götz, A.; Liddle, J.: "Process Driven Architecture" und "Business Process Management". In: Objektspektrum o. Jg. (2003) 6, S. 41-44.

Haas, H.; Brown, A.: Web Services Glossary - W3C Working Group Note. http://www.w3.org/tr/ws-gloss, 2004-02-11, Abruf am 2005-02-01.

Hagel, J.; Brown, J. S.: Your next IT-Strategy. In: Harvard Business Review 2001 (2001) 10, S. 105-114.

Hagel, J.: Out of the Box. Strategies for Achieving Profits Today and Growth Tomorrow through Web Services. Harvard Business School Press, Boston 2002.

Hammer, M.; Champy, J.: Reengineering the Corporation. A Manifesto for Business Revolution. Harper Business Essentials, New York 2003.

Hansen, H. R.; Neumann, G.: Wirtschaftsinformatik 1. 8. Aufl. Lucius&Lucius Verlag, Stuttgart 2001.

Hars, A.: Referenzdatenmodelle: Grundlagen effizienter Datenmodellierung. Gabler, Wiesbaden 1994.

Hauser, T.; Löwer, U. M.: Web Services. Die Standards. Galileo Press, Bonn 2004.

Heib, R.: Business Process Reengineering mit ARIS-Modellen. In: *Scheer, A.-W.* (Hrsg.): ARIS - Vom Geschäftsprozess zum Anwendungssystem. 4. Aufl., Springer, Berlin et al. 2002, S. 147-153.

Henkel, M.; Zdravkovic, J.; Johanesson, P.: Service-based Processes - Design for Business and Technology. In: *o. V.* (Hrsg.): Proceedings of 2nd International Conference on Service Oriented Computing (ICSOC 2004), New York, ACM Press, New York 2004, S. 21-29.

Hesse, W.; Merbeth, G.; Frölich, R.: Software-Entwicklung. Vorgehensmodelle, Projektführung, Produktverwaltung. Oldenbourg, 2005.

Hoffmann, W.; Kirsch, J.; Scheer, A.-W.: Modellierung mit Ereignisgesteuerten Prozeßketten (Methodenhandbuch, Stand: Dezember 1992). In: *Scheer, A.-W.* (Hrsg.): Veröffentlichungen des Instituts für Wirtschaftsinformatik. Heft 101, Saarbrücken 1993.

Hubert, R.: Software ist ein Service. In: Computerwoche o.Jg. (2005) 4, S. 24-25.

IBM Corporation: The IBM Mainframe - Building on the past, defining the future. http://www-1.ibm.com/servers/eserver/zseries/timeline/1960s.html#, Abruf am 2005-02-03.

IDS Scheer AG: ARIS Methodenhandbuch. Saarbrücken 2005.

IDS Scheer AG; SoftSelect GmbH: Business Process Report 2005. Saarbrücken et al. 2005.

Johnson, J. T.: Making sense of service-oriented architectures. In: Network World 21 (2004) 43, S. 30

Jost, W.: EDV-gestützte CIM-Rahmenplanung. Gabler, Wiesbaden 1993.

Kaye, D.: Loosely Coupled. The Missing Piece of Web Services. RDS Press, Marin County 2003.

Keller, G.; Nüttgens, M.; Scheer, A.-W.: Semantische Prozeßmodellierung [!] auf der Grundlage "Ereignisgesteuerter Prozeßketten [!] (EPK)". In: *Scheer, A.-W.* (Hrsg.): Veröffentlichungen des Instituts für Wirtschaftsinformatik. Heft 89, Saarbrücken 1992.

Katrina Anne Leyking, Prof. Dr. Dr. h. c. mult. A.-W. Scheer

SOA – Serviceorientierte Architekturen als Basis für flexibles Geschäftsprozessmanagement

Kluge, J.; Stein, L.; Krubasik, E.: Wachstum durch Verzicht. Schneller Wandel zur Weltklasse: Vorbild Elektronikindustrie. Schäffer-Poeschel Verlag, Stuttgart 1994.

Klußmann, N.: Lexikon der Kommunikations- und Informationstechnik: Telekommunikation, Internet, Mobilfunk, Computer, E-Business. 3. Aufl., Hüthig, Heidelberg 2001.

Koehler, J. et al.: Declarative techniques for model-driven business process integration. In: IBM Systems Journal 44 (2005) 1, S. 47-65.

Kosanke, K.; Zelm, M.; Vernadat, F.: CIMOSA: Enterprise engineering and integration. In: Computers in Industry 40 (1999) 2-3, S. 83-97.

Kosiol, E.: Organisation der Unternehmung. 2. Aufl. Gabler, Wiesbaden 1976.

Krafzig, D.; Banke, K.; Slama, D.: Enterprise SOA - Service-Oriented Architecture Best Practices. Prentice Hall, Upper Saddle River 2005.

Krcmar, H.: Informationsmanagement. 4. Aufl. Springer, Berlin et al. 2004.

Kronz, A.: Einführung von Workflow-Systemen mit ARIS-Modellen. In: *Scheer, A.-W.* (Hrsg.): ARIS - Modellierungsmethoden, Metamodelle, Anwendungen. 4. Aufl., Springer Verlag, Berlin et al. 2001, S. 184-189.

Kronz, A.: Verteiltes Workflowmanagement - Konzepte und Architektur. Josef Eul Verlag, Köln 2003.

Kugeler, M.; Vieting, M.: Gestaltung einer prozessorientierten Aufbauorganisation. In: *Becker, J.* (Hrsg.): Prozessmanagement: ein Leitfaden zur prozessorientierten Organisationsgestaltung. 4. Aufl., Springer Verlag, Berlin et al. 2003, S. 221-267.

Küster, M. W.: Web Services - Versprechen und Realität. In: HMD - Praxis der Wirtschaftsinformatik 40 (2003) 234, S. 5-41.

Lee, J.; Yang, J.; Chung J.-Y.: Winslow: a Business Process Management System with Web Services. In: *o. V.* (Hrsg.): IBM Research Report. RC22642, 2004, http://domino.watson.ibm.com/library/cyberdig.nsf/papers/953aebccfd92ebb085256c6b0054c2f4/$file/rc22624.pdf, Abruf am 2005-03-03.

Levi, M. H.: The Business Process (Quiet) Revolution. Transformation to Process Organization. In: *Kosanke, K. et al.* (Hrsg.): Enterprise Inter- and Intra-organizational Integration. Kluwer Academic Publishers, Boston et al. 2003, S. 147-157.

Leymann, F.; Roller, D.; Schmidt, M.-T.: Web services and business process management. In: IBM Systems Journal 41 (2002) 2, S. 198-211.

Leymann, F.: Choreographie: Geschäftsprozesse mit Web-Services. In: Objektspektrum. (2003) 6, S. 13-15.

Leymann, F.; Roller, D.: Modeling Business Processes with BPEL-WS In: *o. V.* (Hrsg.): Proceedings of 7th GI Conference "Modellierung 2004", 1. GI-Workshop XML4BPM 2004, XML Interchange Formats for Business Process Management, Marburg, Lecture Notes in Informatics (LNI) P-45, Köllen Verlag, Bonn 2004, S. 7-24.

Linthicum, D. S.: Next Generation Application Integration. From Simple Information to Web Services. Addison-Wesley, Boston et al. 2003.

Longo, J. R.: The ABCs of Enterprise Application Integration. In: EAI Journal o.Jg. (2001) 5, S. 56-58.

Lublinsky, B.; Tyomkin, D.: Dissecting Service-Oriented Architectures. In: Business Integration Journal o. Jg. (2003) 10, S. 52-58.

Manes, A. T.: Standardizing Web Services. In: Software & Information Industry Association Upgrade Magazine o. Jg. (2002) 4, S. 22-25.

Martin, D. et al.: OWL-S 1.0 Release. http://www.daml.org/services/owl-s/1.0/owl-s.html, Abruf am 2005-05-16.

Mattern, T.: The New Architecture of Integration. In: SAP Info o.Jg. (2003) 105, S. 24-27.

Mawdsley, G.; Information Age: A Business Case For Enterprise Services Architecture. http://www.infoage.idg.com.au/pp.php?id=456893946&fp=131072&fpid=0, 2004-06-17, Abruf am 2005-04-18.

Mendling, J.; Neumann, G.; Nüttgens, M.: A Comparison of XML Interchange Formats for Business Process Modelling. In: *Feltz, F.; Oberweis, A.; Ould, M. A.* (Hrsg.): Proceedings of Informationssysteme im E-Business und E-Government (EMISA 2004), Luxembourg, Lecture Notes in Informatics (LNI) P-56, Köllen, Bonn 2004, S. 129-140.

Mendling, J.; Neumann, G.; Nüttgens, M.: Towards Workflow Pattern Support of Event-Driven Process Chains (EPC). http://wi.wu-wien.ac.at/~mendling/XML4BPM2005/xml4bpm-2005-proceedings-mendling.pdf, 2005, Abruf am 2005-03-19.

Mendling, J.; Ziemann, J.: EPK-Visualisierung von BPEL-WS Prozessdefinitionen. http://wi.wu-wien.ac.at/~mendling/publications/05-WSR.pdf, 2005, Abruf am 2005-05-25.

Natis, Y.: Service Oriented Architecture (SOA) ushers in the next era in business software engineering. In: Business Integration o. Jg. (2004) 05, S. 23-25.

Natis, Y.: Service-Oriented Architecture Scenario. http://www4.gartner.com/DisplayDocument?doc_cd=114358, 2003-04-16, Abruf am 2005-05-02.

o. V.: ARIS hat die Nase vorn. In: Computerwoche 28 (2001) 26, S. 18-19.

o. V.: Glossar zu Web-Services. In: HMD - Praxis der Wirtschaftsinformatik 40 (2003) 234, S. 108-109.

Katrina Anne Leyking, Prof. Dr. Dr. h. c. mult. A.-W. Scheer

SOA – Serviceorientierte Architekturen als Basis für flexibles Geschäftsprozessmanagement

Österle, H.: Business Engineering. Prozeß- [!] und Systementwicklung. Band 1 Entwurfstechniken. Springer Verlag, Berlin et al. 1995.

Österle, H.; Alt, R.; Heutschi, R.: WebServices - Hype oder Lösung? Outtasking statt Outsourcing von Geschäftsprozessen. In: New Management o.Jg. (2003) 1-2, S. 63-70.

Österle, H.: Integration: Schlüssel zur Informationsgesellschaft. In: *Österle, H.; Riehm, R.; Vogler, P.* (Hrsg.): Middleware. Grundlagen, Produkte und Anwendungsbeispiele für die Integration heterogener Welten. Vieweg, Wiesbaden 2005, S. 1-23.

Osterloh, M.; Frost, J.: Prozeßmanagement [!] als Kernkompetenz. 4. Aufl. Gabler, Wiesbaden 2003.

Ould, M. A.: Business processes: modelling and analysis for re-engineering and improvement. John Wiley & Sons, Chichester et al. 1995.

Peltz, C.: Web Service Orchestration. A Review of emerging technologies, tools, and standards. http://devresource.hp.com/drc/technical_white_papers/WSOrch/WSOrchestration.pdf, 2003-01-01, Abruf am 2005-02-14.

Porter, M. E.: The Competitve Advantage. Creating and Sustaining Superior Performance. Free Press, New York 1985.

Reichmayr, C.: Collaboration und WebServices – Architekturen, Portale, Techniken und Beispiele. Springer, Berlin et al. 2003.

Riehm, R.; Vogler, P.: Middleware: Infrastruktur für die Integration. In: *Österle, H.; Riehm, R.; Vogler, P.* (Hrsg.): Middleware. Grundlagen, Produkte und Anwendungsbeispiele für die Integration heterogener Welten. Vieweg, Wiesbaden 1996, S. 25-135.

Rittgen, P.: Quo vadis EPK in ARIS? Ansätze zu syntaktischen Erweiterungen und einer formalen Semantik. In: Wirtschaftsinformatik 42 (2000) 1, S. 27-35.

Rogers, S.: Geschäftsanforderungen flexibel begegnen. Serviceorientierte Architekturen auf dem Vormarsch. In: SAP Info o. Jg. (2005) 126, S. 18-21.

Rosemann, M.; Schwegmann, A.; Delfmann, P.: Vorbereitung der Prozessmodellierung. In: *Becker, J.; Kugeler, M.; Rosemann, M.* (Hrsg.): Prozessmanagement. Ein Leitfaden zur prozessorientierten Organisationsgestaltung. 5. Aufl., Springer Verlag, Berlin et al. 2005, S. 45-103.

Scheer, A.-W.; Jost, W.: Geschäftsprozeßmodellierung [!] innerhalb einer Unternehmensarchitektur. In: *Vossen, G.; Becker, J.* (Hrsg.): Geschäftsprozeßmodellierung [!] und Workflow-Management. Modelle, Methoden, Werkzeuge. 1. Aufl., In: *o. V.* (Hrsg.):International Thomson Publishing, Bonn 1996, S. 17-26.

Scheer, A.-W.: Wirtschaftsinformatik. Referenzmodelle für industrielle Geschäftsprozesse. 7. Aufl. Springer Verlag, Berlin et al. 1997.

Scheer, A.-W.: ARIS - Modellierungsmethoden, Metamodelle, Anwendungen. 4. Aufl. Springer Verlag, Berlin et al. 2001.

Scheer, A.-W. et al.: Geschäftprozessmanagement - the 2nd wave. In: IM Information Management & Consulting 17 (2002) Sonderausgabe Oktober 2002, S. 9-15.

Scheer, A.-W.: ARIS - Vom Geschäftsprozeß [!] zum Anwendungssystem. 4. Aufl. Springer Verlag, Berlin et al. 2002.

Scheer, A.-W.; Adam, O.; Erbach, F.: Next Generation Business Process Management. In: *Scheer, A.-W.; Jost, W.; Wagner, K.* (Hrsg.): Von Prozessmodellen zu lauffähigen Anwendungen. Springer Verlag, Berlin et al. 2005, S. 1-15.

Schelp, J.; Winter, R.: Enterprise Portals and Enterprise Application Integration. In: HMD - Praxis der Wirtschaftsinformatik 39 (2002) 225, S. 6-19.

Schmale, T.: Mit EAI und SOA zum Real-Time Enterprise. In: *Aier, S.; Schönherr, M.* (Hrsg.): Enterprise Application Integration - Serviceorientierung und nachhaltige Architekturen. In: *Aier, S.; Schönherr, M.* (Hrsg.): Enterprise Architecture. Band 2,GITO, Berlin 2004, S. 157-196.

Schmidt, G.: Prozeßmanagement [!]. Modelle und Methoden. 2. Aufl. Springer Verlag, Berlin et al. 2002.

Scholze-Stubenrecht, W.(Hrsg.): Duden. Das Fremdwörterbuch. Dudenverlag, Mannheim 1997.

Schönherr, M.: Enterprise Architecture Frameworks. In: *Aier, S.; Schönherr, M.* (Hrsg.): Enterprise Application Integration - Serviceorientierung und nachhaltige Architekturen. In: *Aier, S.; Schönherr, M.* (Hrsg.): Enterprise Architecture. Band 2,GITO-Verlag, Berlin 2004, S. 3-48.

Schwegmann, A.; Laske, M.: Istmodellierung und Istanalyse. In: *Becker, J.; Kugeler, M.; Rosemann, M.* (Hrsg.): Prozessmanagement. Ein Leitfaden zur prozessorientierten Organisationsgestaltung. 5. Aufl., Springer Verlag, Berlin et al. 2005, S. 155-184.

Seidlmeier, H.: Prozessmodellierung mit ARIS. Eine beispielorientierte Einführung für Studium und Praxis. Vieweg Verlag, Braunschweig et al. 2002.

Shaw, M.; Garlan, D.: Software Architecture. Perspectives on an Emerging Discipline. Prentice Hall, Upper Saddle River 1996.

Sherman, D.: BPEL Unleashed. Putting a modern business process execution standard to work. In: Web Services Journal 4 (2004) 5, S. 18

Smith, H.; Fingar, P.: 21st Century Business Architecture. http://www.bpmg.org/downloads/HowardSmith/21stC-BPM-Architecture.pdf, 2003-05-12, Abruf am 2005-03-02.

Soley, R.; p: Model Driven Architecture. OMG Staff Strategy Group. ftp://ftp.omg.org/pub/docs/omg/00-11-05.pdf, 2000, Abruf am 2005-05-13.

Katrina Anne Leyking, Prof. Dr. Dr. h. c. mult. A.-W. Scheer

SOA – Serviceorientierte Architekturen als Basis für flexibles Geschäftsprozessmanagement

Thomas, O.: Das Modellverständnis in der Wirtschaftsinformatik: Historie, Literaturanalyse und Begriffsexplikation. In: *Scheer, A.-W.* (Hrsg.): Veröffentlichungen des Instituts für Wirtschaftsinformatik. Heft 184, Saarbrücken 2005.

Van de Loo, K.: Organizational Impact of Enterprise Services Architecture (ESA). https://www.sdn.sap.com/irj/servlet/prt/portal/prtroot/ com.sap.km.cm.docs/documents/a1-8-4/Organizational%20Impact%20of% 20Enterprise%20Services%20Architecture%20ESA.article, 2004-12-21, Abruf am 2005-04-20.

Van der Aalst, W. M. P. et al.: Workflow Patterns. In: Distributed and Parallel Databases 13 (2003) 3, S. 5-51.

Vossen, G.; Weikum, G.: Transactional Information Systems. Theory, Algorithms, and the Practice Concurrency Control and Recovery. Morgan Kaufmann Publishers, San Fransisco et al. 2002.

White, S. A.: Using BPMN to Model a BPEL Process. http://www.bpmn.org/Documents/Mapping%20BPMN%20to%20BPEL% 20Example.pdf, 2005, Abruf am 2005-04-22.

Wohed, P. et al.: Pattern Based Analysis of BPEL-WS. In: *o. V.:* QUT Technical report. FIT-TR-2002-04, Brisbane 2002, http://is.tm.tue.nl/ research/patterns/download/qut_bpel_rep.pdf, Abruf am 17-3-2005.

Woods, D.: Enterprise Services Architecture. Galileo Press, Bonn 2004.

Zachman, J. A.: A framework for information systems architecture. In: IBM Systems Journal 26 (1987) 3, S. 276-292.

Zukunft, O.; Rump, F.: From Business Process Modelling to Workflow Management. An Integrated Approach. In: *Scholz-Reiter, B.; Stickel, E.* (Hrsg.): Business Process Modelling. Springer Verlag, Berlin et al. 1996, S. 3-21.

Zur Mühlen, M.; Rosemann, M.: Multi-Paradigm Process Management. In: *Grundspenkis, J.; Kirikova, M.* (Hrsg.): Proceedings of CAiSE'04 - Workshop on Business Process Modeling, Development and Support (BPMDS 2004), Riga 2004, S. 169-175.

Zur Mühlen, M.; Hansmann, H.: Workflowmanagement. In: *Becker, J.; Kugeler, M.; Rosemann, M.* (Hrsg.): Prozessmanagement. Ein Leitfaden zur prozessorientierten Organisationsgestaltung. 5. Aufl., Springer Verlag, Berlin et. al 2005, S. 373-407.

6 Ingenieurwissenschaftliche Methoden im Service Engineering

Herbert Gillig

6.1 Theoretische Grundlagen

Die Basis der vorliegenden Arbeit bilden zwei Bereiche: zum einen die Dienstleistung als Untersuchungs- und Entwicklungsobjekt und zum anderen das methodenbasierte Vorgehen, das sich in vielen Bereichen als Grundlage eines erfolgreichen Vorgehens etabliert hat. Beide Bereiche werden im Folgenden vorgestellt.

6.1.1 Dienstleistungen als Untersuchungsobjekt

Zunächst wird die wirtschaftliche Bedeutung von Dienstleistungen beleuchtet, um anschließend auf den Begriff der Dienstleistung, die Besonderheiten von Dienstleistungen und ausgewählte Systematisierungsansätze einzugehen. Die Begriffe Dienstleistungen und Service(s) werden in dieser Arbeit, in Übereinstimmung mit der anglo-amerikanischen Literatur, synonym verwendet.[659]

6.1.1.1 Wirtschaftliche Bedeutung von Dienstleistungen

Viele Indikatoren und Statistiken untermauern die gestiegene wirtschaftliche Bedeutung von Dienstleistungen.[660] Folgende drei Aspekte werden aufgrund ihrer großen Bedeutung im Rahmen dieser Arbeit exemplarisch vorgestellt:

- der steigende Einfluss des tertiären Sektors,
- die Wichtigkeit der Neu- und Weiterentwicklung für Unternehmen und
- die Betrachtung von Dienstleistungen als „High-Tech"-Güter.

Gemäß der Drei-Sektoren-Theorie entwickelt sich in Volkswirtschaften zuerst der primäre Sektor (u.a. Land- und Forstwirtschaft). Danach steigt die Bedeutung der industriellen Produktion und schließlich nimmt der tertiäre Sektor, der vereinfachend als Dienstleistungssektor bezeichnet wird, eine dominante Stellung ein.[661] Die Entwicklung in der Bundesrepublik Deutschland in den letzten Jahrzehnten bestätigt die Drei-Sektoren-Theorie. Wie in der folgenden Abbildung dargestellt, ist z.B. der Anteil der im Dienstleistungssektor Beschäftigten in Deutschland von 41,6% im Jahr 1970 auf 66,4% im Jahr 2003 gestiegen.[662]

---

[659] Vgl. BRUHN und MEFFERT (2001), S. 6.

[660] Z.B. die „Entwicklung der Bruttowertschöpfung nach Wirtschaftsbereichen" oder die „Entwicklung der Erwerbstätigen nach Wirtschaftsbereichen". Vgl. N.N. (2005a).

[661] Vgl. MEFFERT und BRUHN (2003), S. 9. Die Drei-Sektoren-Theorie geht auf FOURASTIÉ (1954) zurück und wurde bereits in den 50er Jahren entwickelt. Dabei vermutet FOURASTIÉ (1954) bei 80% der Beschäftigten im Dienstleistungssektor einen Grenzwert, der auch in der tertiären Zivilisation nicht überschritten wird. Vgl. FOURASTIÉ (1954), S. 119ff.

[662] Vgl. N.N. (2005a).

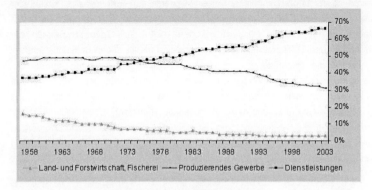

Abbildung 70: Erwerbstätige nach Wirtschaftsbereichen[663]

Dieser starke Anstieg hat jedoch nicht nur einen quantitativen Aspekt, sondern auch einen qualitativen: Dienstleistungen werden immer mehr zum Kernelement volkswirtschaftlicher Wertschöpfungsketten und übernehmen in vielen Fällen die Systemführerschaft gegenüber den klassischen Produkten. Dadurch werden viele Sachgüter von den Kunden zunehmend nur aufgrund der gleichzeitig angebotenen Dienstleistungen gekauft. Ein Beispiel für diese Entwicklung ist die Anlagenbau-Branche, in der sich stark dienstleistungsbezogene Wertschöpfungsketten herausgebildet haben. Die Anlage selbst ist häufig nur noch ein Bestandteil innerhalb einer Vielzahl von Projektierungs-, Finanzierungs- und Facility-Dienstleistungen.[664]

Diesen Trend haben viele Unternehmen bereits erkannt und ihre zukünftige Strategie danach ausgerichtet. Die Unternehmen wollen sowohl bei der Weiterentwicklung bestehender Dienstleistungen als auch bei der Entwicklung neuer Dienstleistungen in Zukunft sehr aktiv sein, wie die Ergebnisse einer aktuellen Untersuchung zeigen: 80% der Unternehmen wollen bestehende Dienstleistungen für bereits erschlossene Märkte weiterentwickeln; für neue Märkte planen dies 55% der Anbieter. Neuentwicklungen von Dienstleistungen streben 59% der Unternehmen für bereits erschlossene und 40% für neue Märkte an.[665] Diese Zahlen verdeutlichen, wie wichtig es für Unternehmen in Zukunft sein wird, die Neu- und Weiterentwicklung von Dienstleistungen professionell und systematisch zu betreiben.

Dienstleistungen werden inzwischen nicht mehr vor allem als Tätigkeiten gering qualifizierter Arbeitskräfte gesehen, sondern stellen als „Know-how und technologie-

---

663   Datenbasis: Statistisches Bundesamt Deutschland, vgl. N.N. (2005a).
664   Vgl. FÄHNRICH et al. (1999), S. 8.
665   FÄHNRICH und MEIREN (2005), S. 680f. In der Untersuchung wurden 184 Unternehmen befragt, die technische Dienstleistungen anbieten.

geprägte Wertschöpfungsprozesse einen wesentlichen Erfolgsfaktor zukünftiger Wachstumsbranchen dar."[666] Als Beleg für diese Aussage kann beispielsweise die Tatsache gelten, dass in Ländern wie den USA oder Japan im Bereich der Informations- und Telekommunikationstechnologien die Dienstleistungsunternehmen mit Abstand die Erstnutzer von Produkt- und Prozessinnovationen sind.[667] Die Erstnutzung von Innovationen ist ein deutliches Indiz dafür, dass eine Branche ständig die neuesten verfügbaren Technologien in ihre Produkte und Dienstleistungen integriert und damit so genannte „High-Tech"-Güter anbietet. Diese Veränderung in der Komplexität der angebotenen Dienstleistungen, erfordert in vielen Fällen auch eine Anpassung der Vorgehensweise im Bereich der Entwicklung dieser Services.

Die beschriebenen drei Aspekte verdeutlichen die sehr große wirtschaftliche Bedeutung von Dienstleistungen. Vor allem in Zukunft wird die Entwicklung von neuen Dienstleistungen damit eine entscheidende Rolle spielen sowohl für das einzelne Unternehmen als auch für jede postindustrielle Volkswirtschaft.

6.1.1.2 Begriff der Dienstleistung

Da in den Wirtschaftswissenschaften alle Mittel, die Bedürfnisse des Menschen direkt oder indirekt befriedigen, als Güter bezeichnet werden, wird kurz auf den Gutscharakter von Dienstleistungen eingegangen.[668]

Wie in folgender Abbildung dargestellt, werden im Bereich der reinen Formen von Wirtschaftsgütern Nominal- und Realgüter unterschieden. Dienstleistungen lassen sich in die Gruppe der Realgüter einordnen, die sowohl in materieller als auch in immaterieller Form auftreten.

---

[666]   LUCZAK et al. (2000), S. 1f.
[667]   So sind in den USA 56%, in Japan 53% und in Deutschland 42% der Erstnutzer von Produkt- und Prozessinnovationen Dienstleistungsunternehmen. Vgl. JASCHINSKI (1998), S. 2.
[668]   Vgl. CORSTEN (2001), S. 20.

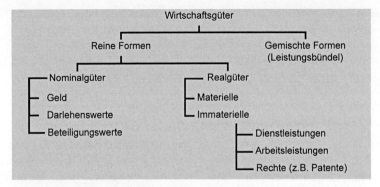

Abbildung 71: Gütersystematik[669]

Dabei zählen Dienstleistungen neben Arbeitsleistungen und Rechten zu den immateriellen Realgütern, wobei die Unterscheidung zwischen den beiden erstgenannten Güterarten umstritten ist.[670]

Jedoch wird auch unter dem Begriff Dienstleistung eine Vielzahl sehr heterogener Leistungen zusammengefasst. Daher ist auch die Frage „Was ist eine Dienstleistung?" nicht ohne weiteres zu beantworten. Dies zeigt auch die große Anzahl an Definitionsansätzen, die sich in drei Gruppen einteilen lassen:

- Die enumerativen Definitionen, bei denen der Dienstleistungsbegriff über eine Aufzählung von Beispielen präzisiert wird.

- Die Abgrenzung von Dienstleistungen und Sachgütern wird mit Hilfe einer Negativdefinition vorgenommen.

- Es werden explizite Definitionen anhand konstitutiver[671] Merkmale formuliert.[672]

In dieser Arbeit wird ausschließlich der zuletzt genannte Ansatz vertieft, da er am besten dazu geeignet erscheint, die charakteristischen Eigenschaften von Dienstleistungen herauszuarbeiten.[673] Die konstitutiven Merkmale lassen sich aus den Dimensionen einer Dienstleistung ableiten: der Potenzial-, der Prozess- und der Ergebnisdimension. Grundsätzlich lassen sich drei Ansätze unterscheiden, die jeweils von einer der drei Dienstleistungsdimensionen ausgehen.[674]

---

[669] in Anlehnung an CORSTEN (2001) S. 20.

[670] Ein Unterschied ist laut CORSTEN (2001) darin zu sehen, dass Arbeitsleistungen als Input originäre Produktionsfaktoren, Dienstleistungen hingegen derivative Produktionsfaktoren darstellen, d.h. sie sind ein Ergebnis eines anderen Kombinationsprozesses. Vgl. CORSTEN (2001) S. 20.

[671] Ein konstitutives Merkmal ist eine prägende Eigenschaft, die grundlegend den Wesenskern einer Dienstleistung beschreibt. Vgl. NÜTTGENS et al. (1998), S. 15.

[672] Vgl. CORSTEN (2001), S. 21.

[673] Vgl. KLEINALTENKAMP (2001), S. 29. KLEINALTENKAMP (2001) betont, dass eine „entsprechende Begriffsfassung" der Dienstleistung nicht richtig oder falsch sein kann, „sondern nur mehr oder weniger zweckmäßig".

[674] Vgl. CORSTEN (2001), S. 21ff.; KLEINALTENKAMP (2001), S. 32 ff.; GOUTHIER und STRAUSS (2003), S. 15.

Beim potenzialorientierten Definitionsansatz wird davon ausgegangen, dass der Ausgangspunkt jeder Leistungserstellung ein Leistungspotenzial ist, welches eine „Kombination der internen Potenzial- und Verbrauchsfaktoren sowie der bereits erbrachten Vorleistungen darstellt."[675] Das Absatzobjekt ist ein Leistungsversprechen und nicht ein bereits auf Vorrat produziertes Erzeugnis. Daraus resultiert auch, dass den potentiellen Kunden kein greifbares, anschauliches Absatzobjekt angeboten werden kann. Diese Immaterialität des Leistungsangebotes ist ein konstitutives Merkmal des Dienstleistungspotenzials.[676]

Beim prozessorientierten Ansatz steht der Leistungserstellungsprozess von Dienstleistungen im Vordergrund, bei dem „interne und externe Produktionsfaktoren in einen Faktorkombinationsprozess integriert werden."[677] Die externen Produktionsfaktoren, wie z.B. der Kunde selbst oder Gegenstände aus seinem Besitz, werden dabei von dem Nachfrager der Leistung zur Verfügung gestellt, damit an ihnen oder mit ihnen die Dienstleistung erbracht wird. Die Integration eines externen Faktors ist ein konstitutives Element der Prozessdimension. Ein weiteres ist die Gleichzeitigkeit der Dienstleistungserstellung und der Inanspruchnahme durch den externen Faktor. Dieses Merkmal wird auch als „uno-actu"-Prinzip bezeichnet.[678]

Der ergebnisorientierte Definitionsansatz bezieht sich auf das Ergebnis des Prozesses und die damit verbundene Wirkung auf den externen Faktor. Dabei ist die Wirkung von Dienstleistungen generell immateriell (z.B. schnellerer Internetzugang nach Beauftragung eines DSL-Anschlusses), während das Endergebnis des Prozesses auch materiell sein kann (z.B. Lieferung eines Modems und eines Splitters nach Beauftragung des DSL-Anschlusses).

Dienstleistungen werden in dieser Arbeit analog der Definition von MEFFERT und BRUHN definiert:[679] „Dienstleistungen sind selbstständige, marktfähige Leistungen, die mit der Bereitstellung und/oder dem Einsatz von Leistungsfähigkeiten verbunden sind (Potenzialorientierung). Interne und externe Faktoren werden im Rahmen des Erstellungsprozesses kombiniert (Prozessorientierung). Die Faktorenkombination des Dienstleistungsanbieters wird mit dem Ziel eingesetzt, an den externen Faktoren – Menschen oder deren Objekten – Nutzen stiftende Wirkungen zu erzielen (Ergebnisorientierung)."

---

[675] KLEINALTENKAMP (2001), S. 32.
[676] Vgl. OPPERMANN (1998), S. 26ff.
[677] KLEINALTENKAMP (2001), S. 32.
[678] Vgl. BRUHN und MEFFERT (2001), S. 16; SCHALLER (2002), S. 11.
[679] Vgl. MEFFERT und BRUHN (2003), S. 30.

6.1.1.3 Besonderheiten von Dienstleistungen

Die Entwicklung von Dienstleistungen kann nicht analog zu der Entwicklung von Sachgütern durchgeführt werden, da Dienstleistungen einige besondere Merkmale aufweisen. Die wichtigsten Merkmale und die daraus resultierenden Implikationen für das Service Engineering werden im Folgenden skizziert.

Um herauszufinden, welche Dienstleistungsmerkmale von den meisten Autoren als besonders wichtig betrachtet werden, hat JASCHINSKI untersucht, mit welchen typischen Besonderheiten von Dienstleistungen sich die einzelnen Wissenschaftler in ihren Werken beschäftigen. Die dargestellte Analyse[680] der Service-Literatur hat ergeben, dass vor allem diese vier Eigenschaften charakteristisch für Dienstleistungen sind:

- Nichtlagerbarkeit

- Integration des externen Faktors

- Immaterialität

- Heterogenität

Aus der Nichtlagerbarkeit folgt für das anbietende Unternehmen, dass es seine Leistungen nicht auf Vorrat produzieren kann und dadurch auch Nachfrageschwankungen nicht durch Lager gepuffert werden können. Daher muss das Unternehmen sehr kurzfristig auf Änderungen der Nachfrage reagieren können – z.B. auch über die Einbindung von Partnern – und die meist hohen Kosten zur Aufrechterhaltung der Leistungsbereitschaft in die eigene Kalkulation einbeziehen.[681]

---

[680] Vgl. JASCHINSKI (1998), S. 21ff. In der Untersuchung wurden hauptsächlich amerikanische Autoren berücksichtigt.

[681] Vgl. COOPER und EDGETT (1999), S. 17f.

Tabelle 16: Besondere Eigenschaften von Dienstleistungen[682]

	Nichtlager-barkeit	Integration des externen Faktors	Immaterialität	Heterogenität
Bateson	●	●	●	
Bell	●		●	●
Berry	●	●	●	●
Bessom, Jackson		●	●	●
Booms, Bittner		●	●	
Carmen, Langeard		●	●	●
Davidson		●	●	●
Davis, Guiltinan, Jones		●	●	
Donelly	●	●	●	
Eiglies, Langeard		●	●	●
Fisk			●	
George, Barksdale		●	●	
Grönroos		●	●	
Johnson		●	●	●
Judd		●	●	
Kinsley	●	●	●	●
Langeard		●	●	●
Lovelock		●	●	
Rathmell	●	●	●	●
Regan	●	●	●	●
Sasser	●	●	●	●
Schlissel		●	●	●
Shostack		●	●	●
Thomas	●		●	●
Uhl, Upah	●	●	●	●
Zeithaml		●	●	●
Summe Nennungen	**10**	**23**	**26**	**17**

Während die Produktion eines physischen Produktes meist ohne jegliche Beteiligung des Kunden stattfindet, erfolgt die Erbringung von Dienstleistungen immer durch Integration eines externen Faktors, d.h. die Integration des Kunden oder von Gegenständen aus seinem Besitz.[683] Dadurch haben Kunden in der Regel direkten Kontakt zum anbietenden Unternehmen. Eine weitere Konsequenz ist, dass durch die Beteiligung bzw. Einflussnahme des Kunden eine Standardisierung der angebotenen Leistungen nur begrenzt möglich ist. Die Schnittstelle zum Kunden hat

---

[682] in Anlehnung an JASCHINSKI (1998), S. 21.
[683] Eine Übersicht der unterschiedlichen Beiträge des Kunden, wie z.B. Objekte, Rechte, Informationen bietet z.B. FLIEß et al. (2004), S. 176.

im Service-Bereich deswegen eine große Bedeutung und sollte bereits während der Entwicklung der Dienstleistung sorgfältig geplant werden.[684]

Die generelle Immaterialität des Ergebnisses von Dienstleistungen ist die in der Literatur am häufigsten diskutierte Eigenschaft von Services. Sie führt für den potentiellen Kunden zu einer erschwerten Einschätzbarkeit der Leistung vor dem Kauf. Eine Qualitätsbeurteilung kann i.d.R. erst nach dem Kauf erfolgen. Die Anwendung von Schutzrechten, wie z.B. Patente oder Gebrauchsmusterschutz, ist grundsätzlich nicht möglich, was häufig zu einer schnellen Nachahmung von erfolgreichen Dienstleistungen führt.[685] Die Immaterialität stellt aber auch für die Entwickler von Dienstleistungen eine Herausforderung dar, da die Entwicklung eines intangiblen Objekts wesentlich abstrakter erscheint als die eines Sachguts.[686]

Das Merkmal der Heterogenität in Verbindung mit der nur nachträglich möglichen Beurteilung der Qualität führt zu einem Mangel an Markttransparenz und zu dem Problem der Preisvergleichbarkeit. Daher muss durch das Marketing und den direkten Kundenkontakt Vertrauen geschaffen werden. Im Rahmen des Service Engineering kann durch Planung einer hohen Standardisierung der Potenzialkomponenten (z.B. technische Ausstattung, Ausbildung des Personals) und der Prozesse (z.B. Beschreibung der Abläufe) eine gleich bleibend hohe Qualität der eigenen Dienstleistungen sichergestellt werden.[687]

Auch wenn die dargestellten charakteristischen Eigenschaften i.d.R. auf jede einzelne Dienstleistung zutreffen, geschieht dies in ganz unterschiedlicher Art und Weise. Dies liegt an der großen Anzahl an unterschiedlichen Leistungen, die zum Service-Bereich gezählt werden und die eine weitere Untergliederung bzw. Systematisierung der Dienstleistungen notwendig erscheinen lassen.

6.1.1.4 Systematisierung von Dienstleistungen

Es gibt eine Vielzahl von Ansätzen, Dienstleistungen zu systematisieren bzw. Dienstleistungstypologien zu erstellen.[688] Im Rahmen dieser Arbeit werden zwei Ansätze skizziert, die explizit Bezug auf die Eignung zur systematischen Entwicklung von Dienstleistungen nehmen. Der erste Ansatz verwendet nur zwei Merkmale und dient damit einer groben Einordnung der Dienstleistung in die Dimensionen „Kontaktintensität" und „Variantenvielfalt". Es ergeben sich somit vier Dienstleistungstypen:[689]

[684] Vgl. BORCHERT et al. (2003), S. 38; HALLER (2002), S. 16ff.
[685] Vgl. HALLER (2002), S. 20ff.
[686] Vgl. KLEINALTENKAMP (2001), S. 128ff.; FLIEß et al. (2004), S. 176.
[687] Vgl. COOPER und EDGETT (1999), S. 17.
[688] Eine Übersicht über die verschiedenen Ansätze bietet z.B. CORSTEN (2001), S. 31ff.
[689] Vgl. FÄHNRICH und MEIREN (2005), S. 695f.; FÄHNRICH et al. (1999), S. 34.

- **Einzel-Dienstleistungen,** die sich durch niedrige Variantenvielfalt und niedrige Kontaktintensität auszeichnen, wie z.B. eine automatische Waschstraße.

- **Varianten-Dienstleistungen** umfassen Services mit niedriger Kontaktintensität und hoher Variantenvielfalt, wie z.B. Lebensversicherungen.

- **Kundenintegrative Dienstleistungen,** die durch hohe Kontaktintensität und niedrige Variantenvielfalt charakterisiert werden können, wie z.B. ein Callcenter.

- **Wissensintensive Dienstleistungen,** die durch hohe Variantenvielfalt und hohe Kontaktintensität geprägt sind, wie z.B. eine Beratungsleistung.

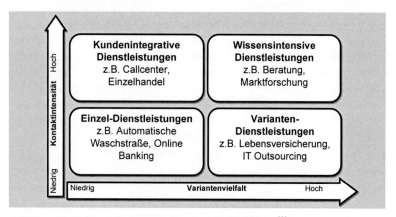

Abbildung 72: Dienstleistungstypologie mit zwei Dimensionen[690]

Bei Dienstleistungen mit einer hohen Kontaktintensität ist die Einbindung der Kunden in die Erstellung der Dienstleistung intensiver und dadurch steigt deren Einfluss auf den Prozess und das Ergebnis der Dienstleistung. Falls zusätzlich eine hohe Variantenvielfalt gegeben ist – wie im Beispiel einer Beratung – ist eine im Voraus durchzuführende, detaillierte Entwicklung der Dienstleistung nur sehr eingeschränkt möglich. Aufgrund der hohen Variantenvielfalt und des großen Einflusses des Kunden auf den Verlauf können viele Entscheidungen erst während der Erbringung der individuellen Dienstleistung getroffen werden. Für eine systematische

---

[690] in Anlehnung an FÄHNRICH et al. (1999), S. 34. Die Typologie wurde anhand einer empirischen Untersuchung mit 282 Unternehmen erstellt, wobei ursprünglich vier Typologisierungsmerkmale gewählt wurden (Kontaktintensität, Variantenvielfalt, Standardisierungsgrad und Kopplung an materielle Güter). Diese konnten jedoch auf die zwei hier verwendeten reduziert werden.

Entwicklung eignen sich daher nach dieser Typologie besonders Dienstleistungen mit geringer Kontaktintensität.[691]

Der zweite Ansatz[692], der im Rahmen dieser Arbeit vorgestellt wird, typologisiert die Dienstleistungen anhand von zehn Merkmalen, die jeweils in verschiedenen Ausprägungsformen auftreten können. Wie in der folgenden Abbildung dargestellt, gibt es z.B. für das Merkmal „Produkttyp" die Ausprägungen individuelles Produkt, Baukastenprodukt und Standardprodukt. Die „Haupteinsatzfaktoren", die auch eines der zehn Merkmale darstellen, werden in menschliche Arbeitsleistung, Maschinen bzw. Geräte und Informations-/Kommunikationssysteme eingeteilt.

Produkttyp	Individuelles Produkt	Baukastenprodukt	Standardprodukt
Haupteinsatz-faktoren	Menschliche Arbeitsleistung	Maschinen, Geräte	Informations-/Kom-munikationssysteme
Hauptobjekt der Dienstleistung	Kunde	Materielle Objekte	Immaterielle Objekte
Produktumfang	Einzelleistung		Leistungsbündel
Produktart	Endkunden-/Konsumbezogen		Unternehmensbezogen
Planung des Kundenauftrags	Kurz (< 1 Tag)	Mittel (< 1 Monat)	Lang (> 1 Monat)
Erbringungsdauer	Kurz (< 1 Tag)	Mittel (< 1 Monat)	Lang (auf Dauer angelegt)
Interaktionsort	Angebotsorientiert	Nachfrageorientiert	Getrennter Ort
Prozessstabilität	Niedrig	Mittel	Hoch
Kundenrolle	Akteur	Zuschauer	Ohne direkte Beteiligung

Abbildung 73: Merkmalschema zur Klassifizierung von Dienstleistungen[693]

Mit Hilfe dieser Vorgehensweise können sieben Dienstleistungstypen unterschieden werden, die im Folgenden kurz vorgestellt werden:[694]

- Dem **Dienstleistungstyp I** werden Leistungen zugeordnet, die als Effekt das Wohlbefinden und die psychischen Eigenschaften des Menschen steigern. Dienstleistungen in der Touristikbranche, in der Gastronomie und im Gesundheitswesen gehören zu dieser Kategorie.

- **Dienstleistungstyp II** steht für Lösungen, die auf dem Effekt der Umsetzung bzw. Wandlung von Informationen beruhen. Forschungs- und Entwicklungsleistungen sind Beispiele für Elemente dieses Typs.

---

[691]   Vgl. LUCZAK et al. (2000), S. 30.
[692]   Vgl. JASCHINSKI (1998), S. 65ff. Dieser Ansatz basiert auf einer empirischen Untersuchung an der 288 Organisationen teilgenommen haben. Der Autor verwendet den Begriff Produkt synonym zu dem Begriff Dienstleistung, d.h. Produkttyp steht für Dienstleistungstyp usw.
[693]   in Anlehnung an JASCHINSKI (1998), S. 61
[694]   Die folgenden Beschreibungen der Dienstleistungstypen basieren auf JASCHINSKI (1998), S. 65ff. und LUCZAK et al. (2000), S. 27ff.

- **Dienstleistungstyp III** umfasst Leistungen der Wissensvermittlung durch standardisierte bzw. zusammenstellbare Wissensspeicher. Hierzu zählen vor allem Beratungs- sowie Aus- oder Weiterbildungsleistungen.

- **Dienstleistungstyp IV** repräsentiert Lösungen, welche die distanzüberbrückende Verteilung von Stoffen, Energie, Daten und sonstigen Stoffen realisieren. Energieversorgung oder Telekommunikation sind typische Vertreter dieser Kategorie.

- **Dienstleistungstyp V** steht für Dienstleistungen, bei denen es um die Vermittlung von Gütern geht. Beispielhafte Vertreter sind Leistungen des Groß- und Einzelhandels sowie Angebote aus dem Bereich der Finanzdienstleistungen.

- Dem **Dienstleistungstyp VI** werden Leistungen zugeordnet, die der Wissensgenerierung dienen. Das Hauptunterscheidungsmerkmal zu Dienstleistungen des Typs III besteht darin, dass diese Leistungen individuell für den Kunden und meistens im business-to-business Bereich erbracht werden.

- **Dienstleistungstyp VII** repräsentiert Lösungen, welche zur Verbesserung der Eigenschaften von Gegenständen dienen. Zu dieser Kategorie gehören z.B. Instandhaltungs- sowie Handwerksdienste.

Diese sieben Dienstleistungstypen wurden von JASCHINSKI vor allem auf ihre Eignung zur systematischen Entwicklung untersucht. Dies geschah, indem für alle Ausprägungen jedes einzelnen Merkmals eine Bewertung bezüglich der Eignung zur systematischen Entwicklung vorgenommen wurde. Durch die Aggregierung der einzelnen Bewertungen konnte eine Maßzahl für die Eignung der sieben Dienstleistungstypen zur systematischen Entwicklung hergeleitet werden.[695] Wie in folgender Abbildung dargestellt, weisen alle identifizierten Dienstleistungstypen Elemente auf, die sich systematisch entwickeln lassen, jedoch sind vor allem die Kategorien IV, V, I und VII für die systematische Entwicklung prädestiniert.

---

[695] Vgl. JASCHINSKI (1998), S. 72ff. Jeder Ausprägungskombination a_{ip} ($p=(2^k - 1)$ bei k Ausprägungen) eines Merkmals i (i=[1, 2,...,10]) wurde mittels Paarvergleich ein Wert $e(a_{ip})$ zugewiesen, der den „Anteil entwickelbarer Elemente" angibt. Dadurch konnte – vereinfacht dargestellt – die Entwickelbarkeit des jeweiligen Dienstleistungstyps abgeschätzt werden.

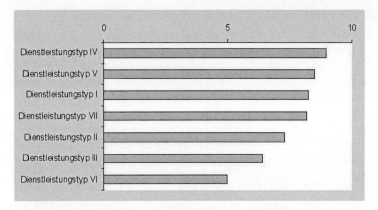

Abbildung 74: Eignung der Dienstleistungstypen zur systematischen Entwicklung[696]

Diese Dienstleistungen weisen in den zehn untersuchten Merkmalen jeweils solche Ausprägungen auf, die sich als sehr geeignet für eine systematische Entwicklung erwiesen haben. So werden z.b. in der Kategorie IV hauptsächlich Standardprodukte angeboten – Standardprodukt ist eine mögliche Ausprägung des Merkmals Produkttyp – und die Haupteinsatzfaktoren sind in der Regel Informations-/Kommunikationssysteme In diesem Fall handelt es sich jeweils um solche Ausprägungen der untersuchten Merkmale, die sich als prädestiniert für eine systematische Entwicklung erwiesen haben. Dadurch erreicht der Dienstleistungstyp IV, , eine sehr gute Bewertung der Eignung zur systematischen Entwicklung.

Mit Hilfe dieser Typologie kann bereits im Vorfeld eine Abschätzung vorgenommen werden, wie groß die Anzahl der Elemente einer Dienstleistung ist, die sich für eine systematische Entwicklung eignen.

Ausgehend von den zwei beschriebenen Typologisierungsansätzen, stehen Dienstleistungen mit geringer Kontaktintensität, wie z.B. eine automatische Waschstraße, bzw. Dienstleistungen der Kategorien IV, V, I und VII, wie z.B. Telekommunikationsdienstleistungen oder Finanzdienstleistungen, im Fokus dieser Arbeit, da vor allem diese sich für eine systematische, methodenbasierte Vorgehensweise eignen. Die in dieser Arbeit vorgestellten Beispiele und Überlegungen basieren hauptsächlich auf Vertretern dieser Dienstleistungstypen, jedoch können viele Ansätze zumindest teilweise auf die Entwicklung anderer Dienstleistungen übertragen werden.

---

[696] In Anlehnung an JASCHINSKI (1998), S. 74

6.1.2 Methoden als Basis eines erfolgreichen Vorgehens

Innovationen werden heutzutage oft als der Schlüssel zum Erfolg eines Unternehmens bezeichnet.[697] Wesentliche Basis hierfür sind die Kreativität und die Innovationsleistung der Mitarbeiter. Mindestens genauso wichtig ist jedoch deren zielgerichtete Unterstützung durch geeignete Methoden und Werkzeuge.[698] Daher kann man Methoden als die Basis eines erfolgreichen Vorgehens betrachten.[699] Im Folgenden wird der Begriff der Methode erläutert, um anschließend den Einsatz von Methoden beispielhaft in der Entwicklung von Sachgütern zu erläutern. Diese hat in Bezug auf die Anwendung von Methoden gegenüber der Dienstleistungs- oder auch der Softwareentwicklung eine Vorreiterrolle inne.[700]

6.1.2.1 Begriff der Methode und Einordnung

Der Begriff „Methode" steht für ein regelbasiertes, planmäßiges Vorgehen bei der Ausführung bestimmter Tätigkeiten zur Erreichung von festgelegten Zielen.[701] Diese Definition umfasst drei wichtige Aspekte von Methoden: [702]

- Methoden sind präskriptiv, d.h. als eine Vorschrift zu verstehen.[703]

- Methoden sind zielorientiert, also auf die Lösung eines Problems fokussiert.

- Methoden sind operativ und unterscheiden sich dadurch z.B. von einem Vorgehensmodell.

Während Vorgehensmodelle also eher bei der Navigation im Sinne des „Was" behilflich sind, bieten Methoden Vorschläge für die Abfolge bestimmter Tätigkeiten im Sinne des „Wie".[704] Die konkrete Anwendung von Methoden wird in der Praxis oft durch Werkzeuge unterstützt, so dass man die Werkzeuge als Hilfsmittel zur Operationalisierung der Methoden auffassen kann.[705] Dabei sind die Werkzeuge heute vielfach in Form spezieller Software vorhanden. Wenn z.B. die Aufgabe darin besteht, mögliche Fehlerquellen eines neuen Produkts systematisch zu erfassen – was eine Phase in einem detaillierten Vorgehensmodell sein kann – könnte dies mit Hilfe der Failure Mode and Effects Analysis (FMEA) (Methode) und durch Einsatz der Software IQ-FMEA (Werkzeug) geschehen.

Hilfreich zum Verständnis der Wirkungsweise von Methoden ist die wirkungsorientierte Betrachtungsweise der Systemtheorie, welche eine Methode als

---

[697] Ausgangspunkt dieser These sind die Arbeiten von SCHUMPETER (1952), der bereits 1912 die Durchsetzung neuer Kombinationen, d.h. Innovationen, als Ursache für Wachstum vor allem auf gesamtwirtschaftlicher Ebene diskutierte. Vgl. SCHUMPETER (1952), S. 170 ff. Die These wurde von zahlreichen Autoren aufgegriffen. Einen Überblick bietet z.B. SCHNEIDER (1999), S. 1.

[698] Vgl. OPHEY (2005), S. 29.

[699] Vgl. FÄHNRICH et al. (1999), S. 53.

[700] Vgl. FÄHNRICH und MEIREN (2005), S. 677ff.

[701] Vgl. GILL (2004), S. 27.

[702] Vgl. LINDEMANN (2005), S. 48.

[703] Was natürlich nicht bedeutet, dass Methoden nicht an die individuellen Gegebenheiten eines Unternehmens und einer spezifischen Aufgabe angepasst werden dürfen und sollen.

[704] Vgl. EVERSHEIM et al. (2003), S. 133.

[705] Vgl. GILL (2004), S. 27.

ein System[706] mit definierten Eingangs- und Ausgangsgrößen beschreibt. Dabei werden Eingangsgrößen (z.B. vorhandene Informationen) durch die so genannte Übertragungsfunktion, die ihrerseits sowohl methoden- als auch anwendungsspezifisch ist, in die Ausgangsgröße umgesetzt (vgl. folgende Abbildung).

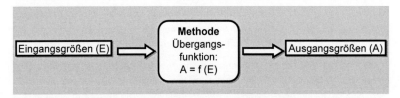

Abbildung 75: Wirkungsorientierte Betrachtung einer Methode[707]

Diese Betrachtungsweise kann bei der Auswahl geeigneter Methoden für einen bestimmten Anwendungsfall sehr nützlich sein oder auch um den aufeinander aufbauenden Einsatz mehrerer Methoden zu beurteilen.[708]

Der Begriff der Methode ist weit gefasst und nicht immer klar abgrenzbar. So können sowohl wenige Handlungsabfolgen, wie z.B. der paarweise Vergleich[709], als auch komplexere Gebilde, wie z.B. Quality Function Deployment (QFD), als Methode bezeichnet werden. Da die QFD-Methode jedoch mehrere komplexe Maßnahmen, wie z.B. Befragung von Kunden, Gewichtung der Anforderungen und Vergleich mit dem Wettbewerb umfasst, kann sie auch als eine Kombination mehrerer Methoden betrachtet werden. Die Zusammenfassung von mehreren Methoden wird auch als Methodik bezeichnet, wobei der Begriff auch für die Theorie von Methoden allgemein verwendet wird.[710] Der Einsatz von Methoden ist in vielen Bereichen (z.B. in den Naturwissenschaften, in der Technik, in der Medizin) selbstverständlich und wird kaum noch hinterfragt.[711]

Grundsätzlich sollte man sich darüber klar sein, dass Methoden in den meisten Fällen im Rahmen einer Projektarbeit eingesetzt werden.[712] Damit der Methodeneinsatz überhaupt eine Chance auf Erfolg hat, müssen einige

---

[706]   Laut EHRLENSPIEL (2003) besteht ein System aus einer Menge von Elementen (Teilsystemen), die Eigenschaften besitzen und durch Beziehungen miteinander verknüpft sind. Ein System wird durch eine Systemgrenze von der Umgebung abgegrenzt und steht mit ihr durch Ein- und Ausgangsgrößen in Beziehung. Vgl. EHRLENSPIEL (2003), S. 15f.

[707]   In Anlehnung an GAUSEMEIER et al. (2001), S. 49.

[708]   Vgl. GAUSEMEIER et al. (2001), S. 48ff.

[709]   Ziel des paarweisen Vergleichs ist das Aufstellen einer Rangfolge gegebener Objekte hinsichtlich eines bestimmten, bei allen Objekten ausgeprägten Kriteriums. Vgl. LINDEMANN (2005), S. 256.

[710]   Vgl. LINDEMANN (2005), S. 48.

[711]   Vgl. EHRLENSPIEL (2003), S. 135.

[712]   KEITH et al. (2004), S. 24. Laut KEITH et al. (2004) wählen die meisten Unternehmen fallweise zusammengestellte Projektteams, in die unterschiedliche Unternehmensbereiche eingebunden sind, als Organisationsstruktur für die Entwicklung von Dienstleistungen.

grundlegende Bedingungen erfüllt sein: So muss es z.b. eine klare Zielsetzung und Aufgabenstellung geben und auch Verantwortung sowie Ressourcen sollten klar zugeordnet sein.[713]

6.1.2.2 Methoden in der Produktentwicklung

Im Folgenden wird der Einsatz von Methoden am Beispiel der Produktentwicklung näher erläutert. Besonders interessant sind hierbei die zeitliche Entwicklung und die Überlegungen zum optimalen Einsatz von Methoden, die auch Hinweise auf mögliche Entwicklungen des Methodeneinsatzes im Service Engineering geben.

In den letzten 200 Jahren ist eine extreme Vielfalt von technischen Produkten entstanden. Daher können die Produkte in der Ausbildung von Ingenieuren nicht mehr einzeln gelehrt und verstanden werden. Als eine Folge dieser Entwicklung liegt der Schwerpunkt heute auf der Vermittlung geeigneter Arbeitsmethoden.[714] Die Bedenken, ob die Entwicklung ein rein kreativer Prozess sei, den jede Systematik behindert, wurden inzwischen ausgeräumt und die Konstruktionssystematik hat sich als Lehrgebiet etabliert.[715] Dadurch wurden in diesem Bereich sehr viele Methoden speziell entwickelt oder aus anderen Bereichen übernommen, so dass die Entwickler von Produkten in jeder Phase des Entwicklungsprozesses aus einer Vielzahl von Methoden die jeweils geeignete auswählen können. Dabei spielen – mit zunehmender Komplexität der Produkte – die Methoden, die eine hohe Qualität des Produktes bereits im Entwicklungsprozess sicherstellen, eine immer wichtigere Rolle. Diese Entwicklung wird auch durch aktuelle Änderungen der Gesetzeslage im Bereich der Produkthaftung verstärkt, wie z.B. durch den im Oktober 2000 von dem US-Kongress verabschiedete TREAD Act.[716]

Aufgrund der Vielzahl von Methoden für die unterschiedlichsten Einsatzbereiche und Fragestellungen ergibt sich für den Produktentwickler die Schwierigkeit, die in Frage kommenden Methoden zu überblicken. Daher wurden speziell für die Produktentwicklung von mehreren Autoren so genannte Methodenbaukästen entwickelt, aus denen man die Methoden nach bestimmten Kriterien für den gewünschten Einsatzzweck auswählen kann.[717]

Das angestrebte Ziel besteht jedoch keinesfalls darin, dass der ganze Entwicklungsprozess ausschließlich eine Aneinanderreihung von Anwendungen verschiedener Methoden ist. Es darf nämlich nicht übersehen werden, dass ein

---

[713] Vgl. OPHEY (2005), S. 30. Dieser Bereich bildet nicht den Fokus der vorliegenden Arbeit. Einen guten Überblick zu diesem Thema bietet z.B. SCHELLE (2004).

[714] Vgl. EHRLENSPIEL (2003), S. 13f. In den Ingenieurwissenschaften hat sich mit „Systems Engineering" eine eigene Fachdisziplin herausgebildet, die sich u.a. mit der Methodik zur Synthese und Analyse von Systemen beschäftigt.

[715] Vgl. EVERSHEIM et al. (2003), S. 419.

[716] TREAD steht für „Transportation Recall Enhancement, Accountability and Documentation Act". Das Gesetz betrifft z.B. auch deutsche Automobil-Zulieferer und ist mit deutlich erweiterten Informations- und Dokumentationspflichten verbunden. Vgl. hierzu z.B. AMSLER et al. (2004), S. 60ff.

[717] Vgl. EHRLENSPIEL (2003), S. 317ff. Ein auch im Internet verfügbarer Methodenbaukasten ist z.B. das so genannte MAP-Tool. Vgl. KLIMESCH und PARAL (2004), S. 33ff.; N.N. (2001).

Großteil des Denkens und Handelns eines Menschen unbewusst abläuft. Diese intuitiven Prozesse sind wesentlich schneller und ökonomischer als geplante, rational gesteuerte Vorgänge. Daher ist das diskursive, methodenbewusste Vorgehen im „Rationalbetrieb" erst notwendig und zweckmäßig, wenn es im „Normalbetrieb" nicht mehr weiter geht.[718]

Folgerichtig gilt daher auch für einen Entwickler die Maxime, nur soweit notwendig im „Rationalbetrieb" zu arbeiten, jedoch so viel wie möglich im routiniert ablaufenden „Normalbetrieb". Insgesamt wird also der Ansatz verfolgt, eine Balance zwischen Kreativität und Systematik zu erreichen, um neue Produkte angesichts der strengen Qualitäts-, Zeit- und Kostenzielen erfolgreich zu entwickeln. Dass dieser Spagat machbar und sogar absolut notwendig ist, wird nicht nur an der Entwicklung physischer Produkte, sondern auch an der Veränderung der Softwareentwicklung deutlich. In den letzten Jahren ist in diesem Bereich – aufgrund der gestiegenen Aufgabenkomplexität – das systematische, methodenbasierte Vorgehen, z.B. in Form der Anwendung des Unified Process (UP) oder der Unified Modeling Language (UML), stark in den Vordergrund getreten.[719]

In den Ingenieurwissenschaften allgemein und im Bereich der Produktentwicklung im Speziellen ist der Einsatz von Methoden viel verbreiteter als im Bereich der Dienstleistungsentwicklung.[720] Daher ist auch die Vorgehensweise zur effektiven und effizienten Nutzung von Methoden in diesem Bereich detaillierter untersucht worden. So wurde z.B. das in folgender Abbildung dargestellte Münchener Methodenmodell[721] entwickelt. Auch wenn dieses Modell primär für den Einsatz im Bereich der Produktentwicklung konzipiert wurde, wird es nachstehend kurz beschrieben, da eine Übertragbarkeit auf andere Bereiche, insbesondere auch auf den Dienstleistungsbereich, ohne große Anpassungen möglich ist.

Im ersten Schritt des Modells wird der Methodeneinsatz geklärt, d.h. es wird die Frage nach den Ausgangsbedingungen für den Methodeneinsatz gestellt. So ist z.B. die Frage zu klären, was man durch den Methodeneinsatz erreichen möchte; aber auch die Verfügbarkeit von Ressourcen spielt eine wichtige Rolle.

---

[718] EHRLENSPIEL (2003) vergleicht das intuitive, unbewusste Denken mit dem unsichtbaren Teil und das diskursive, logisch analytische Denken mit dem wesentlich kleineren, sichtbaren Teil eines Eisbergs. Vgl. EHRLENSPIEL (2003), S. 59ff.

[719] Für einen Überblick zum aktuellen Stand des Software Engineering vgl. z.B. DUMKE (2003).

[720] Vgl. FÄHNRICH et al. (1999), S. 53.

[721] Vgl. LINDEMANN (2005), S. 50. EHRLENSPIEL (2003) schlägt das Überprüfen mehrerer Kriterien (z.B. Leistung der Methode, Anwendbarkeit, verfügbare Zeit, betriebliche Eignung, persönliche Voraussetzungen, verfügbare Hilfsmittel) anhand einer Checkliste für die Auswahl von Methoden vor. Vgl. EHRLENSPIEL (2003), S. 320f.

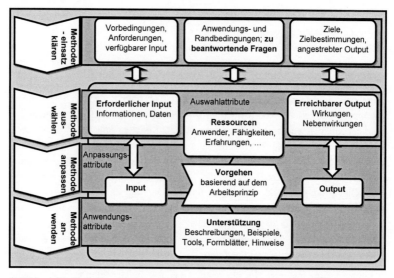

Abbildung 76: Methodeneinsatz nach dem Münchener Methodenmodell[722]

Der anschließende Schritt, die Methodenauswahl, ist primär davon bestimmt, ob eine Methode in der spezifischen Situation grundsätzlich anwendbar ist, d.h. ob die erforderlichen Eingangsgrößen (Input) verfügbar sind und ob die Methode die erwünschten Ergebnisse liefern kann (Output). Die Anpassung der Methode, die häufig vorgenommen werden muss, geschieht im nächsten Schritt. Dabei sind die Ressourcen – wie z.B. die Erfahrungen der Mitarbeiter – und das situationsspezifische Vorgehen die entscheidenden Rahmenbedingungen. Durch dieses strukturierte Vorgehen kann im letzten Schritt – unterstützt durch Werkzeuge und Hilfsmittel – die so ausgewählte Methode mit einer wesentlich gesteigerten Effektivität (d.h. Anwendung der richtigen Methode für die aktuelle Fragestellung) und Effizienz (d.h. zielgerichteter, schneller und ressourcenschonender Einsatz der Methode durch spezifische Anpassungen) angewendet werden.

Ähnlich wie in anderen Bereichen wird auch in der Produktentwicklung wiederholt kritisiert, dass Methoden zu selten eingesetzt werden bzw., dass eher Methoden, die zu schnellen Ergebnissen führen – im Gegensatz zu solchen, die langfristige Effekte bewirken – zur Anwendung kommen. Diese Kritik findet jedoch im Vergleich zu

---

[722]   LINDEMANN (2005), S. 50.

anderen Bereichen – wie z.B. dem Service Engineering – auch angesichts der vielen Ansätze zum optimierten Einsatz von Methoden, auf einem hohen Niveau statt.[723]

6.1.3 Zusammenführung der theoretischen Grundlagen

Aufgrund der gestiegenen wirtschaftlichen Bedeutung von Dienstleistungen ist die Kompetenz in der Entwicklung neuer Dienstleistungen in Zukunft ein wichtiger Erfolgsfaktor für Unternehmen. Unter dem Begriff Dienstleistungen wird eine große Anzahl teilweise sehr heterogener Leistungen zusammengefasst, die im Vergleich zu Sachgütern über einige charakteristische Merkmale verfügen. Trotz dieser Besonderheiten beinhalten viele Dienstleistungen zahlreiche Elemente, die sich für eine systematische Entwicklung eignen.

In vielen Bereichen, wie z.B. in der Produktentwicklung, hat sich das methodenbasierte, systematische Vorgehen bewährt und zu erheblichen Fortschritten und Verbesserungen geführt. Im Vergleich zur Entwicklung von Sachgütern verlaufen die Entwicklungsprozesse für Dienstleistungen bisher jedoch eher ungeplant und unsystematisch.[724]

Vor diesem Hintergrund tauchte Mitte der neunziger Jahre der Begriff des Service Engineering auf, der seitdem im deutschsprachigen Raum sowohl in der Wissenschaft als auch in der Praxis häufig Verwendung findet.[725] Das Service Engineering strebt eine Verknüpfung der beiden beschriebenen Bereiche an und möchte dabei vor allem die Erkenntnisse aus dem Bereich der Entwicklung physischer Produkte, wie z.B. das Wissen über Methoden und deren Anwendung, für die systematische Entwicklung von Dienstleistungen nutzen.

Systematische Entwicklung von Dienstleistungen – Service Engineering

Nach der Vorstellung der theoretischen Grundlagen wird im Folgenden ein Überblick über das Service Engineering gegeben, um anschließend näher auf Vorgehensmodelle, Methoden und Werkzeuge dieser Fachdisziplin einzugehen.

6.2 Einführung in das Service Engineering

In dem bereits seit einiger Zeit vorherrschenden „Hyperwettbewerb"[726] ist es für erfolgreiche Unternehmen nicht ausreichend, allein auf eine Differenzierung durch Kostenführerschaft, Qualitäts- oder Technologievorsprung zu setzen. Die Differenzierung über innovative Dienstleistungen wird in vielen Fällen zu einem

---

[723] Vgl. PULM (2004), S. 79ff. PULM (2004) bietet auch eine Übersicht der Optimierungsansätze für den Methodeneinsatz.
[724] Vgl. FÄHNRICH et al. (1999), S. 10 ff.
[725] Vgl. BRANSCH (2005), S. 18.
[726] HÜMMER (2001), S. 35. Der Begriff Hyperwettbewerb bezeichnet die Situation eines extrem intensiven, dynamischen Wettbewerbs. In diesem Zustand existieren keine dauerhaften Wettbewerbsvorteile mehr, da sie von aggressiven Konkurrenten rasch wieder zunichte gemacht werden. Vgl. HÜMMER (2001), S. 35.

entscheidenden Alleinstellungsmerkmal.[727] Die betriebswirtschaftliche Literatur befasst sich erst seit Anfang der achtziger Jahre intensiver mit Dienstleistungen. Anfangs standen dabei zumeist die Themen Dienstleistungsmarketing und Dienstleistungsqualität[728] im Vordergrund, wobei sich eine Vielzahl der deutschsprachigen Veröffentlichungen auf Definitions- und Klassifizierungsvorschläge beschränkte.[729]

Angesichts dieser Tatsachen startete das Bundesministerium für Bildung, Wissenschaft, Forschung und Technologie (BMBF) im Jahr 1994 die Initiative „Dienstleistungen für das 21. Jahrhundert". Ein Ergebnis der anschließenden breit angelegten Untersuchung unter dem Titel „Dienstleistung 2000plus" war die Definition von sechs Forschungsfeldern, aus denen geförderte Forschungsprojekte, so genannte „Prioritäre Erstmaßnahmen" (PEM), abgeleitet wurden. Das Forschungsprojekt PEM 7 mit dem Titel „Marktführerschaft durch Leistungsbündelung und kundenorientiertes Service Engineering" führte zu der Veröffentlichung des „DIN-Fachberichts 75" sowie der Sonderausgabe der Fachzeitschrift „Information Management & Consulting" unter dem Titel „Service Engineering". Diese beiden Veröffentlichungen bildeten die Basis für die Konzeption des Service Engineering als eigene Fachdisziplin.[730]

Nach einem kurzen Überblick über das Arbeitsgebiet des Service Engineering wird näher auf die Gestaltungsdimensionen von Dienstleistungen eingegangen, welche die Basis der Überlegungen zur systematischen Entwicklung von Dienstleistungen im Service Engineering bilden.

6.2.1.1 Service Engineering im Überblick

Service Engineering wird als Fachdisziplin verstanden, die sich mit der „Entwicklung und Gestaltung von Dienstleistungsprodukten unter Verwendung geeigneter Vorgehensmodelle, Methoden und Werkzeuge"[731] befasst. Diese drei verwendeten Elemente sind eng miteinander verknüpft: Die Vorgehensmodelle helfen dabei zu verdeutlichen und zu strukturieren, „Was" zu tun ist, während die Methoden als Vorschläge zu betrachten sind, „Wie" etwas getan werden soll. Die Werkzeuge schließlich dienen zur Unterstützung und zum optimierten Einsatz der Methoden. Auch wenn in der Service-Engineering-Literatur häufig auf Gegebenheiten der Dienstleistungsentwicklung aus dem industriellen Umfeld fokussiert wird, sind die Inhalte grundsätzlich für alle Branchen anwendbar.[732]

---

[727] Vgl. z.B. FÄHNRICH et al. (1999), S. 9; LUCZAK et al. (2003), S. 444.
[728] Das Interesse konzentrierte sich auf die Messung der Qualität und Ansätze zur Verbesserung derselben, jedoch nicht das „Hineinentwickeln" von Qualität in eine neue Dienstleistung während des Entwicklungsprozesses. Vgl. NÜTTGENS et al. (1998), S. 15.
[729] Vgl. HOFMANN und MEIREN (1998), S. 82.
[730] Vgl. FÄHNRICH und OPITZ (2003), S. 89ff.; BRANSCH (2005), S. 67f.; N.N. (1998); ERNST (1998), S. 7ff.
[731] BULLINGER und SCHREINER (2003), S. 70.
[732] Vgl. LUCZAK et al. (2000), S. 7f. Ein Grund für diese Fokussierung ist laut LUCZAK et al. (2000), dass der Ansatz des ingenieurmäßigen Vorgehens im industriellen Umfeld stärker verankert ist.

Die wichtigste Forderung des Service Engineering ist, dass die Entwicklung von Dienstleistungen systematisch erfolgen soll. Dies geschieht vor dem Hintergrund, dass es sich gezeigt hat, dass z.B. bei der Entwicklung von Sachgütern oder Software durch eine systematische Vorgehensweise große Fortschritte vor allem in der Qualität[733] der Produkte erzielt werden konnten.[734] Dieser Schwerpunkt erscheint auch deshalb sehr sinnvoll, da bisher die Qualität von Dienstleistungen[735] während der Entwicklungsphase vielfach keine große Rolle spielte; Fehler wurden oft erst in der Erbringungsphase behoben.[736] Wie wichtig die Qualität und die damit eng verbundene Kundenzufriedenheit für den Ruf und damit für den Erfolg eines Unternehmens ist, verdeutlichen die Ergebnisse einer Untersuchung im Bereich IT-Services:[737] Laut dieser Studie berichtet ein zufriedener Kunde nur einer anderen Person von seiner Erfahrung, wogegen ein Kunde mit einem nur zufrieden stellenden Service-Erlebnis bereits zwei Personen davon erzählt. Ein unzufriedener Kunde teilt seine negativen Erfahrungen sogar fünf Personen mit. Daher können eine niedrige Dienstleistungsqualität und die damit einhergehenden unzufriedenen Kunden fatale Folgen für das Unternehmen haben, da Dienstleister aufgrund der Immaterialität ihres Angebotes besonders auf Empfehlungen angewiesen sind. Aus diesen Gründen ist die Entwicklung qualitativ hochwertiger Dienstleistungen ein zentrales Ziel des Service Engineering.[738]

Wie in folgender Abbildung dargestellt, werden dabei sowohl das Management von Dienstleistungsentwicklungsprozessen als auch die Entwicklung einzelner Dienstleistungen betrachtet.[739] Beide Bereiche sollen durch geeignete Vorgehensmodelle, Methoden und Werkzeuge unterstützt werden.

---

[733]   Das Deutsche Institut für Normung (DIN) definiert Qualität als „die Beschaffenheit einer Einheit bezüglich ihrer Eignung, festgelegte und vorausgesetzte Erfordernisse zu erfüllen." N.N. (1995), S. 18.

[734]   Vgl. SCHWENGELS (2003), S. 39.

[735]   Dienstleistungsqualität wird hier verstanden als die Fähigkeit eines Anbieters, die Beschaffenheit einer primär intangiblen und der Kundenbeteiligung bedürfenden Leistung gemäß den Kundenerwartungen auf einem bestimmten Anforderungsniveau zu erstellen. Sie bestimmt sich aus der Summe der Eigenschaften bzw. Merkmale der Dienstleistung, bestimmten Anforderungen gerecht zu werden. Vgl. BRUHN (2004), S. 34.

[736]   Vgl. MEIREN und BARTH (2003), S. 11; YANG (2005), S. 22ff. Laut EDVARDSSON und OLSSON (1996) sind schätzungsweise 70-90% der in der Erbringung auftretenden Fehler in die Dienstleistungen hineinentwickelt. EDVARDSSON und OLSSON (1996), S. 140.

[737]   Vgl. GOODMAN (1999), S. 20. Andere Autoren, wie z.B. GOGOLL (1996) gehen von Faustregeln aus, nach denen ein enttäuschter Kunde ein schlechtes Erlebnis bis zu 20-mal weitererzählt, während ein zufriedener Kunde seinen positiven Eindruck höchstens fünfmal weitergibt. Vgl. GOGOLL (1996), S. 82.

[738]   Die realisierbare Dienstleistungsqualität hängt jedoch nicht nur vom Anbieter, sondern auch von dem Kunden (bzw. von seinen Integrations- und Interaktivitätspotenzialen) ab. Vgl. z.B. SCHREINER (2003), S. 140ff.

[739]   Vgl. FÄHNRICH und OPITZ (2003), S. 99. Vorgehensmodelle, Methoden und Werkzeuge werden von einigen Autoren auch als Dimensionen des Service Engineering bezeichnet. Vgl. z.B. BULLINGER und SCHREINER (2003), S. 73.

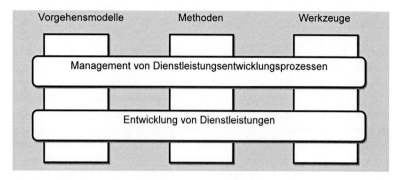

| Vorgehensmodelle | Methoden | Werkzeuge |

Management von Dienstleistungsentwicklungsprozessen

Entwicklung von Dienstleistungen

Abbildung 77: Arbeitsgebiete des Service Engineering[740]

Im Bereich der Methoden kann man zwischen Methoden zum Management der Dienstleistungsentwicklungsprozesse[741], wie z.B. Szenariotechniken, Trendanalysen oder Expertenbefragungen, und Methoden zur Entwicklung einzelner Dienstleistungen, die das Thema dieser Arbeit bilden, unterscheiden.

6.2.1.2 Gestaltungsdimensionen von Dienstleistungen

Da das Service Engineering die systematische Entwicklung von Dienstleistungen propagiert, stellt sich die Frage, wie die Entwicklung von Service-Produkten strukturiert werden kann. Im Folgenden werden – ausgehend von dem Verständnis einer Dienstleistung als ein System – die Gestaltungsdimensionen einer Dienstleistung vorgestellt.

Eine wichtige Parallele des Service Engineering zu den etablierten Ingenieurwissenschaften ist die Einsicht in folgende Notwendigkeit: Um eine Dienstleistung systematisch zu entwickeln, muss diese konsequenterweise als ein System betrachtet werden.[742] Wie in nachfolgender Abbildung dargestellt, kann dieses Systemverständnis auf abstrakter Ebene zwei extreme Ausprägungen annehmen:[743]

- Es kann als **technisches System** mit definierten Schnittstellen, einer starren Funktionsstruktur und deterministischen Wirkungsketten definiert werden. Bei einem System dieser Art ist eine sehr gute Entwickelbarkeit bzw. Planbarkeit gegeben.

---

[740] In Anlehnung an FÄHNRICH und OPITZ (2003), S. 99
[741] Vgl. FÄHNRICH et al. (1999), S. 56.
[742] Vgl. LUCZAK et al. (2000), S. 17; EVERSHEIM et al. (2003), S. 422f.; JASCHINSKI (1998), S. 51.
[743] Vgl. JASCHINSKI (1998), S. 51. Diese Ausprägungen stehen auch stellvertretend für die zwei Extrempositionen in Wissenschaft und Praxis: Die eine Seite bestreitet, dass Dienstleistungen überhaupt systematisch entwickelt werden können, während die andere Seite davon ausgeht, dass man ohne weiteres die Erfahrungen aus der klassischen Produktentwicklung anwenden kann. Vgl. hierzu MEIREN und BARTH (2003), S. 12.

- Es kann als **soziales System** mit offenen Schnittstellen, individueller Funktionsstruktur und stochastischen Wirkungsketten definiert werden. Die Planbarkeit eines solchen Systems ist nur in sehr eingeschränktem Umfang möglich.

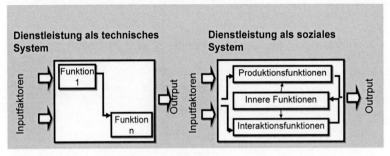

Abbildung 78: Dienstleistungen als Systeme[744]

Praktisch jede zu entwickelnde Dienstleistung wird zwischen diesen beiden Extremen liegen und durch ihre Position auch schon einen Hinweis auf den Grad der „Entwickelbarkeit" geben. So kann z.B. eine Dienstleistung aus dem Bereich der Telekommunikation (Dienstleistung vom Typ IV) eher als technisches System betrachtet werden, während ein individuelles Beratungsangebot (Dienstleistung vom Typ IV) viele Merkmale eines sozialen Systems aufweist.

Da in der Realität die meisten Dienstleistungen sowohl planbare als auch nicht planbare Elemente enthalten, betrachtet man eine Dienstleistung als ein „soziotechnisches System"[745]. In dieses System Dienstleistung wird ein Input gebracht und verschiedene Elemente, wie z.B. Humanressourcen, Maschinen, Kommunikationssysteme und Informationsbestände, treten in gegenseitige Wechselwirkungen und erzeugen einen Output.

Ausgehend von diesem Verständnis einer Dienstleistung als ein soziotechnisches System und dem konstitutiven Definitionsansatz können, wie in folgender Abbildung dargestellt, vier Gestaltungsdimensionen einer Dienstleistung identifiziert werden: die Potenzial-, die Prozess-, die Ergebnis- und die Marktdimension.[746]

[744] In Anlehnung an JASCHINSKI (1998), S. 51
[745] JASCHINSKI (1998), S. 52.
[746] Vgl. BULLINGER und SCHREINER (2003), S. 55; FÄHNRICH und MEIREN (2005), S. 685; MEIREN (2001), S. 28f. Einige Autoren, wie z.B. LUCZAK et al. (2003), gehen von nur drei Gestaltungsdimensionen aus: der Prozess-, der Ergebnis- und der Potenzialdimension. Vgl. LUCZAK et al. (2003), S. 448. FÄHNRICH und MEIREN (2005) argumentieren, dass zu Beginn des Entwicklungsprozesses die Marktanforderungen einbezogen und Marktanalysen zur Bewertung der Erfolgswahrscheinlichkeit durchgeführt werden müssen. Vgl. FÄHNRICH und MEIREN (2005), S. 685.

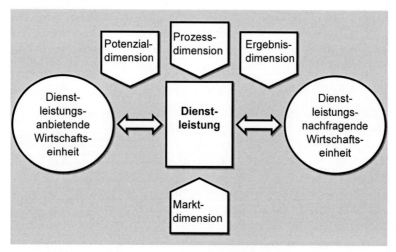

Abbildung 79: Gestaltungsdimensionen von Dienstleistungen[747]

Dabei stehen in jeder Gestaltungsdimension des Systems Dienstleistung spezifische Themen im Vordergrund, die im Folgenden konkretisiert werden.

Die Ergebnisdimension umfasst diejenigen Elemente, die nach Erbringen der Leistung in qualitativer oder quantitativer Form erfasst werden können.[748] Hierbei muss zwischen dem „prozessualen Endergebnis", das zeitlich mit dem Abschluss des Prozesses zusammenfällt, und der eigentlichen Wirkung, die evtl. erst viel später sichtbar wird, unterschieden werden (z.B. Behandlung und Behandlungserfolg beim Arzt).[749]

Die Prozessdimension umfasst alle Aktivitäten, die während des Dienstleistungserbringungsprozesses von dem Dienstleister, von dem Kunden oder in der Interaktion zwischen Dienstleister und Kunde durchgeführt werden.[750]

Die Potenzialdimension bezieht sich auf alle „zeitlich stabilen Voraussetzungen"[751], die notwendig sind, um eine Dienstleistung erbringen zu können. Hierzu zählen sowohl die an der Durchführung beteiligten Mitarbeiter als auch die technische Infrastruktur, wie z.B. Kommunikationssysteme, die zur Erbringung der Leistung notwendig ist.

---

[747] In Anlehnung an BULLINGER und SCHREINER (2003), S. 56
[748] Vgl. JASCHINSKI (1998), S. 23.
[749] Vgl. BULLINGER und SCHREINER (2003), S. 59.
[750] Vgl. JASCHINSKI (1998), S. 23.
[751] JASCHINSKI (1998), S. 22.

Die Marktdimension nimmt eine Sonderstellung ein, da sie die Verbindung zwischen dem Markt und der zu entwickelnden Dienstleistung bildet. Sie umfasst die Integration von Marktinformationen in den Entwicklungsprozess und die darauf basierende Entwicklung eines Marketingkonzepts, um sicherzustellen, dass eine marktfähige Leistung entwickelt wird.[752]

Zwischen den beschriebenen Dimensionen existieren Mittel-Zweck-Beziehungen, die auch Hinweise auf die optimale Vorgehensweise bei der Entwicklung liefern. So sind die Potenzialkomponenten Mittel, um die Prozesse (Zweck) zu ermöglichen. Diese sind wiederum Mittel, um das Ergebnis der Dienstleistung zu erreichen.[753] Das Ergebnis der Dienstleistung kann man wiederum als Mittel betrachten, die Marktanforderungen zu erfüllen. Damit wird deutlich, dass das Vorgehen bei der Konzeption einer neuen Dienstleistung am Anfang der Kette, nämlich bei der Marktdimension, ansetzen sollte.

Zu den dargestellten Dimensionen einer Dienstleistung werden im systematischen Entwicklungsprozess des Service Engineering entsprechende Modelle und Konzepte bereitgestellt, d.h. es entstehen Ergebnis-[754], Prozess- und Ressourcenmodelle sowie Vermarktungskonzepte. Dabei beschreiben die Ergebnismodelle „Was" die Dienstleistung leistet, indem sie die Leistungsinhalte definieren. Die Prozessmodelle stellen ihrerseits dar, „Wie" die Ergebnisse zustande kommen, während die Ressourcenmodelle aufzeigen, welche Ressourcen zum Erbringen der Leistung notwendig sind. Vermarktungskonzepte schließlich beinhalten eine Vorgehensweise zum erfolgreichen Eintritt und Vertrieb der neuen Leistung am Markt.[755]

Die Gliederung einer Dienstleistung in die beschriebenen Dimensionen erfordert von dem Entwickler ein gewisses Abstraktionsvermögen, jedoch wird dadurch deutlich, dass für jede Dimension in der Entwicklung ein Konzept zu erstellen ist. Eine weitere Hilfe zur Strukturierung der Entwicklungsaufgaben sind – neben den beschriebenen Dienstleistungsdimensionen – die im Service Engineering verwendeten Vorgehensmodelle, die im Folgenden vorgestellt werden.

6.2.2 Vorgehensmodelle zum Service Engineering

Vorgehensmodelle werden in der Produkt- und seit einiger Zeit auch in der Softwareentwicklung sehr erfolgreich eingesetzt. Sie strukturieren den komplexen Prozess einer Produktentwicklung und bieten sich daher auch für den Einsatz bei der

---

[752] Vgl. BULLINGER und SCHREINER (2003), S. 60f. BULLINGER und SCHREINER (2003) weisen jedoch darauf hin, dass nicht nur die Anforderungen des Marktes, sondern im Sinne einer „balanced strategy" auch die technologischen Möglichkeiten in die Innovationsstrategie einbezogen werden sollten, um wirklich innovative Dienstleistungen zu entwickeln.

[753] Vgl. LUCZAK et al. (2000), S. 80f.

[754] Einige Autoren verwenden auch den Begriff „Produktmodell". Vgl. MEIREN und BARTH (2003), S. 20.

[755] Vgl. z.B. SCHWENGELS (2003), 41f.; MEIREN und BARTH (2003), S. 26ff.; BULLINGER und MEIREN (2001), S. 155. BULLINGER und MEIREN (2001) gehen jedoch nur auf die drei klassischen Dimensionen und Modelle explizit ein.

Entwicklung von Dienstleistungen an. Grundsätzlich kann man drei Typen von Vorgehensmodellen unterscheiden:[756]

- **Phasenmodelle**, bei denen die Entwicklungsschritte sequentiell durchlaufen werden, sind leicht verständlich und ermöglichen eine transparente Planung, sehen jedoch kein „Zurückspringen" in eine vorhergehende Phase vor.

- **Iterative Vorgehensmodelle** sind ähnlich wie Phasenmodelle aufgebaut, jedoch können die einzelnen Phasen wiederholt durchlaufen werden, um z.B. einen Fehler zu korrigieren oder eine Fragestellung auf einer feineren Detaillierungsstufe zu betrachten.[757]

- **Prototyping-Modelle** führen bereits nach der ersten Phase zu einem ersten Prototyp der zu entwickelnden Leistung. Dieser Prototyp wird in den weiteren Phasen verbessert und weiterentwickelt, um möglichst schnell ein marktfähiges Angebot zu erhalten.

Welcher Typ von Vorgehensmodell zum Einsatz kommt, ist von mehreren Faktoren abhängig. So spielen z.B. die Komplexität des Entwicklungsgegenstandes, der Innovationsgrad der zu entwickelnden Leistung, die zur Verfügung stehende Zeit und die Erfahrung der Entwickler eine Rolle. Im Service Engineering haben bisher Phasenmodelle in Wissenschaft und Praxis die größte Verbreitung gefunden. Dies mag auch daran liegen, dass in die Entwicklung von Dienstleistungen meistens weniger Zeit investiert wird als in die Entwicklung von Sachgütern und die Unternehmen daher einfache und effiziente Vorgehensmodelle bevorzugen.[758]

Es gibt inzwischen eine Reihe von Service-Engineering-Vorgehensmodellen, die sich jedoch z.B. aufgrund ihres Typs oder ihrer Schwerpunktlegung unterscheiden.[759] Grundsätzlich bestehen die Modelle aus den drei Elementen[760]

- Dienstleistungsplanung,

- Dienstleistungskonzeption und

- Umsetzungsplanung.

Da die Verwendung von Vorgehensmodellen meist in engem Zusammenhang mit der Anwendung von Methoden steht, d.h. innerhalb bestimmter Phasen eines Vorgehensmodells („Was") kommen spezifische Methoden zum Einsatz („Wie"), werden nachstehend zwei Modelle exemplarisch vorgestellt.

---

[756] Vgl. SCHNEIDER et al. (2003), S. 121ff.

[757] Vgl. LUCZAK et al. (2000), S. 38f.

[758] Vgl. MEIREN und BARTH (2003), S. 16f.; HOFMANN et al. (1998), S. 22f. Laut FREITAG (2004) werden in Deutschland die meisten Dienstleistungen innerhalb von drei bis sechs Monaten entwickelt. In den USA und in Japan dauert die Entwicklung der Dienstleistungen, die am häufigsten anzutreffen sind, zwischen sechs und zwölf Monaten. Vgl. FREITAG (2004), S. 108.

[759] Einen Überblick über die Service-Engineering-Vorgehensmodelle bieten z.B. SCHNEIDER et al. (2003). Vgl. SCHNEIDER et al. (2003), S. 123ff.

[760] Vgl. LUCZAK et al. (2003), S. 451ff.

6.2.2.1 Drei-Phasen-Vorgehensmodell nach JASCHINSKI

Das Vorgehensmodell von JASCHINSKI[761] weißt sowohl Merkmale eines Phasenmodells als auch Eigenschaften eines iterativen Vorgehensmodells auf, wie z.B. die Möglichkeit einen Ablaufschritt zurück zu springen. Wie in folgender Abbildung dargestellt, gliedert sich das Modell in drei Hauptphasen und beginnt mit der formulierten Dienstleistungsidee. In der Definitionsphase wird die Idee für die neue Dienstleistung analysiert und möglichst genau festgehalten. Die Ergebnisse dieser Phase sind eine erste Produktdefinition, d.h. die Festlegung des Kundennutzens, eine grobe Visualisierung der Dienstleistung und ein Projektplan für das Entwicklungsprojekt.

Die zweite Phase, die Konzeptionsphase, setzt sich aus fünf Ablaufschritten zusammen, wobei die Schritte nicht sequentiell, sondern auch parallel abgearbeitet werden können. Die Ergebnisse der einzelnen Teilphasen sind Prozesspläne, Interaktionspläne, Infrastrukturpläne und schließlich ein Dienstleistungsgrobkonzept, das die zuerst genannten Elemente zusammenführt.

Die Umsetzungsphase umfasst sowohl weitere konzeptionelle Aufgaben, wie z.B. die Planung der Prozessorganisation, als auch praktische Arbeiten wie die Piloteinführung. Den verschiedenen Schritten ist jeweils ein Ergebnis zugeordnet. Im Einzelnen sind das der Umsetzungsplan, die Dokumentation der Prozessorganisation, der technische Einführungsplan, das Vertriebskonzept, das Marketing- und Kommunikationskonzept, das Schulungskonzept und schließlich der Erfolgsbericht als Ergebnis der Piloteinführung.

Die Stärken des Vorgehensmodells von JASCHINSKI sind vor allem seine Vollständigkeit und sein hohes Maß an Allgemeingültigkeit für technisch geprägte Dienstleistungen. Das Modell ist auch gut verständlich. Die Praktikabilität, d.h. die praktische Anwendbarkeit im Service Engineering, wird jedoch von Unternehmen teilweise kritisch bewertet.[762]

---

[761] Die Beschreibung des Vorgehensmodells basiert auf JASCHINSKI (1998), S. 93ff.
[762] Vgl. JASCHINSKI (1998), S. 97.

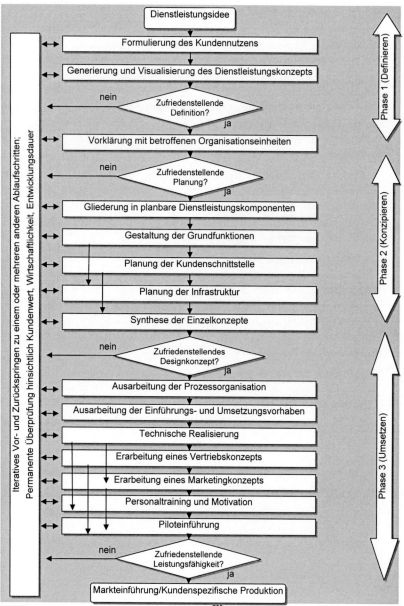

Abbildung 80: Vorgehensmodell nach Jaschinski[763]

---

[763]   In Anlehnung an JASCHINSKI (1998), S. 94f

6.2.2.2 Fünf-Phasen-Vorgehensmodell nach MEIREN und BARTH

Das zweite in dieser Arbeit vorgestellte Vorgehensmodell ist ein Phasenmodell, das von MEIREN und BARTH in Anlehnung an das im DIN-Fachbericht 75 vorgeschlagene Modell entwickelt wurde.[764] Wie in folgender Abbildung dargestellt, besteht dieses Vorgehensmodell aus den fünf Phasen Ideenfindung und -bewertung, Anforderungsanalyse, Dienstleistungskonzeption, Dienstleistungsimplementierung und Markteinführung. Den einzelnen Phasen sind im Vorgehensmodell die jeweils im Vordergrund stehenden Aufgaben zugeordnet.

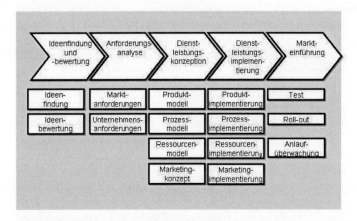

Abbildung 81: Fünf-Phasen-Vorgehensmodell[765]

In der ersten Phase, der Ideenfindung und -bewertung, werden Ideen für neue Dienstleistungen entwickelt, gesammelt, konkretisiert und nach definierten Kriterien gefiltert. Dadurch soll sichergestellt werden, dass nur realisierbare Dienstleistungsideen mit hohem Potenzial in die nächste Phase eingehen. Während der Anforderungsanalyse werden die Anforderungen aus Kundensicht („Was will der Kunde?") und aus Unternehmenssicht („Was kann das Unternehmen?") erhoben. Diese Informationen werden in der nächsten Phase, der Dienstleistungskonzeptionsphase, benötigt. Während dieser Phase geschieht die eigentliche Entwicklung der Dienstleistung. Dabei werden die Eigenschaften, Varianten und Ergebnisse der Dienstleistung (Produktmodell) festgelegt, die Prozesse zur Erbringung der Leistung beschrieben (Prozessmodell) und der Bedarf und der Einsatz von Ressourcen festgelegt (Ressourcenmodell). Auch die Erstellung eines Marketingkonzepts ist Bestandteil dieser Phase, um Markt- und

---

[764]   Vgl. MEIREN und BARTH (2003), S. 17ff.; N.N. (1998), S. 33ff.
[765]   In Anlehnung an MEIREN und BARTH (2003), S. 20

Kundenaspekte frühzeitig in den Entwicklungsprozess einzubeziehen. Anschließend werden während der Dienstleistungsimplementierung die zuvor erstellten Modelle im Unternehmen umgesetzt, d.h. die notwendigen organisatorischen Regelungen werden getroffen und unter anderem auch die erforderlichen Betriebsmittel beschafft. In der letzten Phase des Vorgehensmodells, der Markteinführung, werden abschließende Testmaßnahmen und der Roll-out der neuen Leistung durchgeführt, der z.B. interne und externe Kommunikationsmaßnahmen umfasst. Im Rahmen der Anlaufüberwachung werden in dieser Phase auch auf Basis von Kunden- und Mitarbeiterfeedback letzte Anpassungsmaßnahmen durchgeführt.[766]

Bei dem vorgestellten Phasenmodell bauen die einzelnen Phasen aufeinander auf und setzen jeweils voraus, dass die vorhergehende Phase abgeschlossen ist. Da auch ein Zurückspringen in eine bereits abgeschlossene Phase nicht explizit unterstützt wird, eignet sich das Modell eher für weniger umfangreiche Entwicklungsprojekte. Die Vorteile des Modells liegen vor allem in der klaren Struktur und leichten Verständlichkeit, was es auch für die Veranschaulichung der konzeptionellen Gedanken im Rahmen dieser Arbeit prädestiniert.

Wenn man das Fünf-Phasen-Vorgehensmodell mit den vier vorgestellten Dimensionen einer Dienstleistung verknüpft, so erhält man das in folgender Abbildung dargestellte Rahmenkonzept für den Einsatz von Methoden und Werkzeugen im Service Engineering. In jedem Schnittpunkt der Phasen des Vorgehensmodells mit den Dimensionen einer Dienstleistung müssen adäquate Methoden und Werkzeuge zur Verfügung stehen. Das bedeutet, dass die Lösung von Fragestellungen in allen vier Dienstleistungsdimensionen unterstützt werden muss, und zwar grundsätzlich in jeder Phase des Prozesses. So müssen z.B. in der Phase der Dienstleistungskonzeption geeignete Methoden und Werkzeuge zur Verfügung stehen, um das Ergebnis der Dienstleistung, den Prozess der Dienstleistung, die notwendigen Ressourcen für die Erbringung und die Möglichkeit der Vermarktung zu konzipieren.

---

[766]   Vgl. MEIREN und BARTH (2003), S. 19ff.

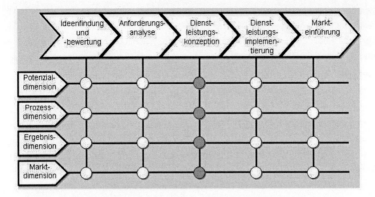

Abbildung 82: Einsatzgebiete von Methoden und Werkzeugen[767]

Im Folgenden wird näher auf die Methoden und Werkzeuge der systematischen Dienstleistungsentwicklung eingegangen, um anschließend die Anwendung ausgewählter ingenieurwissenschaftlicher Methoden in der Konzeptionsphase des Service Engineering zu untersuchen.

6.2.3 Methoden und Werkzeuge des Service Engineering

Obwohl die Anzahl der Dienstleistungen, die entwickelt und angeboten werden, stetig steigt, werden bei der Entwicklung von Dienstleistungen noch relativ wenige Methoden und Werkzeuge eingesetzt.[768] Die Entwicklung von Dienstleistungen erfolgt in der Praxis nach wie vor größtenteils „aus dem Bauch heraus" und wird anschließend im Trial-and-Error-Verfahren am Markt erprobt.[769] Zunächst wird auf die Methoden und Werkzeuge, die bereits eingesetzt werden, und danach auf die Herausforderungen sowie den Bedarf in diesem Bereich eingegangen.

6.2.3.1 Angewandte Methoden und Werkzeuge

Ein erklärtes Ziel des Service Engineering ist der Einsatz geeigneter Methoden und Werkzeuge bei der Entwicklung von Dienstleistungen. Welche Methoden bzw. in welchem Umfang diese eingesetzt werden, wurde von FÄHNRICH et al.[770] in einer empirischen Studie untersucht. Die Autoren kommen zu dem Schluss, dass die Anzahl der Methoden, die tatsächlich für die Entwicklung von Dienstleistungen eingesetzt werden, insgesamt als gering bezeichnet werden kann. Ein wesentlicher Grund hierfür ist in der Immaterialität der Dienstleistungen zu sehen, da die

---

[767]   In Anlehnung an MEIREN und BARTH (2003), S. 17

[768]   Vgl. EVERSHEIM et al. (2003), S. 418.

[769]   Vgl. HALLER (2002), S. 73. Für eine internationale Perspektive auf den Prozess des „New Service Development" vgl. z.B. DOLFSMA (2004), S. 319ff.

[770]   Vgl. FÄHNRICH et al. (1999), S. 54ff.

Anwendung von Methoden und Werkzeugen an einem intangiblen Entwicklungsobjekt wesentlich abstrakter erscheint als an einem Sachgut. Wie in folgender Abbildung dargestellt, werden hauptsächlich betriebswirtschaftliche Methoden, wie z.B. Wirtschaftlichkeitsanalysen oder Kosten-Nutzen-Analysen, eingesetzt.

Deutlich seltener werden Methoden aus dem Bereich der Informatik, wie die objektorientierte Modellierung oder Methoden aus dem Bereich der Ingenieurwissenschaften, wie z.B. FMEA, angewendet. Spezifische Methoden zur Dienstleistungsentwicklung, wie das Service Blueprinting, werden auch kaum eingesetzt. Ein Grund für die Konzentration auf betriebswirtschaftliche Methoden könnte unter anderem sein, dass die derzeitigen Entwickler von Dienstleistungen meistens über eine Ausbildung im Bereich Wirtschaftswissenschaften verfügen.[771]

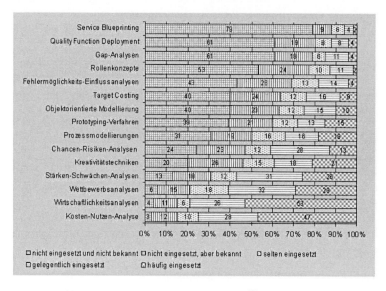

Abbildung 83: Methodeneinsatz im Service Engineering[772]

Es gibt auch im Service Engineering Überlegungen und teilweise auch schon erste Ansätze zu Methodenbaukästen. Diese Ansätze können jedoch als eher rudimentär eingestuft werden und spielen sowohl in der wissenschaftlichen Diskussion als auch in der Praxis eine sehr untergeordnete Rolle.[773]

---

[771] Vgl. FÄHNRICH et al. (1999), S. 54ff.
[772] In Anlehnung an FÄHNRICH et al. (1999), S. 55.
[773] Vgl. z.B. SPATH et al. (2001), S. 31ff.

Im Bereich der Werkzeuge werden im Service Engineering anders als in der Produkt- oder Softwareentwicklung statt spezifischer Programme überwiegend Office-Produkte und Projektmanagementtools genutzt.[774] Von Entwicklungsplattformen, wie z.B. den Computer-Aided Design Tools (CAD) oder den Computer-Aided Software Engineering Tools (CASE), ist man trotz erster Ansätze noch weit entfernt.[775]

Empirische Untersuchungen[776] deuten darauf hin, dass ein Zusammenhang zwischen dem Grad der Formalisierung des Entwicklungsprozesses und dem Erfolg von Unternehmen besteht. So konnten FÄHNRICH et al. zeigen, dass erfolgreiche Unternehmen regelmäßiger neue Dienstleistungen entwickeln und einen stärker formalisierten Entwicklungsprozess haben als weniger erfolgreiche Unternehmen.[777] Hierbei steht der stärker formalisierte Prozess für eine systematische und methodenbasierte Vorgehensweise. Daher sollten Dienstleistungsunternehmen ihren Entwicklungsprozess analysieren und überprüfen, ob auch sie möglicherweise von einer stärkeren Formalisierung im Sinne einer systematischen und methodenbasierten Vorgehensweise profitieren können.

6.2.3.2 Herausforderungen und Bedarf an Methoden

Eine Befragung[778] von Dienstleistungsunternehmen, in der diese ihren dringendsten Bedarf im Service Engineering nennen sollten, ergab die dargestellten Ergebnisse. Die Organisationen sehen es als das mit Abstand dringendste Anliegen an, geeignete Methoden und Vorgehensweisen zur systematischen Entwicklung von Dienstleistungen zur Verfügung zu haben. Es mangelt demnach an einem Portfolio praxistauglicher Methoden, die für die Neu- oder Weiterentwicklung von Dienstleistungen eingesetzt werden können.

Neben Organisationskonzepten für die Dienstleistungsentwicklung nannten die Unternehmen auch „Beispielhafte Fallstudien" als einen dringenden Bedarf. Dies deutet darauf hin, dass die Unternehmen – zusätzlich zu den eher theoretisch orientierten Arbeiten – in Zukunft praxisorientierte Hilfestellungen, z.B. in Form von Fallstudien, benötigen, um Service Engineering besser beurteilen zu können bzw. bei der Implementierung in der eigenen Organisation unterstützt zu werden.

---

[774] Vgl. KEITH et al. (2004), S. 18.; FREITAG (2004), S. 120. Laut FREITAG (2004) verwendet die Mehrheit der Unternehmen fast ausschließlich Office-Produkte wie Microsoft Word oder Excel zur Konzeption von Dienstleistungen. Zu ähnlichen Ergebnissen kommt auch SCHWENGELS (2003) in seiner empirischen Studie. Vgl. SCHWENGELS (2003), S. 44.

[775] Vgl. HERRMANN et al. (2003), S. 647ff.; FÄHNRICH und MEIREN (2005) S. 696; HECKMANN et al. (1998), S. 31ff.

[776] Z.B. FÄHNRICH et al. (1999), S. 74ff.

[777] Vgl. FÄHNRICH et al. (1999), S. 74ff.

[778] Vgl. FÄHNRICH et al. (1999), S. 83.

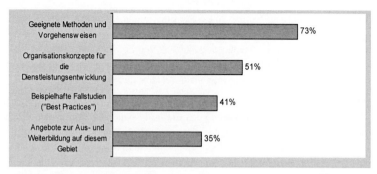

Abbildung 84: Unternehmensbedarf hinsichtlich des Service Engineering[779]

Der Einsatz von Methoden im Service Engineering soll eine strukturierte und professionelle Vorgehensweise bei der Entwicklung neuer und der Weiterentwicklung bestehender Dienstleistungen ermöglichen. Eine wichtige Forderung des Service Engineering in diesem Zusammenhang ist die Entwicklung von dedizierten Modellen für die jeweiligen Dienstleistungsdimensionen. Ein Unternehmen, das eine Dienstleistung im Sinne des Service Engineering entwickelt, sollte jeweils Modelle für die Ergebnis-, Prozess-, Potenzial- und Marktdimension erstellen.

Die zu diesen Dimensionen korrespondierenden Modelle und Konzepte werden inzwischen von vielen Unternehmen tatsächlich bereits in Form spezifischer Modelle (z.B. Prozessmodelle) erstellt. Bei einer Umfrage[780] gaben 62% der befragten Unternehmen an, im Rahmen der Dienstleistungsentwicklung Spezifikationen zu entwickeln. Wie dargestellt, gaben von diesen Unternehmen 62,5% an, sowohl Produkt- als auch Prozessmodelle zu erstellen. Ressourcenmodelle und Marketingkonzepte werden von 54,2% bzw. 52,6% Prozent der Unternehmen, die überhaupt Spezifikationen erstellen, ausgearbeitet.

---

[779] In Anlehnung an FÄHNRICH et al. (1999), S. 83
[780] Vgl. LIENHARD (2003), S. 16ff. An der Untersuchung nahmen 316 Unternehmen aller Branchen und Größenklassen teil.

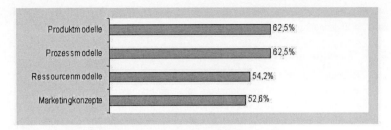

Abbildung 85: Verwendete Modelle für Spezifikationen[781]

Vor allem die Unternehmen, die bereits einzelne Modelle entwickeln, haben einen großen Bedarf an Methoden und Werkzeugen; deren sinnvoller Einsatz ist jedoch auch mit einigen Herausforderungen verbunden. Bereits bei der Auswahl der geeigneten Instrumente spielen viele Faktoren, wie z.B. Methodenkenntnisse der Mitarbeiter und die Komplexität[782] der zu entwickelnden Dienstleistung, eine Rolle. Ein wichtiger Aspekt in diesem Zusammenhang ist auch der finanzielle und personelle Aufwand, der mit der Anwendung verbunden ist. Gerade bei nicht trivialen Methoden und Werkzeugen, d.h. solchen die regelmäßig einen erheblichen Einführungs- und Durchführungsaufwand mit sich bringen, muss die Anwendung auch wirtschaftlich sinnvoll sein. Dadurch beschränkt sich der Einsatz von aufwändigeren Methoden auf Dienstleistungen mit hoher Komplexität und relativ hohem Umsatzpotenzial. Jedoch wird in der Fachliteratur davon ausgegangen, dass die so genannte Zehnerregel aus der Entwicklung physischer Produkte auch für Dienstleistungen zutrifft. Diese Faustregel besagt, dass ca. 80% der späteren Produktkosten bereits in den frühen Entwicklungsphasen determiniert werden.[783]

Auch in der Dienstleistungsentwicklung werden zahlreiche Entscheidungen getroffen, welche die späteren Kosten maßgeblich bestimmen. So wird z.B. der genaue Leistungsumfang des neuen Service bestimmt, die Komplexität der Prozesse festgelegt und über die Art der eingesetzten Ressourcen entschieden. Für den Einsatz von Methoden zur frühzeitigen Fehlerentdeckung und -vermeidung im Service Engineering gilt somit: „Je früher ein Fehler erkannt wird, desto länger muss auf den Nutzen gewartet werden, desto größer ist dieser Nutzen aber auch."[784] Dieser entscheidende Zusammenhang sollte nicht außer Acht gelassen werden,

---

[781]   In Anlehnung an SCHWENGELS (2003), S. 42.

[782]   Die Komplexität eines Systems ist abhängig von der Anzahl und der Unterschiedlichkeit der Elemente sowie der Anzahl und der Vielfalt der Relationen zwischen den Elementen. Komplexität ist damit eine objektiv messbare Eigenschaft eines Systems. Vgl. EHRLENSPIEL (2003), S. 31.

[783]   Vgl. LUCZAK et al. (2000), S. 7. LUCZAK et al. (2000) geht auch für die Dienstleistungsentwicklung von 80% der späteren Produktkosten aus. Andere Autoren sprechen von einem „beachtlichen Anteil" der Kosten, die in der Entwicklung determiniert werden. Vgl. EVERSHEIM et al. (2003), S. 418.

[784]   GUNDLACH (2004), S. 17.

wenn in einer Organisation über den Einsatz von Methoden und Werkzeugen im Service Engineering entschieden wird.

6.2.4 Zusammenfassung zum Service Engineering

Das Ziel dieses Kapitels bestand darin, einen Überblick über das Fachgebiet Service Engineering zu geben und die Elemente näher zu erläutern, welche die Grundlage für die weitere Analyse bilden. Ein wichtiger Bestandteil des Service Engineering, das sich mit der „Entwicklung und Gestaltung von Dienstleistungsprodukten unter Verwendung geeigneter Vorgehensmodelle, Methoden und Werkzeuge"[785] befasst, ist die Betrachtung einer Dienstleistung als ein soziotechnisches System, das über vier Gestaltungsdimensionen verfügt, zwischen denen Mittel-Zweck-Beziehungen existieren: die Potenzial-, die Prozess-, die Ergebnis- und die Marktdimension.

Das zweite Element sind die Vorgehensmodelle des Service Engineering, die eine strukturierte, systematische Entwicklung ermöglichen. Für die weiteren Analysen wird das Fünf-Phasen-Vorgehensmodell nach MEIREN und BARTH verwendet. Der letzte wichtige Punkt schließlich ist die seltene Anwendung von Methoden in Verbindung mit dem von den Unternehmen bekundeten großen Bedarf an geeigneten Methoden und Vorgehensweisen. Aufgrund der Schwerpunktlegung des Service Engineering auf die Entwicklung qualitativ hochwertiger Dienstleistungen ergibt sich folglich ein hoher Bedarf an Methoden zur „Hineinentwicklung" einer hohen Qualität bereits während den frühen Entwicklungsphasen.

Anwendung ingenieurwissenschaftlicher Methoden im Service Engineering

Im Folgenden wird untersucht, inwieweit ausgewählte ingenieurwissenschaftliche Methoden im Service Engineering angewendet werden können bzw. bereits angewendet werden. Anschließend wird eine Vorgehensweise für eine integrierte Anwendung der betrachteten Methoden vorgestellt. Im letzten Teil des Kapitels wird auf drei wesentliche Herausforderungen eingegangen, die mit der Anwendung der Methoden verbunden sind.

6.2.5 Vorgehensweise zur Auswahl der betrachteten Methoden

Der Suchraum für geeignete ingenieurwissenschaftliche Methoden wurde, wie in folgender Abbildung dargestellt, in drei Schritten eingegrenzt. Zum einen sollen die Methoden in der Produktentwicklung innerhalb der Konzeptentwicklungsphase zum Einsatz kommen. In dieser Phase ist der unterschiedliche Professionalisierungsgrad der Sachgüterentwicklung im Vergleich zur Dienstleistungsentwicklung – aufgrund des hohen Niveaus im Bereich der Ingenieurwissenschaften – besonders auffällig. Daher ist anzunehmen, dass viele Erfahrungen vorteilhaft auf die entsprechende

---

[785]   BULLINGER und SCHREINER (2003), S. 70.

Phase des Service Engineering – die Konzeptionsphase des Fünf-Phasen Vorgehensmodells – übertragen werden können.

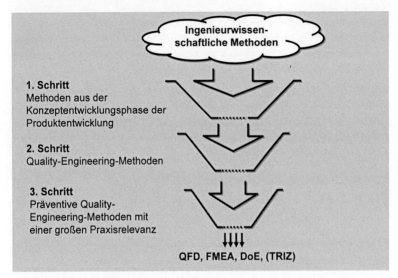

1. Schritt
Methoden aus der
Konzeptentwicklungsphase der
Produktentwicklung

2. Schritt
Quality-Engineering-Methoden

3. Schritt
Präventive Quality-
Engineering-Methoden mit
einer großen Praxisrelevanz

Abbildung 86: Auswahl der betrachteten Methoden[786]

Im zweiten Schritt wurden die Methoden für die weitere Betrachtung ausgewählt, die in den Ingenieurwissenschaften unter dem Begriff Quality Engineering subsumiert werden. Diese Methoden zielen darauf ab, qualitativ hochwertige Produkte zu entwickeln und auf präventive Art und Weise die Qualitätsverlustkosten zu senken.[787] Dies geschieht vor dem Hintergrund, dass bei Dienstleistungen die Qualität eine besonders wichtige Rolle spielt und die „Hineinentwicklung" von Qualität ein erklärtes Ziel der systematischen Dienstleistungsentwicklung, d.h. des Service Engineering ist.

Im dritten Schritt wurden die Methoden des Quality Engineering ausgesucht, die präventiv wirksam sind und eine besonders hohe Praxisrelevanz in der Entwicklung von Sachgütern haben. Da diese Methoden bereits in den Unternehmen bekannt sind und sich vielfach bewährt haben, lassen sie auch für das Service Engineering eine große Anwendungsrelevanz erwarten. Die im Quality Engineering am häufigsten präventiv angewendeten Methoden sind Quality Function Deployment (QFD), Failure Mode and Effects Analysis (FMEA) und Design of Experiments (DoE).[788]

---

[786] Die Methode TRIZ steht in Klammern, da sie nicht von allen Autoren zu den Quality-Engineering-Methoden gezählt wird. Vgl. PFEIFER und CANALES (2005), S. 115f.

[787] Vgl. z.B. GUNDLACH (2004), S. 19f.; SEIBERT (1998), S. 510f.

[788] Vgl. GUNDLACH (2004), S. 20. Innerhalb des Quality Engineering wird zwischen den hier betrachteten präventiv wirksamen Methoden (auch off-line Methoden) und so genannten on-line Methoden, wie z.B. Statistical Process Control, die der direkten Prozessregelung dienen, unterschieden.

Neben einer qualitativ hochwertigen Dienstleistung ist in der heutigen Wettbewerbssituation auch ein hoher Innovationsgrad für einen Markterfolg notwendig. Daher ist es erforderlich, diesen Aspekt in der Konzeptionsphase zu berücksichtigen. Die Theorie des erfinderischen Problemlösens (TRIZ) ist eine Methode, die sich im Bereich der Ingenieurwissenschaften bewährt hat und sich sehr gut in die Anwendung der Quality-Engineering-Methoden integrieren lässt bzw. in der Literatur teilweise sogar als Quality-Engineering-Methode bezeichnet wird.[789]

Aufgrund des vorgestellten Auswahlverfahrens und der genannten Argumente werden zunächst die Potenziale und die Anwendung dieser vier Methoden (QFD, TRIZ, FMEA und DoE) in der Konzeptionsphase des Service Engineering untersucht. Anschließend wird ein neues Konzept zur integrierten Anwendung dieser Methoden im Service Engineering entwickelt.

6.2.6 Quality Function Deployment (QFD)

Nach einem Überblick über die Methode wird das Potenzial der QFD-Methode für die einzelnen Aufgaben der Konzeptionsphase untersucht.

6.2.6.1 Überblick über die Methode

Die traditionelle Aufnahme und Festschreibung von Kundenanforderungen in einem Lasten- und Pflichtenheft geschieht selten strukturiert und vollständig und birgt daher schwerwiegende Nachteile. Die Methode Quality-Function-Deployment (QFD)[790] wird sehr erfolgreich zur systematischen Gestaltung der Produktentstehungsphase und Verbesserung der Kundenorientierung eingesetzt. Der Kern der Methode, die bereits im Jahr 1966 von dem Japaner Akao vorgestellt wurde, besteht darin, dass gefragt wird, „Was will der Kunde?" und anschließend diese Anforderungen in Produktmerkmale umgesetzt werden.[791]

Zur Strukturierung der Vorgehensweise und Dokumentation dient das House of Quality (HoQ). Dabei wird, wie in folgender Abbildung dargestellt, von den Kundenanforderungen ausgegangen (Was wollen die Kunden?) und überlegt, mit Hilfe welcher Merkmale diesen entsprochen werden kann (Wie werden die Forderungen erfüllt?).

---

[789] Vgl. PFEIFER (2001), S. 331ff. Als präventive Quality-Engineering-Methode wird TRIZ z.B. von PFEIFER und CANALES (2005) bezeichnet. Vgl. hierzu PFEIFER und CANALES (2005), S. 115f.

[790] „Quality Function Deployment" kann sinngemäß als „die Planung und Entwicklung der Qualitätsfunktionen eines Produktes entsprechend den von den Kunden geforderten Qualitätseigenschaften" übersetzt werden. Vgl. AKAO (1992), S. 15.

[791] Vgl. PFEIFER (2001), S. 313.

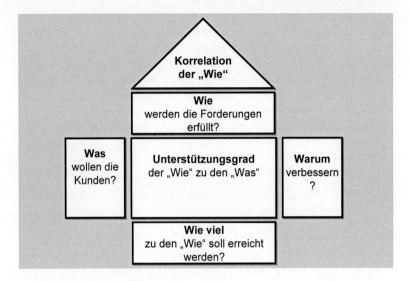

Abbildung 87: Übersicht des House of Quality[792]

Dabei wird auch festgehalten, inwieweit der Wettbewerb aus Kundensicht die Anforderungen erfüllt (Warum verbessern?) und die angestrebte Ausprägung der einzelnen Produktmerkmale in Form eines Zielwertes quantifiziert (Wie viel zu den „Wie" soll erreicht werden?). Ein wichtiger Bestandteil des HoQ ist das Feld, in dem die Korrelationen der Produktmerkmale aufgezeigt werden, d.h. ob ein bestimmtes Merkmal auf ein anderes eine konträre oder unterstützende Wirkung hat.[793]

Für den operativen Einsatz der Methode gibt es inzwischen mehrere Vorgehensweisen, wobei sich größtenteils die sehr strukturierte Variante des American Supplier Institute (ASI) durchgesetzt hat.[794] Dieser Ansatz unterscheidet vier Phasen, wobei die Informationsbeschaffung immer vorausgeht (Phase Null):

0. Informationsbeschaffung

1. Produktplanung

2. Teileplanung

3. Prozessplanung

4. Produktionsplanung

---

[792]   In Anlehnung an SAATWEBER (2005), S. 362
[793]   Vgl. SAATWEBER (2005), S. 359ff.
[794]   Vgl. O'SHEA (2002), S. 30. Bei O'SHEA (2002) ist auch ein Überblick der Vor- und Nachteile der verschiedenen Varianten zu finden. Vgl. O'SHEA (2002), S. 27ff.

Die Informationsbeschaffung wird bereits während der Anforderungsanalyse – der zweiten Phase des Fünf-Phasen-Vorgehensmodells – durchgeführt und bildet daher keinen Bestandteil der Konzeptionsphase. Sobald die Kundenanforderungen aufgenommen sind[795] und von den Kunden, z.B. mittels paarweisem Vergleich, gewichtet wurden, gehen sie in der ersten Phase als Anforderungen in das HoQ ein. Die Produktmerkmale, die der Erfüllung der Kundenwünsche dienen, werden ihrerseits in der zweiten Phase als Anforderungen an die Teileplanung verstanden, die wiederum durch geeignete Merkmale der Teile erfüllt werden sollten. Diese Merkmale stellen die Anforderungen der nächsten Phase, der Prozessplanung, dar. Die Prozessmerkmale sind schließlich – in der letzten Phase – die Anforderungen an die Produktionsplanung, die es zu erfüllen gilt.[796]

Die praktische Anwendung von QFD in Unternehmen kann durch entsprechende Werkzeuge, wie z.B. der Software Qualica[797], unterstützt und strukturiert werden.

6.2.6.2 Potenzial von QFD in der Dienstleistungskonzeption

Da die Methode QFD ursprünglich für den Bereich der Produktentwicklung entworfen wurde, muss sie für den Einsatz im Bereich Service Engineering angepasst werden. Das grundsätzliche Potenzial der Methode wurde bereits in anderen Untersuchungen[798] bestätigt und in der Literatur finden sich auch einige Berichte über erfolgreiche Anwendungen in der Praxis. So wurde sie z.B. erfolgreich bei der Weiterentwicklung von Dienstleistungen im Kreditkartengeschäft[799] eingesetzt. Diese Dienstleistung kann dem Dienstleistungstyp V zugeordnet werden und besitzt damit eine gute Eignung für die systematische Entwicklung. Ingesamt wird in dieser Fallstudie QFD als geeignet für den Einsatz im Service Engineering bewertet, da die Methode eine sehr kundenorientierte Gestaltung der Komponenten einer Dienstleistung ermöglicht. Jedoch werden auch einige Kritikpunkte (z.B. hoher Aufwand) und Verbesserungsvorschläge (z.B. Methodenauswahl nach Kosten-/Nutzenaspekten) als Fazit der Anwendung angeführt.[800]

Ausgehend von diesen Erkenntnissen, soll hier vor allem untersucht werden, inwieweit die einzelnen Dimensionen der Konzeptionsphase durch eine Anpassung der Methode unterstützt werden können. Eine optimale Hilfe für die Erstellung der einzelnen Modelle und Konzepte erfolgt durch eine Vorgehensweise in drei Phasen, wobei die Phase der Informationsbeschaffung (Phase Null) erhalten bleibt:[801]

---

[795] Dieser Prozess steht zwar nicht im Fokus dieser Arbeit, er muss jedoch sehr sorgfältig durchgeführt werden, da er die Basis für die weitere Vorgehensweise bildet. Vor allem die genaue Definition der Zielgruppe und die Identifizierung und Priorisierung der Kundenbedürfnisse (z.B. nach dem Kano-Modell) spielen eine entscheidende Rolle. Vgl. hierzu z.B. SAATWEBER (1997).

[796] Vgl. PFEIFER (2001), S. 314ff.

[797] Vgl. N.N. (2005b).

[798] Vgl. z.B. EVERSHEIM et al. (2003), S. 426 ff.

[799] Vgl. ZACHARIAS (2003), S. 741ff.

[800] Vgl. ZACHARIAS (2003), S. 758f.

[801] Vgl. hierzu auch GOGOLL (2000), S. 373f.

0.   Informationsbeschaffung

1.   Ergebnisplanung

2.   Prozessplanung

3.   Potenzialplanung

Im Bereich Dienstleistungen kann die Informationsbeschaffung eine besondere Herausforderung sein, da die Kunden sich die neue Leistung evtl. nicht vorstellen können. Hier können z.b. Prototypen (unter Einsatz von Attrappen, Videos, Computersimulationen) oder grafische Darstellungen in Form von Flussdiagrammen hilfreich sein. Diese Aktivitäten werden jedoch hier nicht näher betrachtet, da sie kein Bestandteil der Konzeptionsphase darstellen, sondern bereits während der Anforderungsanalyse durchgeführt werden.

Nach der Erhebung der Kundenanforderungen werden diese in der ersten Stufe mit Hilfe geeigneter Merkmale der Ergebnisdimension erfüllt. Dabei können sich die Kundenanforderungen sowohl auf die Wirkung als Ergebnis der Dienstleistungen als auch auf das Endergebnis des Prozesses beziehen. Typische Kundenanforderungen im Falle der Dienstleistung „Einrichtung eines DSL-Anschlusses" wären z.B. die schnelle Freischaltung des DSL-Zugangs sowie die zügige und komplette Lieferung der notwendigen Geräte (z.B. Splitter, Modem). Vereinfacht dargestellt könnten diese Anforderungen unter anderem durch folgende Merkmale der Ergebnisdimension erfüllt werden: Freischaltung des DSL-Zugangs innerhalb von drei Tagen, Überprüfung des Inhalts und Versendung der Geräte innerhalb von drei Tagen.

Wie in folgender Abbildung dargestellt, bilden diese Merkmale ihrerseits die Eingangsgrößen für die zweite Stufe, die Prozessplanung. Durch entsprechende Planung der Abläufe und Prozesse der Dienstleistung wird ein Erreichen der Anforderungen der Ergebnisplanung ermöglicht. So muss z.B. sichergestellt werden, dass der Kundenauftrag in jedem Fall umgehend – auch mit Hilfe von Vertretungsregeln für abwesendes Personal – bearbeitet wird, um eine Versendung der Geräte innerhalb von drei Tagen garantieren zu können. Auch der Prozess der Lagerhaltung bzw. der Lieferung der Geräte durch den Lieferanten muss eine Bereitstellung der Geräte innerhalb von maximal zwei Tagen erlauben.

Abschließend wird die erforderliche (Personal-) Ausstattung des Dienstleisters so gewählt, dass die Prozesszielwerte erfüllt werden können. In dem Beispiel des DSL-Anbieters könnte z.B. die Notwendigkeit eines Zwischenlagers für Geräte, mit automatischer Auslösung einer Bestellung bei Unterschreitung eines Mindestbestands, bestehen.

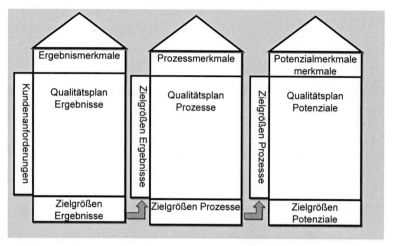

Abbildung 88: QFD in der Konzeptionsphase des Service Engineering[802]

Je nach Komplexität der Dienstleistung und gewünschtem Detaillierungsgrad der Planung kann es auch ausreichend sein, nicht alle Phasen zu durchlaufen, sondern z.B. nur anhand der ersten Phase die wesentlichen Kundenanforderungen durch entsprechende Merkmale der neuen Dienstleistung zu erfüllen.

Bei der Vorgehensweise in drei Phasen hat die QFD-Methode das Potenzial, die Konzeptionsphase des Service Engineering in allen vier Dimensionen zu unterstützen, um entsprechende Modelle, wie z.B. Prozessmodelle, entwickeln zu können. Durch die phasenorientierte Vorgehensweise kann die Modellerstellung in der Ergebnis-, Prozess- und Potenzialdimension gleichermaßen gut unterstützt werden. Im Bereich der Marktdimension geschieht dies jedoch nur indirekt durch die Erfassung der Kundenanforderungen und nicht unmittelbar durch die Unterstützung der Erstellung eines Marketingkonzepts.

Die Anwendung der QFD-Methode sollte von einem Team mit Vertretern der beteiligten Unternehmensbereiche durchgeführt werden. Dadurch kann eine interdisziplinäre Zusammenarbeit gefördert werden, bei der QFD eine Katalysatorfunktion hat: es wird eine konstruktive Arbeitsatmosphäre geschaffen, mit der die Kommunikation verbessert und Informationsverluste an der Schnittstellen vermieden werden.[803]

---

[802] In Anlehnung an GOGOLL (1996), S. 79.
[803] Vgl. GOGOLL (1996), S. 81.

Tabelle 17: Potenziale von QFD für die Konzeptionsphase des Service Engineering

	Ergebnis-dimension	Prozess-dimension	Potenzial-dimension	Markt-dimension
Potenziale von QFD	●	●	●	◑
Legende: ● hohes Potenzial ◑ mittleres Potenzial ○ geringes Potenzial				

Vor allem in der ersten Anwendung verlangt die Methode einen relativ hohen Zeitaufwand. Eine Einführung im Unternehmen kann, ähnlich wie bei den meisten Methoden, nur erfolgreich sein, wenn gewisse Grundvoraussetzungen, wie z.B. Unterstützung durch das Management, erfüllt sind.

Kritisch muss angemerkt werden, dass QFD dabei hilft, eventuelle Widersprüche zwischen den Merkmalen zu identifizieren, jedoch bietet die Methode prinzipiell keine Unterstützung zur Auflösung dieser Widersprüche.[804] Insgesamt gelingt es durch die Methode, eine sehr genau auf die Kundenanforderungen abgestimmte Dienstleistung zu entwickeln, jedoch wird durch die isolierte Anwendung nur dieser einen Methode in den meisten Fällen kein hoch innovativer Service entstehen. Diese Einschränkung ist prinzipbedingt, da die Methode den Entwickler nicht dabei unterstützt, ungewöhnliche, neuartige Lösungen für die Erfüllung der Kundenwünsche und -anforderungen zu finden.[805]

6.2.7 Theorie des erfinderischen Problemlösens (TRIZ)

Eine grundlegende Voraussetzung für eine erfolgreiche neue Dienstleistung ist die innovative Lösung eines wichtigen Problems der Zielgruppe, d.h. die Erfüllung eines ihrer relevanten Bedürfnisse. Die Voraussetzung dafür ist häufig eine Invention, d.h. eine Erfindung, die wiederum Kreativität voraussetzt.[806] Kreativität kann durch zahlreiche Methoden, wie z.B. Brainstorming oder Synektik, unterstützt werden, wobei die sinnvolle Anwendbarkeit dieser Methoden mit zunehmender Komplexität des Problems abnimmt.[807] Da sich bei komplexeren Fragestellungen in den Ingenieurwissenschaften die Methode TRIZ bewährt hat, wird im Folgenden – nach der Vorstellung der Methode – ihre Eignung für die Konzeptionsphase des Service Engineering untersucht.

[804] Vgl. hierzu auch CHAI et al. (2005), S. 49.
[805] Vgl. TERNINKO et al. (1998), S. 247.
[806] Vgl. BROCKHOFF (1999), S. 35ff.
[807] Vgl. PFEIFER (2001), S. 329; TERNINKO et al. (1998), S. 15.

6.2.7.1 Überblick über die Methode

TRIZ ist das russische Akronym für „Theorie des erfinderischen Problemlösens" und steht für eine von dem usbekischen Wissenschaftler Genrich Altschuller entwickelte Methode für den technischen Problemlöseprozess. Wesentliches Element dieser sehr systematischen Methode ist die Widerspruchsmatrix, die auf der Analyse von ca. 200.000 Urheberscheinen und Patenten beruht. [808]

Die prinzipielle Vorgehensweise der TRIZ-Methode gliedert sich in vier Schritte (vgl. folgende Abbildung). Laut TRIZ haben die meisten Probleme einen inhärenten Widerspruch, so dass z.B. zwei sich widersprechende Anforderungen an ein System oder Teilsystem gestellt werden. Daher besteht die erste Aufgabe darin, dieses Problem bzw. den Widerspruch zu analysieren und präzise zu beschreiben. Anschließend wird die Fragestellung durch Abstraktion verallgemeinert. Das abstrakte Problem wird durch ein bewährtes, allgemeingültiges Prinzip gelöst, was zu einer abstrakten Lösung des Problems führt. Diese wird abschließend durch Analogiebildung und Assoziationen wieder konkretisiert, um schließlich die gesuchte konkrete Lösung zu erhalten. Dieses Vorgehen unterscheidet sich damit grundlegend von einem Vorgehen nach dem Versuch-Irrtum-Prinzip. An dem beispielhaften konkreten Problem einer quadratischen Gleichung in der folgenden Abbildung wird deutlich, dass die Erfolgsaussichten der auf dem Versuch-Irrtum-Prinzip basierenden Methoden, wie z.B. Brainstorming, bei komplexeren Fragestellungen sehr gering sind.[809]

---

[808] Laut PANNENBÄCKER (2001) sind Angaben über zwei Millionen und mehr analysierte Patente, wie sie von einigen Autoren gemacht werden, nicht haltbar, da für die Weiterentwicklung von TRIZ nicht immer weitere technische Schutzrechte analysiert wurden. Vgl. PANNENBÄCKER (2001), S. 195ff.

[809] Vgl. MOEHRLE (2005), S. 4; STEINSCHADEN (2005), S. 481ff.

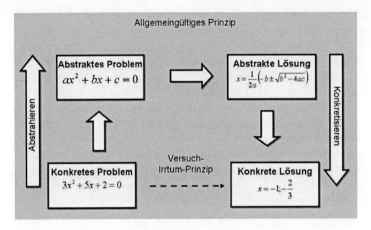

Abbildung 89: Theoretischer Problemlösungsprozess der Methode TRIZ[810]

Während dieses Prozesses kann der Anwender auf eine Vielzahl von Werkzeugen zurückgreifen, die ihn in einzelnen Schritten unterstützen. So kann z.B. das konkrete Problem mit Hilfe der Systemanalyse präzisiert werden oder die Suche nach einem allgemeingültigen Prinzip durch die Werkzeuge Erfindungsverfahren (konzentriertes Know-how zum Anwenden abstrakter Lösungsprinzipien) oder Evolutionsmuster (Antizipieren der künftigen Evolution des technischen Systems) beschleunigt werden.[811]

Inzwischen wurden verschiedene Vorgehensmodelle entwickelt, um den Prozess und die Anwendung der TRIZ-Werkzeuge besser zu strukturieren. Ein Beispiel ist die Widerspruchsorientierte Innovationsstrategie (WOIS), die aus drei Phasen besteht (Orientierung, Evolutionsbarrieren und Lösungsfindung) und sich an der Evolutionsspirale technischer Systeme orientiert. Ein weiteres Exempel ist das Konzept der Problemzentrierten Invention (PI-Konzept), das die TRIZ-Werkzeuge einem Rahmenmodell mit fünf Feldern (Ist-Zustand, Ressourcen, Transformation, Ziele, Soll-Zustand) zuordnet.[812]

Das Grundprinzip von TRIZ wird im Folgenden anhand eines Beispiels[813] aufgezeigt, bei dem die Aufgabenstellung darin besteht, innovative Lösungsansätze für die Stromversorgung von Notebooks im mobilen Einsatz zu erarbeiten.

Während des mobilen Einsatzes muss der Notebook-Nutzer sein Netzteil und die Anschlusskabel mitnehmen und ist auf verfügbare Stromquellen in Form von

---

[810] In Anlehnung an EVERSHEIM et al. (2003), S. 152 und TERNINKO et al. (1998), S. 64
[811] Vgl. MOEHRLE (2005), S. 4. Für eine Übersicht der Werkzeuge vgl. PANNENBÄCKER (2001), S. 82f.
[812] Vgl. hierzu z.B. MOEHRLE (2005), S. 10; PANNENBÄCKER (2001), S. 91ff.
[813] Vgl. MOEHRLE (2005), S. 5ff.

Steckdosen angewiesen. Diese Ausgangssituation wird in einem ersten Schritt durch das Werkzeug der Widersprüche analysiert. Ein Widerspruch liegt vor, wenn eine gewünschte Funktion des Systems, die auf herkömmliche Weise bereitgestellt wird, auch negative Auswirkungen – so genannte schädliche Faktoren – mit sich bringt. Auf den konkreten Fall angewendet, könnte die gewünschte Funktion darin bestehen, mobil mit dem Notebook arbeiten zu können, ohne das Netzteil und die Kabel mitnehmen zu müssen. Was wäre hierfür die herkömmliche Lösung? Der Nutzer könnte nur das Notebook mitnehmen und das Zubehör zum Aufladen zu Hause lassen. In diesem Fall hätte er kein zusätzliches Gewicht dabei und könnte auch mobil arbeiten. Er könnte dies jedoch nur so lange tun, bis die Kapazität des Akkus erschöpft ist, da sich das Notebook anschließend automatisch ausschaltet. Daher hat diese herkömmliche Lösung eine gravierende negative Auswirkung und es liegt ein Widerspruch im Sinne der TRIZ-Methode vor.

Im nächsten Schritt wird das konkrete Problem in ein abstraktes Problem umgewandelt. Für diesen Zweck kann die Widerspruchsmatrix verwendet werden. Die Widerspruchsmatrix besteht aus 39 Zeilen und 39 Spalten, die jeweils Parameter eines technischen Systems repräsentieren (z.B. Volumen, Gewicht, Benutzerfreundlichkeit). Dabei wird die gewünschte Funktion einem Parameter zugeordnet, der einer der 39 Zeilen der Widerspruchsmatrix entspricht, und anschließend die unerwünschte Auswirkung einem Parameter aus den Spalten der Matrix. In dem konkreten Beispiel könnten dies der Parameter „Energieverluste" (Zeile 22, Energieverluste sollen verringert werden) und die Spalte „Masse des beweglichen Objekts" (Spalte 1, Masse soll verringert werden) sein. Wie dargestellt, ergeben sich in dem entsprechenden Feld der Matrix die empfohlenen Prinzipien bzw. Erfindungsverfahren für diese spezifische Kombination. Diese Erfindungsverfahren sind ein wichtiges Ergebnis von Altschullers Patentanalysen und stellen die von ihm identifizierten, bei Erfindungen häufig angewendeten Prinzipen dar.

Tabelle 18: Auszug aus der Widerspruchsmatrix[814]

		Schädlicher Faktor			
		1. Masse des beweglichen Objekts	... 22. Energie-verluste	... 38. Automati-sierungsgrad	39. Produkti-vität
Gewünschte Funktion	1. Masse des beweglichen Objekts		6, 2, 34, 19	26, 35, 18, 19	35, 3, 24, 37
	---				
	22. Energie-verluste	15, 6, 19, 28		2	28, 10, 29, 35
	...				
	38. Automati-sierungsgrad	28, 26, 18, 35	23, 28		5, 12, 35, 26
	39. Produkti-vität	35, 26, 24, 37	28, 10, 29, 35	5, 12, 35, 26	

Aus den 40 Prinzipien[815] wird für dieses konkrete Beispiel auf die Erfindungsverfahren 15 (Verfahren des Dynamischen), 6 (Verfahren der Universalität), 19 (Verfahren der periodischen Wirkung) und 28 (Verfahren des Ersatzes mechanischer Systeme) verwiesen. Diese abstrakten Lösungsansätze müssen im nächsten Schritt von dem Entwickler in konkrete Lösungen umgesetzt werden.

Dabei ist nach wie vor Kreativität und Ideenreichtum gefordert, jedoch wird das Denken des Entwicklers durch TRIZ in bestimmte Richtungen gelenkt. So lautet die Arbeitsanweisung des 6. Prinzips: „Lassen Sie mehrere Funktionen durch ein Objekt ausführen und eliminieren sie dadurch andere Objekte." Der Erfinder kann das „Objekt" gedanklich durch verschiedene reale Elemente ersetzen, wie z.B. das Notebook oder Teile davon, Gegenstände aus der Umgebung, wie z.B. den Tisch, die Beleuchtung oder sogar den Nutzer selbst.

Im nächsten Schritt wird bei all diesen Objekten darüber nachgedacht, was sie für zusätzliche Funktionen erfüllen können. Mögliche Lösungsansätze aus diesem Ausgangspunkt, die auch das Potenzial von TRIZ andeuten, wären z.B.:

- Eine neue Funktion für den Bildschirm und die Beleuchtung: Auf der Rückseite des Notebooks könnten Fotoelemente platziert werden, die durch gebündeltes Licht bestrahlt werden.

---

[814] In Anlehnung an PANNENBÄCKER (2001), S. 99

[815] Für eine Gesamtübersicht der Prinzipien vgl. z.B. PANNENBÄCKER (2001), S. 98. Im Internet sind auch interaktive Versionen der TRIZ-Matrix mit Beispielen verfügbar. Vgl. z.B. N.N. (2004).

- Eine neue Funktion für die Tastatur: Durch Piezo Elemente könnten die Tasten zur Energieerzeugung dienen (in eher geringem Umfang).

- Neue Funktion für den Tisch: Der Tisch könnte Niedervoltstrom über einen Anschluss zur Verfügung stellen.

Analog zu dieser Vorgehensweise werden auch die anderen Erfindungsverfahren bearbeitet, was wiederum zu neuen oder auch bereits bekannten Lösungen führt. So könnte die Anwendung von Prinzip 28 (Verfahren des Ersatzes mechanischer Systeme) folgende Ansätze hervorbringen:

- Ersatz der Kabelverbindung durch Induktion; die notwendigen Induktionsschleifen könnten im Notebook und im Tisch oder in speziellen Matten eingearbeitet sein.

- Ersatz des Akkus durch eine Brennstoffzelle; dabei handelt es sich um eine weit gefasste Interpretation des Prinzips.

Zusammenfassend kann man sagen, dass der Einsatz der Methode TRIZ kein Ersatz für die menschliche Kreativität ist, aber den entscheidenden Vorteil in sich birgt, diese zu lenken und zu unterstützen.

6.2.7.2 Potenzial von TRIZ in der Dienstleistungskonzeption

In empirischen Studien konnte gezeigt werden, dass erfolgreiche Dienstleistungsunternehmen systematische Prozesse zur Generierung neuer Ideen langfristig implementiert haben.[816] Daher erscheint es wünschenswert, mit einer TRIZ-Variante für den Service-Bereich eine neue Methode für Dienstleistungsinventionen zur Verfügung zu haben.

Bereits ohne eine spezielle Anpassung an die Anforderungen der systematischen Dienstleistungsentwicklung konnte TRIZ erfolgreich in der Weiterentwicklung von Services angewendet werden, auch wenn der Autor den Einsatz nicht explizit als Service-Engineering-Anwendung darstellt: Eine TRIZ-Fallstudie[817] aus der deutschsprachigen Literatur beschäftigt sich mit dem Ablauf einer kombinierten Sonographie und Mammographie als Vorsorgeuntersuchung zur Früherkennung von Brustkrebs. Im Mittelpunkt steht dabei die Änderung des Ablaufs des Untersuchungsprozesses, mit dem Ziel, beide Untersuchungen gleichzeitig, d.h. ohne Positionsveränderung der Patientin, durchzuführen. Obwohl im Rahmen dieses Workshops keine spezielle Service-TRIZ-Variante angewendet wurde, konnten durch den Einsatz verschiedener Werkzeuge (u.a. Systemanalyse, Widersprüche) sechs verschiedene Lösungskonzepte für diesen Prozess entwickelt werden. Insgesamt wird das Projekt von dem Verfasser als eine gelungene Anwendung von TRIZ bewertet und beweist dadurch, dass einige TRIZ-Werkzeuge auch ohne spezielle

---

[816] Für eine Übersicht der Studien vgl. CHAI et al. (2005), S. 49.
[817] Vgl. PANNENBÄCKER (2001), S. 133ff.

Anpassungen bereits eine wertvolle Hilfe im Bereich der systematischen Planung von Dienstleistungen sein können.

Die Anwendung von TRIZ im Rahmen von Service Engineering wurde in der betriebswirtschaftlichen Forschung im deutschsprachigen Raum bisher nicht thematisiert. Auch international wurde TRIZ für die systematische Konzeption von Dienstleistungen erst vor kurzem entdeckt. Daher existieren bisher nur sehr wenige theoretische Arbeiten und dokumentierte Fallstudien, wie z.B. die einer Neugestaltung der Essensversorgung durch eine Hochschulkantine.[818]

Ein Grund hierfür ist, dass Widersprüche an technischen Systemen oder physischen Produkten im Allgemeinen leichter zu entdecken und zu formulieren sind. Trotz der Besonderheiten von Dienstleistungen (z.B. Immaterialität) ist es jedoch möglich, Widersprüche zu beschreiben. Nachstehend werden zwei typische Widersprüche aus dem Dienstleistungsbereich kurz vorgestellt:[819]

- Diversifikation versus Fokussierung – Dienstleistungen, die auf einen Massenmarkt abzielen, führen zu einem undifferenzierten einheitlichen Angebot. Dienstleistungen, die auf ein spezielles Kundensegment zielen, eignen sich nur sehr bedingt dazu, den Marktanteil durch Vergrößerung der Kundenbasis zu erhöhen.

- Funktionalität versus Benutzerfreundlichkeit – Vor allem multifunktionale elektronische Services (e-Services) können viele Kundenbedürfnisse erfüllen, stellen jedoch häufig sehr hohe Anforderungen an die Bedienung durch den Kunden.

Es gibt auch erste Ansätze, Neuheiten aus dem Dienstleistungsbereich zu kategorisieren und den 40 Erfindungsverfahren des klassischen TRIZ zuzuordnen. Auch wenn sich nicht alle Verfahren als gleich gut geeignet für den Bereich Dienstleistungen erwiesen haben (z.B. kommt das Verfahren der Gleichartigkeit bzw. Homogenität aufgrund der kundenspezifischen Unterschiede im Bereich Dienstleistungen seltener zum Einsatz als im technischen Bereich), konnten die allermeisten Erfindungsverfahren und Inventionsmuster, auf den Dienstleistungsbereich übertragen werden. Als ein Beispiel sei das Prinzip der Segmentierung genannt, das als eine von drei Möglichkeiten die Erhöhung des Grades an Segmentierung vorschlägt. Bezogen auf eine Dienstleistung wie ein Service Center könnte das bedeuten, die Kundenanfragen anhand einer automatischen Abfrage nach Themengebieten zu kategorisieren und so die Warte- und Vermittlungszeiten zu verkürzen.[820] Dieses Vorgehen würde sowohl das Ergebnis der Dienstleistung – in Form einer besseren Lösung durch einen kompetenten Ansprechpartner – als auch den Prozess der Dienstleistung (keine

---

[818]   Vgl. ZHANG et al. (2005), S. 37ff.
[819]   Vgl. ZHANG et al. (2005), S. 37.
[820]   Vgl. ZHANG et al. (2003), S. 1ff.; CHAI et al. (2005), S. 60ff.

zusätzlichen Vermittlungsstationen bzw. Zeitverlust durch mehrfaches Schildern des Problems) verbessern und damit die Konzeptionsphase in der Ergebnis- und in der Prozessdimension unterstützen.

Die grundsätzlichen Schritte der Vorgehensweise (Analyse des Problems, Formulierung eines abstrakten Problems, usw.)können auch bei der Anwendung von TRIZ im Service Engineering beibehalten werden. Insgesamt bietet TRIZ durch seine Lenkung der Kreativität und die bisherigen Anpassungen auf den Dienstleistungsbereich prinzipiell ein hohes Potenzial für die Anwendung in der Konzeptionsphase.[821] Dies gilt vor allem für Problemlösungen im Bereich der Ergebnis- und Prozessdimension. Da die Weiterentwicklung und Anpassung der Methode jedoch noch nicht abgeschlossen ist, wird das Potenzial zum jetzigen Zeitpunkt als „mittel" bewertet (vgl. folgende Tabelle).

Tabelle 19: Potenziale von TRIZ für die Konzeptionsphase des Service Engineering

	Ergebnis-dimension	Prozess-dimension	Potenzial-dimension	Markt-dimension
Potenziale von TRIZ	◑	◑	○	○
Legende: ● hohes Potenzial ◑ mittleres Potenzial ○ geringes Potenzial				

Fragestellungen der Potenzialdimension werden – abgesehen vielleicht von einigen Fragen der technischen Infrastruktur, auf die wiederum das „klassische" TRIZ angewendet werden kann – grundsätzlich ebenso wenig unterstützt wie Problemstellungen der Marktdimension.

Einschränkend muss bemerkt werden, dass – obwohl die Methode grundsätzlich für den Einsatz im Dienstleistungsbereich weiterentwickelt wurde – die adaptierten Werkzeuge noch auf einer geringen Erfahrungsbasis aufbauen und einige Werkzeuge, wie z.B. die Ressourcen-Analyse, noch gar nicht für den Einsatz im Bereich Dienstleistungskonzeption angepasst wurden.

6.2.8 Failure Mode and Effects Analysis (FMEA)

Die Abkürzung FMEA steht für „Failure Mode and Effects Analysis", was sinngemäß mit „Fehlermöglichkeits- und Fehlereinflussanalyse" übersetzt werden kann.[822] Diese Methode wird im Folgenden kurz dargestellt, um anschließend auf die Potenziale und die mögliche Anwendung der Methode im Service Engineering einzugehen.

---

[821] Vgl. CHAI et al. (2005), S. 60; ZHANG et al. (2005), S. 40.
[822] Vgl. KAMISKE und BRAUER (2003), S. 74.

6.2.8.1 Überblick über die Methode

Die FMEA wurde im Jahr 1959 von der amerikanischen Weltraumorganisation NASA[823] entwickelt. Seit Anfang der 80er Jahre wird die Methode auch in Deutschland verwendet, wobei auch hier die Raumfahrtindustrie und die Kerntechnik Vorreiter waren.[824]

Die FMEA ist eine formalisierte Methode, die den Schwerpunkt nicht auf die Fehlerbeseitigung, sondern auf die Fehlerprävention legt und dabei hilft, mögliche Fehler und ihre Konsequenzen bereits in einem frühen Stadium der Produktentwicklung zu erkennen. Die FMEA wird sowohl bei der Neuentwicklung von Produkten und beim Einsatz neuer Anlagen oder Maschinen als auch bei Produkt- oder Prozessänderungen angewandt. Zwei entscheidende Aspekte für den Erfolg einer FMEA sind die strukturierte Vorgehensweise und die Einbindung aller beteiligten Personen und Funktionen, um die Abschätzungen auf ein möglichst breites Wissen aufzubauen.[825]

Ausgehend von dem jeweiligen Betrachtungsgegenstand (z.B. einer Teilkomponente eines komplexen Systems) werden in einem ersten Schritt die Hauptfunktionen des (Teil-) Systems ermittelt. Anschließend werden denkbare Versagensmöglichkeiten (Fehlerarten), ihre jeweiligen Fehlerfolgen, die Ursachen des Fehlers und die Wahrscheinlichkeit einer rechtzeitigen Entdeckung im Versagensfall in einem standardisierten Formular festgehalten.

Falls ein technisches System detailliert mit Hilfe der FMEA untersucht werden soll, wird die Methode auf den drei Arbeitsebenen System, Konstruktion und Prozess angewendet. Da es zwischen diesen Ebenen Zusammenhänge gibt, wird im ersten Schritt eine System-FMEA durchgeführt. Dabei wird das funktionsgerechte Zusammenwirken der Systemkomponenten und ihrer Verbindungen untersucht.

Die folgende Abbildung zeigt einen Ausschnitt einer FMEA-Analyse eines Leistungsschalters, der eine Komponente eines Druckluftsystems ist. Ein Versagen des Druckluftsystems, was in der System-FMEA die Fehlerart darstellt, könnte als Fehlerursache einen defekten Leistungsschalter haben. Diese Fehlerursache stellt im nächsten Schritt, der Konstruktions-FMEA, die Fehlerart dar. Das Versagen der Wicklung ist eine mögliche Fehlerursache für das Nicht-Schließen des Leistungsschalters. Das Versagen der Wicklung ist in der Konstruktions-FMEA die Fehlerursache, in dem dritten Schritt, der Prozess-FMEA jedoch die Fehlerart. Diese kann wiederum verschiedene Ursachen haben, wie z.B. zu große Fertigungstoleranzen bei der Produktion der Wicklung.[826]

---

[823]   NASA steht für „National Aeronautics and Space Administration"
[824]   Vgl. TIETJEN und MÜLLER (2003), S. 4f.
[825]   Vgl. LINDEMANN (2005), S. 235.
[826]   Vgl. KERSTEN (1999), S. 360f.

System-FMEA												
System: Druckluftsystem					Ersteller:							
Komponente: Leistungsschalter					Ort, Datum:							
Derzeitiger Zustand: entspricht allen gesetzliche Anforderungen								Verbesserter Zustand bei Umsetzung der Maßnahme				
Funktion	Fehlerart	Fehlerfolge:	B	Fehlerursache	A	Entdeckung/ Gegenmaßnahmen	E	RPZ	Empfohlene Maßnahme /Verantwortlicher/Datum	B	A	E	RPZ
Stromkreis des Elektromotors schließen, damit Verdichter läuft	Schließt nicht	Elektromotor des Verdichters läuft nicht und somit wird kein Druck durch den Verdichter erzeugt. Das führt zum Versagen des Systems.	7	Versagen der Wicklung	4	Keine Entdeckung im Vorfeld, da keine Prüfung des Schalters erfolgt.	5	140	Einbau eines weiteren Schalters (Redundanz); Signal an Bediener der Einheit, wenn der Schalter nicht ordnungsgemäß funktioniert; Austausch des Schalters während des Betriebs möglich, da redundant	3	4	1	12
				Ausfall der eingebauten Sicherung	4	Keine Entdeckung im Vorfeld, da keine Prüfung des Schalters erfolgt.	5	140	Einbau eines weiteren Schalters (Redundanz); Signal an Bediener der Einheit, wenn der Schalter nicht ordnungsgemäß funktioniert; Austausch des Schalters während des Betriebs möglich, da redundant	3	4	1	12

Abbildung 90: Beispielhafter Ausschnitt eines FMEA-Formblattes[827]

In jedem dieser drei Schritte werden die Bedeutung (B), die Wahrscheinlichkeit des Auftretens (A) und des Entdeckens (E) anhand von Bewertungstabellen (vgl. folgende Abbildung) quantifiziert. Dabei ist es sehr vorteilhaft, wenn diese Bewertung im Team mit Beteiligung von Fachleuten aus allen involvierten Abteilungen durchgeführt wird. Anschließend wird durch Multiplikation der Faktoren B, A und E die Risikoprioritätszahl (RPZ) berechnet, d.h. $RPZ = B \times A \times E$. Die Höhe der dimensionslosen RPZ ist ein Indikator für die Dringlichkeit von Maßnahmen, liefert jedoch keine absolute Aussage darüber, wie kritisch der Fehler ist, sondern hilft lediglich bei der Erstellung einer Rangfolge. Daraus lassen sich gemäß dem Pareto-Prinzip[828] Prioritäten für die Erarbeitung von Lösungen ableiten.

Gemäß diesen Überlegungen werden in der Praxis Maßnahmen vorgeschlagen und ihre Umsetzung geplant, falls die RPZ einen festgelegten kritischen Wert übersteigt. Anschließend wird der verbesserte Zustand im Hinblick auf die Faktoren B, A und E bewertet, was nach Möglichkeit von dem gleichen Team durchgeführt werden sollte. Letztendlich wird die (voraussichtliche) RPZ nach Implementierung der Verbesserungsmaßnahmen berechnet. In dem hier verwendeten Beispiel konnte die RPZ durch geeignete Maßnahmen von 140 auf 12 gesenkt werden (vgl. vorherige Abbildung).

---

[827]   Diese Analyse wurde von dem Verfasser im Jahr 2004 im Rahmen eines Projektes erstellt.
[828]   Das Pareto-Prinzip drückt aus, dass die meisten Auswirkungen auf eine relativ geringe Zahl von Ursachen zurückzuführen sind. Quantitativ dargestellt resultieren z.B. 80% der Wirkungen aus 20% der möglichen Einflussgrößen. Vgl. hierzu z.B. KAMISKE und BRAUER (2003), S. 238f.

Bedeutung	Erläuterung	Faktor
kaum wahrnehmbar	Der Fehler wird keine wahrnehmbare Auswirkung haben. Der Fehler wird wahrscheinlich nicht bemerkt.	1
gering	Der Fehler ist unbedeutend und führt nur zu einer geringe Beeinträchtigung des Systems.	3
mäßig schwer	Der Fehler löst Unzufriedenheit beim Benutzer aus. Der Benutzer fühlt sich durch den Fehler belästigt oder ist verärgert. Er wird die Beeinträchtigung des Systems z.B. aufgrund erschwerter Bedienbarkeit oder Lärmbelästigung bemerken.	5
schwer	Der Fehler löst große Verärgerung beim Benutzer aus, weil das System nicht betriebsbereit ist. Die Sicherheit ist nicht beeinträchtigt.	7
äußerst schwerwiegend	Fehler, der die Sicherheit des Benutzers und/oder die Einhaltung gesetzlicher Vorschriften beeinträchtigt.	10

Abbildung 91: Beispielhafte Bewertungstabelle für die Bedeutung eines Fehlers[829]

Die Anwendung der FMEA wird inzwischen in den meisten Fällen mit Unterstützung einer speziellen Software wie z.B. IQ-FMEA durchgeführt.[830] Dadurch wird vor allem eine einheitliche Dokumentation der Arbeit erreicht, die auch zur späteren Nachweisbarkeit, z.B. im Rahmen eines Produkthaftungsfalles, eine große Bedeutung hat.

Trotz der vielen Vorteile der FMEA darf der relativ hohe zeitliche und personelle Aufwand, der für eine gewinnbringende Anwendung notwendig ist, nicht übersehen werden.

6.2.8.2 Potenzial der FMEA in der Dienstleistungskonzeption

Auch wenn die heutigen Anwendungsgebiete der FMEA vor allem die Automobilindustrie, die Raumfahrtindustrie und die Medizintechnik sind, empfehlen Experten Dienstleistungen als zusätzliche Anwendung.[831] Das grundsätzliche Potenzial der FMEA für den Dienstleistungsbereich wurde bereits in anderen Untersuchungen als groß erkannt, wobei von einer einstufigen Vorgehensweise auf der Basis einer Prozess-FMEA ausgegangen wird.[832] Diese Vorgehensweise wird nach Ansicht des Autors jedoch dem Anspruch des Service Engineering an eine systematische Entwicklung komplexer Dienstleistungen nicht gerecht. Daher wird im Rahmen dieser Arbeit ein neues Konzept zur Anwendung der FMEA vorgestellt und das Potenzial für die Unterstützung in den vier Dienstleistungsdimensionen innerhalb der Konzeptionsphase des Service Engineering untersucht.

Zwischen den Dimensionen der zu entwickelnden Dienstleistung bestehen Mittel-Zweck- Beziehungen. Das bedeutet, dass z.B. die Potenzialkomponenten Mittel sind, um die Prozesse (Zweck) zu ermöglichen. Um eine gründliche Analyse möglicher Fehler zu gewährleisten, bietet sich daher ein Vorgehen in drei Phasen an:

---

[829] Bewertungstabelle wurde von dem Verfasser im Jahr 2004 im Rahmen eines Projektes erstellt.
[830] Vgl. N.N. (2005c).
[831] Vgl. SAATWEBER (2005), S. 382.
[832] Vgl. EVERSHEIM et al. (2003), 432ff.

1. Ergebnis-FMEA
2. Prozess-FMEA
3. Potenzial-FMEA

Im Rahmen der Ergebnis-FMEA werden die möglichen Fehlerarten der Ergebniskomponenten ermittelt und die Bedeutung (B), die Wahrscheinlichkeit des Auftretens (A) und des Entdeckens (E) bewertet, um die Risikoprioritätszahl (RPZ) ermitteln zu können. Im Falle eines Pizza-Lieferservice könnte eine mögliche Fehlerart in dieser Phase eine verbrannte Pizza darstellen. Wie in folgender Abbildung dargestellt, sind die Fehlerursachen dieser Stufe – z.B. die falsche Temperatur/Backzeit als Ursache einer verbrannten Pizza – die Fehlerart in der nächsten Phase, der Prozess-FMEA. Auch in dieser Stufe wird die RPZ analog zu der ersten Phase berechnet und die Fehlerursachen werden ermittelt. Im Falle der falschen Temperatur/Backzeit können mögliche Ursachen ein Defekt des Ofens oder die Unachtsamkeit/Fehlbedienung durch das Personal sein. Diese Fehlerursachen bilden die Fehlerarten der letzten Stufe, der Potenzial-FMEA. So könnte die Fehlbedienung des Ofens durch das Personal die Fehlerart darstellen, deren Ursache darin besteht, dass der Ofen nicht rechtzeitig ausgeschaltet wird. Falls die RPZ für diese Fehlerart im kritischen Bereich liegt, könnten Maßnahmen, wie z.B. ein Ofen mit Zeitschaltuhr und einem akustischen Signal, geplant und umgesetzt werden.

Bei einfacheren Dienstleistungen kann auch eine einstufige FMEA verwendet werden, jedoch bietet sich im Sinne des Service Engineering von komplexen Dienstleistungen das hier vorgestellte Vorgehen in drei Stufen an.

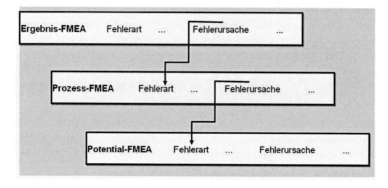

Abbildung 92: Dreiphasige FMEA-Analyse im Service Engineering

Bei der Bewertung der Entdeckungswahrscheinlichkeit eines Fehlers – d.h. der Wahrscheinlichkeit, dass ein Mitarbeiter einen Fehler entdeckt, bevor dem Kunden der Fehler auffällt – ergeben sich bei Dienstleistungen teilweise Unterschiede zu dem Vorgehen im Sachgüterbereich. Bei den Anteilen der Dienstleistung, die im Beisein des Kunden erstellt werden, ist diese Bewertung nicht sinnvoll, da i.d.R. durch die Anwesenheit des Kunden keine Zeit für eine Qualitätskontrolle durch den Mitarbeiter zur Verfügung steht. Daher wird die RPZ für Fehler, die in Gegenwart des Kunden geschehen können, ausschließlich durch die Multiplikation der Bewertungen für die Bedeutung (B) und der Wahrscheinlichkeit des Auftretens (A) berechnet, d.h. $RPZ = B \times A$.[833]

Um die Anzahl potenzieller Fehlerursachen, sowohl auf der Seite des Dienstleisters als auch auf Kundenseite, zu minimieren, können in vielen Fällen so genante Poka-Yoke-Einrichtungen in der Phase der Dienstleistungskonzeption vorgesehen werden. Diese bewahren beide Seiten vor unbeabsichtigten Fehlern, da sie nur die richtige Anwendung ermöglichen. So können z.B. die Stecker eines zur Selbstmontage durch den Kunden vorgesehenen DSL-Modems aufgrund ihrer Bauform nur in die dafür vorgesehenen Buchsen eingepasst werden. Die Poka-Yoke-Maßnahmen haben sich in industriellen Bereichen, wie z.B. in der Montage, bereits vielfach bewährt.[834]

Durch das vorgestellte Verfahren hat die FMEA, wie in folgender Tabelle dargestellt, sowohl in der Ergebnis- als auch in der Prozess- und in der Potenzialdimension ein hohes Potenzial zur Anwendung in der Konzeptionsphase des Service Engineering. Die Methode bietet keine Unterstützung für die Analyse der Kundeninformationen und die Erstellung eines Vermarktungskonzeptes und verfügt daher nur über eine geringe Leistungsfähigkeit im Bereich der Marktdimension.

Tabelle 20: Potenziale der FMEA für die Konzeptionsphase des Service Engineering

	Ergebnis-dimension	Prozess-dimension	Potenzial-dimension	Markt-dimension
Potenziale der FMEA	●	●	●	○
Legende:	● hohes Potenzial	◑ mittleres Potenzial	○ geringes Potenzial	

Durch den Einsatz der FMEA können in der Konzeptionsphase des Service Engineering potenzielle Fehler in drei der vier Dimensionen einer Dienstleistung frühzeitig erkannt werden. Die FMEA ist jedoch größtenteils ein theoretisches Verfahren und dient dazu, prinzipielle Fehlerquellen in der Konzeption der

---

[833] Vgl. EVERSHEIM et al. (2003), S. 433f.; GOGOLL (1996), S. 84ff.
[834] Vgl. GOGOLL (1996), S. 91; KAMISKE und BRAUER (2003), S. 110ff.

Dienstleistung frühzeitig zu erkennen. Die Methode kann den Entwickler jedoch nur sehr begrenzt unterstützen, wenn es darum geht, die optimale Einstellung mehrerer Faktoren zu finden, die das Ergebnis maßgeblich beeinflussen. Dazu eignet sich die im Folgenden vorgestellte Design-of-Experiments-Methode.

6.2.9 Design of Experiments (DoE)

Bereits in den 20er Jahren wurden die Grundlagen der Methode Design of Experiments (deutsch: statistische Versuchsplanung) entwickelt und erstmals im landwirtschaftlichen Bereich zur Ertragssteigerung eingesetzt.[835] Nachstehend wird das Grundprinzip der Methode vorgestellt, um anschließend auf das Potenzial der Methode in der Konzeptionsphase des Service Engineering einzugehen und Anwendungen der Methode zu diskutieren.

6.2.9.1 Überblick über die Methode

Sowohl in der Entwicklung als auch in der industriellen Produktion müssen Produkte und Prozesse ständig verbessert und optimiert werden. Um die Auswirkungen mehrerer Faktoren auf ein Ergebnis zielsicher und zuverlässig zu bestimmen, wird die Methode Design of Experiments (DoE) verwendet. Inzwischen wurden mehrere Varianten der statistischen Versuchsplanung entwickelt, die unterschiedliche Schwerpunkte haben und teilweise für spezielle Anwendungsgebiete optimiert wurden. So strebt z.B. die Versuchsplanung nach Shanin vor allem eine Reduzierung der Versuchsanzahl an und wird häufig bei der Suche nach Fehlerquellen in der Serienfertigung der Automobilhersteller eingesetzt.[836]

Die grundsätzliche Vorgehensweise bei der Anwendung der DoE-Methode kann in vier Schritte gegliedert werden:[837]

1. **Systemanalyse** – In diesem Schritt wird der Prozess und das Ergebnis des Prozesses analysiert sowie wichtige Prozessparameter und bekannte Wechselwirkungen festgehalten.

2. **Versuchsstrategie** – Die Planung der Versuche und das Erarbeiten eventueller Möglichkeiten zur Optimierung des Versuchsaufwands bilden den Kern der zweiten Phase.

3. **Versuchsdurchführung** – Hier steht das Abarbeiten des Versuchsplans, das Erfassen der Ergebnisse und die Beobachtung der Randbedingungen im Fokus.

4. **Versuchsauswertung** – Im letzten Schritt werden die statistischen Kenngrößen (z.B. die Effekte, d.h. die Auswirkungen der Änderungen der Faktoren) ermittelt, dargestellt und die gewonnenen Erkenntnisse formuliert.

---

[835]   Für einen Überblick über die historische Entwicklung vgl. GUNDLACH (2004), S. 33ff.
[836]   Für eine detaillierte Analyse der einzelnen Varianten vgl. GUNDLACH (2004), 45ff. In dieser Arbeit steht die grundsätzliche Idee der DoE-Methode im Fokus; auf die Vorteile und Nachteile der einzelnen Varianten wird nicht weiter eingegangen.
[837]   Vgl. PFEIFER (2001), S. 356ff.

Die Basis des modernen DoE bilden vollfaktorielle Versuchspläne, bei denen alle möglichen Kombinationen der Faktoreneinstellungen untersucht werden. Dadurch können nicht nur die Auswirkungen der Variation eines einzelnen Faktors auf die Zielgröße untersucht, sondern auch die Wechselwirkungen zwischen den Faktoren analysiert werden. Für die einzelnen Faktoren werden bei dieser Vorgehensweise zwei mögliche Einstellungen festgelegt. Diese Einstellungen können auf Erfahrungswerten beruhen oder beispielsweise von einem interdisziplinären Team gemeinsam erarbeitet werden. Vor allem bei komplexen Prozessen können die Identifizierung der Faktoren und die Festlegung der zwei Stufen mit erheblichem Aufwand verbunden sein.

Im Folgenden soll die konkrete Vorgehensweise anhand eines Beispiels verdeutlicht werden.[838] Dabei soll ein chemischer Prozess optimiert werden, wobei die optimalen Einstellungen von vier Faktoren herausgefunden werden sollen. Die Faktoren, die auf jeweils zwei Stufen verändert werden, sind die Menge eines Katalysators, die Temperatur, der Druck und die Konzentration eines der Reaktionsstoffe. Das Ergebnis wird in Prozent der erfolgten Umsetzung angegeben, wobei eine möglichst hohe Umsetzung erwünscht ist. Die Stufen der Faktoren werden in einem interdisziplinären Team von Fachleuten festgelegt und jeweils mit + und − kodiert:

- (X_1) Katalysator: 5 kg → −; 15 kg → +.
- (X_2) Temperatur: 220 °C → −; 240 °C → +.
- (X_3) Druck: 50 Pa → −; 80 Pa +.
- (X_4) Konzentration: 10% → −; 12% → +.

In diesem Fall wurden, wie in folgender Tabelle dargestellt, alle Versuche durchgeführt. Bei mehreren Faktoren kann mit Hilfe von faktoriellen Teilversuchsplänen eine ausreichend genaue Aussage mit einer im Verhältnis deutlich geringeren Anzahl an Versuchen erreicht werden.[839]

---

[838] Vgl. BOX et al. (2005), S. 199ff. Eine umfangreiche Sammlung von Beispielen hauptsächlich aus dem ingenieurwissenschaftlichen Bereich ist bei BOX et al. (1978), S. 352ff. zu finden.
[839] Vgl. hierzu z.B. GUNDLACH (2004), S. 55ff.

Tabelle 21: Ergebnisse der DoE-Methode am Beispiel eines Prozesses[840]

Versuch	X_1	X_2	X_3	X_4	Erg. (%)	Versuch	X_1	X_2	X_3	X_4	Erg. (%)
1	−	−	−	−	70	9	−	−	−	+	60
2	+	−	−	−	60	10	+	−	−	+	49
3	−	+	−	−	89	11	−	+	−	+	88
4	+	+	−	−	81	12	+	+	−	+	82
5	−	−	+	−	69	13	−	−	+	+	60
6	+	−	+	−	62	14	+	−	+	+	52
7	−	+	+	−	88	15	−	+	+	+	86
8	+	+	+	−	81	16	+	+	+	+	79

Anschließend können die Effekte, d.h. die durch einzelne Faktoren verursachten Haupteffekte[841] und die durch ein Zusammenspiel mehrerer Faktoren bedingten Wechselwirkungen[842], berechnet werden. Dies ist im Falle der Haupteffekte die Differenz zwischen den oberen und den unteren Mittelwerten. Die Berechnung erfolgt allgemein mit:

$$Effekt(X_i) = \frac{\sum_{i=1_+}^{N_+} y(X_i)}{N_+} - \frac{\sum_{i=1_-}^{N_-} y(X_i)}{N_-}. \quad [843]$$

Auf das Beispiel angewendet, ergeben sich folgende Ergebnisse:

$$X_1 = \frac{60+81+62+81+49+82+52+79}{8} - \frac{70+89+69+88+60+88+60+86}{8} = -8,00.$$

Analog erhält man den Wert $X_2 = 24,00$ für den zweiten Haupteffekt, -0,25 für den Haupteffekt X_3 und -5,50 für den Haupteffekt X_4. Im nächsten Schritt können die

---

840   Werte für „Ergebnis" wurden aus BOX et al. (2005) übernommen. Vgl. BOX et al. (2005), S. 200

841   Unter einem Haupteffekt wird die mittlere Änderung der Zielgröße bei einem Wechsel der Einstellung eines Faktors verstanden. Vgl. z.B. PFEIFER (2001), S. 363.

842   Eine Wechselwirkung zwischen Faktoren liegt dann vor, wenn der Einfluss eines Faktors auf das Ergebnis von der Einstellung eines oder mehrerer anderer Faktoren abhängt. Vgl. z.B. PFEIFER (2001), S. 364.

843   Dabei steht N_+ für die Anzahl der oberen Faktorenstufen (+) und N_- für die der unteren Faktorenstufen (−) und $y(X_i)$ für das jeweils erzielte Ergebnis bei Einsatz des Faktors X_i. Vgl. GUNDLACH (2004), S. 228.

jeweiligen Wechselwirkungen berechnet werden. Dies wird am Beispiel der zweifachen Wechselwirkungen näher erläutert, wobei die Berechnung höherer Wechselwirkungen nach dem gleichen Prinzip geschieht.[844] Die Berechnung erfolgt allgemein mit:

$$Effekt(X_i X_j) = \frac{\sum\limits_{i=1_+}^{N_+} \sum\limits_{j=1_+}^{N_+} y(X_i X_j)}{N_+} - \frac{\sum\limits_{i=1_-}^{N_-} \sum\limits_{j=1_-}^{N_-} y(X_i X_j)}{N_-}.$$ [845]

Angewendet auf das Optimierungsbeispiel, ergeben sich folgende Werte für die zweifachen Wechselwirkungen:

$$X_1 \times X_2 = \frac{70+81+69+81+60+82+60+79}{8} - \frac{60+89+62+88+49+88+52+86}{8} = 1,00.$$

Analog erhält man:

$$X_1 \times X_3 = 0,75; \quad X_1 \times X_4 = 0,00; \quad X_2 \times X_3 = -1,25; \quad X_2 \times X_4 = 4,50;$$

$$X_3 \times X_4 = -0,25;$$

$$X_1 \times X_2 \times X_3 = -0,75; \quad X_1 \times X_2 \times X_4 = 0,50; \quad X_1 \times X_3 \times X_4 = -0,25;$$

$$X_2 \times X_3 \times X_4 = -0,75; \quad X_1 \times X_2 \times X_3 \times X_4 = -0,25.$$

Im nächsten Schritt muss herausgefunden werden, welche Effekte signifikant sind, d.h. welche nicht nur zufällig von einem Fixwert abweichen. Dies kann mit Hilfe eines Wahrscheinlichkeitsnetzes geschehen, in das die Messwerte gemäß einer definierten Vorgehensweise eingetragen werden. Alle Effekte, die anschließend nicht annähernd auf einer Geraden liegen, sind signifikant.[846]

In dem betrachteten Beispiel gilt dies für die Haupteffekte $X_1 = -8,00$, $X_2 = -24,00$, $X_4 = -5,50$ und die zweifache Wechselwirkung $X_2 \times X_4 = 4,50$. Alle anderen Effekte, wie z.B. auch alle dreifachen Wechselwirkungen, sind nicht signifikant und können vernachlässigt werden.

Mit diesen Ergebnissen können bereits wertvolle Hinweise für die Optimierung des Prozesses formuliert werden:

---

[844] Dieses Vorgehen wird aus Gründen der Vereinfachung gewählt, aber auch weil dreifache und höhere Wechselwirkungen in der Realität in der Regel keine oder nur eine sehr untergeordnete Rolle spielen.

[845] Die Summe der Wechselwirkungen der oberen Stufe wird durch die Versuchsanzahl dividiert, um anschließend die gleiche Operation mit der unteren Stufe durchzuführen. Der Wechselwirkungseffekt ergibt sich durch die Subtraktion der beiden Summen. Vgl. GUNDLACH (2004), S. 228f.

[846] Vgl. hierzu z.B. BOX et al. (2005), S. 203ff.

- Eine Erhöhung der Katalysator-Menge (X_1) von 10 kg auf 15 kg führt, unabhängig von den anderen Faktoren, zu einer Reduzierung der Umwandlung um 8%.

- Die Einstellung des Drucks (X_3) hat keine Auswirkung auf das Ergebnis und kann unter anderen Aspekten, wie z.B. dem Kostenaspekt, optimiert werden.

- Da die Faktoren Temperatur (X_2) und Konzentration (X_4) in einer signifikanten Wechselwirkung auftauchen, dürfen ihre Haupteffekte nicht isoliert betrachtet werden. Wie in folgender Abbildung dargestellt, führt eine Erhöhung der Konzentration bei niedriger Temperatur zu einer wesentlichen Verringerung des Ergebnisses. Bei hoher Temperatur hat die gleiche Erhöhung dagegen fast keine Auswirkung.

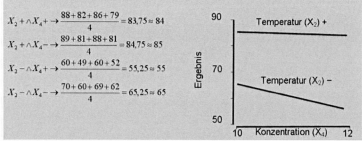

$$X_2 + \wedge X_4 + \rightarrow \frac{88+82+86+79}{4} = 83,75 \approx 84$$

$$X_2 + \wedge X_4 - \rightarrow \frac{89+81+88+81}{4} = 84,75 \approx 85$$

$$X_2 - \wedge X_4 + \rightarrow \frac{60+49+60+52}{4} = 55,25 \approx 55$$

$$X_2 - \wedge X_4 - \rightarrow \frac{70+60+69+62}{4} = 65,25 \approx 65$$

Abbildung 93: Darstellung der zweifachen Wechselwirkung

Wie an dem Beispiel dargestellt, liegt der wesentliche Vorteil der DoE-Methode in der gleichzeitigen Untersuchung mehrerer Faktoren, da dies eine wesentliche Voraussetzung für die Analyse von Wechselwirkungen ist. Neben der hier angedeuteten Berechnung der Effekte, existiert eine Vielzahl von weiteren statistischen Verfahren zur Auswertung der Ergebnisse, wie z.B. die Regressionsanalyse.[847] Die Anwendung dieser teilweise komplexen Analyseverfahren kann durch Software-Werkzeuge, wie z.B. das Programm Stavex, unterstützt werden.[848]

6.2.9.2 Potenzial von DoE in der Dienstleistungskonzeption

Grundsätzlich ist die Anwendung von DoE auch in der Konzeptionsphase des Service Engineering möglich. Vor allem bei Dienstleistungen mit einer geringen Kontaktintensität und falls das Ergebnis der Dienstleistung quantitativ erfassbar ist, kann die Anwendung größtenteils erfolgen.

---

[847] Für einen Überblick der gängigsten Verfahren vgl. PFEIFER (2001), S. 366ff. bzw. die wesentlich ausführlichere Darstellung bei GUNDLACH (2004), S. 220ff.

[848] Vgl. N.N. (2005d).

So könnte z.B. im Rahmen der Entwicklung einer neuartigen Autowaschanlage das Waschergebnis mit Hilfe eines Prototyps optimiert werden.[849] Die Faktoren, die auf jeweils zwei Stufen verändert werden, sind die Anzahl der Bürsten, die Wassermenge, der Wasserdruck und die Menge an Seifenzusatz. Das Ergebnis wird durch die Anzahl an Schmutzstellen angegeben, die nach der Reinigung noch vorhanden sind. Die Stufen der Faktoren müssten auch in diesem Fall von Fachleuten festgelegt und jeweils mit + und − kodiert werden:

- (X_1) 5 Bürsten → −; 15 Bürsten → +.
- (X_2) 15 l/Fahrzeug → −; 150 l/Fahrzeug → +.
- (X_3) 5 Bar → −; 15 Bar +.
- (X_4) 10 ml Seifenzusatz /100 l → −; 100 ml Seifenzusatz /100 l → +.

Damit könnte der Versuchsplan entwickelt, die Experimente durchgeführt und die Auswertung vorgenommen werden.

Jedoch ist bei Dienstleistungen das von den Faktoren beeinflusste Ergebnis oft kein technischer Wert, sondern die Meinung bzw. das subjektive Gefühl des Kunden, das z.B. in Form der Kundenzufriedenheit gemessen werden kann. Da die intensive Einbindung von Kunden in die Versuche regelmäßig mit hohen Kosten und weiteren Problemen, wie z.B. einem evtl. Imageschaden durch Testen einer ungünstigen Kombination, verbunden ist, eignet sich die reale Durchführung der Versuche am ehesten für Dienstleistungen mit geringer Kontaktintensität.

Es gibt jedoch erste Ansätze auch in Bereichen mit relativ hoher Kontaktintensität, wie z.B. bei Bankfilialen. So wurde in einer Fallstudie[850] dokumentiert, wie in den USA eine Bank eine spezielle Filiale als „Forschungslabor" verwendet hat, um in verschiedenen Versuchsaufbauten die Akzeptanz der Änderung relevanter Faktoren, d.h. die Auswirkung auf die gemessene Kundenzufriedenheit, zu testen. Auch wenn aus dieser Case Study nicht eindeutig hervorgeht, ob die Versuche nach allen Regeln der DoE-Methode geplant und ausgewertet wurden, ist es doch ein Vorstoß in einen Bereich, der bisher als gänzlich ungeeignet für diese Methode erschien.

Trotz dieser positiven Anzeichen gibt es auch weitere Gründe, warum sich nicht alle Dienstleistungstypen bzw. Entwicklungsszenarien für eine reale Durchführung der Versuche eignen. Falls z.B. kein Prototyp zur Verfügung steht − wie im Falle eines neuartigen Erlebnisbades − oder die Versuchsdurchführung zu aufwändig ist, wie z.B. das Beurteilen eines neuen Erlebnis-Urlaubskonzeptes, kann die Methode in der klassischen Form nicht angewendet werden.

Speziell für die Anwendung im Service Engineering bieten sich die Verwendung von Szenarien bzw. Simulationen an. Eine solche Weiterentwicklung der DoE-Methode

---

849 Vgl. GOGOLL (1996), S. 106.
850 Vgl. THOMKE (2003), S. 71ff.

wird in der Literatur als „Vignetten-Technik" beschrieben. [851] Dabei stellt eine Vignette eine fiktive Situation dar, die mit Hilfe der Faktoren mit ihren jeweiligen Einstellungen beschrieben wird. So könnte z.b. die „Überwachung der Hausregeln" ein Faktor mit zwei Einstellmöglichkeiten, z.b. „intensiv" und „nachlässig", für das Erstellen einer Vignette für einen neuartigen Jugendurlaub sein. Mit Hilfe mehrerer Faktoren lassen sich auf diese Weise mögliche Szenarien beschreiben. Diese Situationen werden von dem Kunden als Ganzes bewertet, z.B. anhand einer Skala. Mit den Ergebnissen kann anschließend analog zu den Werten aus realen Versuchen weiter verfahren werden. Einschränkend muss angemerkt werden, dass bei dem Einsatz der Vignetten-Technik ein ausgeprägtes Vorstellungsvermögen und eine aktive Mitarbeit der befragten Kunden gefordert ist.

Sowohl die Vignetten-Technik-Variante als auch die reale Versuchsplanung führen je nach Fokus der Untersuchung zu einer Optimierung des Prozesses und/oder einer Verbesserung des Ergebnisses. In Anbetracht der Einschränkungen ergibt sich, wie in folgender Tabelle dargestellt, für die Ergebnis- und die Prozessdimension jeweils ein mittleres Potenzial für den Einsatz der Methode in der Konzeptionsphase des Service Engineering.

Tabelle 22: Potenziale von DoE für die Konzeptionsphase des Service Engineering

	Ergebnis-dimension	Prozess-dimension	Potenzial-dimension	Markt-dimension
Potenziale von DoE	◑	◑	◑	◑
Legende: ● hohes Potenzial ◑ mittleres Potenzial ○ geringes Potenzial				

Jedoch sind durchaus auch Versuche denkbar, die explizit eine Optimierung im Bereich der Potenzialdimension anstreben (z.B. Versuche mit verschiedenen Hardware- und Softwarekomponenten zur Optimierung der Arbeitsgeschwindigkeit eines Online-Dienstes). In ähnlicher Weise können auch die verschiedenen Merkmale/Faktoren einer Vermarktungskampagne durch die DoE-Methode optimiert werden. Daher wird das Potenzial der Methode auch für diese zwei Dimensionen als „mittel" bewertet.

6.2.10   Zusammenfassende Darstellung der Methoden

Die vier betrachteten Methoden besitzen insgesamt ein erhebliches Potenzial für den Einsatz in der Konzeptionsphase des Service Engineering. Wie der folgenden

---

[851]   Vgl. GOGOLL (1996), S. 107f.; HALLER (1999), S. 113ff. HALLER (1999) weist auch darauf hin, dass die Vignetten-Technik eine Variation der Conjoint-Analyse darstellt.

Tabelle dargestellt, unterstützt die QFD-Methode den Entwickler in der Ergebnis-, der Prozess- und der Potenzialdimension sehr gut; für die Marktdimension ergibt sich ein mittleres Potenzial. Die TRIZ-Methode unterstützt den Service Engineer[852] ausschließlich in den beiden erst genannten Dimensionen und bietet hier eine mittlere Leistungsfähigkeit. Ein hohes Potenzial für alle Dimensionen einer Dienstleistung – abgesehen von der Marktdimension – wurde für die FMEA ermittelt. Die Methode DoE schließlich, ist für den Entwickler bei der Erstellung der Modelle und Konzepte in allen vier Dimensionen hilfreich; die mögliche Wirkungsfähigkeit wurde jeweils als „mittel" bewertet.

Tabelle 23: Potenziale ingenieurwissenschaftlicher Methoden im Service Engineering

	Ergebnis-dimension	Prozess-dimension	Potenzial-dimension	Markt-dimension
Potenziale von QFD	●	●	●	◑
Potenziale von TRIZ	◑	◑	○	○
Potenziale der FMEA	●	●	●	○
Potenziale von DoE	◑	◑	◑	◑
Legende: ● hohes Potenzial ◑ mittleres Potenzial ○ geringes Potenzial				

Insgesamt wurden die Potenziale der Methoden QFD und FMEA höher bewertet als die jeweilige mögliche Leistungsfähigkeit der Methoden TRIZ und DoE. Dies liegt vor allem daran, dass die zwei erstgenanten Methoden bereits viel besser für den Dienstleistungsbereich adaptiert wurden. Trotzdem können auch diese Methoden immer noch – wie am Beispiel der Service-Engineering-FMEA gezeigt– für die systematische Dienstleistungsentwicklung optimiert werden.

Die Methode TRIZ steht erst am Anfang ihres Lebenszyklus im Bereich der Service-Entwicklung. Hier sind in den nächsten Jahren große Fortschritte in der Anpassung und anschließend im praktischen Einsatz zu erwarten. Auch die Methode DoE profitiert von der zunehmenden Messbarkeit und damit Quantifizierbarkeit so genannter weicher Faktoren, wie z.B. der Kundenzufriedenheit. Dadurch wird auch diese Methode in Zukunft vermehrt im Service Engineering eingesetzt werden, wobei voraussichtlich Dienstleistungen mit geringer Kontaktintensität im Fokus der Anwendung stehen werden.

---

[852]   Zum Berufsbild eines „Service Engineer" vgl. z.B. FÄHNRICH und OPITZ (2003), S. 107ff.

In der Literatur sind insgesamt nur sehr wenige fundierte Praxisberichte über den Einsatz von Methoden bei der Entwicklung von Dienstleistungen zu finden.[853] Dadurch kann die Art und Weise des Methodeneinsatzes in den Unternehmen nur anhand relativ weniger Beispiele beurteilt werden. Insgesamt wird die Anwendung der Methoden sehr positiv beurteilt, wobei in den analysierten Fallstudien höchstens eine qualitative Analyse vorgenommen wird.[854] In keinem der untersuchten Berichte wurde versucht, den Kosten- und/oder Zeitvorteil für das Unternehmen zu quantifizieren, der durch den Einsatz der beschriebenen Methoden entstanden ist.

6.2.11 Sequenz-Modell zur integrierten Anwendung der Methoden

Bei der Entwicklung von Sachgütern wird die integrierte Anwendung von Methoden bereits seit einiger Zeit thematisiert.[855] Im Service Engineering wurde bisher in vielen Publikationen[856] zwar der Einsatz von Methoden propagiert, jedoch herrschte eine sehr isolierte Betrachtungsweise der einzelnen Methoden vor. Im Folgenden wird ein Konzept zur integrierten Anwendung der vier vorgestellten Methoden entwickelt. Dieses soll dabei weder den Einsatz weiterer Methoden in der Konzeptionsphase ausschließen, noch den unbedingten Einsatz aller vier Methoden in jedem Anwendungsfall vorschreiben. Vielmehr geht es darum aufzuzeigen, was für eine vielseitige und umfassende Entwicklungsmethodik durch die integrierte Anwendung der Methoden auch im Service Engineering entstehen kann.

Der Grundgedanke des Sequenz-Modells zur integrierten Anwendung der Methoden ist die sequentielle Anwendung der Methoden in der Konzeptionsphase des Service Engineering. Wie in folgender Abbildung dargestellt, wird im ersten Schritt die Methode QFD eingesetzt, um anschließend TRIZ, FMEA und DoE zum Einsatz zu bringen.

[853] Diese Einschätzung des Verfassers wird auch von GILL (2004) bestätigt. Vgl. GILL (2004), S. 27.
[854] Vgl. z.B. ZHANG et al. (2005), S. 37ff.; GILL et al. (2004), S. 183ff.; ZACHARIAS (2003), S. 741ff.; PANNENBÄCKER (2001), S. 133ff.
[855] Vgl. z.B. PFEIFER und CANALES (2005), S. 115ff.; KERSTEN (1999), S. 355ff.; TIETJEN und MÜLLER (2003), S. 43ff.; PFEIFER (2001), S. 313f.; BRUNNER und WAGNER (2004), S. 120; TERNINKO et al. (1998), S. 246ff.
[856] Vgl. z.B. FÄHRICH et al. (1999).

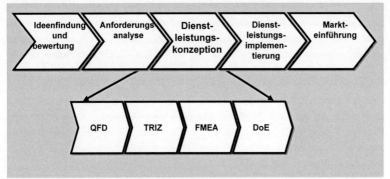

Abbildung 94: Grundschema des Sequenz-Modells zum integrierten Methodeneinsatz

Diese Vorgehensweise verspricht eine besonders positive Auswirkung auf die Qualität und den Innovationsgrad der neu entwickelten Dienstleistung, da sich die vier Methoden auf hervorragende Art und Weise ergänzen, d.h. die Schwächen bzw. Unvollständigkeiten in der Wirkungsweise der einzelnen Methoden durch die integrierte Anwendung größtenteils ausgeglichen werden.

Das Sequenz-Modell zur integrierten Anwendung der Methoden basiert auf der in zuvor vorgestellten wirkungsorientierten Betrachtung von Methoden. Darin wird eine Methode als ein System mit definierten Eingangs- und Ausgangsgrößen charakterisiert. Für die integrierte Anwendung bedeutet das, dass die Ausgangsgrößen der zuerst eingesetzten Methode als Eingangsgrößen der nachfolgenden Methode verwendbar sein müssen.

Die Eingangsgröße der QFD-Methode, welche das erste Element des Gesamtsystems darstellt, sind die im Rahmen der Anforderungsanalyse erhobenen Kundenanforderungen. In der hier vorgestellten mehrstufigen Variante der QFD-Methode werden die Anforderungen und Wünsche der Kunden in Merkmale der Ergebnis-, der Prozess- und der Potenzialdimension, d.h. in die Sprache der Dienstleistungsentwickler „übersetzt". In jeder dieser drei Dimensionen können sich für die einzelnen Anforderungen sowohl mehrere Gestaltungsmöglichkeiten als auch Zielkonflikte ergeben. Diese Methode liefert damit zwar Bewertungskriterien für alternative Gestaltungsvarianten, unterstützt den Service Engineer jedoch nicht bei der Generierung neuer Lösungsansätze oder bei dem innovativen Lösen von Zielkonflikten. Damit bilden die angestrebten Merkmale der Dienstleistung in den drei Dimensionen, die auftretenden Zielkonflikte und die fehlenden innovativen Lösungsansätze die Ausgangsgröße der ersten Methode. Die zwei zuletzt genannten Punkte sind Aspekte bzw. Herausforderungen, die nicht mit Hilfe der QFD-Methode gelöst werden können.

343

Wie in der folgenden Abbildung dargestellt, sind diese gleichzeitig die Eingangsgrößen für TRIZ, verbunden mit der Aufgabenstellung, diese Merkmale durch neuartige Herangehensweisen in der gewünschten Ausprägung zu erzielen und die Zielkonflikte auf innovative Art und Weise aufzulösen. Dabei ist es entscheidend, dass man mit Hilfe von QFD eine Auswahl der wirklich relevanten Fragestellungen vornimmt, da die Methode TRIZ keine Hilfestellung bei der Frage nach der Sinnhaftigkeit der Suche nach der Lösung eines Problems bietet.[857] So kann man mit Hilfe der TRIZ-Methode nicht unterscheiden, welches von zwei Problemen wichtiger ist und damit als erstes gelöst werden sollte. TRIZ sollte deshalb vor allem aus wirtschaftlichen Gründen nur auf zentrale und kritische Konflikte angewendet werden.

Durch den Einsatz von TRIZ kann es jedoch vor allem im innovativen Gestalten der Ergebnis- und Prozessmodelle neuer Dienstleistungen zu enormen Fortschritten kommen. Daher ermöglicht die Methode einen ziel- und zukunftsorientierten Entwicklungsprozess, der nicht nur qualitativ hochwertige Dienstleistungen hervorbringt, sondern auch die Forderung nach innovativen, bahnbrechenden Lösungen erfüllen kann. Die Ausgangsgröße dieser Methode besteht demnach im Idealfall aus innovativen Lösungsvorschlägen für offene Fragestellungen zur Konzeption der neuen Dienstleistung sowie für die aufgetretenen Zielkonflikte. Die so konzipierte Dienstleistung wurde jedoch noch nicht systematisch auf mögliche Fehler, deren Ursachen und mögliche Folgen untersucht. Auch diese ungelösten Herausforderungen gehören zur Ausgangsgröße der TRIZ-Methode.

---

[857]   Vgl. TERNINKO et al. (1998), S. 247.

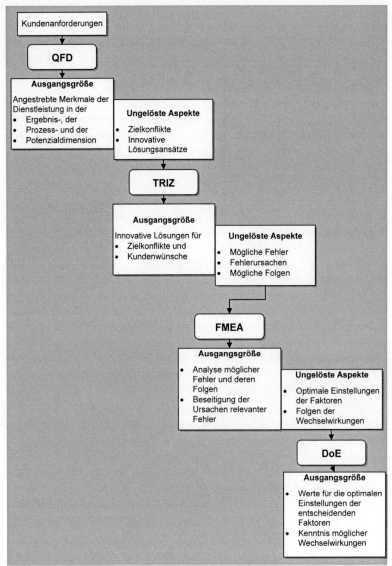

Abbildung 95: Sequenz-Modell zum integrierten Einsatz der Methoden

Eine Leistung in diesem Entwicklungsstadium – im Idealfall inzwischen auch mit Dokumentationen, die z.B. mit der Blueprinting-Methode[858] erstellt werden können –

---

[858]   Zur Blueprinting-Methode vgl. z.B. SHOSTACK (1984), S. 135ff.; FLIEß et al. (2004), S. 173ff.

bildet die ideale Eingangsgröße für die nächste Methode, die FMEA. Im Rahmen der Anwendung dieser Methode wird die neu- oder weiterentwickelte Dienstleistung auf mögliche Fehler, deren Ursachen und potenzielle Folgen untersucht. Durch das Entdecken der Fehler in dieser frühen Entwicklungsphase und das präventive Ausschalten der Ursachen kann bereits zur Markteinführung eine qualitativ hochwertige Leistung angeboten werden und mögliche Folgekosten durch Fehlerbeseitigung vermieden werden. In dieser Phase können auch mögliche konzeptionelle Schwachpunkte der Dienstleistung erkannt und mit vergleichsweise geringem Aufwand – aufgrund des frühen Entdeckungszeitpunktes – behoben werden. Das Ergebnis – und damit die Ausgangsgröße der Methode – ist eine in einem strukturierten Prozess auf Fehler analysierte Dienstleistung, bei der die Fehler mit kritischen Risikoprioritätszahlen eliminiert wurden.

Da die FMEA ein theoretisches Verfahren ist, und die Durchführung innerhalb des Unternehmens – d.h. im Regelfall ohne Kundenkontakt – stattfindet, sind zu diesem Zeitpunkt die optimalen Einstellungen für die entscheidenden Faktoren in der Regel noch nicht bekannt. In diesem Fall bietet sich vor allem bei wenig kontaktintensiven Dienstleistungen die Anwendung der DoE-Methode an. Die Eingangsgröße für diese Methode stellen mehrere kritische, d.h. z.B. für den Markterfolg der Dienstleistung entscheidende Faktoren dar, für welche die jeweilige optimale Einstellung nicht bekannt ist. Die Methode DoE bietet die Möglichkeit, den optimalen Einsatz mehrerer Elemente auch bei Services auf vergleichsweise effiziente Art und Weise empirisch zu bestimmen. Die Ausgangsgrößen sind beispielsweise die jeweils besten Parameter für die untersuchten Faktoren und das Wissen über mögliche Wechselwirkungen. Damit hat das Unternehmen die Möglichkeit, mit der neuen Dienstleistung vor allem in der Ergebnis- und Prozessdimension bessere Resultate zu erzielen.

Das Sequenz-Modell zur integrierten Anwendung der Methoden QFD, TRIZ, FMEA und DoE in der Konzeptionsphase des Service Engineering ermöglicht die Entwicklung innovativer und qualitativ hochwertiger Dienstleistungen. Durch die wirkungsorientierte Betrachtungsweise der Methoden werden die Vorteile der integrierten Anwendung der Methoden deutlich, da sich diese auf komplementäre Art und Weise ergänzen. Vor allem die ersten drei Methoden des Rahmenkonzepts (QFD, TRIZ und FMEA) eignen sich für die Entwicklung einer Vielzahl von unterschiedlichen Dienstleistungen.

Nachdem die grundsätzlichen Potenziale der vier ausgewählten ingenieurwissenschaftlichen Methoden für die Anwendung in der Konzeptionsphase des Service Engineering – sowohl in der Anwendung der einzelnen Methoden als auch in der integrierten Variante – untersucht wurden, werden im Folgenden drei wesentliche Herausforderungen erläutert.

6.2.12 Herausforderungen bei der Anwendung der Methoden

Der erfolgreiche Einsatz der untersuchten Methoden in Organisationen ist mit vielen Herausforderungen verbunden, von denen folgende drei aufgrund ihrer besonderen Bedeutung vorgestellt werden:

- Unterstützung durch das Top-Management
- Ergebnisorientierte Methodenanwendung
- Methodenkenntnisse der Mitarbeiter

Die Unterstützung durch das Top-Management stellt sowohl für die Methodenanwendung als auch für die eventuell damit verbundene Einführung eines Service-Engineering-Konzeptes in eine Organisation eine notwendige Bedingung dar. Da die Anwendung der vorgestellten Methoden in den meisten Unternehmen etwas Neuartiges darstellt, d.h. eine Innovation im weiteren Sinne, kann für die Planung der Durchführung das Promotorenmodell[859] verwendet werden. Daher muss neben den Fachpromotoren, die den Prozess durch Fachwissen in den Bereichen Service Engineering und Methoden aktiv und intensiv fördern, ein Machtpromotor das Projekt unterstützen. Er kann das Vorhaben durch hierarchisches Potenzial intensiv fördern und so die Erfolgswahrscheinlichkeit deutlich erhöhen.[860] Ohne die Unterstützung eines Machtpromoters ist auch der Einsatz der vorgestellten Methoden in der Regel nur sehr eingeschränkt möglich. Dies gilt für den Einsatz einzelner Methoden und in verstärkter Form für das entwickelte Sequenz-Modell zur integrierten Anwendung.

Eine weitere Herausforderung ist die ergebnisorientierte Anwendung der Methoden in der Praxis. Da die Anwendung der Methoden zum Teil mit großem Aufwand verbunden sein kann, ist es von besonderer Bedeutung, dass die Methodenanwendung kein Selbstzweck ist, sondern nur im Falle eines deutlichen Beitrags zur Verbesserung des Prozesses und/oder des Ergebnisses gerechtfertigt ist. Um den Einsatz der Methoden – sowohl die Anwendung einzelner Methoden als auch im Rahmen des Sequenz-Modells – möglichst effektiv zu gestalten, ist der Aufbau eines Methodenbaukastens für das Service Engineering eine wichtige Voraussetzung. Dadurch können die für den jeweiligen Anwendungsfall am besten passenden Methoden selektiert und diejenigen Methoden kombiniert werden, welche sich am vorteilhaftesten ergänzen. Dieser Herausforderung muss sich zum einen die Wissenschaft stellen und die notwendigen Basisstrukturen und -informationen zur Verfügung stellen, aber auch jede einzelne Organisation, die den Baukasten gemäß ihren Anforderungen anpassen und weiter ausbauen muss.

---

[859] Personen, die einen Innovationsprozess aktiv und intensiv fördern, werden als Promotoren bezeichnet. Vgl. HAUSCHILDT und WITTE (1999), S. 15.

[860] Vgl. HAUSCHILDT und WITTE (1999), S. 16ff.

Die letzte Herausforderung, auf die im Rahmen dieser Arbeit eingegangen wird, sind die Methodenkenntnisse der Mitarbeiter, die eine große Herausforderung für die Anwendung ingenieurwissenschaftlicher Methoden im Service Engineering darstellen. Nur wenige Unternehmen verfügen über dedizierte Abteilungen für die Entwicklung neuer Dienstleistungen.[861] Daher sind auch die Mitarbeiter in der Regel nicht ausschließlich im Service Engineering tätig und haben häufig keine Ausbildung in diesem Bereich.

Zur Bewältigung dieser Herausforderung werden drei Maßnahmenbereiche aufgezeigt. Zum einen kann das Unternehmen inzwischen seine Mitarbeiter aus einer wachsenden Anzahl von Akademikern mit Service-Engineering-Ausbildung rekrutieren, da immer mehr Hochschulen entsprechende Angebote in ihr Lehrprogramm aufnehmen.[862] Außerdem können sich Unternehmen externe Unterstützung in Form von Beratungen und Schulungen von Organisationen holen, die sich auf das Thema Service Engineering spezialisiert haben.[863] Einen großen Beitrag zur Organisation, Verbesserung der Auffindbarkeit und Vermehrung des Wissens kann das Konzept des Knowledge Management bzw. Wissensmanagements[864] leisten. So kann z.B. über Wissenslandkarten[865] das in der Organisation verfügbare Methodenwissen erfasst und für andere Mitarbeiter verfügbar gemacht werden. Ein weiteres Beispiel wäre der bereits erwähnte Aufbau eines Methodenbaukastens, der z.B. über das Intranet allen interessierten Mitarbeitern zur Verfügung steht. Dieser kann im weiteren Verlauf auch als Plattform für den Erfahrungsaustausch zwischen den Entwicklern fungieren.[866]

---

[861] Laut einer empirischen Untersuchung von 184 Unternehmen haben nur 9% eine eigene Organisationseinheit für die Dienstleistungsentwicklung. In den meisten Fällen (83%) werden die Aufgaben von anderen Organisationseinheiten übernommen. Vgl. FÄHNRICH und MEIREN (2005) , S. 682f.

[862] Vgl. FÄHNRICH und OPITZ (2003), S. 107f.

[863] Ein Unternehmen, das Beratung und Schulungen zum Thema Service Engineering anbietet, ist z.B. die Segma AG – Service Engineering und Management. Vgl. N.N. (2005e).

[864] Wissensmanagement wird als „die Gesamtheit organisationaler Strategien zur Schaffung einer *intelligenten Organisation*" verstanden. Vgl. WILLKE et al. (2001), S. 6.

[865] Wissenslandkarten kartografieren die bestehende Wissensbasis in einer Organisation und geben Auskunft darüber, an welcher Stelle in der Organisation welches Wissen bzw. welcher Wissensträger zu finden ist. Vgl. REINMANN-ROTHMEIER (2001), S. 86.

[866] Für weitere Ansatzpunkte des Wissensmanagements im Service Engineering vgl. z.B. KLEINALTENKAMP und FRAUENDORF (2003), S. 379ff.

6.3   Literaturverzeichis

AKAO, YOJI (1992): QFD - Quality Function Deployment: Wie die Japaner Kundenwünsche in Qualität umsetzen, Landsberg am Lech: Verlag Moderne Industrie, 1992.

AMSLER, KLAUS-JÜRGEN / FETZER, JOACHIM und ERBEN, MEINHARD (2004): Sicherheitsgerechte Entwicklungsprozesse - Alles neu geregelt?, in: Automotive Engineering Partners, Ausgabe 5, 2004, S. 60-63.

BORCHERT, JAN / PHILIPP, GOOS und HAGENHOFF, SVENJA (2003): Innovations- und Technologiemanagement: Eine Bestandsaufnahme, abgerufen unter: http:// www.wi2.wiso.uni-goettingen.de/getfile?DateiID=401, abgerufen am: 10.10.2005.

BOX, GEORGE E. P. / HUNTER, J. STUART und HUNTER, WILLIAM GORDON (2005): Statistics for Experimenters - Design, Innovation, and Discovery, 2. Edition, Hoboken: Wiley-Interscience, 2005.

BOX, GEORGE E. P. / HUNTER, WILLIAM GORDON und HUNTER, J. STUART (1978): Statistics for experimenters - An introduction to design, data analysis, and model building, New York: Wiley, 1978.

BRANSCH, NIKOLAS (2005): Service Engineering - Eine kritische Bestandsaufnahme, Berlin: Vdm Verlag Dr. Müller, 2005.

BROCKHOFF, KLAUS (1999): Forschung und Entwicklung, 5., ergänzte und erweiterte Auflage, München: Oldenbourg, 1999.

BRUHN, MANFRED (2004): Qualitätsmanagement für Dienstleistungen - Grundlagen, Konzepte, Methoden, Berlin: Springer, 2004.

BRUHN, MANFRED und MEFFERT, HERIBERT (2001): Dienstleistungsmanagement als unternehmerische Herausforderung - Eine Einführung in das Handbuch, in: Bruhn, Manfred und Meffert, Heribert (Hrsg.): Handbuch Dienstleistungsmanagement - Von der strategischen Konzeption zur praktischen Umsetzung, Wiesbaden: Gabler, 2001, S. 1-26.

BRUNNER, FRANZ J. und WAGNER, KARL W. (2004): Taschenbuch Qualitätsmanagement: Leitfaden für Ingenieure und Techniker, 3., vollständig neu bearbeitete Auflage, München: Hanser, 2004.

BULLINGER, HANS-JÖRG und MEIREN, THOMAS (2001): Service Engineering - Entwicklung und Gestaltung von Dienstleistungen, in: Bruhn, Manfred und Meffert, Heribert (Hrsg.): Handbuch Dienstleistungsmanagement - Von der strategischen Konzeption zur praktischen Umsetzung, Wiesbaden: Gabler, 2001, S. 149-176.

BULLINGER, HANS-JÖRG und SCHREINER, PETER (2003): Service Engineering - Ein Rahmenkonzept für die systematische Entwicklung von Dienstleistungen, in: Bullinger, Hans-Jörg und Scheer, August-Wilhelm (Hrsg.): Service Engineering - Entwicklung und Gestaltung innovativer Dienstleistungen, Berlin: Springer, 2003, S. 51-82.

CHAI, KAH-HIN / ZHANG, JUN und TAN, KAY-CHUAN (2005): A TRIZ-Based Method for New Service Design, in: Journal of Service Research, Ausgabe 1, 2005, S. 48-66.

COOPER, ROBERT GRAVLIN und EDGETT, SCOTT J. (1999): Product Development for the Service Sector - Lessons from Market Leaders, Cambridge: Perseus, 1999.

CORSTEN, HANS (2001): Dienstleistungsmanagement, 4., bearbeitete und erweiterte Auflage, München: Oldenbourg, 2001.

DOLFSMA, WILFRED (2004): The Process of New Service Development - Issues of Formalization and Appropriability, in: International Journal of Innovation Management, Ausgabe 3, 2004, S. 319-337.

DUMKE, REINER (2003): Software Engineering - Eine Einführung für Informatiker und Ingenieure - Systeme, Erfahrungen, Methoden, Tools, 4., überarbeitete und erweiterte Auflage, Wiesbaden: Vieweg, 2003.

EDVARDSSON, BO und OLSSON, JAN (1996): Key Concepts for New Service Development, in: The Service Industries Journal, Ausgabe 2, 1996, S. 140-164.

EHRLENSPIEL, KLAUS (2003): Integrierte Produktentwicklung - Denkabläufe, Methodeneinsatz, Zusammenarbeit, 2., überarbeitete Auflage, München: Hanser, 2003.

ENGELHARDT, WERNER H. / KLEINALTENKAMP, MICHAEL und RECKENFELDERBÄUMER, MARTIN (1993): Leistungsbündel als Absatzobjekte - Ein Ansatz zur Überwindung der Dichotomie von Sach- und Dienstleistungen, in: Schmalenbachs Zeitschrift für betriebswirtschaftliche Forschung, Ausgabe 45, 1993, S. 395-462.

ERNST, GERHARD (1998): Dienstleistungen als Leitsektor in einer zukunftsfähigen, humanen Gesellschaft, in: IM - Die Fachzeitschrift für Information Management & Consulting, Ausgabe Sonderausgabe Service Engineering, 1998, S. 7-10.

EVERSHEIM, WALTER / BREUER, THOMAS / GRAWATSCH, MARKUS / HILGERS, MICHAEL / KNOCHE, MARKUS / ROSIER, CHRISTIAN / SCHÖNING, SEBASTIAN und SPIELBERG, DANIEL E. (2003): Methodenbeschreibung, in: Eversheim, Walter (Hrsg.): Innovationsmanagement für technische Produkte, Berlin: Springer Verl., 2003, S. 133-231.

EVERSHEIM, WALTER / KUSTER, JOHANNES und LIESTMANN, VOLKER (2003): Anwendungspotenziale ingenieurwissenschaftlicher Methoden für das Service Engineering, in: Bullinger, Hans-Jörg und Scheer, August-Wilhelm (Hrsg.): Service Engineering - Entwicklung und Gestaltung innovativer Dienstleistungen, Berlin: Springer, 2003, S. 417-442.

FÄHNRICH, KLAUS-PETER und MEIREN, THOMAS (2005): Entwicklung von Dienstleistungen, in: Schäppi, Bernd / Andreasen, Mogens M. / Kirchgeorg, Manfred und Radermacher, Franz-Josef (Hrsg.): Handbuch Produktentwicklung, München: Hanser, 2005, S. 677-698.

FÄHNRICH, KLAUS-PETER / MEIREN, THOMAS / BARTH, TILMANN / HERTWECK, ANDREAS / BAUMEISTER, MICHAEL / DEMUß, LUTZ / GAISER, BRIGITTE und ZERR, KONRAD (1999): Service Engineering - Ergebnisse einer empirischen Studie zum Stand der Dienstleistungsentwicklung in Deutschland, Stuttgart: IRB-Verlag, 1999.

FÄHNRICH, KLAUS-PETER und OPITZ, MARC (2003): Service Engineering - Entwicklungspfad und Bild einer jungen Disziplin, in: Bullinger, Hans-Jörg und Scheer, August-Wilhelm (Hrsg.): Service Engineering - Entwicklung und Gestaltung innovativer Dienstleistungen, Berlin: Springer, 2003, S. 83-116.

FLIEß, SABINE / NONNENMACHER, DIRK und SCHMIDT, HEIKO (2004): ServiceBlueprint als Methode zur Gestaltung und Implementierung von innovativen Dienstleistungsprozessen, in: Bruhn, Manfred und Stauss, Bernd (Hrsg.): Dienstleistungsinnovationen - Forum Dienstleistungsmanagement 2004, Wiesbaden: Gabler, 2004, S. 173-202.

FOURASTIÉ, JEAN (1954): Die grosse Hoffnung des zwanzigsten Jahrhunderts, 3. Auflage, Köln-Deutz: Bund-Verlag, 1954.

FREITAG, MIKE (2004): Schnittstellenmanagement bei der Organisation der Dienstleistungsentwicklung, in: Luczak, Holger / Reichwald, Ralf und Spath, Dieter (Hrsg.): Service Engineering in Wissenschaft und Praxis - Die ganzheitliche Entwicklung von Dienstleistungen, Wiesbaden: Deutscher Universitäts-Verlag, 2004, S. 95-122.

GAUSEMEIER, JÜRGEN / BÄTZEL, DANIEL und MÖHRINGER, STEFAN (2001): Bildung von situationsspezifischen Methoden-Workflows, in: Industrie-Management, Ausgabe 2, 2001, S. 48-52.

GILL, CHRISTIAN (2004): Architektur für das Service Engineering zur Entwicklung von technischen Dienstleistungen, Dissertation, Aachen: Shaker, 2004.

GILL, CHRISTIAN / KEITH, HARALD und DIRLENBACH, HEIKO (2004): Service Engineering bei der Deutschen Telekom AG, in: Luczak, Holger / Reichwald, Ralf und Spath, Dieter (Hrsg.): Service Engineering in Wissenschaft und Praxis - Die ganzheitliche Entwicklung von Dienstleistungen, Wiesbaden: Deutscher Universitäts-Verlag, 2004, S. 183-112.

GILL, CHRISTIAN / LIESTMANN, VOLKER und KEITH, HARALD (2004): Architektur zur Gestaltung des Entwicklungsobjekts Dienstleistung, in: Luczak, Holger / Reichwald, Ralf und Spath, Dieter (Hrsg.): Service Engineering in Wissenschaft und Praxis - Die ganzheitliche Entwicklung von Dienstleistungen, Wiesbaden: Deutscher Universitäts-Verlag, 2004, S. 39-60.

GOGOLL, ALEXANDER (1996): Untersuchung der Einsatzmöglichkeiten industrieller Qualitätstechniken im Dienstleistungsbereich, Dissertation, Potsdam: UNZE Verlagsgesellschaft mbH, 1996.

GOGOLL, ALEXANDER (2000): Service-QFD: Quality Function Deployment im Dienstleistungsbereich, in: Bruhn, Manfred und Stauss, Bernd (Hrsg.): Dienstleistungsqualität: Konzepte - Methoden - Erfahrungen, Wiesbaden: Gabler, 2000, S. 363-378.

GOODMAN, JOHN (1999): Quantifying the Impact of Great Customer Service on Profitability, in: Zemke, Ron und Woods, A. John (Hrsg.): Best Practices in Customer Service, New York: 1999, S. 17-29.

GOUTHIER, MATTHIAS H. J. und STRAUSS, BERND (2003): Kundenentwicklung im Dienstleistungsbereich, Dissertation, Wiesbaden: Deutscher Universitäts-Verlag, 2003.

GUMMESSON, EVERT (2002): Practical Value of Adequate Marketing Management Theory, in: European Journal of Marketing, Ausgabe 3, 2002, S. 325-349.

GUNDLACH, CARSTEN (2004): Entwicklung eines ganzheitlichen Vorgehensmodells zur problemorientierten Anwendung des statistischen Versuchsplanung, Dissertation, Kassel: University Press, 2004.

HALLER, SABINE (1999): Beurteilung von Dienstleistungsqualität - Dynamische Betrachtung des Qualitätsurteils im Weiterbildungsbereich, 2., aktualisierte Auflage, Wiesbaden: Deutscher Universitäts-Verlag, 1999.

HALLER, SABINE (2002): Dienstleistungsmanagement: Grundlagen - Konzepte - Instrumente, 2., überarbeitete und erweiterte Auflage, Wiesbaden: Gabler, 2002.

HAUSCHILDT, JÜRGEN (2004): Innovationsmanagement, 3., völlig überarbeitete und erweiterte Auflage, München: Vahlen, 2004.

HAUSCHILDT, JÜRGEN und WITTE, EBERHARD (1999): Promotoren - Champions der Innovation, 2., erweiterte Auflage, Wiesbaden: Gabler, 1999.

HECKMANN, MICHAEL / RAETHER, CHRISTIAN und NÜTTGENS, MARKUS (1998): Werkzeugunterstützung im Service Engineering, in: IM - Die Fachzeitschrift für Information Management & Consulting, Ausgabe Sonderausgabe Service Engineering, 1998, S. 31-36.

HERRMANN, KATJA / KLEIN, RALF und THE, TEK-SENG (2003): Computer Aided Service Engineering Tool - Ein Rahmenkonzept für das IT-gestützte Service Engineering, in: Bullinger, Hans-Jörg und Scheer, August-Wilhelm (Hrsg.): Service Engineering - Entwicklung und Gestaltung innovativer Dienstleistungen, Berlin: Springer, 2003, S. 647-675.

HOFMANN, HAIGO J. / KLEIN, LAURA und MEIREN, THOMAS (1998): Vorgehensmodelle, in: IM - Die Fachzeitschrift für Information Management & Consulting, Ausgabe Service Engineering (Sonderausgabe), 1998, S. 20-25.

HOFMANN, HAIGO R. und MEIREN, THOMAS (1998): Service Engineering in der Investitionsgüterindustrie, in: IM - Die Fachzeitschrift für Information Management & Consulting, Ausgabe Service Engineering (Sonderausgabe), 1998, S. 79-84.

HÜMMER, BERND (2001): Strategisches Management von Kernkompetenzen im Hyperwettbewerb, Dissertation, Wiesbaden: Deutscher Universitäts-Verlag, 2001.

JASCHINSKI, CHRISTOPH (1998): Qualitätsorientiertes Redesign von Dienstleistungen, Dissertation, Aachen: Shaker, 1998.

KAMISKE, GERD F. und BRAUER, JÖRG-PETER (2003): Qualitätsmanagement von A bis Z - Erläuterungen moderner Begriffe des Qualitätsmanagements, 4., aktualisierte und ergänzte Auflage, München: Hanser, 2003.

KEITH, HARALD / LIESTMANN, VOLKER und GROTEN, CLAUDIA (2004): Allgemeine Relevanz und Bedeutung des Service Engineering: Ergebnisse aus quantitativen und qualitativen Vorstudien, in: Luczak, Holger / Reichwald, Ralf und Spath, Dieter (Hrsg.): Service Engineering in Wissenschaft und Praxis - Die ganzheitliche Entwicklung von Dienstleistungen, Wiesbaden: Deutscher Universitäts-Verlag, 2004, S. 5-38.

KERSTEN, GÜNTER (1999): Integrierte Methodenanwendung in der Entwicklung, in: Masing, Walter (Hrsg.): Handbuch Qualitätsmanagement, München: Carl Hanser Verlag, 1999, S. 355-388.

KLEINALTENKAMP, MICHAEL (2001): Begriffsabgrenzungen und Erscheinungsformen von Dienstleistungen, in: Bruhn, Manfred und Meffert, Heribert (Hrsg.): Handbuch Dienstleistungsmanagement - Von der strategischen Konzeption zur praktischen Umsetzung, Wiesbaden: Gabler, 2001, S. 27-50.

KLEINALTENKAMP, MICHAEL und FRAUENDORF, JANINE (2003): Wissensmanagement im Service Engineering, in: Bullinger, Hans-Jörg und Scheer, August-Wilhelm (Hrsg.): Service Engineering - Entwicklung und Gestaltung innovativer Dienstleistungen, Berlin: Springer, 2003, S. 371-390.

KLIMESCH, CHRISTIAN und PARAL, THOMAS (2004): Prozesse, Wissen und Methoden verknüpfen, in: Grabowski, Hans und Paral, Thomas (Hrsg.): Erfolgreich Produkte entwickeln, Stuttgart: LOG_X Verlag GmbH, 2004, S. 29-50.

KÜPPER, CLAUDIA (2001): Service Innovation - A review of the state of art, abgerufen unter: http://www.intranet-lehrstuhl.bwl.uni-muenchen.de/dispatch/Publikation/Volltexte/1776.pdf, abgerufen am: 11.05.2005.

LIENHARD, PATRICE (2003): Aufbau der empirischen Untersuchung zur "Kundenorientierten Dienstleistungsentwicklung in deutschen Unternehmen", in: Spath, Dieter und Zahn, Erich (Hrsg.): Kundenorientierte Dienstleistungsentwicklung in deutschen Unternehmen, Berlin: Springer, 2003, S. 15-33.

LINDEMANN, UDO (2005): Methodische Entwicklung technischer Produkte - Methoden flexibel und situationsgerecht anwenden, Berlin: Springer, 2005.

LUCZAK, HOLGER / LIESTMANN, VOLKER und GILL, CHRISTIAN (2003): Service Engineering industrieller Dienstleistungen, in: Bullinger, Hans-Jörg und Scheer, August-Wilhelm (Hrsg.): Service Engineering - Entwicklung und Gestaltung innovativer Dienstleistungen, Berlin: Springer, 2003, S. 443-466.

LUCZAK, HOLGER / SONTOW, KARSTEN / KUSTER, JOHANNES / REDDEMANN, ANDREAS und SCHERRER, ULRICH (2000): Service Engineering - Der systematische Weg von der Idee zum Leistungsangebot, München: TCW Transfer-Centrum, 2000.

MEFFERT, HERIBERT und BRUHN, MANFRED (2003): Dienstleistungsmarketing - Grundlagen, Konzepte, Methoden, 4., vollständig überarbeitete und erweiterte Auflage, Wiesbaden: Gabler, 2003.

MEIREN, THOMAS (2001): Systematische Entwicklung von Dienstleistungen, in: Industrie Management, Ausgabe 2, 2001, S. 27-30.

MEIREN, THOMAS und BARTH, TILMANN (2003): Service Engineering in Unternehmen umsetzen - Leitfaden für die Entwicklung von Dienstleistungen, Stuttgart: Fraunhofer-IRB-Verlag, 2003.

MOEHRLE, MARTIN G. (2005): What is TRIZ? From Conceptual Basics to a Framework for Research, in: Creativity and Innovation Management, Ausgabe 1, 2005, S. 3-13.

N.N. (1995): DIN EN ISO 8402, Deutsche Fassung EN ISO 8402, Berlin: Beuth, 1995.

N.N. (1998): DIN-Fachbericht 75: Service Engineering - Entwicklungsbegleitende Normung (EBN) für Dienstleistungen, Berlin: Beuth, 1998.

N.N. (2001): Vom Markt zum Produkt, Universität Karlsruhe, abgerufen unter: http://www.uni-karlsruhe.de/~map, abgerufen am: 10.09.2005.

N.N. (2004): Interactive TRIZ Matrix & 40 Principles, Solid Creativity, abgerufen unter: www.triz40.com, abgerufen am: 14.09.2005.

N.N. (2005a): Erwerbstätige nach Wirtschaftsbereichen, Statistisches Bundesamt Deutschland, abgerufen unter: http://www.destatis.de/indicators/d/lrerw05 ad.htm, abgerufen am: 10.07.2005.

N.N. (2005b): Qualica Software, Qualica Software GmbH, abgerufen unter: http://www.qualica.de/deutsch/quality_mgmt.htm, abgerufen am: 14.08.2005.

N.N. (2005c): APIS IQ-FMEA, APIS Informationstechnologien GmbH, abgerufen unter: http://www.iq-fmea.com/, abgerufen am: 02.08.2005.

N.N. (2005d): STAVEX: Statistical Design of Experiments with an Expert System, P&P Informationstechnologie GmbH, abgerufen unter: http://www.stavex.de/ Versuchsplanung/Stavex.asp, abgerufen am: 25.12.2005.

N.N. (2005e): Segma AG - Service Engineering und Management, Segma AG, abgerufen unter: http://www.segma.de, abgerufen am: 29.12.2005.

N.N. (2005f): Bekanntmachung von Förderrichtlinien des Bundesministeriums für Bildung und Forschung zum Thema "Integration von Produktion und Dienstleistung", Bundesministerium für Bildung und Forschung (BMBF), abgerufen unter: http://www.bmbf.de/foerderungen/4453.php, abgerufen am: 10.01.2006.

NÜTTGENS, MARKUS / HECKMANN, MICHAEL und LUZIUS, MARKUS J. (1998): Service Engineering Rahmenkonzept, in: IM - Die Fachzeitschrift für Information Management & Consulting, Ausgabe Service Engineering (Sonderausgabe), 1998, S. 14-19.

OPHEY, LOTHAR (2005): Entwicklungsmanagement - Methoden in der Produktentwicklung, Berlin: Springer, 2005.

OPPERMANN, RALF (1998): Marktorientierte Dienstleistungsinnovation - Besonderheiten von Dienstleistungen und ihre Auswirkungen auf eine abnehmerorientierte Innovationsgestaltung, Dissertation, Göttingen: Göttinger Handelswissenschaftliche Schriften, 1998.

O'SHEA, MIRIAM (2002): Planungsverfahren für die Produktkonzeption - Ein systematisches Vorgehenskonzept unter Berücksichtigung des Lebenszyklus-Ansatzes, Dissertation, Wiesbaden: Deutscher Universitäts-Verlag, 2002.

PANNENBÄCKER, TILO (2001): Methodisches Erfinden in Unternehmen - Bedarf, Konzept, Perspektiven für TRIZ-basierte Erfolge, Wiesbaden: Gabler, 2001.

PFEIFER, TILO (2001): Qualitätsmanagement - Strategien, Methoden, Techniken, 3., völlig überarbeitete und erweiterte Auflage, München: Hanser, 2001.

PFEIFER, TILO und CANALES, CLAUDIA (2005): Integrierte Produktdefinition und Technologieplanung - Integrative Qualitätsplanungssystematik, in: Eversheim, Walter und Schuh, Günther (Hrsg.): Integrierte Produkt- und Prozessgestaltung, Berlin: Springer, 2005, S. 115-130.

PULM, UDO (2004): Eine systemtheoretische Betrachtung der Produktentwicklung, Dissertation, München: Verlag Dr. Hut, 2004.

REINMANN-ROTHMEIER, GABI (2001): Wissensmanagement lernen - Ein Leitfaden zur Gestaltung von Workshops und zum Selbstlernen, Weinheim: Beltz, 2001.

SAATWEBER, JUTTA (1997): Kundenorientierung durch Quality Function Deployment - Systematisches Entwickeln von Produkten und Dienstleistungen, München: Hanser, 1997.

SAATWEBER, JUTTA (2005): Nutzen- und Qualitätsmanagement im Entwicklungsprozess - Kundenanforderungen systematisch umsetzen und Risiken minimieren, in: Schäppi, Bernd / Andreasen, Mogens M. / Kirchgeorg, Manfred und Radermacher, Franz-Josef (Hrsg.): Handbuch Produktentwicklung, München: Hanser, 2005, S. 357-396.

SCHALLER, CHRISTIAN (2002): Innovationsmanagement für Dienstleistungen, in: Meiren, Thomas und Liestmann, Volker (Hrsg.): Service Engineering in der Praxis - Kurzstudie zu Dienstleistungsentwicklung in deutschen Unternehmen, Stuttgart: Fraunhofer IRB Verlag, 2002, S. 10-20.

SCHELLE, HEINZ (2004): Projekte zum Erfolg führen - Projektmanagement systematisch und kompakt, 4., überarbeitete Auflage, München: Deutscher-Taschenbuch-Verlag, 2004.

SCHNEIDER, KRISTOF / WAGNER, DANIEL und BEHRENS, HERMANN (2003): Vorgehensmodelle zum Service Engineering, in: Bullinger, Hans-Jörg und Scheer, August-Wilhelm (Hrsg.): Service Engineering - Entwicklung und Gestaltung innovativer Dienstleistungen, Berlin: Springer, 2003, S. 117-144.

SCHNEIDER, MARKUS (1999): Innovation von Dienstleistungen - Organisation von Innovationsprozessen in Universalbanken, Wiesbaden: Deutscher Universitäts-Verlag, 1999.

SCHREINER, PETER (2003): Der Kunde im Zentrum einer qualitätsorientierten Dienstleistungsentwicklung, in: Spath, Dieter und Zahn, Erich (Hrsg.): Kundenorientierte Dienstleistungsentwicklung in deutschen Unternehmen, Berlin: Springer, 2003, S. 137-156.

SCHUMPETER, JOSEPH (1952): Theorie der wirtschaftlichen Entwicklung - Eine Untersuchung über Unternehmergewinn, Kapital, Kredit, Zins und den Konjunkturzyklus, 5. Auflage, Berlin: Duncker & Humblot, 1952.

SCHWENGELS, CHRISTIAN (2003): Systematische Entwicklung von Dienstleistungen, in: Spath, Dieter und Zahn, Erich (Hrsg.): Kundenorientierte Dienstleistungsentwicklung in deutschen Unternehmen, Berlin: Springer, 2003, S. 37-50.

SEIBERT, SIEGFRIED (1998): Technisches Management - Innovationsmanagement, Projektmanagement, Qualitätsmanagement, Stuttgart: Teubner, 1998.

SHOSTACK, G. LYNN (1984): Designing services that deliver, in: Harvard Business Review, Ausgabe January/February, 1984, S. 133-139.

SPATH, DIETER / BAUMEISTER, MICHAEL und DEMUß, LUTZ (2001): Ein internetbasierter Methodenbaukasten mittels XML für ein Service Engineering, in: Industrie-Management, Ausgabe 2, 2001, S. 31-35.

SPATH, DIETER und DEMUß, LUTZ (2003): Entwicklung hybrider Produkte - Gestaltung materieller und immaterieller Leistungsbündel, in: Bullinger, Hans-Jörg und Scheer, August-Wilhelm (Hrsg.): Service Engineering - Entwicklung und Gestaltung innovativer Dienstleistungen, Berlin: Springer, 2003, S. 467-506.

STAUSS, BERND und BRUHN, MANFRED (2004): Dienstleistungsinnovationen - Eine Einführung in den Sammelband, in: Bruhn, Manfred und Stauss, Bernd (Hrsg.): Dienstleistungsinnovationen, Wiesbaden: Gabler, 2004, S. 3-26.

STEINSCHADEN, JOHANNES (2005): Entwicklung mechanischer Systeme, in: Schäppi, Bernd / Andreasen, Mogens M. / Kirchgeorg, Manfred und Radermacher, Franz-Josef (Hrsg.): Handbuch Produktentwicklung, München: Hanser, 2005, S. 481-506.

TERNINKO, JOHN / ZUSMAN, ALLA / ZLOTIN, BORIS und HERB, ROLF (1998): TRIZ - Der Weg zum konkurrenzlosen Erfolgsprodukt, Landsberg am Lech: Verlag Moderne Industrie, 1998.

THOMKE, STEFAN (2003): R&D Comes to Services - Bank of America's Pathbreaking Experiments, in: Harvard Business Review, Ausgabe April, 2003, S. 71-79.

TIETJEN, THORSTEN und MÜLLER, DIETER H. (2003): FMEA-Praxis - Das Komplettpaket für Training und Anwendung, 2., überarbeitete Auflage, München: Hanser, 2003.

WILLKE, HELMUT / KRÜCK, CARSTEN und MINGERS, SUSANNE (2001): Systemisches Wissensmanagement, 2., neu bearbeitete Auflage, Stuttgart: Lucius & Lucius, 2001.

WULF, JOACHIM ERICH (2001): Elementarmethoden zur Lösungssuche, Dissertation, München: Verlag Dr. Hut, 2001.

YANG, KAI (2005): Design for Six Sigma for Service, New York: McGraw-Hill, 2005.

ZACHARIAS, ALEXANDER (2003): Quality Function Deployment im Kreditkartengeschäft - Anwendung, Nutzen und Grenzen der Methode bei der Entwicklung von Komponenten in der Finanzdienstleistung, in: Bullinger, Hans-Jörg und Scheer, August-Wilhelm (Hrsg.): Service Engineering - Entwicklung und Gestaltung innovativer Dienstleistungen, Berlin: Springer, 2003, S. 741-760.

ZHANG, JUN / CHAI, KAH-HIN und TAN, KAY-CHUAN (2003): 40 Inventive Principles with Applications in Service Operations Management, TRIZ Journal, abgerufen unter: http://www.triz-journal.com/archives/2003/12/d/04.pdf, abgerufen am: 03.10.2005.

ZHANG, JUN / CHAI, KAH-HIN und TAN, KAY-CHUAN (2005): Applying TRIZ to Service Conceptual Design: An Exploratory Study, in: Creativity and Innovation Management., Ausgabe 1, 2005, S. 34-42.

7 Rationalisierung von Dienstleistungsarbeit – Strategien, Methoden und innerbetriebliche Konsequenzen

Ria Müller

7.1 Die Situationslogik von Dienstleistungsarbeit

Das Anliegen dieses Kapitel ist es, die Bedeutung des mitarbeiterseitigen Verhaltens für das Wesen qualifizierter unternehmensbezogener Dienstleistungsarbeit zu erklären. Dazu erscheint ein Vorgehen zielführend, welches die „objektive" Situation unter Einbeziehung der subjektiven Motive und Einstellungen aller Akteure typisierend beschreibt. Eine solche Herangehensweise formuliert das Konzept der Situationslogik von Popper (1977, 114ff.). An ihm orientiert sich die Argumentation dieses Kapitels, wendet es jedoch nicht in seiner gesamten Komplexität an. Die Dienstleistungserstellung wird von einer Vielzahl tief liegender Bedingungen materieller, institutioneller, individueller und kultureller Art bestimmt (Esser 1999, 388), deren vollständige Berücksichtigung nicht im Rahmen einer Diplomarbeit zu leisten ist. Ein Verständnis der Situationslogik qualifizierter Dienstleistungsarbeit wird durch die Beschreibung der Arbeitssituation in hochqualifizierten, wissensintensiven Dienstleistungsberufen aufgebaut. Hier werden zunächst die Bedingungen von Arbeit und Beschäftigung betrachtet sowie das Selbstverständnis der Arbeitnehmer versucht zu beschreiben. Aus diesen Erkenntnissen und den allgemeinen Kenngrößen der Dienstleistungserstellung werden die charakteristischen Tätigkeitsmerkmale von Dienstleistungsarbeit abgeleitet. In einem abschließenden Schritt wird die wesentliche personale Arbeitsanforderung identifiziert: Die besondere mitarbeiterseitige Verhaltensleistung ist die zentrale Voraussetzung für die Erstellung qualifizierter Dienstleistungen.

7.1.1 Verständnis: Hochqualifizierte, wissensintensive Dienstleistungen

Zur Überprüfung der Untersuchungsthese dieser Arbeit ist zu erklären, was den spezifischen Charakter von Dienstleistungsarbeit ausmacht. Dienstleistungen sind immer mehr oder weniger individuell, stofflich und spezialisiert. Sie sind derart heterogen in ihrem Zweck, ihrer Gestalt und ihrem Ergebnis, dass der Charakter von Dienstleistungstätigkeiten nicht allgemein zu beschreiben ist. Er wird über die fachliche Kompetenz der Mitarbeiter hinaus durch deren Selbstverständnis, Engagement usw. geprägt, variiert jedoch unter anderem in Abhängigkeit von der Komplexität der Dienstleistung. Eine inhaltliche Eingrenzung des Untersuchungsgegenstandes erscheint sinnvoll.

Aus den genannten Gründen bezieht sich die weitere Argumentation auf die Arbeitssituation in hochqualifzierten, wissensintensiven Dienstleistungsberufen. Wissensarbeit gilt als intellektuelle Tätigkeit (Amar 2002), was bedeutet, dass Wissensarbeit auch in der Wissensnutzung bei der Berufsausübung besteht. Als Wissensarbeiter werden deshalb Arbeitnehmer bezeichnet, deren Beschäftigung in engem Zusammenhang mit der Produktion und Verbreitung von Wissen steht. Sie werden aufgrund ihrer hohen fachlichen Qualifikationen, häufig Fachhochschul– oder

Hochschulabschlüsse, auch als „wissenschaftlich-qualifizierte Berufsgruppen" (Trautwein-Kalms 1991, 225) bezeichnet.

Untersuchungsgegenstand sind im Folgenden wissensintensive Tätigkeiten und rofessionen des Kredit– und Versicherungsgewerbes, Datenverarbeitung und Datenbanken (IT-Dienstleister), F&E sowie Anwaltschaft, Architektur, Steuerberatung. Hier kann auf aktuelle empirische Studien zurückgegriffen werden.

Zum besseren Verständnis wird an dieser Stelle darauf aufmerksam gemacht, dass qualifizierte, wissensintensive Dienstleistungstätigkeiten nicht ausschließlich von klassischen Dienstleistern erbracht, sondern zunehmend auch im industriellen Sektor ausgeübt werden. Der Anteil der hier Beschäftigten bzw. des hier geleisteten Arbeitsvolumens übersteigt in Deutschland wie in vielen anderen europäischen Staaten den im Dienstleistungssektor (Wagner 2003, 38).[867] Diese „marktbezogenen Dienstleistungsbereiche in Industrieunternehmen" (Rock/Ulrich/Witt 1990, 143) haben „nichts anderes zum Inhalt, als die Voraussetzungen für die Güterproduktion zu schaffen, sie zu organisieren, zu vermarkten und abzusichern" (Rock/Ulrich/Witt 1990, 32). Zu ihnen zählen „die meisten Beratungsfirmen sowie EDV-Unternehmen und Werbeagenturen" (Baethge 1996, 17).

7.1.2 Arbeitsbedingungen

Eine Vielzahl organisationaler (extrapersonaler) Faktoren beeinflusst die Arbeitsleistung der Mitarbeiter. Im Folgenden werden die organisatorischen Rahmenbedingungen beschrieben, unter denen qualifizierte Dienstleistungsarbeit heute stattfindet. Konkrete Aufgabeninhalte und daraus sich ergebende Anforderungen bzw. Organisationsformen werden hier exemplarisch für Anwälte, Architekten und Steuerberater beschrieben. Diese Entwicklung wird als funktionale Tertiarisierung bezeichnet. Anschließend wird die in qualifizierten Dienstleistungen typischen Beschäftigungsverhältnisse betrachtet, bevor versucht wird, ganz allgemein das Selbstverständnis der Arbeitnehmer wiederzugeben.

7.1.2.1 Aufgabeninhalte und Organisation von Anwälten, Architekten und Steuerberatern

Die Tätigkeit von Anwälten besteht heute zu großen Bestandteilen aus Beratung und Vertragsgestaltung (so genannte „Brokertätigkeiten") mit besonderem Fokus auf außergerichtliche und internationale Austauschprozesse. Sie wird darüber hinaus dadurch geprägt, dass es erforderlich wird, neue Märkte zu erschließen und neue Klientengruppen zu gewinnen. Dementsprechend haben Anwälte ein vielfältiges Aufgabenspektrum zu bewältigen, „das zusätzliche Spezialisierungen und weitgreifende Kooperationen mit sich bringt" (Jacobsen/Voswinkel 2003, 70). Im Zuge der Vereinheitlichung des europäischen Marktes stieg der Bedarf für

---

[867] Diese Entwicklung wird als funktionale Tertiarisierung bezeichnet.

verdichtete, netzwerkartige Kooperation (Jacobsen/Voswinkel 2003, 71). Aus diesem Grund etablierten sich große, überregional tätige Kanzleien (Sozietäten), die aufgrund ihrer Organisationsform in der Lage sind großräumig und flexibel zu agieren und komplexe Aufgaben bewältigen können (Jacobsen/Voswinkel 2003, 70). Die von ihnen erbrachten Leistungen unterliegen einem Anforderungsspektrum zwischen Standardisierung und Qualitätssicherung (Jacobsen/Voswinkel 2003, 71). Gefordert sind vor allem personenbezogene Kompetenzen wie Beratungs– und Kommunikationsfähigkeit (Jacobsen/Voswinkel 2003, 71).

Architekten weisen einen hohen Spezialisierungsgrad auf. Die von ihnen bearbeiteten Inhalte erfordern hohe Fachkenntnis, während sie gleichzeitig gefordert sind, die mit der Planung von Bauvorhaben verbundene Komplexität zu bewältigen (Jacobsen/Voswinkel 2003, 72). Ihre Rolle ist zunehmend die des Organisators und Koordinators. Die konkreten Arbeitsabläufe sind meist durch die gleichzeitige Erfüllung mehrerer Projekte gekennzeichnet. „Damit erodiert die traditionell ‚hybride' Rolle des Architekten und vor allem für kleine Architekturbüros wird es notwendig, Expertise von außen einzukaufen oder (temporäre) Projektgemeinschaften einzugehen" (Jacobsen/Voswinkel 2003, 72). Vor dem Hintergrund der derzeitigen Vergabepraxis von Projektaufträgen ist der intensive fachliche Austausch mit Architektur-Kollegen nahezu zwingende Voraussetzung zur Existenzsicherung (Jacobsen/Voswinkel 2003, 72).

In der Steuerberatung gewinnt die qualifizierte Beratung und umfassende Betreuung bezüglich betriebswirtschaftlicher Probleme zugunsten der eigentlichen steuerberatenden Tätigkeiten an Bedeutung (Jacobsen/Voswinkel 2003, 72). Um den beruflichen Anforderungen an Komplexität, Spezialisierung, Internationalisierung und Flexibilität sowie fachlichem und persönlichem Unterstützungsbedarf gerecht zu werden, haben sich im Bereich der Steuerberatung ebenfalls neue Formen der Kooperation und Organisation als notwendig herausgestellt. Beispielsweise ermöglicht die intensivere Nutzung neuer Medien, wie Rechtsdatenbanken, einen schnelleren Zugang zu benötigten Informationen (Jacobsen/Voswinkel 2003, 72). Die wachsende Komplexität der Aufgabenbewältigung erfordert Kooperationen, entweder im Verbund von Spezialisten auf einzelnen Gebieten oder in der Art einer Universalberatung innerhalb einer einzigen Gesellschaft. Die Bildung größerer Gesellschaften und Sozietäten, in denen Steuerberater gemeinsam mit Wirtschaftsprüfern und Rechtsanwälten arbeiten, setzt sich aus diesem Grund durch (Jacobsen/Voswinkel 2003, 72).

7.1.2.2 Typische Beschäftigungsverhältnisse

Hohe inhaltliche und soziale Arbeitsanforderungen treffen in den hier betrachteten Dienstleistungsberufen auf flexibel gestaltete oder auch entsicherte Beschäftigungs-verhältnisse (Sauer 2003, 23). Sie betreffen v.a. die Arbeitsverträge und —zeiten.

Zu den Grundlagen der Beschäftigung in den „Büroberufen" gehört traditionell ein unbefristetes sozialversicherungspflichtiges Arbeitsverhältnis. Mit einer gewissen Verzögerung gegenüber anderen Dienstleistungsarbeitsbereichen verliert diese stark regulierte Form der Beschäftigung gegenwärtig an Gewicht. Wie in der restlichen Wirtschaft werden heute häufig befristete Verträge ausgestellt. Vor allem im Software-Bereich und der Unternehmensberatung arbeiten so genannte freelancer. Das sind Selbständige, die für einen festgelegten Zeitraum mit der Erfüllung konkreter Projekte betraut werden. Sie haben in der Regel keiner oder geringe Anbindung an die restliche Organisation, was sich auch darin niederschlägt, dass sie per se keine Ansprüche auf eigene Büroräume, Urlaub oder Lohnfortzahlungen im Krankheitsfall haben. Die Ausgestaltung der Arbeitsverträge unterliegt insbesondere in kleinen und kleinsten Unternehmen „nicht mehr ohne weiteres den gesetzlichen und tariflichen Regelungen" (Heß/Jacobsen 1999, 10). Ebenso wie die feste Vereinbarung von Arbeitszeiten verliert das feste Monatsgehalt an Gewicht. Denn in der Regel ist eine objektive Bestimmung von „Leistung" an vielen Dienstleistungsarbeitsplätzen schwierig. In den Mittelpunkt der Bewertung und Kontrolle der Leistung rückt stattdessen das Ergebnis der Arbeit. Unternehmen und Beschäftigte vereinbaren Ziele „über das in einem bestimmten Zeitraum zu erbringende Arbeitsergebnis" (Heß/Jacobsen 1999, 18). Diese Zielvereinbarungen werden den vielfältigen zu bewältigenden Arbeitsaufgaben eher gerecht und kommen als Führungsinstrument immer häufiger zum Einsatz. In der Folge werden Arbeitsentgelte meist individuell ausgehandelt. Woran es derzeit noch mangelt sind „Formen der Entgeltfindung, die Elemente erfolgsabhängiger Bezahlung mit Mindeststandards sozialer Sicherung verbinden" (Heß/Jacobsen 1999, 18).

„Flexible Arbeitszeiten haben in den Büroberufen eine gewisse Tradition" (Heß/Jacobsen 1999, 17): hier wurden mit Gleitzeitregelungen erste Formen der Individualisierung von Arbeitszeiten umgesetzt. Viele Beschäftigte in qualifizierten Dienstleistungsberufen teilen sich ihre Arbeitszeiten im Unternehmen unabhängig von den Betriebszeiten selbst ein. Dies ist häufig im Sinn der Geschäftsführung, „solange der Betriebsablauf nicht gestört und das Arbeitsergebnis termin– und anforderungsgerecht geliefert wird" (Trautwein-Kalms 1991, 222). Mitunter sind jedoch unternehmensseitig so genannte „Kernarbeitszeiten" festgelegt, in denen die Anwesenheit der Mitarbeiter explizit erwünscht ist.

„Flexible Arbeitszeiten und –orte, unsichere Auftragslagen, schwer konkret zu definierende Leistungsanforderungen und –inhalte führen dazu, dass der Arbeitsplatz häufiger als in anderen Berufen gewechselt wird. Die Beschäftigten haben Bewältigungsstrategien zum Umgang mit diesen Unsicherheiten entwickelt. Das geht soweit, dass die Beschäftigten sich für ihre Employability (...) selbst verantwortlich" (Wilkens 2004, 191) sehen.

7.1.2.3 Selbstverständnis der Arbeitnehmer

Die Arbeitnehmer identifizieren sich vorrangig über ihre Arbeitsaufgabe. Sie wird von ihnen als besonders interessant, erfüllend und zufriedenstellend erlebt. Diese Orientierung wird begleitet vom Interesse an der Beschäftigung mit neuen Techniken und Informationen (Lernorientierung). Aus dem Arbeitsinhalt erwächst eine „sehr hohe Eigenmotivation" (Jäger 1999, 136), die mit selbstverantwortlichem und aufgabenbezogenem Handeln einher geht (Müller/Bierhoff 1994, 370) und damit prinzipiell hochwertige Dienstleistungsarbeit und Innovationen ermöglicht. Es ist bereits angeklungen, dass die Mitarbeiter in qualifizierten Dienstleistungsberufen bereit sind, länger und flexibel zu arbeiten, sich in atypischen Arbeitsverhältnissen zu bewegen und eine Patchwork-Biographie zu verfolgen, sie zumindest als Karriereweg in Betracht zu ziehen. Dieses so genannte Extra-Rollenverhalten, das über die vertraglich festgelegten Inhalte hinaus geht (Müller/Bierhoff 1994, 368), unterstützt im Allgemeinen auch das effektive Funktionieren der Organisation. Erst durch funktionales Extra-Rollenverhalten können Projektpartner interagieren oder die Qualität der Dienstleistung dem Kunden gegenüber kommunizieren (Matiaske/Weller 2003, 96).

Um die Einstellungen der Arbeitnehmer konkreter zu veranschaulichen, wird hier auf die Ausführungen von Wilkens (2004, 105) zurückgegriffen. Sie bezieht sich auf die von Kotthoff (1998) empirisch ermittelten Einstellungen und Erwartungen der Mitarbeiter qualifizierter Dienstleister, die:

- „eine identifizierbare Adresse für ein bestimmtes Aufgaben– oder Kompetenzfeld sein wollen

- nach sozialen Kontakten; dazu zählen Kollegenkontakte (Arbeitsklima) streben und Ressortkontakte, die dem Bedürfnis nach Macht und Einfluss Rechnung tragen

- nach hoher Autonomie streben

- ein prozessförderndes, leistungsstimulierendes Umfeld erwarten und

- vom Top Management und ihren direkten Vorgesetzten ein ebenso hohes Commitment und Involvement erwarten, wie sie selber in die Organisation einbringen" (Wilkens 2004, 105).

Das Prinzip der Selbstorganisation fordert die Beschäftigten förmlich zu unternehmerischem Handeln auf, weshalb die zahlreichen, o.g. Anforderungen „im Dienstleistungsbereich auf eine gewisse Tradition des Einzelkämpfertums" (Heß/Jacobsen 1999, 17) treffen. Mit Fachkollegen bestehen eher lose, informelle Kontaktstrukturen. Damit gewinnen jedoch inner– und außerbetriebliche personale Vernetzungen an Bedeutung (Jacobsen/Voswinkel 2003, 75f.). Die stark ausgeprägte Individualität der Beschäftigten stellt auf zweifache Weise einen zentralen produktiven Faktor im Dienstleistungsbereich: Unternehmen setzen implizit voraus, dass die für die Erfüllung der Arbeitsaufgaben notwendige Selbständigkeit auch für die Steuerung der eigenen Arbeitskraft und Leistungsverausgabung eingesetzt wird. Zum anderen fordern sie im Arbeitsprozess die subjektiven, individuellen Ressourcen menschlicher Arbeitskraft ein, die traditionell in der privaten Lebenssphäre liegen. Kreative, problemlösende und kommunikative Fähigkeiten, Motivation und Engagement werden intensiv und explizit ökonomisch genutzt. Dabei „scheinen sie sich darauf verlassen zu können, dass die Menschen das Leistungsprinzip internalisiert haben" (Siegel 1995, 193).

Die besprochenen Prozesse der Subjektivierung und Flexibilisierung von Arbeit werden von Prozessen einer neuen Objektivierung und Standardisierung überformt. Neue Steuerungs– und Anreizsysteme setzen und kontrollieren in indirekter Form Leistungsziele und objektivieren auf diese Weise die Arbeitskontrolle. Ohnehin reduzieren die kontinuierlich anfallenden Statusberichte, Projektkonferenzen und Deadlines in der Praxis die Wahrscheinlichkeit auf autonome, individuelle Selbststeuerung. Vereinheitlicht und standardisiert werden Dienstleistungsangebote und Dienstleistungsbeziehungen durch Entpersonalisierung (Oberbeck 2001, 77). Die hier nur ansatzweise beschriebene aktuelle Arbeitssituation in qualifizierten Dienstleistungsberufen bezeichnet Sauer (2003, 23) als industrialisiert mit erheblichen Folgen für Leistungsdruck, Arbeitshetze und Gesundheitsverschleiß.

7.1.3 Allgemeine Kenngrößen der Leistungserstellung

Als Hauptaufgabe von Dienstleistungen wird die Befriedigung eines persönlichen Bedürfnisses verstanden: „Der Bediente tritt mit dem spezialisierten Dienstleister in Kontakt, beide mit dem Ziel, das Problem des Bedienten zu lösen" (Nerdinger 1994, 46f.). Darüber hinaus fällt die exakte definitorische Bestimmung des Dienstleistungsbegriffs aus mehreren Gründen schwer: Zum einen existieren Dienstleistungen in so großer Vielfalt, dass bereits die Einteilung in homogene Klassen und Typen eine Herausforderung darstellt. Sie sind andererseits „auf komplizierte Weise miteinander und mit der Produktion verzahnt" (Jäger 1999, 128). Institutionell repräsentieren Dienstleistungen wiederum alles, „was nicht zur industriellen (...) Produktion gehört" (Hentschel 1992, 19) und erscheinen damit als „abhängige Variablen des sekundären Bereichs" (Cornetz 1991, 35). Entsprechend dieser Denkweise erfasst die amtliche Statistik die Entwicklung der Erwerbstätigkeit im und die wirtschaftliche Bedeutung des Dienstleistungssektors mit Hilfe der von Clark (1960, 253ff.) entwickelten Sektorengliederung und subsummiert sämtliche produktions–, konsum– und personenbezogenen Dienstleistungen in der Kategorie „Sonstige Dienstleistungen". Für die weitere Argumentation ist diese Einteilung wenig aussagekräftig, da sie unternehmensintern erstellte Dienstleistungen wie F&E vernachlässigt. Der Sektorengliederung der amtlichen Statistik fehlt der unmittelbare Bezug auf die dienstleistenden Mitarbeiter und deren Funktionen. Mit ihrer Hilfe lassen sich weder direkte Rückschlüsse auf den tatsächlichen Charakter der Tätigkeiten noch die Qualität der Arbeitsplätze ziehen. Im weiteren Verlauf der Argumentation wird deshalb von der rein institutionellen Sichtweise Abstand genommen. Im Hinblick auf die Fragestellung dieser Arbeit erscheint die Auseinandersetzung unter prozess– und ergebnisorientierten Gesichtspunkten zielführender.

Prozessorientierte Ansätze grenzen Dienstleistungen über Tätigkeiten voneinander ab. Indem sie „die Zeitraumbezogenheit und den Tätigkeitscharakter von Dienstleistungen in den Vordergrund" (Hentschel 1992, 20) stellen, betonen sie das Wesen des Arbeitsprozesses (Huber 1992, 23). Ergebnisorientierte Dienstleistungsdefinitionen fokussieren darauf, Dienstleistungen als das Resultat der Leistungserbringung zu beschreiben. Sie betonen damit den Produktcharakter (Huber 1992, 8) von Dienstleistungen. Als Gut setzen sie sich überwiegend durch ihre Andersartigkeit von Sachgütern ab und werden als immaterielles Produkt wahrgenommen.

Sinnvoller als die Betonung des Unterschiedes zwischen ergebnis– und prozessorientierten Dienstleistungsdefinitionen erscheint es, die beiden Ansätze miteinander zu kombinieren. Dienstleistungen weisen oft sowohl Prozess– als auch Produktcharakter auf: „Die Mehrheit der Dienstleistungen sind Mischformen" (Krooß 2003, 13). Immerhin ist die „menschliche Arbeit (...) nicht bloß ein Kostenfaktor der Produktion, sondern auch Element des Produktes selber" (Littek 1991, 266). Der tatsächliche Charakter der Leistung wird folglich in großem Maße im Erstellungsprozess bestimmt. Nach Güthoff (1995, 45f.) haben deshalb die Aktivitäten während der Dienstleistungserstellung direkten Einfluss auf das Gesamtqualitätsurteil. Mit zunehmendem Prozesscharakter steigt der Einfluss der Mitarbeiter auf die Qualität der Dienstleistung (Huber 1992, 89ff.).

Obwohl sie nicht immer trennscharf und nicht zwangsläufig und ausschließlich gegeben sind, werden im Folgenden Individualität und Immaterialität als Produktmerkmale, der externe Faktor und die Kontaktnotwendigkeit als Prozessmerkmale genauer beschrieben und auf ihre Relevanz für die weitere Argumentation untersucht. Alle anderen potenziellen Merkmale sind entweder „direkte Folgen der Natur der Dienstleistungsproduktion oder treten nicht durchgängig auf" (Huber 1992, 23). Ihre Betrachtung bleibt deshalb außen vor.

7.1.3.1 Integration des Externen Faktors

Zur Erstellung einer Dienstleistung bedarf es neben dem Dienstleister eines Lebewesens, materiellen Gutes, Nominalgutes oder Informationen des Kunden (Krooß 2003, 18 zitiert Homburg/Fassnacht 1998, 535). Dienstleistungen können nur aufgrund dieses externen Faktors – die Präsenz oder das Mitwirken des Kunden – erbracht werden. So ist es beispielsweise für Anwälte nicht möglich ohne Beweise und Aussagen die Angelegenheiten ihrer Klienten zu vertreten. Versicherungen treten ohne die konkreten Angaben und die Unterschrift des Versicherungsnehmers nicht in Kraft.

7.1.3.2 Notwendigkeit des Kontaktes

Als charakteristisches Merkmal von Dienstleistungen galt lange Zeit das Zusammenfallen von Produktion und Absatz, das so genannte Uno-Actu-Prinzip. Es beschreibt, dass Erstellung und Konsum der Dienstleistung räumlich kongruent und zeitlich simultan erfolgen (Güthoff 1995, 4). Als Dienstleistungskontakt bezeichnet Erbel (2003, 1) den Moment, in dem die Leistung für den Kunden erstellt wird. Dienstleistungen werden jedoch heute zunehmend Due-Actu erstellt: Der Kunde ist „lediglich während der Auftragserteilung anwesend und nimmt gegebenenfalls das Ergebnis der Dienstleistung in Empfang" (Krooß 2003, 17). Dementsprechend besteht immer zumindest „partielle Kontaktnotwendigkeit" (Hentschel 1992, 23), die vom zunehmenden Einsatz der Informations– und Kommunikationstechnologien (IuK-Technologien) unberührt bleibt. Denn Dienstleister und Kunde treffen mindestens Absprachen über den Inhalt und die kundenseitigen Erwartungen an die Güte der zu erbringenden Dienstleistung. In Abhängigkeit von der Art der Dienstleistung treten sie mehr oder weniger oft und mehr oder weniger kontinuierlich miteinander in Kontakt (Güthoff 1995, 8). Individuelle Kundenwünsche finden mehr oder weniger Berücksichtigung. Folglich variieren Tiefe (Intensität) und Länge (Zeitdauer) des Dienstleistungskontaktes. Erbel versteht ihn als „Moment of truth, in dem sich dem Kunden, durch die Verhaltensleistung des Mitarbeiters, die Dienstleistungskompetenz des Unternehmens offenbart" (Erbel 2003, 1). Die nahezu flächendeckende Anwendung von IuK-Technologien verändert nicht die prinzipielle Notwendigkeit des Dienstleistungskontaktes (Nerdinger 1994, 46f.), sondern die Länge, Häufigkeit und Tiefe (Intensität) der Interaktion zwischen Dienstleistern und Kunden. Insbesondere verringern sich die unternehmensseitigen Möglichkeiten, die Qualität der Interaktion unmittelbar zu beeinflussen.

7.1.3.3 Immaterialität des Leistungsergebnisses

Der kleinste gemeinsame Nenner aller Dienstleistungen ist ihre Immaterialität. Sie werden deshalb erst im Augenblick der Nachfrage zu einem handelbaren Gut[868] und lassen sich nicht vorrätig halten. Dienstleistungen können jedoch materielle Bestandteile enthalten. Diese sind beim Fleurop-Blumengruß seh–, greif– und riechbar. Die Software-CD zum neu erworbenen Laptop stellt das Dienstleistungsergebnis als Trägermedium sicher. Unabhängig davon wie stark die Immaterialität im Einzelnen ausgeprägt ist, hat sie den Nachteil, dass die Existenz, Beschaffenheit und Qualität der Dienstleistung vor dem Kauf nicht zu prüfen sind.

---

[868]   Es gibt „Produkte, deren Consumption im Augenblicke ihrer Schöpfung erfolgt und die durchaus einen Tauschwert hätten: Dies heiße ich ein immaterielles (körperloses) Gut" (Völker 1984, 15).

7.1.3.4 Individualität des Leistungsergebnisses

Während ein mindestens einmaliger Dienstleistungskontakt und das Vorliegen eines externen Faktors notwendig bleiben, verliert die Individualität seit der Verbreitung der IuK-Technologien zunehmend an Bedeutung für die Dienstleistungserstellung. Selbst bei komplexeren und vornehmlich individuellen Dienstleistungen wie Investitionsberatung, Versicherungsvermittlung, usw. gelingt es, zumindest Teile der Dienstleistung zu standardisieren. So tragen beispielsweise Bankangestellte Kontoeröffnungsdaten in optimierte, computerlesbare Formulare ein oder verwenden Software-Programme mit speziellen Eingabemasken. Diese Arbeitsweise praktizieren auch Versicherungen und Vertriebsabteilungen produzierender Unternehmen. Die beschriebene Standardisierungs– und Automatisierungsfähigkeit des Erstellungsprozesses macht Dienstleistungsgüter einerseits immer weniger einzigartig. Andererseits steigen die Ansprüche und die Notwendigkeit, Kundenprobleme einzelfallbezogen zu bearbeiten und zu lösen (Jacobsen/Voswinkel 2003, 75). Hier bewirkt der Einsatz von IuK-Technologien, dass die Kunden zunehmend in den Leistungserstellungsprozess eingebunden werden, beispielsweise bei der Rundum-Sachbearbeitung (Heß/Jacobsen 1999, 15).

Vor diesem Hintergrund werden standardisierte/kollektive und individuelle Dienstleistungen unterschieden (Diller 2001, 288). Standardisierte Produkte wie das Microsoft-Betriebssystem adressieren fiktive Durchschnittskunden, während sich individuelle Dienstleistungen dadurch auszeichnen, dass sie die konkreten Vorstellungen und Wünsche von Individuen oder Institutionen beinhalten.[869] Obwohl die Kunden bei individuellen Dienstleistungen direkter auf Produkte und Leistungen Einfluss nehmen als bei standardisierten, „verbleibt" nach Auffassung der Autorin aufgrund des zumindest partiell notwendigen Kontaktes in jeder wissensintensiven Dienstleistung ein Rest an Individualität.

7.1.3.5 Zwischenfazit

Das Zusammenfallen von Tätigkeit und Arbeitsergebnis kann als ein spezifisches Charakteristikum von Dienstleistungen gewertet werden. Die Art und Weise der Leistungserstellung bestimmt das Dienstleistungsergebnis. Aus diesem Grund gewinnt in übersättigten Märkten v.a. der Tätigkeitscharakter von Dienstleistungen an Bedeutung: Fast alle Anbieter können auf die gleichen materiellen und technischen Ressourcen zurückgreifen. Vielen von ihnen gelingt es nur im Dienstleistungskontakt, sich von der Konkurrenz abzuheben.[870] Dienstleistungen werden im weiteren Verlauf der Arbeit in Anlehnung an Huber (1992, 24) verstanden als

---

[869]   Standardisierte Dienstleistungen rechnen sich unter anderem deshalb, weil ein Großteil der Informationssuche auf den Kunden übertragen wird.

[870]   Güthoff (1995, 15) macht darauf aufmerksam, dass die Konsumenten die Qualität der Kernleistung als selbstverständlich erachten. Aufgrund dessen, dass sich deren Qualitätsbewusstsein zunehmend auf die Dienstleistungs– bzw. Servicequalität richtet, beeinflussen nur die Aktivitäten während der Dienstleistungserstellung das Gesamtqualitätsurteil direkt (Güthoff 1995, 46).

der Bedarfsdeckung dienende Prozesse,

die durch materielle und/oder persönliche Leistungsträger

im Rahmen eines Kontaktes

mit einem notwendigerweise zu integrierenden externen Faktor ausgeführt werden.

Aus den bisherigen Ausführungen kann geschlussfolgert werden, dass den Mitarbeitern im Dienstleistungsbereich ein hoher Stellenwert zukommt. Dieser macht es für die verantwortlichen Entscheidungsträger attraktiv, auf die Optimierung der internen Prozesse zu fokussieren, d.h. Rationalisierungsmaßnahmen anzuwenden, die die genannten Merkmale von Dienstleistungsarbeit berücksichtigen.

7.1.4 Tätigkeitsmerkmale

Die folgenden Tätigkeitsmerkmale qualifizierter, wissensintensiver Dienstleistungsarbeit wurden aus den Beschreibungen der Arbeitsbedingungen, den allgemeinen Kenngrößen der Leistungserstellung und aus den Merkmalen von Wissensarbeit (Kotthoff 1998, 28f.) abgeleitet:

- Wissensintensive, komplexe Arbeitsaufgaben

- (Kreativer) Problemlösungsprozess

- Kommunikative und interaktive Leistungserstellung

- Projektcharakter

7.1.4.1 Wissensintensive, komplexe Arbeitsaufgaben

Qualifizierte Dienstleistungstätigkeit wird auch als „geistige Arbeit" verstanden. Die eigentlichen wissensintensiven Dienstleistungen stellen Tätigkeiten mit Ausdeutungs– und Transferanforderungen, Abstraktionsgrad, Integrationserfordernissen, Umgang mit Zeit und Raum sowie Verbreitungsaufgaben dar (Amar 2002, 11ff.). Die Beschäftigten übernehmen auch die für die Erstellung und Vermittlung von Leistungen notwendigen Verständigungs–, Koordinations– und Abstimmungsaufgaben. Bezeichnend für wissensintensive Organisationen ist, das die durch die Tätigkeit erlangten Wissenszuwächse nahezu ausschließlich an die „Wissensarbeiter (...) als Träger kontext-spezifischen Wissens" (Wilkens 2004, 192) gebunden sind.

Die Erstellung qualifizierter Dienstleistungen erfordert einen komplexen Arbeitsprozess, da im Allgemeinen mehrere Einzelleistungen einfließen. Die Vielfalt der Teilleistungen bestimmt unternehmensintern darüber, wie stark der Mitarbeiter gezwungen ist, sich den verschiedenen Situationen im Leistungserstellungsprozess anzupassen.[871] Die Komplexität einer Dienstleistung wird auch an der Anzahl der Personen bestimmt, mit denen entweder der Nachfrager im Rahmen der

---

[871] Sie entscheidet nach außen darüber, wie stark der Kunde an der Leistungserstellung beteiligt ist (Güthoff 1995, 31ff.).

Leistungserstellung in Kontakt kommt oder mit denen sich die Mitarbeiter intern abstimmen und koordinieren müssen. Es ist deshalb anzunehmen, dass die Relevanz der internen Kontakte mit zunehmender Komplexität der Dienstleistung steigt. Auch eine starke Heterogenität der Leistungen bewirkt, dass Dienstleistungsarbeit als komplex wahrgenommen wird.[872] Im weiteren Verlauf der Argumentation wird qualifizierte Dienstleistungsarbeit als komplex bezeichnet, weil davon ausgegangen wird, dass sie

entweder einer hohen Anzahl an Einzelleistungen
oder heterogenen Teilleistungen bedarf
oder nur durch die Beteiligung mehrerer Personen erstellt werden kann.

7.1.4.2 (Kreativer) Problemlösungsprozess

Qualifizierte, unternehmensbezogene Dienstleistungsarbeit setzt ein bestimmtes Maß an Kreativität voraus, um eine jeweils „individuelle Lösung für spezifische Problemlagen der Kunden-Unternehmen zu entwickeln" (Kerst 1996, 153). Sie weist die Besonderheit auf, dass die zu erbringende Leistung selten genau spezifizierbar ist. Den Dienstleistern ist es aufgrund des geringen Standardisierungsgrades der Leistungen weder möglich, die genaue Art und Weise der Erstellung noch das endgültige inhaltliche oder formale Ergebnis zu benennen. Aus diesem Grund ist es beispielsweise in der Softwareentwicklung gängige Geschäftspraxis, die Software in ständiger Rückkopplung mit dem Auftraggeber fortlaufend zu modifizieren und adaptieren.

7.1.4.3 Kommunikative und interaktive Leistungserstellung

Der ökonomische Sinn von Dienstleistungsarbeit wird „von einem nicht unbeträchtlichen Teil der Kunden her" (Baethge/Oberbeck 1990, 164f) in der Kommunikation gesehen. Sie dient der Lösung mehr oder weniger komplexer Problemstellungen, die häufig nur in mehreren Teilschritten zu lösen sind. In die Erstellung dieser Dienstleistungen fließen viele einzelne Leistungen ein, die verschiedene fachliche Qualifikationen und deshalb Spezialisierung erfordern. Damit die Teilleistungen kombiniert und in einer Dienstleistung zusammengeführt werden können, besteht großer Bedarf nach wechselseitiger Abstimmung. Dienstleistungsaufgaben sind dementsprechend zu einem großen Teil in ihrer Erledigung auf Verständigungsprozesse angewiesen oder gar selbst Verständigungsprozesse (Rock/Ulrich/Witt 1990, 298). Die Erstellung qualifizierter Dienstleistungen erfolgt häufig in einem kommunikativen und interaktiven Prozess im Rahmen von inter– und intraorganisatorischen Kooperationsbeziehungen (Kerst

---

[872] Unabhängig von ihrer tatsächlichen Komplexität werden Dienstleistungen immer dann als komplex bezeichnet, wenn sie dem Kunden in einem der folgenden vier Merkmale komplex erscheinen: Anzahl der Teilleistungen, Multipersonalität, Heterogenität der Leistungen oder Individualität der Leistung (Güthoff 1995, 31ff.).

1996, 153). Funktionierende Kommunikation scheint dabei von hoher Bedeutung: „Kommt es bei Produktionsunternehmen auf das Beherrschen der Lieferkette an, so erzielen Dienstleister einen Wettbewerbsvorteil vor allem durch die Kontrolle des Informationsflusses" (Karmarkar 2004, 26). Über die bloße Kontrolle der Informationen hinaus ist letztlich die personale Bezogenheit (Kommunikation) „unerlässliche Voraussetzung für die Erbringung von Dienstleistungsqualität" (Horstmann 2001, 232).

7.1.4.4 Projektcharakter

Es kristallisiert sich immer mehr heraus, dass qualifizierte unternehmensbezogene Dienstleistungsarbeit innerbetrieblich ganz wesentlich an die Mitwirkung mehrerer Akteure gebunden ist. Zur Erfüllung der Aufgaben interagieren die Mitarbeiter einer Abteilung sowie Mitarbeiter unterschiedlicher Abteilungen und Abteilungen untereinander. Dienstleistungsarbeit geht zwangsläufig mit komplexen sozialen und situativen Interdependenzen zwischen den einzelnen Akteuren einher. Ihr Erfolg ist auf das Funktionieren der innerbetrieblichen Austauschbeziehungen angewiesen.[873] Um diese zu gewährleisten erfolgt qualifizierte unternehmensbezogene Dienstleistungsarbeit häufig projektbezogen bzw. als „komplexes Projekt" (Kerst 1996, 153). In der Regel kooperieren verschiedene Experten, die in kleinen Gruppen von vier bis acht Mitarbeitern arbeiten (Kotthoff 1998, 28) und häufig als eine Art Profit-Center-Einheit funktionieren. Sie sind für ein spezielles Funktionsfeld verantwortlich, verwalten innerhalb eines definierten Zeitrahmens ihr eigenes Budget und bestimmen ihren Marktwert mittels ihrer personalen Ressourcen selbst. Die Kooperation erfolgt in flachen und eher fachlich orientierten Hierarchien (Jäger 1999, 136).

7.1.4.5 Zwischenfazit

Die Immaterialität und Komplexität der Arbeitsinhalte, Aufgabenintegration, Gruppenarbeit und betriebsübergreifende Kooperationen erhöhen die Anforderungen an die Fähigkeiten zur Zusammenarbeit. Gute Sozialbeziehungen sind mehr und mehr wesentliches Funktionsmerkmal komplexer Dienstleistungsarbeit (Kotthoff 1998, 28f.). Von ihnen hängt die Erstellung und Qualität qualifizierter Dienstleistungen prinzipiell ab, ebenso wie davon, dass „sich die Personen als ganze Persönlichkeit in den (kreativen) Problemlösungsprozess einbringen" (Rock/Ulrich/Witt 1990, 118). Die bisherigen Erkenntnisse zusammenfassend, besteht der spezifische Charakter qualifizierter Dienstleistungsarbeit

---

[873] So fußt beispielsweise die Argumentation von Thurau (2002, 49) auf dem Zusammenhang zwischen interner und externer Servicequalität und den entsprechenden Auswirkungen auf die Kundenzufriedenheit und Profitabilität.

in ihrem Wesen als Prozess der Problemlösung,

in den (mehr oder weniger) heterogene Teilleistungen einfließen

und die Problembearbeitung zumeist in Projektform erfolgt.

Dieser Prozess bedarf Kreativität, Kommunikation und Interaktion

sowie einer besonderen Verhaltensleistung der Mitarbeiter.

7.1.5 Personale Arbeitsanforderung: Eine besondere Verhaltensleistung

Die Leistungsqualität entscheidet sich letztlich daran, inwieweit die Beschäftigten qualifizierte Dienstleistungsarbeit erbringen können, wollen und dürfen.[874] Der gesamte Dienstleistungsprozess aber von der individuellen Verhaltensleistung der Beschäftigten maßgeblich beeinflusst. Unter den Begriff Verhaltensleistung werden Kriterien der sozialen Kompetenz und der Mitarbeitermotivation subsummiert.

Es liegen nur wenige umfassende Forschungsergebnisse über die konkreten Anforderungen an die Mitarbeiter in Dienstleistungsunternehmen vor (Schmitz 2004, 23ff.; Coenen 2001, 343f.). Zur Identifikation der dienstleistungstypischen Persönlichkeitseigenschaften wurde deshalb auf die Determinanten der kundenseitig wahrgenommenen Dienstleistungsqualität von Parasuraman, Zeithaml und Berry (1990), auf die Studie zum Lernen in Organisationen von Kohli, Shervani und Challagalla (1998) sowie die Untersuchungen zum kundenorientierten Mitarbeiterverhalten von Thurau (2002) zurückgegriffen.

---

[874] Dienstleistungsarbeit ist an zahlreiche materielle und strukturelle Voraussetzungen – so genannte extrapersonale Faktoren – geknüpft, die unternehmensseitig vorliegen müssen. Sie werden von Thurau (2002, 115ff.) in Bezug auf die Kundenorientierung von Mitarbeitern ausführlich diskutiert. Zur Überprüfung der Untersuchungsthese beschränken sich die weiteren Betrachtungen auf die Verhaltensleistung der Mitarbeiter.

Tabelle 24:Spezifikation der Verhaltensleistung

Personale Funktionskriterien	Inhalte	Arbeitsanforderung
Besondere Verhaltensleistung der Mitarbeiter	Einsatz- und Leistungsbereitschaft	Unkompliziertes Ermöglichen der Leistungsinan-spruchnahme, Engagement, job involvement: Einstellung zur Tätigkeit
	Kompetenz	Fachwissen, Glaubwürdigkeit, Freundlichkeit, Höflichkeit, Kreativität
	Lernorientierung	Bereitschaft zur Weiterbildung, Willen und Fähigkeit der Auseinandersetzungen mit unbekannten Sachverhalten, Situationen und Gefühlen anderer Menschen, Bereitschaft zur Weiterbildung
	Loyalität	Einstellung und Verhalten gegenüber der Organisation

Die von Parasuraman, Zeithaml und Berry (1990, 25ff.) identifizierten Determinanten Einsatzbereitschaft und Kompetenz stehen „in engem Zusammenhang mit dem Erstellungsprozess" (Güthoff 1995, 73). Kohli, Shervani und Challagalla (1998, 269) konnten den unmittelbaren Zusammenhang zwischen der Lernorientierung und der mitarbeiterseitigen Sozialkompetenz empirisch nachweisen. Das Vorliegen von Einsatzbereitschaft und Kompetenz ebenso wie das Vorhandensein von Lernorientierung (Thurau 2002, 91f.) sind notwendige Voraussetzungen für die Erstellung qualifizierter Dienstleistungen. Alle genannten mitarbeiterseitigen Eigenschaften und Qualitäten fließen jedoch nur dann in die Leistungserstellung ein, wenn der Mitarbeiter motiviert ist und sich der Arbeitsaufgabe bzw. dem Arbeitsinhalt in besonderem Maße verpflichtet fühlt. Notwendige personale Funktionskriterien betreffen deshalb die soziale Kompetenz der Mitarbeiter ebenso wie deren Motivation. Soziale Kompetenz bezieht sich hier auf das „Unterstützungsverhalten von Organisationsmitgliedern" (Müller/Bierhoff 1994, 368). Sie ist als Fähigkeit der Mitarbeiter zu verstehen, „auf die Erreichung von Zielen im Rahmen von persönlichen Interaktionsprozessen positiv einzuwirken, wobei eine Zielerreichung an die Erfüllung der Bedürfnisse des Kunden gebunden ist" (Thurau 2002, 84). Da soziale Kompetenz und Mitarbeitermotivation in engem Zusammenhang stehen, werden sie im Rahmen dieser Arbeit unter den Begriff Verhaltensleistung der Mitarbeiter subsummiert. Die einzelnen Funktionskriterien werden in den folgenden Abschnitten beschrieben.

7.1.5.1 Einsatz– bzw. Leistungsbereitschaft

Als Einsatzbereitschaft ist die Fähigkeit des Dienstleisters zu verstehen, dem Kunden die Inanspruchnahme der Dienstleistung unkompliziert zu ermöglichen. Dienstleistungstätigkeiten erfordern im Allgemeinen eine relativ dauerhafte Bereitschaft der Mitarbeiter, sich für die Belange der Kunden einzusetzen.[875] Speziell in qualifizierten Berufen wird „dem Kunden dienen" im Allgemeinen nicht als sozial herabwürdigend beurteilt. Im Gegenteil: Die Beschäftigten engagieren sich oft über die formalen Stellenbeschreibungen hinaus freiwillig für die Kunden (Thurau 2002, 113). Sie sind bereit, länger und flexibel zu arbeiten. Dieses Engagement ist darauf zurückzuführen, dass sie sich „in der Regel mit der eigenen Leistung und der eigenen unternehmernahen Biographie, indes kaum mit Organisationen" (Wilkens 2004, 152) identifizieren. „Im Vordergrund steht die für die Expertenarbeit typische Orientierung auf den Arbeitsinhalt" (Jäger 1999, 136). Es erscheint, als ob die Arbeitsinhalte, die analytischen und interpretativen Aufgaben, aber auch das zur Bewältigung qualifizierter Dienstleistungsaufgaben notwendige hohe Maß an eigenverantwortlichem Handeln und Interaktion eine überdurchschnittliche Leistungsbereitschaft der Mitarbeiter erfordern.

7.1.5.2 Kompetenz

Unter Kompetenz subsummieren Parasuraman, Zeithaml und Berry (1990, 25ff.) die Glaubwürdigkeit und Freundlichkeit der Mitarbeiter in Verbindung mit deren fachlichem Wissen, Sicherheit, Kreativität und Höflichkeit. Die Fachkompetenz der Mitarbeiter umfasst „sämtliche Breiten– und Tiefenkenntnisse sowie das Anwendungs-Know-How, über welches der einzelne Mitarbeiter für die Erfüllung von Kundenwünschen und –bedürfnissen verfügt" (Thurau 2002, 93). Zur Lösung komplexer Aufgabenstellungen sind darüber hinaus kognitive Fähigkeiten wie Abstraktions– und Interpretationsvermögen sowie das Denken in Zusammenhängen erforderlich. Sach– und Fachkenntnisse sowie übergreifende Kenntnisse und Kompetenzen sind jedoch nur ein Bestandteil der personenbezogenen Erfordernisse. Soziale Komponenten wie Kommunikationsfähigkeit, die Fähigkeit zu überzeugender Präsentation, Flexibilität, Mobilität gewinnen zunehmend an Bedeutung (Jacobsen/Voswinkel 2003, 75).

7.1.5.3 Lernorientierung

Mit einer hohen Lernorientierung geht die Bereitschaft einher, „sich mit unbekannten Sachverhalten, Situationen und Gefühlen anderer Menschen bewusst auseinander zu setzen und adäquat zu reagieren" (Thurau 2002, 92). Vor dem Hintergrund der Projektarbeit und der kundenspezifischen Problemlösung sowie „der extrem kurzen Innovationszyklen IT-basierter Produkte und Prozesse" (Jacobsen/Voswinkel 2003,

---

[875] Nicht nur qualifizierte Dienstleistungstätigkeiten, sondern auch Pflegeberufe, wissenschaftliche Lehrtätigkeit oder die Schauspielerei verlangen ein hohes persönliches Engagement der Mitarbeiter.

75) verändern sich die organisatorischen Felder und Strukturen ebenso permanent wie die Arbeits– und Qualifikationsanforderungen der Beschäftigten. Von ihnen werden aus diesem Grund – unabhängig von fachspezifischen Qualifikationen und technischem Wissen – in aller Regel „mehr Flexibilität, Problemlösungsfähigkeit und ähnliche Qualifikationen" (Heß/Jacobsen 1999, 16) gefordert. Aber auch das hohe Niveau der Qualifikationsanforderungen macht es notwendig, dass sich die Beschäftigten in qualifizierten Dienstleistungsberufen in einem kontinuierlichen Lernprozess befinden müssen.[876] Sie unterliegen den Bedingungen übersättigter Märkte. Hier resultieren die „Wettbewerbsvorteile bei handelbaren Dienstleistungen (...) primär aus Wissensvorsprüngen" (Gornig 1999, 141).

7.1.5.4 Loyalität

Bei den Anbietern wissensintensiver Dienstleistungen nimmt die Bindungsorientierung der Beschäftigten an das Unternehmen ab, mitarbeiterinitiierte Fluktuation ist verbreitet (Wilkens 2004, 38f.). Langfristiges organisationales Commitment ist im Allgemeinen schwer zu erreichen, immerhin stehen Arbeitsplatzwechsel „im Zusammenhang mit der Employability" (Wilkens 2004, 191) der Beschäftigten. Unabhängig von der tatsächlichen Verweildauer der einzelnen Mitarbeiter, sind die Unternehmen jedoch für den Zeitraum ihrer „Mitgliedschaft" (Bartscher-Finzer/Martin, 56) auf die Loyalität der Beschäftigten angewiesen. Immerhin fußt der Geschäftserfolg auf der stark mitarbeitergebundenen organisationalen Wissensbasis und den „um die Arbeitskraft arrangierten Aufträgen und Netzwerkbeziehungen" (Wilkens 2004, 192).

Die positive Einstellung des Mitarbeiters gegenüber seiner Arbeitsaufgabe und der Organisation gehört branchenunabhängig zur Grundvoraussetzung für gute Arbeitsleistung. Dienstleistungsunternehmen sind aus mehreren Gründen darauf an angewiesen, dass die Loyalität ihrer Mitarbeiter mehr ist als „not looking for your next job on company time" (Reichheld 1996, 95). Zum einen repräsentieren sie das Unternehmen nach außen. In ihrer „unique position as boundary spanners of the firm" (Bettencourt/Gwinner/Meuter 2001, 29) entscheiden sie über die kundenseitig wahrgenommene Dienstleistungsqualität.[877] Entsprechend sind „employees who are not loyal unlikely to build an inventory of customers who are" (Reichheld 1996, 91). Auch Horstmann (2001, 239) behauptet, dass sich Kunden– und Mitarbeiterloyalität gegenseitig bedingen. Zum anderen ist es dem Management kaum möglich, den Arbeitsprozess und das Arbeitsergebnis im herkömmlichen Sinn zu kontrollieren (Lehmann 1995, 46). Diese Tatsache liegt in der Immaterialität der Dienstleistungen, der individuellen Problemlösung aber auch in der Projektarbeit begründet, die mit

---

[876] Noch können die Beschäftigten aus zusätzlichen beruflichen Qualifikationen in der Regel keinerlei konkrete Verbesserungen ihrer beruflichen Situation einfordern.

[877] Die Beschäftigten bilden die „Schnittstelle" zwischen Unternehmen und Kunden. Ihre Qualifikationen, aber auch ihre persönlichen Eigenschaften bilden eine wichtige Grundlage für das Angebot und die Entwicklung qualitativ befriedigender Dienstleistungen.

einer geringen Verhaltensformalisierung einher geht (Jäger 1999, 135). Darüber hinaus bringen loyale Mitarbeiter die besseren Voraussetzungen mit, um zu lernen und ihre eigene Effizienz zu erhöhen (Reichheld 1996, 91). Die Loyalität der Beschäftigten erscheint von besonderer Relevanz für die Qualität qualifizierter Dienstleistungsarbeit und wird aus diesem Grund als Funktionskriterium ausgewiesen.

7.1.6 Fazit

In der Arbeitshypothese wird davon ausgegangen, dass die aktuellen Rationalisierungsmuster den spezifischen Charakter von Dienstleistungsarbeit ignorieren und die Verhaltensleistung der Mitarbeiter während und nach Rationalisierung nicht zu sichern vermögen. Einen ersten Beitrag zur Überprüfung dieser Annahme leistet die Beschreibung der Situationslogik von Dienstleistungsarbeit. Sie zeichnet ein Bild der Arbeitssituation und Tätigkeitsmerkmale qualifizierter Dienstleistungsberufe.

Die Untersuchungen zeigen, dass die Leistungserstellung in besonderem Maße von der Verhaltensleistung der Mitarbeiter bestimmt wird. Sie zeichnet sich durch Einsatz– und Leistungsbereitschaft, Kompetenz, Lernorientierung und Loyalität aus. Gepaart mit fachlicher Kompetenz können komplexe Sachverhalte bewältigt, Projekte bearbeitet, Probleme kreativ gelöst sowie Kundenbedürfnisse individuell wahrgenommen und situationsadäquat befriedigt werden. Die o.g. Fähigkeiten und Einstellungen stellen die personalen Funktionskriterien im Erstellungsprozess qualifizierter, wissensintensiver Dienstleistungen dar. Nur wenn sie bei der Prozessgestaltung berücksichtigt werden, kann Dienstleistungsarbeit erbracht werden. Bezogen auf Rationalisierungsvorhaben heißt das nichts anderes, als dass die verantwortlichen Entscheidungsträger nur Rationalisierungsmuster anwenden sollten, die den ermittelten personalen Funktionskriterien Rechnung tragen. Denn „von den Mitarbeitern hängt es entscheidend ab, ob eine Neuorganisation (...) gelingt" (Horstmann 2001, 238). In einem nächsten Schritt ist die hinter betrieblichem Rationalisierungshandeln stehende Logik aufzuzeigen.

7.2 Die Handlungslogik betrieblicher Rationalisierung

Unter dem Handeln der Unternehmung sind sowohl die strategische als auch die operative Planung und Führung des Unternehmens sowie dessen normative Ausrichtung zu verstehen. Dem operativen und strategischen Management obliegen alle zur Bewältigung der zentralen Geschäftsaufgabe beitragenden Entscheidungen und Aktivitäten, einschließlich der dafür notwendigen Kommunikation und Interaktion. Formulierung, Kommunikation und Gewährleistung der Unternehmenswerte und – philosophien sind Aufgaben des normativen Managements. Unternehmerisches Handeln beruht auf Denkweisen und „Annahmen über Technologie, die ‚Natur' der Arbeit und die Arbeitspersonen" (Tully 1982, 11). Diese Denkweisen prägen auch die hinter betrieblicher Rationalisierung stehende Handlungslogik und werden in den konkret angewendeten Rationalisierungsmaßnahmen und –instrumenten zum Ausdruck gebracht.

Zentrales Anliegen dieses Kapitels ist es, zu erklären, welcher Logik betriebliches Rationalisierungshandeln folgt. Zu diesem Zweck wird zunächst das Grundprinzip der Rationalisierung erläutert und anschließend ein Verständnis betrieblichen Rationalisierungshandelns aufgebaut. In diesem Zuge werden die Beweggründe für, die zentralen Handlungsmuster bei und die Dynamik von Rationalisierung beschrieben.

7.2.1 Das Grundprinzip von Rationalisierung

Der Rationalisierungsbegriff ist eng verknüpft mit der Ausdifferenzierung des Wirtschaftssystems und insbesondere mit der Entwicklung von der manufakturiellen zur industriellen Fertigung. Die Logik von Rationalisierung basiert auf dem Grundprinzip der optimalen Zielerreichung (Hadeler 2000, 2577): Ein gleicher Effekt soll mit weniger Mitteln oder mit gleichen Mitteln ein besserer Effekt erzielt werden. Etwas allgemeiner formuliert heißt das:

Rationalisierung zielt auf die bessere Nutzung vorhandener Möglichkeiten.

Die Rationalisierunglogik abstrahiert von Verhältnissen, gesellschaftlichen Bereichen und Menschen. Sie ist deshalb prinzipiell auf verschiedene soziale Bereiche anwendbar und begegnet uns als „Effektivität in der Erziehung, Gerätemedizin im Gesundheitswesen, (...), Mathematisierung der Ökonomie" (Becker-Schmidt 1995, 100). Innerhalb dieser Entwicklung erscheint es zunehmend selbstverständlich, dass Probleme nur durch das faktisch Vorhandene definiert werden.

Ökonomisches Handeln ist eng mit dem Grundprinzip von Rationalisierung verknüpft, denn das ökonomische Prinzip des richtigen Haushaltens ist beiden inhärent.[878] Es fordert den haushälterischen Umgang aller eingesetzten Ressourcen, wobei eine bessere Lösung prinzipiell sowohl durch Anpassung der Mengen (Quantität) als auch der Eigenschaften/Inhalte (Qualität) erzielt werden kann. Insofern strebt alles ökonomische Handeln nach einer Optimierung des Mitteleinsatzes,[879] auch betriebliches Rationalisierungshandeln.

7.2.2 Betriebliches Rationalisierungshandeln

Die Betrachtungen dieser Arbeit beschränken sich auf markt– und produktionsökonomische Zusammenhänge. Betriebliche Rationalisierung ist hier seit Beginn der Industrialisierung eng mit der technologischen Entwicklung verbunden,

---

[878] „Die oberste Richtlinie der Ökonomie ist das ökonomische Prinzip" (Binswanger 1998, 25).
[879] Darüber, was „optimal" ist, entscheidet – betriebswirtschaftlich argumentiert – die individuelle Kaufentscheidung am Markt. Sozialwissenschaftlich argumentiert sind die Inhalte des unternehmerischen Ziels „Optimierung des Mitteleinsatzes" nur im gesellschaftlichen Diskurs zu bestimmen.

was unter anderem darin begründet liegt, dass ein guter Teil der Rationalisierungserfolge auf die „Anwendung technischer Neuerungen im Betrieb" (Staudt 1990, 38f.) zurückgeführt wird.[880]

7.2.2.1 Begriffsverständnis

Gerade weil der betriebliche Rationalisierungsbegriff sowohl in der betriebswirtschaftlichen Theorie als auch in der Praxis mit vielfältigen Bedeutungen ausgestattet ist, fällt seine exakte Definition schwer. Historisch gesehen steht er als Oberbegriff für Spezialisierung und Arbeitsteilung (Lehmann 2005, 3). Betriebliche Rationalisierung kennzeichnet darüber hinaus ganz bestimmte Betrachtungsweisen und Denkstile. Als Prozess der Vereinfachung, der Effektivierung und klareren Strukturierung verändert sie betriebliche Abläufe in der Arbeitsorganisation und Arbeitsplatzstrukturierung sowie der Administration. Tully versteht betriebliche Rationalisierung deshalb als Herstellung neuer arbeitsfähiger Einheiten (Tully 1982, 12). Dieses Verständnis ist für qualifizierte Dienstleistungen besonders nützlich, weil die hier von Rationalisierung betroffenen Akteure wegen ihrer Spezialisierung außerordentlich aufeinander angewiesen sind. Betriebliche Rationalisierung ist deshalb mehr als ökonomisch-technologisches Handeln. Im Rahmen der vorliegenden Arbeit wird betriebliche Rationalisierung verstanden als

sozial-organisatorische Veränderung der Arbeitsaufgaben und –abläufe, die dazu dient, das Handeln der betrieblichen Akteure effektiver zu gestalten. Sie geht über die zweckrationale Durchorganisation einzelner Bereiche hinaus.

Immer wieder werden „scheinbar wertneutrale Sachzwänge ins Feld geführt, um Rationalisierung voran zu treiben" (Rock/Ulrich/Witt 1990, 19). Ihre Notwendigkeit wird mit gesellschaftlichem Wertewandel, der veränderten marktökonomischen Situation und zunehmenden ökologischen und sozialen Probleme begründet. Dieser Bezug auf Sachzwänge erweckt den Eindruck, die Unternehmensleitung sei den Umweltbedingungen in besonderem Maße ausgeliefert. Unzweifelhaft bestehen wechselseitige Abhängigkeiten zwischen Organisationen und ihrer Umwelt.[881] Sich wandelnde Umweltbedingungen verändern jedoch „nicht die Organisation der Arbeit in Betrieben (...), sondern die Möglichkeit dazu" (Staudt 1990, 17). Prinzipiell hat die Unternehmensführung eine große Vielfalt an individuellen und organisationalen Gestaltungsmöglichkeiten. Davon ist auch der Handlungsspielraum bei Rationalisierung betroffen. Er stellt sich als Spektrum von Alternativen dar.

In dieser Arbeit wird davon ausgegangen, dass Rationalisierung vor allem die Interessen derer verfolgt, die darüber entscheiden, ob und wie rationalisiert wird. Das sind in erster Linie Anteilseigner und andere Kapitalgeber sowie das Management

---

[880] Vor allem die Verlaufsmuster industrieller Rationalisierung werden in der klassischen Rationalisierungsforschung mit technologischer Notwendigkeit begründet (Bieber 1995, 244).

[881] Das Stakeholder-Konzept zeigt die vielfältigen und wechselseitigen Verpflichtungen zwischen Unternehmen und ihrer Umwelt auf (dazu ausführlich: Donaldson/Werhane 1993; Schaltegger 2000, 116).

von Unternehmen.[882] Es kommen deshalb immer nur diejenigen Rationalisierungsmethoden zum Einsatz, denen von der Unternehmensführung hohe Bedeutung beigemessen wird. Die einzelnen Rationalisierungsmuster haben deshalb – über ihre eigentliche Leistungsfähigkeit hinaus – einen strategischen Wert. Insbesondere die Anwendung neuer Technologien im Dienstleistungsbereich unterliegt sehr stark einer „Politik" von Einsatzentscheidungen (Littek 1991, 266). Aus diesem Grund unterscheidet sich das Rationalisierungshandeln einzelner Unternehmen in der Vorgehensweise, d.h. im „Wie" der Zielerreichung (Siegel 1995, 181). Das Vorhandensein mehrerer Handlungsoptionen, so genannter Rationalisierungstypen oder –muster[883] erscheint plausibel.

7.2.2.2 Übergeordnete Handlungsmotive

Welche Absichten verfolgen Unternehmen, wenn sie Rationalisierungsmaßnah men einleiten? In der einschlägigen betriebswirtschaftlichen und –soziologischen Literatur sowie von Unternehmen selbst werden unterschiedliche Rationalisierungsziele und – strategien benannt, die das breite Spektrum an unternehmerischen Handlungsoptionen widerspiegeln (Pohlmann et al. 2003, Aulenbacher/Siegel 1995, Rock/Ulrich/Witt 1990). Konkret variieren sie für jedes einzelne Unternehmen in Abhängigkeit von der jeweiligen Ausgangslage, der Konkurrenz– und Umweltsituation, den aktuellen politischen Rahmenbedingungen sowie den Prognosen über zukünftige Entwicklungen.

Entsprechend dem Grundprinzip der Rationalisierung streben Unternehmen in der Regel nach größtmöglichen Arbeitsergebnissen bei minimalem Einsatz von Geld, Zeit, Material und Kraft. In der Praxis stehen diese Wert–, Sach– und Sozialziele nicht gleichwertig nebeneinander: Anteilseigner, Kapitalgeber und Management streben nach geringer Kapitalbindung und hohen Profitraten[884] (Schaltegger/Figge 2000, 28; Siegel 1995, 180). Auf der Basis dieser Wertziele[885] soll der Geschäftserfolg gesteigert werden.

Neben dem einwandfreien technischen und organisatorischen Ablauf ist es für das Erreichen der o.g. Rationalisierungsziele notwendig, dass die Unternehmensführung das Eintreten von Störfällen sozialer Art minimiert. Die Sozialintegration von Rationalisierungsmaß nahmen vermag „kostenträchtige Friktionen und Konflikte" (Siegel 1995, 181f.) auszuschalten. Wird sie von der Geschäftsführung vernachlässigt, wird Rationalisierung als „aufoktoyierter Zwang empfunden, der in

---

[882] Diese Personengruppe wird – soweit nicht anders gekennzeichnet – im weiteren Verlauf der Arbeit vereinfachend als Unternehmens– oder Geschäftsführung bezeichnet.

[883] Im weiteren Verlauf dieser Arbeit werden die Begriffe Rationalisierungsmuster und Rationalisierungstypen synonym verwendet.

[884] Karmarkar (2004, 24) geht davon aus, dass die Profitrate v.a. durch die Erhöhung der Wettbewerbsfähigkeit ratio nalisierend zu steigern ist.

[885] Ausdruck der wertorientierten Steuerung in den Unternehmen ist nach der Auffassung von Sauer (2003, 6) die Tatsache, dass Ökonomisierung und Standardisierungstendenzen wieder stärker ins Zentrum von Unternehmensstrategien rücken.

aktiver oder passiver Verweigerungshaltung mündet" (Jansen/Köhler 1996, 24).[886] Nur funktionierende innerbetriebliche Interaktion und Kommunikation vermeidet Imageverluste, nachlassende Produktivität, erhöhte Personalfluktuation und andere Folgekosten (Burbach/Schuster 2004, 42).

Als nachrangige Rationalisierungsziele sind in diesem Sinn die Optimierung des Zusammenwirkens von Mensch und Maschine (Lüthje 1995, 260ff.), des Wirkungsgrades menschlicher Arbeitskraft (Dörr 1995, 161) sowie die Steigerung der Qualität der Arbeit zu verstehen.

Ganz allgemein formuliert initiieren Unternehmen Rationalisierungsmaßnahmen mit dem Ziel, den reibungslosen Ablauf des Tagesgeschäfts unabhängig von sich wandelnden Umweltbedingungen sowohl kurz– als auch langfristig zu gewährleisten. Mit Rationalisierungshandeln beabsichtigen sie den Erhalt ihrer langfristigen Handlungs– bzw. Funktionsfähigkeit. Trotz der hier aufgeführten Handlungsmotive, werden in den folgenden Abschnitten, dem jeweiligen Rationalisierungsmuster entsprechend, auch die konkreten mit betrieblicher Rationalisierung verfolgten Ziele benannt und wieder aufgegriffen.

7.2.2.3 Zentrale Handlungsmuster

Eine Überprüfung der Arbeitshypothese ist nur dann möglich, wenn die verschiedenen Rationalisierungsmuster mitsamt dem jeweils dahinter stehenden Menschen– und Organisationsbild und den deshalb bevorzugten Rationalisierungsobjekten bekannt sind.

Aus der einschlägigen, insbesondere betriebssoziologischen Literatur lassen sich wiederkehrende, sektorenübergreifende Handlungsmuster betrieblicher Rationalisierung identifizieren. Sie betreffen Personen und Aufgaben verschiedener Managementebenen: der operativen, strategischen oder normativen (unternehmenspolitischen) Ebene. Als Grundlage der weiteren Argumentation dienen die Ergebnisse einer ausführlichen Untersuchung der Rationalisierungsverläufe im Dienstleistungsbereich von Rock/Ulrich/Witt (1990, 120ff.) Unterschieden werden tayloristische, systemische und kommunikative Muster industriebetrieblicher, aber auch dienstleistungsspezifischer Veränderungsprozesse. Diese Rationalisierungsmuster sind als idealtypische Kategorien zu verstehen, die das Verständnis betrieblichen Handelns erleichtern sollen. Sie sind Ausdruck jeweils spezieller Rationalitätsvorstellungen und zielen auf jeweils unterschiedliche Gegenstände ab. Dass sie sich teilweise nur unscharf voneinander abgrenzen lassen wird von Rock/Ulrich/Witt (1990, 75) in Kauf genommen.

---

[886]   In der psychologischen und personalwirtschaftlichen Forschung wird dieses Phänomen unter dem Begriff „Survivor-Problematik" untersucht (Weiss/Udris 2001, 103).

7.2.2.3.1 Tayloristische Rationalisierung

Rationalisierung nach tayloristischen Prinzipien strebt danach, quantitative Produktivitätspotenziale zu erkennen und auszuschöpfen (Rock/Ulrich/Witt 1990, 104). Effizienz wird als Bewertungsmaßstab für den Erfolg unternehmerischen Handelns herangezogen.

Primäres Ziel tayloristischer Rationalisierung ist es, die Kosten der Leistungserstellung und der Verwaltungsabläufe zu verringern (Rock/Ulrich/Witt 1990, 121) und auf diese Weise die Effizienz zu steigern. Der primäre Bezugspunkt tayloristischer Rationalisierung ist die Mikroebene: das operative Management. Es handelt sich „um einen internen, auf den Eigenbereich der (...) Dienstleistungsorganisation bezogenen Rationalisierungstyp" (Rock/Ulrich/Witt 1990, 121). Er wirkt innerhalb der gegebenen Formalstrukturen der Unternehmung. Hier sind alle objektivierbaren, d.h. voll strukturierbaren und massenhaft anfallenden Routineaufgaben (Rock/Ulrich/Witt 1990, 104) so lange bevorzugter Gegenstand der Rationalisierung wie es „unpersönlich zu erfüllende Aufgaben gibt, die noch nicht automatisiert sind" (Rock/Ulrich/Witt 1990, 124). Das Management behandelt die Funktionsfähigkeit des Betriebes wie ein im Kern mathematisches bzw. technisches Problem. Seine Entscheidungen trifft es in der Annahme, das Handeln in und von Organisationen ließe sich auf klare Gesetzmäßigkeiten zurückführen. Die Mitarbeiter werden dementsprechend als „Werkzeuge" und „Lückenbüßer unvollständiger Mechanisierung" (Rock/Ulrich/Witt 1990, 105) verstanden.

Um Effizienzsteigerungen zu erreichen, verfolgt das Management hierarchieorientierte und kosten– und zeitökonomische Strategien. Die im Vordergrund stehende Kostensenkung wird durch organisatorische und personalwirtschaftliche Veränderungen umzusetzen versucht. Tayloristische Methoden organisatorischer Rationalisierung sind Ablaufstandardisierung, Prozessnormierung oder Arbeitsteilung und –zerlegung (Dörr 1995, 161). Sie geht häufig mit der Automatisierung der Arbeitsabläufe und der vorstrukturierten Steuerung qualifizierter Sachbearbeitung durch IuK-Systeme einher. Personalwirtschaftliche Veränderungen werden – mit nachlassender Tendenz – durch Trennung von Entscheidung und Ausführung sowie Arbeitsteilung und Spezialisierung (Rock/Ulrich/Witt 1990, 125) angestrebt. Es überwiegen unkonventionelle Methoden der Personaleinsatzplanung, entsprechend flexible bis „prekäre"[887] Vertragsstrukturen und eine ausgeklügelte Zeitorganisation. Das Management optimiert punktuell jeden einzelnen Arbeitsvorgang im Hinblick auf „Art, Menge und Zeitdauer der beschäftigten Faktoren" (Witt 1990, 179).

---

[887]   Die Verträge sind „prekär" unter anderem im Hinblick auf die festgeschriebenen Regelungen zu Probezeit, Urlaubs– und Überstunden, Befristung, Kündigungsschutz.

Tayloristische Rationalisierungsmuster stoßen bei komplexen Tätigkeiten schnell an ihre Grenzen. Ihnen wird aus diesem Grund eine beschränkte Reichweite zugesprochen (Rock/Ulrich/Witt 1990, 121). Zusammenfassend lassen sich folgende Merkmale tayloristischer Rationalisierung bestimmen:

Tabelle 25: Merkmale tayloristischer Rationalisierung

Aspekt	Merkmale tayloristischer Rationalisierung
Ziel	Steigerung der Effizienz
Managementebene	Operatives Management
Methodischer Ansatz	Kalkül „Berechnung"
Strategie	Optimierung der Arbeitsabläufe hierarchieorientiert und nach kosten– und zeitökonomischen Kriterien
Rationalisierungsobjekte	Objektivierbare, d.h. voll strukturierbare, massenhaft anfallende Routineaufgaben
Verständnis der Mitarbeiterrolle	Mitarbeiter als Werkzeug und „Lückenbüßer" unvollständiger Mechanisierung bzw. Automation

Systemische Rationalisierung

Das Anliegen systemischer Rationalisierung besteht darin, die Effektivität der gesamten Organisation sicherzustellen und dabei insbesondere die Humanressourcen besser auszuschöpfen (Deters 1995, 142). Unternehmen bedienen sich der Muster systemischer Rationalisierung vor dem Hintergrund einer durch Ungewissheit und Komplexität gekennzeichneten Umwelt, in der die Fähigkeiten und Potenziale einzelner Lösungen den Geschäftserfolg nur teilweise beeinflussen. Organisationen sind in Folge veränderter Umweltbedingungen, gesellschaftlichen Wertewandels und neuer marktökonomischer Realitäten vielfältig und wechselseitig mit ihrer Umgebung verflochten. Unter diesen Umständen wird „die ‚rationale' Wahl und Legitimation technisch-organisatorischer Gestaltungsalternativen (...) immer schwieriger. Die gesamte Arbeitsorganisation von Unternehmen findet zunehmend vor dem Hintergrund strategischer Überlegungen statt." (Sydow 1990, 22).

Dennoch werden Entscheidungen über Investitionen oder die Gestaltung der Arbeitsorganisation weiterhin primär unter Profitabilitätsgesichtspunkten getroffen (Jansen/Köhler 1996, 267). Neu ist lediglich, dass Verbindungen unternehmensübergreifend neu geschaffen oder definiert und dabei rationalisiert werden (Aulenbacher/Siegel 1995, 238f.). Systemische Rationalisierungsmuster verfolgen zwei Ziele gleichzeitig: Schlankheit/Kostenreduktion und Flexibilität/Anpassungsfähigkeit (Jäger 999, 59).[888] Dahinter steht die Annahme, dass die Organisation nur durch die simultane „Erhöhung der externen (Markt–) und der internen (Ablauf–) Transparenz" (Jäger 1999, 132) handlungs– und funktionsfähig bleibt. Die Einrichtung von Profit Centers als relativ autonome, Subsysteme verfolgt genau diesen Zweck. Diese dezentralisierten betrieblichen Strukturen sind in ihrer Struktur und Funktion überschaubar und für die Unternehmensführung leichter beherrschbar.

Methoden systemischer Rationalisierung wirken auf einer Mesoebene, der Ebene des strategischen Managements. Nur hier können die sich verändernden Rahmenbedingungen rechtzeitig und angemessen berücksichtigt werden. Optimiert werden bevorzugt subjektgebundene, jedoch partiell vorstrukturierbare Sachbearbeitungsaufgaben sowie die internen sozial-organisatorischen Rahmenbedingungen. Durch systemisches Rationalisierungshandeln versuchen Unternehmen, ihre Umwelt beherrschbar zu machen. Dies gelingt nur durch die Neuordnung der sozial-organisatorischen Rahmenbedingungen. Diese sind die entscheidende Voraussetzung, um in einem gesättigten Markt zukünftige Erfolgspotenziale und –produkte zu erkennen und zu realisieren (Rock/Ulrich/Witt 1990, 49). Funktionsorientierte Strategien schaffen die Voraussetzungen für diese Veränderungen: ein neues Verständnis der Funktionsweise von Organisationen. Sie bewirken beispielsweise die Abflachung der Hierarchien (Rock/Ulrich/Witt 1990, 129) und flexibilisieren die Abläufe. Von zunehmender Bedeutung ist auch die kommunikations– und informationstechnische Vernetzung von Abläufen. Darunter ist die nahezu flächendeckende Anwendung von IuK-Technologien zu verstehen. Systemische Rationalisierung stößt in diesem Zuge zahlreiche Veränderungen an: Sie macht eine zentrale Planung des Systemeinsatzes und der Applikationen notwendig, was nichts anderes heißt, als dass das Management vor Arbeitsbeginn die Kommunikationskanäle, die eingesetzte Hard– und Software und die Art und Weise der Ergebniskontrolle festlegt. Im Bereich der Büro– und Verwaltungstätigkeiten bewirkt der Einsatz von IuK-Technologien häufig den Abbau persönlicher Kommunikation. Relativ unabhängig davon erhält die Arbeit Prozess– und Projektcharakter. Kaum ein Unternehmen arbeitet heute ohne Arbeitsgruppen oder Teams. Statt in eine starre Abteilungsstruktur eingebunden zu sein, finden sich für jedes neu anstehende Projekt die jeweiligen Experten zusammen (Rock/Ulrich/Witt 1990, 128).

So arbeiten beispielsweise Unternehmensberater in wechselnden Teams, um ihre Kompetenz maximal auszunutzen.[889] Diese Herangehensweise ermöglicht, dass „die

---

[888] Die simultane Berücksichtigung tayloristischer und systemischer Rationalisierungsprinzipien wird als „Funktionsrationalisierung des Gesamtsystems" (Rock/Ulrich/Witt 1990, 124) bezeichnet.

[889] Ohne an dieser Stelle eine ausführliche Diskussion über die Vor– und Nachteile der Teamarbeit zu entfachen, soll darauf aufmerksam gemacht werden, dass die Grenzen der Gruppenarbeit – in

zur Realisierung von Austauschbeziehungen notwendige Innenkomplexität der Organisation nicht mehr vorgehalten werden muss, sondern fallweise und differenziert erzeugt werden kann" (Rock/Ulrich/Witt 1990, 126). Sie hat zudem organisationsintern den Vorteil, dass Fixkosten gesenkt und so Gemeinkostenblöcke abgebaut werden können.

Die zentrale Planung des Systemeinsatzes zieht nach sich, dass die Optimierung der Anwendungen in hohem Maße von der Rückmeldung der Mitarbeiter abhängt. Die Leistungserbringung ist erst dann effektiv, wenn die Systemanwender den verantwortlichen Planern Fehler und Optimierungsbedarf melden. Der Mitarbeiter erhält damit mehr Verantwortung, seine neue Rolle kann als eine Art „Schnittstellen-Position" zwischen Systemanwender und –gestalter aufgefasst werden. Zur besseren Übersicht werden alle in diesem Abschnitt beschriebenen Merkmale systemischer Rationalisierung zusammengefasst:

Tabelle 26: Merkmale systemischer Rationalisierung

Aspekt	Merkmale systemischer Rationalisierung		
Ziel	Steigerung der Effektivität:[890]	Effizienz:	Zeitökonomisch: Kurze Herstellungs– und Lieferzeiten
			Kostenökonomisch: Geringe Kapitalbindung
		Anpassungsfähigkeit/Flexibilität	
Managementebene	Strategisches Management		
Methodischer Ansatz	Systemplanung „Beherrschung"		
Strategie	Optimierung der sozial-organisatorischen Rahmenbedingungen mit Hilfe funktionsorientierter Strategien		
Rationalisierungsobjekte	Subjektgebundene, partiell vorstrukturierbare Sachbearbeitungsaufgaben		
Verständnis der Mitarbeiterrolle	Mitarbeiter als „Schnittstelle" (Systemgestalter vs. –anwender)		

---

[890] Abhängigkeit von der jeweiligen Branche und Unternehmensebene – in Wissenschaft und Praxis immer deutlicher wahrgenommen und diskutiert werden (Gloger 2000, 26ff.; Gröger 2005, 34ff.; Jansen/Köhler 1996, 261ff.). Team– bzw. Projektarbeit an sich sind längst nicht mehr Garant für Unternehmenserfolg. Was mit zunehmendem Einsatz von IuK-Technologien davon abhängig ist, ob Organisation und technisches System integriert werden können.

Kommunikative Rationalisierung

Während Habermas (2001b, 267ff.)den Geltungsanspruch des Begriffes „kommunikative Rationalisierung" ausdrücklich auf die lebensweltlichen Bereiche der Nicht-Arbeit begrenzt, adressiert der Begriff bei Rock/Ulrich/Witt (1990) unternehmenspolitische Problemlagen. Unternehmen bedienen sich Maßnahmen kommunikativer Rationalisierung, um gesellschaftliche Relevanz und Legitimität zu sichern und ihren interessenpolitischen Handlungsspielraum auszubauen. Da Geschäftsvorhaben heute nicht mehr ausschließlich aufgrund ihrer Qualität und Leistung realisiert werden, ist ihre Durchsetzbarkeit immer mehr davon abhängig, ob es dem Management gelingt, diesen Handlungsspielraum zu schaffen und wahrzunehmen (Rock/Ulrich/Witt 1990, 115) – auch innerbetrieblich.

Kommunikative Rationalisierung betrifft sowohl die Verhältnisse zwischen Unternehmen und ihrer Umwelt als auch zwischen dezentralen Geschäftseinheiten. Sie strebt Veränderungen auf der Makroebene an und fällt damit in den Gestaltungsbereich des normativen Managements. Bevorzugt rationalisiert werden die Kommunikationsbeziehungen und schlecht strukturierbare, subjekt– und intersubjektivitätsgebundene Aufgaben (Rock/Ulrich/Witt 1990, 117). Hier treten die meisten Wertkonflikte zwischen Individuum und Technik und Organisation und Individuum auf. Sie bestehen vor allem darin (und das erkennen Unternehmen, die sich kommunikativer Rationalisierung bedienen), dass auch aufwändige und systemisch eingesetzte Kommunikationstechnik das Nachlassen persönlicher Kommunikation nicht verhindert.

Da mit zunehmender Globalisierung der Wirtschaft die Ursachen für Vergeudung (Ineffizienz) verstärkt auch außerhalb des Betriebes liegen, sind Dialog und Interaktion notwendig. Verständigung und „Besprechung" rücken stärker in den Mittelpunkt, denn um funktionsfähig und ökonomisch erfolgreich zu bleiben, müssen sich Unternehmen rationalisierend mit ihrer Umwelt, mit Menschen und Märkten auseinander setzen (Siegel 1995, 179). Mit Hilfe kommunikativer Rationalisierung wird versucht, die technische Rationalität der IuK-Technologien der den Individuen eigenen „Kommunikationsethik und -kultur" (Rock/Ulrich/Witt 1990, 116) unterzuordnen.

Ansatzpunkt für Rationalisierungsvorhaben ist der überbetriebliche Diskurs. Seine Gestaltung erfolgt mit Hilfe handlungs– und interaktionsorientierter Strategien. Sie eignen sich, den hohen Rechtfertigungsdruck zu bewältigen, unter dem die Unternehmen in einem kritischen oder misstrauischen Umfeld stehen. Kommunikative Rationalisierungsmuster zeichnen sich durch kooperative Arbeitsformen (Team– und Projektarbeit) aus. Mit ihrer Hilfe werden Arbeitsabläufe und Geschäftsbeziehungen individualisiert und die Mitarbeiter dazu befähigt, die technischen Systeme eigenbestimmt anzuwenden. Diese Herangehensweise ermöglicht es den Unternehmen zum einen, die Kreativitätspotenziale der Mitarbeiter systematisch auszuschöpfen. Zum anderen eröffnet sie die Chance, Aufgaben und Probleme ganzheitlich zu bearbeiten. Drittens vereinfacht sie kunden– oder marktbezogenes Arbeiten. Das ist insofern notwendig, als dass in übersättigten Märkten nur derjenige im Vorteil ist, der am intelligentesten auf die für alle zugängliche Technik zugreift. Diese Ansicht vertreten z.B. die Marketing-Strategen von T-Systems, die in ganzseitigen Anzeigen auf ähnlich direkte Art Application Outsourcing-Anwendungen ihres Unternehmens bewerben (Harvard Business Manager 1/2005, 2).

Kommunikative Rationalisierungsvorhaben werden innerbetrieblich hauptsächlich deshalb angestrengt, weil von Seiten des Managements sehr stark „auf das Einverständnis und die Bereitschaft der Betroffenen zur Mitwirkung gesetzt werden muss" (Rock/Ulrich/Witt 1990, 114). Die Mitarbeiter werden als mündige Subjekte verstanden, deren Funktionsqualität untrennbar mit ihrer Persönlichkeit verbunden ist (Rock/Ulrich/Witt 1990, 117). Zum besseren Überblick werden die genannten Merkmale kommunikativer Rationalisierung zusammengefasst:

Tabelle 27: Merkmale kommunikativer Rationalisierung

Aspekt	Merkmale kommunikativer Rationalisierung
Ziel	Sicherung gesellschaftlicher Legitimation und Vergrößerung des Handlungsspielraumes
Managementebene	Normatives Management
Methodischer Ansatz	Dialog „Besprechung"
Strategie	Optimierung der Kommunikationsbeziehungen, v.a. Individualisierung von Arbeitsabläufen und Geschäftsbeziehungen mit Hilfe handlungs– und interaktionsorientierter Strategien
Rationalisierungsobjekte	Schlecht strukturierbare, subjekt– und intersubjektivitätsgebundene Aufgaben
Verständnis der Mitarbeiterrolle	Mitarbeiter als mündige Subjekte

Noch bezeichnet kommunikative Rationalisierung hauptsächlich eine (sozial–) wissenschaftliche Wunschvorstellung. Sie kann aber als realistische Entwicklungsmöglichkeit des Rationalisierungsprozesses erachtet werden (Malsch 1987, 87f).[891] Im weiteren Verlauf der Argumentation bleibt sie außen vor.

7.2.2.4 Welche Dynamik ist Rationalisierung inhärent?

Werden die einzelnen zu beobachtenden Rationalisierungsmuster als unternehmensstrategische Gestaltungsalternativen verstanden, so verwundert es nicht, dass in der betrieblichen Praxis keine durchgängige Orientierung an einem bestimmten Rationalisierungsmuster erkennbar ist. Die drei Orientierungen lösen sich im Laufe der Zeit als jeweils dominante ab, „ohne die vorausgehenden Muster betriebswirtschaftlicher Rationalisierung einfach zu negieren oder vollends gegenstandslos zu machen" (Rock/Ulrich/Witt 1990, 208). So bleibt beispielsweise die tayloristische Denkweise erhalten, wird aber von neuen Problemlagen überlagert, denn jeder Entwicklungsprozess beruht auf Bisherigem und formt auf dieser Grundlage neue Lösungen und Infrastrukturen (Aulenbacher 1995, 136).[892] Im Ergebnis hat „vieles, was im alten Rationalisierungsmuster gedacht und im ersten Anlauf umgesetzt wurde, (...) heute Gestalt angenommen und tritt uns (...) in Technologien oder sozio-technischen Infrastrukturen entgegen" (Aulenbacher/Siegel 1995, 10).

Die Aufeinanderbezogenheit der Rationalisierungstypen erklärt, warum die Muster industrieller Rationalisierung heute wirken, weiter wirken und auch auf andere Wirtschaftsbereiche übertragen werden. Immerhin handelt es sich „nicht um gegensätzliche, sondern um einander ergänzende und aufeinander aufbauende Orientierungen ökonomischen Handelns" (Rock/Ulrich/Witt 1990, 138). Kommen sie einerseits zeitlich parallel zur Anwendung, verfolgen sie doch unterschiedliche strategische Zielrichtungen.

Die folgende Abbildung veranschaulicht das beschriebene Phänomen, das hier als Aufeinanderbezogenheit der Rationalisierungstypen bezeichnet werden soll:

---

[891]   Auch Rock/Ulrich/Witt (1990) sichern eine für alle Branchen wachsende Bedeutung von Merkmalen kommunikativer Rationalisierung empirisch ab. Sie begründen sie damit, dass „systemische Rationalisierungskonzeptionen in Organisationen auf Dauer nicht ohne die Entfaltung der subjektgebundenen und der strukturellen Voraussetzungen erfolgreicher Kommunikations– und Kooperationsformen ökonomisch effizient sein können" (Rock/Ulrich/Witt 1990, 209).

[892]   Diese Beobachtung bezeichnen Rock/Ulrich/Witt (1990, 68) als Entwicklungshypothese.

Unternehmenspolitische Verständigung			Diskurs, Internalisierung und Bewältigung von Konflikten
Strategische Systemsteuerung		Komplexitäts- und Ungewissheits- bewältigung	Komplexitäts- und Ungewissheits- bewältigung
Operativer Ressourceneinsatz	Erfolgskalkül/ optimale Faktorkombination	Erfolgskalkül/ optimale Faktorkombination	Erfolgskalkül/ optimale Faktorkombination
Unternehmens- ziel \ Rationalisierungstyp	tayloristischer	systemischer	kommunikativer

Abbildung 96: Aufeinanderbezogenheit der Rationalisierungstypen[893]

Die Rationalisierungsdynamik erreichte mit der Einführung der IuK-Technologien neue Größenordnungen. Zunächst wurde deren nahezu flächendeckende Verbreitung als Rationalisierung im tayloristischen Sinn betrieben. Sie diente „meist der Automatisierung von Abläufen" (Doujak/Enders/Schubert 2004, 56). Heute eröffnen IuK-Technologien neue Einsatzbereiche und werden selbst zum Gegenstand strategischer Organisationsgestaltung. Tayloristische Rationalisierungsmuster werden von systemischen Mustern überlagert. „Systemische Rationalisierung gewinnt auf der Basis einer technisch vernetzten Informations– und Kommunikationsinfrastruktur (...) durchgängig wachsende infrastrukturelle Bedeutung" (Rock/Ulrich/Witt 1990, 209).

Neben den bisher genannten Erkenntnissen fördert die Analyse der Rationalisierungsdynamik eine ganz wesentliche Beobachtung zu Tage: Rationalisierung initiiert Wandel.

In ihrem Streben, das Bisherige zu verändern, löst sie ihn in gewisser Weise aus. Bereits Taylor (1977) erkannte den Teufelskreis, dass nämlich die beste Methode nur solange Norm bleibt, „bis sie ihrerseits wieder von einer schnelleren und besseren Serie von Bewegungen verdrängt wird" (Siegel 1995, 179 zitiert Taylor 1977, 124 und 126). Das Streben nach der optimalen Faktorkombination löst eine Art Innovations– bzw. Rationalisierungszwang aus. Damit die jeweils beste Methode, das beste Verfahren und das beste Produkt ermittelt werden und zur Anwendung kommen können, sind kontinuierliche Verbesserungen notwendig. Was sich vor

---

[893]   In Anlehnung nach: Rock/Ulrich/Witt 1990, S. 69

allem verändert und verändern muss, sind die Beziehungen zwischen Arbeitskräften und Unternehmen. Bieber sieht uns deshalb im Zeitalter der „permanenten Innovation" (Bieber 1995, 238).

7.2.3 Fazit

Die in den vorangegangenen Abschnitten zusammengetragenen Informationen tragen in mindestens drei Punkten zur Beantwortung der Fragestellung dieser Arbeit bei:

Zum einen bleibt die Analyse betrieblicher Rationalisierung unvollständig, solange sie versucht einen einzigen Rationalisierungstypus zu identifizieren. Betriebliche Rationalisierung baut nicht auf einer einheitlichen Handlungslogik auf, sondern wird geprägt von drei aufeinander aufbauenden Mustern unternehmerischen Handelns. Die folgende Tabelle systematisiert die grundlegenden Charakteristika tayloristischer, systemischer und kommunikativer Rationalisierung:

Tabelle 28: Systematik elementarer Rationalisierungsmuster (ähnlich Rock/Ulrich/Witt 1990, 59)

Aspekt	Rationalisierungstyp		
	Tayloristische Rationalisierung	Systemische Rationalisierung	Kommunikative Rationalisierung
Sozial- ökonomisches Grundproblem	Knappheit (von Ressourcen)	Komplexität und Ungewissheit (der Marktsteuerung)	Kooperation/ Konflikt(zwischen Anspruchsgruppen der Unternehmung)
Ziel	Effizienz	Strategische Effektivität	Legitimation und Handlungsspielraum
Management- ebene	Operatives Management	Strategisches Management	Normatives Management
Methodischer Ansatz	Kalkül ("Berechnung")	Systemplanung ("Beherrschung")	Dialog ("Besprechung")
Rationalisierungs- objekte	Voll strukturierbare, massenhaft anfallende Routineaufgaben	Subjektgebundene, partiell vorstrukturierbare Sachbearbeitungsaufgaben	Schlecht strukturierbare, subjekt- und intersubjektivitäts- gebundene Aufgaben
Strategie	Hierarchieorientiert und nach kosten- und zeitökonomischen Kriterien	Funktionsorientiert	Handlungs- und interaktionsorientiert
Verständnis der Mitarbeiterrolle	Werkzeug und „Lückenbüßer" unvollständiger Mechanisierung	„Schnittstelle" (Systemgestalter vs. -anwender)	Mündiges Subjekt

Tayloristischen Rationalisierungsentscheidungen liegt eine streng kalkulatorische Denkweise zugrunde. Die Einführung von IuK-Technologien ermöglichte zwar prinzipiell neue Formen von Rationalisierung, vergrößerte jedoch zunächst lediglich die Reichweite tayloristischer Rationalisierungsprinzipien und verschärfte damit beispielsweise die Größenordnungen von Downsizing-Prozessen. Erst vor dem Hintergrund steigender Ungewissheit und zunehmender Marktkonkurrenz rücken strategische Überlegungen, und in diesem Zusammenhang die Optimierung der sozial-organisatorischen Rahmenbedingungen, stärker ins Blickfeld der verantwortlichen Entscheidungsträger. Mittels systemischer Rationalisierung versuchen sie Effizienz– mit Effektivitätskriterien zu vereinbaren. Kommunikative Rationalisierung stellt in der aktuellen Unternehmenspraxis eher einen Idealtypus dar.

Die Untersuchungen geben des weiteren Anlass zu der Vermutung, dass Rationalisierungssituationen in der Praxis eine Gratwanderung darstellen zwischen Sicherung des Bestehenden und Flexibilität/Anpassungsfähigkeit im Bezug auf Neuerungen. Unternehmensführungen wünschen sich einen „Pool" an Mitarbeitern, der sowohl attraktiv und kostendeckend als auch schlank und flexibel einsetzbar ist. Ein großer Mitarbeiterstamm kann genauso (un–) wirtschaftlich und (un–) flexibel sein wie ein kleines Team fest Angestellter. Letztere, die geringe Verpflichtungen aufgrund niedriger Fix– bzw. Gemeinkosten bedeuten, sind als Team in ihrer zeitlichen und fachlichen Kapazität sowie der personellen Belastbarkeit flexibel einsetzbar, jedoch beschränkt und werden deshalb bei größeren Aufträgen gegebenenfalls überfordert. Im schlimmsten Fall werden sie zum Unsicherheitsfaktor für die weitere Funktionsfähigkeit der Organisation: wenn das Angebot mangels zeitlicher oder fachlicher Leistungsfähigkeit nicht angenommen werden kann.

Die Betrachtung der Dynamik von Rationalisierung zeigte vor allem, dass Rationalisierung Wandel initiiert. Beim Betrachten der veränderten Beziehungen zwischen Arbeitskräften und Unternehmen entsteht der Eindruck, dass der Wandel das eigentliche Problem ist, das gemanaged werden muss. Ohne an dieser Stelle den zusammenführenden Erläuterungen zu weit vorgreifen zu wollen, soll hier erwähnt werden, dass es notwendig erscheint, Rationalisierung als betrieblichen Veränderungsprozess aufzufassen.

Die Erkenntnisse dieses Kapitels stellen das „Handwerkszeug" der weiteren Analyse dar. Nur mit ihrer Hilfe kann die Arbeitshypothese überprüft und erklärt werden, warum die aktuell im Dienstleistungsbereich angewendeten Rationalisierungsmuster innerbetrieblich so wenig erfolgreich sind.

7.3 Das Wesen der Dienstleistungsrationalisierung

Rationalisierung folgt pragmatischen Erwägungen (Tully 1982, 11). Die wahren Beweggründe und Strategien werden jedoch selten explizit geäußert. Sie offenbaren sich aber in den Handlungen und Handlungsmustern der verantwortlichen Entscheidungsträger bei der konkreten Umsetzung der Rationalisierungsvorhaben. Denn hinter jedem Rationalisierungsmuster steht eine bestimmte unternehmerische Strategie, die die Gestaltung aufgaben–, personen– und technikbezogener Aspekte festlegt (Rock/Ulrich/Witt 1990, 75). Es kann deshalb davon ausgegangen werden, dass sich in den Strategien und Methoden widerspiegelt, welche Priorität die Unternehmensführung den personalen Funktionskriterien von Dienstleistungsarbeit beimisst. Als Methoden werden im Folgenden die zur Rationalisierung eingesetzten betrieblichen Instrumente und Maßnahmen bezeichnet. Deren Betrachtung ist aus zwei Gründen sinnvoll: Sie sind leicht zu identifizieren und sie geben Auskunft darüber, welche Rationalisierungsmuster jeweils verfolgt werden. Erst die Kenntnis der konkreten Vorgehensweise bei Dienstleistungsrationalisierung erlaubt, deren innerbetrieblichen Erfolg zu beurteilen.

7.3.1 Strategien und Methoden

Ausgehend von dem übergeordneten Rationalisierungsziel, Erhalt der Funktions– und Wettbewerbsfähigkeit versuchen die Anbieter qualifizierter Dienstleistungen, ihre Profitabilität durch höhere Umsätze oder durch geringere Kapitalbindung zu steigern. Zur Erreichung dieser Unterziele stehen ihnen mehrere Handlungsoptionen offen:[894] Eine übliche Strategie besteht nach wie vor darin, das Angebot und/oder den Markt auszuweiten (Diversifizierung).[895] Eine weitere Möglichkeit ist die Verfolgung von Kostensenkungsstrategien (Oberbeck 2001, 71), die in der Praxis auf die reale Senkung oder organisatorische Verlagerung der Personalkosten fokussieren. Diese zwei Strategien der Wettbewerbspositionierung gehen einher mit Strategien der Vermarktlichung/Ökonomisierung des Arbeitsprozesses und der Arbeitsorganisation sowie mit der Dezentralisierung von Kompetenz und Verantwortung (Trautwein-Kalms/Ahlers 2003, 253). Das liegt darin begründet, dass heute auch qualifizierte Dienstleister den Bedingungen zunehmender Ökonomisierung der gesamten Lebenswelt (Habermas 2001a) unterliegen.

Um dem damit einher gehenden Markt– und Wettbewerbsdruck zu begegnen, verfolgen die verantwortlichen Entscheidungsträger die genannten Strategien (mitunter auch gleichzeitig), um die inner– oder überbetriebliche Auftragsabwicklung effizienter, d.h. kostengünstiger zu gestalten.[896] Ihre Umsetzung geht oftmals mit Technisierung und Automation einher. Da Rationalisierungsstrategien und – methoden offensichtlich sehr eng miteinander verbunden sind, werden sie im weiteren Verlauf gemeinsam betrachtet.

---

[894] Im Rationalisierungsprozess orientieren sie sich an Konzepten wie Lean Management, Supply Chain Management, Total Quality Management oder Change Management und messen die Effizienz erbrachter Leistung mit Hilfe unterschiedlichster Instrumente, z.B. der Balanced Scorecard. In den 1990er Jahren schien das Business (Process) Reingeneering ein geeignetes Rationalisierungskonzept, da es neben der Aufbau– und Ablauforganisation die Management– und Bewertungssysteme, aber vor allem auch die Unternehmenskultur zu verändern anstrebte (Jäger 1999, 29). Die Untersuchung dieser und anderer Managementkonzepte unterbleibt in dieser Arbeit.

[895] Auf Diversifizierung wird in diesem Kapitel nicht näher eingegangen. Diese Strategie gehört zu den üblichen Wettbewerbsstrategien, aus ihr lassen sich nicht unmittelbar konkrete Rationalisierungsmethoden ableiten.

[896] Horstmann (2001, 225) verweist auf den Wunsch nach Kostensynergien.

7.3.1.1 Vermarktlichung/ Ökonomisierung

Dienstleistungen werden gegen Geld zu Erwerbszwecken geleistet (Jacobsen/Voswinkel 2003, 3). Sie nehmen deshalb in einer Marktgesellschaft Warencharakter an. Je stärker dieser zunimmt, „desto intensiver wird der Wettbewerb" (Karmarkar 2004, 32). Es kommt zu verstärkter kostenökonomischer Durchdringung der Arbeitswelt. Die Bedeutung der Marktprinzipien nimmt zu.

Auch die Rationalisierungsstrategien qualifizierter Dienstleister sind „zunehmend marktgesteuert und auf zeitökonomische Optimierung ausgerichtet" (Sauer 2003, 22f.). In der Konsequenz versuchen sich die Anbieter zu unterbieten, die Kunden verlangen preiswerte Dienstleistungen. Auch die internen Unternehmensstrukturen werden am Marktgeschehen ausgerichtet. Bei Unternehmensausgründungen (Outsouring, Spin Offs) werden ganze Unternehmensbereiche dezentralisiert oder bieten ihre spezialisierten Fähigkeiten als organisatorisch und wirtschaftlich selbständige Geschäftseinheit an. Dadurch gelingt ihnen einerseits der unmittelbare Kontakt der Beschäftigten zum Kunden (Sauer 2003, 21f.). Durch Funktionsspezialisierung in Form von Outsourcing[897] lassen sich Qualitätsvorteile erzielen, Prozesskomplexität reduzieren sowie Managementkapazitäten freisetzen. Deshalb bieten die im Rahmen dieser Strategie eingeleiteten Umstrukturierungen (Trautwein-Kalms/Ahlers 2003, 253) auch die Möglichkeit, die inner– oder über betriebliche Auftragsabwicklung effizienter zu gestalten.

Überall dort, wo ein großer Teil der Arbeit individualisiert, direkter Kundenkontakt notwendig oder komplexer, schlecht strukturierbarer und abstrakter Inhalt zu bewältigen ist, ist das Management auf das Einverständnis und die Bereitschaft der Betroffenen zur Mitwirkung angewiesen. Es hängt sehr stark von der individuellen Verhaltenssteuerung und Motivation der Mitarbeiter ab, inwieweit die angebotenen Dienstleistungen erfolgreich sind. Deshalb lassen sich „Unsicherheitszonen in Organisationen (...) nur bedingt durch immer stärker formalisierte Mitgliedsrollen reduzieren" (Frerichs 1991, 21). In Folge der Vermarktlichungstendenzen verändern sich in vielen Dienstleistungsbranchen die Tätigkeitsmerkmale und Kontrollmechanismen. Eine kennzeichnende Rationalisierungsmaßnahme der Ökonomisierungsstrategie ist die Ausrichtung der Dienstleistungsarbeit an Kennziffern und Benchmarks (Pohlmann et al. 2003, 9). So wird die Leistungsfähigkeit der Mitarbeiter beispielsweise daran bemessen, ob und wie viele Anschlußaufträge sie sichern können oder wie viele Dienstleistungen pro Zeiteinheit sie verkaufen. Zentral vorgegebene Leistungskennziffern berücksichtigen die lokalen Besonderheiten nicht, sie abstrahieren vom Kontext und behindern damit die für qualifizierte Dienstleistungsarbeit charakteristische Problemlösungsfunktion und das Spezialisierungsniveau. Benchmarks erschweren die Einbindung individueller

---

[897]   Rationalisierung erfolgt in diesen Fällen aus Qualitäts–, Sicherheits– oder Kompetenzgründen und wird als Selective Outsourcing bezeichnet.

Kundenwünsche und riskieren darüber hinaus die unangemessene Bewertung der Mitarbeiterleistung.

Die folgende Tabelle fasst die in diesem Abschnitt diskutierten Rationalisierungsmethoden zusammen, die zur Vermarktlichung qualifizierter Dienstleistungsarbeit beitragen. Sie wurden – primär vor dem Hintergrund des von ihnen vertretenen Menschenbildes – dem systemischen Rationalisierungsmuster zugeordnet:

Tabelle 29: Vermarktlichung verfolgende Rationalisierungsmethoden

Rationalisierungsmust		Rationalisierungsstrategie	Rationalisierungsmethoden
Rationalisierungsmust	Systemisch	Vermarktlichung/Ökonomisierung	Kennziffern und Benchmarks
			Selective Outsourcing
			Spin Off

7.3.1.2 Dezentralisierung von Kompetenz und Verantwortung

Dezentralisierungs– und Vermarktlichungstendenzen sind eng miteinander verbunden. Teils zur Umsatzsteigerung, vor allem aber zur Verringerung der Kapitalbindung dezentralisieren auch qualifizierte Dienstleister Kompetenz und Verantwortung (Jäger 1999, 31). Dieses Vorgehen ermöglicht eine weite Öffnung gegenüber dem Markt und den Kunden. Eine typische, mit Vermarktlichung einher gehende Rationalisierungsmethode ist die Einrichtung dezentralisierter Arbeitsformen in organisatorisch und wirtschaftlich selbständigen Arbeitsgruppen (Projektarbeit) und Geschäftseinheiten (Profit-Center). In diesem Zuge verändern sich einerseits Unternehmensgröße, –form und Eigentumsverhältnisse (Trautwein-Kalms/Ahlers 2003, 253). Andererseits werden die unmittelbaren Beziehungen der Beschäftigten untereinander marktförmig („Der Kollege wird zum Kunden").

Durch Dezentralisierung flexibilisierte Organisationsstrukturen bewirken Kostensenkung und gleichzeitig Arbeitsintensivierung (Jansen/Köhler 1996, 22). In der Praxis äußert sich dieser Effekt als Erhöhung der Wochenarbeitszeit bei gleichzeitigem Wegfall des Urlaubs– und Weihnachtsgeldes oder konjunkturabhängiger Erfolgsbeteiligung (Martina/Trautmann 2004, 24). Starre Arbeitszeitregelungen werden auch mit der Einrichtung von Zeitkonten gelockert, befristete Arbeitsverträge erlauben den flexiblen Einsatz der Mitarbeiter (Ganter/Seltz 1996, 11). Von diesem Vorgehen erhoffen sich die Unternehmen Handlungsfähigkeit auch bei schwankender Auftragslage. Geleistete Überstunden werden üblicherweise in auftragsschwachen Perioden oder zwischen einzelnen Projekten abgefeiert. Die formalen Organisationsstrukturen sind bei qualifizierten Dienstleistern sehr stark am

Prozess ausgerichtet. Dort, wo noch starke Hierarchien bestehen, werden diese jedoch auch zunehmend abgebaut (De-Vertikalisierung) bzw. aufgeweicht.

Outsourcing wurde bislang mit der Konzentration der Unternehmensressourcen auf die zentrale Geschäftsaufgabe begründet. So leisten sich nur noch wenige Unternehmen eine eigene EDV-Abteilung. Im Jahr 2000 entstand die Infineon Technologies AG durch die Ausgliederung des Halbleitergeschäfts der Siemens AG. Die Deutsche Bank entschied im Jahr 2002, ihre gesamte IT-Infrastruktur an den Softwarekonzern IBM auszulagern. Die funktionale Verlagerung von Arbeitsplätzen an (preis–) günstigere, oftmals ausländische Standorte (Karmarkar 2004, 23) ist ein typisches Beispiel aus der Rationalisierungspraxis (Offshore-Outsourcing/Offshoring). Den Drittunternehmen werden heute sogar Kernbereiche des Unternehmens überlassen: So erfolgt die komplette Ticketverwaltung der Deutschen Lufthansa in Indien, Unternehmen wie die Volkswagen AG lagern ihren Konstruktionsbereich aus (Gottfredson/Puryear/Phillips 2005, 59ff.), der Softwarekonzern SAP betreibt im indischen Bangalore das größte Entwicklungszentrum außerhalb Deutschlands (Mayer 2004).

IuK-Technologien vergrößern die Reichweite organisatorischer Maßnahmen. Sie erleichtern den Aufbau von über das einzelne Unternehmen hinaus reichenden Kooperationsbeziehungen. Unternehmensnetzwerke oder virtuelle Unternehmen, die nichtdauerhaft verbunden sind erscheinen als ideale Plattform, um qualifizierte Dienstleistungen bedarfsgerecht anzubieten und ad hoc gemeinsam zu erstellen. IuK-Technologien bilden darüber hinaus die technologische Basis für die Entwicklung neuer Dienstleistungen.

Auch die zuvor erwähnten Benchmarks vereinfachen die Ausübung indirekter Kontrolle. Die Entscheidungen des Managements bezüglich der Kontrolle der Arbeitsleistung ihrer Mitarbeiter bewegen sich immer zwischen Gewähren-lassen, indirekter und direkter Ergebniskontrolle. Mit Hilfe von Kennziffern delegiert das Management Teile seiner Funktion und Verantwortung an die Beschäftigten. Die Einrichtung räumlich übersichtlich gestalteter Großraumbüros erlaubt zusätzlich „sich selbst-organisierende Anwesenheits– und Arbeitskontrollen" (Deters 1995, 144).

Die folgende Tabelle gibt einen Überblick über die zur Dezentralisierung von Verantwortung und Kontrolle eingesetzten Rationalisierungsmethoden. Die in diesem Abschnitt diskutierte Rationalisierungsstrategie und –methoden entsprechen – aufgrund ihres Menschenbildes und ihrer Reichweite dem systemischen Rationalisierungsmuster:

Tabelle 30: Zur Dezentralisierung eingesetzte Rationalisierungsmethoden

	Rationalisierungsstrategie	Rationalisierungsmethoden
Rationalisierungsmuster / **Systemisch**	Dezentralisierung von Verantwortung und Kontrolle	Dezentrale Arbeitsformen, d.h. Gruppen– und Projektarbeit
		Funktionale und organisatorische Ausgliederung: Outsourcing
		Kooperationsbeziehungen: Unternehmensnetzwerke oder virtuelle Unternehmen
		De-Vertikalisierung
		Flexibilisierung von Arbeitszeiten, –verträgen und Organisationsstrukturen
		Benchmarks
		Räumlich übersichtliche Gestaltung von Großraumbüros

Aufgrund der Tatsache, dass qualifizierte Dienstleister in hohem Maße von der Leistungsfähigkeit und –bereitschaft ihrer Mitarbeiter abhängig sind, bedarf es auf Einsatzbereitschaft, Kundenloyalität, individuelle Förderung, Kommunikation und Kooperation ausgerichtete Rationalisierungsmethoden. Als solche könnten unternehmensübergreifende Leitbilder und Leitlinien verstanden und zum Einsatz gebracht werden.

7.3.1.3 Kostensenkung

Dienstleister begegnen Markt– und Konkurrenzdruck überwiegend mit Kostensenkungsstrategien. Durch den Abbau von Gemeinkostenblöcken versuchen sie, ihre Kapitalbindung zu verringern. Sie reorganisieren ihre Arbeits– und Organisationsstrukturen so, dass Personal abgebaut (Downsizing, Konsolidierung, Fusion), Arbeitsabläufe standardisiert, Arbeitszeiten, –verträge und Organisationsstrukturen flexibilisiert und ganze Unternehmensbereiche ausgegliedert (Outsourcing, Spin Off) werden können.

Die folgende Tabelle gibt einen Überblick über die in diesem Abschnitt diskutierten Rationalisierungsmethoden zur Kostensenkung. Sie wurden – dem Grund ihres Einsatzes entsprechend – dem tayloristischen Rationalisierungsmuster zugeordnet:

Tabelle 31: Zur Kostensenkung eingesetzte Rationalisierungsmethoden

Rationalisierungs-strategie		Rationalisierungsmethoden
Rationalisierungsmuster	Kostensenkung	Um– bzw. Restrukturierung der innerbetrieblichen Auftragsabwicklung
		Funktionale und organisatorische Ausgliederung: Offshoring
Tayloristisch		Personalabbau: Downsizing, Konsolidierung, Fusion
		Standardisierung und Automation von Arbeitsabläufen (auch mittels IuK-Technologien)

Real werden Kostensenkungsstrategien überwiegend durch die Reduktion der Mitarbeiterzahl umgesetzt (Horstmann 2001, 229). Das so genannte Downsizing steht für Stellenabbau sowohl in Führungspositionen als auch in planenden Stäben (Jäger 1999, 31). Die gesamte Führungs– bzw. Produktorganisation erfährt vertikale und horizontale Ausdünnung. Zum Downsizing bedient sich das Mangement vier konkreter Rationalisierungsmaßnahmen. Es betreibt:

- Konsolidierung, Fusion;

- Um– bzw. Restrukturierung der innerbetrieblichen Auftragsabwicklung, der Liefer– und Leistungs– sowie der Kundenbeziehungen;

- Abbau hierarchischer Ebenen und Positionen auf gleicher Ebene; aber auch

- Abbau produktionsbezogener Dienstleistungsbereiche sowie technischer und planender Stäbe.

An dieser Stelle wird exemplarisch der erste Punkt erläutert. Konsolidierung bezeichnet die Zusammenlegung einzelner Standorte und Zuständigkeitsbereiche oder den Zusammenschluss von Unternehmen. Auf diese Weise entstand 1996 in der damals weltweit größten Firmenfusion der Biotechnologie– und Pharma–Konzern Novartis. In diesem Zuge wurden weltweit 11.000 Stellen gestrichen. Auch bei der anstehenden Übernahme der Unternehmen Hexal und Eon Labs durch Novartis werden in allen Unternehmensbereichen Veränderungen im Personalbestand erwartet (Gilardi/Leidner 2005, 2).

Da im Dienstleistungsbereich bereits zahlreiche innerbetriebliche Vorgänge vereinheitlicht wurden,[898] senkt die weitere Standardisierung von Produkten und

---

[898] Die Finanzdienstleistungen der Deutschen Bank sind beispielsweise überwiegend standardisiert.

Abläufen die Kosten der Dienstleistungserstellung nur noch minimal bzw. mit abnehmender Tendenz. Mit „erheblichen Folgen für die Möglichkeiten der Reorganisation von Dienstleistungsarbeit" (Heß/Jacobsen 1999, 11) verfolgen qualifizierte Dienstleister Technisierungs–/ Automationsstrategien, um letzte Einsparpotenziale auszureizen. Aus diesem Grund sind IuK-Technologien die absolut dominierenden Mittel der Reorganisation kaufmännischer, verwaltender, organisierender und technischer Tätigkeiten, in denen es um die Erzeugung und Bearbeitung von Informationen geht. Sie finden deshalb hier Erwähnung.

Unternehmensintern werden Verwaltungsabläufe mit Hilfe der IuK-Technologien digitalisiert. In der Folge ist es notwendig, qualifizierte Sachbearbeitung vorzustrukturieren. Spezielle PC-Oberflächen und Eingabemasken vereinfachen den Mitarbeitern die Bearbeitung der Geschäftsvorgänge und ermöglichen Rundum-Sachbearbeitung. Sie erlauben der Geschäftsführung, die Kontexte indirekt zu steuern (Jäger 1999, 133). Trotz ihrer Vorteile substituieren IuK-Technologien geistige Arbeit (Heß/Jacobsen 1999, 16), weil sich wissensintensive Tätigkeiten auf EDV-Experten verlagern. Darüber hinaus werden mit Hilfe digitalisierter Informationen und softwaregestützter Arbeitsabläufe vor allem Selbstbedienungs-konzepte verwirklicht: Mittlerweile wickeln fast alle Finanzinstitute ihr Privatkundengeschäft zum überwiegenden Teil an Überweisungs– und Auszahlungs-automaten oder per Telefon– und Onlinebanking ab. Dafür steht beispielhaft das Selbstbedienungs-Filialnetz des Bankenverbundes „Bank 24". Wirkliche Wettbewerbsfähigkeit erreichen qualifizierte Dienstleister nur durch die kommunikations– und informationstechnische Vernetzung ihrer Abläufe und die Kopplung von Arbeitsschritten. Obwohl der verstärkte Einsatz der IuK-Technologien mit der Erwartung an Produktivitätssteigerungen betrieben wird, findet tatsächlich eine Gemeinkostenverlagerung auf materielle Ressourcen statt. Die Personalkosten werden lediglich organisatorisch gesenkt. Maschinen ersetzen damit auch bei den Anbietern qualifizierter Dienstleistungen die Mitarbeiter. Diese Beobachtung deckt sich mit der These von Wolff (1996), dass IuK-Technologien in Wirtschaftsinstitutionen und Organisationen bisher überwiegend konventionell genutzt werden, als Instrument zur Kostenreduktion auf der Arbeitskraftseite. Die Praxis zeigt, dass verstärkter Technikeinsatz „nicht mehr ohne weiteres mit höherer Produktivität einher (Phänomen der Produktivitätsfalle)" (Rock/Ulrich/Witt 1990, 217) geht.[899] Unter Berücksichtigung ökonomischer Prinzipien dürften Telefonbanking oder Direktbank-Aktivitäten hier und heute nicht stattfinden. Diese Sachinvestitionen der Finanzinstitute stehen bislang in keinem akzeptablen Kosten/Nutzen-Verhältnis und sind auch mittelfristig nicht amortisiert.

---

[899]   Für einzelne Betriebe ist es durchaus denkbar, dass das hohe Leistungspotenzial und sinkende Preise moderner Computer Produktivitätssteigerung bewirken. Bezogen auf die Entwicklung ganzer Branchen und gesamtwirtschaftlich entpuppt sich diese Sichtweise als Trugschluss (Oberbeck 2001, 76).

Zur Senkung der Gemeinkosten werden einzelne Unternehmensbereiche organisatorisch ausgeg liedert. Das erwähnte so genannte Offshoring erfolgt explizit aus Kostengründen: Investitionen und Kapitalbindung können umgangen werden, aus buchhalterischer Sicht lassen sich Bilanzierungsvorteile erzielen. Insgesamt werden letztlich Budget– und Organisationsverantwortung mitsamt des Geschäftsrisikos an die entstehenden Subsysteme oder an Drittunternehmen übertragen (Gottfredson/Puryear/Phillips 2005, 59).

7.3.1.4 Zwischenfazit

Wie oben behauptet, geben die vom Management eingesetzten Methoden über die im jeweiligen Unternehmen verfolgten Rationalisierungsmuster Auskunft. Die überwiegende Anzahl der genannten betriebswirtschaftlichen Methoden unterstützt Unternehmen dabei, die anvisierten (Zeit– und Kosten–) Einsparungen zu realisieren. Diese Erkenntnis deckt sich mit den Ergebnissen der von Rock/Ulrich/Witt durchgeführten empirischen Untersuchung der Rationalisierungsverläufe. Diese hat „über alle Branchen hinweg für die Vergangenheit eindeutige Orientierung an tayloristischen Effizienzkriterien gezeigt" (Rock/Ulrich/Witt 1990, 209). Alle in den vorangegangenen Abschnitten besprochenen Methoden werden zusammenfassend in der folgenden Abbildung veranschaulicht:

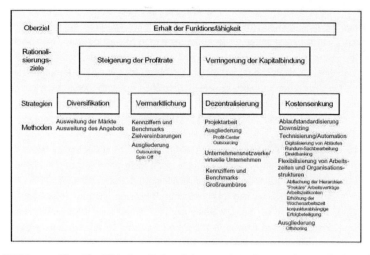

Abbildung 97: Identifizierte Rationalisierungsstrategien und –methoden im Dienstleistungsbereich

7.3.2 Mit Weniger mehr

In seiner Übertragung auf die betrieblichen Prozesse liest sich das Grundprinzip der Rationalisierung als „Absicht, die gegebenen Faktoren (...) in geplanterer Kombination mit höherem Ertrag einsetzen zu können" (Fuchs-Heinritz et al. 1995, 538). Die vorangegangenen Ausführungen haben gezeigt, dass es in der Praxis oft im Sinne von ‚mit weniger mehr' oder ‚von allem weniger, nur nicht vom Ertrag' angewendet wird. Vor allem Personaleinsparungen sind in der unternehmerischen Praxis an der Tagesordnung. So kürzte beispielsweise die Deutsche Bank weltweit 20.000 Stellen, während sie im Jahr 2004 einen um 87 Prozent höheren Gewinn als im vorangegangenen Kalenderjahr erzielte. Der angekündigte Abbau weiterer 6.400 Arbeitsplätze wird mit der anvisierten Steigerung der Wettbewerbsfähigkeit begründet (Klingelschmitt 2005, 6). Das Rationalisierungshandeln der Deutschen Bank der Art ‚mit weniger mehr' zielt auf Downsizing ab. Eine solche Denk– und Herangehensweise stellt einerseits eine verkürzte, andererseits eine überspitzte Übertragung der Rationalisierungslogik dar. Diese Behauptung bedarf einer kurzen Begründung.

Ertragssteigerung bei geringerem Aufwand verkürzt das Grundprinzip der Rationalisierung, wenn die Rationalisierungsmaßnahmen fast uneingeschränkt auf Veränderungen quantitativer Art zielen: Es werden Profit Center mit spezifischen spezialisierten Funktionsbereichen gegründet, Durchlauf– und Bearbeitungszeiten verkürzt usw. Diese Herangehensweise verschließt den Blick davor, dass das Grundprinzip der Rationalisierung einen Handlungsspielraum einrichtet. Dieser existiert, zuvor beschrieben, weil eine bessere Lösung durch Anpassung der Quantität wie auch der Qualität erzielt werden kann. Der Handlungsspielraum geht auch bei der Deutschen Bank über Stellenabbau und Restrukturierung hinaus. Er beinhaltet Maßnahmen wie die Um– und Weiterqualifikation der Mitarbeiter, Empowerment und die Erhöhung der Attraktivität angebotener Finanzdienstleistungen.

Überspitzt wird das Grundprinzip der Rationalisierung insofern, als dass das Ziel, mit weniger mehr' die gleichzeitige Optimierung der Mittel wie auch der Effekte anstrebt. Die Deutsche Bank strebt danach, Gewinne zu steigern, d.h. Verbesserung der Effekte, und baut gleichzeitig Personal ab, d.h. Verringerung des Mitteleinsatzes.[900] Dieses Vorgehen steigert nur dann die Wettbewerbsfähigkeit, wenn ein Kausalzusammenhang zwischen dem Rationalisierungshandeln und den –effekten besteht. Vor dem Hintergrund, dass die mit dem Personalabbau verbundenen Ziele oft nicht erreicht werden (Weiss/Udris 2001, 103), muss sich prinzipiell jedes Unternehmen die Frage stellen, ob Personaleinsparungen tatsächlich höhere

---

[900] Josef Ackermann, Vorstandssprecher der Deutschen Bank verteidigte in einem Brief an die Mitarbeiter den Stellenabbau als notwendig, um die Wettbewerbsfähigkeit zu steigern: „Die Deutsche Bank konzentriert sich auf ihre Rentabilität und den kontinuierlichen Ausbau ihrer Marktposition, auch durch einen starken Aktienkurs" (http://www.welt.de/data/2005/02/10/461873.html, 10.2. 2005).

Unternehmensgewinne bewirken können. Auch, wenn die Beantwortung dieser Frage weder Ziel noch Gegenstand der vorliegenden Arbeit ist, soll sie als Denkanstoß angeführt werden.

7.3.3 Fazit

Karmarkar (2004) behauptet, industrialisierte Information werde „zusehends effizienter, billiger und automatisierter. Die Kosten für Logistik und Lagerung sind minimal, und das einzig entscheidende sind Arbeitskraft und geistiges Eigentum" (Karmarkar 2004, 25). Bei der Betrachtung der aktuellen Rationalisierungspraxis entsteht ein nahezu gegenteiliger Eindruck: Die Arbeitskraft und ihre Organisation sind bevorzugter Rationalisierungsgegenstand. „Zeitgemäße Rationalisierung bedeutet vor allem Diversifizität, Flexibilität und Verminderung der eigenen Wertschöpfungstiefe" (Jäger 1999, 128). Alle drei untersuchten Strategien Vermarktlichung, Dezentralisierung und Kostensenkung werden mit Methoden umgesetzt, die Arbeitsabläufe, –zeiten und –verträge flexibilisieren und bisherige Organisationsstrukturen aufweichen. Dabei werden weniger die Arbeitsinhalte berührt, jedoch der Personalbestand verändert und reorganisiert, fast immer Personal freigesetzt. Rationalisierung verändert vor allem und mitunter grundlegend die Struktur von Arbeitsabläufen.

Gemeinsames Ziel aller betrachteten Rationalisierungsmethoden ist die Steigerung der Profitabilität. Kostensenkungsstrategien werden umgesetzt, jedoch zum einen nicht immer direkt (sondern nur durch organisatorische Verlagerung), zum anderen, wie das Beispiel des Direktbanking gezeigt hat, nicht zwangsläufig erfolgreich. Unabhängig von ihrem tatsächlichen Erfolg wirken damit in qualifizierten Dienstleistungsberufen ähnliche Rationalisierungskalküle wie in industriellen Wirtschaftszweigen. Aus diesem Grund wird die aktuelle Entwicklung auch als „Tendenz zur Industrialisierung des Dienstleistungsbereichs" (Sauer 2003, 6) bezeichnet.

Die zur Überprüfung der Arbeitshypothese notwendigen Aussagen über den tatsächlichen innerbetrieblichen Erfolg von Rationalisierungshandeln lassen sich erst anhand konkreter Bewertungsmaßstäbe treffen. Diese werden in einem an dieses Kapitel anschließenden Exkurs hergeleitet.

7.4 Erfolgsmessung trotz begrenzter Rationalität

Die Fragestellung dieser Arbeit lässt sich nur beantworten, wenn bekannt ist, anhand welcher Kriterien letztlich der Erfolg von Rationalisierungsmaßnahmen aufgezeigt werden kann. Die Schwierigkeit besteht dabei darin, dass:

- Rationalisierung nicht zwangsläufig rational ist und es infolge dessen

- bislang an Aussagen darüber mangelt, welche Maßstäbe zur Bewertung des Erfolges von Dienstleistungsrationalisierung heranzuziehen sind.

Dieses Kapitel hat den Charakter eines eher theoretischen Exkurses. Die beiden o.g. Behauptungen werden in den folgenden zwei Abschnitten erläutert und begründet. Der letzte Abschnitt dieses Exkurses dient der Herleitung der konkreten Kriterien zur Bewertung des innerbetrieblichen Rationalisierungserfolges.

7.4.1 Rationalität und Rationalisierung: Zwei Paar Schuhe?

Der gleiche Wortstamm der Begriffe Rationalität und Rationalisierung suggeriert die Existenz rationaler Gründe für Rationalisierung. Auf dieser Annahme beruht die Quasi-Gleichstellung beider Termini im Ansatz von Taylor (1919). Die von ihm entwickelten „Prinzipien wissenschaftlicher Betriebsführung" (Taylor 1919) galten in der industriellen Produktion lange Zeit als Grundlage unternehmerischen Erfolgs. Sie erheben den Anspruch die organisationale Realität objektiv abbilden zu können und infolge dessen rationales Handeln zu ermöglichen (Brödner 2002, 12). Eine große Anzahl von Arbeitssoziologen hat implizit die begriffliche Gleichsetzung von Rationalisierung und Rationalität übernommen. Die industrielle Rationalisierung, die sich nach den Prinzipien Taylors auf technisch-organisatorische Produkt– oder Prozesseffizienz beschränkt (Bieber 1995, 244), gilt seitdem „als Rationalisierung schlechthin" (Aulenbacher/Siegel 1995, 11). Diese Sichtweise konserviert jedoch einen einseitig ausgerichteten, weil „technizistisch verkürzten" Rationalitätsbegriff (Rock/Ulrich/Witt 1990, 17).

Die Rationalität von Rationalisierung muss in Frage gestellt werden, solange sich „für die überwiegende Mehrheit der befragten Entscheidungsträger (...) die Leistungsfähigkeit eines Systems noch eher in der Quote des Datentransportes pro Sekunde als in der Qualität der kommunizierten Information" (Rock/Ulrich/Witt 1990, 286) bemisst. Der von Simon (1955) entwickelte verhaltenstheoretische Ansatz der ‚bounded rationality' zeigt, dass eine objektive Definition von Rationalität nicht möglich ist. (Rationales) Handeln fußt auf individuell verarbeitbaren Informationen. Aufgrund der begrenzten individuellen Informations– und Wahrnehmungskapazität sowie individuell geprägter Orientierungsmuster, sind Rationalitätskriterien zwangsläufig mehr oder weniger diffus. Es ist davon auszugehen, dass die Vorstellungen von der Realität das menschliche Denken und Handeln beeinflussen. Individuen handeln deshalb nur in begrenztem Maße rational (Deters 1995, 151).

Auch unternehmerisches Handeln spiegelt das jeweilige Menschen– und Organisationsbild der Unternehmensführung wider. Es repräsentiert deren Verständnis davon, was rational ist. An ihm orientieren sich auch die Entscheidungen über die Rationalisierungsstrategien und -gegenstände. Aus diesem Grund erfolgt die Wahl einer bestimmten Rationalisierungsmaßnahme nie wertfrei oder losgelöst. In der Konsequenz sind Rationalität und Rationalisierung zwei Paar Schuhe.

Selbst wenn davon ausgegangen wird, dass sich die betriebswirtschaftliche Gestaltungsoffenheit an den ökonomischen Nutzenpotentialen der Rationalisierungsmaßnahmen orientiert (Staudt 1990, 22), steht die Unternehmensführung vor einem Dilemma: der Nutzen einer Rationalisierungsmaßnahme lässt sich nicht a priori bestimmen. „Der Nutzen der Rationalisierung ist systematisch schwieriger zu bewerten als deren Kosten; er stellt auch die vermeintlich bedeutungsvollere Entscheidungskomponente dar" (Staudt 1990, 22). Aus diesem Grund erschließt sich der tatsächliche Gestaltungsspielraum bei Rationalisierung „nur im Zusammenhang mit den qualitativen Aspekten vermuteter Nutzenpotentiale" (Rock/Ulrich/Witt 1990, 14).[901] Diese qualitativen Aspekte werden folglich zur Bewertung des Rationalisierungserfolges herangezogen.

7.4.2 Rationalisierungs- und Geschäftserfolg: Ein Zusammenhang?

Da sich die Entscheidungen über die Rationalisierungsstrategien und –gegenstände, wie alle anderen unternehmerischen Entscheidungen auch, am Rationalitätsverständnis der betrieblichen Entscheidungträger orientieren, ist der Erfolg von Rationalisierungshandeln zwangsläufig mit dem Erfolg der gesamten Unternehmung verknüpft.

Begreift man die Unternehmung als „ein komplexes soziales Gebilde unterschiedlicher Handlungs– und Entscheidungsprozesse" (Klatt 2000, 101), wird „der dialog– und konsensorientierte unternehmenspolitische Umgang mit allen (...) Anspruchsgruppen (...) existentielle Erfolgsvoraussetzung des Managements" (Rock/Ulrich/Witt 1990, 57).

Der Unternehmenserfolg von Dienstleistern basiert zu einem großen Teil auf interner Leistungsfähigkeit (Thurau 2002, 49): Er wird in hohem Maße von der relativen Qualität der Dienstleistung (d.h. die Qualität bezogen auf die Hauptwettbewerber) bestimmt,[902] die sich nur im Prozess der Dienstleistungserstellung entscheidend unternehmensseitig beeinflussen lässt. Hier entscheidet die Verhaltensleistung der Mitarbeiter über die kundenseitig wahrgenommene Dienstleistungsqualität und damit über den Geschäftserfolg. Er hängt wesentlich davon ab, ob beispielsweise die – nach umfangreicher Einführung von IuK-Technologien – verbleibende persönliche Interaktion zwischen Dienstleister und Kunden als qualitativ hochwertig wahrgenommen wird und das Unternehmen die Bedürfnisse des Kunden so gut wie

---

[901] Die Aussagen der Autoren betreffen zwar die Implementierung von IuK-Technologien, haben aber m.E. allgemeine Gültigkeit.

[902] Der relativen Qualität kommt im gesamten Dienstleistungsbereich als Kriterium für die Kaufentscheidung eine „Schlüsselrolle bei der Beeinflussung von Unternehmenserfolg" (Buzzel/Gale 1989, 73) zu. Sie wird sogar als „stärkste strategische Wettbewerbswaffe" (Meyer 1988, 73) bezeichnet.

möglich erfüllen kann.[903] Aufgrund der Problemlösungsfunktion des und Kontaktnotwendigkeit im Erstellungsprozess, dem erforderlichen Spezialisierungsgrad der einzelnen Mitarbeiter und der Individualität der Leistungsergebnisse wird der Geschäftserfolg zudem maßgeblich von der Einbettung der Methoden in die sozialen Gegebenheiten bestimmt. Ein Beispiel für gelungene soziale Einbettung von IuK-Technologien ist ein funktionierendes Wissensmanagement. Dieses ersetzt nicht, sondern unterstützt die Zusammenarbeit und wechselseitige Abstimmung von Experten in Projektteams.

Auch Martin/Behrends (1999) vertreten die Auffassung, dass die Erfüllung der funktionalen Anforderungen von Organisationen an deren interne Leistungsfähigkeit gebunden ist. Diesem Ansatz zufolge sind Leistung, Kooperation und Lernen die notwendigen Minimalanforderungen, die Unternehmen zur Sicherung ihres eigenen Fortbestandes erfüllen müssen (Martin/Behrends 1999, 34f.).

Leistung wird als erste Grundfunktion sozialer Systeme angesehen. Dahinter steht die Vorstellung, Organisationsmitglieder benötigten Anreize, um gemeinsame Ziele und Zwecke zu verfolgen. Diese können vom System dauerhaft nur durch die Erbringung bestimmter Leistungen bereit– und sichergestellt werden.

Die zweite Grundfunktion, Kooperation, basiert auf dem Verständnis von Organisationen als soziale, arbeitsteilige Systeme. Damit übergeordnete Organisationsziele erreicht werden können, sind die Teilaufgaben und Arbeitsschritte zu koordinieren und zusammenzuführen.

Die dritte Grundfunktion sozialer Systeme ist ihre Lern– und Veränderungsfähigkeit. Sie basiert auf dem Verständnis sich verändernder Rahmenbedingungen sozialer Systeme. Ihre dauerhaft sichere Funktionsfähigkeit kann eine Organisation dadurch gewährleisten, dass sie die Fähigkeit entwickelt, sich an den Wandel anzupassen.

Erfolg und Nutzen von Geschäftstätigkeit sind immer an die dauerhafte Gewährleistung dieser drei Grundfunktionen sozialer Systeme gebunden. Da auch Rationalisierung auf die langfristige Funktionsfähigkeit der Organisation abzielt, erscheint es sinnvoll, dieses Wissen in die Planung von Rationalisierungsvorhaben einfließen zu lassen. Immerhin haben Rationalisierungsentscheidungen weitreichende Wirkung: Sie beeinflussen den Unternehmenserfolg in finanzieller, struktureller und personeller Hinsicht.

---

[903] „Dienstleister müssen ihre Bemühungen darauf konzentrieren, jenen Mangel an persönlicher Ansprache und menschlichem Kontakt wettzumachen, der durch die Technik zwischen Firmen und Verbrauchern entstanden ist" (Karmarkar 2004, 30).

7.4.3 Kriterien innerbetrieblich erfolgreicher Dienstleistungs-rationalisierung

Eine Vielzahl empirischer Untersuchungen belegt, dass „die mit dem Personalabbau verbundenen ökonomischen Gewinne (z.B. tiefere Kosten, höhere Gewinne, stärkere Aktienwerte) und organisationalen Ziele (z.B. steigende Produktivität, bessere Kommunikation, weniger Bürokratie, höhere Flexibilität) oft nicht erreicht werden" (Weiss/Udris 2001, 108). Diese Ergebnisse belegen neben Phänomenen wie Existenzängsten, Fehlzeiten und Fluktuation, dass Rationalisierungsmaßnahmen wenig erfolgreich sind. Im Rahmen dieser Arbeit wird nach einer Begründung für diese Tatsache gesucht. Die vermutete Antwort wurde bereits in der Arbeitshypothese formuliert: Unternehmen rationalisieren nach Mustern, die den spezifischen Charakter von Dienstleistungsarbeit ignorieren. Insbesondere misslingt es ihnen, die Verhaltensleistung der Mitarbeiter während und nach Rationalisierung zu sichern.

Von Rationalisierungsmaßnahmen betroffen sind immer die Organisation sowie die einzelnen Tätigkeitsmerkmale von Dienstleistungsarbeit und deshalb in letzter Konsequenz jeder einzelne Mitarbeiter. Zur Überprüfung der o.g. These könnten sich die weiteren Überlegungen darauf beschränken, zu untersuchen, welche Konsequenzen die eingesetzten Rationalisierungsmuster auf die Verhaltensleistung der Mitarbeiter haben. Die einzelnen personalen Funktionskriterien Einsatz– und Leistungsbereitschaft, Kompetenz, Lernorientierung und Loyalität sind jedoch zu stark personengebunden. Um zu allgemeingültigeren Aussagen zu gelangen, werden die Auswirkungen von Rationalisierungsmustern an den von ihnen ausgehenden Verhaltensimpulse beobachtet: Wie beeinflussen sie die mitarbeiterseitige Handlungsfähigkeit, –bereitschaft und –möglichkeit.

Die Ausführungen dieses Abschnittes haben gezeigt, dass sich Rationalisierungs– und Geschäftserfolg über die Dienstleistungsqualität wechselseitig beeinflussen. Dieses Ergebnis berücksichtigend, lassen sich mit Hilfe der drei Grundfunktionen sozialer Systeme Leistung, Kooperation und Lernen die konkreten Felder identifizieren, in denen der Erfolg jeweils bemessen werden kann. Im Folgenden wird davon ausgegangen, dass diejenigen

Dienstleister erfolgreich rationalisieren,

d.h. Qualitäts– bzw. Funktionseinbußen verhin dern, die sicher stellen,

dass die von ihnen eingesetzten Handlungsmuster und –methoden die Mitarbeiter

befähigen, in ihnen Bereitschaft erzeugen und ihnen die Erfüllung

von Leistung, Kooperation und Lernen ermöglichen.

7.5 *Bewertung der innerbetrieblichen Konsequenzen*

Basierend auf den zusammengetragenen Informationen erfolgt in diesem Kapitel die konkrete Bewertung der innerbetrieblichen Konsequenzen von

Dienstleistungsrationalisierung. Anhand von zwei ausgewählten Rationalisierungsmaßnahmen Downsizing und Offshoring wird untersucht, welche Auswirkungen die erzeugten Verhaltensimpulse auf Leistung, Kooperation und Lernen haben.

7.5.1 Auswirkungen von Cownsizing-Maßnahmen

Downsizing ist eine Rationalisierungsmaßnahme zum Abbau von Arbeitsplätzen im mittleren und Top-Management, mit deren Hilfe Personalkosten gesenkt werden sollen. Die gesamte Organisation wird vertikal und horizontal ausgedünnt. Dieses Vorgehen spiegelt aufgrund der verfolgten Kostensenkungsstrategie und dem Verständnis vom Mitarbeiter als Kostenfaktor und „Lückenbüßer" unvollständiger Automatisierung die Merkmale tayloristischer Rationalisierungsmuster wieder.

Die mit Downsizing einher gehenden innerbetrieblichen Umstrukturierungen bewirken zunächst eine Zunahme der Leistungsintensität. Obwohl davon die Leistungsfähigkeit der Beschäftigten positiv berührt wird, sinkt deren Leistungsbereitschaft, denn Downsizing verschlechtert die Arbeitszufriedenheit der Mitarbeiter (Trautwein-Kalms/Ahlers 2003, 254). Grund dafür sind die negativen emotionalen, einstellungs– und verhaltensmäßigen Reaktionen, die diese Maßnahme bei den nach Rationalisierung im Unternehmen verbleibenden Mitarbeitern (Survivors) auslöst. Das „Commitment wird bei Überlebenden sowie bei Opfern beeinträchtigt" (Weiss/Udris 2001, 107). Auf individueller Ebene beeinträchtigen die Angst vor der Zukunft, vor Arbeitsplatzverlust, vor finanziellen Einbußen, erhöhte Arbeitsbelastung und hohe Bereitschaft für einen Stellenwechsel (Weiss/Udris 2001, 106) die Bereitschaft der Beschäftigten zu Leistung, Kooperation und Lernen. Bei sehr großen Ängsten und extremer Arbeitsbelastung sogar ihre Leistungsfähigkeit.

Die hervorgerufene Arbeitsplatzunsicherheit verschiebt die impliziten Übereinkünfte zwischen Unternehmen und Arbeitnehmenden (psychologischer Vertrag). Downsizing ist deshalb oft verbunden mit Verlusten „an Commitment und Engagement sowie gesundheitlichen Folgen" (Weiss/Udris 2001, 103). Als psychologischer Vertrag werden „die arbeitsbezogenen Erwartungen der Arbeitnehmer und ihre gegenüber der Organisation wahrgenommenen Verpflichtungen verstanden" (Wilkens 2004, 113f.).

Diese Erwartungen betreffen die konkreten Arbeitsinhalte, aber auch Aspekte wie Förderung, Unterstützung und Gerechtigkeit. Sie beziehen sich auch auf die „Kalkulierbarkeit der Handlungen des Arbeitgebers" (Weiss/Udris 2001, 108 zitieren Livingston 1997). Insgesamt ist zu beobachten, dass zugunsten der Flexibilität die traditionelle Übereinkunft, dass „Arbeitnehmende Loyalität, Konformität und Commitment dem Unternehmen entgegenbringen und im Gegenzug das Unternehmen Arbeitsplatzsicherheit, Karriereperspektiven, Ausbildung und

Entwicklung innerhalb des Unternehmen sichert, (...) an Gültigkeit" (Weiss/Udris 2001, 104f.) verliert.

Alle Um– und Reorganisationsmaßnahmen, die Personalabbau oder –verlagerung beinhalten gefährden die motivationalen Verhaltensimpulse (Bereitschaft) der Mitarbeiter, weil diese den Arbeitsplatzverlust entweder antizipieren oder sich in akuter individueller Unsicherheit befinden. Letztere besteht bereits dann, wenn „Umstrukturierungsmaßnahmen bekannt gegeben" werden, „die Beschäftigten (...) ihre persönliche Zukunft im Betrieb jedoch noch nicht absehen" (Weiss/Udris 2001, 109) können. Sobald „Entscheidungen gefällt, Kündigungen ausgesprochen worden sind und der Verlust der Stelle in absehbarer Zeit sicher ist" (Weiss/Udris 2001, 109), vermuten die Beschäftigten auch den Verlust des eigenen Arbeitsplatzes. Ein steigendes Gefühl der Arbeitsplatzunsicherheit kann Verhaltensänderungen bewirken. Dazu zählen „verminderte Arbeitsleistung, freiwillige Kündigung oder verringertes organisationales Commitment" (Weiss/Udris 2001, 110).

Darüber hinaus beeinträchtigt Downsizing Individuen, Gruppen und die Gesamtorganisation in ihren Funktionen und ihrem Selbstverständnis. Die formals als Tätigkeitenbündel wahrgenommene und erbrachte Arbeitsaufgabe wird nach der Rationalisierung nur noch teilweise oder gar nicht mehr von der Person ausgeübt, die sich vorher mit ihr in hohem Maße identifizieren sollte und identifiziert hat. Stellen die Mitarbeiter fortan ihre eigene „Employability" in den Vordergrund ihres Engagements leidet darunter in der Regel die betriebsspezifische zugunsten der individuellen Lernbereitschaft.

Auf Gruppenebene besteht im Zusammenhang mit Downsizing eine Tendenz zur Verschlechterung des sozialen Klimas. Diese äußert sich als steigender Konkurrenzdruck, Zunahme von Intrigen (Mobbing), als Kampf um Ressourcen, Verlust eingespielter Arbeitsteams und in Schuldzuschreibungen (Weiss/Udris 2001, 106). Die nachlassende Kooperationsbereitschaft beeinträchtigt die Leistungsfähigkeit der gesamten Organisation, wodurch das ursprünglich mit Downsizing verfolgte Ziel der Effizienzsteigerung sicher nicht erreicht wird. Die eingesparten Personalkosten müssen gegebenenfalls dafür aufgewendet werden, separate Maßnahmen zur Steigerung der innerbetrieblichen Kooperation zu initiieren.

7.5.2 Auswirkungen von Offshoring-Entscheidungen

Wie zuvor beschrieben wird die funktionale Verlagerung von Unternehmens- bereichen an preisgünstige ausländische Standorte als Offshoring bezeichnet. Diese Maßnahme wird aufgrund ihrer Reichweite zum systemischen Rationalisierungsmuster gezählt, räumt jedoch tayloristischen Handlungsansätzen klare Präferenz ein. Das verdeutlichen die mechanistische Herangehensweise an Veränderungsprozesse, das ihr inhärente Verständnis der Rolle der Mitarbeiter als

Werkzeug sowie die explizit verfolgte Kostensenkungsstrategie, als Hauptbeweggrund für die organisatorischen Umstrukturierungen.

Das Offshoring eröffnet Leistungsvorteile, da es dem Unternehmen erlaubt, sich auf Kernkompetenzen zu konzentrieren. Gegebenenfalls werde Mitarbeiter von prinzipiell automatisierbaren Tätigkeiten entlastet (Rock/Ulrich/Witt 1990, 105). Auch senken die meisten dieser Outsourcing-Entscheidungen Personal–, d.h. Lohn– und Lohnnebenkosten. Sie können eine sinnvolle und effiziente Möglichkeit für qualifizierte Dienstleister sein. In der Praxis sind diese Projekte häufig wenig erfolgreich. Lediglich 10% der Offshoring betreibenden Konzerne sind mit den erzielten Kosteneinsparungen und nur 6% mit dem Offshoring insgesamt zufrieden (Gottfredson/Puryear/Phillips 2005, 60). Offensichtlich garantiert die Wahl der kostengünstigsten Alternative noch lange keinen Erfolg. Eine rein transaktionskostenorientierte Rationalisierungslogik übersieht wichtige Kriterien und Qualitäten: den strategischen Charakter bestimmter Unternehmensleistungen, die Relevanz der Abhängigkeit bzw. Unabhängigkeit einzelner Abteilungen, die mit Outsourcing verbundenen Risiken der Dequalifizierung des eigenen Know-Hows, usw. (Knyphausen-Aufseß/Schweizer 2005, 10ff.).

Durch Offshoring werden die Unternehmensgrenzen gegenüber dem Markt und den Kunden geöffnet. Diese Entwicklung wird in der Regel von verschärfter Konkurrenz zwischen einzelnen Organisationseinheiten oder auch zwischen einzelnen Arbeitskräften begleitet (Sauer 2003, 22). Obwohl diese Maßnahme den Bedarf nach funktionierender Kooperation erhöht, senkt sie in erster Linie die Kooperationsbereitschaft der Mitarbeiter. Die Auslagerung von Unternehmensbereichen gefährdet den Unternehmenserfolg dann, weil sie in der Regel den Kommunikations– und Koordinationsaufwand zwischen einzelnen Unternehmensbereichen erhöht, ohne Strukturen und Rahmenbedingungen zu schaffen, diesen Aufwand zu bewältigen (Kooperationsmöglichkeit). Bereits die häufig große räumliche Entfernung zwischen Mutterunternehmen und dem Offshore-Anbieter behindert wirklichen Dialog und schränkt so die Möglichkeit zur Kooperation ein. Lernfähigkeit kann in der gesamten Organisation weniger oder gar nicht mehr greifen. In der Folge riskiert die Unternehmensführung mit dieser Maßnahme sowohl Fähigkeit als auch Bereitschaft und Möglichkeit der Mitarbeiter, qualitativ hochwertige Leistungen zu erbringen. Der Informationstechnologieanbieter Dell hat „einige seiner nach Indien ausgelagerten Serviceleistungen wieder in die USA zurückgeholt, weil die Kunden sich beschwerten" (Karmarkar 2004, 29). Viele kleine und mittelständische Unternehmen verlagern Auslandsstandorte wieder zurück, da unerwartet hohe finanzielle Aufwendungen entstehen, weil der tatsächlich anfallende den geschätzten Koordinierungsaufwand übersteigt oder weil der Umgang mit fremden Arbeitsmentalitäten sie überfordert (Hirsch-Kreinsen/Schulz 2004, 1). Verlieren Unternehmen zudem „ihre Flexibilität, da ihnen (...) Know-how fehlt und (...)

auch ihre Lernfähigkeit nicht mehr greifen kann" (Knyphausen-Aufseß/Schweizer 2005, 12), werden die ursprünglich mit Outsourcing verfolgten Ziele unterhöhlt.

7.5.3 Fazit

Die Ausführungen dieses Kapitels zeigen, dass Unternehmen keinesfalls prinzipiell nur Vorteile aus Rationalisierungsmaßnahmen ziehen. Im Gegenteil, sie gehen ein hohes Risiko ein, denn sie verändern ihre Erfolgsvoraussetzungen. Den Erwartungen auf höhere Rentabilität/Produktivität durch Umstrukturierungen und Einsparungen stehen Risiken von Betriebsstörungen durch interne Handlungs– und Kooperationsunfähigkeit und Fluktuation sowie die Gefahr des Imageverlustes durch Qualitätseinbußen entgegen. Downsizing und Offshoring rufen bei den Arbeitnehmern (sicherlich in unterschiedlicher Intensität) Existenzängste hervor. Diese beziehen sich auf die prinzipielle (Un–)Sicherheit des Arbeitsplatzes, zukünftige Entlohnung und die zu erledigenden Arbeitsinhalte.

Obwohl Wissen, Können, Leistungsfähigkeit, Lernbereitschaft und andere „weiche" Faktoren in modernen Wertschöpfungsprozessen immer wichtiger werden, haben die zwei Beispiele gezeigt, dass in betrieblichen Rationalisierungsprozessen humanes, intellektuelles und soziales Kapital auch „vernutzt" wird.

7.6 Warum ist Dienstleistungsrationalisierung innerbetrieblich so wenig erfolgreich?

In der Arbeitshypothese wird davon ausgegangen, dass Dienstleistungsrationalisierung deshalb innerbetrieblich wenig erfolgreich ist, weil Unternehmen nach Mustern rationalisieren, die den spezifischen Charakter von Dienstleistungsarbeit ignorieren. Es misslingt ihnen insbesondere, die Verhaltensleistung der Mitarbeiter während und nach Rationalisierungsmaßnahmen zu sichern. Die hier geführte Argumentation konnte diese Vermutung teilweise bestätigen.

Die Untersuchung der aktuell im Dienstleistungsbereich angewendeten Rationalisierungsstrategien und –methoden förderte die Gründe für das Fehlschlagen betrieblicher Rationalisierung zu Tage.

Alle eingesetzten Rationalisierungsmethoden verändern die Aufgabeninhalte, Arbeitsorganisation, Arbeitsabläufe, –zeiten und –verträge. Obwohl die mit ihnen verfolgten Ziele oft nicht erreicht werden, scheint ihr geringer innerbetrieblicher Erfolg nicht allein auf die prinzipielle Durchführung von Rationalisierungsvorhaben zurückzuführen zu sein.

Lange Zeit wurde davon ausgegangen, bestimmte Dienstleistungstätigkeiten entzögen sich „weitestgehend einer Rationalisierung im Sinne von Effektivierung und

Automation" (Dörr 1995, 161). Heute sind auch die Beschäftigten in hochqualifizierten, wissensintensiven Dienstleistungsberufen von diesen Rationalisierungsansätzen betroffen. Rationalisierung im hier untersuchten Bereich ist geprägt von Automation und Durchökonomisierung. Immerhin beobachteten Schlesinger/Heskett (1992) bereits Anfang der 1990er Jahre das „Fließbanddenken" konsumbezogener Dienstleister, die ihren Geschäftsstrategien ein Modell zugrunde legen, welches sich „weitgehend an den Erfordernissen und Maßstäben der traditionellen Fertigung von Massengütern orientierte" (Schlesinger/Heskett 1992, 106). Der überwiegende Teil der aufgeführten Beispiele hat illustriert, dass in der Unternehmenspraxis unter Rationalisierung vielfach nur solche Maßnahmen verstanden werden, die Kostensenkungsstrategien verfolgen.

Für qualifizierte Dienstleistungsarbeit macht jedoch „die weitestgehende Ausschaltung des Menschen oder seine Verstümmelung zum Computer-Anhängsel ökonomisch wenig Sinn, sie könnte sich sogar als kontraproduktiv und geschäftsschädigend erweisen" (Baethge/Oberbeck 1990, 164f.). Die Einsparung des viel bemängelten „Kostenfaktor Mensch" kostet mitunter einen hohen Preis. Cost-cutting geht im Dienstleistungsbereich nicht ohne Verlust der wesentlichen Charakteristika von Dienstleistung und Minderung der Servicequalität zu bewerkstelligen. Dass die Verfolgung von Kostensenkungsstrategien die Wettbewerbsfähigkeit der Unternehmen nicht steigern, ist von Buzzel/Gale (1989) empirisch nachgewiesen. Die Kosten der Dienstleistungserstellung werden vor allem vom Marktanteil des Unternehmens beeinflusst und Kosteneinsparungen nachweislich nur über die Erhöhung des Marktanteils und die dadurch sich eröffnenden höheren Skalenerträge realisiert (Buzzel/Gale 1989, 73). Auch aus diesem Grund ist die tayloristische Rationalisierungsstrategie der Kostensenkung, wie sie beispielsweise mit Downsizing verfolgt wird, nicht erfolgreich.

Zugleich werden bei der Gestaltung von Kundenbeziehungen Wertschöpfungspotenziale verschenkt, wenn qualifizierte Mitarbeiter als „Mitträger einer wichtigen Produktkomponente von Dienstleistungen" (Oberbeck 2001, 77) entlassen oder durch technisch basierte Standardisierungen ersetzt werden. Aufgrund dieser Herangehensweise mangelt es nicht an der Quantität, aber an der Qualität des Dienstleistungsangebotes. Standardisierung und Entpersonalisierung der Dienstleistungsangebote und Dienstleistungsbeziehungen führen dazu, dass Dienstleister an Problemlösungskompetenz einbüßen und nicht mehr alle Bedarfslagen und Interessen der Kunden aufnehmen (Oberbeck 2001, 78).[904] Die Fokussierung auf technologische Optimierung von Produkten und Prozessen hat deshalb keinesfalls zwangsläufig Effizienzsteigerungen zur Folge.

---

[904] Darin besteht die eigentliche „Dienstleistungslücke in allen hochentwickelten Volkswirtschaften" (Oberbeck 2001, 13).

Aus diesen Erkenntnissen wird abgeleitet, dass der Misserfolg von Rationalisierung zumindest teilweise auf die eins-zu-eins-Übertragung tayloristischer Rationalisierungsmuster auf Dienstleistungs unternehmen zurückzuführen ist. Diese ignorieren den spezifischen Charakter von Dienstleistungsarbeit, insbesondere den Stellenwert der mitarbeiterseitigen Verhaltensleistung.

Warum ist es notwendig, die Verhaltensleistung während und nach Rationalisierung zu sichern? Mitarbeiter haben großen Einfluss auf die kundenseitige Wahrnehmung der Dienstleistungsqualität. Als „Schnittstelle" zwischen Unternehmen und Kunden bilden sie aufgrund ihrer Qualifikationen und Eigenschaften eine wichtige Grundlage für das Angebot und die Entwicklung qualitativ befriedigender Dienstleistungen. Die Verhaltensleistung der Mitarbeiter ist der vermutlich wichtigste Faktor zur Erstellung erfolgreicher qualifizierter, wissensintensiver Dienstleistungen.

Neben den genannten, unmittelbar maßnahmenbezogenen Konsequenzen, zieht die Umsetzung von Rationalisierungsvorhaben zum Teil erhebliche Schwierigkeiten nach sich. Das liegt daran, dass Rationalisierung immer mit Umstrukturierungen einher geht. In diesen Situationen der Veränderungen sind oder werden häufig Mitarbeiter wie Führungskräfte nicht auf (arbeitsorganisatorische) Veränderungen und potenzielle Probleme vorbereitet (Doujak/Enders/Schubert 2004, 57). Rationalisierung scheitert dann beispielsweise an fehlender oder unvollständiger Kommunikation (Horstmann 2001, 228). Möglicherweise begegnen Beschäftigte oder auch das Management Veränderungen bewusst oder unbewusst mit Widerständen (Rock/Ulrich/Witt 1990, 274ff.).

Unabhängig davon, ob die eingesetzten Maßnahmen tayloristischen oder systemischen Mustern folgen: Sie gehen alle mit organisatorischen und personellen Veränderungen einher. In der Regel dürfen nach Umstrukturierungen die bislang als Tätigkeitenbündel als erfüllend und zufriedenstellend wahrgenommenen Arbeitsaufgaben nur noch teilweise oder gar nicht mehr erledigt werden. Diese Veränderung zerstört eine wichtige Grundlage intrinsischer Motivation.[905] Veränderungsprozesse beeinflussen die Arbeitsorganisation und damit das Selbstverständnis der Akteure sowie in der Folge deren Verhaltensleistung. Die personalen Funktionskriterien Einsatzbereitschaft, Kompetenz, Loyalität und Lernorientierung wiederum beeinflussen die Qualität der innerbetrieblichen Interaktions– und Kommunikationsprozesse und das Dienstleistungsergebnis unmittelbar. Sie bestimmen über den Geschäfts– und Rationalisierungserfolg. Beim Betrachten der durch Rationalisierung veränderten Beziehungen zwischen Arbeitskräften und Unternehmen entsteht der Eindruck, dass der Wandel das eigentliche Problem ist, das „gemanaged" werden muss. Dass die Initiatoren von

---

[905] Aus der Arbeits– und Betriebspsychologie ist bekannt, dass intrinsisch motiviertes Mitarbeiterverhalten vom Unternehmen nicht gefördert aber sehr wohl „durch Einflussnahme von außen abgeschwächt oder unterminiert werden" (Müller/Bierhoff 1994, 370) kann. Darunter werden negative Rückmeldungen, aber auch Belohnungen und finanzielle Anreize verstanden.

Rationalisierungsvorhaben diese nicht als Veränderungsprozesse wahrnehmen und initiieren, scheint der wesentliche Grund für wenig erfolgreiche Dienstleistungsrationalisierung. Auch wenn Rationalisierung oftmals neue Leistungsmöglichkeiten schafft, scheitert die erfolgreiche Umsetzung der Maßnahmen daran, dass die durch sie bewirkten Veränderungen Verhaltensimpulse auslösen, die vor allem die Bereitschaft der Mitarbeiter, jedoch auch deren Fähigkeit zu Leistung, Kooperation und Lernen einschränken oder behindern. Rationalisierung, die nicht als Veränderungsprozess stattfindet, gefährdet die Erbringung erfolgreicher Dienstleistungsarbeit und die Funktionsfähigkeit der gesamten Organisation. Welche Möglichkeiten existieren, dies zu verhindern?

Als eine zentrale Voraussetzung für erfolgreiche Rationalisierung erscheint eine differenzierte (und eben nicht technizistisch oder anderweitig verkürzte) Herangehensweise an die Gestaltung der innerbetrieblichen Verhältnisse. Denn offensichtlich entscheidet „die Organisationsgestaltung selbst schon über die Frage der Produktivität" (Horstmann 2001, 234). Insbesondere tayloristische Rationalisierungsmuster versuchen auf dem Weg der Standardisierung und Verregelung, innerbetriebliche Unsicherheiten auszublenden. Deshalb wird ihnen unterstellt, sie fokussierten lediglich auf das Störpotenzial ‚lebendiger Arbeit' und ignorierten deren Produktivitäts– und Flexibilitätspotenzial. Im gleichen Zuge wird behauptet, neue Rationalisierungsmuster seien „blind gegenüber dem Störpotential" (Siegel 1995, 181) ‚lebendiger Arbeit', denn sie zielen auf Flexibilisierung im weitesten Sinn. Worin liegt die praktische Bedeutung dieser beiden Annahmen? Sie machen auf die Notwendigkeit aufmerksam, Methoden zu entwickeln, die das „Flexibilitätspotential ‚lebendiger Arbeit' aktivieren und fördern, das Störpotential aber ebenfalls unter Kontrolle halten" (Aulenbacher 1995, 128).

Die Wahrnehmung von Rationalisierung als Veränderungsprozess erlaubt flankierende Maßnahmen in den Bereichen betrieblicher Informationspolitik, Personalbetreuung, Qualifizierung oder partizipativem Management. Im Zusammenhang mit Projekten wie der wissenschaftlichen Begleitung oder Evaluation von Rationalisierungsmaßnahmen betreiben die verantwortlichen Entscheidungsträger so genanntes „Loyalitätsmanagement" (Horstmann 2001, 232). Dieses, so hofft Horstmann (2001), „vermeidet mit überflüssigen Schnittstellen Reibungsverluste und ist daher auch kostengünstiger" (Horstmann 2001, 232).

Viele der untersuchten qualifizierten Dienstleister stehen in einem Dienstleistungs– und nicht in einem Produktwettbewerb. Ihre Arbeit setzt Kommunikation, Dialog, ganzheitliches abstrahierendes Denken sowie Kundenorientierung voraus. In den von ihnen besetzten Tätigkeitsfeldern scheinen Formen kommunikativer Rationalisierung sinnvoll. Denn „je rationeller sie konzipiert sind, desto eher sind sie in Gefahr, in konkreten Interaktionen unterlaufen oder gar deformiert zu werden" (Frerichs 1991, 22). Vor diesem Hintergrund plädiert Frerichs beispielsweise dafür,

Kontrolle als Kommunikationsprozess zu installieren (Frerichs 1991, 21). Er gibt damit der Kooperation den Vorrang. Sie wäre in der Praxis mittels direkter Dialoge und Absprachen umzusetzen und von bedienungsfreundlichen, d.h. übersichtlich gestalteten, intuitiv nutzbaren und miteinander vernetzten IT-Anwendungen (Internetportale, Suchmaschinen usw.) zu unterstützen. IuK-Technologien sollten in den untersuchten Dienstleistungsberufen als Werkzeuge eingesetzt, vorrangig die Infrastruktur für den Kontakt zwischen Dienstleistern und Kunden darstellen und langfristig vor allem unterstützende Funktion haben.

Um Veränderungen erfolgreich einzuführen müssen die verantwortlichen Entscheidungsträger erkennen, dass es nicht darum geht, die Interessen der einzelnen Mitarbeiter zu berücksichtigen. Entscheidender ist es, die sozial-organisatorischen und normativen Voraussetzungen dafür zu schaffen und zu gewährleisten, dass die personalen Funktionskriterien erfüllt werden können. Die eingesetzten Rationalisierungsmuster und –methoden müssen Verhaltensimpulse auslösen, die die Mitarbeiter befähigen, in ihnen Bereitschaft erzeugen und ihnen die Erfüllung von Leistung, Kooperation und Lernen ermöglichen. Denn in komplexen Situationen des Wandels schaffen die innerbetrieblichen Kapazitäten und Lösungsvorschläge die Voraussetzungen für den Erfolg nach außen (Karmarkar 2004, 33).

7.7 Literaturverzeichnis

Amar, A.D. (2002): Managing knowledge workers. Westport/ London

Aulenbacher, B./ Siegel, T. (Hrsg.) (1995): Diese Welt wird völlig anders sein. Denkmuster der Rationalisierung. Soziologische Studien Bd. 17, Pfaffenweiler

Baethge, M. (1996): Zwischen Computer und Kunden – Rationalisierung und neue Arbeitskonzepte in den Dienstleistungen. In: Braczyk, H.-J./ Ganter, H.-D./ Seltz, R. (Hrsg.): Neue Organisationsformen in Dienstleistung und Verwaltung, Stuttgart, 15-28

Baethge, M./ Oberbeck, H. (1990): Systemische Rationalisierung von Dienstleistungsarbeit und Dienstleistungsbeziehungen: Eine neue Herausforderung für Unternehmen und wissenschaftliche Analyse. In: Rock, R./ Ulrich, P./ Witt, F. (Hrsg.): Strukturwandel der Dienstleistungsrationalisierung, Frankfurt/ New York, 149-175

Baethge, M./ Wilkens, I. (Hrsg.) (2001): Die große Hoffnung für das 21. Jahrhundert? Perspektiven und Strategien für die Entwicklung der Dienstleistungsbeschäftigung, Opladen Bartscher-Finzer, S./ Martin, A. (2003): Psychologischer Vertrag und Sozialisation. In: Martin, A. (Hrsg.): Organizational Behaviour – Verhalten in Organisationen, Stuttgart, 53-76

Becker-Schmidt, R. (1995): Homo-Morphismus. Autopoietische Systeme und gesellschaftliche Rationalisierung. In: Aulenbacher/Siegel (Hrsg.): Diese Welt wird völlig anders sein. Denkmuster der Rationalisierung. Soziologische Studien Bd. 17, Pfaffenweiler, 99-119

Berry, L.L./ Parasuraman, A. (1999): Dienstleistungsmarketing fängt beim Mitarbeiter an. In: Bruhn, M. (Hrsg.): Internes Marketing: Integration der Kunden– und Mitarbeiterorientierung; Grundlagen – Implementierung – Praxisbeispiele, Wiesbaden, 69-92

Bettencourt, L.A./ Gwinner, K.P./ Meuter, M.L. (2001): A Comparison of Attitude, Personality, and Knowledge Predictors of Service-Oriented Organizational Citizenship Behaviors. In: Journal of Applied Psychology, Vol. 86, 1, 29-41 VII RATIONALISIERUNG VON DIENSTLEISTUNGSARBEIT

Bieber, D. (1995): Der diskrete Charme des technologischen Determinismus – zur Bedeutung von Technikmärkten für die industrielle Rationalisierung. In: Aulenbacher/ Siegel (Hrsg.): Diese Welt wird völlig anders sein. Denkmuster der Rationalisierung. Soziologische Studien Bd. 17, Pfaffenweiler, 231-247

Binswanger, H. (1998): Die Glaubensgemeinschaft der Ökonomen; Essays zur Kultur der Wirtschaft, München

Braczyk, H.-J. (1996): Bedeutung neuer Arbeitsformen. In: Braczyk, H.-J./ Ganter, H.-D./ Seltz, R. (Hrsg.): Neue Organisationsformen in Dienstleistung und Verwaltung,Stuttgart, 163-180

Braczyk, H.-J./ Ganter, H.-D./ Seltz, R. (Hrsg.) (1996): Neue Organisationsformen in Dienstleistung und Verwaltung, Stuttgart

Bruhn, M. (Hrsg.) (1999): Internes Marketing: Integration der Kunden– und Mitarbeiterorientierung; Grundlagen – Implementierung – Praxisbeispiele, Wiesbaden

Bruhn, M./ Stauss, B. (Hrsg.) (2001): Dienstleistungsmanagement Jahrbuch 2001: Interaktionen im Dienstleistungsbereich, Wiesbaden

Burbach, Chr./ Schuster, L. (2004): Faire Personalanpassung. In: PERSONAL – Zeitschrift für Human Resource Management, 56.Jg., 10, 42 – 45

Buzzel, R.D./ Gale, B.T. (1989): Das PIMS-Programm: Strategien und Unternehmenserfolg, Wiesbaden

Capgemini (2004): Change Management 2003/2008. Bedeutung, Strategien, Trends, Berlin

Claßen, M. (2005): Die Weichen rechtzeitig stellen. In: Harvard Business Manager, 27.Jg., 2, 71-78

Clark, C. (1960): The Conditions of Economic Progress, 3. Aufl., London

Coenen, C. (2001): Serviceorientierung und Sercivekompetenz von Kundenkontakt-Mitarbeitern. In: Bruhn, M./ Stauss, B. (Hrsg.): Dienstleistungsmanagement Jahrbuch 2001: Interaktionen im Dienstleistungsbereich, Wiesbaden, 341-374

Cornetz, W. (1991): Ökonomische Aspekte des dienstleistungsorientierten Strukturwandels. In: Littek, W./ Heisig, U./ Gondek, H.-D. (Hrsg.): Dienstleistungsarbeit: Strukturveränderungen, Beschäftigungsbedingungen und Interessenlagen, Berlin, 35-52 VIII RATIONALISIERUNG VON DIENSTLEISTUNGSARBEIT

Diller, H. (Hrsg.) (2001): Vahlens Großes Marketing Lexikon, Bd.1: A-L, 2., völlig überarb. und erw. Aufl., München

Deters, M. (1995): Vertrauen und Rationalität: berufliche Chancen für Frauen? Dimensionen sozialer Rationalisierung in modernen Unternehmen. In: Aulenbacher/Siegel (Hrsg.): Diese Welt wird völlig anders sein. Denkmuster der Rationalisierung. Soziologische Studien Bd. 17, Pfaffenweiler, 139-155

Donaldson, Th./ Werhane, P.H. (1993): Ethical issues in business: A philosophical approach, 4th Ed., Englewood Cliffs

Dörr, G. (1995): Neue Haushaltstechnik – alte Arbeitsteilung. Die Rationalisierung der Haushaltsproduktion. In: Aulenbacher/Siegel (Hrsg.): Diese Welt wird völlig anders sein. Denkmuster der Rationalisierung. Soziologische Studien Bd. 17, Pfaffenweiler, 157-171

Doujak, A./ Enders, Th./ Schubert, H. (2004): IT-Change mit Wirkung. In: OrganisationsEntwicklung, 23.Jg., 3, 56-67

Erbel, Chr. (2003): Personalmanagement, Mitarbeiterverhalten und Kundenzufriedenheit im Dienstleistungskontakt. Eine empirische Analyse, Berichte der Werkstatt für Organisations– und Personalforschung e.V., 10, Berlin

Esser, H. (1999): Soziologie Spezielle Grundlagen, Bd. 1: Situationslogik und Handeln, Frankfurt/ New York

Frerichs, J. (1991): Betrieb als sozialer Prozess. In: Minssen, H. (Hrsg.): Rationalisierung in der betrieblichen Arena: Akteure zwischen inneren und äußeren Anforderungen, Berlin, 15-31

Fricke, W. (Hrsg.) (1996): Jahrbuch Arbeit und Technik 1996. Zukunft der Industriegesellschaft, Bonn

Fuchs-Heinritz, W. et al. (Hrsg.) (1995): Lexikon zur Soziologie, 3., völlig neu bearb. und erw. Aufl., Opladen

Ganter, H.-D./ Seltz, R. (1996): Einleitung. In: Braczyk, H.-J./ Ganter, H.-D./ Seltz, R. (Hrsg.): Neue Organisationsformen in Dienstleistung und Verwaltung, Stuttgart, 11-14

Gloger, A. (2000): Knock-out für Teamarbeit. In: managerSeminare, 41, 25-33 IX
RATIONALISIERUNG VON DIENSTLEISTUNGSARBEIT

Gornig, M. (1999): Regionale Strategien zur Förderung von Wachstum für neue Dienstleistungen. In: Koller, M. (Hrsg.) Innovations– und Wachstumspotentiale neuer Dienstleistungen, Beiträge zur Arbeitsmarkt– und Berufsforschung 222, Nürnberg, 141-142

Gottfredson, M./ Puryear, R./ Phillips, S. (2005): Die richtigen Fähigkeiten beschaffen. In: Harvard Business Manager, 27. Jg., 6, 59-69

Gröger, M. (2005): Wertvernichter Nummer Eins. In: PERSONAL, 57. Jg., 1, 34 – 36

Güthoff, J. (1995): Qualität komplexer Dienstleistungen, Wiesbaden

Habermas, J. (2001a): Theorie des kommunikativen Handelns, Bd.1 Handlungsrationalität und gesellschaftliche Rationalisierung, 4. Aufl., Frankfurt/Main

Habermas, J. (2001b): Theorie des kommunikativen Handelns, Bd.2 Zur Kritik der funktionalistischen Vernunft, 4.Aufl., Frankfurt/Main

Hadeler, Th. (Schriftl.) (2000): Gabler Wirtschaftslexikon, K-R, 15., vollst. überarb. und aktualisierte Aufl., Wiesbaden

Hentschel, B. (1992): Dienstleistungsqualität aus Kundensicht: vom merkmals– zum ereignisorientierten Ansatz, Wiesbaden

Horstmann, M. (2001): Zukunftsperspektiven qualitativ anspruchsvoller Beratungsdienste – am Beispiel der Versicherungswirtschaft. In: Baethge, M./ Wilkens, I.(Hrsg.): Die große Hoffnung für das 21. Jahrhundert? Perspektiven und Strategien für die Entwicklung der Dienstleistungsbeschäftigung, Opladen, 225-241

Huber, R. (1992): Die Nachfrage nach Dienstleistungen, Hamburg

Jäger, W. (1999): Reorganisation der Arbeit: Ein Überblick zu aktuellen Entwicklungen. Hagener Studientexte zur Soziologie Bd. 4, Opladen

Jansen, Th./ Köhler, I.C. (1996): Der Wandel betrieblicher Rationalisierungsmuster und seine Auswirkungen auf Arbeitsstrukturen und Beschäftigte, dargestellt anhand der lean production als Form systemischer Rationalisierung, Dortmund

Karmarkar, U. (2004): Die Revolution im Servicesektor. In: Harvard Business Manager, 26.Jg., 9, 23-34 X RATIONALISIERUNG VON DIENSTLEISTUNGSARBEIT

Kerst, Chr. (1996): Qualifizierte unternehmensbezogene Dienstleistungen. In: Braczyk, H.-J./ Ganter, H.-D./ Seltz, R. (Hrsg.): Neue Organisationsformen in Dienstleistung und Verwaltung, Stuttgart, 137-161

Klingelschmitt, K.-P. (2005): Mitarbeiter sind der Deutschen Bank zu teuer. In: die tageszeitung 09.02.2005, 6

Knyphausen-Aufseß, D./ Schweizer, L. (2005): Auf eigene Stärken konzentrieren. In. PERSONAL, 57.Jg., 1, 10-13

Kohli, A.K./ Shervani, T.A./ Challagalla, G.N. (1998): Learning and Performance Orientation: The role of supervisors. In: Journal of Marketing Research, 35.Jg., 5, 263-274

Koller, M. (Hrsg.) (1999): Innovations– und Wachstumspotentiale neuer Dienstleistungen, Beiträge zur Arbeitsmarkt– und Berufsforschung 222, Nürnberg

Kotthoff, H. (1998): Führungskräfte im Wandel der Firmenkultur: Quasi-Unternehmer oder Arbeitnehmer?, 2. Aufl., Berlin

Krooß, J. (2003): Die Signifikanz der Mitarbeiter für die Qualität von Dienstleistungen. Die Bedeutung der weichen Faktoren, Lüneburg

Lehmann, A. (1995): Dienstleistungsmanagement: Strategien und Ansatzpunkte zur Schaffung von Servicequalität, 2. neubearb. Aufl., Stuttgart/Zürich

Littek, W. (1991): Was ist Dienstleistungsarbeit? In: Littek, W./ Heisig, U./ Gondek, H.-D. (Hrsg.): Dienstleistungsarbeit: Strukturveränderungen, Beschäftigungsbedingungen und Interessenlagen, Berlin, 265-282

Littek, W./ Heisig, U./ Gondek, H.-D. (Hrsg.) (1991): Dienstleistungsarbeit: Strukturveränderungen, Beschäftigungsbedingungen und Interessenlagen, Berlin

Lüthje, B. (1995): Deregulierung und Technologieentwicklung in der Telekommunikation. Implikationen für die Rationalisierungsforschung. In: Aulenbacher/Siegel (Hrsg.): Diese Welt wird völlig anders sein. Denkmuster der Rationalisierung. Soziologische Studien Bd. 17, Pfaffenweiler, 249 – 265

Malsch, Th. (1987): Die Informatisierung des betrieblichen Erfahrungswissens und der „Imperialismus der instrumentellen Vernunft." In: Zeitschrift für Soziologie, 16.Jg., 2, 77-91 XI RATIONALISIERUNG VON DIENSTLEISTUNGSARBEIT

Martin, A. (Hrsg.) (2003): Organizational Behaviour – Verhalten in Organisationen, Stuttgart

Martina, D./ Trautmann, M. (2004): Zahlen mit Signalwirkung. In: PERSONAL – Zeitschrift für Human Resource Management, 56.Jg., 10, 22 – 24

Matiaske, W./ Weller, I. (2003): Extra-Rollenverhalten. In: Martin, A. (Hrsg.): Organizational Behaviour – Verhalten in Organisationen, Stuttgart, 95-114

Minssen, H. (Hrsg.) (1991): Rationalisierung in der betrieblichen Arena: Akteure zwischen inneren und äußeren Anforderungen, Berlin

Müller, G.F./ Bierhoff, H.W. (1994): Arbeitsengagement aus freien Stücken – psychologische Aspekte eines sensiblen Phänomens. In: Zeitschrift für Personalforschung, 8.Jg., 4, 367-379

Nerdinger, F. (1994): Zur Psychologie der Dienstleistung, Stuttgart

Oberbeck, H. (2001): Zum Verhältnis von Dienstleistungsqualität und Dienstleistungsbeschäftigung. In: Baethge, M./ Wilkens, I. (Hrsg.): Die große Hoffnung für das 21. Jahrhundert? Perspektiven und Strategien für die Entwicklung der Dienstleistungsbeschäftigung, Opladen, 71-83

Parasuraman, A./ Zeithaml, V.A./ Berry, L.L. (1990): Delivering quality service: balancing customer perceptions and expectations, New York

Pohlmann, M. et al. (Hrsg.) (2003): Dienstleistungsarbeit: Auf dem Boden der Tatsachen, Befunde aus Handeln, Industrie, Medien und IT-Branche, Berlin

Pohlmann, M. et al. (2003): Vorwort. In: Pohlmann, M. et al. (Hrsg.): Dienstleistungsarbeit: Auf dem Boden der Tatsachen, Befunde aus Handeln, Industrie, Medien und IT-Branche, Berlin, 7-14

Pohlmann, M./ Grewer, H.-G. (2003): Dienstleistungsarbeit im Zeichen von Vermarktlichung und neuer Leistungsorientierung. In: Pohlmann, M. et al. (Hrsg.): Dienstleistungsarbeit: Auf dem Boden der Tatsachen, Befunde aus Handeln, Industrie, Medien und IT-Branche, Berlin, 295-305

Popper, K. (1977): Die offene Gesellschaft und ihre Feinde, Bd. 2: Falsche Propheten. Hegel, Marx und die Folgen, 5. Aufl., München XII RATIONALISIERUNG VON DIENSTLEISTUNGSARBEIT Rationalisierungs-Kuratorium der Deutschen Wirtschaft e.V. (RKW) (1990): Arbeitsbedingungen im Dienstleistungssektor, Eschborn

Reichheld, F. (1996): The loyalty effect: the hidden force behind growth, profits and lasting value, Boston

Rock, R./ Ulrich, P./ Witt, F. (1990): Dienstleistungsrationalisierung im Umbruch, Opladen

Rock, R./ Ulrich, P./ Witt, F. (Hrsg.) (1990): Strukturwandel der Dienstleistungsrationalisierung, Frankfurt/ New York

Schaltegger, S./ Figge, F. (2000): Ein Konzept, von dem alle profitieren können. In: Financial Times Deutschland, 24.7.2000, 28

Schlesinger, L.A./ Heskett, J.L. (1992): Dem Kunden dienen – das müssen viele Dienstleister erst noch lernen. In: Harvard manager, 14.Jg., 2, 106-116

Schmitz, G. (2004): Organizational Citizenship Behaviour Intention des Kundenkontaktpersonals in Dienstleistungsunternehmen. Theoretische Grundlagen und empirische Befunde. In: MARKETING – Zeitschrift für Forschung und Praxis, 26.Jg., Spezialausgabe „Dienstleistungsmarketing", 15-32

Siegel, T. (1995): Schlank und flexibel in die Zukunft? Überlegungen zum Verhältnis von industrieller Rationalisierung und gesellschaftlichen Umbruch. In: Aulenbacher, B./Siegel, T. (Hrsg.): Diese Welt wird völlig anders sein. Denkmuster der Rationalisierung. Soziologische Studien Bd. 17, Pfaffenweiler, 175-195

Staudt, E. (1990): Dienstleistungs– und Verwaltungsrationalisierung durch flexible Automation – Industrialisierung und Flexibilisierung von Dienstleistungsarbeit. In: Rock, R./ Ulrich, P./ Witt, F. (Hrsg.): Strukturwandel der Dienstleistungsrationalisierung, Frankfurt/ New York, 37-80

Sydow, J. (1990): Strukturwandel der Dienstleistungsarbeit als Folge des Einsatzes neuer Informations– und Kommunikationstechnik? In: Rock, R./ Ulrich, P./ Witt, F. (Hrsg.): Strukturwandel der Dienstleistungsrationalisierung, Frankfurt/ New York, 11-36

Taylor, F.W. (1919): Die Grundsätze wissenschaftlicher Betriebsführung, München

Thurau, C. (2002): Die Kundenorientierung von Mitarbeitern: Schlüsselgröße für den Unternehmenserfolg, Lohmar/ Köln XIII RATIONALISIERUNG VON DIENSTLEISTUNGSARBEIT

Trautwein-Kalms, G. (1991): Arbeits– und Berufssituation qualifizierter Angestellter im Software-Bereich. In: Littek, W./ Heisig, U./ Gondek, H.-D. (Hrsg.): Dienstleistungsarbeit: Strukturveränderungen, Beschäftigungsbedingungen und Interessenlagen, Berlin, 213-229

Trautwein-Kalms, G./Ahlers, E. (2003): High Potentials unter Druck – Gestaltung der Arbeits– und Leistungsbeziehungen von Software-Experten und IT-Dienstleistern. In: Pohlmann, M. et al. (Hrsg.): Dienstleistungsarbeit: Auf dem Boden der Tatsachen, Befunde aus Handeln, Industrie, Medien und IT-Branche, Berlin, 243-294

Tully, C.J. (1982): Rationalisierungspraxis. Zur Entideologisierung eines parteilichen Begriffs, Frankfurt/ New York

Ulrich, P. (1990): Kommunikative Rationalisierung – ein neuer Rationalisierungstyp jenseits der technikgestützten Systemsteuerung. In: Rock, R./ Ulrich, P./ Witt, F. (Hrsg.): Strukturwandel der Dienstleistungsrationalisierung, Frankfurt/ New York, 237 – 266

Wagner, A. (2003): Dienstleistungsbeschäftigung im europäischen Vergleich. In: Pohlmann, M. et al. (Hrsg.): Dienstleistungsarbeit: Auf dem Boden der Tatsachen. Befunde aus Handel, Industrie, Medien und IT-Branche, Berlin, 27-65

Wilkens, U. (2004): Management von Arbeitskraftunternehmern. Psychologische Vertragsbeziehungen und Perspektiven für die Arbeitskräftepolitik in wissensintensiven Organisationen, Wiesbaden

Witt, F. (1990): Systemische Rationalisierung – Chancen zu einer betrieblichen Neuorientierung? In: Rock, R./ Ulrich, P./ Witt, F. (Hrsg.): Strukturwandel der Dienstleistungsrationalisierung, Frankfurt/ New York, 177-200

Weiss, V./ Udris, I. (2001): Downsizing and Survivors. Stand der Forschung zum Leben und Überleben und schlanken und fusionierten Unternehmen. In: Arbeit, 10. Jg., 2, 103-121

Weißbach, H.-J./ Poy, A. (1996): Lean management in den technischen und kaufmännischen Dienstleistungen. In: Braczyk, H.-J./ Ganter, H.-D./ Seltz, R. (Hrsg.): Neue Organisationsformen in Dienstleistung und Verwaltung, Stuttgart, 113-136 XIV RATIONALISIERUNG VON DIENSTLEISTUNGSARBEIT

Wolff, H. (1996): Arbeit und Leben unter Bedingungen der Informationsgesellschaft. In: Fricke, W. (Hrsg.): Jahrbuch Arbeit und Technik 1996. Zukunft der Industriegesellschaft, Bonn, 219-229

INTERNET

Brödner, P. (2002): Flexibilität, Arbeitsbelastung und nachhaltige Arbeitsgestaltung, http://www.tu-chemnitz.de/wirtschaft/bwl9/NAR/download/Broed-   NachhaltAG.pdf, 19.08.2005

Gilardi, J./Leidner, K. (2005): Novartis übernimmt die Hexal AG sowie Eon Labs und schafft damit das weltweit führende Generikaunternehmen, Pressemitteilung der Novartis International AG vom 21.02.2005, http://www.novartis.de/servlet/novartismedia. pdf?id=13740, 20.08.2005

Heß, K./ Jacobsen, H. (1999): Zwischen Kostendruck und Qualitätsanforderungen. Beiträge zur Diskussion über Dienstleistungsarbeit, http://www.sfs-dortmund.de/-docs/jacobse.pdf, 20.08.2005

Hirsch-Kreinsen, H./ Schulz, A. (2004): Stolpersteine der Auslandsverlagerung. In: Magazin Mitbestimmung der Hans-Böckler Stiftung, 3, http://www.boeckler.de/-cps/rde/xchg/SID-3D0AB75D-4ABA9B80/hbs/hs.xsl/163_30248.html, 11.08.2005

Jacobsen, H./ Voswinkel, S. (Hrsg.) (2003): Dienstleistungsarbeit – Dienstleistungskultur. SAMF-Arbeitspapier 2003-1, http://www.stephan-voswinkel.de/Texte/- SAMF_Buch.pdf

Lehmann, K. (2005): Selbstorganisation geht! Von selbstorganisierenden Systemen im Gehirn und zwischen den Gehirnen, http://www.heise.de/tp/r4/artikel/19/19774/-1.html, 19.04.2005

Martin, A./ Behrends, Th. (1999): Die innovative Organisation aus kulturtheoretischer Sicht, Schriften aus dem Institut für Mittelstandsforschung, 10, http://perso.unilueneburg. de/fileadmin/user_upload/Seiteninhalt/Dateien/Heft10.PDF, 19.07.2005

Mayer, L. (2004): Osterweiterung der Europäischen Union und ihre Auswirkungen auf die Arbeitsbeziehungen. Redebeitrag im Seminar der IG Metall und der Nationalen Konföderation der Ungarischen Gewerkschaften MSZOSZ. Europäisches Sozialforum 2004 15. - 17. Oktober 2004, London, http://www.isw-muenchen.de/download/ esf-osterweiterung.html, 30.05.2005 XV RATIONALISIERUNG VON DIENSTLEISTUNGSARBEIT

Sauer, D. (2003): Arbeit, Leistung und Interessenhandeln in der „tertiären" Organisation. Dienstleistungsarbeit als Forschungsfeld, Einleitendes Referat auf der Abschlusskonferenz des BMBF-Projekts Dienst-Leistung(s)-Arbeit am 31.1.2003 in Berlin, http://www.isf-muenchen.de/pdf/saDILA030131.pdf, 09.10.2004

http://www.welt.de/data/2005/02/10/461873.html, 10.2. 2005

8 Konzeption einer Ontologie zur Modellierung und Ableitung von Geschäftsprozessen

Tobias Wahl

8.1 Einleitung

Diese Arbeit wird als Teil des Forschungsprojekts „Collaborative Business Processes based on Intelligent Agent Technology" (CoBPIA) an der Technischen Universität Berlin angefertigt. Das Projekt ist eine Kooperation des Lehrstuhls für Systemanalyse und EDV der TU Berlin und SAP Corporate Research. Bevor Thema und Ziel der Arbeit erläutert werden, soll zunächst ein Überblick zu dem Projekt CoBPIA gegeben werden. Das CoBPIA System

Im Folgenden werden die Ziele von CoBPIA und der dazu entwickelte Lösungsansatz erläutert.

8.1.1.1 Vision

Geschäftsprozesse beschreiben den Ablauf funktionsübergreifender Vorgänge in Unternehmen. Sie werden in IT-Systemen modelliert und implementiert, um die Ausführung der Geschäftsprozesse durch Computersysteme unterstützen zu können. Die Modellierung von Geschäftsprozessen und insbesondere die Anpassung bestehender Geschäftsprozesse an neue Anforderungen ist sehr zeitaufwändig und teuer. Daher ist die Flexibilität von Geschäftsprozessen ein wichtiges Thema. Bestehende Ansätze zur Modellierung von Geschäftsprozessen erlauben aber noch keine automatische Generierung oder Anpassung der entsprechenden Strukturen an neue Anforderungen. Die Idee hinter dem CoBPIA System besteht deshalb darin, dass Geschäftsprozesse nicht wie bisher manuell modelliert werden müssen. Stattdessen werden einzelne Aktivitäten so als Geschäftsprozessbausteine abgebildet, dass diese je nach Bedarf automatisch zu Gesamtprozessen kombiniert werden können. Im Gegensatz zur klassischen Geschäftsprozessmodellierung, bei der die Prozesse a priori entwickelt werden, ist es durch diese Automatisierung prinzipiell möglich, Prozesse individuell für jeden einzelnen Geschäftsvorfall abzuleiten. Über das CoBPIA System stehen einem Unternehmen nicht nur die Prozesse zur Verfügung, die irgendwann explizit modelliert wurden, sondern tatsächlich alle Prozesse, die prinzipiell aus den einzelnen Aktivitäten des Unternehmens erzeugbar sind.

Um bestimmte Aufgaben zu lösen, müssen Unternehmen miteinander interagieren. Dadurch kommt es zu unternehmensübergreifenden Geschäftsprozessen. Auch diese sollen durch das CoBPIA System abgeleitet werden können.

8.1.1.2 Lösungsansatz

Dieser Abschnitt erläutert die Struktur des CoBPIA Systems zur Lösung der oben beschriebenen Problemstellung.

Ein CoBPIA System besteht aus einem oder mehreren Agenten in einer verteilten Umgebung, die jeweils ein Unternehmen repräsentieren. Die folgende Abbildung zeigt den groben Aufbau eines Agenten und dessen Funktion.

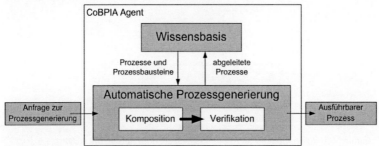

Abbildung 98: Prozessgenerierung mit CoBPIA

Ein CoBPIA Agent enthält in einer Wissensbasis das gesamte Prozesswissen eines Unternehmens in Form von Prozessbausteinen. Weiterhin ist in dem Agenten ein Algorithmus zur automatischen Generierung von Prozessen integriert. Dieser wird aktiv, sobald an den Agenten eine entsprechende Anfrage gestellt wird. Die Anfrage besteht typischerweise aus Eingabeobjekten, die für die Ausführung des Prozesses zur Verfügung stehen und Ausgabeobjekten, die durch den Prozess erzeugt werden sollen. Die Prozessgenerierung setzt nun die Bausteine aus der Wissensbasis so zusammen, dass der dadurch erzeugte Geschäftsprozess der Anfrage entspricht. Dabei muss verifiziert werden, dass die Bausteine, die zu einem Gesamtprozess kombiniert werden, tatsächlich zueinander kompatibel sind. Der generierte Prozess wird in der Wissensbasis abgelegt, so dass er für spätere Anfragen wieder verwendet werden kann. Als Ergebnis kann darüber hinaus ein über IT-Systeme ausführbares Prozessmodell erzeugt werden, falls der Geschäftsprozess ausschließlich Daten bearbeitet.

Das gesamte CoBPIA System kann aus mehreren Agenten bestehen. Ein Agent kann Anfragen zur Erzeugung von Prozessen an andere Agenten stellen. Damit ist es möglich, unternehmensübergreifende Prozesse zu generieren.

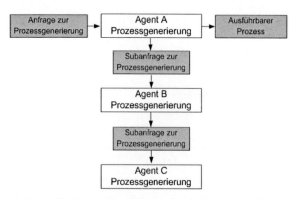

Abbildung 99: Unternehmensübergreifende Prozessgenerierung mit CoBPIA

Im Unternehmen des Agenten A soll ein Prozess generiert werden. Dies geschieht prinzipiell auf die gleiche Weise wie zuvor dargestellt. Während der Prozesskonstruktion stellt der Agent allerdings fest, dass er bestimmte Aktivitäten (oder sogar ganze Prozessabschnitte) nicht selbst ausführen kann. Daher sendet er eine Anfrage zur Generierung des entsprechenden Prozessabschnitts an den Agenten B bei einem anderen Unternehmen. Dieser versucht nun, den angeforderten Prozess bei sich zu erstellen und sendet dann bei Erfolg eine Bestätigung an Agent A. Agent B kann selbst wieder Prozessabschnitte bei anderen Agenten anfordern. Die Verifikation dieser kollaborativ konstruierten Geschäftsprozesse unterscheidet sich jedoch von der lokalen Verifikation der Kompatibilität der verwendeten Partikel. Bei der lokalen Prüfung innerhalb eines Unternehmens stehen sämtliche Merkmale des Gesamtprozesses zur Verfügung. Bei einem Prozess, der Aktivitäten mehrerer Unternehmen beinhaltet, soll die Verifikation jedoch so erfolgen, dass die verschiedenen Unternehmen so wenige Informationen wie nötig über den bei ihnen jeweils erstellten Prozessabschnitt preisgeben müssen.

Die drei Kernprobleme zur Realisierung des CoBPIA Systems lassen sich an folgenden Fragestellungen verdeutlichen:

1. Wie wird das Wissen repräsentiert und dem Agenten zur Verfügung gestellt? (Wissensbasis)

2. Wie werden auf diesem Wissen aufbauend Prozesse konstruiert? (Komposition)

3. Wie wird die Zulässigkeit dieser Prozesse geprüft? (Verifikation)

Diese Diplomarbeit soll die erste Frage beantworten. Dabei ist zu beachten, dass die Repräsentation des Wissens bereits den Grundstein zu den Lösungen der anderen beiden Fragen enthalten muss.

8.1.2 Problemstellung

Im vorangehenden Abschnitt wurde die Problemstellung der vorliegenden Arbeit kurz als eines der drei Grundprobleme zur Realisierung des CoBPIA Systems vorgestellt. Die Aufgabe besteht darin, die Mittel zur Darstellung des Prozesswissens der CoBPIA Agenten zu entwickeln und zu beschreiben, wie dieses Wissen den anderen Komponenten des Agenten zugänglich gemacht werden kann. In diesem Abschnitt soll dieses Thema näher erläutert und eingegrenzt werden.

Das Prozesswissen muss so beschrieben werden, dass daraus automatisch zu einer Anfrage passende Geschäftsprozesse konstruiert werden können und deren Zulässigkeit überprüfbar ist. Zum einen sollen in dieses Wissen Einzelbausteine, zum anderen aber auch vollständige Prozesse aufgenommen werden können. Der Schwerpunkt liegt auf der Darstellbarkeit und automatischen Ableitbarkeit des Kontroll- und Datenflusses der Prozesse. Damit ist der Ablauf der Prozesse in ihren Einzelschritten und der Austausch von Daten (aber auch anderer während des Prozessablaufs relevanter Objekte) zwischen den Einzelschritten gemeint. Die Abbildung der Einzelschritte auf automatisch ausführbare Aktivitäten oder Elemente einer Organisationsstruktur wie z.B. bei einem Workflowsystem, liegt hingegen nicht im Fokus dieser Arbeit.

Die Prozessbausteine in der Wissensbasis müssen manuell modelliert werden. Da die Idee von CoBPIA jedoch vor allem darauf beruht, den manuellen Aufwand bei der Modellierung von Geschäftsprozessen gering zu halten, müssen dem Modellierer Mittel zur Verfügung gestellt werden, die es ihm erlauben, die Bausteine möglichst generisch zu gestalten. Ein Prozessbaustein muss also so beschrieben werden können, dass er in verschiedenen Situationen verwendet werden kann, anstatt dass für jede dieser Situationen ein neuer Baustein modelliert werden müsste.

Die Konzepte zur Darstellung des Prozesswissens sollen über eine Ontologie beschrieben werden. Diese wird im folgenden CoBPIA Ontologie genannt. Ontologien unterstützen insbesondere die Kommunikation zwischen den Teilnehmern eines System und das computergestützte Schlussfolgern. Letzteres ist in Bezug auf die generischen Bausteine interessant, da automatisch ermittelt werden muss, in welchen Situationen diese verwendet werden können.

Neben der Beschreibung der Konzepte zur Darstellung des Prozesswissens, soll in dieser Arbeit eine Softwarekomponente entworfen und implementiert werden, über die andere Komponenten eines CoBPIA Agenten auf dieses Wissen zugreifen können. Insbesondere sollen in dieser Zugriffskomponente die oben erwähnten automatischen Schlussfolgerungsmechanismen integriert werden.

8.1.3 Methodik und Aufbau

Nachdem im vorhergehenden Abschnitt die Problem- und Zielstellung dieser Arbeit beschrieben wurde, soll in diesem Abschnitt ein Überblick über die Vorgehensweise zur Erreichung der Ziele gegeben werden. Außerdem wird der Aufbau der Arbeit erläutert.

Zunächst werden durch eine intensive Literaturrecherche die für dieses Thema relevanten Grundlagen erarbeitet. Das umfasst Geschäftsprozesse und deren Modellierung, die Bedeutung und Verwendung von Ontologien sowie die Untersuchung bestehender Repräsentationsformalismen für Geschäftsprozesse. Darauf aufbauend werden sowohl die CoBPIA Ontologie als auch die Zugriffskomponente entworfen und implementiert sowie ein Beispielszenario umgesetzt. Zuletzt wird die CoBPIA Ontologie mit den zuvor untersuchten Repräsentationsformalismen in Bezug auf die automatische Ableitbarkeit von Geschäftsprozessen verglichen.

8.2 Grundlagen

In diesem Kapitel sollen die Grundlagen dieser Arbeit erörtert werden. Zunächst wird die Bedeutung von Geschäftsprozessen erläutert und es wird einen Einblick in etablierte Methoden der Geschäftsprozessmodellierung gegeben. Im Folgenden wird die Rolle der Ontologie in der Informatik beschrieben. Zuletzt werden drei existierende Formalismen zur Beschreibung von Geschäftsprozessen vorgestellt und auf Möglichkeiten zur automatischen Ableitung neuer Prozesse untersucht.

8.2.1 Geschäftsprozesse

Funktionsübergreifende Vorgänge innerhalb eines Unternehmens und Abläufe zwischen kooperierenden Unternehmen werden durch Geschäftsprozesse beschrieben. Im folgenden Abschnitt wird deren Bedeutung erläutert und danach eine Übersicht möglicher Definitionen gegeben. Anschließend werden zwei etablierte Methoden zur Modellierung von Geschäftsprozessen vorgestellt.

8.2.1.1 Motivation

Bis Ende der 1980er Jahre orientierte sich das organisatorische Denken stark an den einzelnen Funktionen eines Unternehmens. Dem entsprechend bezogen sich Verbesserungen meist auf einzelne Abteilungen und Funktionsbereiche wie etwa Produktion, Logistik und Rechnungswesen. Während damit Einzelleistungen lokal optimiert wurden, traten die Abhängigkeiten zwischen den verschiedenen Funktionen in den Hintergrund.[906] *„Dadurch wurde zwar abteilungsbezogen oder*

---

[906] Vgl. Becker et al. (2003) S. 2; Schwarzer, Krcmar (2004), S. 76.

funktionsbereichsweit optimiert, aber nicht unbedingt das Gesamtoptimum für einen Prozess, der die Abteilungsgrenzen überschreitet, erreicht."[907]

Die Stärke eines Unternehmens als Ganzes beruht auf der Optimierung seiner funktionsübergreifenden Geschäftsprozesse.[908]Durch die Betrachtung der verschiedenen Funktionen in einem Geschäftsprozess als Gesamtbild, können grundlegende Verbesserungen erzielt werden.[909] So können z.B. Kosten und Durchlaufzeit eines Prozesses verringert werden, indem Schnittstellen zwischen den Funktionen verbessert oder Aktivitäten parallelisiert werden.[910]

Darüber hinaus erlangen Geschäftsprozesse besondere Bedeutung bei der Kooperation mehrerer Organisationen. Unternehmen konzentrieren sich zunehmend auf ihre Kernkompetenzen und lagern einzelne Funktionen aus, indem sie bestimmte Leistungen von Spezialisten beziehen.[911] Die Koordination der Abläufe zwischen den Parteien erfolgt durch unternehmensübergreifende Geschäftsprozesse.

8.2.1.2 Definition

Die Literatur bietet keine einheitliche Definition für einen Geschäftsprozess. Je nach Betrachtungsweise wird die eine oder andere Eigenschaft hervorgehoben. Schmelzer und Sesselmann liefern folgende Definition eines Geschäftsprozesses:

> *„Geschäftsprozesse sind funktionsübergreifende Verkettungen wertschöpfender Aktivitäten, die von Kunden erwartete Leistungen erzeugen und deren Ergebnisse strategische Bedeutung für das Unternehmen haben. Sie können sich über das Unternehmen hinaus erstrecken und Aktivitäten von Kunden, Lieferanten und Partnern einbinden."*[912]

Oft wird eine allgemeine Prozessdefinition angegeben, die sich stark an der Transformation von Eingaben in Ausgaben orientiert. Laut Voß und Gutenschwager ist *„ein Prozess eine zeitlich (und räumlich) spezifizierte Menge von Funktionen (Aktivitäten) mit einem Anfang und einem Ende sowie eindeutig definierten Eingangsgrößen (Input) und Ausgabegrößen (Output)".*[913] Nach Schwarzer und Krcmar kann ein Prozess *„eindeutig über In- und Output beschrieben werden".*[914]

Becker et al. beschreiben Prozesse als eine inhaltlich abgeschlossene, zeitliche und logische Sequenz von Aktivitäten, die notwendig sind, um ein prozessorientiertes Geschäftsobjekt zu bearbeiten. Ein Geschäftsobjekt kann etwa eine Rechnung oder

---

[907] Schwarzer, Krcmar (2004), S. 76.
[908] Vgl. Becker et al. (2003) S. 2.
[909] Vgl. Schwarzer, Krcmar (2004), S. 77.
[910] Vgl. Schwarzer, Krcmar (2004), S. 78.
[911] Vgl. Becker et al. (2003) S. 8; Schwarzer, Krcmar (2004), S. 79.
[912] Schmelzer, Sesselmann (2004), S. 46.
[913] Voß, Gutenschwager (2001), S. 163.
[914] Schwarzer, Krcmar (2004), S. 75.

eine Bestellung sein. Ein Geschäftsprozess wird durch Unternehmensziele und äußere Bedingungen beeinflusst. Die wesentlichen Eigenschaften sind die Schnittstellen zu Partnern des Unternehmens, z.b. Kunden und Lieferanten. Als Beispiele für Geschäftsprozesse werden die Auftragsbearbeitung in einer Fabrik oder die Kreditvergabe einer Bank angeführt.[915]

Schwickert und Fischer betonen zudem, dass die Definition eines Geschäftsprozesses unabhängig von der Aufbauorganisation erfolgt, d.h., der Prozess wird *„erst vollständig beschrieben, bevor die für die Realisation des Prozesses benötigten Organisationseinheiten (Abteilungen, Stellen bzw. Personen, Subjekte) des Unternehmens den Prozesselementen zugeordnet werden."*[916] D.h., die Prozessstruktur sollte die Organisationsstruktur bestimmen und nicht umgekehrt.

Die vorgenannten Definitionen können in ihrer Gesamtheit als Grundlage für diese Arbeit angesehen werden.

8.2.1.3 Modellierung

Die Geschäftsprozessmodellierung ist Teil der Unternehmensmodellierung.[917] Um Geschäftsprozesse besser verstehen zu können und sie zu verbessern, aber auch um sie von Grund auf neu zu entwickeln, ist es notwendig, sie mit geeigneten Modellen abzubilden. Damit sind Geschäftsprozessmodelle die Grundlage für die prozessorientierte Reorganisation.[918]

In diesem Abschnitt sollen zwei Methoden zur Modellierung von Geschäftsprozessen beschrieben werden. Als Beispiel für eine visuelle Modellierungssprache, mit der Prozessverläufe abbildbar sind, werden zunächst ereignisgesteuerte Prozessketten (EPKs) vorgestellt. Außerdem wird der Einsatz von Referenzmodellen zur Gestaltung von Geschäftsprozessen erläutert.

---

[915]   Vgl. Becker et al. (2003), S. 4.
[916]   Davenport, Short 1989, S. 12 f. zitiert nach Schwickert, Fischer (1996), S. 10.
[917]   Vgl. Voß, Gutenschwager (2001), S. 152.
[918]   Vgl. Becker et al. (2003), S. 43.

Visuelle Modellierung

Über visuelle Modellierungssprachen lassen sich Geschäftsprozesse so darstellen, dass wesentliche Merkmale besonders deutlich werden. So lässt sich etwa der Ablauf eines Prozesses mit parallel oder alternativ ausgeführten Aktivitäten anschaulich durch die symbolische Darstellung der über Linien verknüpften Einzelschritte beschreiben. Visuelle Repräsentationen abstrahieren von bestimmten Details, was zwar einerseits Informationsverlust bedeutet, andererseits aber das Verständnis der allgemeinen Struktur eines Prozesses erleichtert. Visuelle Prozessdarstellungen eignen sich insbesondere dazu, bereits existierende Prozesse abzubilden, um sie hinsichtlich möglicher Schwächen im Ablauf zu untersuchen und sie ggf. zu verbessern.

Es existiert eine Vielzahl von Sprachen, die es ermöglichen den Verlauf von Geschäftsprozessen zu visualisieren. Dazu gehören u. a. Programmablaufpläne, Petri-Netze sowie UML Aktivitätsdiagramme.[919] Als Beispiel für eine solche Sprache, sollen an dieser Stelle die in das ARIS-Konzept[920] integrierten ereignisgesteuerten Prozessketten (EPKs) vorgestellt werden.

EPKs stellen die zeitlich-logischen Abhängigkeiten von Funktionen dar. Sie bestehen aus drei Grundelementen, die durch Pfeile verknüpft einen Kontrollfluss definieren: Funktionen stellen Aktivitäten im Unternehmen dar. Sie werden durch Ereignisse ausgelöst und erzeugen wiederum ein neues Ereignis. Als drittes Grundelement erlauben Verknüpfungsoperatoren wie „und", „oder" sowie „exklusives oder" die Teilung und Zusammenführung des Kontrollflusses. Eine EPK beginnt und endet immer mit mindestens einem Ereignis.

Erweiterte ereignisorientierte Prozessketten (eEPK) bieten weitere Modellierungselemente. So können den Funktionen Eingabe- und Ausgabegrößen sowie die ausführenden Organisationseinheiten zugeordnet werden. Prozesswegweiser können auf vor- oder nachgelagerte Prozesse verweisen.

[919] Vgl. Voß, Gutenschwager (2001), S. 169.
[920] Vgl. Scheer (1998), S. 9.

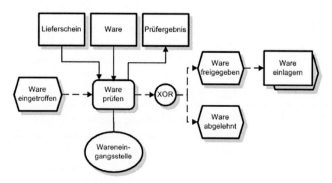

Abbildung 100: Erweiterte ereignisorientierte Prozesskette (eEPK)

Die Abbildung stellt die grafischen Symbole der Elemente einer eEPK und deren Verknüpfungen in Form eines kleinen Beispiels dar. Der Ablauf erfolgt in dieser Abbildung von links nach rechts. Die in diesem Fall einzige Funktion „Ware prüfen" erfordert als Vorbedingung das Eintreten des Ereignisses „Ware eingetroffen" und resultiert entweder in dem Ereignis „Ware freigegeben" oder dem Ereignis „Ware abgelehnt". Dazu wurde der Verknüpfungsoperator „entweder oder" (XOR) eingesetzt. Sollte das Ereignis „Ware freigegeben" eintreten, wird daraufhin der Folgeprozess „Ware einlagern" ausgeführt. Die Funktion „Ware prüfen" erfordert als eine Eingabe den Lieferschein und die Ware selbst. Als Ausgabe wird ein Prüfergebnis produziert. Die Organisationseinheit „Wareneingangsstelle" führt die Funktion aus.

Referenzmodelle

Es erfordert viel Zeit und Fachkenntnis, Prozesse von Grund auf neu zu modellieren.[921] Daher bietet es sich an, stattdessen auf gegebene Prozessmodelle, die prinzipiell für eine Klasse von Einsatzgebieten vorgesehen sind, zurückzugreifen. Solche Referenzmodelle können durch Spezialisierung und Umgestaltung an einen bestimmten Zweck angepasst werden. Eine zweite Anwendungsmöglichkeit besteht darin, die eingesetzten Prozesse mit entsprechenden Referenzmodellen zu vergleichen, um Abweichungen und damit mögliche Schwächen zu identifizieren.[922]

> „Unter einem Referenzmodell versteht man konkrete, aber vom Unternehmenseinzelfall abstrahierte Modelle zur Darstellung von technischen oder betriebswirtschaftlichen Fachinhalten bezüglich der Strukturen und Abläufe."[923]

---

[921] Vgl. Schwarzer, Krcmar (2004), S. 91.
[922] Vgl. Becker et al. (2003), S. 126 f.
[923] Voß, Gutenschwager (2001), S. 193.

Diese Definition bezieht sich zwar auf die Unternehmensmodellierung im Allgemeinen, umfasst aber auch Geschäftsprozesse.

Es existieren Referenzmodelle für die unterschiedlichsten Rahmenbedingungen. Schwarzer und Krcmar geben als Beispiel die Fertigungstechnologie an, wo u. a. Referenzmodelle für Einzel- und Serienfertiger entwickelt wurden, deren unterschiedliche Merkmale sich in entsprechend unterschiedlichen Prozessverläufen widerspiegeln.[924]Auch nach dem ARIS-Konzept[920] wurden verschiedene branchenspezifische Referenzmodelle entwickelt. Dabei wurden die entsprechenden Geschäftsprozesse mit EPKs modelliert. So existieren z.B. Referenzmodelle für Versicherungen, Energieversorger und Banken. Die Modelle können an unternehmensspezifische Anforderungen angepasst werden (z.B. indem irrelevante Aktivitäten aus einem Prozess gestrichen werden), so dass aus dem Referenzmodell ein unternehmensbezogenes Modell wird.[925]

Als Beispiel für ein Referenzmodell sei hier das „Supply-Chain Operations Reference Model" (SCOR) vorgestellt.[926] SCOR wird als Referenzmodell für das Versorgungskettenmanagement vom Supply-Chain Council entwickelt. Aus der Perspektive eines Unternehmens werden die Versorgungsketten und die damit verbundenen Transaktionen von Produkten und Diensten ausgehend von den Lieferanten der Lieferanten bis hin zu den Kunden der Kunden betrachtet. SCOR umfasst sämtliche notwendigen Interaktionen mit dem Kunden beginnend beim Auftragseingang bis zur bezahlten Rechnung. Aktivitäten, die nicht direkt zum Versorgungskettenmanagement gehören werden nicht betrachtet. Dazu gehören z.B. Produktentwicklung und Marketing.

SCOR basiert auf fünf verschiedenen Prozessen:

- „Plan": Nachfrage- und Beschaffungsplanung
- „Source": Bezugsquellenmanagement
- „Make": Produktion
- „Deliver": Kundenbelieferung, Installation und Rechnungsstellung
- „Return": Rücknahme, z.B. von defekten Produkten zur Reparatur

Diese Prozesse werden auf drei verschiedenen Abstraktionsebenen betrachtet. Die erste Ebene definiert zunächst den Umfang und Inhalt einer Versorgungskette eines Unternehmens und legt somit die Grundlage für dessen Leistungsziele. In der zweiten Ebene wird die operationale Strategie des Unternehmens festgelegt, indem die Versorgungskette mit Hilfe von vorgegebenen Prozesskategorien konfiguriert wird. Auf der dritten Ebene erfolgt die Feinabstimmung der operationalen Strategie.

---

[924] Vgl. Schwarzer, Krcmar (2004), S. 92.
[925] Vgl. Scheer (1998), S. 61 ff. und S. 94. ff.
[926] Vgl. Supply-Chain Council, letzter Zugriff 20.04.2005.

Hier werden u. a. die einzelnen Prozesselemente und deren Ein- und Ausgaben sowie Metriken (z.B. für Verlässlichkeit und Kosten) definiert. SCOR bietet somit ein einheitliches Vorgehen, um die mit den Versorgungsketten eines Unternehmens verbundenen Geschäftsprozesse umfassend zu beschreiben und zu bewerten.

8.2.2 Ontologien

Dieser Abschnitt beschreibt die Bedeutung von Ontologien in der Informatik. Dazu soll zunächst der Begriff der Ontologie geklärt werden. Der folgende Abschnitt gibt einen Überblick über die möglichen Anwendungsgebiete von Ontologien während sich im Anschluss mit den unterschiedlichen Ontologietypen und deren Einordnung in eine Hierarchie beschäftigt wird. Anschließend werden Kriterien für den Entwurf geliefert. Zuletzt widmet sich die Arbeit der Repräsentation von Ontologien.

8.2.2.1 Definition

Der Begriff der Ontologie hat seinen Ursprung in der Philosophie und bezeichnet die Disziplin, die sich vor allem mit dem Sein sowie den Arten der existierenden Dinge beschäftigt. In der Informatik sind existierende Dinge solche, die repräsentierbar sind.

> *„An ontology is an explicit specification of a conceptualization.“*[927]

Eine Ontologie ist eine explizite, eindeutige Spezifikation einer Konzeptualisierung. Das Bedeutungsdreieck in folgender Abbildung veranschaulicht den Begriff der Konzeptualisierung.

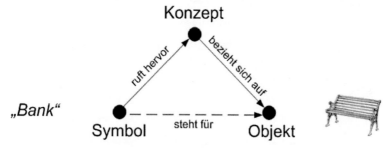

Abbildung 101: Bedeutungsdreieck[928]

Das Objekt ist ein Gegenstand der Realität. Das Symbol ist eine Abstraktion, z.B. ein Wort oder eine Beschreibung, die für ein Objekt steht. Eine Kommunikation basiert auf Symbolen. Bekommt jemand ein Symbol kommuniziert, so ruft dies bei ihm gedanklich ein Konzept hervor (von Ogden und Richards auch als Gedanke oder

---

[927]   Gruber (1993), S. 1.
[928]   Nach Ogden und Richards (1974), S.18

Bezug bezeichnet), das sich wiederum auf ein Objekt der Realität bezieht. Die Beziehung zwischen einem Symbol und einem realen Objekt ist jedoch nicht notwendigerweise eindeutig.[929] Die Konzeptbildung und die damit verbundene Bedeutung des Symbols sind u. a. vom Kontext abhängig. So ist z.B. das Wort (Symbol) „Bank" ein Homonym und kann daher unterschiedliche Konzepte hervorrufen, die sich in diesem Fall entweder auf eine Sitzgelegenheit oder ein Finanzinstitut beziehen. Eine Herausforderung bei der Aufstellung von Ontologien ist es, die Beziehungen zwischen den drei Begriffen des Bedeutungsdreiecks eindeutig und widerspruchsfrei zu machen.

In der Literatur finden sich eine Reihe weiterer Definitionen für Ontologien innerhalb der Informatik.

„Unter einer Ontologie versteht man in der Informatik ein formal definiertes System von Konzepten und Relationen zwischen ihnen. Zusätzlich enthalten Ontologien - zumindest implizit - Regeln."[930]

Auch diese Definition stützt sich auf den für Ontologien essentiellen Begriff des Konzepts. Grubers *„Spezifikation einer Konzeptualisierung"* findet sich hier als *„definiertes System von Konzepten und Relationen"* wieder. Für die Informatik ist es aber von entscheidender Bedeutung, dass diese Spezifikation der Konzeptualisierung auch formal vorliegt. D.h., sie ist durch einen Computer auswertbar. Regeln erlauben es, aus den in der Ontologie vorliegenden Fakten Schlüsse zu ziehen und damit weitere Fakten zu gewinnen.

Chandrasekaran et al.[931] unterscheiden zwei Bedeutungen des Begriffs der Ontologie in der Informatik. Zum einen kann eine Ontologie das Vokabular zur Repräsentation von Dingen liefern. Dieses Vokabular ist meist speziell auf einen Anwendungsbereich ausgerichtet. Dabei ist es jedoch nicht das Vokabular, das die Ontologie selbst ausmacht, sondern die Konzepte, die mit Hilfe des Vokabulars erfasst werden sollen. So ist es möglich, das Vokabular der Ontologie in eine andere Sprache zu übersetzen, ohne die Konzeptualisierung der Ontologie zu verändern. In seiner zweiten Bedeutung bezieht sich der Begriff der Ontologie auf konkretes Wissen innerhalb eines Anwendungsbereichs, wobei wiederum ein bestimmtes Repräsentationsvokabular verwendet wird, um dieses Wissen zu formulieren. Ein Beispiel für den ersten Fall ist eine Ontologie, die das Vokabular für die Repräsentation von Stammbäumen spezifiziert. Eine solche Ontologie müsste u. a. Konzepte für Eltern, Kinder, Geschwister und entsprechende Relationen umfassen. Darauf aufbauend ist eine Ontologie, die sich dieses Vokabular zu Nutze macht, um die Ahnenreihe des englischen Königshauses zu beschreiben, ein Beispiel für den zweiten Fall.

---

[929] Vgl. Ogden, Richards (1974), S. 16 ff.
[930] Voß (2004), S. 17.
[931] Vgl. Chandrasekaran et al. (1999), S. 20.

„An ontology is a hierarchically structured set of terms for describing a domain that can be used as a skeletal foundation for a knowledge base."[932]

Eine Ontologie ist eine hierarchisch strukturierte Menge von Ausdrücken zur Beschreibung eines Anwendungsbereichs, die als Grundgerüst für eine Wissensbasis verwendet werden kann. Diese Definition entspricht der ersten, umfasst aber nicht die zweite, der von Chandrasekaran et al. unterschiedenen Auffassungen des Ontologiebegriffs. Denn die Wissensbasis selbst, wird hier nicht als Ontologie verstanden. Ein weiterer Aspekt dieser Definition ist die Hierarchisierung der Ausdrücke. Ontologien ordnen ihre Konzepte meist in einer Taxonomie vom Allgemeinen bis zum Speziellen.[933] Dabei erben die speziellen Konzepte die Eigenschaften der allgemeinen. So kann z.B. festgelegt werden, dass ein Automobil ein spezielles Fahrzeug ist. Taxonomien sind nicht die einzige Form der Hierarchisierung. Ein weiteres Beispiel sind Kompositionsstrukturen, die die Zusammensetzung aus Einzelteilen beschreiben.

8.2.2.2 Anwendung

Gruninger und Lee[934] unterscheiden drei Anwendungsbereiche für Ontologien:

- Kommunikation
- Automatisches Schließen
- Organisation und Wiederverwendung von Wissen

Ontologien dienen der Kommunikation zwischen verschiedenen Agenten und damit auch einer gemeinsamen Wissensverarbeitung. Agenten können sowohl Menschen als auch Computersysteme sein. Wie im vorangehenden Abschnitt erläutert, kann mit Ontologien das Vokabular zur eindeutigen Beschreibung der Konzepte eines Anwendungsbereichs definiert werden. Dadurch wird ein gemeinsames Verständnis (*„shared understanding of some domain of interest"*[935]) für die durch die Agenten kommunizierten Symbole geschaffen. D.h., Agenten, die sich auf die gleiche Ontologie beziehen, interpretieren das entsprechende Vokabular gleich und verhalten sich auch entsprechend. Gruber bezeichnet das als *„ontological commitment"*[936]: Mit der Verwendung einer gemeinsamen Ontologie treffen die Agenten eine Vereinbarung darüber, das entsprechende Vokabular einheitlich und folgerichtig zu verwenden.

Automatisches Schließen bedeutet, dass ein Computersystem aus vorhandenem Wissen (Fakten) neues Wissen gewinnt. Eigentlich wird dabei kein wirklich neues Wissen generiert, sondern Wissen, welches zunächst nur implizit in der Faktenbasis

---

[932]   Swartout et al. (1996), S. 1.
[933]   Vgl. Chandrasekaran et al. (1999), S. 22 f.
[934]   Vgl. Gruninger, Lee (2002), S. 40.
[935]   Uschold, Gruninger (1996), S. 98.
[936]   Gruber (1993), S. 2.

enthalten ist, explizit gemacht. Dazu werden von dem Computersystem Regeln (Axiome) benötigt, deren Auswertung die neuen Fakten generiert. Diese stammen aus der Konzeptualisierung, die der Faktenbasis zu Grunde liegt. Ontologien liefern die Spezifikation dieser Konzeptualisierung und bilden somit die Grundlage für das automatische Schließen.[937]

Die Organisation und die Wiederverwendung von Wissen fallen nach Staab[938] in den Bereich des Wissensmanagements. Ziel des Wissensmanagements ist die Unterstützung der konsequenten Nutzung und Vermehrung von Wissen. Dazu ist es hilfreich, unformales Wissen (z.B. Textdokumente oder Fotos) mit formaleren Metadaten zu beschreiben. Das kann beispielsweise eine Kategorisierung des dargestellten Gegenstandsbereiches, oder speziell im Fall der Fotos die Belichtungszeit sein. Über die Metadaten ist es möglich, die unformalen Daten anhand bestimmter Suchkriterien aufzufinden, oder Beziehungen zwischen den Daten herzustellen. Ontologien sind eine Möglichkeit, Schemata für formale Metadaten zu erhalten. Die Verwendung verbreiteter, standardisierter Ontologien erleichtert zudem die Integration unterschiedlicher Wissensquellen.

Die von Berners-Lee et al.[939] formulierte Vision des *„Semantic Web"* stützt sich auf alle drei Ansätze. So wie Inhalte (z.B. Webseiten) im Internet bisher weitestgehend repräsentiert werden, können sie zwar von Menschen verstanden werden, es ist jedoch kaum möglich, die Bedeutung dieser Inhalte von Computerprogrammen verarbeiteten zu lassen. So kann ein Programm zwar eine Webseite analysieren und dabei Überschriften oder Verknüpfungen zu anderen Seiten erkennen. Es „versteht" jedoch nicht, dass eine Webseite z.B. die Adressen und die Sprechzeiten eines bestimmten Arztes und ein Formular zur Terminvereinbarung enthält. Ziel der Semantic Web Initiative ist es, Inhalte im Internet so aufzubauen, dass sie auch von Computerprogrammen (Softwareagenten) interpretiert werden können. Damit erhielten diese die Möglichkeit auch anspruchsvollere Aufgaben für den Anwender zu übernehmen. In dem, von Berners-Lee et al.[939] illustrierten Beispiel, könnte der Softwareagent etwa im Internet nach einem bestimmten Arzt suchen, und automatisch einen Termin vereinbaren. Damit Computerprogramme die Bedeutung der Inhalte verarbeiten können, werden diese mit entsprechenden Informationen (Metadaten) angereichert, die durch Ontologien spezifiziert sind. Die in den Ontologien enthaltenen Regeln dienen den Softwareagenten dazu, weitere Schlüsse zu ziehen. Selbst Agenten die nicht explizit so entworfen wurden, dass sie zusammenarbeiten sollen, sind nun fähig, untereinander Wissen auszutauschen, wenn dieses Wissen mit einer gemeinsamen Ontologie beschrieben werden kann.

---

[937] Vgl. Strang (2003), S. 4.
[938] Vgl. Staab (2002), S. 194 ff.
[939] Vgl. Berners-Lee et al. (2001), S. 34 ff.

8.2.2.3 Ontologietypen und -hierarchien

Ein wichtiges Element bei der Spezifikation von Ontologien ist die Wiederverwendung. So müssen Ontologien zur Beschreibung der Konzepte eines besonderen Anwendungsbereichs nicht von Grund auf neu entwickelt werden. Stattdessen können sie auf bereits vorhandenen allgemeineren Ontologien aufbauen, indem sie deren Konzepte erweitern oder verfeinern. Die folgende Abbildung illustriert die von Guarino[940] vorgeschlagene Typisierung von Ontologien entsprechend ihrer Spezialisierung innerhalb der Ontologiehierarchie und ihres Konzeptualisierungsgegenstands. Die Pfeile zeigen auf den jeweiligen Ontologietyp auf den aufgebaut wird.

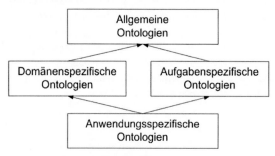

Abbildung 102: Ontologietypen[941]

Allgemeine Ontologien definieren grundlegendes Wissen unabhängig von einem bestimmten Wissensgebiet oder einem spezifischen Problem. Das können z.B. Ontologien sein, die Konzepte zu Raum und Zeit umfassen.

Domänen- und aufgabenspezifische Ontologien beschreiben das Vokabular in Bezug auf ein generisches Wissensgebiet (z.B. Medizin oder Automobile) bzw. eine generische Aufgabe (z.B. Diagnose oder Verkauf). Dabei können durch allgemeine Ontologien eingeführte Konzepte erweitert oder verfeinert werden.

Anwendungsspezifische Ontologien beschreiben Konzepte, die sowohl von einem bestimmten Wissensgebiet als auch von einer bestimmten Aufgabe abhängig sind. Diese Konzepte spiegeln oft eine Rolle wieder, die ein Gegenstand einer bestimmten Domäne in Bezug auf eine Aufgabe einnimmt. In Bezug auf Automobile und Verkauf kann das etwa ein Leasingwagen sein.

Alle vier aufgezählten Ontologietypen basieren auf definierten Formalismen, durch die das enthaltene Wissen repräsentiert wird. Die Konzepte, auf denen diese

---

[940] Vgl. Guarino (1998), S. 9 f.
[941] Nach Guarino (1998), S.9

Formalismen beruhen, werden durch Metaontologien[942] beschrieben. In der Literatur werden diese auch als „meta-level ontologies"[943] oder „representation ontologies"[944] bezeichnet. Metaontologien liefern somit das Vokabular zur Beschreibung von Ontologien ohne dabei Anforderungen an deren Konzepte zu stellen.

8.2.2.4 Entwurfskriterien

Als Richtlinie für die Entwicklung und Bewertung der Qualität von Ontologien schlägt Gruber[945] die folgenden fünf Entwurfskriterien vor:

- „clarity": Klarheit
- „coherence": Kohärenz
- „extendibility": Erweiterbarkeit
- „minimal encoding bias": Implementierungsunabhängigkeit
- „minimal ontological commitment": Minimale ontologische Festlegung

Klarheit bedeutet, dass sämtliche Definitionen objektiv, also unabhängig von einem sozialen Kontext oder rechnerischen Anforderungen sein sollen. Vollständige Definitionen sind partiellen Definitionen vorzuziehen. Alle Definitionen sollten mit natürlicher Sprache kommentiert sein.

Eine Ontologie ist kohärent, wenn die Schlüsse, die aus ihr gezogen werden können, sich nicht widersprechen.

Ontologien sollten erweiterbar und spezialisierbar sein. Aufbauend auf dem bestehenden Vokabular muss es dafür möglich sein, neue Konzepte einzuführen, ohne die bisherigen Definitionen anpassen zu müssen.

Die Konzeptualisierung einer Ontologie sollte unabhängig von Notation und Implementierungsdetails sein. Erst damit ist es möglich, dass Agenten, die unterschiedlich implementiert sind und damit ihr Wissen intern unterschiedlich repräsentieren, die gleiche Konzeptualisierung nutzen.

Minimale ontologische Festlegung bedeutet, dass eine Ontologie so wenige Annahmen wie möglich an den modellierten Bereich der Welt macht. Damit werden die Verwendungsmöglichkeiten nicht unnötig eingeschränkt.

Gruber räumt ein, dass diese Kriterien nicht vollständig unabhängig voneinander sind und es daher notwendig ist, beim Entwurf einer Ontologie Kompromisse in Bezug auf diese Kriterien einzugehen. Andererseits stehen die Kriterien auch nicht so sehr in Konflikt zu einander wie es zunächst den Eindruck macht. So scheinen sich Klarheit und minimale ontologische Festlegung zu widersprechen. Jedoch bezieht sich die

---

[942] Uschold, Gruninger (1996), S. 117.
[943] Guarino (1997), S. 298 f.
[944] van Heijst et al. (1997), S. 193.
[945] Vgl. Gruber (1993), S. 2 ff.

Klarheit auf die Definition des Vokabulars und die minimale ontologische Festlegung auf die Konzeptualisierung.

8.2.2.5 Repräsentation

Es existiert eine Reihe von Sprachen, die sich zur Beschreibung von Ontologien eignen. Dazu gehören u. a. das Knowledge Interchange Format (KIF)[946] und das darauf aufbauende Ontolingua[947] sowie F-Logic[948] und LOOM[949]. Insbesondere im Hinblick auf die Ziele des Semantic Web wurden weitere, vor allem auf der Extensible Markup Language (XML)[950] basierende Formalismen zur Repräsentation von Ontologien geschaffen, so z.B. das Resource Description Framework (RDF)[951] und die sich darauf stützende Web Ontology Language (OWL)[952]. Diese Sprachen unterscheiden sich in ihrer Ausdrucksstärke und den daraus resultierenden Schlussfolgerungsmöglichkeiten. Die Ausdrucksstärke bestimmt, was mit den Mitteln der jeweiligen Sprache gesagt werden kann. Die Inferenzmöglichkeiten bestimmen, was aus dem Gesagten geschlussfolgert werden kann. Corcho und Gómez-Pérez[953] zeigen, je höher der Grad der Ausdrucksstärke einer Sprache ist, desto geringer sind die Inferenzmöglichkeiten und umgekehrt. So ist etwa Ontolingua die ausdrucksstärkste der von Corcho und Gómez-Pérez untersuchten Sprachen, aber es existiert kein implementiertes Inferenzsystem dafür.

Neben der Anforderung, Ontologien formal, also maschinenauswertbar zu repräsentieren, besteht der Bedarf, zumindest einige Aspekte visuell darstellen zu können. Durch visuelle Darstellungen lassen sich Benutzern die Zusammenhänge der Konzepte innerhalb der Ontologie leichter vermitteln. Zu diesem Zweck werden vor allem in der Softwareentwicklung etablierte Techniken diskutiert, so etwa (erweiterte) Entity-Relationship-Modelle[954] oder die Unified Modeling Language[955].

Im Folgenden sollen nun typische Elemente von Ontologiesprachen erläutert werden. Danach wird gezeigt, wie UML Klassendiagramme zur Darstellung von Ontologien verwendet werden können. Zuletzt wird als Beispiel für eine formale Ontologiesprache die Web Ontology Language (OWL) vorgestellt.

---

[946]   Vgl. Genesereth, Fikes (1992).
[947]   Vgl. Gruber (1992).
[948]   Vgl. Kifer et al. (1995).
[949]   Vgl. MacGregor (1991), S. 88 ff.
[950]   Vgl. Bray et al. (2004).
[951]   Vgl. Manola, Miller (2004).
[952]   Vgl. Dean, Schreiber (2004).
[953]   Vgl. Corcho, Gómez-Pérez (2000), S. 1 und 8.
[954]   Vgl. Maedche, Motik (2003), S. 46.
[955]   Vgl. Kogut et al. (2002), S. 61 ff.

Elemente von Ontologiesprachen

Corcho und Gómez-Pérez[956] geben einen umfassenden Überblick über mögliche Elemente von Ontologiesprachen. Es ist jedoch zu beachten, dass nicht jede Sprache alle dieser Elemente unterstützt. Dazu gehören:

- Konzepte und Attribute
- Taxonomien
- Relationen
- Axiome
- Instanzen, Individuen, Fakten und Annahmen

Konzepte (auch Kategorien oder Klassen genannt) stehen für all das, worüber etwas ausgesagt werden kann. So können etwa „Auto" oder „Person" aber auch abstraktere Begriffe wie „Aktion" oder „Strategie" als Konzepte beschrieben werden. Attribute (Eigenschaften, Slots) bestimmen die Konzepte näher. Das kann z.B. das Alter einer Person, oder die Seriennummer eines Autos sein. Attributen können Standardwerte und Typen (z.B. Jahre für Alter) zugeordnet werden. Kardinalitätsbeschränkungen definieren die mögliche Anzahl von Werten, die einem Attribut zugewiesen werden kann.

Taxonomien erlauben es, das Wissen einer Ontologie vom Allgemeinen zum Speziellen anzuordnen. Dazu wird oft eine spezielle „Ist-ein"-Relation als Sprachmittel eingeführt. So kann z.B. ausgedrückt werden, dass ein Auto ein spezielles Fahrzeug ist. Das allgemeinere Konzept wird dabei als Superkonzept und das speziellere als Subkonzept bezeichnet.

Relationen repräsentieren den Typ der Beziehungen zwischen Konzepten. So kann z.B. festgelegt werden, dass eine Person eine unbestimmte Anzahl von Autos besitzen kann. Auch hier können Kardinalitätsbeschränkungen zugeordnet werden.

Axiome modellieren Aussagen, die immer wahr sein müssen. Sie werden benutzt um die Korrektheit des mit eine Ontologie modellierten Wissens zu beweisen oder neue Schlüsse zu ziehen.

Instanzen und Fakten sind Individuen. Instanzen sind bestimmte Ausprägungen eines Konzepts. So ist „Tobias Wahl" eine Ausprägung des Konzepts Person. Fakten repräsentieren die Beziehungen zwischen den Instanzen. Damit kann man z.B. aussagen, dass Tobias das Auto mit der Seriennummer 12345 besitzt. Annahmen sind Behauptungen die eine Instanz bezüglich eines Fakts macht. Tobias könnte z.B. behaupten, dass er auch einen teuren Sportwagen besitzt. Ein Agent, der diese Annahme liest, darf das im Gegensatz zu einem Fakt nicht als notwendigerweise wahr interpretieren.

---

[956]   Vgl. Corcho, Gómez-Pérez (2000), S. 1 ff.

Unified Modeling Language (UML) Klassendiagramme

Die Unified Modeling Language ist eine Sprache zur Beschreibung der Struktur und des Verhaltens von Softwaresystemen. Sie wird von der Object Management Group (OMG) entwickelt und standardisiert. UML definiert dreizehn Diagrammtypen, die sich in Struktur und Verhaltensdiagramme unterteilen lassen. Die zu den Strukturdiagrammen zählenden Klassendiagramme eignen sich auch zur visuellen Darstellung bestimmter Aspekte von Ontologien. Dies soll im Folgenden anhand eines kleinen Beispiels illustriert werden. Die Sprachelemente der Klassendiagramme werden dabei jedoch nicht vollständig beschrieben. Eine umfassende Definition liefert die „UML 2.0 Infrastructure Specification" der OMG[957].

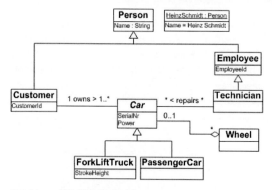

Abbildung 103: UML Beispiel

Die Abbildung zeigt einen Ausschnitt der Konzepte, die bei der Reparatur von Autos durch eine Werkstatt relevant sind. Dies ist also schon ein sehr spezieller Anwendungsbereich, der eigentlich bereits auf eine allgemeinere Konzeptualisierung aufsetzen könnte. An dieser Stelle geht es um das Verständnis für die Sprachelemente, weshalb das Beispiel hier isoliert betrachtet werden soll.

Konzepte heißen in UML Klassen und werden als Rechtecke dargestellt, die durch waagerechte Linien in Abschnitte für den Klassennamen, Attribute und Operationen unterteilt werden. Der Abschnitt für Operationen wurde hier ausgelassen, da diese eher für die Beschreibung von Klassen innerhalb der objektorientierten Softwareentwicklung eine Rolle spielen. So zeigt das Beispiel u. a. das Konzept Person mit dem Attribut Name. Für dieses Attribut wurde zusätzlich ein Typ festgelegt. Namen sind immer vom Typ String, also Zeichenketten. Für andere Attribute wurde die Typangabe hier weggelassen. Ein weiteres Konzept ist das Auto mit den Attributen Seriennummer und Leistung.

---

[957]   OMG (2004).

446

Instanzen von Konzepten werden ähnlich wie Konzepte selbst als Rechteck dargestellt. Der obere Abschnitt zeigt den Namen der Instanz und den des entsprechenden Konzepts. Im zweiten Abschnitt stehen die Werte der Attribute. In dem Beispiel findet sich eine Instanz des Konzepts Person mit dem Wert „Heinz Schmidt" für das Attribut Name.

Einige Konzepte sind durch Linien verbunden, die an ihrem oberen Ende eine dreieckige Pfeilspitze haben. Dadurch können Generalisierungs- und Spezialisierungsbeziehungen ausgedrückt und somit Taxonomien beschrieben werden. Der Pfeil zeigt immer von dem speziellen Subkonzept auf das allgemeine Superkonzept. So ist etwa ein Monteur ein spezieller Mitarbeiter (der Werkstatt) und ein Mitarbeiter eine spezielle Person. Da diese Beziehung transitiv ist, ist der Monteur ebenso eine Person. Dabei erben die Subkonzepte die Eigenschaften ihrer Superkonzepte. Der Monteur hat also auch die Attribute Name und Mitarbeiterkennung. Gabelstapler und PKW sind spezielle Autos. Aus dem kursiv gedruckten Konzeptnamen des Autos folgt, dass das Auto ein abstraktes Konzept ist. D.h., dass dieses Konzept keine direkten Instanzen haben kann, sondern dass diese entweder ein Gabelstapler oder ein PKW sein müssen. Offensichtlich ist das Beispiel auch an dieser Stelle unvollständig, denn es gibt sicher noch eine Reihe weiterer spezieller Autos, ebenso, wie es neben den Monteuren noch weitere Mitarbeiter gibt. Diese wurden aus Gründen der Übersichtlichkeit nicht aufgezählt.

Beziehungen werden mittels einer Linie zwischen den betreffenden Konzepten dargestellt. An der Linie steht der Name der Beziehung. Die spitze Klammer deutet darauf hin, in welcher Richtung die Beziehung zu lesen ist. Man liest also „Monteur repariert Auto" anstatt „Auto repariert Monteur". Weiterhin lassen sich Kardinalitätsbeschränkungen an den Linienenden notieren. In UML werden diese Multiplizitäten genannt. Der Stern steht für eine beliebige Anzahl. In diesem Beispiel besitzt also ein Kunde ein bis beliebig viele Autos. Beliebig viele Monteure können zusammen beliebig viele Autos reparieren. Da die Kardinalität dieser Beziehung nicht eingeschränkt wurde, ist es aber auch möglich, dass kein Auto repariert wird.

UML definiert einige Beziehungen, die eine besondere Bedeutung haben. So zeigt dieses Beispiel eine Aggregationsbeziehung zwischen den Konzepten Auto und Rad. Das bedeutet, dass ein Rad Teil eines Autos ist. Solche „Teil-von"-Beziehungen werden durch eine Raute an dem Ende der Linie gekennzeichnet, das zu dem Teilkonzept führt. Die Kardinalitätsbeschränkungen besagen in diesem Fall, dass ein Rad Teil maximal eines Autos sein kann, und ein Auto beliebig viele Räder haben kann.

Web Ontology Language (OWL)

McGuinness und van Harmelen[958] geben einen umfassenden Überblick über die Web Ontology Language. Die Sprache ist eine Weiterentwicklung von DAML+OIL[959]. Sie ist eine Spezifikation des World Wide Web Consortium (W3C) und einer der wesentlichen Bestandteile der Semantic Web Initiative. OWL dient der formalen Spezifikation von Ontologien, so dass die entsprechende Konzeptualisierung – im Gegensatz zu einer rein visuellen Darstellung mittels UML – von Computersystemen verarbeitet werden können. Die Sprache stützt sich dabei auf XML und RDF. XML erlaubt die strukturierte Beschreibung von Dokumenten, ohne jedoch Aussagen über deren Bedeutung zu machen. XML Schema bereichert XML durch Datentypen. Die Spezifiktion der XML Schema Datentypen wird auf den Webseiten der W3C als Vorschlag veröffentlicht. [960] RDF ist ein Datenmodell für Objekte (Ressourcen) und Relationen zwischen diesen. Diese Datenmodelle können in XML repräsentiert werden. RDF Schema erweitert RDF um das Vokabular zur Beschreibung von Klassen und Eigenschaften von Ressourcen. Außerdem können damit Taxonomien dieser Klassen und Eigenschaften beschrieben werden. OWL bereichert dieses Vokabular durch weitere Sprachelemente. So können u. a. spezielle Beziehungen zwischen den Klassen, Kardinalitätsbeschränkungen und weitere Charakteristika von Klasseneigenschaften beschrieben werden.

OWL unterteilt sich in drei Sprachebenen, die sich in ihrer Ausdrucksstärke unterscheiden: OWL Lite, OWL DL und OWL Full. OWL Lite unterstützt nicht alle Sprachelemente. Es dient vor allem der einfachen Migration von Taxonomien. Aufgrund der geringeren Komplexität, ist es leichter, Werkzeuge zu entwickeln, die mit dieser Sprechebene arbeiten. OWL DL erlaubt die maximale Ausdruckstärke, die unter Beibehaltung von Berechenbarkeit und Entscheidbarkeit möglich ist. D.h., alle möglichen Folgerungen sind berechenbar und alle Berechnungen enden innerhalb einer endlichen Zeitspanne. Es werden alle OWL Sprachelemente unterstützt, wobei diese aber teilweise Beschränkungen unterliegen. OWL Full hebt diese Beschränkungen auf. So kann z.B. eine Klasse als die Instanz einer anderen Klasse definiert werden. Damit können jedoch in OWL Full keine Garantien mehr bezüglich der Berechenbarkeit und Entscheidbarkeit gemacht werden. Mit der Unterteilung der Sprachebenen trägt OWL also der Tatsache Rechnung, dass zwischen der Ausdrucksstärke der Sprache und den daraus resultierenden Inferenzmöglichkeiten abgewogen werden muss[953].

Eine Reihe von Werkzeugen unterstützt die Arbeit mit OWL. Beispielhaft seien hier Protégé[961], Jena[962] und Racer[963] genannt. Protégé erlaubt die komfortable Erstellung von Ontologien mit Hilfe einer grafischen Benutzeroberfläche. Jena ist ein

---

[958] Vgl. McGuinness, Harmelen (2004).
[959] Vgl. Connolly et al. (2001).
[960] Vgl. Biron und Malholtra (2004).
[961] Vgl. Stanford Medical Informatics (2005).
[962] Vgl. Hewlett-Packard Development Company (2005).
[963] Vgl. Haarslev, Möller (2004).

Framework für die Entwicklung von Semantic Web Anwendungen. Es bietet eine Programmierumgebung für RDF, RDF Schema und OWL und enthält einen regelbasiertes Inferenzsystem. Racer ist ebenfalls ein Inferenzsystem für RDF und OWL. Es kann sowohl in Protégé als auch in Jena integriert werden.

Im Folgenden werden nun einige der Sprachelemente von OWL anhand des im vorherigen Abschnitt eingeführten Beispiels vorgestellt. Die OWL Sprachreferenz[952] gibt eine vollständige Spezifikation aller Elemente.

Zur Spezifikation von Konzepten stellt OWL Klassen (*Class*) zur Verfügung. Generalisierungs- und Spezialisierungsbeziehungen werden mittels des *subClassOf* – Elements des RDF Schemas ausgedrückt. Im folgenden Quelltextausschnitt werden die Klassen Auto, Person und Kunde definiert und es wird festgelegt, dass ein Kunde eine spezielle Person ist. Es ist nicht möglich, Klassen wie in UML direkt als abstrakt zu kennzeichnen.

```
<owl:Class rdf:ID="Auto"/>
<owl:Class rdf:ID="Person"/>
<owl:Class rdf:ID="Kunde">
    <rdfs:subClassOf rdf:resource="#Person"/>
</owl:Class>
```

Darüber hinaus bietet OWL weitere Möglichkeiten zur Konstruktion von Konzepten. So ist es u. a. möglich, Klassen über die Schnitt- oder Vereinigungsmenge anderer Klassen zu definieren.

Für die Definition der Attribute und Beziehungen, in OWL als Eigenschaften bezeichnet, werden die Elemente *DatatypeProperty* bzw. *ObjectProperty* benutzt. Beide legen über *domain* fest, für welche Konzepte die Eigenschaft definiert ist. Mittels *range* wird der Wertebereich festgelegt. Bei Attributen sind das über XML Schema definierte Datentypen[960], bei Beziehungen sind es Konzepte. Der folgende Quelltext zeigt, wie das Attribut Name des Konzepts Person und die „besitzt"-Beziehung zwischen Kunde und Auto definiert werden.

```
<owl:DatatypeProperty rdf:ID="name">
    <rdfs:domain rdf:resource="#Person"/>
    <rdfs:range
rdf:resource="http://www.w3.org/2001/XMLSchema#string"/>
</owl:DatatypeProperty>

<owl:ObjectProperty rdf:ID="besitzt">
    <rdfs:domain rdf:resource="#Kunde"/>
    <rdfs:range rdf:resource="#Auto"/>
</owl:ObjectProperty>
```

Die Charakteristika der Eigenschaften können durch weitere Sprachelemente näher beschrieben werden. So kann u. a. festgelegt werden, dass eine Eigenschaft sich transitiv, symmetrisch oder funktional verhält. Es ist auch möglich, zwei Beziehungen als zu einander invers zu kennzeichnen. So kann z.B. zusätzlich zu der „repariert" Beziehung zwischen Monteur und Auto eine inverse „wird-repariert-von"-Beziehung zwischen Auto und Monteur definiert werden. Neben der Aufstellung von Kardinalitätsbeschränkungen ist es möglich, Anforderungen an die Werte der Eigenschaften zu stellen. So wie bei Konzepten können auch für Eigenschaften Spezialisierungs- und Generalisierungsbeziehungen definiert werden.

Instanzen werden in OWL als Individuen bezeichnet. Die Person Heinz Schmidt und der entsprechende Wert des Attributs Name werden folgendermaßen definiert:

```
<Person rdf:ID="HeinzSchmidt">
  <name rdf:resource="Heinz Schmidt"/>
</owl:Class>
```

Zusätzlich zu den Elementen zur Spezifikation der Konzeptionalisierung selbst, führt OWL Elemente zur Versionierung von Ontologien ein. Darüber hinaus können Beziehungen zwischen den Elementen unterschiedlicher Ontologien festgelegt werden. So ist es u. a. möglich auszudrücken, dass Konzepte, Instanzen und Eigenschaften aus verschiedenen Ontologien die gleiche Bedeutung haben oder nicht. Dies unterstützt die Wiederverwendbarkeit von Ontologien und die Interoperabilität von Computersystemen, deren Konzeptionalisierung auf unterschiedlichen Ontologien beruht.

8.2.3 Formale Repräsentation von Geschäftsprozessen

In diesem Kapitel werden Ansätze zur formalen, also maschinenauswertbaren Beschreibung von Prozessen vorgestellt und im Hinblick auf die Möglichkeiten zur automatischen Ableitung von Prozessen untersucht.

8.2.3.1 Web Ontology Language for Services

Die Web Ontology Language for Services (OWL-S), der Nachfolger von DAML-S, ist eine Ontologie zur Beschreibung von Diensten, die über das Internet zugänglich sind (Web Services). Sie wird von der OWL Service Coalition entwickelt und auf den Webseiten der W3C als Vorschlag veröffentlicht.[964] Die Ontologie basiert auf OWL. OWL-S wird mit dem Ziel entwickelt, von einem Benutzer benötigte Dienste automatisch im Internet zu finden, aufzurufen, zu neuen Diensten zusammenzusetzen und deren Ablauf zu überwachen. Damit unterstützt OWL-S die Idee des Semantic Web. OWL-S liegt inzwischen in der Version 1.1 vor.

---

[964]   Vgl. Martin et al. (2004).

Dienstsichten

Zur Erreichung der oben genannten Ziele unterscheidet OWL-S drei Sichten auf einen Web Service:

- *„ServiceProfile"*: Dienstprofil
- *„ServiceModel"*: Dienstmodell
- *„ServiceGrounding"*: Dienstfundament

Das Dienstprofil beschreibt, was der Dienst tut, so dass ein Agent entscheiden kann, ob er seinen Anforderungen genügt oder nicht. Dazu beinhaltet das Dienstprofil u. a. Informationen darüber, durch wen der Dienst angeboten wird, was durch die Ausführung des Dienstes erreicht wird, welche Voraussetzungen dazu nötig sind und welchen Beschränkungen die Anwendung unterliegt.

Das Dienstmodell beschreibt, wie ein Agent den Dienst verwenden kann. Es enthält u. a. Details darüber, unter welchen Bedingungen welche Ergebnisse erzielt werden und ggf. welche Einzelschritte notwendig sind, um diese Ergebnisse zu erreichen. Ein Agent kann das Dienstmodell verwenden, um genauer zu analysieren, ob der Dienst zu den Anforderungen passt, um verschiedene Dienste zu einem neuen Dienst zusammenzusetzen und um die verschiedenen Aktivitäten während der Dienstbenutzung zu koordinieren und zu überwachen.

Das Dienstfundament spezifiziert, wie ein Agent technisch auf den Dienst zugreift. Es kann dafür das Kommunikationsprotokoll, Nachrichtentypen und andere diensteigene Details festlegen. Außerdem definiert es, wie die im Dienstmodell semantisch beschriebenen Ein- und Ausgaben in eine eindeutige Datenübertragung überführt werden.

Für diese drei Sichten definiert OWL-S je eine Ontologie. Das Dienstmodell soll im folgenden Abschnitt näher vorgestellt werden, da OWL-S Dienste hier als Prozesse versteht und dafür eine Prozessontologie definiert.

OWL-S Prozesse

Dieser Abschnitt gibt einen Überblick über die wichtigsten Konzepte der OWL-S Prozessontologie. Eine vollständige Spezifikation findet sich in der OWL-S Dokumentation.[964]

Das zentrale Konzept der OWL-S Prozessontologie ist *Process*, welches als Vereinigungsmenge der Konzepte *AtomicProcess*, *SimpleProcess* und *CompositeProcess* definiert ist. Atomare Prozesse (*AtomicProcess*) haben keine Teilprozesse sondern werden in einem einzigen Schritt ausgeführt. Jedem atomaren Prozess ist ein Dienstfundament zugeordnet, welches beschreibt, wie der Prozess technisch aufgerufen werden kann. Das Konzept *SimpleProcess* beschreibt Prozesse, die zwar so wie atomare Prozesse als einziger Ausführungsschritt aufgefasst werden, die aber keinem Dienstfundament zugeordnet sind und nicht direkt aufgerufen werden können. *SimpleProcess* wird als Abstraktionsmittel verwendet, um entweder eine spezielle Sicht auf einen atomaren Prozess oder eine vereinfachte Sicht auf einen zusammengesetzten Prozess zu erhalten. Zusammengesetzte Prozesse (*CompositeProcess*) setzen sich aus Teilprozessen zusammen, deren Ausführung über eine Kontrollstruktur (*ControlConstruct*) bestimmt wird. So existieren z.B. Kontrollstrukturen um Prozesse sequentiell (*Sequence*), nebenläufig (*Split*), abhängig von Vorbedingungen (*If-Then-Else*) oder wiederholt in einer Schleife auszuführen (*Repeat-While* und *Repeat-Until*).

Prozessen lassen sich Ein- und Ausgabeparameter (*Input* und *Output*) zuordnen. Für jeden Parameter wird der Typ festgelegt, der durch eine OWL Klasse definiert ist. Es gibt noch weitere spezielle Parameter. So können z.B. lokale Parameter definiert werden. Darüber hinaus können Prozesse Vorbedingungen und Effekte (*Expression*) in Form von logischen Formeln haben. Die korrekte Ausführung eines Prozesses ist nur dann gewährleistet, wenn alle Vorbedingungen erfüllt sind. Effekte beschreiben durch die Ausführung des Prozesses bewirkte Änderungen an der Umwelt. So z.B., dass durch den Kauf eines Buches über einen bestimmten Dienst das Bankkonto des Benutzers belastet wurde. Ausgabeparameter und Effekte können an Bedingungen geknüpft sein.

Parametern werden Werte mittels des Konzepts *Binding* zugewiesen. Somit können Datenflüsse definiert werden, d.h., innerhalb eines zusammengesetzten Prozesses erhält ein Eingabeparameter eines Teilprozesses seinen Wert von dem Ausgabeparameter eines vorhergehenden Teilprozesses. Es gibt weitere Anwendungen für dieses Konzept. So ist es z.B. möglich, Ausgabeparameter eines zusammengesetzten Prozesses aus einem Ausgabeparameter eines seiner Teilprozesse abzuleiten. Bei diesen Wertzuweisungen können nicht nur Werte direkt aus einem anderen Parameter übernommen werden, sondern es besteht zusätzlich die Möglichkeit, Werte zu berechnen.

Bemerkenswert ist, dass die OWL Service Coalition eine Ontologie zur Spezifikation von Ressourcen veröffentlicht, die jedoch bisher noch nicht in die OWL-S Prozessontologie integriert ist. Die Informationen zu dieser Ontologie wurde der OWL-S 1.0 Dokumentation[965] entnommen, da die aktuelle Version diese Ressourcenontologie nicht beschreibt. Ressourcen sind Betriebsmittel, die zur Durchführung von Diensten benötigt werden. Die Ontologie unterscheidet Ressourcen danach, ob sie sich aus Einzelteilen zusammensetzen oder nicht, sowie nach ihrem *AllocationType* und *CapacityType*. Der *AllocationType* definiert, ob die Ressource nach ihrer Benutzung erneut verwendet werden kann. Der *CapacityType* legt fest, ob der Ressource ein diskretes oder stetiges Maß zu

---

[965] Vgl. OWL Service Coalition (2003).

Grunde liegt. Als Beispiel für ein diskretes Maß wird eine Anzahl unbesetzter Stühle angeführt, eine Treibstoffmenge wird hingegen über ein stetiges Maß beschrieben.

Fazit

Tatsächlich lassen sich mit OWL-S Geschäftsprozesse formal darstellen. Darüber hinaus ist die Ontologie dahingehend entwickelt worden, dass neue Geschäftsprozesse abgeleitet werden können, indem bereits vorhandene Prozesse entsprechend kombiniert werden. Über die Typisierung der Parameter und die Vor- und Nachbedingungen der Prozesse kann berechnet werden, in welcher Weise mehrere Prozesse zu einem neuen Prozess kombiniert werden dürfen und welche Bedeutung dieser neue Prozess dann hat, d.h. welche Parametertransformation dieser Prozess seinerseits vornimmt. Allerdings liegt der Fokus von OWL-S auf Web Services, d.h., die bearbeiteten Geschäftsobjekte sind ausschließlich Daten. Somit ist es problematisch, einen Prozess darzustellen, bei dem auch physische Objekte verarbeitet werden. Dabei kann es z.B. notwendig sein zu beschreiben, ob das Objekt nach der Verwendung in einem Prozessschritt auch noch anderen Prozessschritten zur Verfügung steht. Einen Ansatz dazu liefert OWL-S mit der Ressourcenontologie, die aber keine Verwendung im Zusammenhang mit der Prozessontologie findet. Ein Vorteil in der reinen Datensicht liegt darin, dass die beschriebenen Prozesse über das OWL-S Dienstfundament direkt auf einen ausführbaren, mittels Informationstechnologie unterstützten Prozess abgebildet werden kann.

Zu Beginn dieser Arbeit lag OWL-S noch in der Version 1.0 vor, die mit einigen Problemen behaftet war. So war es nicht möglich den gleichen Teilprozess innerhalb eines zusammengesetzten Prozesses mehrfach zu verwenden. Balzer et al.[966] stellen weitere Schwächen dar. So enthielt die OWL-S Ontologie zumindest in der Version 1.0 syntaktische Fehler und verwendet Konstrukte, die nur in OWL Full erlaubt sind, was den Einsatz von Inferenzsystemen stark einschränkt.

8.2.3.2 Business Process Execution Language for Web Services

Die Business Process Execution Language for Web Services (BPEL-WS)[967] ist eine XML-basierte Sprache zur Beschreibung von Geschäftsprozessen, deren Einzelaktivitäten durch Web Services implementiert sind. Die Sprache wird von der Organization for the Advancement of Structured Information Standards (OASIS) standardisiert. BPEL-WS stützt sich vor allem auf die Web Services Description Language (WSDL)[968]. Während über WSDL die Schnittstelle eines Web Services beschrieben wird, verwendet BPEL-WS diese Schnittstellen, um einzelne Web Services zu komplexen Prozessen zusammenzusetzen. Ein solcher Gesamtprozess

---

[966] Vgl. Balzer et al. (2004), S. 294 ff.
[967] Vgl. Andrews et al. (2003)
[968] Vgl. Christensen et al. (2001)

kann dann über eine entsprechende Software wiederum als Web Service veröffentlicht und im Gegensatz zu OWL-S Prozessen automatisch ausgeführt werden. Beispiele für BPEL-WS Ausführungsumgebungen sind die ActiveBPEL Engine[969] und der Oracle BPEL Process Manager[970].

BPEL-WS Prozesse

Es lassen sich einerseits abstrakte Prozesse definieren, die nur den Nachrichtenaustausch (das Protokoll) zwischen den Prozessteilnehmern, nicht aber den internen Ablauf des Prozesses abbilden. Andererseits lassen sich ausführbare Prozesse beschreiben, die den genauen Prozessverlauf bei einem Teilnehmer abbilden. Diese können dann mit einer entsprechenden Software automatisch ausgeführt werden. Die wichtigsten BPEL-WS Sprachelemente zur Beschreibung ausführbarer Prozesse sollen an dieser Stelle vorgestellt werden.

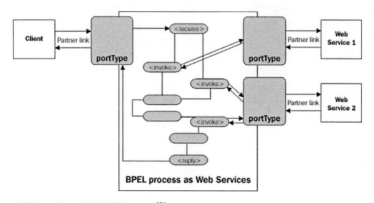

Abbildung 104: BPEL-WS Prozess[971]

Die Abbildung zeigt die schematische Darstellung eines BPEL-WS Prozesses, der selbst wieder als Web Service zugänglich ist.

Ein BPEL-WS Prozess besteht aus mehreren Aktivitäten. Es wird zwischen primitiven und strukturierten Aktivitäten unterschieden. Primitive Aktivitäten sind z.B. <invoke>, <receive>, <reply> und <assign>. Über <invoke> wird ein Web Service aufgerufen, so z.B. Web Service 1 und 2 Um auf eine externe Nachricht zu warten, wird <receive> verwendet, während mit <reply> auf eine solche Nachricht geantwortet werden kann. So beginnt der Ablauf des dargestellten Prozesses, sobald eine bestimmte Nachricht von einem Aufrufer (Client) empfangen wird. Der Prozess endet mit einer Antwort an den Client. Mit <assign> werden Variablen manipuliert und insbesondere auch Datenflüsse modelliert. Über strukturierte Aktivitäten, wie

---

[969] Vgl. ActiveBPEL, LLC (2005)
[970] Vgl. Oracle (2005)
[971] Juric (2005)

z.B. <sequence>, <pick>, <flow> und <while> können die primitiven Aktivitäten in beliebiger Reihenfolge angeordnet und somit komplexe Kontrollflüsse beschrieben werden. Über <sequence> werden Aktivitäten in einer bestimmten zeitlichen Reihenfolge abgearbeitet, <pick> wählt eine von mehreren alternativen Aktivitäten aus. Mittels <flow> kann die parallele und über <while> die wiederholte Ausführung von Aktivitäten definiert werden.

Variablen lassen sich über <variable> deklarieren. Sie können als Parameter von Web Service Aufrufen (<invoke>) verwendet werden und bestimmen den Prozessverlauf bei alternativen Prozessverzweigungen.

Verknüpfungen zu Web Services, die vom Prozess über <invoke> aufgerufen werden, sowie Aufrufe, die der Prozess selbst nach außen bekannt gibt, werden in BPEL-WS mit Hilfe des <partnerLink> Elements definiert. Diese beziehen sich jeweils auf ein WSDL <portType> Element, das den Nachrichtenaustausch zwischen dem Prozess und dem aufgerufenen Web Service bzw. dem Client beschreibt. Das <partnerLink> Element definiert zusätzlich die Rollen der Beteiligten innerhalb des Nachrichtenaustauschs. Die den Nachrichten und Variablen zu Grunde liegenden Typen werden grundsätzlich über XML Schema Datentypen [960] definiert.

BPEL-WS hat noch eine Reihe weiterer Merkmale, die aber an dieser Stelle nicht im Detail erläutert werden sollen. So werden z.B. lang anhaltende Transaktionen unterstützt und es können spezielle Fehlerbehandlungsmechanismen angewendet werden.

Fazit

BPEL-WS kann innerhalb von Unternehmen verwendet werden, um bisher isolierte IT-Systeme in einem Gesamtprozess zu integrieren. Darüber hinaus können über diese Technologie auch Geschäftspartner eingebunden werden. Voraussetzung dafür ist die Veröffentlichung der zu integrierenden Aktivitäten als Web Services.

Im Gegensatz zu OWL-S zielt BPEL-WS nicht auf die automatische Generierung von Geschäftsprozessen ab. Stattdessen ist BPEL-WS eine Sprache zur Beschreibung ausführbarer Prozesse und Protokolle, die manuell modelliert werden müssen. BPEL-WS stützt sich bei der Definition von Variablen und Parametern nicht auf OWL sondern verwendet dafür grundsätzlich XML Datentypen. Diese unterstützen z.B. keine Vererbung von Klassen und Relationen. Mit OWL lassen sich im Gegensatz zu XML komplexe Beziehungen zwischen Klassen sowie Individuen beschreiben. Zudem können mittels der WSDL Schnittstellenbeschreibung keine Vor- und Nachbedingungen für Web Services definiert werden, was für eine automatische Prozessgenerierung aber wichtig sein kann.[972]

---

[972]   Vgl. Ankolekar et al. (2005).

8.2.3.3 XML Process Definition Language

Die XML Process Definition Language (XPDL) wird von der Workflow Management Coalition (WfMC) mit der Absicht entwickelt, eine Sprache für den Austausch von Prozessdefinitionen zwischen verschiedenen Workflowsystemen zu schaffen.[973] Unter dem Begriff Workflow versteht man laut WfMC die computerbasierte Unterstützung oder Automatisierung eines Geschäftsprozesses in Teilen oder als Ganzes.[974] Die XPDL basiert ebenso wie BPEL-WS und OWL-S auf XML.

XPDL Prozesse

Im Folgenden werden die wichtigsten Elemente zur Beschreibung von Prozessen über die XPDL vorgestellt. Eine ausführliche Beschreibung der XPDL findet sich in der Spezifikation der WfMC.[975]

Die fünf Kernelemente zur Definition von Workflowprozessen sind Anwendungen (<Application>), Aktivitäten (<Activity>), Transitionen (<Transition>), Variablen (<DataField>) und Teilnehmer (<Participant>).

Über das <Application> Element werden die Schnittstellen von Anwendungen beschrieben, die bei der Ausführung einzelner Prozessschritte aufgerufen werden können. Dies umfasst in erster Linie den Namen und die Ein- und Ausgabeparameter der Anwendung. Einzelne Prozessschritte werden mittels <Activity> beschrieben. Über spezielle Attribute dieses Elements können verschiedene Typen von Aktivitäten definiert werden. Der wohl wichtigste Typ ist die Anwendungsaktivität, die einem Prozessschritt eine oder mehrere auszuführende Anwendungen sowie Teilnehmer zuordnet. Die Eingabeparameter der jeweiligen Anwendung werden dabei mit Variablenwerten belegt. Die Ausgabeparameter werden ebenfalls Variablen zugeordnet, um die Werte für den weiteren Prozessverlauf zu speichern.

Über <Participant> werden Ressourcen beschrieben, die Aktivitäten als Teilnehmer zugewiesen werden können und damit für die Ausführung der jeweiligen Aktivität zuständig sind. Teilnehmer können z.B. Menschen oder Maschinen sein. XPDL definiert dazu einige allgemeine Typen, wie HUMAN oder SYSTEM, die aber für tatsächliche Umsetzungen erweitert werden müssen.

Der Kontrollfluss wird über Transitionen zwischen einzelnen Aktivitäten modelliert. Solche Übergänge zwischen zwei Aktivitäten können an eine Bedingung geknüpft sein, die nach Ausführung der ersten Aktivität erfüllt sein muss, damit die zweite Aktivität ausgeführt werden darf. Damit können bedingte Verzweigungen im Prozessverlauf abgebildet werden. Über die Transitionen eines Prozesses können auch sequentielle und parallele Abläufe beschrieben werden. Im Gegensatz zu der Blockstruktur von OWL-S und BPEL-WS, bei der die Prozessschritte so geschachtelt

---

[973]   Vgl. Workflow Management Coalition (2002), S. 4 f.
[974]   Vgl. Hollingsworth (1995), S. 6.
[975]   Vgl. Workflow Management Coalition (2002), S. 8 ff.

werden, dass sich der gewünschte Prozessverlauf ergibt, haben XPDL Prozesse immer die Struktur eines gerichteten Graphen. Dabei können die Aktivitäten als Knoten und die Transitionen als gerichtete Kanten zwischen zwei Knoten angesehen werden. Um komplexere Prozessverzweigungen zu modellieren, können zusätzliche Routenaktivitäten verwendet werden. Diese sind weder einem Teilnehmer noch einer Anwendung zugeordnet und haben keine Auswirkungen auf die Werte der Prozessvariablen. Sie dienen ausschließlich als Anknüpfungspunkte für Transitionen. Als weitere Aktivitätentypen neben den Anwendungs- und Routenaktivitäten gibt es u. a. noch Subprozessaktivitäten, über die ein Prozess als Teil eines anderen Prozesses ausgeführt werden kann.

Die Parameter von Anwendungen und die Prozessvariablen werden grundsätzlich entweder über durch die XPDL vorgegebene Basistypen, wie z.B. STRING und INTEGER, oder über XML Schema Datentypen[960] definiert.

Fazit

Die XPDL wurde als Austauschformat für komplette Workflow-Prozessdefinitionen entwickelt und eignet sich nicht für die automatische Ableitung von Geschäftsprozessen. Die Grundbausteine eines XPDL Prozesses sind die Anwendungen. Diese sind allerdings bis auf den Namen nur über Ein- und Ausgabeparameter, denen mit XML Schema Datentypen (so wie auch BPEL-WS Prozessen) im Vergleich zu OWL ein sehr einfaches Typsystem zu Grunde liegt. Ebenfalls ist es nicht möglich, Vor- oder Nachbedingungen für die Anwendungen zu definieren. Es ist zwar möglich, Transitionsbedingungen zur Beeinflussung des Prozessverlaufs zu definieren, diese beziehen sich aber auf einen Gesamtprozess und nicht auf die einzelnen Bausteine des Prozesses.

8.2.3.4 Zusammenfassung

Allen drei untersuchten Ansätzen zur formalen Repräsentation von Geschäftsprozessen ist gemein, dass sie den Kontroll- und Datenfluss definieren, indem einzelne Prozessschritte in eine Reihenfolge gebracht und deren Parameter (direkt oder indirekt über Variablen) so miteinander verknüpft werden, dass die Ausgaben eines Prozessschrittes als Eingaben eines anderen Prozessschrittes fungieren. Trotzdem eignet sich OWL-S eher zur automatischen Ableitung neuer Prozesse als BPEL-WS oder XPDL. Der Schlüssel dazu liegt in der Definition der Einzelbausteine (Prozessschritte), aus denen sich Gesamtprozesse zusammensetzen lassen. Insbesondere die Schnittstellenbeschreibung der Bausteine ist wichtig, um ermitteln zu können, wie sich die Bausteine zusammensetzen lassen und was das für den damit erzeugten Gesamtprozess bedeutet. Die Schnittstellen der Bausteine definieren sich bei OWL-S über die Parameter sowie die Vor- und Nachbedingungen der Prozesse. BPEL-WS und XPDL bieten weniger Sprachelemente bezüglich der Schnittstellenbeschreibung der

Prozessbausteine, da es hier vor allem um die Darstellung von Gesamtprozessen geht. Alle drei Ansätze beschränken sich bei den betrachteten Geschäftsobjekten auf Daten.

8.3 Konzeption der CoBPIA Ontologie

Dieses Kapitel spezifiziert die CoBPIA Ontologie zur Modellierung und Ableitung von Geschäftsprozessen. Zunächst wird das Metamodell definiert, das alle notwendigen Konzepte zur Beschreibung von Geschäftsprozessen innerhalb des CoBPIA Systems festlegt. Anschließend wird erläutert, wie ein Anwendungsbereich mit Hilfe dieses Metamodells abgebildet werden kann und illustriert dies an einem Beispielszenario.

8.3.1 Metamodell

In diesem Kapitel werden alle Elemente der CoBPIA Ontologie zur Beschreibung von Geschäftsprozessen vorgestellt. Um ein besseres Verständnis für die Konzeptualisierung zu erreichen, wird die textuelle Spezifikation durch UML Klassendiagramme ergänzt. Befinden sich an einer UML Beziehung zwei Namen, die jeweils in die entgegen gesetzte Richtung zu lesen sind, dann sind diese beiden Beziehungen invers zu einander.

8.3.1.1 Prozesspartikel

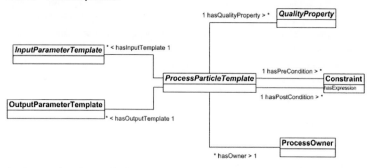

Abbildung 105: Prozesspartikel

Diese Abbildung zeigt das wichtigste Konzept des CoBPIA Metamodells – die Vorlage für Prozesspartikel (*ProcessParticleTemplate*) – und gibt einen Überblick über dessen Eigenschaften. Dieses Konzept wird benutzt, um sowohl bestimmte Teile von Prozessen als auch vollständige Prozesse zu beschreiben. Prozesspartikel sind die Bausteine, aus denen Gesamtprozesse zusammengesetzt werden. Diese Prozesse lassen sich jedoch wiederum innerhalb anderer Prozesse als Baustein verwenden. Die Begriffe Prozess und Prozesspartikel beziehen sich also auf das gleiche Konzept. Prozesspartikel transformieren Eingabe- in Ausgabegrößen: Die Ausführung des Partikels erfordert eine bestimmte Menge an Eingabeobjekten und erzeugt daraus eine Menge von Ausgabeobjekten. Beide werden über Vorlagen für Eingabeparameter (*InputParameterTemplate*) bzw. Ausgabeparameter (*OutputParameterTemplate*) beschrieben. Die folgenden Abschnitte geben einen detaillierten Einblick in die Verwendung der Parameter.

Für Prozesspartikel können Vor- und Nachbedingungen (*hasPreCondition* bzw. *hasPostCondition*) über das Konzept *Constraint* definiert werden. Vorbedingungen machen immer Aussagen über Eingabeparameter, Nachbedingungen beziehen sich immer auf Ausgabeparameter und ggf. zusätzlich auf Eingabeparameter. Vorbedingungen sind notwendige Voraussetzung für die Anwendung eines Prozesspartikels. Die über Nachbedingungen formulierten Aussagen gelten nach der Anwendung des Partikels. Für diese Constraints wurde im Verlauf des Projekts CoBPIA eine Darstellung in Form von Zeichenketten entwickelt (*hasExpression*). Die Syntax von Constraints wird im Folgenden vorgestellt.

Das Konzept *ProcessOwner*, das über *hasOwner* in Relation zu der Partikelvorlage steht, identifiziert den Prozessverantwortlichen, der für die Ausführung des entsprechenden Prozesses zuständig ist. Innerhalb des CoBPIA Systems ist eine *ProcessOwner* Instanz zudem eine eindeutige Repräsentation eines der Agenten, die gemeinsam Prozesse generieren.

Weitere Eigenschaften eines Prozesses, wie z.B. benötigte Zeit und Kosten, werden mittels *QualityProperty* beschrieben.

8.3.1.2 Kontrollfluss

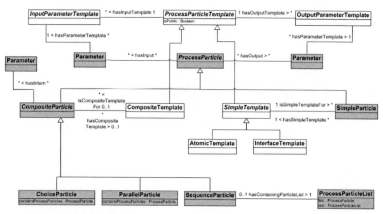

Abbildung 106: Kontrollfluss

Diese Abbildung zeigt die Konzepte, die zur Definition des Kontrollflusses von Prozessen verwendet werden. Im Verlauf dieses Abschnitts wird deutlich werden, dass zwei Teile des Metamodells unterschieden werden müssen, auch wenn beide eng miteinander verknüpft sind. Der eine Teil, die Vorlagenrepräsentation, beschreibt die äußere Erscheinung von Prozessen. Der zweite Teil, die interne Repräsentation, dient der Definition der inneren Struktur von Prozessen. Um die Unterscheidung dieser beiden Teile zu visualisieren, sind Konzepte der internen Repräsentation mit grauem Hintergrund dargestellt.

Das *ProcessParticleTemplate* wird benutzt, um Vorlagen von Prozesspartikeln zu beschreiben, die als Teile (Subpartikel oder Subprozesse) anderer Prozesse wieder verwendet werden können. Die Eigenschaft *isPublic* gibt an, ob ein Prozesspartikel innerhalb neu abgeleiteter Prozesse als Subpartikel benutzt werden darf, oder ob nur bereits explizit modellierte zusammengesetzte Prozesse diesen Partikel verwenden dürfen. Damit ist es möglich festzulegen, dass bestimmte Partikel nur in vorgegebenen Kombinationen mit anderen Partikeln angewendet werden dürfen. Von dem Konzept *ProcessParticleTemplate* können keine direkten Instanzen erzeugt werden. Stattdessen existieren dafür die drei Spezialisierungen *AtomicTemplate*, *InterfaceTemplate* und *CompositeTemplate*. Sowohl *AtomicTemplate* als auch *InterfaceTemplate* sind Subkonzepte von *SimpleTemplate*. D.h., sie lassen sich im Gegensatz zu Prozessen, die als *CompositeTemplate* definiert werden, nicht in Einzelschritte zerlegen.

Das *AtomicTemplate* kann mit den Funktionen der EPKs oder dem *AtomicProcess* Konzept in OWL-S verglichen werden. Es kann nicht in Einzelteile zerlegt werden, sondern lässt sich direkt auf eine Aktivität innerhalb einer Organisation abbilden. Dabei ist es nicht wichtig, ob diese Aktivität automatisch oder durch einen Menschen ausgeführt wird. Allerdings findet sich diese Abbildung nicht im CoBPIA Metamodell wieder, da dieses sich auf die Elemente beschränkt, die zur Modellierung und Ableitung des Kontroll- und Datenflusses von Geschäftsprozessen notwendig sind.

Das *InterfaceTemplate* erfüllt eine ähnliche Funktion wie das *SimpleProcess* Konzept aus OWL-S, da es als vereinfachte Sicht auf einen komplexen, zusammengesetzten Prozess dienen kann. In CoBPIA wird es jedoch für einen spezifischeren Zweck eingesetzt. Ein *InterfaceTemplate* entspricht einem Prozess, der bei einem anderen Agenten ausgeführt wird. Es ist also eine Schnittstelle zu einer anderen Partei innerhalb des CoBPIA Systems. Es spezifiziert eine Anfrage an einen anderen Agenten zur Erzeugung eines entsprechenden Prozesses. Über *ProcessOwner* wird festgelegt, um welchen Agenten es sich dabei handelt.

Das *CompositeTemplate* wird zur Darstellung komplexer Prozesse verwendet, die sich aus mehreren Subprozessen zusammensetzen. Diese Subprozesse können ggf. wieder komplexe Prozesse sein.

Jedes der oben genannten Konzepte aus der Vorlagenrepräsentation zur Beschreibung von Prozesspartikeln und Parametern korrespondiert mit einem Konzept der internen Repräsentation. *SimpleParticle* und *CompositeParticle* sind die Gegenstücke zu *SimpleParticleTemplate* bzw. *CompositeParticleTemplate*. Sowohl *InputParameterTemplate* als auch *OutputParameterTemplate* finden ihre Entsprechung in dem Konzept *Parameter*.

Auch von *CompositeParticle* werden keine direkten Instanzen erzeugt. Seine Spezialisierungen definieren den Kontrollfluss, also wie und wann die enthaltenen Subprozesse ausgeführt werden. Die in einem *ParallelParticle* enthaltenen Subprozesse (*containsProcessParticles*) werden nebenläufig ausgeführt, d.h., die Subprozesse können unabhängig voneinander und damit sogar gleichzeitig ausgeführt werden. In einem *ChoiceParticle* enthaltene Subprozesse stellen Alternativen dar: eines der enthaltenen Partikel, dessen Vorbedingungen zutreffen, wird ausgeführt. Die in einem *SequenceParticle* enthaltenen Subprozesse sind über eine *ProcessParticleList* geordnet. Sie werden in der entsprechenden zeitlichen Reihenfolge ausgeführt.

Solche zusammengesetzten Partikel können selbst wieder zusammengesetzte Partikel enthalten. Durch diese Schachtelung ist es möglich, beliebig komplexe Prozessabläufe (Kontrollstrukturen) zu beschreiben. Weiterhin ist es denkbar, neue Subkonzepte von *CompositeParticle* zu definieren und so weitere Kontrollstrukturen einzuführen. Mit den drei hier vorgestellten Konzepten ist es z.B. noch nicht möglich, Schleifen – also die wiederholte Ausführung eines Prozesspartikels bis zum Erreichen einer bestimmten Bedingung – darzustellen.

Es scheint, als würden in der Vorlagenrepräsentation und der internen Repräsentation identische Konzepte beschrieben werden. Dem ist aber nicht so. Jetzt kann der Grund für die Unterscheidung dieser beiden Teile des Metamodells angegeben werden: Zusammengesetzte Prozesse enthalten andere Partikel und es ist möglich, dass das gleiche Partikel mehrfach innerhalb des gleichen Prozesses angewandt werden soll. Gäbe es die oben beschriebene Differenzierung der Repräsentation nicht, dann könnten die verschiedenen Ausprägungen des gleichen Partikels und insbesondere deren Parameter innerhalb eines zusammengesetzten Prozesses nicht auseinander gehalten werden. Diese Unterscheidung ist notwendig, um einen eindeutigen Ablauf des Prozesses und einen eindeutigen Datenfluss zwischen den Parametern unterschiedlicher Partikel definieren zu können. Datenflüsse werden im nachfolgenden Kapitel genauer beschrieben. Während die Konzepte der Vorlagenrepräsentation die Beschreibung von Partikeln liefert, wie sie innerhalb von zusammengesetzten Prozessen verwendet werden *können*, definiert die interne Repräsentation Konzepte für die Partikel, wie sie tatsächlich innerhalb eines zusammengesetzten Prozesses auftreten. Die Partikel der internen Repräsentation sind dabei immer Ausprägungen eines Partikels der Vorlagenrepräsentation.

Im Folgenden wird dargestellt, wie die Konzepte der beiden Teile des Metamodells jeweils zur Beschreibung von Prozessen verwendet werden. Instanzen der Vorlagenkonzepte *AtomicTemplate* und *InterfaceTemplate* beschreiben einzelne Aktivitäten in der Organisation bzw. Prozesse, die von anderen Parteien des CoBPIA Systems angefordert werden können. Um jedoch komplexe, zusammengesetzte Prozesse zu beschreiben, die entweder manuell entworfen oder von einem Algorithmus automatisch abgeleitet wurden, muss folgendermaßen vorgegangen werden:

1. Für jedes Auftreten eines einfachen Partikels (*AtomicTemplate* oder *InterfaceTemplate*) innerhalb eines zusammengesetzten Partikels wird eine Instanz eines *SimpleParticle* erzeugt, welche über die Relation *hasSimpleTemplate* auf die entsprechende Vorlage zurückverweist. Dabei muss ebenso für jeden Parameter der Vorlage (*InputParameterTemplate* und *OutputParameterTemplate*) eine Instanz des Konzepts *Parameter* erzeugt und mit *hasInput* bzw. *hasOutput* von dem *SimpleParticle* referenziert werden. Auch die so erzeugte Instanz von *Parameter* verweist auf die korrespondierende Vorlage (*hasParameterTemplate*).

2. Nun werden Instanzen der Konzepte *ParallelParticle*, *ChoiceParticle* oder *SequenceParticle* erzeugt und zusammen mit den in Schritt 1 erzeugten Partikeln so ineinander geschachtelt, dass sich der gewünschte Prozessablauf (Kontrollfluss) ergibt. Zusätzlich muss der Datenfluss definiert werden. Darauf wird im folgenden Abschnitt näher eingegangen.

3. Bis zu diesem Punkt wird der komplexe Prozess nur mit den Mitteln der internen Repräsentation beschrieben. Um den Prozess als verwendbar zu kennzeichnen, muss eine Vorlage geschaffen werden, indem eine Instanz von *CompositeTemplate* erzeugt wird. Diese muss mittels *isCompositeTemplateFor* auf das äußerste Partikel der in Schritt 2 erzeugten Schachtelung verweisen. Das Attribut *isPublic* wird typischerweise auf *true* gesetzt, es sei denn, der zusammengesetzte Prozess soll nicht in der Ontologie abgelegt werden, um eine leichte Wiederverwendung zu ermöglichen, sondern eben um die Verwendung eines solchen Partikels explizit zu verbieten. Der Prozessverantwortliche wird über *hasOwner* spezifiziert. Andere Eigenschaften des Prozesses, wie Vor- und Nachbedingungen, Parameter und Qualitätseigenschaften lassen sich aus den internen Partikeln ableiten.

Die vorherige Abbildung zeigt, dass Instanzen von *Parameter* mit mehreren Instanzen von *ProcessParticle* in Verbindung stehen können. Der Grund dafür ist, dass die Parameter eines zusammengesetzten Prozesses immer genau die Parameter der enthaltenen Partikel sind. Es ist damit nicht notwendig die Parameter eines zusammengesetzten Prozesses (wie z.B. in OWL-S) explizit zu modellieren. Stattdessen können sie einfach von den Subpartikeln übernommen werden. Wichtig ist, dass nicht alle Ein- und Ausgabeparameter der Subpartikel auch zu Ein- und Ausgaben (*hasInput* bzw. *hasOutput*) des zusammengesetzten Prozesses werden. Einige werden zu internen Parametern (*hasIntern*). Für welche Parameter das zutrifft, wird später erläutert.

8.3.1.3 Einfacher Datenfluss

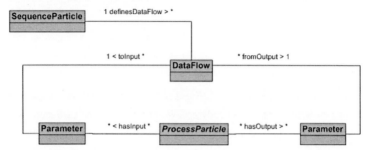

Abbildung 107: Einfacher Datenfluss

Während in den vorhergehenden Abschnitt gezeigt wurde, welche Konzepte zur Definition des Kontrollflusses das CoBPIA Metamodell vorgibt, wird in diesem Abschnitt erläutert wie Datenflüsse in und zwischen Prozessen ausgedrückt werden. Der Begriff Datenfluss wird hier verwendet, obwohl es prinzipiell auch möglich sein soll, Geschäftsprozesse zu beschreiben, die nicht nur Daten sondern auch physische Objekte bearbeiten.

Datenflüsse bestimmen, woher das Objekt stammt, das als Eingabeparameter durch ein Prozesspartikel verarbeitet werden soll. Wird das Objekt nicht vom Aufrufer des Prozesses vorgegeben, so bleibt als einzige andere Möglichkeit, dass es während des Prozessverlaufs erzeugt wird. Durch ein Partikel erzeugte Objekte werden im CoBPIA Metamodell als Ausgabeparameter modelliert. D.h., ein Datenfluss muss immer von einem Ausgabeparameter ausgehen und zu einem Eingabeparameter führen. Offensichtlich muss der Ausgabeparameter bereits erzeugt worden sein, bevor er an den Eingabeparameter des anderen Partikels übergeben wird. Daraus folgt, dass das Partikel, das den Ausgabeparameter produziert, zeitlich vor dem Partikel ausgeführt werden muss, das diesen als Eingabe benötigt. Zeitliche Reihenfolgen werden ausschließlich über das Konzept *SequenceParticle* festgelegt. Daher werden Datenflüsse über Instanzen von *SequenceParticle* definiert, indem diese mittels *definesDataFlow* auf beliebig viele *DataFlow* Instanzen verweisen.

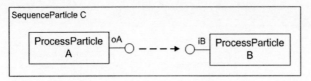

Abbildung 108: Beispiel für einfachen Datenfluss

Die Abbildung illustriert einen einfachen Datenfluss innerhalb des *SequenceParticle* C. Er geht von dem Ausgabeparameter „oA" des Prozesspartikels A aus und führt zum Eingabeparameter „iB" des Prozesspartikels B. Prozesspartikel A geht Prozesspartikel B voraus.

Partikel B muss nicht unbedingt ein direkter Nachfolger von Partikel A sein, es ist z.B. auch möglich, dass sich zwischen A und B noch ein weiteres Partikel befindet. Trotzdem kann ein Datenfluss von A nach B definiert werden.

Eine weitere Voraussetzung für einen Datenfluss ist, dass die Typen der beiden involvierten Parameter zusammenpassen. Um, Parametertypkompatibilität und Parametertypgruppen, exakt definieren zu können, was das bedeutet, gehen die folgenden Abschnitte zunächst näher auf die Konzepte ein, die der Spezifikation von Parametern dienen.

8.3.1.4 Parameterkombinationen

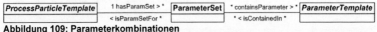

Abbildung 109: Parameterkombinationen

Die Abbildung zeigt das Konzept *ParameterSet*, über das sämtliche Parameter eines Prozesspartikels in ein oder mehrere Mengen eingeteilt werden. Diese Parametermengen beschreiben alle möglichen Kombinationen von Parametern, wie sie während der gesamten Ausführung eines Prozesses benötigt (Eingaben) bzw. erzeugt (Ausgaben) werden können. Das wird notwendig, sobald Instanzen eines *ChoiceParticle* verwendet werden, es kann aber auch zur Definition spezieller *SimpleParticle* verwendet werden. Das Beispiel illustriert diese Problematik.

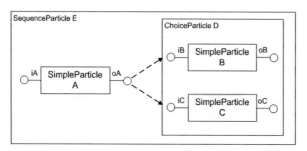

Abbildung 110: Beispiel für Parameterkombinationen

Das *SequenceParticle* E enthält zwei Subpartikel: *SimpleParticle* A und *ChoiceParticle* D. *ChoiceParticle* D wiederum enthält *SimpleParticle* B und C. Die in einem *ChoiceParticle* enthaltenen Parameter stellen Alternativen dar, d.h., es wird entweder B oder C ausgeführt. Daraus folgt, dass es zwei Ablaufmöglichkeiten und damit zwei mögliche Kombinationen gibt, in denen die Parameter bei der Ausführung von *ChoiceParticle* D auftreten können. Diese werden entsprechend über zwei Instanzen des Konzepts *ParameterSet* beschrieben: Eine enthält die Parameter „iB" und „oB", die andere „iC" und „oC". Daraus folgt, dass es auch zwei Ablaufmöglichkeiten und damit zwei Parameterkombinationen für das *SequenceParticle* E geben muss: Die eine Parmameterkombination enthält die Parameter „iA", „oA", „iB" und „oB" und die andere enthält „iA", „oA", „iC" und „oC".

Es ist auch zulässig, mehrere Parameterkombinationen für Instanzen von *SimpleTemplate* zu definieren. Dadurch lässt sich z.B. ausdrücken, dass ein Partikel bei der gleichen Eingabe unterschiedliche Ausgaben erzeugen kann, ohne dass vor der Ausführung bestimmt werden könnte, welche das sind. Während Parameterkombinationen für *SimpleTemplate* Instanzen explizit modelliert werden müssen, können die Parameterkombinationen zusammengesetzter Partikel automatisch abgeleitet werden.

8.3.1.5 Parameter und Parametertypen

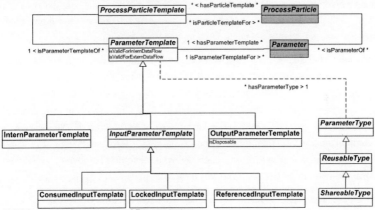

Abbildung 111: Parameter und Parametertypen

Dass Parameter die benötigten Ein- und erzeugten Ausgabeobjekte von Prozessen beschreiben, wurde bereits erläutert. Parametertypen definieren die Art dieser Objekte. Die vorherige Abbildung zeigt, welche Konzepte für die Definition von Parametern und Parametertypen zur Verfügung stehen.

Das Konzept *ParameterType* bildet die Wurzel für alle Parametertypdefinitionen. D.h., alle Parametertypen, die als Teil eines Anwendungsbereichs definiert werden, sind (ggf. indirekte) Subkonzepte von *ParameterType*. Ontologiebeschreibungssprachen wie OWL bieten bereits Konzepte zur Spezifikation einer Parametertyphierarchie und der Parametertypen selbst. So kann das OWL *subClassOf* Element verwendet werden, um Generalisierungs- und Spezialisierungsbeziehungen zu definieren. Mittels *DataProperty* und *ObjectProperty* können Eigenschaften der Typen und Beziehungen zwischen ihnen festgelegt werden. Das bedeutet, dass die Parametertypen eines bestimmten Anwendungsbereichs als Konzepte beschrieben werden, und *hasParameterType* deshalb ausgehend von einer bestimmten *ParameterTemplate* Instanz auf ein Konzept zeigt, und nicht, wie für Beziehungen auf Instanzebene üblich auf eine andere Instanz. Aus diesem Grund ist diese Beziehung hier gesondert dargestellt.

Die Attribute *isValidForInternDataFlow* und *isValidForExternDataFlow* geben an, ob der Parameter für Datenflüsse verwendet werden darf, bei denen der andere Parameter von einem eigenen bzw. einem fremden Prozesspartikel stammt. Damit kann z.B. verhindert werden, dass unternehmensinterne Objekte beim Ablauf von Geschäftsprozessen an andere Unternehmen weitergegeben werden. In diesem Fall wird *isValidForExternDataFlow* des entsprechenden Ausgabeparameters auf *false*

467

gesetzt. Für jeden Parameter muss mindestens eines der beiden Attribute auf *true* gesetzt sein, da sonst kein Datenfluss möglich wäre und der Parameter damit keinen Sinn hätte. Sollen für einen Parameter diesbezüglich keine Einschränkungen gemacht werden, so müssen beide Attribute den Wert *true* haben.

Parameter sind immer einem Partikel zugeordnet. Über *isParameterTemplateOf* verweist ein *ParameterTemplate* auf die Partikelvorlage zurück, zu der es gehört. Tatsächlich ist *isParameterTemplateOf* die inverse Beziehung zu *hasInputTemplate* und *hasOutputTemplate*. Das Gegenstück in der internen Repräsentation zu *isParameterTemplateOf* ist *isParameterOf*. Die eindeutige Zuordnungen von Parametern der internen Repräsentation zu ihrer Parametervorlage erfolgt über *hasParameterTemplate*. Jedem *ParameterTemplate* ist über *hasParameterType* genau ein Typ zugeordnet.

ParameterTemplate, das allgemeine Konzept zur Beschreibung von Parametervorlagen, hat drei direkte: *InternParameterTemplate*, *InputParameterTemplate* sowie *OutputParameterTemplate*. Das *InputParameterTemplate* wiederum kennt die Spezialisierungen *ConsumedInputTemplate*, *LockedInputTemplate* und *ReferencedInput-Template*, durch welche mögliche Eingabearten unterschieden werden. Mit *ConsumedInputTemplate* werden Eingabeparameter beschrieben, die während der Ausführung des zugehörigen Partikels zerstört werden und damit nach der Ausführung des Partikels nicht mehr zur Verfügung stehen. Das Konzept kann auch verwendet werden, um durch die Anwendung eines Partikels bewirkte Änderungen an einem Objekt auszudrücken. Das Objekt wird dem Partikel in diesem Fall als *ConsumedInputTemplate* zur Verfügung gestellt und dann als *OutputParameterTemplate* wieder ausgegeben. Nachbedingungen drücken die Änderungen an dem Objekt aus. Ein Beispiel ist ein Partikel „Lackiere Auto rot", das bei der Ausführung ein Auto „konsumiert" und dann ein Auto ausgibt, dessen Farbe über die Nachbedingung als rot definiert ist. Alle anderen Eigenschaften stimmen mit denen des Eingabeautos überein. Über *LockedInputTemplate* werden Eingabeparameter beschrieben, die durch die Ausführung eines entsprechenden Partikels nicht zerstört oder verändert werden, für die aber ein exklusiver Zugriff notwendig ist. D.h., kein anderes Partikel darf zur gleichen Zeit auf das Objekt zugreifen. Nachfolgende Partikel können das gleiche Objekt jedoch erneut verwenden. Im Gegensatz dazu können über *ReferencedInputTemplate* beschriebene Parameter zusätzlich von parallel ausgeführten Partikeln gleichzeitig verwendet werden. Das können z.B. Datensätze sein, die durch die Ausführung des Partikels nicht geändert werden.

Es können keine direkten Instanzen des Konzepts *InputParameterTemplate* erzeugt werden. Dies ist nur über dessen oben beschriebene Subkonzepte erlaubt. Welche dieser Subkonzepte zulässig sind, hängt jedoch von der Typisierung des Parameters ab. Es wurde bereits erklärt, dass alle Parametertypen als Subkonzepte von *ParameterType* definiert werden. Das Metamodell enthält bereits zwei Spezialisierungen von *ParameterType*: *ReusableType* und *ShareableType*. Alle Typen erlauben die Anwendung von *ConsumedInputTemplate*. Ist ein Typ als Subkonzept von *ReusableType* definiert, dann darf auch *LockedInputTemplate* verwendet werden. *ShareableType* erlaubt zusätzlich die Definition von entsprechenden Parametern als *ReferencedInputTemplate*.

Das bedeutet, dass zwei Bedingungen Einfluss darauf haben, wie oft und wo ein während des Prozessablaufes generierter Ausgabeparameter einem Partikel über einen Datenfluss als Eingabe zur Verfügung gestellt werden kann.

1. Die Parametertypdefinition: Je nachdem, von welchem der drei oben beschriebenen Typkonzepte der Parametertyp abgeleitet ist, sind verschiedene Eingabearten durch das Partikel zulässig (*ConsumedInputTemplate*, *LockedInputTemplate* und/oder *ReferencedInputTemplate*).

2. Die Wahl der Eingabeart: Sie bestimmt bei der Modellierung des Partikels, ob und wo das gleiche Objekt auch anderen Parametern prinzipiell als Eingabe zur Verfügung steht. Wird der Parameter etwa konsumiert (*ConsumedInputTemplate*), so können nachfolgende oder parallele Partikel nicht auf das gleiche Objekt zurückgreifen. Wird der Parameter jedoch nur referenziert (*ReferencedInputTemplate*), können sowohl nachfolgende als auch parallele Partikel das gleiche Objekt als Eingabe verwenden.

Nachdem nun die verschiedenen Arten von Eingabeparametern dargestellt wurden, soll nun auf eine Besonderheit der Ausgabeparameter eingegangen werden. Ausgabeparameter haben ein Attribut *isDisposable*. Ist dieses auf *false* gesetzt, so muss der Ausgabeparameter während der Ausführung eines Gesamtprozesses konsumiert werden, oder explizit als Ergebnis des Prozesses angefordert worden sein. Ist das Attribut auf *true* gesetzt, so ist das nicht unbedingt notwendig. So könnte z.B. ein Prozesspartikel, das für die Durchführung einer chemischen Reaktion steht, als Ausgabeparameter ein toxisches Abfallprodukt erzeugen. Dadurch, dass *isDisposable* in diesem Fall auf *false* gesetzt wird, kann erzwungen werden, dass ein nachfolgendes Partikel dieses Abfallprodukt zerstört, indem es von dem Partikel als Eingabe konsumiert wird (*ConsumedInputTemplate*). Wird das *isDisposable* Attribut hingegen auf *true* gesetzt, bedeutet dies, dass das hier erzeugte Objekt während des Prozessverlaufs nicht weiter beachtet werden muss, es kann vernachlässigt werden.

An dieser Stelle kann nun die offene Frage beantwortet werden: Welche Ein- und Ausgabeparameter von Subpartikeln eines zusammengesetzten Partikel werden auch zu Ein- bzw. Ausgaben des zusammengesetzten Partikels, und welche dieser Parameter wirken nur intern im zusammengesetzten Partikel?

Alle Eingabeparameter von Subpartikeln, die für mindestens einen der möglichen Abläufe des Prozesses keine Zuweisung durch einen Datenfluss erhalten, werden auch für das zusammengesetzte Partikel zum Eingabeparameter. Alle anderen Eingaben des Subpartikels, also solche, die in jedem Fall eine Zuweisung durch einen Datenfluss erhalten, werden für das zusammengesetzte Partikel als intern gekennzeichnet. Denn für diese Eingaben ist keine Zuweisung von außen notwendig. Damit sind die Eingabeparameter „iB" und „iC" für die Sequenz auf intern, „iA" hingegen nicht.

Alle Ausgabeparameter von Subpartikeln, die für mindestens einen der möglichen Abläufe des Prozesses nicht durch ein nachfolgendes Partikel konsumiert werden (*ConsumedInputTemplate*), werden auch für das zusammengesetzte Partikel zum Ausgabeparameter. Alle anderen Ausgaben des enthaltenen Partikels, also solche, die in jedem Fall im Prozessverlauf konsumiert werden, werden für das zusammengesetzte Partikel als intern gekennzeichnet, denn diese stehen nach außen hin nicht mehr zur Verfügung. Damit ist der Ausgabeparameter „oA" für die Sequenz intern, falls „iB" und „iA" beides Instanzen von *ConsumedInputTemplate* sind. Die Ausgabeparameter „oB" und „oC" hingegen sind nicht intern.

Für zusammengesetzte Partikel, die wiederum andere zusammengesetzte Partikel beinhalten, gilt, dass interne Parameter der enthaltenen Partikel auch für den übergeordneten Partikel intern sind.

Obwohl dadurch bereits einige Ausgabeparameter für einen Gesamtprozess als intern gekennzeichnet werden, ist es möglich, dass der Prozess Ausgaben enthält, die als belanglose Nebenprodukte betrachtet werden. Diese können beim Design des Prozesses (manuell oder automatisch) explizit als intern für den zusammengesetzten Prozess definiert werden. Das ist jedoch nur zulässig, wenn das Attribut *isDisposable* des Ausgabeparameters auf *true* gesetzt ist. Denn nur in diesem Fall darf dieser Parameter ignoriert werden.

Bis auf die zuletzt erläuterte Möglichkeit, Ausgabeparameter explizit als intern zu kennzeichnen, kann die Information darüber, ob ein Parameter intern ist, automatisch abgeleitet werden. Auch Instanzen von *InternParameterTemplate* müssen nicht explizit modelliert werden, da sich diese aus den internen Parametern (*hasIntern*) des korrespondierenden *CompositeParticle* ableiten lassen.

8.3.1.6 Constraints

Vor- und Nachbedingungen von Prozesspartikeln werden in CoBPIA durch Constraints ausgedrückt. Vorbedingungen geben an, welche Voraussetzungen für die Eigenschaften von Eingabeparametern erfüllt sein müssen, damit der Partikel angewandt werden kann. Nachbedingungen bestimmen die Eigenschaften von Ausgabeparametern und können sich dabei auf Eigenschaften von Eingabeparametern beziehen. Allgemein setzen Constraints die Eigenschaften von Parametern eines Prozesspartikels zu einander in Beziehung. So kann z.B. Gleichheit und Ungleichheit zweier Parametereigenschaften ausgedrückt werden. Für das CoBPIA System wurde eine Zeichenkettendarstellung entwickelt, die einfach zu parsen ist, so dass die Constraints leicht an die für CoBPIA entwickelte CSP-Komponente[976] zur Auswertung übergeben werden können.

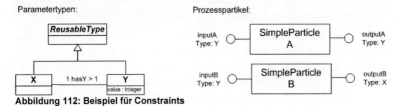

Abbildung 112: Beispiel für Constraints

Anhand der in der vorherigen Abbildung dargestellten Parametertypen und Prozesspartikel soll die Syntax von Constraints beispielhaft erläutert werden. So kann über eine Vorbedingung ausgedrückt werden, dass der über den Eingabeparameter „inputA" gekapselte Wert größer als null sein soll:

gt([[inputA].[value]],0)

Das Constraint gt(a,b) wird zu wahr ausgewertet, falls die Variablen a und b so belegt werden können, dass a größer als b ist. Um Parametereigenschaften als Constraintvariablen zu verwenden, wird ein Ausdruck mit einer bestimmten Syntax verwendet. Der gesamte Ausdruck wird mit eckigen Klammern umschlossen. Zuerst wird der Name des Parameters genannt, dann folgt durch einen Punkt der Name der Eigenschaft des Parameters. Auch die Namen werden mit eckigen Klammern umschlossen.

Über eine Nachbedingung kann festgelegt werden, dass der Wert von „outputA" um eins höher sein soll, als der Wert von „inputA":

eq([[outputA].[value]],plus([[inputA].[value]],1))

Über das Constraint eq(a,b) wird die Gleichheit der Variablen a und b verlangt. Variable b wird hier über den Term plus(x,y) berechnet.

---

[976]   Vgl. Prudlo (2005), S. 53 ff.

Das folgende Constraint verlangt, dass der Wert des Objektes vom Typ Y, das von „outputB" über die Eigenschaft „hasY" referenziert wird, gleich dem Wert von „inputB" sein soll.

eq([[outputB].[hasY].[value]],[[inputB].[value]])

Es ist also möglich, Eigenschaften als Variablen zu verwenden, die nicht direkt Eigenschaften des Parameters sind. Dafür können in den entsprechenden Ausdrücken ausgehend von dem Parameternamen beliebig viele Eigenschaften aufgezählt werden. Einzige Voraussetzung ist, dass diese tatsächlich jeweils als Eigenschaft des Typs der vorhergehenden Eigenschaft definiert sind. So ist in diesem Beispiel value eine Eigenschaft von Y und Y ist der Typ der vorhergehenden Eigenschaft hasY.

Prudlo[977] beschreibt alle Constraints und Terme, die für die Beschreibung der Vor- und Nachbedingungen der Prozesspartikel zur Verfügung stehen.

Weiterhin ist es wichtig, dass Constraints, also Vor- und Nachbedingungen eines Partikels, nicht für alle Parameterkombinationen zutreffen. Dies kann anhand des dargestellten zusammengesetzten Partikels erläutert werden. Angenommen für „iB" und „iC" sind über das entsprechende SimpleParticle Vorbedingungen definiert worden. Die Parameterkombination von ChoiceParticle D, die „iB" enthält, wird nicht von der Vorbedingung beeinflusst, die für „iC" definiert wurde. Constraints brauchen nicht explizit zu entsprechenden Parameterkombinationen in Relation gesetzt werden. Welche Constraints zu einer bestimmten Parameterkombination gehören, kann automatisch abgeleitet werden, indem nur die Constraints beachtet werden, die sich ausschließlich auf Parameter beziehen, die auch in der Parameterkombination enthalten sind.

8.3.1.7 Parametertypkompatibilität und Parametertypgruppen

Es wurde bereits angesprochen, dass als Voraussetzung für die Definition eines Datenflusses, die Typen der beiden involvierten Parameter übereinstimmen müssen. Mit dem Wissen über die Spezifikation von Parametertypen kann nun genau festgelegt werden, was das bedeutet: Ein Eingabeparameter kann genau solche Objekte entgegennehmen, deren Typ gleich dem Typ oder eine Spezialisierung (ein Subkonzept) des Typs des Eingabeparameters ist. Das Beispiel in der folgenden Abbildung illustriert diese Festlegung: Es wird angenommen, dass in einem Anwendungsbereich Autos als Parametertyp spezifiziert werden, wobei Gabelstapler und PKW spezielle Autos sind. Weiterhin kennt eine Organisation, die auf diesen Parametertypen aufsetzt, einen Prozesspartikel zur Reparatur von Autos. Dieses Partikel, das den Eingabeparameter „inCar" vom Typ Auto entgegennimmt, kann ebenso Objekte vom Typ Gabelstapler akzeptieren, da diese als spezielle Autos

---

[977]   Vgl. Prudlo (2005), S. 69.

definiert sind. Für Datenflüsse bedeutet das allgemein, dass der Typ des Ausgabeparameters entweder gleich dem Typ oder eine Spezialisierung des Typs des Eingabeparameters ist. Der Ausgabeparameter ist dann zu dem Eingabeparameter kompatibel.

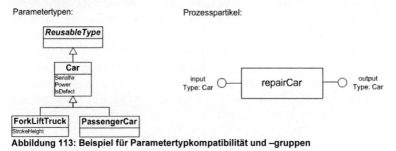

Abbildung 113: Beispiel für Parametertypkompatibilität und –gruppen

Zudem kann über das in folgender Abbildung dargestellte *EqualTypeParamGroup* Konzept explizit festgelegt werden, dass die Typen mehrerer Parameter des gleichen Partikels gleich sind. Warum das notwendig sein kann, wird ebenfalls durch das in vorheriger Abbildung dargestellte Beispiel erläutert.

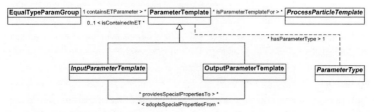

Abbildung 114: Parametertypgruppen

Das Partikel „repairCar" konsumiert den Eingabeparameter „inCar" vom Typ Auto und erzeugt wiederum einen Ausgabeparameter „outCar", der ebenfalls den Typ Auto hat. Über eine Vorbedingung wird verlangt, dass das Eingabeauto defekt sein muss. Eine Nachbedingung sagt aus, dass das Ausgabeauto repariert, also nicht mehr defekt ist. Weiterhin muss dargelegt werden, dass das Ausgabeauto dem Eingabeauto entspricht. Das geschieht ebenfalls über Nachbedingungen. Diese legen fest, dass die Eigenschaften des Eingabeparameters (u. a. die Seriennummer) mit denen des Ausgabeparameters übereinstimmen. Wie oben erläutert, sind CoBPIA Prozesspartikel insofern generisch, als dass sie auch ein Objekt als Eingabe entgegennehmen, dessen Typ eine Spezialisierung des entsprechenden Eingabeparametertyps ist. D.h., mit dem dargestellten Partikel können auch spezielle Autos, wie Gabelstapler und PKW repariert werden. Ohne das *EqualTypeParamGroup* Konzept würde diese Typinformation für den

473

Ausgabeparameter jedoch verloren gehen, denn dieser ist noch immer vom Typ Auto. Die Information, dass es sich bei dieser Ausgabe eigentlich um einen Gabelstapler anstatt um irgendein Auto handelt, kann jedoch für die Anwendbarkeit nachfolgender Partikel innerhalb eines Gesamtprozesses von entscheidender Bedeutung sein. So liegt z.B. auf der Hand, dass sich nur ein Gabelstapler für die Entnahme schwerer Lasten aus einem Hochregal eignet. Die Lösung liegt in der Anwendung des *EqualTypeParamGroup* Konzepts. Aus diesem Konzept wird bei der Definition des „repairCar" Partikels eine Instanz erzeugt, die sowohl das Eingabeauto als auch das Ausgabeauto enthält (*containsETParameter*). Wenn nun ein Gabelstapler repariert wird, kann automatisch abgeleitet werden, dass das Ergebnis tatsächlich auch ein Gabelstapler ist. Die Typinformation bleibt damit also erhalten. Diese Idee findet sich auch in den generischen Methoden von Java[978] und in den Funktionstemplates von C++[979] wieder.

Weiterhin stellt sich die Frage, wie in diesem Zusammenhang definiert werden kann, dass die Eigenschaften eines Ausgabeparameters mit denen eines Eingabeparameters übereinstimmen. Normalerweise wird das durch die Definition von Nachbedingungen erreicht. Nachbedingungen können jedoch nur für Eigenschaften der für die Parameter festgelegten Typen definiert werden. In dem Beispiel sind das die Eigenschaften des Typs Auto. Spezialisierungen des Parametertyps haben jedoch weitere Eigenschaften, so z.B. die Hubhöhe des Gabelstaplers. Diese Eigenschaften können im Prozessverlauf bereits durch Constraints näher bestimmt worden sein. Bei der Anwendung des Partikels „repairCar" würden diese Informationen für den entsprechenden Ausgabeparameter jedoch verloren gehen. Abhilfe schafft die *providesSpecialPropertiesTo* Beziehung, die in diesem Fall vom Eingabeauto auf das Ausgabeauto verweist. Damit kann automatisch abgeleitet werden, dass Eigenschaften, die durch Spezialisierungen des eigentlichen Parametertyps hinzukommen, für die entsprechenden Ein- und Ausgabeparameter (hier also die Hubhöhe) gleichgesetzt werden müssen.

---

[978] Vgl. Bracha (2004), S. 7 ff.
[979] Vgl. Erlenkötter, Reher (1994), S. 217 ff.

8.3.2 Datenfluss und Parametereigenschaften

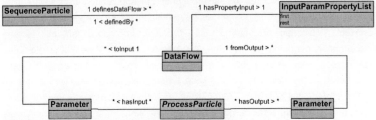

Abbildung 115: Datenfluss und Parametereigenschaften

Mit dem Wissen darüber, wie Parameter und Parametertypen definiert sind, kann das Datenflusskonzept verfeinert werden.

So wie das Konzept *DataFlow* bisher definiert wird, ist es nur möglich, vollständige Ausgabeparameter als Eingaben für nachfolgende Partikel zu verwenden. Die im Folgenden erläuterte Verfeinerung erlaubt es auch, dafür einzelne Eigenschaften von Ausgabeparametern zu benutzen. Dadurch kann vermieden werden, dass Hilfspartikel definiert werden müssen, die nur der Extraktion einer Parametereigenschaft dienen.

Um einen Datenfluss zu definieren, dessen Quelle die Eigenschaft eines Parameters ist, referenziert die entsprechende *DataFlow* Instanz eine *InputParamPropertyList*. Die *InputParamPropertyList* ist eine sortierte Liste von Bezeichnern von Parametertypeigenschaften mit mindestens einem Element. Die erste Eigenschaft gehört zu dem vom Datenfluss referenzierten Ausgabeparameter. Diese Eigenschaft bezieht sich wiederum auf ein Objekt mit einem bestimmten Parametertyp. Somit können in der Liste weitere Eigenschaften enthalten sein, die zu dem Parametertyp gehören, der durch die jeweils vorherige Eigenschaft bestimmt ist. Die Quelle des Datenflusses ist nun ein Objekt des Typs, das durch die letzte der aufgezählten Eigenschaften bestimmt wird. Dieser Typ muss mit dem Eingabeparameter des Datenflusses übereinstimmen.

Die Anwendung dieser speziellen Datenflüsse unterliegt jedoch einigen Einschränkungen. Über eine *InputParamPropertyList* dürfen ausschließlich Eigenschaften aufgezählt werden, deren Wertebereich wieder durch ein Subkonzept von *ParameterType* beschrieben ist. Hingegen ist es nicht erlaubt, Eigenschaften aufzunehmen, deren Wertebereich auf einfache Datentypen, wie z.B. Zeichenketten oder ganze Zahlen festgelegt ist. Der Grund liegt darin, dass Eingabeparameter auch immer durch Spezialisierungen von *ParameterType* und nicht durch einfache Datentypen beschrieben werden. Darüber hinaus ist die Anwendung auf Datenflüsse beschränkt, deren Ziel ein *LockedInputTemplate* oder ein *ReferencedInputTemplate* ist. Für Eingabeparameter, die als Instanzen von

475

ConsumedInputTemplate definiert sind, sind solche speziellen Datenflüsse nicht zulässig. In diesem Fall würde die entsprechende Eingabe zerstört und es wäre nicht definiert was mit dem Rest des in den Datenfluss involvierten Ausgabeparameters geschieht. Weiterhin dürfen in die *InputParamPropertyList* nur solche Eigenschaften aufgenommen werden, die bei der Definition der Parametertypen explizit dafür vorgesehen wurden. Um festzulegen, dass eine Eigenschaft Quelle eines Datenflusses sein darf, muss diese Eigenschaft als Spezialisierung der im CoBPIA Metamodell definierten Eigenschaft *accessableMember* definiert werden. So wäre es z.B. nicht hilfreich, die Einspritzpumpe eines Autos als eine für solche Datenflüsse zugängliche Eigenschaft zu definieren. Denn um auf die Einspritzpumpe zugreifen zu können, müssen Aktivitäten ausgeführt werden, die sich besser über Prozesspartikel beschreiben lassen. Im Gegensatz dazu, kann es z.B. nützlich sein, Teildatensätze eines Gesamtdatensatzes als *accessableMember* festzulegen. Verfügt man über einen solchen Gesamtdatensatz, stellt es üblicherweise keinen zusätzlichen Aufwand dar, auch auf die Teildaten zuzugreifen.

Das folgende illustrierte Beispiel soll die Verwendung von Parametereigenschaften als Quelle von Datenflüssen verdeutlichen.

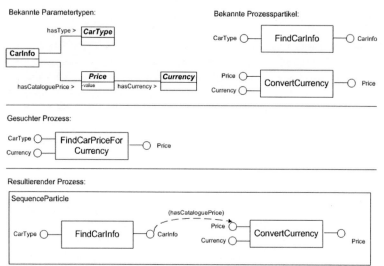

Abbildung 116: Beispiel für Datenfluss und Parametereigenschaften

Der obere Teil der Abbildung zeigt einen kleinen Ausschnitt aus einer möglichen Parametertypontologie (die Spezialisierungsbeziehungen zu *ParameterType* werden hier aus Gründen der Übersichtlichkeit nicht dargestellt): Preise haben einen Wert und stehen in Beziehung zu einer Währung, die diesen Wert näher bestimmt.

„CarInfo" bezieht sich auf den Typ eines Autos und den Katalogpreis des Herstellers des entsprechenden Autotyps. Natürlich könnten diese Konzepte noch weitaus mehr Informationen enthalten. Der hier dargestellte Ausschnitt reicht für dieses Beispiel aber aus.

Eine Organisation, die auf diese Parametertypen aufsetzt, kennt u. a. die Partikel „FindCarInfo" und „ConvertCurrency". „FindCarInfo" ermittelt für einen gegebenen Autotyp die entsprechende Typinformation. „ConvertCurrency" wandelt einen gegebenen Preis irgendeiner Währung in den Preis einer gegebenen Währung um. Die Constraints sind hier nicht angegeben. Beispielsweise hat „ConvertCurrency" eine Nachbedingung, die besagt, dass die Währung des Ausgabepreises gleich der Eingabewährung ist. In der Abbildung sind nur die Typen, nicht die Namen der Parameter angegeben.

Der mittlere Teil der Abbildung zeigt einen gesuchten Prozess, der den Preis eines gegebenen Autos in einer ebenfalls gegebenen Währung liefern soll. Auch dieses Partikel ist zusätzlich durch Constraints spezifiziert. Da das Partikel zunächst nicht bekannt ist, muss es also aus den vorhandenen Partikeln zusammengesetzt werden. Das kann manuell oder wie mit dem CoBPIA System automatisch geschehen. In jedem Fall ist die Lösung eine Sequenz aus einem „FindCarInfo" und einem „ConvertCurrency" Partikel, wie im unteren Teil der Abbildung dargestellt. Auch wenn die Typen „CarInfo" des Ausgabeparameters und „Preis" des Eingabeparameters nicht zueinander passen, kann ein Datenfluss zwischen den beiden Parametern festgelegt werden. Der Datenfluss wird dabei so definiert, dass die Quelle nicht der Ausgabeparameter selbst, sondern dessen Eigenschaft „hasCataloguePrice" ist. Somit stimmen die Typen der Quelle und des Ziels des Datenflusses überein. Der Gesamtprozess benötigt nun nur noch die Eingabe eines Autotyps und einer Währung, um den entsprechenden Preis zu ermitteln, und entspricht damit genau der Anforderung. Ohne die Verfeinerung des Datenflusskonzeptes wäre dieser Prozess mit den beiden gegebenen Partikeln nicht möglich gewesen.

8.3.2.1 Qualitätseigenschaften

Die folgende Abbildung zeigt, welche Subkonzepte von *QualityProperty* durch das CoBPIA Metamodell spezifiziert werden, um weitere Eigenschaften von Prozesspartikeln zu definieren.

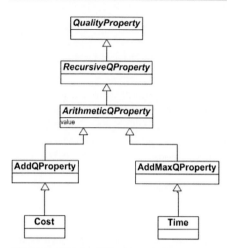

Abbildung 117: Qualitätseigenschaften

RecursiveQProperty wird verwendet, um Eigenschaften zu beschreiben, die für Instanzen von *AtomicTemplate* explizit spezifiziert werden, während sie für zusammengesetzte Partikel rekursiv berechnet werden. Ein mögliches Subkonzept ist *ArithmeticQProperty*, das einen arithmetischen Wert enthält.

AddQProperty wird für zusammengesetzte Partikel berechnet, indem die entsprechenden Werte der enthaltenen Partikel rekursiv addiert werden. Eine mögliche Anwendung ist die Berechnung der durch einen Prozess verursachten Kosten (*Cost*).

AddMaxQProperty wird für Instanzen von *SequenceParticle* berechnet, indem die entsprechenden Werte der enthaltenen Partikel addiert werden. Für *ParallelParticle* und *ChoiceParticle* wird der maximale Wert der enthaltenen Partikel ermittelt. Eine mögliche Anwendung ist die Berechnung der durch einen Prozess benötigten Zeit (*Time*).

Wenn das oben genannte Konzept verwendet wird, um die benötigte Zeit eines Prozesses zu berechnen, muss beachtet werden, dass hierbei von der unverzüglichen Ausführung der Prozesspartikel ausgegangen wird. So wird z.B. die Zeit, die möglicherweise für den Transport von Objekten bei Datenflüssen zwischen Subpartikeln von Sequenzen benötigt wird, nicht berücksichtigt. Außerdem ist zu beachten, dass die in einem *ParallelParticle* enthaltenen Subpartikel zwar nebenläufig, also unabhängig von einander, jedoch nicht zwangsläufig gleichzeitig ausgeführt werden.

8.3.3 Abbildung eines Anwendungsbereiches

Dieser Abschnitt erläutert, wie ein Anwendungsbereich mit Hilfe des im vorhergehenden Kapitel eingeführten Metamodells abgebildet werden kann. Zunächst wird die Unterscheidung zwischen öffentlichem und privatem Wissen verdeutlicht und die allgemeine Methodik zur Modellierung einer Domäne über das CoBPIA Metamodell vorgestellt. Danach wird dieses Vorgehen anhand eines Beispielszenarios illustriert.

8.3.3.1 Öffentliches und privates Wissen

Die Vorgehensweise zur Beschreibung eines Anwendungsbereiches mit Hilfe des CoBPIA Metamodells lässt sich grob in zwei Schritte unterteilen. Während des ersten Schrittes werden vor allem die für den Anwendungsbereich relevanten Objekte in einer für alle Teilnehmer des CoBPIA Systems gemeinsamen Parametertyphierarchie abgebildet. Im zweiten Schritt definieren die Teilnehmer des Systems ihre Prozesspartikel. Im Folgenden werden diese beiden Schritte näher beleuchtet.

Parametertypen als öffentliches Wissen

Alle für den Anwendungsbereich relevanten Objekte sind potentielle Eingabe- und Ausgabegrößen von Geschäftsprozessen in diesem Anwendungsbereich. Wie bereits erläutert, werden Ein- und Ausgaben von Prozessen in der CoBPIA Ontologie als Parameter von Prozesspartikeln beschrieben. Deshalb müssen die Arten der Objekte des Anwendungsbereiches als Parametertypen spezifiziert werden. Dazu werden in einer Anwendungsbereichsontologie Subkonzepte von *ParameterType* und dessen Spezialisierungen definiert.

Bei der Festlegung der Parametertyphierarchie ist Mehrfachvererbung zulässig. D.h., ein Parametertyp darf Subkonzept mehrerer anderer Parametertypen sein. Damit können parallele Taxonomien von Parametertypen aufgestellt werden, wobei der gleiche Parametertyp in mehreren Taxonomien vorkommt. Das erleichtert die Definition generischer Prozesspartikel, die auf der Parametertyphierarchie aufbauen.

Für die Aushandlung gemeinsamer Prozesse anhand der von den Partikeln verwendeten bzw. erzeugten Parameter ist es notwendig, dass sich alle Teilnehmer des CoBPIA Systems grundsätzlich auf die gleiche Parametertypspezifikation beziehen. Deshalb ist diese Hierarchie öffentlich, also allen Teilnehmern gleichermaßen zugänglich. Es bietet sich an, dass diese Parametertypspezifikation von den Teilnehmern gemeinsam entwickelt wird.

Auch die Repräsentation der Teilnehmer selbst als Instanzen von *ProcessOwner* wird in die öffentliche Anwendungsbereichsontologie aufgenommen.

Prozesspartikel als privates Wissen

Das in diesem Abschnitt beschriebene Prozesswissen wird für jeden CoBPIA Teilnehmer einzeln definiert und ist den jeweils anderen Teilnehmern nicht zugänglich. Allerdings stützt sich dieses private Wissen auf das im vorhergehenden Abschnitt beschriebene gemeinsame Wissen. Ein am CoBPIA System teilnehmendes Unternehmen definiert bekannte Aktivitäten in seiner Faktenbasis als Prozesspartikel. Zur Beschreibung der Parametertypen und der Prozessverantwortlichen von Partikeln muss dabei auf die über das öffentliche Wissen zugänglichen Konzepte bzw. Instanzen zurückgegriffen werden.

Einzelne Aktivitäten werden als atomare Partikel (*AtomicTemplate*) modelliert. Die so abgebildeten Aktivitäten sollten möglichst eigenständig sein, sie sollten sich also nicht in weitere Aktivitäten zerlegen lassen, die für sich alleine auch noch sinnvoll sind. Welche Einzelaktivitäten noch als sinnvoll angesehen werden, ist vor allem davon abhängig, ob sie vom Modellierer als bedeutsam eingeschätzt werden. Eine exakte Definition kann hier nicht gegeben werden. Es ist jedoch zu beachten, dass die Menge der definierten atomaren Partikel die Performanz eines automatischen Systems zur Ableitung zusammengesetzter Partikel beeinflusst. Je mehr Partikel definiert sind, desto mehr Zeit wird für die Ableitung eines zusammengesetzten Partikels benötigt, der bestimmten Anforderungen genügt. Werden jedoch zu wenig Partikel definiert, kann unter Umständen überhaupt kein der Anforderung entsprechender Partikel abgeleitet werden. Weiterhin sollten atomare Prozesspartikel möglichst generisch sein, d.h., sie sollten Eingabeparameter akzeptieren, deren Typen in der öffentlichen Parametertyptaxonomie durch möglichst viele Subkonzepte spezialisiert werden. Dadurch können die Partikel entsprechend vielseitig angewendet werden.

Atomare Partikel können auch verwendet werden, um Objekte zu beschreiben, die in der Organisation immer zur Verfügung stehen, ohne dass für deren Verwendung bestimmte Vorbedingungen erfüllt sein müssen. Dazu werden Partikel modelliert, die keinerlei Eingaben benötigen, um einen bestimmten Ausgabeparameter zu erzeugen. Diese Partikel können aber ebenso wie alle anderen Partikel mit Kosten oder Zeit behaftet sein. Die Eigenschaften des Ausgabeparameters können über Nachbedingungen näher spezifiziert worden sein.

Die Schnittstellen von Prozessen, deren Ausführung bei anderen Teilnehmern des CoBPIA Systems angefordert werden kann, werden über das *InterfaceTemplate* Konzept modelliert. Woher diese Schnittstellen kommen, soll an dieser Stelle nicht im Detail erörtert werden. Es ist aber z.B. denkbar, dass die Teilnehmer Schnittstellen von Prozessen, die sie anderen zur Verfügung stellen wollen, über ein

Blackboardsystem zugänglich machen. Corkill[980] erläutert die Verwendung von Blackboardsystemen.

Weiterhin können auch komplexe Prozesse in der Faktenbasis abgelegt werden, die sich aus Teilprozessen zusammensetzen. Damit können z.B. Prozesse gespeichert werden, die sich in ihrem Ablauf bereits bewährt haben und nicht erneut abgeleitet werden brauchen.

Wie bereits erläutert, sind Parametertypen im Gegensatz zu Partikeln grundsätzlich allen Teilnehmern eines CoBPIA Systems zugänglich, um die Aushandlung gemeinsamer Prozesse zu ermöglichen. Es ist aber auch möglich, Parametertypen zu definieren, die nur einem einzelnen Teilnehmer zugänglich sind. Für alle Parameter dieses Typs muss dann das Attribut *isValidForInternDataFlow* auf *true* und *isValidForExternDataFlow* auf *false* gesetzt sein. Das bedeutet, dass für diese Parameter nur Objekte in Frage kommen, die von dem gleichen Teilnehmer stammen, denn nur diesem ist der Typ bekannt.

Partikel werden nicht wie Parametertypen in einer Taxonomie angeordnet. Ihre Bedeutung definiert sich allein über die durch sie beschriebene Transformation von Ein- in Ausgaben. Die Spezifikation der Parametertypen erfolgt über die Definition von Konzepten und Relationen zwischen ihnen und kann daher als Ontologie angesehen werden. Das Prozesswissen wird jedoch über Instanzen der Konzepte aus dem Metamodell definiert und bezieht sich dabei zusätzlich auf die Konzepte der Parametertypontologie. Aus der Sicht von Chandrasekaran et al.[931] ist auch dies eine Ontologie. Im Gegensatz dazu würden Swartout et al.[932] das Prozesswissen einer Organisation eher als Wissens- oder Faktenbasis bezeichnen

8.3.3.2 Abbildung eines Beispielszenariums

Um belegen zu können, dass sich das CoBPIA Metamodell tatsächlich zur Modellierung und Abbildung von Geschäftsprozessen eignet, wurde ein Beispielszenarium im Bereich der Automobilindustrie ausgearbeitet. Es umfasst drei Akteure: eine Firma, die Autowerkstätten unterhält (CarKlar), einen Autohersteller (CaPUT) sowie eine Organisation, die die Einhaltung technischer Normen überwacht (CarCheck). Eine Autowerkstatt kann im Auftrag von Kunden Autos reparieren und tunen. Der Autohersteller hat Mängel an seinen Wagen festgestellt und deshalb eine Rückrufaktion gestartet. Besitzer von Autos dieses Herstellers können ihren Wagen zu einer Werkstatt bringen, so dass dieser dort auf Kosten des Autoherstellers repariert wird, falls der Wagen Gegenstand der Rückrufaktion ist. Reparaturen durch die Werkstatt werden selbstverständlich auch an Autos anderer Hersteller durchgeführt, dann jedoch auf Kosten des Kunden. Lässt ein Autobesitzer seinen Wagen bei einer Werkstatt tunen, so kann es in einigen Fällen notwendig sein, dass

---

[980] Vgl. Corkill (2003), S. 2 ff.

die entsprechenden Veränderungen zunächst durch CarCheck genehmigt werden müssen. Das veränderte Auto muss von CarCheck untersucht und zugelassen werden. Daraus lassen sich u. a. zwei Prozesse ableiten: Die Reparatur von Autos des Autoherstellers CaPUT sowie das Tunen von Autos.

Im Folgenden soll nun die Abbildung eines Ausschnittes aus diesem Szenarium durch das CoBPIA Metamodell genauer beschrieben werden. Dazu werden zunächst die notwendigen Parametertypen und danach die einzelnen Prozesspartikel der beteiligten Akteure definiert, um letztlich den Gesamtprozess modellieren zu können. Damit das Beispiel überschaubar bleibt, wird die Vorgehensweise nur an einem der zwei oben genannten Prozesse, der Reparatur von Autos des Herstellers CaPUT, so detailliert dargestellt. Es werden allerdings auch hier der Übersichtlichkeit wegen nicht alle Aspekte berücksichtigt, so wird die Übernahme der Reparaturkosten durch CaPUT nicht beschrieben. Nachdem durch dieses Beispiel der Ablauf der Modellierung verdeutlicht wurde, wird auch der zweite, umfangreichere Prozess – das Tunen von Autos – vollständig dargestellt, ohne jedoch die Modellierung der Parametertypen und atomaren Prozesspartikel detailliert zu erläutern.

Autoreparatur

Dieser Abschnitt demonstriert die Abbildung eines Anwendungsbereiches anhand eines kleinen Beispiels. Die Akteure sind der Autohersteller CaPUT und die Firma CarKlar, die Autowerkstätten unterhält. CaPUT hat eine Rückrufaktion für einige seiner Autos gestartet und die Firma CarKlar damit beauftragt, entsprechende Autos auf Kosten von CaPUT zu reparieren, wenn diese von ihren Besitzern zu CarKlar zur Reparatur gebracht werden. Bevor CarKlar jedoch eine solche Reparatur auf Kosten von CaPUT durchführen darf, muss die Werkstatt die Bestätigung des Autoherstellers einholen, dass der entsprechende Wagen tatsächlich Gegenstand der Rückrufaktion ist.

Zunächst werden die für den Anwendungsbereich typischen Objekte klassifiziert und in einer Parametertyptaxonomie abgebildet. Im besten Fall geschieht dies durch die Zusammenarbeit der beteiligten Akteure.

Die folgende Abbildung illustriert das gemeinsame Wissen von CaPUT und CarKlar als Spezifikation der Parametertypen. Beziehungen sind hier der Übersichtlichkeit wegen als Attribute dargestellt.

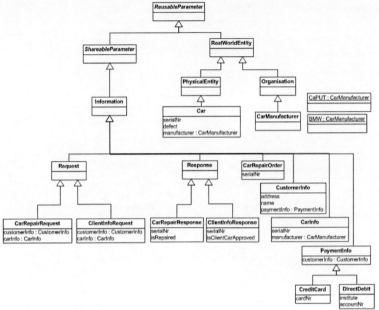

Abbildung 118: Beispiel für Parametertyptaxonomie

Die modellierten Objektklassen des Anwendungsbereiches untergliedern sich grob in Informationen sowie Gegenstände der realen Welt, wie etwa physische Objekte und Organisationen. Ein Auto ist ein physisches Objekt und bezieht sich auf einen Hersteller, der wiederum als spezielle Organisation definiert ist. Die Abbildung zeigt zwei Instanzen von Autoherstellern: CaPUT und BMW. Anfragen und Antworten sind spezielle Informationen. So existiert eine Anfrage zur Reparatur eines Autos und auch eine entsprechende Antwort. Weitere Informationen beschreiben Kunden oder Autos. Informationen zu Kreditkarte oder Bankeinzug sind spezielle Zahlungsinformationen.

Aufbauend auf den Parametertypen definieren die beiden Akteure nun einzelne Aktivitäten als Prozesspartikel. Dieses Wissen ist dem jeweils anderen Akteur grundsätzlich nicht zugänglich. Die folgende Abbildung zeigt die definierten Prozesspartikel. Alle Partikel gruppieren ihr Parameter jeweils in einem einzigen *ParameterSet* und alle Eingabeparameter sind Instanzen von *LockedInputTemplate*, nur „inCar" des Partikels „ConductCarRepair" ist ein *ConsumedInputTemplate*.

CarKlar

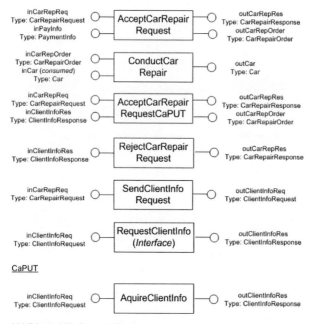

Abbildung 119: Beispiel für Prozesspartikel

Im Folgenden werden die Partikel näher erläutert. Für dieses Beispiel wurden den Partikeln Kosten im Bereich von 1 bis 10 zugeordnet. Die Constraints werden über Pseudocode beschrieben, dessen Schreibweise der Syntax für die Constraints in CoBPIA ähnelt, aber verständlicher ist. Die Constraints werden auch mit natürlicher Sprache dokumentiert.

AcceptCarRepairRequest (Kosten = 3)

Dieses Partikel akzeptiert eine Anfrage für die Reparatur eines Autos. Als Eingaben werden die Anfrage selbst und eine Zahlungsinformation benötigt. Das Partikel erzeugt eine positive Antwort für den Kunden sowie einen Arbeitsauftrag zur Reparatur des entsprechenden Autos.

Vorbedingungen:

- Die Zahlungsinformationen gehören zu dem Kunden, der die Anfrage zur Reparatur gestellt hat:

  inPayInfo.customerInfo = inCarRepReq.customerInfo

Nachbedingungen:

- Die Antwort an den Kunden enthält die Information, dass das Auto repariert wird.

  outCarRepRes.isRepaired = true

- Die Antwort bezieht sich auf das gleiche Auto (die gleiche Seriennummer), wie die eingegangene Anfrage.

  outCarRepRes.serialNr = inCarRepReq.carInfo.serialNr

- Die erzeugte Arbeitsanweisung zur Reparatur des Autos bezieht sich ebenfalls auf diese Seriennummer.

  outCarRepOrder.serialNr = inCarRepReq.carInfo.serialNr

ConductCarRepair (Kosten = 8)

Über dieses Partikel werden defekte Autos repariert. Dazu wird ein defektes Auto und eine entsprechende Arbeitsanweisung zur Reparatur entgegengenommen und daraus ein funktionierendes Auto erzeugt. Die Gleichheit des Eingabe- und Ausgabeautos wird mittels des *EqualTypeParamGroup* Konzepts ausgedrückt.

Vorbedingungen:

- Nur defekte Autos werden repariert.

  inCar.defect = true

- Die Arbeitsanweisung zur Reparatur eines Autos bezieht sich auf das Eingabeauto.

  inCarRepOrder.serialNr = inCar.serialNr

Nachbedingungen:

- Das resultierende Auto ist nicht mehr defekt.

  outCar.defect = false

- Das resultierende Auto ist ansonsten gleich dem Eingabeauto (Es hat die gleichen Eigenschaften).

  inCar.serialNr = outCar.serialNr
  inCar.manufacturer = outCar.manufacturer

AcceptCarRepairRequestCaPUT (Kosten = 3)

Für Autos des Herstellers CaPUT besteht die Möglichkeit, dass ein Kunde der Werkstatt seinen Wagen reparieren lassen kann, ohne dafür wie bei „AcceptCarRepairRequest" zahlen zu müssen. Wenn das Auto Gegenstand von

CaPUTs Rückrufaktion ist, braucht der Kunde keine Zahlungsinformationen anzugeben. Eingaben für das Partikel sind eine Anfrage zur Reparatur eines Autos und eine Bestätigung von CaPUT, dass das betreffende Auto Gegenstand der Rückrufaktion ist. Das Partikel erzeugt eine positive Antwort für den Kunden und eine Arbeitsanweisung zur Reparatur des Autos.

Vorbedingungen:

- Dieses Partikel darf nur auf Autos angewandt werden, die von CaPUT hergestellt wurden.

  inCarRepReq.carInfo.manufacturer = CaPUT

- CaPUT hat bestätigt, dass dieses Auto Gegenstand der Rückrufaktion ist.

  inClientInfoRes.isClientCarApproved = true

- Beide Eingaben beziehen sich auf das gleiche Auto.

  inClientInfoRes.serialNr = inCarRepReq.carInfo.serialNr

Nachbedingungen:

- Die Antwort an den Kunden enthält die Information, dass das Auto repariert wird.

  outCarRepResp.isRepaired = true

- Die Antwort bezieht sich auf das gleiche Auto (die gleiche Seriennummer), wie die eingegangene Anfrage.

  outCarRepRes.serialNr = inCarRepReq.carInfo.serialNr

- Die erzeugte Arbeitsanweisung zur Reparatur des Autos bezieht sich ebenfalls auf diese Seriennummer.

  outCarRepOrder.serialNr = inCarRepReq.carInfo.serialNr

RejectCarRepairRequest (Kosten = 4)

Die Anfrage zur Reparatur eines Autos auf Kosten von CaPUT wird abgelehnt, wenn das Auto nicht Gegenstand von CaPUTs Rückrufaktion ist. Die Ausgabe ist eine negative Antwort an den Kunden.

Vorbedingungen:

- CaPUT bestätigt nicht, dass für die Reparatur des Autos die Kosten übernommen werden.

  inClientInfoRes.isClientCarApproved = false

Nachbedingungen:

- Die Antwort an den Kunden enthält die Information, dass das Auto nicht repariert wird.

  outCarRepRes.isRepaired = false

- Die resultierende Antwort bezieht sich auf die gleiche Seriennummer, wie die Information von CaPUT.

  outCarRepRes.serialNr = inClientInfoRes.serialNr

<u>SendClientInfoRequest</u> (Kosten = 7)

Dieses Partikel erzeugt eine Anfrage an CaPUT, ob ein bestimmtes Auto Gegenstand der Rückrufaktion ist. Eingabeparameter ist eine Anfrage zur Autoreparatur.

Vorbedingungen:

- Die Reparaturanfrage bezieht sich auf ein Auto, das von CaPUT hergestellt wurde.

  inCarRepReq.carInfo.manufacturer = CaPUT

Nachbedingungen:

- Die resultierende Anfrage hat die gleichen Kunden- und Autoinformationen wie die eingehende Reparaturanfrage.

  inCarRepReq.customerInfo = outClientInfoReq.customerInfo
  inCarRepReq.carInfo = outClientInfoReq.carInfo

<u>RequestClientInfo</u> (Kosten = 1)

Dieses Partikel repräsentiert die Schnittstelle zu einem Prozess, der bei CaPUT ausgeführt wird. Eine Anfrage zur Bestätigung, ob ein bestimmtes Auto Gegenstand der Rückrufaktion ist, wird an CaPUT geschickt. CaPUT sendet eine entsprechende Antwort zurück.

Vorbedingungen: keine

Nachbedingungen:

- Die resultierende Antwort bezieht sich auf das gleiche Auto (Seriennummer) wie die Anfrage.

  inClientInfoReq.carInfo.serialNr = outClientInfoRes.serialNr

AquireClientInfo (Kosten = 1)

Über dieses Partikel prüft CaPUT, ob es für die Kosten der Reparatur eines bestimmten Autos aufkommt. Es nimmt eine entsprechende Anfrage entgegen und produziert eine Antwort.

Vorbedingungen: keine

Nachbedingungen:

- Die resultierende Antwort bezieht sich auf das gleiche Auto (Seriennummer) wie die Anfrage.

  inClientInfoReq.carInfo.serialNr = outClientInfoRes.serialNr

Nachdem nun alle Einzelpartikel definiert wurden, lässt sich auch ein komplexer Prozess ableiten und über die Elemente des CoBPIA Metamodells darstellen. Der Prozess soll eine Anfrage zur Reparatur eines Autos des Herstellers CaPUT sowie das defekte Auto selbst entgegennehmen und entweder das reparierte Auto und eine positive Bestätigung oder eine negative Antwort zurückliefern. Der Prozess kann entweder manuell oder automatisch über einen Suchalgorithmus abgeleitet werden.

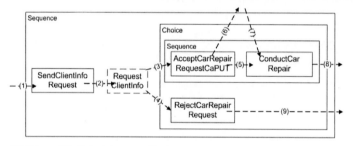

Abbildung 120: Beispielprozess für Autoreparatur

Die Abbildung zeigt den abgeleiteten Prozess. Die geschachtelten Prozesspartikel illustrieren, wie der Kontrollfluss des Prozesses mit den Elementen des Metamodells abgebildet werden. Pfeile repräsentieren Datenflüsse sowie Ein- und Ausgaben. Die einzelnen Parameter wurden in dieser Darstellung ausgelassen.

Der Prozess beginnt, wenn eine Anfrage von einem Kunden zur Autoreparatur entgegengenommen wird (1). Die Anfrage bezieht sich auf ein Auto, das von CaPUT hergestellt wurde. „SendClientInfoRequest" produziert also eine Anfrage, ob das Auto Gegenstand der Rückrufaktion von CaPUT ist, welche dann über „RequestClientInfo" an CaPUT versandt wird (2). Dort wird an Stelle dieses Schittstellenpartikels „AquireClientInfo" ausgeführt und eine positive (3) oder negative (4) Antwort zurückgesandt. Im Fall einer negativen Antwort wird über „RejectCarRepairRequest" ebenso eine negative Antwort an den Kunden zurückgegeben, die besagt, dass sein Auto nicht repariert werden konnte (9). Im positiven Fall wird dem Kunden über „AcceptCarRepairRequestCaPUT" bestätigt, dass sein Auto repariert wird (6). Außerdem wird eine Arbeitsanweisung zur Autoreparatur erzeugt (5) und von „ConductCarRepair" zusammen mit dem defekten Auto selbst (7) entgegengenommen. Dadurch wird das Auto repariert und daraufhin an den Kunden zurückgegeben (8).

Auffällig ist, dass „AcceptCarRepairRequest" in diesem Prozess nicht verwendet wurde. Mit Hilfe dieses Partikels und einigen der in dem oben vorgestellten Prozess angewandten Partikel kann ein Prozess modelliert werden, der Autos anderer Hersteller repariert und dafür die Bezahlung durch den Kunden erwartet. Das Partikel ist insofern generisch, als dass es verschiedene Zahlungsmethoden akzeptiert. Auch „ConductRepair" ist generisch, da es prinzipiell verschiedene Autotypen reparieren kann. Allerdings sind in der Parametertyptaxonomie der Übersichtlichkeit wegen keine speziellen Autos vorgesehen.

Automobiltuning

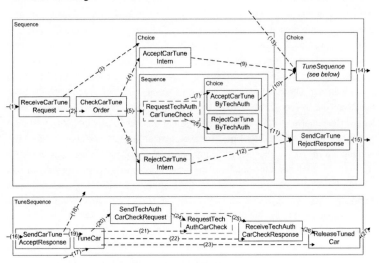

Abbildung 121: Beispielprozess für Automobiltuning

Die Abbildung stellt einen Prozess zum Tunen eines Autos dar, der von CarKlar erstellt und ausgeführt werden kann. Ein Kunde übergibt an CarKlar sein Auto und einen Auftrag, das Auto zu tunen. Der Kunde erwartet entweder eine Ablehnung oder eine Bestätigung, das dem Auftrag entsprechend getunte Auto sowie einen Report über die Auftragsausführung.

Der Prozess wird nur aus dem Grund in zwei Teilen dargestellt, damit er besser auf eine Seite passt. Das „TuneSequence" Partikel in der oberen Sequenz kann durch das unten dargestellte komplexe „TuneSequence" Partikel ersetzt werden. Die untere Darstellung ist lediglich eine Vergrößerung der oberen mir mehr Details.

Der Prozess beginnt, sobald ein Kunde einen Auftrag zum Tunen seines Autos an CarKlar übergibt (1). Eine entsprechende interne Arbeitsanweisung wird durch das Partikel „ReceiveCarTuneRequest" generiert und an „CheckCarTuneOrder" übergeben (2). Über dieses Partikel wird überprüft, ob CarKlar selbst entscheiden kann, ob die entsprechenden Veränderungen an dem Auto legal sind, oder ob dazu die Organisation zur Überwachung technischer Normen (CarCheck) konsultiert werden muss. Falls CarKlar die Entscheidung selbst treffen kann, wird das Ergebnis im positiven Fall an „AcceptCarTuneIntern" (4), im negativen Fall an „RejectCarTuneIntern" (6) weitergeleitet. Falls CarKlar die Entscheidung nicht selbst treffen kann, wird eine Anfrage an CarCheck erzeugt, die dann über das Schnittstellenpartikel „RequestTechAuthCarTuneCheck" an CarCheck versandt wird (5). „CheckCarTuneOrder" ist also ein Partikel, das zwei Parameterkombinationen aufweist: eine für den Fall, dass CarKlar selbst über die Zulässigkeit der Tuningmaßnahme entscheidet und eine für den Fall, dass eine Anfrage an CarCheck generiert werden muss. Nun wird ein dem Schnittstellenpartikel „RequestTechAuthCarTuneCheck" entsprechender Prozess (siehe unten) bei CarCheck ausgeführt. CarCheck erklärt die Veränderungen an dem Auto für zulässig oder unzulässig. Diese Information wird an „AcceptCarTuneByTechAuth" (7) bzw. „RejectCarTuneByTechAuth" (8) übergeben. Die Arbeitsanweisung von „ReceiveCarTuneRequest" wird an dasjenige der vier für Akzeptanz („Accept") oder Ablehnung („Reject") zuständige Partikel weitergeleitet, welches tatsächlich ausgeführt wird (3). Wurde die Tuningmaßnahme von CarKlar oder CarCheck für illegal erklärt, wird der Arbeitsauftrag mit einem entsprechenden Vermerk an das Partikel „SendCarTuneRejectResponse" übergeben (12 bzw. 11), welches eine Ablehnung des Auftrags an den Kunden schickt (15). Ansonsten wird die Arbeitsanweisung an das Partikel „SendCarTuneAcceptResponse" (9, 10 und 16) weitergeleitet. Dieses schickt eine Auftragsbestätigung an den Kunden (18) und übergibt die Arbeitsanweisung an „TuneCar" (19). „TuneCar" benötigt ebenso das Auto des Kunden (13 und 17) und nimmt daran die auf der Arbeitsanweisung vermerkten Änderungen vor. Das wird ebenfalls in der Arbeitsanweisung vermerkt. Daraufhin wird diese an „SendTechAuthCarCheckRequest" übergeben (20), wo eine Anfrage an CarCheck zur Untersuchung und Zulassung des Autos über das Schnittstellenpartikel „RequestTechAuthCarCheck" an CarCheck versandt wird (24). Der bei CarCheck ausgeführte Prozess benötigt ebenso das Auto (21) und resultiert in einer Zulassung des Autos. Diese und die entsprechende Arbeitsanweisung bei CarKlar dienen als Eingaben für „ReceiveTechAuthCarCheckResponse" (25 bzw. 22). Dort wird die Information über die Zulassung in die Arbeitsanweisung aufgenommen und zusammen mit dem Auto an „ReleaseTunedCar" übergeben (26 bzw. 23). Da laut der Arbeitsanweisung alle notwendigen Arbeitsschritte ausgeführt wurden, kann das Auto zusammen mit einem Report über die Auftragsausführung an den Kunden übergeben werden (14 und 27).

Auffällig ist, dass das Auto nicht explizit als Ausgabeparameter des Schnittstellenpartikels für den Prozess von CarCheck modelliert wurde. Das liegt an der Modellierung des Eingabeparameters für das Auto als *LockedInputTemplate*. Daraus folgt, dass das entsprechende Objekt den Folgepartikeln wieder als Eingabe zur Verfügung stehen muss. Also ist auch ohne einen Ausgabeparameter sichergestellt, dass das Auto wieder an CarKlar zurückzugeben ist.

Die folgende Abbildung zeigt die Prozesse von CarCheck, die an Stelle der Schnittstellenpartikel „RequestTechAuthCarCheck" und „RequestTechAuthCarTuneCheck" von CarKlar ausgeführt werden.

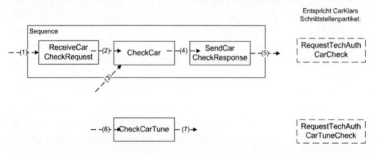

Abbildung 122: Beispielprozess für Automobiltuning, fremde Teilprozesse

Ein Auftrag an CarCheck zur Untersuchung und Zulassung eines Autos kann über „ReceiveCarCheckRequest" entgegengenommen werden. Es wird eine Arbeitsanweisung zur Untersuchung des entsprechenden Autos erstellt (2) und ebenso wie das Auto an „CheckCar" übergeben. Die Arbeitsanweisung wird als ausgeführt markiert und an „SendCarCheckResponse" übergeben (4). Dieses Partikel sendet die Zulassung des Autos an CarKlar. Der negative Fall wird hier nicht betrachtet.Ein Auftrag an CarCheck zur Bestätigung oder Ablehnung einer Veränderung an einem Auto kann direkt durch das Partikel „CheckCarTune" entgegengenommen werden, welches eine entsprechende Antwort zurücksendet

8.4 Entwurf einer Zugriffskomponente

In diesem Kapitel wird eine Softwarekomponente entworfen, die das Prozesswissen für jeweils einen der Teilnehmer des CoBPIA Systems kapselt. Wenn ein Partikel gesucht wird, das bestimmten Anforderungen genügt, wird dazu die

491

Zugriffskomponente konsultiert. Die Komponente findet dann alle den Anforderungen entsprechenden Partikel, indem die Faktenbasis automatisch durchsucht wird.

Ein in der Zugriffskomponente implementierter Schlussfolgerungsmechanismus erlaubt die Definition generischer Partikel in der Faktenbasis. Dadurch wird der Modellierungsaufwand für die Faktenbasis auf ein Minimum eingeschränkt, da das gleiche Partikel in verschiedenen Situationen angewandt werden kann. Bei der Initialisierung der Komponente wird ein Cache von Prozessvarianten erstellt. Für jede Situation, in der ein Partikel verwendet werden kann, wird eine eigene Variante erzeugt. Zudem sollen die Prozessvarianten vom Anwender als Blackbox betrachtet werden können. D. h. sie können innerhalb anderer Prozesse eingesetzt werden, ohne dass vorher die interne Struktur analysiert werden müsste.

8.4.1 Schlussfolgerungen über Parametertypen

Wie bereits erläutert wurde, sind in der Faktenbasis definierte Prozesspartikel insofern generisch, als dass sie als Eingaben nicht nur Objekte akzeptieren, deren Typ exakt dem Typ des jeweiligen Eingabeparameters entspricht, sondern ebenso Objekte deren Typ eine Spezialisierung des Typs des Eingabeparameters ist Wird nun die Zugriffskomponente verwendet, um ein Partikel zu finden, das ein Objekt eines bestimmten Typs als Eingabe entgegennimmt, so müssen auch Partikel ausgegeben werden, deren Eingabeparameter von einem allgemeinerem Typ sind. Aus diesem Grund muss die Zugriffskomponente einen Inferenzmechanismus implementieren, der mit der Vererbungshierarchie der Parametertypen arbeitet. Findet die Zugriffskomponente ein Prozesspartikel, dessen Eingabetyp eigentlich ein Superkonzept des gesuchten Parametertyps ist, liefert die sie eine Variante des Partikels, bei dem Eingabeparametertyp exakt mit dem gesuchten übereinstimmt.

Parametertypen: Prozesspartikel in der Faktenbasis:

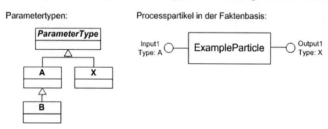

Antwort der Zugriffskomponenten, wenn nach einem Partikel gesucht wird, das mit einer Eingabe des Typs B umgehen kann:

Abbildung 123: Beispiel für Schlussfolgerungen über Parametertypen

Das dargestellte Beispiel illustriert diesen Mechanismus. Wenn die Zugriffskomponente nach einem Prozesspartikel gefragt wird, das mit einer Eingabe des Typs B umgehen kann, liefert es eine Variation des Partikels „ExampleParticle", wobei der Typ A des Eingabeparameters „input1" durch den Typ B ersetzt wurde. Das ist zulässig, da A ein Superkonzept von B ist. Das hier dargestellte Beispiel ist jedoch stark vereinfacht. In der Tat sind Parametertyptaxonomien deutlich komplizierter. Darüber hinaus könnte sich der Eingabeparameter in einer Parametertypgruppe mit dem Ausgabeparameter befinden. Der Typ des Ausgabeparameters wäre dann in der Faktenbasis ebenfalls A. Würde die Zugriffskomponente nun nach einem Partikel gefragt, dessen Eingabeparameter ein Objekt vom Typ B akzeptiert, würde die Variante zurückgeliefert, allerdings mit dem Unterschied, dass auch der Ausgabeparameter vom Typ B ist. Zusätzlich könnten die beiden Parameter über *providesSpecialPropertiesTo* in Beziehung stehen und B könnte über Eigenschaften verfügen, die A nicht kennt. In diesem Fall müssten für die Variante weitere Nachbedingungen abgeleitet werden, die die entsprechenden Eigenschaften der Ein- und Ausgabeparameter gleichsetzt. Auch für zusammengesetzte Prozesse müssen solche Schlussfolgerungen durchgeführt werden.

Während der Initialisierung der Zugriffskomponente wird ein Cache mit allen möglichen Partikelvarianten aufgebaut. Dazu muss für jede mögliche Kombination von Subkonzepten der Eingabeparametertypen jedes Partikels eine Variante erstellt werden. Wenn nun die Zugriffskomponente konsultiert wird, um Partikel zu finden, die bestimmte Eingaben entgegennehmen, kann der Cache automatisch auf einfache Weise nach exakt passenden Varianten durchsucht werden. Der Anwender muss somit nicht selbst über die Vererbungshierarchie der Parametertypen ermitteln, für welche Eingabeparametertypen ein Partikel zulässig ist.

8.4.2 Schlussfolgerungen über Parameterkombinationen

Aus dem Kontroll- und Datenfluss eines Partikels lassen sich im Allgemeinen mehrere Möglichkeiten ableiten, wie der Partikel verwendet werden kann. Um dies genau zu erklären, soll noch einmal an die Diskussion erinnert werden. Das dort dargestellte *SequenceParticle* E hat zwei mögliche Parameterkombinationen. Diese ergeben sich aus dem *ChoiceParticle* am Ende der Sequenz. Daraus folgt, dass es zwei Ausführungsmöglichkeiten für dieses Partikel gibt. Entweder wird der obere Pfad über Partikel B oder der untere Pfad über Partikel C verfolgt. Es sei angenommen, dass der Wert der Ausgabe von „oA" nicht vor der Ausführung von Partikel A bestimmt ist. Es sei weiterhin angenommen, dass die Eingabeparameter „iB" und „iC" über Vorbedingungen so definiert sind, dass sie nicht die gleichen Werte akzeptieren. Dann kann vor der Ausführung der Sequenz nicht entschieden werden, welcher der beiden Pfade ausgeführt wird. In anderen Worten: Es ist nicht möglich vorherzusagen, welche der Parameterkombinationen das Ergebnis der Ausführung sein wird, denn die Antwort auf diese Frage liegt in der Ausführung des Partikels A selbst. Dies trifft jedoch nicht für alle Parameterkombinationen zu.

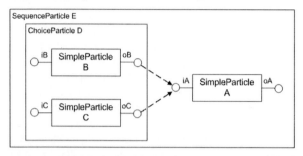

Abbildung 124: Beispiel für Schlussfolgerungen über Parameterkombinationen

Die Abbilgung zeigt eine Sequenz, die einer zuvorigen Abbildung sehr ähnlich sieht. Nur die Reihenfolge der beiden enthaltenen Partikel wurde vertauscht. Die Ausgaben „oB" und „oC" werden beide über einen Datenfluss als Eingabe für „iA" verwendet. Die hier dargestellte Sequenz hat ebenfalls zwei Parameterkombinationen. Das sind „iB" und „oA" („oB" und „iA" sind intern) sowie „iC" und „oA" („oC" und „iA" sind intern). Offensichtlich kann diesmal, im Gegensatz zu der Sequenz, der resultierende Pfad der Ausführung, und damit die resultierende Parameterkombination, vor der Ausführung des Gesamtpartikels bestimmt werden. Wenn „iB" mit einem Objekt versorgt wird, führt dies zur Ausführung des oberen Pfades. Wird stattdessen „iC" mit einem Eingabeobjekt belegt, so wird der untere Pfad ausgeführt.

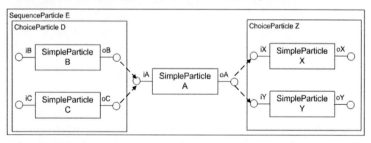

Abbildung 125: Beispiel für Schlussfolgerungen über Parameterkombinationen (2)

Die Abbildung zeigt eine Sequenz. Nun gibt es vier mögliche Ausführungspfade für diesen Gesamtpartikel und somit auch vier unterschiedliche Parameterkombinationen. Das folgt aus den beiden *ChoiceParticle* Instanzen, die je zwei Instanzen von *SimpleParticle* enthalten. Auch hier kann vor der Ausführung der Gesamtsequenz entschieden werden, welcher der in *ChoiceParticle* D enthaltenen Partikel ausgeführt werden soll. Jedoch kann analog zu dem *ChoiceParticle* auch für *ChoiceParticle* Z nicht entschieden werden, welcher der enthaltenen *SimpleParticle* ausgeführt wird. Daraus folgt, dass es zwei Gruppen von je zwei

494

Parameterkombinationen gibt. Es kann zwar entschieden werden, welche der Gruppen ausgeführt werden soll. Es ist jedoch nicht im Voraus bestimmbar, welche der Parameterkombinationen sich innerhalb der ausgewählten Gruppe ergeben wird.

Definition: Eine Gruppe von Parameterkombinationen ist eine Menge von Parameterkombinationen eines Prozesspartikels, für die erst nach der Ausführung des Partikels feststeht, welche der Parameterkombinationen als Resultat eintritt. (Für den Trivialfall, dass die Gruppe nur eine einzige Parameterkombination enthält, steht das Resultat schon vorher fest.) Außerdem darf es keine Parameterkombination dieses Partikels geben, die zu der Gruppe hinzugefügt werden könnte, ohne das oben genannte Kriterium zu verletzen. Gruppen von Parameterkombinationen sind nicht notwendigerweise disjunkt, allerdings dürfen zwei Gruppen eines Partikels nicht exakt die gleichen Parameterkombinationen enthalten.

Nach dieser Definition hat jedes Prozesspartikel eine oder mehrere Gruppen von Parameterkombinationen, die je ein oder mehrere dieser Parameterkombinationen enthalten. Vor der Ausführung eines Prozesspartikels kann gewählt werden, welche der Parameterkombinationsgruppen angewandt werden soll. Deshalb berechnet die Zugriffskomponente bei der Initialisierung des Caches zu jeder Partikelvariante alle möglichen Gruppen von Parameterkombinationen. Diese müssen also nicht explizit modelliert werden. Wenn nun die Zugriffskomponente konsultiert wird, um Partikel zu finden, die bestimmten Kriterien genügen, liefert die Komponente als Ergebnis nicht nur die Partikelvarianten selbst, sondern gibt auch an, für welche Parameterkombinationsgruppe die Kriterien erfüllt sind.

Die Berechnung der Parameterkombinationsgruppen ist eine Voraussetzung dafür, dass die Prozessvarianten, die über die Zugriffskomponente zugänglich sind, vom Anwender als Blackbox angesehen werden können. Nur so ist es nicht erforderlich, dass der Anwender selbst den internen Kontroll- und Datenfluss von Partikeln analysieren muss. Stattdessen kann er direkt auf die vorberechneten Parameterkombinationsgruppen zurückgreifen. Allerdings besteht noch ein weiteres Problem, das der Betrachtung von Prozesspartikelvarianten als Blackbox entgegensteht. Dieses Problem lässt sich anhand des in folgender Abbildung dargestellten Prozesspartikels erläutern.

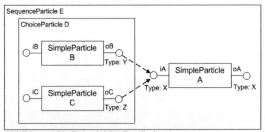

Abbildung 126: Beispiel für Partikelzerlegung

495

Diese Sequenz ist bereits aus vorheriger Abbildung bekannt und wurde hier um Typangaben für Parameter angereichert. Wie bereits erläutert, hat dieses Partikel zwei Gruppen von Parameterkombinationen. Zudem ist an dieser Stelle interessant, dass die Quellen der beiden Datenflüsse zum Eingabeparameter „iA", die Ausgabeparameter „oB" und „oC", einen unterschiedliche Typ haben. Diese Datenflüsse sind zulässig, da beide Typen eine Spezialisierung des Typs von „iA" sind. Welcher tatsächliche Typ ergibt sich nun für den Parameter „iA" der Prozessvariante? Falls für „iA" und „oA" eine Parametertypgruppe definiert wurde, ergibt sich die noch interessantere Frage, welcher Typ sich für „oA" ergibt. Da „oA" kein interner Parameter ist, kann diese Information für möglicherweise nachfolgende Partikel wichtig sein. Offensichtlich sind diese Fragen deshalb nicht ohne weiteres zu beantworten, da zwei alternative Ausführungspfade über die beiden Datenflüsse in Eingabeparameter „iA" zusammengeführt werden. Eine Lösung besteht darin, die Varianten der Prozesspartikel so zu zerlegen, dass solche alternativen Ausführungspfade nicht wieder zusammenlaufen.

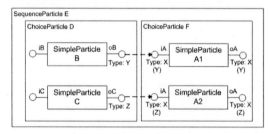

Abbildung 127: Beispiel für Partikelzerlegung (2)

Die Abbildung zeigt wie diese Zerlegung für das Beispielpartikel aussieht. Partikel A wurde dupliziert, so dass die beiden Pfade nun nicht mehr zusammengeführt werden, sondern über unterschiedliche Partikel (A1 bzw. A2) ablaufen. Dadurch können nun auch die Typen für die Partikelvariante eindeutig bestimmt werden. Dieser Mechanismus wird von der Zugriffskomponente bei der Erzeugung der Partikelvarianten angewandt. Der Anwender der Partikelvariante muss somit nicht die interne Struktur des Partikels analysieren, um zu erkennen, in welchen Fällen welche Parameter auftreten. Die Partikelvarianten können als Blackbox betrachtet werden.

8.4.3 Architektur

Dieses Kapitel stellt die Architektur der zu implementierenden Zugriffskomponente vor. Dazu werden die notwendigen Klassenstrukturen als UML Klassendiagramme dargestellt und deren Aufgaben erläutert. Die Namen der Attribute und Relationen stimmen nicht notwendigerweise exakt mit der Implementierung überein und sind nicht unbedingt vollständig, da bestimmte Details u. a. davon abhängen, welche

Ontologie- und welche Programmiersprache für die konkrete Umsetzung verwendet
werden.

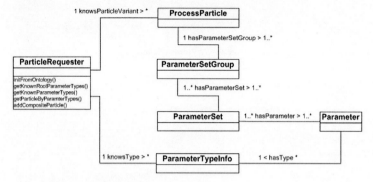

Abbildung 128: ParticleRequester

Die dargestellte Klasse *ParticleRequester* ist die wichtigste Klasse der
Zugriffskomponente. Sie beinhaltet die Algorithmen zur Ableitung der
Prozesspartikelvarianten und hält diese zusammen mit allen bekannten
Typinformationen in einem Cache. Alle anderen Klassen dienen hingegen vor allem
der Beschreibung der in diesem Cache dargestellten Daten und bilden somit die
Konzepte der CoBPIA Ontologie ab. Insofern kann *ParticleRequester* als die
Zugriffskomponente selbst angesehen werden. Ein *ParticleRequester* Objekt wird
anhand einer vorgegebenen Ontologie initialisiert. Diese umfasst das Metamodell
sowie das öffentliche Wissen eines Anwendungsbereiches und das private Wissen
eines Teilnehmers des CoBPIA Systems. Dabei wird der Cache bestehend aus allen
abgeleiteten Prozesspartikelvarianten (*ProcessParticle*) und allen bekannten
Parametertypen (*ParameterTypeInfo*) aufgebaut. Wie im vorhergehenden Abschnitt
beschrieben, werden für die Partikelvarianten alle Parameterkombinationsgruppen
(*ParameterSetGroup*) und die enthaltenen Parameterkombinationen berechnet
(*ParameterSet*). *ParticleRequester* stellt verschiedene Methoden zur Verfügung
um auf Parametertypen und die abgeleiteten Partikelvarianten zugreifen zu können.
So können z. B. alle Parametertypen, für die keine allgemeineren Konzepte
existieren, mittels *getKnownRootParameterTypes()* ermittelt werden. Dies ist
hilfreich, um die Vererbungshierarchie der Parametertypen zu analysieren. Weiterhin
werden Methoden zur Ermittlung von Partikelvarianten anhand der durch sie
verwendeten Parametertypen angeboten (z.B. *getParticleByParameterTypes()*).
Diese sind notwendig, damit ein Algorithmus zur automatischen Ableitung
zusammengesetzter Prozesse Partikelvarianten finden kann, die sich über
Datenflüsse an andere Partikelvarianten anfügen lassen. So zusammengesetzte

497

Partikel können über *addCompositeParticle()* zum Cache der Zugriffskomponente hinzugefügt werden.

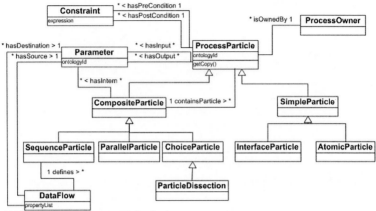

Abbildung 129: Prozesspartikelvarianten

Die Abbildung stellt die Klassen dar, die zur Darstellung der Prozesspartikelvarianten verwendet werden. Grundsätzlich spiegeln sich hier die Konzepte des CoBPIA Metamodells zur Definition von Prozesspartikeln wieder. So gibt es Varianten, die sich aus mehreren Einzelteilen zusammensetzen (*CompositeParticle*), sowie Varianten, die sich nicht zerlegen lassen (*SimpleParticle*), mit den entsprechenden Spezialisierungen. Es gibt jedoch einen entscheidenden Unterschied. Die hier über die Klasse *ProcessParticle* dargestellten Prozesspartikelvarianten sind im Gegensatz zu den Partikeln der Ontologie nicht generisch. Stattdessen müssen die Parameter exakt so verwendet werden, wie es ihr Typ vorschreibt. Für jedes Partikel der Ontologie werden alle möglichen Varianten erstellt, die allen durch die Parametertaxonomie vorgegebenen Anwendungsmöglichkeiten des Partikels aus der Ontologie entsprechen. Jede Variante verweist auf das Partikel der Ontologie, von dem sie abgeleitet wurde (*ontologyId*). Es ist nicht notwendig, zwischen einer Vorlagenrepräsentation und einer internen Repräsentation zu unterscheiden. Wird die gleiche Variante innerhalb eines zusammengesetzten Prozesses mehrfach verwendet, wird einfach eine Kopie einschließlich der entsprechenden Parameter über *getCopy()* erstellt. Die einzige Klasse die keinem Konzept des CoBPIA Metamodells entspricht, ist *ParticleDissection*. *ParticleDissection* wird verwendet um alternative Ausführungspfade, die innerhalb eines zusammengesetzten Partikels zusammengeführt werden, in den entsprechenden Varianten wieder aufzuspalten. Die Notwendigkeit dafür wurde zusammen mit einem Beispiel im vorherigen

Abschnitt erläutert. Es handelt sich hierbei um ein spezielles *ChoiceParticle*, denn es werden Ausführungsalternativen beschrieben.

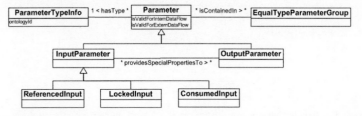

Abbildung 130: Parameter

Auch die in der Abbildung dargestellten Klassen zur Repräsentation der Parameter von Partikelvarianten finden ihre Entsprechung in den Konzepten des CoBPIA Metamodells. Parameter haben einen Typ (*ParameterTypeInfo*) und sind entweder Eingabe- oder Ausgabeparameter. Es werden drei spezielle Eingabeparameter unterschieden, die beschreiben, ob und welchen anderen Partikeln das eingegebene Objekt zur Verfügung steht). Die Klasse *EqualTypeParameterGroup* und die *providesSpecialPropertiesTo* Relation werden nur während der Initialisierung der Zugriffskomponente bei der Ableitung aller möglichen Partikelvarianten benötigt. Danach stehen die Parametertypen und ggf. aus *providesSpecialPropertiesTo* abgeleitete zusätzliche Constraints für alle Varianten fest. Ebenso wie bei den Partikelvarianten ist eine Unterscheidung zwischen Vorlagenrepräsentation und interner Repräsentation für die Parameter hier nicht notwendig.

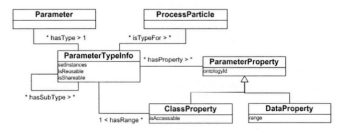

Abbildung 131: Parametertypen

Die Abbildung zeigt die Klassen zur Repräsentation der Parametertypen. Parametertypkonzepte werden als Instanzen der Klasse *ParameterTypeInfo* dargestellt. Die Attribute *isReusable* und *isShareable* geben an, ob der entsprechende Parametertyp ein Subkonzept von *ReusableType* bzw. *ShareableType* des CoBPIA Metamodells ist. Sämtliche Instanzen des Parametertyps sind über *setInstances* zugänglich. *ParameterTypeInfo* Objekte verweisen über *hasSubType* auf spezialisierte Parametertypen. Die Eigenschaften der Parametertypkonzepte werden mittels *ParameterProperty* dargestellt. Deren Attribut *ontologyId* verweist auf die entsprechende in der Ontologie definierte Eigenschaft. Es gibt die Spezialisierungen *ClassProperty*, deren Wertebereich wieder über einen Parametertyp definiert ist, sowie *DataProperty*, deren Wertebereich durch einen Basistyp, wie z.B. ganze Zahlen oder Zeichenketten, definiert ist. Das Attribut *isAccessable* der Klasse *ClassProperty* gibt an, ob die Eigenschaft Quelle eines Datenflusses sein darf. Jedes *ParameterTypeInfo* Objekt verweist auf die Partikelvarianten im Cache, die mindestens einen Parameter dieses Typs haben. Dadurch wird die Suche nach Partikelvarianten, die Parameter mit bestimmten Typen haben, beschleunigt.

8.5 Implementierung und Integration in das Gesamtsystem

Dieses Kapitel befasst sich mit der konkreten Umsetzung der entwickelten Ontologie und der vorgestellten Zugriffskomponente sowie der Integration in einen Prototyp des CoBPIA Gesamtsystems. Der folgende Abschnitt beschäftigt sich mit der Implementierung der Ontologie und der Zugriffskomponente und erläutert deren Verwendung im CoBPIA System.

8.5.1 Implementierung

Die Implementierung umfasst die Abbildung der Ontologie in einer geeigneten Ontologiebeschreibungssprache und die Umsetzung der Zugriffskomponente über eine Programmiersprache. Es liegt in der Natur der Zugriffskomponente, dass diese

Zugang zu den über die Konzepte der Ontologie beschriebenen Fakten haben muss. Um den Implementierungsaufwand für den CoBPIA Prototyp möglichst gering zu halten, bietet es sich daher an, ggf. auf ein vorhandenes Framework zurückzugreifen, das den Umgang mit der gewählten Ontologiesprache erleichtert. Der folgende Abschnitt geht auf die Implementierung der Ontologie ein erläutert die Implementierung der Zugriffskomponente.

8.5.1.1 Ontologie

Als Ontologiebeschreibungssprache wird OWL verwendet. OWL erlaubt die einfache Abbildung aller Konzepte des CoBPIA Metamodells. Darüber hinaus ist die Sprachebene OWL DL ein guter Kompromiss zwischen der Ausdruckstärke der Sprache und den daraus resultierenden Inferenzmöglichkeiten. Die Implementierung von Ontologien in OWL wird durch grafische Benutzeroberflächen, wie z.B. Protégé[961], gegenüber der rein textuellen Codierung deutlich erleichtert. Zudem kann das Jena Framework[962] verwendet werden, um komfortabel über die bereits implementierte Programmierschnittstelle auf die OWL Ontologien zuzugreifen.

Alle Konzepte des CoBPIA Metamodells werden mit Hilfe von Protégé in einer OWL Datei „cobpia.owl" abgebildet. Zur Beschreibung eines Anwendungsbereiches wird darauf aufbauend zunächst das öffentliche Wissen über die Parametertypen und Prozessverantwortlichen in einer weiteren OWL Datei spezifiziert. Für jeden Agenten, also für jedes Unternehmen, das an dem CoBPIA System teilnimmt, wird je eine weitere OWL Datei erzeugt, die das private Prozesswissen dieses Agenten enthält.

Aus der Implementierung in OWL folgt, dass sämtliche Parameter und Parametereigenschaften jeweils eindeutig über einen Uniform Resource Identifier (URI) benannt werden können. Für die Syntax der Constraints bedeutet das, dass genau diese URI als Bezeichner für die Parameter und Parametereigenschaften verwendet werden.

8.5.1.2 Zugriffskomponente

Die Zugriffskomponente wird in Java programmiert und verwendet das Jena Framework in der Version 2.2, um auf die OWL Dateien zuzugreifen. Für die Verwendung von Java spricht eine Reihe von Gründen. Zum einen werden auch die anderen Komponenten des CoBPIA Systems in Java implementiert, so dass die Verwendung einer anderen Programmiersprache die Interoperabilität der Komponenten behindern würde. Java ermöglicht außerdem die Entwicklung plattformunabhängiger Anwendungen. Somit kann das CoBPIA System leicht auf unterschiedlichen Systemen eingesetzt werden. Das ist besonders wichtig, da CoBPIA ein verteiltes System ist und es daher wahrscheinlich ist, dass verschiedene Plattformen innerhalb des Gesamtsystems zum Einsatz kommen. Ein weiterer Punkt, der für die Verwendung von Java spricht, ist, dass Jena nur für Java existiert.

Alle Klassen der Zugriffskomponente werden also in Java implementiert. Bei der Initialisierung der Zugriffskomponente eines Agenten werden mir Hilfe des Jena Frameworks das Metamodell („cobpia.owl") und die für den jeweiligen Anwendungsbereich definierte OWL Datei für das öffentliche Wissen über Parametertypen und Prozessverantwortliche sowie die speziell für den Agenten erstellte OWL Datei mit dem privaten Prozesswissen geladen. Die Namen der zu ladenden Dateien können über eine Konfigurationsdatei festgelegt oder direkt an die Initialisierungsroutine übergeben werden. Daraus wird dann für den Agenten der Cache der Partikelvarianten berechnet.

Jena erlaubt dabei nicht nur den problemlosen Zugriff auf die OWL Dateien, sondern stellt auch Inferenzmechanismen zur Verfügung, über die Sub- und Superkonzepte zu einem Konzept berechnet werden können. Dies ist insbesondere für die durch die Zugriffskomponente zu implementierende Variantenberechnung generischer Partikel vorteilhaft.

8.5.2 Integration in das Gesamtsystem

Nachdem im vorangegangen Abschnitt erläutert wurde, wie die Ontologie und die Zugriffskomponente implementiert wurden, soll in diesem Abschnitt dargestellt werden, wie sich diese in das CoBPIA System eingliedern. Außerdem wird grob erklärt, wie mit Hilfe der Ontologie und der Zugriffskomponente automatisch Prozesse abgeleitet werden.

CoBPIA Agentenarchitektur

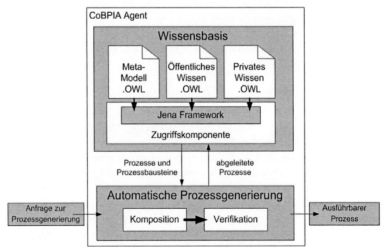

Abbildung 132: Integration der Wissensbasis in den CoBPIA Agenten

Die Abbildung wurde erweitert indem sie die in den vorhergehenden Kapiteln spezifizierten Elemente der Wissensbasis als Teil des CoBPIA Agenten darstellt. Ontologie und Zugriffskomponente bilden die Wissensbasis des Agenten. Die Ontologie untergliedert sich in drei Teile: das Metamodell, das allen Agenten gleichermaßen zugängliche öffentliche Wissen in Form von Parametertypen und das für jeden Agenten eigene private Prozesswissen. Diese drei Anteile der Ontologie werden durch OWL Dateien dargestellt. Die Zugriffskomponente liest diese Dateien bei der Initialisierung des Agenten mit Hilfe des Jena Frameworks ein und generiert daraus über den implementierten Schlussfolgerungsmechanismus die der Prozesskomposition zur Verfügung stehenden Prozesspartikelvarianten.

Automatische Prozessgenerierung mit CoBPIA

Um zu belegen, dass sich die Wissensbasis zur automatischen Ableitung von Geschäftsprozessen eignet, soll im Folgenden grob beschrieben werden, wie diese automatische Prozessgenerierung ablaufen kann. Der Ansatz dazu entspricht in seinen Grundzügen dem durch Schuschel und Weske[981] beschriebenen Planungsalgorithmus. Der Vorgang der Prozesskomposition und -verifikation in CoBPIA kann hier allerdings nicht in allen Einzelheiten dargestellt werden.

Die automatische Ableitung eines Geschäftsprozesses wird durch eine Anfrage an einen CoBPIA Agenten ausgelöst. Die Anfrage beinhaltet vor allem die Angabe der Objekte, die dem Prozess als Eingaben zur Verfügung stehen, sowie die Spezifikation der Objekte, die der Prozess als Ausgabe erzeugen soll. Die Objekte werden über einen aus dem öffentlichen Wissen bekannten Parametertyp und ggf. zusätzlich durch Constraints bezüglich ihrer Eigenschaften bestimmt. Weiterhin können über die Anfrage die Qualitätsmerkmale für den zu erzeugenden Prozess bestimmt werden, also z.B. wie hoch die benötigten Kosten maximal sein dürfen und wie lang der Ablauf des Prozesses höchstens dauern soll. Außerdem ist es möglich, bestimmte Prozesspartikel anzugeben, die in jedem Fall in dem Prozess verbaut werden sollen.

Der Kern der Prozesskomposition besteht aus einem Suchalgorithmus. Der Algorithmus erhält von der Zugriffskomponente Prozesspartikelvarianten, die ausschließlich Eingaben benötigen, für die dem Prozess auch passende Objekte zur Verfügung stehen. Ob ein Objekt zu einem anderen passt, wird darüber ermittelt, ob die entsprechenden Parametertypen übereinstimmen. Zunächst sind die dem Prozess zur Verfügung stehenden Objekte solche, die über die Anfrage selbst vorgegeben wurden. Durch die Anwendung der erhaltenen Partikelvarianten stehen dem Prozess zusätzliche Objekte zur Verfügung, nämlich die Ausgaben, die durch diese Partikelvarianten erzeugt werden. Dadurch können iterativ weitere Partikelvarianten bei der Zugriffskomponente abgefragt werden, die über Datenflüsse

---

[981] Vgl. Schuschel, Weske (2002) S. 774 f.

an vorhergehende Partikel angefügt werden. Je nach Definition der Eingabe- und Ausgabeparameter der verwendeten Partikel entstehen dadurch die verschiedenen Kontrollstrukturen, wie Sequenzen, Parallelität und alternative Verzweigungen. Da es im Allgemeinen mehrere Möglichkeiten gibt, die abgefragten Partikelvarianten nach jeder Iteration anzuwenden, entsteht ein Suchbaum. Die verschiedenen Zweige des Baumes werden nach den Qualitätsmerkmalen sortiert, so dass immer die günstigste Prozessvariante weiterentwickelt wird. Der Algorithmus endet, sobald die erzeugten Ausgaben des entwickelten Prozesses die angefragten Ausgabeobjekte enthalten und der Prozess die ggf. verlangten Teilpartikel enthält. Das Ergebnis des Algorithmus ist in diesem Fall genau dieser Prozess. Der Algorithmus bricht ebenfalls ab, wenn der günstigste Zweig des Suchbaums einem Prozess entspricht, der über die Anfrage vorgegebene Qualitätsmerkmale verletzt (z.B. Zeit- oder Kostenüberschreitung). In diesem Fall endet der Algorithmus erfolglos.

Kontroll- und Datenfluss der abgeleiteten Prozesse lassen sich mit dem CoBPIA System in die automatisch ausführbare Prozesssprache BPEL-WS überführen. Allerdings werden in CoBPIA bisher keine Beziehungen zwischen den atomaren Prozessbausteinen zu automatisch ausführbaren Aktivitäten, wie z.B. Web Services, modelliert. Dies ist auch nicht immer möglich, da Geschäftsprozesse sich im Allgemeinen nicht ausschließlich aus automatisierten Aktivitäten zusammensetzen. Daher können bei einer Transformation der CoBPIA Prozesse nach BPEL-WS bisher allenfalls Web Service Attrappen an Stelle der atomaren Prozesspartikel ausgeführt werden.

Werden während des oben umrissenen Kompositionsalgorithmus Partikelvarianten über Datenflüsse aneinandergefügt, so müssen nicht nur die Typen der entsprechenden Parameter übereinstimmen. Es ist ebenso notwendig, dass sich die Bedingungen (Constraints), die für die betreffenden Parameter definiert wurden, nicht gegenseitig ausschließen. Dies wird bei jedem Anfügen einer weiteren Partikelvariante über die für CoBPIA entwickelte CSP-Komponente überprüft. Dabei wird zunächst nur der Prozessabschnitt eines einzelnen Agenten verifiziert. Es können jedoch auch Prozessabschnitte anderer Agenten über Schnittstellenpartikel eingebunden worden sein. Es ist nicht notwendigerweise gewährleistet, dass auch die Constraints dieser Prozessabschnitte erfüllt werden. Dies wird erst nach Ablauf der Prozesskomposition in einem zusätzlichen Verifikationsschritt durch die CSP-Komponente überprüft. Der entsprechende Algorithmus verläuft verteilt zwischen allen einbezogenen Agenten ab. Prudlo[976] beschreibt die genaue Umsetzung der CSP-Komponente.

Zusammenfassend lässt sich somit feststellen, dass sich die in dieser Arbeit vorgestellte Ontologie nicht nur zur Darstellung des Kontroll- und Datenflusses von Geschäftsprozessen eignet. Sie kann darüber hinaus zur Ableitung des Kontroll- und Datenflusses von Geschäftsprozessen verwendet werden, deren Ablauf zuvor unbekannt war. Ausgangspunkt für eine solche Ableitung ist immer eine Anforderungsbeschreibung des zu generierenden Prozesses, welche die zur Verfügung stehenden Eingaben und die verlangten Ausgaben enthält. Die Funktionsfähigkeit des CoBPIA Gesamtsystems zur Ableitung von Geschäftsprozessen wurde während der Arbeit an dem Forschungsprojekt u. a. anhand des dargestellten Beispielszenariums nachgewiesen.

8.6 Die CoBPIA Ontologie im Vergleich

Dieses Kapitel stellt der CoBPIA Ontologie die vorgestellten Formalismen zur Repräsentation von Geschäftsprozessen gegenüber. Dabei soll vor allem hervorgehoben werden, welche besonderen Elemente die CoBPIA Ontologie im Hinblick auf die automatische Ableitung von Geschäftsprozessen bereitstellt.

8.6.1 Web Ontology Language for Services

Es wurde bereits festgestellt, dass sich OWL-S zur automatischen Ableitung von Geschäftsprozessen eignet. Dabei zielt OWL-S vor allem auf die Definition von Web Services ab. Tatsächlich sind die Basiskonzepte von CoBPIA und der OWL-S Prozessontologie sehr ähnlich. Beide definieren die Semantik eines Prozesses vor allem über Ein- und Ausgaben sowie über Vor- und Nachbedingungen. Prozesse können über ggf. ineinander geschachtelte Kontrollstrukturen zu komplexeren Prozessen zusammengesetzt werden. Über das *Binding* Konzept von OWL-S lassen sich auch Datenflüsse abbilden. Ein System zur Ableitung von Geschäftsprozessen, das auf OWL-S basiert, müsste also ähnlich vorgehen wie im vorhergehenden Kapitel beschrieben.

Parameter sind sowohl in CoBPIA als auch in der OWL-S Prozessontologie die wichtigsten Merkmale von Prozessbausteinen. Für CoBPIA wurden daher Elemente eingeführt, mittels derer die Semantik von Parametern näher spezifiziert werden kann, als es mit OWL-S möglich wäre. Diese Elemente können entscheidenden Einfluss auf die Ableitung von Geschäftsprozessen nehmen. So lässt sich im Gegensatz zu OWL-S über Parametertypen (*ReusableType* und *ShareableType*) und Eingabearten (*ConsumedInputTemplate*, *LockedInputTemplate* und *ReferencedInputTemplate*) definieren, in welcher Weise ein Prozessbaustein eine Eingabe verwendet. Dies hat Einfluss darauf, ob und welche anderen Prozessbausteine parallel oder in Folge angewandt werden können. Ein möglicher Grund, warum bei OWL-S auf solche Konzepte verzichtet wurde, könnte darin liegen, dass OWL-S sich auf Web Services bezieht und im Prozessverlauf daher ausschließlich Daten bearbeitet werden. In diesem Fall sind solche Konzepte weniger relevant, als bei der Verarbeitung auch physischer Objekte, da die Daten durch einen Web Service z.B. nicht verbraucht werden.

Außerdem lässt sich in OWL-S z.B. nicht festlegen, ob ein Parameter fremden Prozessverantwortlichen bekannt gemacht werden darf oder nicht. Dazu stehen in CoBPIA die Parameterattribute *isValidForInternDataFlow* und *isValidForExternDataFlow* zur Verfügung. Auch die Bedeutung des Attributs *isDisposable*, also die Information, ob ein Ausgabeobjekt in einem Prozess verarbeitet werden muss, lässt sich in OWL-S nicht darstellen. Eine weitere Besonderheit in CoBPIA besteht darin, Parametertypgruppen definieren zu können. Damit lässt sich der Typ von Ausgabeparametern in Abhängigkeit von einem Eingabeparameter festlegen. Dadurch wird die Definition von generischen Prozessbausteinen unterstützt. Zwar akzeptieren Prozesse auch in OWL-S Objekte als Eingabeparameter deren Typ eine Spezialisierung des Typs des Parameters ist, allerdings kann der tatsächliche Typ des Objekts sich nicht auf Ausgabeparameter des Prozesses auswirken. In bestimmten Situationen können damit wichtige Typinformationen verloren gehen.

Datenflüsse werden in OWL-S über das *Binding* Konzept modelliert. Dieses Konzept ist vielseitiger als die Datenflüsse in CoBPIA, so lassen sich z.B. auch konstante oder berechnete Werte an einen Eingabeparameter binden. Solche speziellen Bindungen lassen sich aber kaum sinnvoll automatisch ableiten. Außerdem widerspricht dies der grundsätzlichen Annahme in CoBPIA, dass Objekte, die als Eingaben verwendet werden, entweder vom Anwender des Prozesses explizit zur Verfügung gestellt oder durch vorhergehende Prozessschritte als Ausgaben erzeugt werden. Das *Binding* Konzept erlaubt prinzipiell auch wie in CoBPIA die Definition von Datenflüssen, bei denen die Quelle eine Eigenschaft eines Ausgabeparameters ist. Allerdings definiert OWL-S keinerlei Einschränkungen für die Anwendung solcher Datenflüsse, insbesondere gibt es keine Eigenschaft wie *accessableMember* in CoBPIA. Dadurch, dass diese Datenflüsse nicht auf bestimmte Eigenschaften beschränkt werden können, würde der Suchbaum bei der automatischen Prozessgenerierung deutlich mehr Zweige aufweisen, was sich in einer signifikant höheren Rechenzeit bemerkbar machen kann.

Ein wichtiges Element der CoBPIA Ontologie zur automatischen Ableitung von Geschäftsprozessen sind zudem die Qualitätseigenschaften, wie Kosten und Zeit. Zum einen lässt sich darüber ermitteln, welcher der Zweige im Suchbaum der günstigste ist und somit als nächstes weiterentwickelt werden muss. Zum anderen kann der Suchalgorithmus automatisch abbrechen, wenn keiner der vorhandenen Zweige die vorgegebenen Qualitätsmerkmale des gesuchten Prozesses erfüllen kann. Die OWL-S Prozessontologie bietet kein entsprechendes Konzept. Es ist zwar möglich, im Dienstprofil (nicht Bestandteil der eigentlichen Prozessontologie) *ServiceParameter* zu definieren. Allerdings ist dies nur die Zuordnung eines Bezeichners zu irgendeinem OWL Objekt. Es ist also nicht klar, wie diese Objekte zu interpretieren sind. In CoBPIA ist das durch die Konzepthierarchie der Qualitätseigenschaften gelöst, an deren Enden Kosten und Zeit stehen.

Parameterkombinationen und die daraus ableitbaren Gruppen erlauben die Betrachtung der Prozesse als Blackbox. Mit dem Dienstprofil verfügt auch OWL-S über eine Darstellung der Prozesse, die von dem internen Verhalten abstrahiert. Diese muss jedoch explizit modelliert werden, obwohl zumindest die funktionale Beschreibung des Dienstes in Form von Ein- und Ausgaben auch aus dem Dienstmodell ableitbar wären. Martin et al.[982] weisen zudem daraufhin, dass das Dienstprofil nicht notwendigerweise mit dem Dienstmodell übereinstimmen muss. D.h., eine Dienstbeschreibung ist auch dann zulässig, wenn im Dienstprofil eine ganz andere Parametertransformation als im Dienstmodell festgelegt wird. Daher muss bei der Anwendung von OWL-S immer der gesamte Kontroll- und Datenfluss eines Prozesses analysiert werden, bevor er selbst als Prozessbaustein in anderen Prozessen verwendet werden kann. Die Sicht als Blackbox erlaubt auch die Beschreibung der Schnittstellen von Prozessen, deren interner Ablauf nicht bekannt ist. Damit können z.B. Prozessanfragen an andere Teilnehmer des CoBPIA Systems über das Konzept *InterfaceTemplate* formuliert werden.

Darüber hinaus wurden die Probleme, mit denen OWL-S in der Version 1.0 behaftet war, bei der Spezifikation der CoBPIA Ontologie vermieden. So ist es z.B. mit CoBPIA durch die Unterscheidung zwischen interner Repräsentation und Vorlagenrepräsentation problemlos möglich, den gleichen Teilprozess innerhalb eines zusammengesetzten Prozesses mehrfach zu verwenden.

Wie erläutert, definiert OWL-S neben der eigentlichen Prozessontologie noch ein Dienstprofil und ein Dienstfundament. Es wurde bereits dargelegt, dass das Dienstprofil zum Teil Eigenschaften (z.B. Ein- und Ausgaben) spezifiziert, die ebenso aus der Prozessontologie abgeleitet werden könnten. Weitere über das Dienstprofil festgelegte Merkmale sowie die im Dienstfundament spezifizierten Konzepte werden von der CoBPIA Ontologie nicht beschrieben, da diese für die automatischen Prozessgenerierung in Bezug auf Kontroll- und Datenfluss nicht notwendig sind.

Zusammenfassend kann festgestellt werden, dass sich die OWL-S Prozessontologie auch zur Ableitung von Geschäftsprozessen eignet, die CoBPIA Ontologie jedoch einige weitere Konzepte definiert, die für die automatische Geschäftsprozessgenerierung wichtig sind.

8.6.2 Business Process Execution Language for Web Services

Wie bereits festgestellt, dient BPEL-WS nicht der automatischen Ableitung von Geschäftsprozessen, stattdessen wird BPEL-WS vor allem verwendet, um Prozesse in einem ausführbaren Format zu beschreiben. Zudem zeichnet BPEL-WS sich

---

[982]   Vgl. Martin et al. (2004)

dadurch aus, dass die Aktivitäten verschiedener Geschäftspartner in einem Prozess integriert werden können. Alle Aktivitäten müssen über Web Services abgebildet werden.

CoBPIA Prozesse können im Gegensatz zu BPEL-WS Prozessen nicht automatisch ausgeführt werden, da die Beziehungen der atomaren Prozessbausteine in CoBPIA zu einer automatisch ausführbaren Aktivität (im Fall von BPEL-WS sind das Web Services) bisher nicht modelliert werden. Grundsätzlich soll sich CoBPIA aber auch nicht wie BPEL-WS oder OWL-S auf Web Services oder andere automatisierte Aktivitäten beschränken. Allerdings ist es möglich, den CoBPIA Kontroll- und Datenfluss in BPEL-WS abzubilden.

CoBPIA verhält sich zu BPEL-WS bezüglich der Ableitbarkeit von Geschäftsprozessen ähnlich wie OWL-S. Im Gegensatz zu CoBPIA wurde BPEL-WS nicht mit der Absicht entwickelt, automatisch Geschäftsprozesse ableiten zu können. So verwendet CoBPIA zur Definition von Parametern OWL anstatt wie BPEL-WS XML Datentypen. Die damit verbundene klassenhierarchische Semantik und die Möglichkeit, im Gegensatz zu BPEL-WS Vor- und Nachbedingungen von Prozessbausteinen definieren zu können, sind die grundlegenden Voraussetzungen zur automatischen Prozessgenerierung in CoBPIA. Zudem sind die im vorhergehenden Abschnitt beschriebenen Konzepte, die CoBPIA gegenüber OWL-S voraus hat, auch in BPEL-WS nicht integriert. Allerdings können BPEL-WS Prozesse als Blackbox betrachtet werden. Tatsächlich *müssen* sie vom Aufrufer meist sogar als Blackbox betrachtet werden, da nach außen grundsätzlich nur die dem Prozess entsprechende WSDL Schnittstelle bekannt ist.

8.6.3 XML Process Definition Language

Es wurde bereits dargelegt, dass die XPDL als Austauschformat für Prozessdefinitionen entwickelt wurde und sich nicht für die automatische Ableitung von Geschäftsprozessen eignet. Die Gründe dafür gleichen denen, die im vorhergehenden Abschnitt zu BPEL-WS angeführt wurden. Die Grundbausteine von XPDL Prozessen, die Anwendungen, können nicht genau genug beschrieben werden, um aus ihnen zielgerichtet neue Prozesse ableiten zu können. So wie auch BPEL-WS liegt den Parametern der XPDL Prozessbausteine im Gegensatz zu CoBPIA ein einfaches Typsystem zu Grunde und die Werte der Ein- und Ausgabeparameter können nicht wie in CoBPIA durch Vor- und Nachbedingungen näher spezifiziert werden. Auch hier gibt es keine zusätzlichen Konzepte, wie sie CoBPIA gegenüber OWL-S voraus hat. Da die XPDL sich als Sprache für den Austausch von Prozessdefinitionen versteht, liegt der Fokus auf der Darstellung des Prozesses als Ganzes und nicht auf der Beschreibung der einzelnen Bausteine. Dem entsprechend ist es zwar möglich, Bedingungen zur Beeinflussung des Prozessverlaufs zu definieren, diese beziehen sich dann aber auf einen Gesamtprozess und nicht auf die einzelnen Bausteine wie bei CoBPIA.

8.6.4 Fazit

In diesem Kapitel wurde die CoBPIA Ontologie mit den drei vorgestellten Formalismen zur Repräsentation von Geschäftsprozessen verglichen. Dabei wurden insbesondere die Merkmale zur Unterstützung der automatischen Ableitbarkeit untersucht.

Sowohl CoBPIA als auch OWL-S eignen sich im Gegensatz zu XPDL und BPEL-WS zur automatischen Ableitung von Geschäftsprozessen, da sie sich auf die Beschreibung der Einzelbausteine vor allem in Form von Parametern sowie Vor- und Nachbedingungen stützen. Aus dieser Beschreibung lässt sich schließen, wie die Bausteine zu Gesamtprozessen kombiniert werden können, und welcher Kontroll- und Datenfluss sich für den jeweiligen Gesamtprozess ergibt. Die CoBPIA Ontologie definiert im Vergleich zu OWL-S weitere Konzepte für die Definition der Bausteine, die Einfluss auf die generierten Prozesse haben. Zudem gibt diese Arbeit vor, wie CoBPIA Prozessbausteine als Blackbox betrachtet werden können. Dadurch wird die Prozesskonstruktion erleichtert, da das interne Verhalten der Bausteine nicht vor jeder Anwendung analysiert werden muss. Im Gegensatz zu CoBPIA wurden BPEL-WS und XPDL für andere Zwecke als die automatische Prozessableitung entwickelt, was sich darin äußert, dass sich diese Sprachen eher auf die Darstellung von Gesamtprozessen als auf die Darstellung einzelner Bausteine konzentrieren.

8.7 Zusammenfassung und Ausblick

Die Aufgabenstellung zu dieser Arbeit bestand darin, eine Ontologie zu entwickeln, die zur Darstellung und automatischen Ableitung des Kontroll- und Datenflusses von (ggf. unternehmensübergreifenden) Geschäftsprozessen verwendet werden kann. Zudem sollte eine Softwarekomponente entwickelt und implementiert werden, die in einen CoBPIA Agenten integrierbar ist. Diese soll den Zugriff auf das mit den Konzepten der Ontologie abgebildete Prozesswissen ermöglichen und dabei die durch die Ontologie vorgegebenen Schlussfolgerungsmechanismen umsetzen.

Dazu wurden zunächst die für diese Arbeit relevanten Grundlagen erarbeitet und dargestellt. Das umfasst die Themen Geschäftsprozesse und deren Modellierung, die Bedeutung und Verwendung von Ontologien sowie die Untersuchung bestehender Repräsentationsformalismen für Geschäftsprozesse. Darauf aufbauend wurde die CoBPIA Ontologie entwickelt. Diese erlaubt die Definition vielseitig verwendbarer Prozessbausteine (Partikel) ebenso wie die Beschreibung vollständiger Geschäftsprozesse, die auch Prozesse anderer Teilnehmer des CoBPIA Systems integrieren können. Die Anwendung der entsprechenden Konzepte wurde anhand eines Beispiels illustriert. Es wurde deutlich, dass sich das Prozesswissen innerhalb eines aus mehreren Agenten bestehenden CoBPIA Systems in einen öffentlichen und in einen privaten Teil für jeden einzelnen Agenten untergliedert. Weiterhin wurde eine Zugriffskomponente entwickelt, die in einen

CoBPIA Agenten integriert werden kann. Über diese Komponente implementierte Schlussfolgerungsmechanismen berechnen automatisch alle Bausteinvarianten, die den verschiedenen Situationen entsprechen, in denen der jeweilige Baustein verwendet werden darf. Außerdem wurde der Ansatz zur automatischen Ableitung und Verifikation von Geschäftsprozessen im CoBPIA System mit Hilfe der entwickelten Ontologie erläutert. Abschließend wurde die CoBPIA Ontologie den zuvor vorgestellten Formalismen zur Geschäftsprozessrepräsentation gegenübergestellt und deren besondere Merkmale zur automatischen Konstruktion von Geschäftsprozessen hervorgehoben.

Die in dieser Arbeit entwickelte Ontologie und die zugehörige Zugriffskomponente sind ein grundlegender Bestandteil des CoBPIA Systems, das sich als Alternative zur klassischen Geschäftsprozessmodellierung versteht. Anstatt Prozesse a priori entwickeln zu müssen, können mit dem CoBPIA System Prozesse individuell für jeden einzelnen Geschäftsvorfall automatisch abgeleitet werden.

Die Aufgabenstellung zu dieser Arbeit wurde damit vollständig gelöst. Es ergeben sich jedoch weitere Fragestellungen, die zusätzlicher Forschungsaktivitäten bedürfen. So ist bisher ungeklärt, in welcher Granularität die Prozesspartikel beschrieben werden. Es ist z.B. möglich, einen Baustein, der die Reparatur einen Autos abbildet, in weitere Einzelteile zu zerlegen. Bisher ist aber nicht bekannt bis zu welchem Grad das sinnvoll ist. Einfluss hat dies u. a. auf den manuellen Modellierungsaufwand, die Performanz des Gesamtsystems sowie darauf, welche Prozesse überhaupt abgeleitet werden können. Ein anderer Punkt, der weiter untersucht werden kann, ergibt sich daraus, dass die Definition der Parametertypen bisher grundsätzlich auf das öffentliche Wissen beschränkt ist. Lässt man jedoch zu, dass Teilnehmer nach der Einführung eines bestimmten CoBPIA Systems (und damit dem vorläufigen Abschluss der Parametertypspezifikation) weitere Parametertypen definieren können, so bleibt zu klären, in welcher Weise sie die neuen Typen auch anderen Teilnehmern bekannt machen dürfen. Eine Möglichkeit besteht darin, dass die Teilnehmer das öffentliche Wissen ohne Zustimmung der anderen erweitern dürfen. Es wäre aber auch möglich, dass die Agenten diese Parametertypen erst bei Bedarf, also während der Aushandlung eines gemeinsamen Prozessen, dem jeweils anderen Agenten bekannt machen.

Darüber hinaus ist es denkbar, dass durch die Erfahrungen, die mit dem Einsatz des CoBPIA Systems gesammelt werden, der Bedarf zur Modellierung weiterer, bisher nicht betrachteter Aspekte von Prozessbausteinen entsteht. Die Ontologie muss dann entsprechend erweitert werden.

8.8 Literaturverzeichnis

ActiveBPEL, LLC: ActiveBPEL. http://www.activebpel.org, 2005, Abruf am
01.06.2005.

Andrews, T., F. Cubera, et al.: Business Process Execution Language for Web
Services Version 1.1.
ftp://www6.software.ibm.com/software/developer/library/ws-bpel.pdf, 2003,
Abruf am 01.06.2005.

Ankolekar, A., D. Martin, et al.: OWL-S' Relationship to Selected Other Technologies.
http://www.daml.org/services/owl-s/1.1/related.html, 2005, Abruf am
01.06.2005.

Balzer, S., T. Liebig, et al.: Pitfalls of OWL-S - A Practical Semantic Web Use Case.
International Conference On Service Oriented Computing, New York, 2004,
S. 289-298.

Becker, J., M. Kugeler, et al., Eds.: Process Management - A Guide for the Design of
Business Processes. Springer: Berlin Heidelberg, 2003.

Berners-Lee, T., J. Hendler, et al.: The Semantic Web, in: Scientific American, 284.
Jg., Ausgabe 5, 2001, S. 34-43.

Biron, P. V. und A. Malhotra: XML Schema Part 2: Datatypes Second Edition.
http://www.w3.org/TR/2004/REC-xmlschema-2-20041028/datatypes.html,
2004, Abruf am 02.06.2005.

Bracha, G.: Generics in the Java Programming Language.
http://java.sun.com/j2se/1.5/pdf/generics-tutorial.pdf, 2004, Abruf am
01.06.2005.

Bray, T., J. Paoli, et al.: Extensible Markup Language (XML) 1.0 (Third Edition) -
W3C Recommendation. http://www.w3.org/TR/2004/REC-xml-20040204,
2004, Abruf am 01.06.2005.

Chandrasekaran, B., J. R. Josephson, et al.: What Are Ontologies, and Why Do We
Need Them? in: IEEE Intelligent Systems, 14. Jg., Ausgabe 1, 1999, S. 20-
26.

Christensen, E., F. Curbera, et al.: Web Services Description Language (WSDL) 1.1.
http://www.w3.org/TR/wsdl, 2001, Abruf am 01.06.2005.

Connolly, D., F. v. Harmelen, et al.: DAML+OIL Reference Description.
http://www.w3.org/TR/daml+oil-reference, 2001, Abruf am 01.06.2005.

Corcho, O. und A. Gómez-Pérez: Evaluating Knowledge Representation and
Reasoning Capabilities of Ontology Specification Languages. Workshop on
Applications of Ontologies and Problem Solving Methods, 2000.

Corkill, D. D.: Collaborating Software: Blackboard and Multi-Agent Systems & the
Future. University of Massachusetts, Department of Computer Science, 2003.

Davenport, T. H. und J. E. Short: The New Industrial Engineering: Information
Technology and Business Process Redesign, in: Sloan Management Review,
31. Jg., Ausgabe 4, 1989, S. 11-27.

Dean, M. und G. Schreiber: OWL Web Ontology Language Reference - W3C
Recommendation. http://www.w3.org/TR/2004/REC-owl-ref-20040210/, 2004,
Abruf am 01.06.2005.

Erlenkötter, H. und V. Reher: Objektorientiertes Programmieren in C++. Rowohlt: Reinbek, 1994.

Genesereth, M. R. und R. E. Fikes: Knowledge Interchange Format - Version 3.0 - Reference Manual. http://logic.stanford.edu/kif/Hypertext/kif-manual.html, 1992, Abruf am 01.06.2005.

Gruber, T. R.: Ontolingua: A Mechanism to Support Portable Ontologies. Stanford University: Stanford, 1992.

Gruber, T. R.: Towards Principles for the Design of Ontologies Used for Knowledge Sharing. Stanford University: Stanford, 1993.

Gruninger, M. und J. Lee: Ontology - Applications and Design, in: Communications of the ACM, 45. Jg., Ausgabe 2, 2002, S. 39-41.

Guarino, N.: Understanding, Building and Using Ontologies, in: International Journal of Human-Computer Studies, 46. Jg., Ausgabe 2-3, 1997, S. 293-310.

Guarino, N.: Formal Ontology and Information Systems. Proceedings of FOIS'98, Trento, 1998, S. 3-15.

Haarslev, V. und R. Möller: RACER User's Guide and Reference Manual. http://www.sts.tu-harburg.de/~r.f.moeller/racer/racer-manual-1-7-19.pdf, 2004, Abruf am 01.06.2005.

Heijst, G. v., A. T. Schreiber, et al.: Using explicit ontologies in KBS development, in: International Journal of Human-Computer Studies, 46. Jg., Ausgabe 2-3, 1997, S. 183-292.

Hewlett-Packard Development Company: Jena - A Semantic Web Framework for Java. http://jena.sourceforge.net, 2005, Abruf am 07.05.2005.

Hollingsworth, D.: Workflow Management Coalition: The Workflow Reference Model. http://www.wfmc.org/standards/docs/tc003v11.pdf, 1995, Abruf am 01.06.2005.

Juric, M.: BPEL and Java. http://www.theserverside.com/articles/article.tss?l=BPELJava, 2005, Abruf am 01.06.2005.

Kifer, M., G. Lausen, et al.: Logical foundations of object-oriented and frame-based languages, in: Journal of the ACM, 52. Jg., Ausgabe 4, 1995, S. 741-843.

Kogut, P., S. Cranefield, et al.: UML for Ontology Development, in: The Knowledge Engineering Review, 17. Jg., Ausgabe 2002, S. 61-64.

MacGregor, R. M.: Inside the LOOM description classifier, in: ACM SIGART Bulletin, 2. Jg., Ausgabe 3, 1991, S. 88-92.

Maedche, A. und B. Motik: Repräsentations- und Anfragesprachen für Ontologien - eine Übersicht, in: Datenbank-Spektrum, 3. Jg., Ausgabe 6, 2003, S. 43-52.

Manola, F. und E. Miller: RDF Primer - W3C Recommendation. http://www.w3.org/TR/2004/REC-rdf-primer-20040210/, 2004, Abruf am 01.06.2005.

Martin, D., M. Burstein, et al.: OWL-S: Semantic Markup for Web Services. http://www.daml.org/services/owl-s/1.1/overview/, 2004, Abruf am 10.05.2005.

McGuinness, D. L. und F. v. Harmelen: OWL Web Ontology Language Overview - W3C Recommendation. http://www.w3.org/TR/owl-features/, 2004, Abruf am 01.06.2005.

Ogden, C. K. und I. A. Richards: Die Bedeutung der Bedeutung (The Meaning of Meaning) Eine Untersuchung über den Einfluss der Sprache auf das Denken und über die Wissenschaft des Symbolismus. Suhrkamp: Frankfurt am Main, 1974.

OMG: UML 2.0 Infrastructure Specification. http://www.omg.org/docs/ptc/03-09-15.pdf, 2004, Abruf am 01.06.2005.

Oracle: Oracle BPEL Process Manager. http://www.oracle.com/technology/products/ias/bpel/index.html, 2005, Abruf am 01.06.2005.

OWL Service Coalition: OWL-S: Semantic Markup for Web Services. http://www.daml.org/services/owl-s/1.0/owl-s.html, 2003, Abruf am 10.05.2005.

Prudlo, J.: Entwurf und Realisierung einer verteilten, flexiblen CSP-Komponente zur Konstruktion von Geschäftsprozessen. TU Berlin, Fachgebiet Systemanalyse und EDV, 2005.

Scheer, A.-W.: ARIS - Vom Geschäftsprozess zum Anwendungssystem. Springer: Berlin Heidelberg, 1998.

Schmelzer, H. J. und W. Sesselmann: Geschäftsprozessmanagement in der Praxis. Hanser: München Wien, 2004.

Schuschel, H. und M. Weske: Integrated Workflow Planning and Coordination. DEXA, Prag, 2003, S. 771-781.

Schwarzer, B. und H. Krcmar: Wirtschaftsinformatik - Grundzüge der betrieblichen Datenverarbeitung. Schäffer-Poeschel: Stuttgart, 2004.

Schwickert, A. C. und K. Fischer: Der Geschäftsprozeß als formaler Prozeß - Defnition, Eigenschaften, Arten. Universität Mainz: Mainz, 1996.

Staab, S.: Wissensmanagement mit Ontologien und Metadaten, in: Informatik Spektrum, 25. Jg., Ausgabe 3, 2002, S. 194-209.

Stanford Medical Informatics: Protégé. http://protege.stanford.edu/, 2005, Abruf am 07.05.2005.

Strang, T.: Vergleich von Wissensmodellen. Technical Report IB 554-03/02. DLR Oberpfaffenhofen, 2003.

Supply-Chain Council: SCOR. http://www.supply-chain.org, 2005, Abruf am 20.04.2005.

Swartout, B., R. Patil, et al.: Toward Distributed Use of Large-Scale Ontologies. Proceedings of the 10th Knowledge Acquisition, Modeling and Management Workshop (KAW'96), Banff, 1996.

Uschold, M. und M. Gruninger: Ontologies: Principles, Methods and Applications, in: Knowledge Engineering Review, 11. Jg., Ausgabe 2, 1996, S. 93-155.

Voß, J.: Begriffssysteme - Ein Vergleich verschiedener Arten von Begriffssytemen und Entwurf des integrierenden Thema-Datenmodells. Humboldt Universität: Berlin, 2004.

Voß, S. und K. Gutenschwager: Informationsmanagement. Springer: Berlin Heidelberg, 2001.

513

Workflow Management Coalition: Workflow Process Definition Interface - XML
Process Definition Language. http://www.wfmc.org/standards/docs/TC-
1025_10_xpdl_102502.pdf, 2002, Abruf am 01.06.2005.